KB010101

장재집 張載集

Annotations and Translations of Works of Zhang Zai

【四】

張載集, 章錫琛 點校

장재집張載集【四】

Annotations and Translations of Works of Zhang Zai

—

1판 1쇄 인쇄 2023년 3월 17일
1판 1쇄 발행 2023년 3월 31일

—

저   자 ㅣ 장재張載
점교자 ㅣ 장석침章錫琛
역   자 ㅣ 황종원
발행인 ㅣ 이방원
발행처 ㅣ 세창출판사
　　　　　신고번호 제1990-000013호
　　　　　주소 03736 서울시 서대문구 경기대로 58 경기빌딩 602호
　　　　　전화 02-723-8660 팩스 02-720-4579
　　　　　이메일 edit@sechangpub.co.kr 홈페이지 www.sechangpub.co.kr
　　　　　블로그 blog.naver.com/scpc1992 페이스북 fb.me/Sechangofficial 인스타그램 @sechang_official

—

ISBN 979-11-6684-183-5 94910
　　　　979-11-6684-179-8 (세트)

—

이 역주서는 2019년 대한민국 교육부와 한국연구재단의 지원을 받아 수행된 연구임.
(NRF-2019S1A5A7068514)

—

이 책은 한국연구재단의 지원으로 세창출판사가 출판, 유통합니다.
잘못 만들어진 책은 구입하신 서점에서 바꾸어 드립니다.

장재집張載集

Annotations and Translations of Works of Zhang Zai

【四】

장재張載 저

장석침章錫琛 점교

황종원 역주

세창출판사

목차

경학리굴 經學理窟

장자어록 張子語錄

총 목차

1권

◇ 역자 해제
◇ 장재의 사상과 저작에 관하여 _ 장다이녠(張岱年)
◇ 편집과 교정에 대한 설명

정몽 正蒙

2권

횡거역설 橫渠易說

3권

4권

경학리굴 經學理窟

5권

문집일존 文集佚存

습유 拾遺

1 성리습유 性理拾遺
2 근사록습유 近思錄拾遺

부록 附錄

경학리굴

經學理窟

횡거경학리굴 서문
橫渠經學理窟序

横渠『經學理窟』, 或以爲先生所自撰. 偉案熙寧九年秋, 先生集所立言
以爲『正蒙』, 其平時所俯而讀, 仰而思, 妙契而疾書者, 宜無遺矣. 明
年, (1)遂捐館舍,[1] 所謂『文集』『語錄』及諸經說等, 皆出於門人之所纂
集. 若『理窟』者, 亦分類語錄之類耳, 言有詳略, 記者非一手也. 雖然, 言
之精者固不出於『正蒙』, 謂是非先生之蘊不可也.

|번역| 횡거의『경학리굴』을 혹자는 선생께서 직접 지으신 것이라 생각한
다. 내가 생각해 보건대 희녕(熙寧) 9년(1076년) 가을에 선생께서는
주장을 세우신 것을 모아『정몽』을 만드셨는데, 평소에 머리 숙여
읽고 고개를 들어 생각하여 오묘하게 부합하여 서둘러 쓴 것들로는
빠뜨린 것이 없었을 것이다. 이듬해에 결국 돌아가셨으니 이른바『문
집』,『어록』, 그리고 여러 경설(經說) 등은 모두 문인이 모아 편찬한
것이다.『경학리굴』의 경우도 어록으로 분류되는데, 말에는 상세한

---

1 (1)捐館舍, 관사를 버리다, 사망했음을 완곡히 표현한 말.

것과 간략한 것이 있으니, 기록한 자는 한 사람이 아니다. 그렇지만 말의 정미한 것은 물론 『정몽』보다 못하지 않으니, 선생의 뜻이 아니라고 해서는 안 될 것이다.

論學則必期於聖人, 語治則必期於三代, 至於進爲之方, 設施之術, 具有⁽¹⁾節級, 穿鑿可行, 非徒託諸空言者. 朱子曰: "天資高則學明道, 不然, 且學⁽²⁾二程橫渠." 良以橫渠用功親切, 有可循守, 百世而下, 誦其言, 若盲者忽覩日月之光, 聾者忽聆雷霆之音, 偸惰之夫咸有立志, ⁽³⁾其『正蒙』之階梯與! 其間數條, 與『遺書』所載不殊, ⁽⁴⁾如爲學登山麓如及⁽⁵⁾堯夫論他山之石可以攻玉. 可見先生平昔與程氏兄弟議論之同, 而非⁽⁶⁾勦以入也.²

|번역| 학문을 논하면 반드시 성인을 목표로 하고 정치를 말하면 반드시 삼대를 목표로 했다. 나아가 행하는 방도, 기획한 방법의 경우에는 절차와 단계를 갖추어 천착하여 행할 수 있었으니, 단지 빈말에 불과한 것이 아니었다. 주자는 "천부적인 자질이 뛰어나면 명도에게서 배우고, 그렇지 않다면 이천과 횡거에게서 배우라"고 했다. 참으로 횡거의 공부에 힘씀은 친근하고 절실하여 따라 지킬 만한 것이 있어, 대대로 그 말을 외운다. 마치 눈이 먼 자가 갑자기 해와 달의 빛을 보고, 귀가 먹은 자가 갑자기 우레와 천둥소리를 듣는 것처럼 게으른 사람들도 다 뜻을 세우는 일이 있게 되는 것이 『정몽』의 사다리 기능이 아니겠는가! 그 사이에 있는 여러 조목은 『이정유서』

---

² (1)節級, 절차와 단계. (2)二程, 여기서 말하는 이정은 정이천만을 가리킨다. (3)其『正蒙』之階梯與, 『정몽』은 사람들을 도덕적 향상의 길로 나아가게 하는 사다리 같은 기능을 한다는 뜻. (4)爲學如登山麓, 이 말은 『經學理窟』, 「學大原下」에 나온다. (5)堯夫論他山之石, 이 말은 「詩書」에 나온다. (6)勦(초), 표절함.

에 기록된 것과 다르지 않은데, (예컨대 오늘날 학문하는 것이 산기슭에 오르는 것 같다는 말, 소옹의 타산지석으로 옥기를 다듬을 수 있다는 말 등이 그것이다.) 이를 통해 선생께서 이정 형제와 논의했던 것이 같았던 것이지, 표절해 넣은 것이 아님을 알 수 있다.

$^{(1)}$大理丞$^{(2)}$莆田黃君伯固, 志高遠, 守道篤信, $^{(3)}$有先生之勇, 閒取『理窟』刻於官寺, 俾有志士知所嚮往, 亦推先生多$^{(4)}$栽培, 思以及天下之意云. 刻成, 謹題其端始, 識歲月.³

|번역| 대리승(大理丞) 황백고는 뜻이 고매하고 도를 지킴이 독실하여 선생 같은 용기가 있었다. 그러다가 『경학리굴』을 취해 관아에서 새겨 뜻있는 선비들이 지향할 바가 있도록 했으니, 이 역시 선생을 추존해 인재를 많이 육성해, 천하의 뜻에 미치고자 생각한 것이다. 새기는 일이 끝나니, 삼가 그 서문을 지어 이때를 기억하고자 한다.

嘉靖元年夏五月朔旦, 後學弋陽汪偉謹書.

|번역| 가정(嘉靖) 원년(1522년) 여름 오월 초하루에 후학 대양(弋陽) 왕위(汪偉)가 삼가 씀.

---

3 (1)大理丞, 대리사(大理寺)에 소속되어 형벌의 경중을 판단하던 관직. (2)莆田黃君伯固. 황백고(黃伯固), 송대 문학가. 1193년 진사에 급제하였음. (3)有先生之勇, 횡거 선생 같은 용기가 있었다는 뜻. (4)栽培, 여기서 재배(栽培)란 인재를 육성함을 뜻함.

1

주례
周禮

1.1 ⁽¹⁾『周禮』是⁽²⁾的當之書, 然其間必有末世添入者, 如⁽³⁾盟詛之屬, 必非⁽⁴⁾周公之意. 蓋盟詛起於王法不行, 人無所取直, 故要之於神, 所謂⁽⁵⁾"國將亡, 聽於神." 蓋人屈抑無所伸故也. 如深山之人多信⁽⁶⁾巫祝, 蓋山僻罕及, 多爲强有力者所制, 其人屈而不伸, 必咒詛於神, 其間又有偶遭禍者, 遂指以爲果得⁽⁷⁾伸於神. 如戰國⁽⁸⁾諸侯盟詛, 亦爲上無王法. 今山中人凡有疾者, 專使巫者視之, 且十人間有五人自安, 此皆爲神之力, 如『周禮』言十失四已爲下醫, 則十人自有五人自安之理. 則盟詛決非周公之意, 亦不可以此病周公之法, 又不可以此病『周禮』. 『詩』云: ⁽⁹⁾"侯詛侯咒, 靡屆靡究", 不與民究極, 則必至於詛咒.⁴

---

4 (1)『周禮』: 주왕실의 관리제도와 전국시대 각국의 제도를 수집하고 유가의 정치적 이상을 덧붙여 엮은 책. (2)的當, 합당하다. (3)盟詛, 신에게 맹세하며 저주하는 일. (4)周公之意: 고대에는 『주례』를 주공이 지었다고 믿었고, 이에 장재는 이렇게 말했다. (5)國將亡, 聽於神: 『春秋左傳』 「莊公」, 32년, "나라가 흥하려고 하면 백성을 따르고 망하려고 하면 신을 따른다."(國將興, 聽於民. 將亡, 聽於神.) (6)巫祝, 점을 치고 굿을 노는 자, 즉 무당. (7)伸, 신원(伸寃), 즉 억울함을 풀다. (8)諸侯盟詛, 제후들이 결맹을 맺으며 맹세하는

|번역| 『주례』는 합당한 책이나, 그 가운데에는 틀림없이 후세에 첨가해 집어넣은 것도 있다. 예를 들어 신에게 맹세하며 저주하는 것들은 틀림없이 주공의 뜻이 아니다. 대개 신에게 맹세하며 저주하는 일은 왕의 법도가 행해지지 않아 사람들이 바름을 취할 수 없음으로 인해 그것을 신에게서 구하는 데서 나왔다. "나라가 장차 망하려고 하면 신을 따른다"고 했으니, 이는 사람들이 억눌려 펼 데가 없기 때문이다. 예컨대 깊은 산골에 사는 사람들은 많은 경우 무당을 믿는다. 산이 후미져 인적이 드물고 많은 경우에 강한 힘을 지닌 자에 의해 통제되어, 그 사람들은 억눌려 펴지 못하니, 틀림없이 신을 향해 저주하게 된다. 그 가운데에는 우연히 화를 당하는 자도 있는데, 마침내 그것을 지목하여 과연 신에 의해 억울함이 풀렸다고 여긴다. 예컨대 전국시대에 제후들이 결맹할 때 희생물로 맹세하는 것도 위로 왕의 법도가 없었기 때문이다. 지금 산속에 사는 사람 중에 질병에 걸린 자들은 모두 오로지 무당이 그 질병을 보도록 하거니와 10명 중에 5명이 저절로 나으면 그것이 모두 신의 위력 때문이라고 한다. 예를 들어 『주례』에서는 10명 중에 4명을 잃으면 하급의 의사라고 했으니, 10명 중에 5명은 자연히 나을 가능성이 있는 것이다. 그러므로 신을 향해 맹세하며 저주하는 일은 절대 주공의 뜻이 아니니, 이것을 가지고 주공의 법도를 비난해도 안 되며, 이것을 가지고 『주례』를 비난해서도 안 된다. 『시경』에서는 "저주를 하니 끝이 없구나"라고 했다. 백성과 함께하지 않음이 극한에 이르면 반드시 저주하는 데 이른다.

일, 이때에도 희생물을 이용해 그 의례를 행한다. (9)侯詛侯咒, 靡屆靡究: 『詩』, 「大雅」, 「蕩」, "侯作侯祝, 靡屆靡究." 侯, 乃, '이에'의 뜻. 作, '詛(저)'와 통함. 祝, '咒(주)'와 통함. 靡, 없음(無). 屆, 끝. 究, 극한. 이 시구는 "저주하니, 끝이 없구나"라는 뜻이다. 주의 악행이 끊이지 않아 백성이 그에게 저주를 퍼부었음을 노래하고 있다.

| 해설 | 여기서 장재는 『주례』에 보이는 일부 샤머니즘적 요소를 후대 사람이 첨가한 것이라 주장하며 주공과 『주례』의 주된 취지는 왕의 법도를 세우는 데 있었다고 주장했다. 주공은 흔히 중국의 원시 샤머니즘 문화를 예악 제도로 인문화하는 데 혁혁한 공을 세운 이로 평가된다. 구체적으로 말하면 신을 즐겁게 해 주기 위해 행하던 굿의 의례와 가무를 인간 사이의 의례와 사회교화를 위한 가무로 변모시켰다. 물론 이런 문화적 변화는 일시에 완성되지 않는다. 때문에 『주례』에 여전히 여러 샤머니즘적 요소가 있을 수밖에 없다. 그런 점을 생각할 때 이런 요소를 모두 후대 사람들이 집어넣은 것이라 주장하는 것은 억지스럽다. 하지만 신을 향해 폭군을 저주하고, 무당의 말을 무조건 믿으며, 제후들이 결맹할 때 희생물을 사용하는 일 등이 일어나는 원인을 왕의 법도가 없음에서 찾는 것은 긍정할 만하다. 주공의 뜻, 『주례』의 정신은 확실히 신을 본위로 하는 것이 아니라, 인간을 본위로 하는 인문정신, 인본주의였기 때문이다.

1.2 治天下不由[(1)]井地, 終無由得平. 周道止是均平.[5]

| 번역 | 천하를 다스리면서 정전제를 따르지 않으면 끝내 공평하게 될 수 없다. 주나라의 도는 다만 균등함(均平)이었다.

| 해설 | 경작지의 균등한 분배는 전통사회에서 유학자들의 이상이었다. 장재도 그런 균등 분배가 유학자들이 이상사회의 모델로 삼고 있는 주나라 경제정책의 기조라고 인식하고 있다. 그런데 이 책 서두에서 장다이녠이 말했듯 장재를 포함한 송명 시대의 사상가들이 정전제 시행을 주장한 것은 단순한 복고가 아니었다. 그것은 토지를 국유화한 뒤에, 다시 그것을 농민에게 분배하려는 의도를 지닌 것이었다. 대지주계층이 토지를 겸병하는 특권을 없애려는 시도였다.

---

5 (1)井地, 정전(井田). 즉 맹자가 말한 정전제를 뜻함.

1.3 ⁽¹⁾肉刑猶可用於死刑. 今⁽²⁾大辟之罪, 且如傷舊主者死, 軍人犯逃走亦死, 今且以此⁽³⁾比刖足, 彼亦自幸得免死, 人觀之更不敢犯. 今之妄人往往輕視其死, 使之刖足, 亦必懼矣. 此亦仁術.⁶

| 번역 | 육형(肉刑)은 사형의 죄에 적용할 수 있다. 지금 사형당할 대죄로, 예컨대 옛 주인에게 상해를 입힌 자는 죽이고, 군인 중에 도주를 한 자도 죽이는데, 지금 그것을 발을 베는 것으로 대신한다면, 저들도 다행히 죽음을 면할 수 있고, 사람들이 그들을 보면 더욱 감히 죄를 범하지 않게 된다. 지금 망령된 사람들은 종종 죽음을 가볍게 보지만 그들이 발을 베이도록 한다면 역시 틀림없이 두려워할 것이다. 이 또한 인(仁)의 방법이다.

| 해설 | 현대의 시각에서 보면 육형 역시 잔인한 형벌이다. 하지만 고대사회에서 신분질서, 사회질서에 반하는 행위에 대해서는 형벌이 매우 가혹하여 조그만 잘못에도 사형이 횡행했던 정황을 고려하면 육형으로 사형을 대신하자는 주장은 조금은 더 인에 가까운 방법이라 할 수 있다.

1.4 ⁽¹⁾天官之職, 須襟懷洪大方看得. 蓋其規模至大, 若不得此心, 欲事事上致曲窮究, 湊合此心, 如是之大必不能得也. 釋氏⁽²⁾錙銖天地, 可謂至大; 然不嘗爲大, 則爲事不得, 若⁽³⁾畀之一錢則必亂矣. 至如言四句偈等, 其先必曰人所恐懼, 不可思議, 及在後則亦是小人所共知者事. 今所謂死, 雖奴隸竈間豈不知皆是空! 彼實是小人所爲,

6 (1)肉刑, 신체 일부에 상해를 입히는 형벌. (2)大辟之罪, 사형당할 죄. 벽(辟)은 죄. 대벽(大辟)은 대죄, 죽을죄. (3)比, 대신하다, 대체하다.

後有文士學之, 增飾其間, 或引入『易』中之意, 或更引他書文之, 故其書亦有文者, 實無所依取. 莊子雖其言如此, 實是畏死, 亦爲事不得.[7]

| 번역 | 천관(天官)의 직무는 흉금이 넓고 커야 비로소 알 수 있다. 그 규모가 지극히 크기 때문이니, 만약 이 마음을 얻지 못하면 조그마한 일에 곡진함을 다해 궁구하여 그 마음을 모으려고 해도 그러한 큰 것은 얻지 못할 것이다. 불교에서는 천지를 치수(錙銖)만큼 가볍게 여기니 지극히 크다고 할 수 있다. 하지만 크게 된 적이 없으니 일을 할 수 없다. 만약 1전을 준다면 틀림없이 어지러워질 것이다. 한편 네 구절의 게송 등을 말할 때 그들은 반드시 먼저 사람들이 두려워하는 일, 불가사의한 일을 말하고, 그 후에는 소인들도 공통되게 아는 일을 말한다. 지금 이른바 죽음이란 설사 노예나 주방에 있는 사람들도 모두 그것이 공(空)임을 어찌 모르겠는가! 저것은 실은 소인들이 행하는 것인데, 후에 문인들이 그것을 배워, 그 사이를 보완해 꾸몄고, 혹자는 『역』 가운데의 의미를 끌어들여 왔으며, 혹자는 또 다른 책을 끌어들여 그것을 꾸몄다. 그리하여 그 글에도 꾸민 것은 있으나, 실제로는 기대어 취할 것은 없다. 장자의 말도 그와 같으나 실은 그도 죽음을 두려워한 것이니 그 역시 일을 할 수 없다.

| 해설 | 백관을 통솔하며 국정을 책임지는 직책을 맡는다는 것은 쉬운 일이 아니다. 세세한 일에 신경을 쓰기보다는 국가, 나아가 전 세계와 우주 자연까지 아울러 생각하며 그 모두에 책임을 다하려는 흉금이 필요하다. 장재는 그런 관점에서 불

7 (1)天官之職, 『주례』에서 천관(天官)은 백관을 모두 주관하고 통솔하는 직책임. (2)錙銖(치수), 아주 가벼운 무게. 100개의 기장 낟알에 해당하는 저울 눈을 1수(銖)라고 하고, 24수를 1냥(兩)이라 하며, 8냥을 1치(錙)라고 한다. (3)畀(비), 주다.

교와 도가의 삶에 대한 태도를 비판한다. 불교와 도가는 언뜻 보면 천하를 가볍게 여기고 세상을 초극하려 하니 대단히 거대한 배포를 지닌 것처럼 보인다. 하지만 장재는 그들이 실제로 그렇게 큰 흉금을 지닌 적이 없다고 단언한다. 특히 불교에 대한 비판은 지나칠 정도로 신랄한데, 그 핵심은 그들이 말하는 공이란 실은 죽음에 대한 두려움에 바탕을 두고 그것에 얽매인다는 것이다. 장재는 그 점에서는 장자도 마찬가지라고 했다. 왜 이렇게 도가, 불교를 싸잡아 비판했던 걸까? 아마도 죽음에 대한 두려움에서 출발해 생사에 대한 분별과 집착에서 벗어나려 한 그들의 사고방식이 사회적 삶의 문제에 지극히 무관심하고 소극적인 태도를 낳는다고 생각했기 때문이리라. 살아 있는 한 이 문제에서 누구도 결코 벗어날 수 없는데 말이다. 장재는 불교도들도 사회를 벗어날 수 없는데 실제로는 벗어난 척하는 것이라 여겼다. 그래서 나온 말이 1전을 주면 틀림없이 어지러워질 것이라는 극언이다.

1.5 一市之博, 百步之地可容萬人, 四方必有屋, ⁽¹⁾市官皆居之, 所以平物價, 收滯貨, 禁爭訟, 是決不可闕. 故⁽²⁾市易之政, 非官專欲取利, 亦所以爲民. 百貨亦有全不售時, 官則出錢以留之, 亦有不可買時, 官則出而賣之, 官亦不失取利, 民亦不失通其所滯而應其所急. 故市易之政, 止一市官之事耳, 非王政之事也.[8]

|번역| 시장 하나의 넓이, 백 보의 땅에는 만 명을 수용할 수 있으며 사방에는 틀림없이 가옥이 있어 시장을 관리하는 관원들이 모두 거기에 거주한다. 물가를 안정시키고, 오래 묵은 물품을 거두어들이며, 다툼을 금하는 것이 결코 부족해서는 안 된다. 그러므로 교역에 대한 관리는 관에서 오로지 이익만 취하려고 하는 일이 아니라 백성을

[8] (1)市官, 시장을 관리하는 관원. (2)市易, 시장에서의 교역.

위하는 일이다. 갖가지 물품도 전부 팔리지 않을 때가 있는데, 관에서는 돈을 내어 그것을 거두어들인다. 또 구매할 수 없을 때도 있으니, 관에서는 물품을 내어 그것을 판다. 관에서도 이익 취득을 놓치지 않고, 백성도 그 묵은 물품을 유통하고, 그 급한 일에 대한 대응을 놓치지 않는다. 그러므로 교역에 대한 관리는 단지 시장을 관리하는 관원의 일일 뿐, 왕정(王政)의 일은 아니다.

┃해설┃ 시장을 관리하는 관원의 정신과 책무를 설명했다. 이 관원에게 가장 요구되는 정신은 백성을 위한다는 생각이다. 그다음으로는 물품을 시장에서 매매하는 백성의 수요와 공급 상황을 정확히 파악하여 적시 적소에 시장에 개입함으로써 백성들의 편의를 보장해 주고 아울러 관에서도 적당한 이익을 취하는 것이다.

1.6 井田至易行, 但朝廷出一令, 可以不笞一人而定. 蓋人無敢據土者, 又須使民悅從, 其多有田者, 使不失其爲富. 借如大臣有據土千頃者, 不過封與五十里之國, 則已過其所有; 其他隨土多少與一官, 使有租稅人不失故物. 治天下之術, 必自此始. 今以天下之土[1]碁畫分布, 人受一方, 養民之本也. 後世不[2]制其產, 止使其力, 又反以天子之貴專利, 公自公, 民自民, 不相爲計. [3]"百姓足, 君孰與不足! 百姓不足, 君孰與足!" 其術自城起, 首立四隅; 一方正矣, 又增一表, 又治一方, 如是, 百里之地不日可定, 何必毀民盧舍墳墓, 但見表足矣. 方既正, 表自無用, 待[4]軍賦與治[5]溝洫者之田各有處所不可易, 旁加損井地是也. 百里之國, 爲方十里者百, 十里爲[6]成, 成出[7]革車一乘, 是百乘也. 然開方計之, 百里之國, 南北東西各三萬步, [8]一夫之田爲方步者萬. 今聚南北一步之博而會東西三萬步之長, 則爲方步者三萬也, 是三夫之田也; 三三如九, 則百里之地得

九萬夫也. 革車一乘, 甲士三人, 步卒七十二人, 以乘計之, 凡用七
萬五千人, 今有九萬夫, 故百里之國亦可言(十)[千]⁹乘也, 以地計之,
足容車千乘. 然取之不如是之盡, 其取之亦什一之法也, 其間有山
陵林麓不在數.¹⁰

|번역| 정전제는 지극히 행하기 쉽다. 조정에서 명령을 내리기만 하면 한
사람도 볼기를 치지 않고 확정할 수 있다. 대체로 사람 중에 감히 토
지를 점유하는 자는 없도록 하되, 백성들도 기뻐하며 따르도록 해
야 하고, 전답을 많이 소유한 자들도 그 부를 잃지 않도록 해야 한
다. 만약 천 경(頃)이 되는 토지를 점유한 대신에게 50리의 나라를
분봉해 줄 뿐이라고 해도 이미 그가 지닌 것을 넘어선다. 다른 경우
에도 토지의 많고 적음에 따라 관직을 하나씩 주어 조세를 걷는 사
람이 옛 재물을 잃지 않도록 한다. 천하를 다스리는 방법은 반드시
여기에서 시작해야 한다. 지금 천하의 토지를 바둑판처럼 경계를
나누어 분포시켜 사람들이 1방(方)을 받도록 하는 것은 백성을 기르
는 근본이다. 그런데 후대에는 백성들의 생업을 만들어 주지 않고

---

9 〈중화 주석〉 '千'은 곱해서 얻은 수에 근거해 고쳤다.
10 (1)棊畫, 棋畫. 바둑판처럼 종횡으로 열을 지어 경계를 분명히 하다. (2)制其産, 백성들
이 생산할 것을 만들어 주다, 즉 생업을 마련해 주다. (3)『論語』, 「顏淵」, 애공이 유약에
게 물었다. "흉년이 들어서 국가의 재용이 부족한데 어떻게 해야 되겠습니까?" 유약이
대답했다. "왜 10분의 1을 취하는 철법을 시행하지 않으십니까?" 애공이 말했다. "10분
의 2도 나는 부족한데 어떻게 철법을 시행하겠습니까?" 유약이 대답했다. "백성이 풍족
하면 임금께서 어찌 부족하실 수 있겠습니까? 백성이 풍족하지 못하면 임금께서 어찌
풍족하실 수 있겠습니까?"(哀公問於有若曰: "年饑, 用不足, 如之何?" 有若對曰: "盍徹乎?"
曰: "二, 吾猶不足, 如之何其徹也?" 對曰: "百姓足, 君孰與不足, 百姓不足, 君孰與足?") (4)軍
賦, 군사상 필요에 의해 징발하는 세금이나 요역. (5)溝洫, 길가나 논밭 사이에 있는 작
은 도랑. (6)成, 사방 십리의 땅을 가리킨다. (7)革車, 병거(兵車), 즉 전차를 뜻한다. (8)
一夫, 여기서는 농부 한 명을 가리킨다.

단지 백성의 노동력만을 사용했다. 또 도리어 천자의 존귀함으로 이익을 독점하여 공(公)은 공(公)이요, 백성은 백성으로 분리되어 서로를 위해 도모하지 않게 되었다. "백성이 풍족하면 임금께서 어찌 부족하실 수 있겠습니까? 백성이 풍족하지 못하면 임금께서 어찌 풍족하실 수 있겠습니까?"라고 했다. 그 방법은 성(城)에서부터 시작하니, 우선 사방을 세운다. 1방이 바르게 되면 다시 표본을 하나 증설해, 다시 1방을 정리한다. 이렇게 하면 백 리의 땅이 얼마 지나지 않아 정해질 수 있다. 백성의 가옥과 분묘를 허물 필요가 어디에 있겠는가? 다만 표본을 보이면 충분하다. 방(方)이 바르게 되었을진대 표본은 자연히 필요가 없어진다. 군역과 도랑 치는 데 필요한 전답은 각기 정해진 곳이 있어 바꿀 수 없으니, 그 옆에 정전(井田)을 가감하면 된다. 백 리의 나라는 사방(方) 10리인 것이 백 개요, 10리는 성(成)이요, 성(成)은 전차 1승(一乘)을 내니, 이는 백승(百乘)이다. 그런데 방(方)을 터서 계산해 보면 백 리의 나라는 남북과 동서로 각각 3만 보(步)이고, 농부 한 명의 전답으로 사방 1보인 것이 만 개다. 지금 남북으로 1보의 넓이를 모으고 동서로 3만 보의 길이를 합치면, 사방 1보인 것이 3만 개이니, 이는 농부 3명(三夫)의 전답이다. 3×3＝9이니, 백 리의 땅은 9만 명을 얻는다. 전차 1승은 갑옷 입은 병사 3명에, 보병 72명이니, 승(乘) 수로 계산하면 모두 7만 5천 명을 이용한다. 지금 9만 명의 농부가 있으니, 백 리의 나라도 천승(千乘)을 말할 수 있는 것이다. 땅으로 계산하면 족히 전차 천승을 수용할 수 있다. 그렇지만 세금을 취하는 일은 그렇게 극진히 하지는 않으니, 그 취하는 것은 10분의 1의 세법이요, 그 사이에 있는 산릉이나 산림은 계산에 넣지 않는다.

|해설| 장재는 정전제가 단지 이상이 아니라 실현 가능함을 굳게 믿었다. 위의 비교적

긴 글을 통해 이 점을 알 수 있는데 그 골자를 요약하면 다음과 같다. 첫째, 정전제가 별다른 저항 없이 실현될 수 있는 온건한 방법을 제시했다. 토지를 많이 소유한 자들에게 특정 지역을 분봉(分封)하거나 관직을 줌으로써 그들의 부를 유지시켜 주는 것이 그것이다. 둘째, 경작지를 균등하게 분배하여 백성을 풍족하게 하는 것은 백성을 돌보고, 사회(公)와 백성을 유기적으로 결합하게 하는 기본적 방법임을 역설하였다. 셋째, 정전제를 일시에 전면적으로 시행하기보다는 1방씩 차례로 표본을 세워 점진적으로 추진해 나갈 것을 주장했다. 넷째, 사방 백리의 나라도 정전제 시행으로 인구를 밀집시키면 천승(千乘)의 나라와 같은 강대국이 될 수 있다고 주장했다.

1.7 (1)"廛而不征", 廛者猶今之(2)地基錢也. 蓋貯物之地, 官必取錢, 不征者, 不稅斂之也. "法而不廛", 法者, 治之以市官之法而已. 廛與不廛, 亦觀臨時如何, 逐末者多, 則廛所以抑末也, 逐末者少, 不必廛也.[11]

| 번역 | "시장에서 자리에 대해서는 돈을 받지만, 자릿세를 징수하지는 않는다"고 했다. 전(廛)이란 오늘날의 성곽의 시장 상인에게 거두는 돈(地基錢)이다. 대개 물품을 쌓아 둔 곳에 대해 관에서는 반드시 돈을 받는데, 징수하지 않음이란 세금으로 거두지는 않음을 뜻한다. "법에 따라 자리에 대한 돈을 받지 않는다"고 했다. 법(法)이란 시장을 관리하는 관원의 법으로 다스리는 것일 따름이다. 자리에 대한 돈을 받고 받지 않음은 직면한 시기가 어떤지를 봐야 한다. 말단인 상

11 (1)『孟子』,「公孫丑上」, "시장에서 물품을 쌓아 둘 수 있는 자리를 제공할 뿐 자릿세를 징수하지 않고, 법에 정해진 가격에 따라 물건을 사들여 물품이 한곳에 오랫동안 적체되지 않도록 한다면, 천하의 상인들이 모두 기뻐하면서 그 시장에 물건을 쌓아 놓고 싶어 할 것이다."(市, 廛而不征, 法而不廛, 則天下之商皆悅, 而願藏於其市矣.) (2)地基錢, 송대에 성곽 안 시장 상인에게 받던 돈.

업을 좇는 자가 많으면 자리에 대한 돈을 받는 것은 말단을 억누르기 위함이요, 말단을 좇는 자가 적으면 반드시 자리에 대한 돈을 받을 필요는 없다.

|해설| 시장에서 상인이 자리를 사용하는 문제에 대한 맹자의 말을 인용해 장재 자신의 의견을 제시하였다. 그런데 위 조목에서 전(廛)에 대한 장재의 해석은 일반적이지 않다. 일반적으로 전(廛)은 시장 상인이 물건을 쌓아 두는 곳으로 풀이된다. 따라서 일반적으로는 "廛而不征"은 "물품을 팔 자리를 내어 주고 자릿세를 징수하지는 않는다"는 뜻으로, "法而不廛"은 "법에 따라 관에서 상인의 물품을 사들여 오랫동안 상인들이 물건을 쌓아 두는 일이 없게 한다"는 뜻으로 해석된다. 그런데 장재는 전(廛)을 시장 상인의 자리에 대해 돈을 받는다는 뜻으로 해석했다. 이로 인해 "廛而不征"은 자리에 대해 돈을 받기는 하지만 세금의 명목으로 징수하지는 않는다는 뜻이 되고, "法而不廛"은 법에 따라 상인의 자리에 대한 돈을 받지 않는다는 뜻이 된다. 나아가 장재는 상인의 자리에 대해 돈을 받거나 받지 않는 것을 상업에 종사하는 이들이 얼마나 많으냐에 따라 달리 판단해야 할 것으로 보았다. 유자는 사익을 추구하기 쉬운 상업을 엄격히 통제해야 할 것으로 여긴다. 그래서 상업에 종사하는 자가 많으면 자리에 대한 돈을 받고, 적으면 자리에 대한 돈을 받지 않아도 무방하다고 했다.

1.8 既使爲[1]采地, 其所得亦什一之法. 井取一夫之出也, 然所食必不得盡, 必有常限, 其餘必歸諸天子, 所謂貢也. 諸侯卿大夫采地必有貢, 貢者必於[2]時享, 天子皆廟受之, 是[3]"四海之內各以其職來祭."之義. 其貢亦有常限, [4]食采之餘, 致貢外必更有餘, 此所謂天子[5]幣餘之賦也. 以此觀之, 古者天子既不養兵, 財無所用, 必大[6]殷富, 以此知井田行, 至安榮之道. 後世乃不肯行, 以爲至難, 復以天子之威而斂奪人財, [7]汲汲終歲, 亦且不足.[12]

|번역| 채읍(采邑)을 운영할지라도 거기서 얻는 것 또한 10분의 1의 세법을 적용했다. 정전(井田)에서는 농부 한 명이 산출한 것을 취하지만, 먹는 것은 반드시 다 먹을 수 없고, 반드시 일정한 제한이 있어, 그 나머지는 반드시 천자에게로 돌아가니, 이른바 공물(貢)이다. 제후와 경대부의 채읍에도 반드시 공물이 있었으며, 공물은 반드시 종묘의 사계절 제사에 바쳐졌고 천자는 그것들을 모두 종묘에서 받아들였다. 이것이 "사해 안 사람들이 각기 자신의 직분을 다해 그 제사를 도왔다"라는 구절의 의미이다. 그 공물로 바치는 일에도 일정한 제한이 있었으니, 채읍의 세금으로 먹고 남아 공물로 바치는 것 외에도 틀림없이 남은 것이 있으니, 이것이 이른바 천자가 쓰고 남은 조세이다. 이를 통해 보건대 고대에 천자는 군대를 육성하지 않아 재물은 쓸 데가 없었으니, 틀림없이 크게 유복했을 것이다. 또 이를 통해 정전제가 행해지는 것은 지극히 평안하고 영예로운 길이었음을 알 것이다. 후세에는 행하려 하지 않으면서 이를 지극히 어렵다고 여기고, 또한 천자의 위세로 타인의 재산을 거두어 탈취하기를 한평생 목마르게 구하면서도 부족하다고 여긴다.

|해설| 정전제가 지극히 평화롭고 영예로운 길임을 역설하고 있다. 경대부의 경우 농부가 산출한 생산품을 다 자신의 것으로 누릴 수는 없고, 반드시 천자에게 일정량의 공물을 바친다. 천자도 공물을 아무 제한 없이 받아들이는 것이 아니었다. 무엇보다 군대를 육성하지 않았기 때문에 많은 재물이 필요 없었다. 요컨대 정

---

12 (1)采地, 고대에 제후가 경대부에게 분봉해 준 땅으로 채읍(采邑)이라고도 했다. (2)時享, 종묘에서 사계절마다 지내는 제사. (3)『孝經』,「聖治」, "옛날에 주공이 교외에서 제사를 지낼 때 후직으로 하늘과 함께 제사 지냈고, 명당에서 제사를 지낼 때 주공을 상제와 함께 제사 지냈다. 그리하여 사해 안 사람들이 각기 자신의 직분을 다해 그 제사를 도왔다."(昔者周公郊祀後稷以配天, 宗祀文王於明堂, 以配上帝. 是以四海之內, 各以其職來祭.) (4)食采, 채읍의 세금으로 먹는 것. (5)幣餘, 여기서 폐(幣)는 폐(敝)의 뜻. 쓰고 남은 것. (6)殷富, 유복하다. (7)汲汲, 목마르게 구하다.

전제는 모두가 풍요로워질 수 있는 길이라는 것이다.

1.9 卿大夫采地・⁽¹⁾圭田, 皆以爲⁽²⁾永業, 所謂世祿之家. 然古者世祿之家必不如今日之官戶也, 必有法. 蓋舍役者惟老者, 疾者, 貧者, 賢者, 能者, 服公事者, 舍此, 雖世祿之家, 役必不免也明矣.[13]

|번역| 경대부의 채읍과 규전(圭田)은 모두 영업전으로 삼으니, 이른바 대대로 녹을 먹는 집안(世祿之家)이다. 하지만 고대에 대대로 녹을 먹는 집안은 틀림없이 오늘날의 벼슬하는 집안보다 못했던 것은 반드시 법에 근거가 있다. 부역이 면제되는 자는 오직 늙은이, 병든 자, 가난한 자, 현자, 능력 있는 자, 공적인 일에 봉사하는 자였으니, 이들을 제외하고는 대대로 녹을 먹는 집안이라고 하더라도 부역은 틀림없이 면할 수 없었음이 분명하다.

|해설| 관료제 사회의 관료들이 봉건제 사회의 경대부보다 훨씬 더 특혜가 많다고 주장하였다. 고대에는 경대부일지라도 부역의 의무가 면제되지 않았기 때문이다.

1.10 井田亦無他術, 但先以天下之地棊布畫定, 使人受一方, 則自是均. 前日大有田産之家, 雖以田授民, 然不得如⁽¹⁾分種・如⁽²⁾租種矣, 所得雖差少, 然使之爲⁽³⁾田官以掌其民. 使人旣喩此意, 人亦自從, 雖少不願, 然悅者衆而不悅者寡矣, 又安能每每恤人情如

---

[13] (1)圭田, 제사 물품을 생산하는 전답. (2)永業, 영업전(永業田). 일반적으로 부자 사이의 상속이 보장된 전답.

此! 其始雖分公田與之, 及一二十年, 猶須別立法. 始則因命爲田官, 自後則是擇賢. 欲求古法, 亦先須熟觀文字, 使上下之意通貫, 大其胸懷以觀之. 井田卒歸於[(4)]封建乃定. 封建必有大功德者然後可以封建, 當未封建前, 天下[(5)]井邑當如何爲治? 必立田大夫治之. 今旣未可議封建, 只使守令終身, 亦可爲也. 所以必要封建者, 天下之事, 分得簡則治之精, 不簡則不精, 故聖人必以天下分之於人, 則事無不治者. 聖人立法, 必計後世子孫, 使周公[(6)]當軸, 雖攬之, 有何害? 豈有以天下之勢不能正一百里之國, 使諸侯得以交結以亂天下! 自非朝廷大不能治, 安得如此? 而後世乃謂秦不封建爲[(7)]得策, 此不知聖人之意也.[14]

| 번역 | 정전(井田)제에 별다른 방법은 없다. 다만 우선 천하의 땅을 바둑판처럼 펼쳐 경계를 나누어 확정하여 사람들이 1방(方)을 받도록 하면 자연히 균등해진다. 예전에 거대한 전답을 소유했던 집안은 전답을 백성들에게 주었지, 소작인을 부르거나 토지를 세주어 경작하지 못하도록 했다. 비록 소득은 약간 적었지만, 농관(田官)이 되어 백성을 관장하도록 했다. 사람들에게 그 뜻을 알도록 하니, 사람들도 자연히 따르고 소수는 원하지 않겠지만, 기뻐하는 자는 많고 기뻐하지 않는 자는 적을 것이다. 하지만 어찌 매번 그렇게 인정을 고려할 수 있겠는가! 최초에는 공전(公田)을 나누어 주지만, 10년, 20년이 되면 따로 법을 세워야 한다. 최초에는 농관을 임명하지만 나중에는 현

14 (1)分種, 소작인을 불러 경작함. (2)租種, 토지를 세주어 경작함. (3)田官, 농사, 농업세 등을 관장하는 관리. (4)封建, 큰 공을 세워 땅을 분봉 받아 나라를 세우는 것을 뜻한다. (5)井邑, 도시와 향촌. (6)當軸, 주축을 맡는다, 즉 요직을 맡는다. (7)得策, 책략을 얻다, 책략이 합당하다.

자를 선택한다. 옛 법에서 구하고자 한다면 우선 글을 익숙하게 보아, 위아래의 뜻을 관통시켜 흉금을 크게 가지고 보아야 한다. 정전(井田)은 결국은 봉건제(封建)로 귀착되어야 정해진다. 봉건제는 반드시 큰 공덕을 지닌 자가 있어야만 봉건제를 시행할 수 있다. 봉건제를 시행하기 전에 천하의 도시와 향촌을 어떻게 다스리겠는가? 반드시 전답을 관장하는 대부를 세워 다스려야 한다. 지금 봉건제를 논의할 수 없다면 다만 수령이 종신토록 하게 해도 될 것이다. 봉건제를 할 필요가 있는 까닭은 이렇다. 천하의 일은 간단하게 나누면 다스림이 정밀해지고, 간단하게 나누지 못하면 정밀하게 다스리지 못하게 된다. 그러므로 성인은 반드시 천하를 사람들에게 나누어 주니, 그러면 일은 다스려지지 않는 것이 없게 된다. 성인은 법을 세울 때 반드시 후대 자손을 헤아린다. 주공이 요직을 맡아 독점한다 하더라도 무슨 해가 될 게 있었겠는가? 어찌 천하의 기세로 백 리의 땅도 바로잡을 수 없고, 제후들이 결탁하여 천하를 어지럽히는 일이 있겠는가! 조정에서 크게 다스릴 수 없는 것이 아니라면 어찌 그럴 수 있겠는가? 그런데 후대에는 진나라가 봉건제를 시행하지 않은 것을 합당한 책략이었다고 말하는데, 이는 성인의 뜻을 모르는 것이다.

| 해설 | 전반부에서는 앞선 조목들에서 말했던 것처럼 정전제 시행의 방법에 대해 말하였다. 하지만 중반 이후부터는 장기적으로 볼 때 정전제가 안정적으로 시행되기 위해서는 봉건제가 부활해야 함을 주장하고 있다. 봉건제란 주나라 때 주 왕실이 친척이나 큰 공을 세운 사람을 각지에 분봉하여 다스리게 한 제도를 가리킨다. 장재는 이 제도가 지닌 장점을 부각시킨다. 공덕을 지닌 여러 사람이 각 지역을 나누어 다스리면 다스리는 일이 훨씬 더 간단하면서도 정밀할 수 있다는 점이 그렇다는 것이다. 중국이 일찌감치 관료사회로 진입했던 점을 고려해 지방 관료들이 이 역할을 할 수도 있다고 말한다. 그리고 그런 맥락에서 진나라 이

후의 군현제를 비판한다. 이렇게 장재가 봉건제를 주창한 것을 이 책 서두에서 장다이녠은 송 왕조의 특수한 상황과 연결지어 설명했다. 당나라 때 번진(藩鎭) 할거가 가져온 폐해를 없애기 위해 송나라 때는 중앙집권을 강화했는데, 이로 인해 지방 권력이 지나치게 약화되고 전체적으로는 국방의 약화를 초래하게 됨으로 인해 장재가 봉건제를 주창하게 되었다는 것이다.

1.11 人主能行井田者, 須有仁心, 又更强明果敢及宰相之有才者. 唐太宗雖英明, 亦不可謂之仁主; (1)孝文[15]雖有仁心, 然所施者淺近, 但能省刑罰, 薄稅斂, 不慘酷而已. 自孟軻而下, 無復其人. 揚雄擇聖人之精, 艱難而言之正, 止得其淺近者, 使之爲政又不知如何, 據此所知, 又不遇其時, 無所告訴. 然揚雄比董生孰優? 雄所學雖正當, 而德性不及董生之博大, 但其學差溺於『公羊』讖緯而已.

|번역| 군주 중에 정전제를 행할 수 있는 자는 인한 마음(仁心)이 있어야 하고, 또한 강건하고 총명하고 과감하며 재상 가운데 재주를 지닌 자가 있어야 한다. 당 태종은 영명했으나 인한 군주였다고 말할 수는 없다. 당의 효문제는 인한 마음은 있었으나 시행한 것들이 모두 천근하여 단지 형벌을 줄이고 세금을 가볍게 하고 잔혹하지 않았을 따름이다. 맹자 이후로 그와 같은 사람은 없었다. 양웅은 성인의 정수를 가려내 어려움 속에서도 말이 올발랐으나, 단지 그 천근한 것을 얻었으니, 그가 정치를 하도록 했다면 어떻게 되었을지 알 수 없다. 이 아는 것에 근거했으나 또 때를 만나지 못해 알려 줄 곳이 없었다.

---

15 (1)孝文, 당 덕종(德宗) 이괄(李适, 742~805)을 가리킨다. 재정 상태를 개선하고 세법을 개혁했으며, 상업을 진흥시켜 당의 중흥을 이끌었으나 환관을 중용해 당 멸망의 계기를 만들기도 했다.

그런데 양웅과 동중서 중에서 누가 더 나을까? 양웅이 배운 것은 바르고 합당했지만, 덕성은 동중서의 넓고 큰 것에 미치지 못했다. 다만 동중서가 배운 것은 『춘추공양전』과 참위설에 빠졌을 따름이다.

| 해설 | 정전제와 같은 유학의 이상적인 경제제도를 정착시키려면 군주는 어진 마음뿐 아니라 강건한 기질, 총명한 지혜, 과감한 추진력 등이 겸비되어야 함을 말한 뒤에 당 태종과 당 효문제를 평가했다. 그 둘은 모두 당대의 유능한 군주였으나 정전제를 시행할 만한 덕과 재주를 겸비하지는 못했다고 했다. 또 맹자 이후로는 재주가 출중한 인재가 없었다고 하면서 양웅과 동중서를 비교했다. 양웅은 학문은 올발랐으나 덕은 동중서에 못 미친다고 했는데, 학문이 올발랐다는 평가는 그가 『주역』을 모방해 『태현경』을, 『논어』를 모방해 『법언』을 저술한 것을 가리키는 것 같고, 덕이 못 미친다는 말은 예컨대 왕망이 세운 신(新)나라에서 대부로 지낸 것을 염두에 두고 한 말인 것 같다.

1.12 婦人之拜, 古者首低至地, (1)肅拜也, [16] 因肅遂屈其膝. 今但屈其膝, 直其身, 失其義也.

| 번역 | 부녀자의 절은 고대에는 머리를 땅에 닿도록 숙였으니, 숙배(肅拜)이다. 공경함으로 인해 무릎을 굽혔다. 오늘날에는 단지 무릎을 굽힐 뿐 몸은 곧게 세우니 그 의리를 잃은 것이다.

| 해설 | 숙배가 무엇을 뜻하는지에 관한 장재의 설명인데, 이에 대해서는 다른 해설도 있다. 예컨대 주희는 머리를 숙이지 않는 것을 숙배라고 했다. 『朱子語類』 권91, "물었다. '고대에 부녀자는 숙배를 바른 것으로 여겼는데, 숙배란 무엇을 말합니까?' 말씀하셨다. '꿇어앉아 두 손을 아래로 향하고 두 무릎은 가지런히 굽히며,

---

16 (1)肅拜, 무릎을 꿇고 앉아 두 손을 아래로 향하며 절을 하는 것을 가리킨다. 肅은 여기서 엄숙함, 공경함을 뜻한다.

손은 땅에 닿도록 하되 머리는 아래로 숙이지 않는 것이 숙배이다.'"(問: 古者婦人以肅拜爲正, 何謂肅拜? 曰: 跪而擧下手兩膝齊跪, 手至地而頭不下爲肅拜.)

1.13 一畝, 城中之宅授於民者, 所謂⁽¹⁾廛里, 國中之地也. 百家謂之廛, 二十五家爲里, 此無征. 其有未授閑宅, 區外有占者征之, "⁽²⁾什一使自賦"也.¹⁷

|번역| 1무(畝)는 백성에게 준 성 안의 택지요, 전리(廛里)라는 것은 수도 안의 땅이다. 100집을 전(廛)이라고 부르고 25집을 리(里)라고 하는데, 그것에 대해서는 징세하는 일이 없다. 주지 않아 노는 주택이 있는데, 상점 구역 밖에서 그것을 점유한 자에 대해서는 징세를 했으니, "10분의 일을 스스로 납부하도록 하였다."

|해설| 주나라 때의 무(畝), 전리(廛里) 등에 대한 설명이다. 장재는 전리(廛里)를 앞서 나온 전(廛)에 대한 설명과 유사하게 도시의 상점이 늘어선 구역으로 이해했으며, 그것에 대해서는 징세를 하지 않으나, 그 구역 밖 빈 주택을 점유한 자에 대해서는 맹자의 구절을 인용해 10분의 1 세금을 납부하도록 했다고 설명했다.

1.14 五畝, ⁽¹⁾國宅,¹⁸ 城中授於士者五畝, 以其父子異宮, 有東宮西宮, 聯兄弟也, 亦無征. 城外郭內授於民者亦五畝, 於公無征.

---

17 (1)廛里, 일반적으로는 고대에 도시 주민들의 주택에 대한 총칭이다. 또 상점 구역에 대한 통칭이기도 한데, 장재는 후자의 뜻으로 이 어휘를 쓴 것으로 보인다. (2)什一使自賦, 『孟子』, 「滕文公上」, "농촌에서는 9분의 1을 거두는 조법을 시행하시고, 도시에서는 10분의 1을 스스로 납부하게 하십시오."(請野九一而助, 國中什一使自賦.)
18 (1)國宅, 도시의 관에서 소유한 가옥으로 관리들이 다스리던 곳을 말한다.

| 번역 | 5무는 도시의 관에서 소유한 가옥으로 성 안의 사(士)에게 주는 것이 5무였다. 아버지와 아들이 가옥을 달리했으므로 동궁(東宮), 서궁(西宮)이 있어 형제를 연결하되 역시 징세를 하지 않았다. 내성 바깥 외곽 안에 살던 백성들에게 준 것도 5무였으며, 공공의 것에 대해서는 징세를 하지 않았다.

1.15 十畞, ⁽¹⁾場圃所任⁽²⁾園地也, 『詩』"⁽³⁾十畞之間"此也, 不獨⁽⁴⁾築場納稼, 亦可⁽⁵⁾毓草木也.¹⁹ 城在郭外,²⁰ 征之二十而一, 蓋中有五畞之宅當受而無征者, 但五畞外者出稅耳.

| 번역 | 10무는 채소 재배에 할당된 농원으로, 『시경』의 "십무지간(十畞之間)"이 그것이다. 터를 다져 곡식을 수확할 뿐 아니라 초목을 기를 수도 있었다. 성의 외곽에 있으면 20분의 1을 징세했다. 그중에는 5무의 택지로 마땅히 징수해야 하지만 징세하지 않는 것도 있고, 다만 5무 이상의 것에 대해서는 세금을 매겼다.

| 해설 | 성 외곽 10무의 땅 농지에 대해서는 세금으로 20분의 1을 거두었다.

1.16 二十五畞, ⁽¹⁾宅田·士田·賈田所任近郊之地也, 孟子曰: "⁽²⁾餘夫二十五畞"此也. 宅田, 士之在郊之宅田也; 士田, 士所受圭田也, 兼宅田, 共五十畞; 賈田, 賈者所受之田. 孟子曰: "卿以下有圭田五十畞", 此言士者, 卿士通言之.²¹

---

19 (1)場圃, 채소를 심는 곳. (2)園地, 농원, 과수원. (3)十畞之間, 『詩經』, 「國風」, 「魏風」에 '십무지간(十畞之間)'이라는 제목의 시가 있다. (4)築場, 터를 다진다. (5)毓, 기른다(育).
20 〈중화 주석〉 주식(朱軾)의 판본에는 '城'이 '地'로 되어 있다. '外'는 '內'의 오자인 듯하다.

|번역| 25무는 택전(宅田), 사전(士田), 가전(賈田)으로 할당된 근교의 땅이었다. 맹자가 말한 "여부(餘夫)는 25무를 받는다"는 것이 그것이다. 택전은 경사(卿士)들이 근교에서 퇴직 후에 받는 전답이다. 사전(士田)은 경사들이 제사 물품 마련을 위해 받는 규전(圭田)으로 택전과 합하면 총 50무이다. 가전(賈田)은 상인들이 받는 전답이다. 맹자는 "경 이하로는 제사를 받드는 데 쓰이는 규전이 있다"고 했는데, 여기서 말하는 사(士)란 경대부와 사를 통칭하는 말이다.

|해설| 서주 시대에 경대부와 사(士)는 퇴직 후에 받는 전답, 제사 물품 마련을 위한 전답을 합쳐 50무씩 받았고, 상인은 따로 전답을 받았다.

1.17 五十畝, 官田·牛田·賞田·牧田者所任遠郊之地也. 官田, 庶人在官者之田; 牛田, 牧公家牛之田; 賞田, 賞賜之田; 牧田有二; 牧
(1)六畜²²者一也, 授於鄕民者一也. 此四者皆以五十畝爲區, 賞田以厚薄多寡給之.

|번역| 50무는 관전(官田), 우전(牛田), 상전(賞田), 목전(牧田)으로 할당된 먼 교외의 땅이다. 관전(官田)은 서인으로서 관에 있는 자가 받는 전답이다. 우전(牛田)은 공공기관에서 소를 기르는 데 쓰이는 땅이다. 상전(賞田)은 상으로 내리는 전답이다. 목전(牧田)에는 두 종류가 있다. 육축(六畜)을 기르는 것이 그 하나요, 향촌 백성에게 주는 것이 다른

---

²¹ (1)宅田, 관리가 퇴임 이후, 생활을 위해 지급받는 토지. (2)餘夫二十五畝, 『孟子』, 「滕文公上」, "경 이하로는 반드시 제사를 받드는 데 쓰이는 규전이 있는데, 규전은 50무를 받고, 여부는 25무를 받습니다."(卿以下必有圭田, 圭田五十畝, 餘夫二十五畝.) 여부(餘夫)는 전답을 받을 수 있는 한 집당 한 사람 이외의 노인이나 어린아이를 가리킨다.
²² (1)六畜, 여섯 종류의 가축. 소, 말, 돼지, 양, 닭, 개를 포함한다.

하나이다. 이 네 가지는 모두 50무를 구역으로 하되, 상전(賞田)은 공의 두텁고 얇고 많고 적음에 따라 주었다.

|해설| 교외의 먼 곳에 있는 땅에는 관아 소속 서인들의 땅, 소를 키우는 땅, 향촌 백성에게 주는 땅, 상으로 내리는 땅이 있었다.

1.18 百畝, 鄕民所受井田不易者也. 此鄕田百畝, 兼受牧田五十畝, 故 ⁽¹⁾其征二十而三.[23]

|번역| 100무는 향촌의 백성들이 받는 정전(井田)으로 바뀌지 않는 것이다. 이 향촌의 정전 100무와 함께 목전(牧田) 50무를 받았다. 그러므로 징세는 20분의 3이었다.

1.19 百五十畝, 田百畝, ⁽¹⁾萊五十畝. ⁽²⁾遂人職曰: "⁽³⁾夫廛, 餘夫亦如 之", 廛者, 統百畝之名也. 又有萊五十畝, 可薪者也. 野曰萊, 鄕曰 牧, 猶⁽⁴⁾民與氓之別.[24] 其受田之家, 耕者之外猶有餘夫, 則受

---

23 (1)其征二十而三, 『孟子』, 「滕文公上」, "사방 1리로 정전을 만듭니다. 정전 하나는 9백 무이고, 그 한가운데는 공전입니다. 여덟 집이 각기 100무의 사전을 갖고, 함께 공전을 경작합니다."(方里而井, 井九百畝, 其中爲公田. 八家皆私百畝, 同養公田.) 따라서 정전에 대한 세금은 10분의 1이다. 목전에 대한 세금은 20분의 1이고, 그러므로 총 20분의 3이다.

24 (1)萊, 묵히거나 돌아가며 휴경(休耕)하는 전답. (2)遂人, 주대에 수도 100리 밖, 200리 안의 토지와 백성을 관장하던 관직. (3)夫廛, 餘夫亦如之: 『周禮』, 「地官」, 「遂人」, "상품의 땅의 경우에는 한 사람에게 전(廛) 하나를 주고, 전답은 100무에 묵힌 땅 50무를 주었으며, 여부(餘夫)도 그렇게 주었다."(上地, 夫一廛, 田百畝, 萊五十畝, 餘夫亦如之.) (4)民與氓之別, 맹(氓)은 민(民)과 마찬가지로 백성이지만, 주로 외지에서 유입된 백성을 가리킨다.

二十五畝之田, 萊亦半之, 故曰"亦如之", 其征二十而三.

|번역| 150무는 전답이 100무에, 묵힌 땅이 50무이다. 수인(遂人)의 직책에
이르기를 "무릇 전(廛)은 여부(餘夫)에게도 그렇게 주었다"고 했다.
전(廛)이란 100무의 통칭이다. 또한 휴경지 50무가 있으니 땔나무를
취할 수 있는 곳이다. 들(野)의 경우에는 묵힌 땅(萊)이라고 불렀고
향촌(鄕)의 경우에는 목전(牧)이라 불렀으니, 이는 민(民)과 맹(氓)의
차이와 같다. 그 전답을 받은 집에는 경작하는 자 외에 여부(餘夫)도
있었으니, 그들은 25무의 전답을 받았고, 묵힌 땅도 절반을 받았다.
그래서 "그들도 그렇게 주었다(亦如之)"고 했다. 그것에 대한 징세는
20분의 3이었다.

|해설| 『주례』의 "夫廛, 餘夫亦如之"에서 전(廛)은 보통 도시에서 평민이 받는 택지를 뜻
하는 것으로 이해된다. 그러나 장재는 전(廛)을 100무의 통칭이라 하여 전답을
가리키는 것으로 본 듯하다.

1.20 ⁽¹⁾二百畝, 田百畝, 萊百畝, 此在二十而三與十二征之間, 必更有
法.²⁵

|번역| 200무는 전답이 100무에 묵힌 땅이 100무였다. 그것에 대한 징세는
20분의 3과 10분의 2 사이에 있었으니, 틀림없이 다른 법이 있었을
것이다.

25 (1)『周禮』, 「地官」, 「遂人」, "중품의 땅은 한 사람에게는 택지 하나를 주었고, 전답 100
무에, 묵힌 땅 100무를 주었고, 여부(餘夫)도 그렇게 주었다."(中地, 夫一廛, 田百畝, 萊百
畝, 餘夫亦如之.)

│해설│ 중품(中品)의 땅이므로 전답과 묵힌 땅을 많이 주었다. "틀림없이 다른 법이 있었을 것"이라는 말은 징세가 20분의 3에서 10분의 2 사이이므로 이에 관한 세칙이 있었을 것이라는 뜻이다.

1.21 ⁽¹⁾三百畝, 田百畝, 萊二百畝者, 其征十二. 以萊田半見耕之田, 通田萊三百畝都計之得十二也. 惟其漆林之征二十而五者, 其上園地, 近郊・遠郊・⁽²⁾甸・⁽³⁾稍・縣・都之漆林也.²⁶

│번역│ 300무는 전답 100무에 묵힌 땅 200무인 것으로 그것에 대한 징세는 10분의 2였다. 묵힌 땅은 반쯤 경작되는 전답이기 때문에, 전답과 묵힌 땅 300무를 통틀어 계산해 10분의 2를 얻었다. 오직 옻나무 숲에 대한 징세만이 20분의 5인 것은 그것이 상품의 원림이기 때문이다. 근교(近郊), 원교(遠郊), 순(甸), 초(稍), 현(縣), 도시(都)의 옻나무 숲이 그랬다.

│해설│ 하품(下品)의 땅이므로 묵힌 땅을 중품의 땅보다 더 많이 주고, 대신 세금은 약간 더 징수했다.

1.22 周制受田自一畝至三百畝, 計九等, 餘夫增減猶在數外耳.

---

26 (1)"하품의 땅은 한 사람에게는 택지 하나를 주었고, 전답 100무에, 묵힌 땅 200무를 주었고, 여부(餘夫)도 그렇게 주었다."(中地, 夫一廛, 田百畝, 萊二百畝, 餘夫亦如之.) (2)甸, 육수(六遂, 도성 100리 밖 200리 안쪽의 땅) 밖의 땅. (3)稍, 도성에서 300리 떨어진 곳의 땅.

| 번역 | 주나라의 제도에서 전답을 받는 일은 1무에서 3백 무에 이르기까지 9등급으로 헤아렸다. 여부(餘夫)의 경우 그 증가와 감소는 이 수치 밖에 있었다.

| 해설 | 9등급이란 앞서 하나씩 거론한 1무, 5무, 10무, 25무, 50무, 100무, 150무, 200무, 300무를 가리킨다.

1.23 國中以免者多, 役者少, 故晚征而早[1]蠲27之; 野以其免者少, 役者多, 故早征而晚蠲之; 貴者·賢者·能者·服公事者·老疾者多居國中, 故免者多.

| 번역 | 도성에는 면제되는 자가 많고 부역하는 자는 적었다. 그래서 늦게 징세하고 일찌감치 징세대상에서 뺐다. 시골에는 면제되는 자가 적고 부역하는 자가 많았다. 그래서 일찌감치 징세하고 늦게 징세대상에서 뺐다. 귀한 자, 현자, 능력 있는 자, 공적인 일에 복무하는 자, 늙고 병든 자는 많은 경우 도성에서 기거했으므로 면제되는 자가 많았다.

| 해설 | 도성의 세금, 부역 부담이 향촌보다 적었다는 사실은 서주가 농사를 위주로 하는 사회였음을 뜻한다. 고대 중국 사회는 농사를 근간으로 하여 나라의 살림이 유지되었다.

1.24 [1]宅不毛者乃郭中受五畝之宅者, 於公則無征. 然其間亦可毓草

---

27 (1)蠲(견), 제거하다, 덜어 내다. 여기서는 징세 대상에서 빼낸다는 뜻이다.

木取利, 但⁽²⁾於里中出布, 止待里中之用也.²⁸

|번역| 택지에 뽕나무와 삼을 심지 않는 자란 곧 성곽 사이에 살면서 5무의
택지를 받는 자로 공공의 것에 대해서는 징세하지 않았다. 그러나
그 사이에 초목을 길러 이익을 취할 수도 있었으니, 다만 1리 25집
기준으로 포를 내어 1리 가운데에서 사용될 수 있도록 했다.

|해설| 『주례』에 따르면 5무의 택지를 받은 자가 뽕나무와 삼을 심지 않을 경우, 벌금을
내게 했다고 한다. 다만 1.14에서 말한 것처럼 공공의 것에 대해서는 징세하지
않았고, 뽕나무나 삼 대신 다른 초목을 길러 이득을 취할 경우는 포로 벌금을 내
도록 했다.

1.25 ⁽¹⁾居於田而不耕者, 出屋中之粟.²⁹

|번역| 전답에 거하면서 경작하지 않는 자는 집안의 곡식을 내도록 했다.

|해설| 옥속(屋粟)은 밭이 있는데 경작을 하지 않는 자에게 세 사람(三夫) 분의 양세(糧
稅)를 부과하는 것을 뜻한다. 한다. 장재는 그것을 집 안에 있는 곡식을 내도록
하는 것이라 설명했다.

---

28 (1)宅不毛者:『周禮』,「地官」,「載師」, "택지에 뽕나무와 삼을 심지 않으면 25집의 세금
을 벌금으로 내게 했다."(凡宅不毛者, 有里布.) (2)於里中出布,『孟子』,「滕文公上」, "사람
들이 사는 곳에서 부포(夫布)와 이포(里布)를 내는 일이 없다면 천하의 백성들이 기뻐
할 것이다."(廛, 無夫裏之布, 則天下之民皆悅.) 부포(夫布)는 직업이 없는 사람에게 한 사
람당 100무에 해당하는 포를 내게 하는 것이요, 이포(里布)는 뽕나무와 삼을 심지 않는
집안에 1리 25집의 기준으로 포를 내게 하는 것이다.
29 (1)『周禮』,「地官」,「載師」, "전답을 경작하지 않는 자는 옥속(屋粟)을 내도록 했다."(凡
田不耕者, 出屋粟.)

1.26 閒民轉移之餘無職事者無所貢, 故[(1)]出夫家之征, 或征其力, 不用力則必有他征, <u>孟子</u>所謂"[(2)]力役之征". 夫者一夫, 家者兼餘夫.[30]

|번역| 한민(閒民)으로 돌아다니는 가운데 직업이 없고 하는 일도 없는 자는 공헌하는 바가 없으므로 부세(夫稅)와 가세(家稅)를 내도록 했다. 혹은 힘을 징발하기도 하는데, 힘을 쓰지 않을 경우에는 반드시 다른 징수의 방법이 있었다. 맹자가 말한 "노역을 징발하는 것"이다. 부세의 부(夫)란 집안의 한 사람(一夫), 가세의 가(家)란 나머지 사람들(餘夫)을 아우른다.

|해설| 서주 시대에는 노동하지 않는 자에게는 100무에 대한 세금을 물리거나 집안의 남성, 수레, 말 등을 내어 요역하게 했다.

1.27 [(1)]旅師[(2)]閒粟野之田者, 有未受而閒者, 或已受之民徙於他處, 或疾病死亡不能耕者, 其民之有力者權耕所出之粟也, 旅師掌而用之. [(3)]耡粟, 助貸於民之粟, 或元有官給之本, 或以屋粟·閒粟貸之, 得其[(4)]興積則平頒之.[31]

---

[30] (1)出夫家之征, 『周禮』, 「地官」, 「載師」, "백성 가운데 직업이 없고 하는 일도 없는 자는 부세(夫稅)와 가세(家稅)를 내도록 한다."(凡民無職事者, 出夫家之征.) 부세(夫稅)란 집안의 한 사람이 받는 100무에 대한 세금이요, 가세(家稅)란 남성과 수레, 말을 내어 요역하는 것을 가리킨다. (2)力役之征, 『孟子』, 「盡心下」, "세금에는 직물을 징수하는 것이 있고, 곡식을 징수하는 것이 있으며, 노역을 징발하는 것이 있다."(有布縷之征, 粟米之征, 力役之征.)

[31] (1)旅師, 주대에 들(野)에서 각종 양세를 모으고 관리하는 관직. 『周禮』, 「地官」, 「旅師」 "여사는 들의 서속, 옥속, 한속을 관장해 모은다."(旅師, 掌聚野之耡粟·屋粟·閒粟.) (2)閒粟, 놀며 일하지 않는 백성이 내는 양세를 가리킨다. (3)耡粟(서속), 정전(井田) 한가운데의 공전(公田)을 함께 경작해 소출한 곡식을 가리킨다. (4)興積, 세금으로 징수하는

| 번역 | 여사(旅師)가 관장하는 들의 전답에서의 한속(閒粟)이란 전답을 받지 못해 노는 자가 있거나, 혹은 이미 받은 백성이 타지로 이사하고, 혹은 질병에 걸리거나 사망하여 경작할 수 없는 경우, 백성 가운데 힘 있는 자가 임시로 소출한 곡식이다. 여사는 그것을 관장해 운용한다. 서속(鋤粟)은 백성에게 빌려 주는 곡식으로, 본디 관에서 공급하는 밑천이 있거나 옥속(屋粟)과 한속(閒粟)으로 빌려준다. 모이게 되면 그것을 균등하게 나누어 준다.

| 해설 | 한속(閒粟)은 보통 놀며 일하지 않는 백성이 내는 양세를 가리키나, 장재는 주나라 때 그것이 노는 땅을 이용해 지은 곡식에 대해 부과하는 세금이라고 했고, 서속(鋤粟)은 보통 공전(公田)을 함께 경작해 소출한 곡식을 가리키나, 장재는 주나라 때 그것이 백성에게 빌려주는 곡식이라고 했다.

1.28 ⁽¹⁾幣, 金・玉・齒・革⁽²⁾泉布之雜名.[32]

| 번역 | 비단, 금, 옥, 짐승 이빨, 피혁은 화폐의 잡다한 명칭이다.

| 해설 | 『주례』에 "사방의 제후들이 비단, 금, 옥, 짐승 이빨, 피혁" 등을 바쳤다는 기록이 나오는데, 장재는 이것들이 화폐의 이름임을 밝혔다.

곡식들을 모으는 것을 가리킨다.

[32] (1)幣, 金・玉・齒・革, 『周禮』「天官」「內府」: 사방의 제후들이 바친 비단, 금, 옥, 짐승 이빨, 피혁, 병기 등 모든 훌륭한 물품들은 내부(內府)에 보관하였다. (凡四方之幣獻之金・玉・齒・革・兵器, 凡良貨賄入焉.) (2)泉布, 화폐를 뜻함. 샘물(泉)처럼 화폐가 각지에 퍼진다(布)는 뜻에서 이런 이름이 붙었다.

1.29 近郊疑亦通謂之國中, 什一使自賦之者, 蓋迫近王城, 未容井授,
故其稅十一以爲正.

| 번역 | 근교는 아마 국중(國中)이라고도 통칭했을 것이다. 10분의 1을 스스로 납부하게 한 것은 왕성에 가까워 정전을 주는 것이 허용되지 않았기 때문이니, 그 세금은 10분의 1을 바른 것으로 삼았다.

| 해설 | 『맹자』에 "국중에서는 10분의 1을 스스로 납부하게 하십시오(請野九一而助, 國中什一使自賦)"라는 말이 나온다. 장재는 '국중'이 근교를 뜻한다고 하였고, 국중의 사람들이 세금으로 10분의 1을 납부한 까닭은 도시 근교라서 100무의 땅을 줄 수 없기 때문이라고 했다.

1.30 遠郊二十而三, 謂遠郊地寬, 雖上地猶更給萊田五十畝, 故其法二十而三. 餘夫則無萊田, (1)六遂然後餘夫有萊田,[33] 故遂人職云"餘夫亦如之". 國宅無征, 則遠郊之宅有征可知.

| 번역 | 원교(遠郊)의 경우, 20분의 3인 것은 원교는 땅이 넓기 때문이다. 상품의 땅이더라도 묵은 전답 50무를 더 주었으니, 그 세법은 20분의 3이었다. 여부(餘夫)는 묵은 전답이 없었고, 육수(六遂)인 경우여야 여부에게 묵은 땅이 있었다. 그래서 수인(遂人)의 직무에 "여부 또한 그렇게 했다"고 했다. 도성의 주택에 대해서는 징세하지 않았으니, 원교의 주택에 대해서는 징세했음을 알 수 있다.

| 해설 | 도성에서 멀어질수록 주는 땅이 넓기 때문에 그에 대한 세금도 무거워진다. 여

---

33 (1)六遂, 도성 100리 밖에서 200리에 이르는 지역을 가리킨다.

부(餘夫)란 한 집에서 전답을 받는 사람 이외의 노인, 어린아이 등을 가리키니, 이들에게도 전답을 주는 경우는 도성에서 100~200리는 떨어진 지역이어야 했다.

1.31 耡粟, 興助之粟.

|번역| 서속(耡粟)은 공전(公田)을 함께 경작해 얻은 곡식이다.

1.32 屋粟, 不授田徙居之粟.

|번역| 옥속(屋粟)은 전답을 주지 않아 거처를 옮겨 내던 곡식이다.

1.33 閒粟, 井田耕民不時死徙, 其田偶閒而未歸空土, 有量力者暫資以 爲生者之粟.

|번역| 한속(閒粟)이란 정전(井田)을 경작하는 백성이 불시에 사망하거나 이사를 하여, 그 전답이 우연히 놀게 되었으나, 빈 땅으로 귀속시키지 않고, 힘이 있는 자가 잠시 빌려 생산한 곡식이다.

|해설| 1.27의 한속(閒粟)에 대한 설명과 그 내용이 같다.

1.34 此三粟非公家正賦,³⁴ 專以資里宰之師所謂旅師者里中之養, 供

服器之用, 爲賞罰之柄.

|번역| 위 세 가지 곡식은 공공기관의 정식 세금이 아니니, 오직 리(里)를 주재하는 장관인 여사(旅師)가 리(里)를 육성하는 기반으로 삼아, 기물의 사용을 제공하고 상벌의 수단으로 삼았다.

|해설| 세 가지 곡식이란 서속(耡粟), 옥속(屋粟), 한속(開粟)을 가리킨다.

1.35 (1)廛里與(2)園廛之別: 廛, 城中族居之名; 里, 郭內里居之稱; 園廛在園地, 其制, 百畝之間, 十家區分而衆居者, 詩人所謂"十畝之間"之田也. 作詩者以國地侵削, 外無井受之田, 徒有近郭園廛而已, 故耕者無所用其力, 則"(3)桑者閑閑"而多也. 十畝之外, 他人亦然, 則削小無所容尤爲著矣.[35]

|번역| 전리(廛里)와 원전(園廛)의 구별은 다음과 같다. 전(廛)은 성(城) 안 100집이 기거하는 곳의 명칭이고, 리(里)는 곽(郭) 안 25집이 기거하는 곳의 명칭이다. 원전(園廛)은 동산에 있으며, 그 체제는 100무 사이에 10집이 한 구역씩 나뉘어 있으면서 무리 지어 거주하는 곳이다. 시인이 "십무지간(十畝之間)"이라고 말한 전답이다. 시의 작자는

---

34 三粟, 이상의 서속(耡粟), 옥속(屋粟), 한속(開粟)을 가리킨다.

35 (1)廛里, 주대 도시 주민들이 사는 주택의 총칭이다. (2)園廛, 주대의 시골 동산과 주택이다. 『周禮』, 「地官」, 「載師」, "원전에서는 20분의 1 세금을 내도록 했다."(園廛二十而一.) 원전에서 이렇게 세금이 가벼운 이유를 한대의 정현(鄭玄)은 "거주지(廛)에는 곡식이 나지 않고 동산에서는 이익이 적기 때문이다"(廛無穀, 園少利也)라고 했다. (3)桑者閑閑, 『詩』, 「國風」, 「魏風」, 「十畝之間」, "10무의 땅 사이에서, 뽕 따는 사람들이 한가롭구나, 행하며 그대와 함께 돌아가네."

국토를 침탈당해 밖으로는 정전을 받을 전답이 없고 다만 곽(郭) 근처에 원전(園廛)이 있을 따름이다. 그래서 경작하는 사람은 그 힘을 쓸 곳이 없으니, "뽕 따는 사람들이 한가로우며" 많다. 10무 밖 다른 사람들도 그러니, 침탈당해 작아져 수용할 곳이 없음이 더욱 분명하다.

|해설| 장재의 설명에 따르면 전리(廛里)와 원전(園廛)의 차이는 거주지가 도시냐 시골이냐에 있다. 그는 이 차이를 설명하다가 『시경』「십무지간」 편에 나오는 뽕 따는 사람들을 그저 한가로운 풍경이 아니라, 전쟁으로 국토를 침탈당해 농사지을 땅이 없는 사람들의 어쩔 수 없는 선택이라고 했다.

1.36 一夫[(1)]藉則有十畝之收盡入於公,[36] 一夫稅則計十畝中歲之收取其一畝, 借如十畝藉中歲十石, 則稅當一石而無公田矣. 十一而稅, 此必近之.

|번역| 한 사람씩 힘을 빌려 공전을 경작하면 10무의 수확은 다 나라로 편입된다. 한 사람씩 세금을 내는 경우는 10무에서 1년에 얻는 수확을 계산하여 그 1무의 수확을 수취한다. 예를 들어 10무에서 백성의 힘을 빌려 공전을 경작할 때 1년에 10석을 얻는다면, 세금은 마땅히 1석이며 공전(公田)은 없어야 한다. 10분의 1로 세금을 매기는 것은 틀림없이 이에 가까웠을 것이다.

36 (1)藉, 백성의 힘을 빌려 공전(公田)을 경작한다는 뜻이다. 『孟子』,「滕文公上」, "은나라 때는 70무의 땅을 나누어 주고 '조'법을 시행했으며, 주나라 때는 100무의 땅을 나누어 주고 '철'법을 시행했는데, 사실 그것들은 다 10분의 1의 세금을 내는 것이었다. '철'이란 천하에 통용되었다는 뜻이고, '조'란 백성의 힘을 빌려 공전을 경작했다는 뜻이다."(殷人七十而助, 周人百畝而徹, 其實皆什一也. 徹者, 徹也; 助者, 藉也.)

|해설| 수확의 10분의 1을 세금으로 내게 하는 것도 그 취지는 정전제에서 노동력을 공전에 투여하여 거기에서 나오는 수확을 나라에 바치는 것과 같다.

1.37 [1]夫家之征疑無過. 家一人者謂之夫, 餘夫竭作, 或三人, 或二人, 或二家五人, 此謂之家. 夫家之征, 疑但力征而已, 無[2]布縷米粟之征, 若歲無力征則出[3]夫布, [4]「閭師」所謂"無職者出夫布", 非謂常出其布, 不征其力則出夫布以代之也.[37]

|번역| 부세(夫稅)와 가세(家稅)의 징수는 잘못이 없는 것 같다. 집안의 한 사람을 부(夫)라고 부른다. 나머지 사람들(餘夫)도 힘을 다해 일하는데, 세 사람, 두 사람, 혹은 두 집의 다섯 사람을 가(家)라고 부른다. 부세와 가세의 징수는 단지 노동력의 징발뿐이었지, 직물이나 곡식을 징세하는 일은 없었던 것 같다. 만약 한 해 동안 노동력의 징발이 없었다면 부포(夫布)로 그것을 내도록 했다. 「여사(閭師)」의 "직업이 없는 자는 부포(夫布)를 내도록 했다"는 말은 부포를 항상 냈다는 말이 아니고, 노동력을 징발하지 않았을 경우 부포를 내어 그것을 대신하도록 했다는 뜻이다.

|해설| 부세와 가세는 직업이 없이 노는 사람에게 부과한 세금인데, 장재는 이 징세가

---

37 (1)夫家之征, 부세와 가세의 징수. 직업도 없고 하는 일도 없는 백성에게 징세하는 것으로, 부세(夫稅)란 집안의 한 사람이 받는 100무에 대한 징세이고, 가세(家稅)란 남성과 수레, 말을 내어 요역하는 것을 가리킨다. (2)布縷, 베와 실. 여기서는 직물을 통칭한다. (3)夫布, 노역 대신 화폐 형식으로 지불하는 포를 가리킨다. (4)閭師所謂"無職者出夫布", 『周禮』, 「地官」, 「閭師」, "여사(閭師)는 수도 및 사방 근교의 인민, 여섯 가축의 수를 관장하여 그것들의 노동력을 사용하고 정치적 명령을 기다리며 때에 맞추어 세금을 거두었다. … 직업이 없는 자는 부포(夫布)를 내도록 했다."(閭師掌國中及四郊之人民・六畜之數, 以任其力, 以待其政令, 以時徵其賦. … 無職者出夫布.)

일반적으로는 노동력을 징발하는 형태였을 것이라고 주장하였다. 일하지 않으면 재산이 없을 경우가 많은데, 그런 이에게 돈을 내라고 하는 것은 불합리하기 때문이다. 부포를 내는 상황은 요역을 하지 않은, 지극히 예외적인 상황일 뿐이다.

1.38 周制, 上田以授食多者, 下田以授食少者, 此必天下之通制也. 又遂人⁽¹⁾“上田萊五十畝, 中百畝, 下二百.” 上田萊五十畝, 比遠郊井受牧田之民二十而稅三者無以異; 中萊百畝, 以肥瘠倍上萊, 下萊二百畝, 以肥瘠倍中萊; 此三等蓋折衷之均矣. 然授上萊者稅二十而三, 受下萊者乃多至十二, 蓋田均則食少者優, 不得不加之稅爾. “⁽²⁾周道如砥”, 此之謂也.[38]

|번역| 주의 제도에 상급의 전답은 식구가 많은 자에게 주고 하급의 전답은 식구가 적은 사람에게 준 것은 틀림없이 천하에 통용되는 제도일 것이다. 또 수인(遂人)은 “상급의 전답은 묵은 땅을 50무를 주고, 중급은 100무를 주었으며, 하급은 200무를 주었다.” 상급 전답의 묵은 땅 50무는 원교(遠郊)에서 정전을 받고 목전(牧田)을 받은 백성이 20분의 3을 내는 것과 다를 것이 없다. 중급 전답의 묵은 땅 100무는 비옥도가 상급 전답의 묵은 땅과 2배 차이가 나며, 하급 전답의 묵

---

38 (1)上田萊五十畝, 中百畝, 下二百, 『周禮』, 「地官」, 「遂人」, “상급의 땅은 … 묵은 땅을 50무 주었고, 중급의 땅은 … 묵은 땅을 100무 주었으며, 하급의 땅은 … 묵은 땅을 200무 주었다.”(上地 … 萊五十畝, … 中地 … 萊百畝, … 下地 … 萊二百畝.) (2)周道如砥, 『孟子』, 「萬章下」, “『시경』에서는 ‘큰길은 숫돌처럼 평탄하고 화살처럼 곧다. 군자가 걷는 곳이고 백성들이 따르는 곳이다’라고 했다.”(詩云: “周道如砥, 其直如矢, 君子所履, 小人所視.) 이 시구는 『詩』, 「大雅」, 「大東」에서 출전. 주도(周道)란 원래는 서주 시대에 도성으로 통하는 큰길을 뜻했다. 砥(지)는 숫돌로, 여기서는 숫돌의 표면이 평탄한 것처럼 주의 제도는 공평하고 탄탄함을 뜻한다.

은 땅 200무는 비옥도가 중급 전답의 묵은 땅과 2배 차이가 난다. 이
세 등급은 대체로 절충하여 균등해진다. 그런데 상급 전답의 묵은
땅에는 세금을 20분의 3으로 하고, 하급 전답의 묵은 땅을 받은 자
에게는 10분의 2까지 이르게 한 것은 배분한 전답이 균등해지면 식
구가 적은 사람이 더 낫기 때문에, 거기에 세금을 더 보태지 않을 수
없었던 것이다. "큰길은 숫돌 같다"는 말은 이것을 의미한다.

| 해설 | 주의 토지세 제도가 토지의 비옥도와 가족 수에 따라 차등 부과됨으로써 주나라
의 제도는 공평하고 탄탄했다고 주장하고 있다.

1.39 『周禮』惟$^{(1)}$太宰之職難看, 蓋無許大心胸包羅, 記得[此]^{39}復忘彼.
其$^{(2)}$混混天下之事, 當如捕龍蛇, 搏虎豹, 用心力看方可. 故議論
天下之是非易, 處天下之事難, 孔子常語弟子: "$^{(3)}$如或知爾, 則何
以哉?" 其他$^{(4)}$五官便易看, 止一職也.^{40}

| 번역 | 『주례』에서 오직 태재(太宰)의 직책만은 알기 어렵다. 아주 큰 마음
으로 포용함이 없을 경우, 이것을 기억하면 다시 저것을 잊게 된다.

---

39 〈중화 주석〉 '此'는 『抄釋』에 근거해 보완했다.
40 (1)太宰之職, 태재란 국정 운영을 총괄하고 국왕을 보좌하는 관직으로, 앞서 언급한 천
관의 수장과 같은 직책임. 『周禮』, 「天官」, 「大宰」, "태재의 직책은 나라의 여섯 가지 법
전을 관장해 만들어 국왕이 여러 나라를 다스리도록 돕는 것이다."(大宰之職, 掌建邦之
六典, 以佐王治邦國.) (2)混混, 끊임없이 이어지는 모양. (3)如或知爾, 則何以哉?, 『論語』,
「先進」, "너희들은 평소에 '나를 알아주지 않는다.'라고 하는데, 만일 혹시 너희를 알아
준다면 어떻게 하겠느냐?"(居則曰: '不吾知也', 如或知爾, 則何以哉?) (4)五官, 『주례』에서
말하는 여섯 관직(六官) 가운데 천관총재(天官冢宰)를 제외한 나머지 다섯 관직을 가리
킨다. 각각 지관사도(地官司徒), 춘관종백(春官宗伯), 하관사마(夏官司馬), 추관사구(秋
官司寇), 동관사공(冬官司空)을 포함한다.

저 끊임없이 이어지는 천하의 일은 용이나 뱀을 붙잡고 호랑이나 표범을 잡는 것 같이 마음을 다해야 비로소 알 수 있다. 그러므로 천하의 옳고 그름을 논하는 일은 쉽지만, 천하의 일을 처리하는 일은 어렵다. 공자는 자주 제자에게 이렇게 말했다. "만일 혹시 너희를 알아준다면 어떻게 하겠느냐?" 다른 다섯 관직은 알기 쉬우니, 단지 하나의 직책이기 때문이다.

| 해설 | 국왕을 보좌해 천하의 일을 총괄하는 천관의 직책을 알기 어렵다는 말이 그 직책을 머리로 이해하는 것이 어렵다는 뜻은 아닐 것이다. 그것은 변화하는 세계를 정확히 파악해 세계 전체에 영향을 미칠 정치, 사회적인 일을 올바르게 처리할 줄 아는 것을 뜻한다. 즉 천관으로서 포용적 자세와 실천적 지식을 온전히 갖춘 사람만이 천관의 직책을 제대로 알 수 있다.

1.40 (1)「守祧」(2)先公之遷主於后稷之廟, 疑諸侯無祧廟, 亦藏之於始祖之廟.⁴¹

| 번역 | 「수조(守祧)」에서 선공(先公)의 먼 조상 신주를 후직(后稷)의 사당에 보관했다고 했는데, 제후에게는 먼 조상을 합사하는 조묘(祧廟)가 없었으므로, 그것은 시조의 사당에 보관했을 것이다.

| 해설 | 제후는 먼 조상을 합사하는 사당이 본래 없으므로 제후의 먼 조상을 후직의 사당에 보관했을 리는 없다는 생각에서 『주례』의 기록을 의심하고 있다.

41 (1)守祧(조), 주대에 천자의 조상(先王), 제후의 조상(先公)을 모신 사당을 관리하던 관직. 『周禮』, 「春官」, 「守祧」, "수조(守祧)는 선왕과 선공의 사당(廟)과 먼 조상을 합사한 사당(祧)을 관장했고, 그들이 남긴 의복을 사당 안에 보관했다."(守祧掌守先王先公之廟祧, 其遺衣服藏焉.) (2)先公之遷主於后稷之廟, 『周禮』, 「春官」, 「守祧」, "선공의 먼 조상 신주를 후직의 사당에 보관했다." (先公之遷主, 藏于后稷之庙.)

1.41 "謂之圭田[42]", 恐是畦田, 若菜圃之類, 故授之在近又少也.

|번역| "규전(圭田)이라 한다"고 했는데, 이는 아마도 채마밭 같은 부류의 휴전(畦田)일 것이다. 그래서 근교의 경우 그것을 준 것이 조금이었다.

---

[42] 이 인용문은 출전 미상이다.

2

시서
詩書

2.1 「周南」「召南」如乾坤.

|번역| 「주남」과 「소남」은 건곤과 같다.

|해설| 「주남」과 「소남」은 『시경』「국풍」의 첫째 편과 둘째 편의 편명이다. 구설에 의하면 이 두 편은 서주 초기 문왕 대에 만들어졌다고 한다. 즉 문왕이 기주(岐周)의 옛 땅을 주공(周公)과 소공(召公)의 채읍으로 나누어 주어, 주공은 도성을 다스리게 하고 소공은 제후를 다스리게 했는데, 이에 천하가 크게 교화되었고, 문왕을 이어 즉위한 무왕이 천하를 소유한 후에 문왕 대에 행해진 교화의 효과가 반영된 시를 채록하게 하여 만든 것이 이 두 편이라는 것이다. 도성에서 얻은 시들은 주공의 교화가 남쪽으로 미쳤다는 의미에서 「주남」이라고 했고, 남쪽에서 채록한 시들은 소공의 교화로 인해 생겨난 것들이라는 의미에서 「소남」이라고 했다. 이런 맥락에서 장재는 「주남」을 하늘의 강건한 덕과 같고, 「소남」을 땅의 유순한 덕과 같다고 했다.

2.2 (1)"上天之載, 無聲無臭43", 但儀刑<u>文王</u>則可以取信家邦, 言[當]44學

<u>文王者也</u>.

┃번역┃ "하늘이 실은 것은 소리도 없고 냄새도 없다"고 했다. 다만 문왕을 본받으면 여러 나라로부터 신뢰를 얻을 수 있으니, 문왕에게서 배워야 함을 말한 것이다.

┃해설┃ 송명유학자들이 형이상학적 본체를 묘사하기 위해 대단히 자주 인용하는 시구이다. 성리학자들의 경우 일반적으로 '上天之載'를 '하늘이 싣고 있는 것'이라고 하여, 하늘의 기가 싣고 있는 리(理)를 뜻하는 것으로 해석하지만, 장재는 기(氣)를 근본으로 여기므로, '上天之載'는 구체적으로 기를 가리킨다. 하늘은 기로 만물을 화육한다. 군주가 그런 하늘의 덕을 체화한 문왕의 덕을 본받아 만민을 보살피는 일을 한다면 모든 제후국이 그를 신뢰할 것이다.

2.3 ⁽¹⁾蝃蝀者,⁴⁵ 陰氣薄而日氣見也. 有二者, 其全見者是陰氣薄處, 不全見者是陰氣厚處.

┃번역┃ 무지개란 음의 기가 엷어져 해의 기가 나타나는 것이다. 두 가지 경우가 있으니, 온전히 다 나타난 것은 음의 기가 엷은 곳이며, 온전히 다 나타나지 않은 것은 음의 기가 두터운 곳이다.

┃해설┃ 『시경』의 이 구절에서 무지개를 유학자들은 많은 경우, 음란한 기를 상징하는

43 (1)"上天之載, 無聲無臭", 但儀刑<u>文王</u>則可以取信家邦: 『詩』, 「大雅」, 「文王」, "하늘이 실은 것은 소리도 없고 냄새도 없으니, 문왕을 본받으면 만방이 신뢰한다."(上天之載, 無聲無臭. 儀刑文王, 萬邦作孚.) 刑은 본받는다(法)는 뜻이다.
44 〈중화 주석〉 '當'은 『초석』에 근거해 보완했다.
45 (1)蝃蝀, 채동(螮蝀)은 무지개를 뜻한다. 『詩』, 「鄘風」, 「蝃蝀」, "무지개가 동쪽에 있으니, 아무도 그것을 가리키지 못한다."(蝃蝀在東, 莫之敢指.)

것으로 이해한다. 하지만 장재는 무지개를 순수하게 기의 측면에서만 설명하고 있다. 비, 즉 옅어진 음기가 해, 즉 양기와 만나서 형성되는 것이 무지개이고, 음기가 얼마나 옅고 두터우냐에 따라 무지개의 형성 정도에 차이가 난다고 하였다.

2.4 聖人文章無[1]定體, 『詩』·『書』·『易』·『禮』·『春秋』, 只隨義理如此而言. 李翺有言"[2]觀『詩』則不知有『書』, 觀『書』則不知有『詩』", 亦近之.[46]

|번역| 성인의 문장에는 고정된 격식이 없으니, 『시』, 『서』, 『역』, 『예』, 『춘추』는 다만 의리에 따라 그렇게 말했을 따름이다. 이고(李翺)는 "『시』를 읽을 때는 『상서』가 있는 줄 모르고, 『상서』를 읽을 때는 『시』가 있는 줄 모른다"고 했는데, 이 역시 이와 가까운 말이다.

|해설| 『시』, 『서』, 『역』, 『춘추』, 『예』 등의 고전은 나름의 이치를 전하기 위해 문장이 각기 특수한 형식을 취하고 있을 따름이다. "『시』를 읽을 때 『상서』가 있는 줄 모른다"는 당나라 후기의 사상가 이고의 발언 또한 각기 특수한 내용을 담은 고전을 몰입해 읽어야 함을 말한다는 점에서 장재의 발언과 통한다.

2.5 [1]"順帝之則", 此不失赤子之心也, [2]冥然無所思慮, 順天而已.[47] 赤子之心, 人皆不可知也, 惟以一靜言之.

---

46 (1)定體, 일정한 격식, 고정된 형식. (2)『李文公集』에서 출전.
47 (1)順帝之則: 『詩』, 「大雅」, 「皇矣」, "부지불식간에 상제의 준칙을 따른다."(不識不知, 順帝之則.) (2)冥然, 무지한 모습.

| 번역 | "상제의 준칙을 따른다"고 했으니, 이는 어린아이의 마음을 잃지 않는 것이다. 무지한 상태에서 사려함이 없이 하늘을 따를 따름이다. 어린아이의 마음은 사람들이 모두 알 수 없는 것으로서 오직 한결같음과 고요함으로 그것을 말한다.

| 해설 | 상제의 준칙은 선험적 도덕 원칙으로, 장재는 그것이 모든 사람에게 본래 내재되어 있다고 생각했다. '어린아이의 마음'이란 바로 선천적으로 부여된 도덕 원칙을 뜻한다. 따라서 "상제의 준칙을 따른다"는 말은 어린아이의 한결같고 고요하고 순수한 마음을 따르는 것을 뜻한다. 장재는 이 마음이 어디에서 온 것인지 사람들은 이성으로는 속속들이 다 알 수 없다고 했다.

2.6 古之能知『詩』者, 惟孟子[(1)]以意逆志也.[48] 夫『詩』之志至平易, 不必爲艱險求之, 今以艱險求『詩』, 則已喪其本心, 何由見詩人之志.

| 번역 | 고대에 『시』를 감상할 줄 아는 자로 오직 맹자만이 자기 생각으로 남의 뜻을 가늠했다. 『시』의 의미는 지극히 평이하니, 어렵고 험난하게 그것을 구할 필요가 없다. 지금 어렵고 험난하게 『시』의 의미를 구한다면 그것은 이미 자신의 본심을 상실한 것이니, 어떻게 시인의 뜻을 알리오?

| 해설 | 시는 심오한 이치를 어렵게 표현한 글이 아니다. 그것은 무엇보다 시를 쓴 사람의 어떤 뜻을 감정으로 토로한 것이다. 이런 시를 감상할 때 가장 중요한 것은 감상자의 자기 생각에 비추어 시인의 의도가 어디에 있는지를 추측해 보는 데 있다.

---

[48] (1)以意逆志, 자기 생각으로 다른 사람의 의도를 가늠한다.

2.7 <u>文王</u>之於天下, 都⁽¹⁾無所與焉. "⁽²⁾<u>文王</u>陟降, 在帝左右", 只觀天意如何耳. 觀「文王」一篇, 便知<u>文王</u>之美, 有君人之大德, 有事君之小心.⁴⁹

|번역| 문왕은 천하의 일에 관여한 바가 없었다. "문왕께서 오르내리시며 상제의 좌우에 계셨다"고 하였으니, 오직 하늘의 뜻이 어떤지를 살피셨을 따름이다. 「문왕」 편을 보면 문왕의 훌륭함을 알게 된다. 임금으로서의 큰 덕이 있고, 군주를 섬기는 신중함도 있었다.

|해설| 문왕은 군주로서의 큰 덕을 지니고 있었지만, 아직 하늘의 뜻, 즉 천명이 그에게 내리지 않았기 때문에 은의 군주를 섬기는 신중함을 보였다. 이런 신중한 태도를 지켜 정치에 관여하는 일이 없었고, 오직 상제의 곁에 있는 듯, 하늘의 준칙만을 따랐다.

2.8 萬事只一天理. <u>舜</u>擧十六相, 去四凶, <u>堯</u>豈不能? <u>堯</u>固知四凶之惡, 然民未被其虐, 天下未欲去之. <u>堯</u>以安民爲難, 遽去其君則民不安, 故不去, 必<u>舜</u>而後因民不堪而去之也.

|번역| 만사는 오직 하나의 천리(天理)일 뿐이다. 순은 열여섯 재상을 등용하고 사방의 흉악한 이들을 제거했는데, 어찌 요임금인들 할 수 없었겠는가? 요임금도 물론 사방의 흉악한 이들의 악에 대해 알고 있

---

49 (1)無所與焉, 천하의 일에 관여한 바가 없었다. 『論語』, 「泰伯」, 공자께서 말씀하셨다. "높고 크구나! 순임금과 우임금은 천하를 소유하시고도 그것에 관여하지 않으셨다."(子曰: 巍巍乎. 舜禹之有天下也而不與焉.) (2)文王陟降, 在帝左右: 『詩』, 「大雅」, 「文王」, "문왕께서 오르내리시며 상제의 좌우에 계셨다."(文王陟降, 在帝左右.)

었지만, 백성들이 그때까지 학대를 받지 않아 천하가 그들을 제거하기를 원하지 않았다. 요임금은 백성을 편안하게 하는 일을 어렵다고 여겨 그 군주를 갑자기 제거하면 백성이 불안해하므로 제거하지 않았다. 순임금 이후에는 백성들이 견디지 못해 그들을 제거한 것이다.

|해설| 사방에 흉악한 이들이 있었는데 요임금은 그들을 제거하지 않고 반대로 순임금은 이들을 제거했다. 이렇게 상반된 행위를 한 까닭은 어디에 있는가? 장재는 그 이유를 천리(天理), 즉 역사적 추세가 보여 주는 이치의 차이에서 찾는다. 사방의 흉악한 이들은 요임금 때나 순임금 때나 똑같이 흉악했지만, 백성들이 그 학정을 참아 낼 수 있느냐의 여부가 그들의 상반된 행위를 결정했다. 정치적 결단과 행동은 천심인 민심에 의해 결정된다.

2.9 ⁽¹⁾宗夢傅說, 先見容貌, 此事最神. 夫夢不必須聖人然後夢爲有理, 但天神不間, 人入得處便入也. 萬頃之波與汙泥之水, 皆足受天之光, 但放來平易, 心便神也. 若聖人起一欲得⁽²⁾靈夢之心, 則心固已不神矣. 神又焉有心? 聖人心不艱難, 所以神也. 高宗只是正心思得聖賢, 是以有感.⁵⁰

---

50 (1)『尚書』,「商書」,「說命上」, "왕이 글을 지어 알리셨다. '나에게 사방을 바로잡게 하셨는데, 나는 덕이 선대와 같지 않을까 하여 말하지 않고 공손히 침묵하며 도를 생각했다. 그런데 꿈에 상제께서 나에게 훌륭한 보필을 내려 주셨으니, 그가 나의 말을 대신할 것이다.' 이에 그 모습을 자세히 살펴 그 형상으로 천하에 두루 구하였다. 부열이 부암의 들에서 거주하고 있었는데, 모습이 비슷했다. 이에 그를 세워 정승으로 삼아 왕이 그 곁에 두었다."(王庸作書以誥曰: "以台正於四方, 台恐德弗類, 兹故弗言, 恭默思道. 夢帝賚予良弼, 其代予言." 乃審厥象, 俾以形旁求於天下, 說築傅巖之野, 惟肖. 爰立作相, 王置諸其左右.) 庸은 이용(用)함. 台는 '나'로서 고종(武丁) 자신을 지칭함. 賚(뢰)는 준다는 뜻. (2) 靈夢, 영험한 꿈.

|번역| 고종이 꿈에서 부열을 만나 앞서 그 모습을 보았는데, 이 일은 가장
신비롭다. 꼭 성인이 꿈을 꾸어야 이치에 부합하는 것은 아니다. 다
만 하늘의 신은 틈을 두지 않으니, 사람에게 들어갈 수 있는 곳이면
들어간다. 드넓은 파도와 더러운 진흙 속 물은 모두 족히 하늘의 빛
을 받을 수 있다. 다만 마음을 놓음이 평안하면, 곧 신묘해진다. 만
약 성인이 영험한 꿈을 꾸고자 하는 마음을 일으킨다면 마음은 이
미 신묘하지 않게 된다. 신(神)에 어찌 마음이 있겠는가? 성인의 마
음은 어렵지 않으므로 신묘하다. 고종은 단지 마음을 바르게 하여
성현을 얻을 것을 생각했을 따름이다. 그리하여 감응이 있게 된 것
이다.

|해설| 장재는 사람이 신비로운 꿈을 꾸는 것을 천신과 인간 사이의 신비로운 감응이라
여겼다. 하지만 이 신비로운 감응은 꼭 성인이라야 체험하는 것은 아니다. 신비
로운 꿈은 누구나 꿀 수 있다. 마치 하늘의 빛이 어디에나 비추는 것처럼. 성인
은 이미 하늘의 본질인 신(神)을 완벽하게 체화한 자이다. 따라서 하늘의 신묘한
본체가 무심하게 만물을 화육하듯, 성인도 무심, 무위의 원칙에 따라 마음을 쓴
다. 그런 이유에서 장재는 성인의 신묘함은 '마음이 없고', '어렵지 않다.'

2.10 天無心, 心都在人之心. 一人私見固不足盡, 至於衆人之心同一則
卻是義理, 總之則卻是天. 故曰天曰帝者, 皆民之情然也, ⁽¹⁾謳歌
訟獄之不之焉, 人也而以爲天命. 武王不薦周公, 必知周公不失爲
政.⁵¹

---

51 (1)謳歌訟獄之不之焉, 공덕을 노래하고 송사를 하는 자들이 요의 아들에게로 가지 않았
다.『孟子』,「萬章上」, "요임금이 돌아가시고 삼년상이 끝나자, 순께서는 요임금의 아들
을 피해 남하의 남쪽으로 가셨으나, 천하의 제후 중에 입조하여 천자를 뵈려는 자, 요의
아들에게 가지 않고 순께로 갔고, 송사를 하려는 자, 요의 아들에게 가지 않고 순께로

| 번역 | 하늘은 마음이 없으니, 마음은 모두 사람에게 있다. 한 사람의 사견으로는 다 드러내기에 부족하지만, 뭇사람의 마음이 동일한 경우는 곧 의리(義理)이며, 그것을 총합하면 곧 하늘이다. 그러므로 하늘이라고 상제라고 하는 것은 모두 백성의 정(情)의 그러함이다. 소송을 하려는 자와 공덕을 노래하는 자가 요의 아들에게로 가지 않았으니, 이는 사람 때문이되 천명이라고 여겼다. 무왕이 주공을 천거하지 않았더라도 틀림없이 주공이 정사를 돌보는 위치를 잃지 않았을 것임을 알게 된다.

| 해설 | 장재에게 하늘은 어떤 선한 의지를 갖고 명령을 내리는 존재가 아니다. 하늘은 신묘한 기로 만물을 생육할 따름이다. 따라서 마음은 오직 사람에 대해서만 말할 수 있다. 그런 이유에서 민심이 천심이라고 할 때 천심이 실제로 가리키는 것은 민심일 뿐이다. 민심은 도덕적 성정에 기초한 도덕적 옳음, 도덕적 원칙의 총합일 따름이다.

2.11 『尚書』難看, 蓋難得胸臆如此之大, 只欲解義則無難也.

| 번역 | 『상서』를 읽기 어려운 것은 마음이 그렇게 크게 되는 것이 어렵기 때문이다. 단지 뜻을 풀이하고자 한다면 어려울 것이 없다.

| 해설 | 『상서』는 송대 사람들에게도 해독하기 쉬운 글은 아니었다. 그들에게도 이 책은 오래된 고전이었기 때문이다. 하지만 장재는 그 점은 그리 어렵지 않다고 말한다. 참으로 어려운 점은 『상서』에서 말하는 성인의 만민을 포용하는 커다란

갔으며, 공덕을 노래하는 자, 요의 아들에게 가지 않고 순께로 갔다. 그러므로 하늘의 뜻이라고 했다."(堯崩, 三年之喪畢, 舜避堯之子於南河之南. 天下諸侯朝覲者, 不之堯之子而之舜; 訟獄者, 不之堯之子而之舜; 謳歌者, 不謳歌堯之子而謳歌舜. 故曰天也.)

마음을 체득하는 일이라고 주장하고 있다.

2.12 『書』稱[1]天應如影響, 其福禍果然否? 大抵天道不可得而見, 惟占之於民, 人所悅則天必悅之, 所惡則天必惡之, 只爲人心至公也, 至衆也. 民雖至愚無知, 惟於私己然後昏而不明, 至於事不[2]干礙處則自是公明. 大抵衆所向者必是理也, 理則天道存焉, 故欲知天者, 占之於人可也.[52]

|번역| 『상서』에서는 하늘의 응함이 그림자나 메아리 같다고 했는데, 그 화복은 과연 그러한가? 대체로 하늘의 도는 보이지 않으니, 오직 백성에게서 그것을 물어본다. 사람들이 기뻐하는 것은 하늘도 틀림없이 기뻐하고, 사람들이 싫어하는 것은 하늘도 틀림없이 싫어한다. 이는 다만 사람의 마음이 지극히 공평하고 지극히 많기 때문이다. 백성은 비록 지극히 우매하고 무지하지만, 오직 자신을 사사롭게 한 뒤라야 어두워 밝지 못하지, 일이 자신의 이해관계와 관련이 없는 경우에는 자연히 공명정대해진다. 대체로 뭇사람이 지향하는 것은 틀림없이 리(理)이다. 리(理)일진대 하늘의 도가 거기에 보존되어 있다. 그러므로 하늘을 알고자 하는 자는 사람에게서 물어봐도 된다.

|해설| 민심이 천심이라는 유학적 민본주의 관념에 대한 장재의 이해가 잘 드러나 있다. 하늘이 그림자나 메아리처럼 선악에 틀림없이 화복으로 응한다는 『상서』의

---

[52] (1)天應如影響, 『尙書』, 「虞書」, 「大禹謨」, 우가 말했다. "도를 따르면 길하고, 도를 거스르면 흉하니, 이는 그림자나 메아리와 같다."(禹曰: "惠迪吉, 從逆凶, 惟影響.") 惠는 따른다(順), 迪은 도(道), 逆은 도를 거스르는 것, 즉 악. 선을 따르면 길하고 악을 따르면 흉한 것이 마치 그림자가 형체를 따르고, 메아리가 소리를 따르는 것 같다는 의미이다. (2)干礙, 관련되다. 장애가 되다.

말을 장재는 사회적, 정치적 측면에서 하늘의 응함이란 실제로는 백성의 반응이라 이해한다. 백성의 반응이 하늘의 응함으로 이해될 수 있는 근거는 백성이 자신의 이해관계와 직결된 문제여서 이기심이 발휘되는 경우가 아닌 한, 대체로 리(理), 즉 올바른 도덕 원칙을 따른다는 데 있다. 장재는 백성들이 따르는 도덕 원칙이 곧 하늘의 도라고 말한다. 우주의 보편적 원리와 인간의 도덕 원칙이 하나로 통한다는 정주리학의 관점과도 같은 생각이다.

2.13 "稽衆舍己", 堯也; "與人爲善", 舜也; "聞[善][53]言則拜", 禹也; "用人惟己, 改過不吝", 湯也; "不聞亦式, 不諫亦入", 文王也. 皆虛其心以爲天下也.

| 번역 | "대중의 생각을 살펴 자신의 생각을 버린" 이는 요임금이다. "남과 함께 선을 행한" 이는 순임금이다. "좋은 말을 들으면 절을 한" 이는 우임금이다. "남의 의견을 채용하는 것을 자신의 의견을 따르는 듯이 하고, 잘못을 고치는 데 인색하지 않은" 이는 탕임금이다. "좋은 말을 들으면 취하고 간언하면 받아들인" 이는 문왕이다. [모두 마음을 비워 천하를 다스렸다.]

| 해설 | 이 조목은 『정몽』 「작자편」 10.3과 완전히 중첩된다. 해설은 『정몽』을 참조하라.

2.14 "[(1)]欽明文思", 堯德也; "[(2)]濬哲文明, 溫恭允塞", 舜德也. 舜之德與堯不同, 蓋聖人有一善之源, 足以兼天下之善. 若以字之多寡爲德之優劣, 則孔子[(3)]"溫·良·恭·儉·讓"又多於堯一字; 至於[(4)]八

---

53 〈중화 주석〉 '善'은 『맹자』에 근거해 보완했다.

元・八凱, "齊聖廣淵, 明允篤誠" "忠肅恭懿, 宣慈惠和", 則其字
又甚多, 如是反過於聖人. 如孟子言"[5]堯舜之道孝悌而已", 蓋知
所本.[54]

|번역| "공손하고 밝았으며, 문채가 나고 생각이 깊었던 것"은 요의 덕이요,
"깊고 명철하고 문채가 나고 밝고 온화하고 공손했으며 진실하고
독실했던 것"은 순의 덕이다. 순의 덕은 요와 달랐으니, 성인은 통일
적인 선의 근원을 지녀 족히 천하의 선을 아우른다. 글자의 많고 적
음을 가지고 덕의 우열로 삼는다면 공자는 "온화하고 선량하며 공
손하고 검소하며 겸양했으니" 요임금보다 한 글자가 더 많다. 팔원,

---

54 (1)欽明文思:『尙書』,「虞書」,「堯典」, "옛 요임금을 살펴보건대 공훈이 이르지 않은 곳
이 없고, 공손하고 밝았으며, 문채가 나고 생각이 깊었으며 편안하고 편안하였다."(曰若
稽古帝堯曰放勳, 欽明文思安安.) (2)濬哲文明, 溫恭允塞:『尚書』,「虞書」,「舜典」, "옛 순임
금을 살펴보건대, 거듭 빛나는 것이 요임금에 합치되고, 깊고 명철하고 문채가 나고 밝
고 온화하고 공손했으며 진실하고 독실했다."(曰若稽古帝舜, 曰重華協于帝, 濬哲文明, 溫
恭允塞.) 濬, 깊다(深), 哲, 명철하다, 지혜롭다. 允, 확실하다, 진실하다. 塞, 충만하다.
(3)溫・良・恭・儉・讓:『論語』,「學而」, "자공이 말했다. '선생님께서는 온화하고 선량
하며 공손하고 검소하며 겸양함으로써 얻으셨다. 선생님께서 구하시는 것은 다른 사람
들이 구하는 것과는 다르다."(子貢曰: 夫子溫良恭儉讓以得之. 夫子之求之也, 其諸異乎人
之求之與.) (4)八元・八凱, "齊聖廣淵, 明允篤誠, 忠肅恭懿, 宣慈惠和":『春秋左傳』,「文公」
18年, "옛날에 고양씨 집안에 재주 있는 자손 8명이 있었으니, 창서, 퇴애, 도인, 대임,
방강, 정견, 중용, 숙달이 그들이다. 그들은 중정하고 통달했으며 드넓고 깊으며, 밝고,
진실하고, 돈독하고 성실했으니, 천하의 백성들이 그들을 '팔개'라고 불렀다."(昔高陽氏
有才子八人: 蒼舒・隤敳・檮戭・大臨・尨降・庭堅・仲容・叔達. 齊聖廣淵, 明允篤誠, 天
下之民謂之八凱.) 齊, 중정(中); 聖, 통달(通), 여러 일에 통달하는 것. 또『春秋左傳』,「文
公」18年, "고신씨 집안에 재주 있는 자손이 8명 있었으니, 백분, 중감, 숙유, 계중, 백호,
중웅, 숙표, 계리가 그들이다. 그들은 충성스럽고 공경하고 삼가고 아름답고 주도면밀
하고 자상하고 은혜롭고 온화하여 천하의 백성들은 그들을 팔원이라고 불렀다."(高辛
氏有才子八人: 伯奮・仲堪・叔獻・季仲・伯虎・仲熊・叔豹・季貍, 忠肅共懿, 宣慈惠和.
天下之民謂之八元. 肅, 공경함(敬); 共, 공손함, 삼감(謹); 宣, 두루 미침(遍), 생각이 주도
면밀함. (5)堯舜之道孝悌而已:『孟子』,「告子下」, "요순의 도는 공손함과 효성스러움일
뿐입니다."(堯舜之道, 弟孝而已矣.)

팔개의 경우는 "중정하고 통달했으며 드넓고 깊으며, 밝고, 진실하고, 돈독하고 성실하다"고 했고, "충성스럽고 공경하고 삼가고 아름답고 주도면밀하고 자상하고 은혜롭고 온화하다"고 했으니, 그 글자는 더욱 많아, 이와 같다면 성인을 도리어 넘어선다. 예를 들어 맹자는 "요순의 도는 효성스러움과 공손함일 뿐이다"라고 했는데, 이는 근본으로 삼을 것을 아는 것이다.

| 해설 | 성인마다 특별히 두드러지는 덕에는 차이가 있을 수 있지만, 근원적인 선의 표현이라는 측면에서 보면 모든 선을 아우른다는 점에서 같다고 할 수 있다. 아울러 단지 한 사람의 덕이 얼마나 훌륭한가를 묘사하는 말이 많고 적음을 가지고 그 사람의 덕이 얼마나 훌륭한지를 평가해서는 안 된다.

2.15 今稱『尚書』, 恐當稱"尚書". 尚, 奉上之義, 如尚衣尚食.

| 번역 | 지금 『상서』라고 칭하는 책은 마땅히 "받드는 책"이라 칭해야 할 듯하다. 상(尚)이란 군주를 받든다는 뜻으로, 고대에 임금의 복식과 음식을 담당하던 관직인 상의(尚衣), 상식(尚食)과 같다.

| 해설 | 장재는 『상서』의 상(尚)에 군주를 받든다는 뜻이 있다고 주장하였다. 일반적으로 『상서』의 상(尚)은 상(上)으로 풀이되며, 따라서 『상서』는 상고(上古)의 책이라 이해된다.

2.16 先儒稱[1]武王觀兵於孟津, 後二年伐商, 如此則是武王兩畔也. 以其有此, 故於『中庸』言[2]"一戎衣而有天下"解作一戎(衣)[殷], [55] 蓋自說作兩度也. 孟子稱[3]"取之而燕民不悅弗取, 文王是也", 只爲

商命未改; "(3)取之而燕民悅則取之, 武王是也". 此事(4)間不容髮, 當日而命未絕則是君臣, 當日而命絕則爲獨夫; 故"(5)予不奉天, 厥罪惟均." 然問命絕否, 何以卜之? 只是人情而已. 諸侯不期而會者八百, 當時豈由武王哉?[56]

|번역| 선대 유자들은 무왕이 맹진에서 열병식을 하고 이듬해에 상나라를 쳤다고 했는데, 그렇다면 무왕은 두 차례에 걸쳐 배반한 것이다. 그런 일이 있었기 때문에『중용』의 "한 차례 전투복을 입고 쳐서 천하를 소유했다"는 말을 한 차례 군대를 동원해 은나라를 쳤다고 해석하였으니, 자연히 두 차례라고 말하는 것이 된다. 맹자는 "취하여 연나라 백성들이 기뻐하지 않는다면 취하지 마십시오. 옛사람 중에

---

55 〈중화 주석〉 '殷'은『禮記注疏』에 근거해 고쳤다.

56 (1)武王觀兵於孟津: 무왕이 기원전 1048년에 맹진(현재의 하남성 맹진)에서 열병식을 거행한 사건을 가리킨다. 무왕은 당시 제후들의 태도 및 상나라 주왕의 반응을 살피려는 의도에서 이 열병식을 거행했는데, 800여 제후가 이르렀으나 몇몇 대 제후국이 오지 않았음을 보고 그 후 더욱 힘을 기르며 때를 기다렸다. (2)"一戎衣而有天下"解作一戎(衣)[殷]:『中庸』18장, "무왕은 태왕, 왕계, 문왕의 유업을 계승하여 한 차례 전투복을 입고 쳐서 천하를 소유했다."(武王纘大王‧王季‧文王之緒, 一戎衣而有天下.) 戎衣, 군복, 전투복.『중용』의 이 구절을 한번 전투복을 입고 은나라는 친 것으로 해석한 것은 예컨대 정현에 의해서이다. 예컨대 그는 이렇게 말했다. ""의(衣)는 은(殷)과 같이 읽어야 하니 소리의 오류이다. 제나라 사람은 은(殷)이라는 소리를 의(衣)처럼 말했다. … 일융은(壹戎殷)이란 한 차례 군사를 동원해 은나라를 쳤다는 뜻이다.(衣讀如殷, 聲之誤也, 齊人言殷聲如衣 … 壹戎殷者, 壹用兵伐殷也.) (3)取之而燕民不悅弗取, 文王是也 … 取之而燕民悅則取之, 武王是也:『孟子』,「梁惠王下」, "취하여 연나라 백성들이 기뻐한다면 취하십시오. 옛사람 중에 그렇게 한 분이 계셨으니, 무왕이 그분이십니다. 취하여 연나라 백성들이 기뻐하지 않는다면 취하지 마십시오. 옛사람 중에 그렇게 한 분이 계셨으니, 문왕이 그분이십니다."(取之而燕民悅, 則取之. 古之人有行之者, 武王是也. 取之而燕民不悅, 則勿取. 古之人有行之者, 文王是也.) (4)間不容髮, 틈이 거의 없어, 그 사이에는 한 터럭도 용납되지 않는다. (5)予不奉天, 厥罪惟均:『尙書』,「周書」,「泰誓上」, "상나라의 죄가 관통하여 가득하니, 하늘이 명하여 상을 주벌하게 하셨다. 내가 하늘을 따르지 않으면 그 죄는 주왕과 같을 것이다."(商罪貫盈, 天命誅之; 予弗順天, 厥罪惟均.)

그렇게 한 분이 계셨으니, 문왕이 그분이십니다."라고 했는데, 이는 상나라의 명이 그때까지 바뀌지 않았기 때문이다. "취하여 연나라 백성들이 기뻐한다면 취하십시오. 옛사람 중에 그렇게 한 분이 계셨으니, 무왕이 그분이십니다"라고 했다. 이 두 일 사이에는 틈이 조금도 없어, 당일에 천명이 끊어지지 않았다면 임금과 신하인 것이고, 당일에 천명이 끊어졌다면 한 사내(獨夫)인 것이다. 그리하여 "내가 하늘을 받들지 않으면 그 죄는 주왕과 같을 것이다"라고 했다. 하지만 천명이 끊어졌는지 여부를 어떻게 점칠 수 있는가? 인정을 볼 따름이다. 제후 중에 약속하지 않았는데 모인 자가 800명이었을 진대, 당시 이것이 어찌 무왕으로 인한 것이겠는가?

| 해설 | 이 조목에서도 여러 고전을 차례로 인용하며 주무왕이 상나라를 멸망시킨 사례를 통해 하늘의 뜻이 결국은 백성의 뜻을 통해 드러난다는 점을 말하고 있다. 전반부에서는 주무왕이 대규모 열병식을 하고, 이듬해에 상나라를 주벌한 두 차례의 은을 거스른 일을 언급하며, 주무왕이 상나라를 멸할지 말지를 판단한 근거가 천명에 있었다고 주장했다. 그리고 중반부 이후로는 맹자와 『상서』의 구절을 인용하며, 그 천명이 결국은 백성의 기뻐함 여부로 나타나며, 주무왕이 상을 친 것은 천명을 따르는 일이었다고 주장하고 있다.

2.17 ⁽¹⁾「靈臺」, 民始附也, 先儒指以爲文王受命之年, 此極害義理. 又如⁽²⁾司馬遷稱文王自羑里歸, 與太公行陰德以傾紂天下, 如此則文王是亂臣賊子也. 惟⁽³⁾懂仲舒以爲文王閔悼紂之不道, 故至於日昃不暇食; 至於韓退之亦能識聖人, 作「羑里操」有: "⁽⁴⁾臣罪當誅兮, 天王聖明"之語. 文王之於紂, 事之極盡道矣. 先儒解經如此, 君臣之道且不明, 何有義理哉? 如⁽⁵⁾「考槃」之詩永矢弗過・弗告, 解以永不復告君過君, 豈是賢者之言!⁵⁷

|번역| 「영대」는 백성들이 귀순하기 시작함을 읊은 시인데, 선대 유자들은 이때를 문왕이 천명을 받은 해로 지목하였으나, 이는 의리를 지극히 해치는 것이다. 또 예컨대 사마천은 문왕이 유리에서 돌아와 강태공과 함께 음덕을 행하여 은나라 주왕의 천하를 기울게 했다고 했는데, 그렇다면 문왕은 난신적자일 것이다. 오직 동중서만이 문왕은 주왕의 무도함을 불쌍히 여겨, 해가 기울도록 먹을 겨를이 없었다고 여겼다. 한유의 경우에도 성인을 알 수 있어, 「유리조(羑里操)」를 지었으니, 거기에 "신의 죄, 마땅히 죽임당해야 하겠사오나, 천왕께서는 총명하시옵니다"라는 말이 있다. 문왕은 주에 대해 섬김의 도리를 극진히 했고, 선대 유자들의 경전 해석도 그와 같았다.

57 (1)「靈臺」, 民始附也: 『詩』, 「大雅」, 「文王」, 毛序, "「영대」는 백성들이 귀순하기 시작함을 읊은 시이다. 문왕이 천명을 받자, 백성들은 문왕이 신령스러운 덕을 지니고 있어 그것이 조수와 곤충에까지 미침을 즐거워하였다."(「靈臺」, 民始附也. 文王受命, 而民樂其有靈德, 以及鳥獸昆蟲焉.) (2) 司馬遷稱文王自羑里歸: 『史記』, 「周本紀」, "숭후호가 은의 주왕에게 서백을 헐뜯으며 말했다. '서백은 선한 덕을 쌓아 제후들이 모두 그에게로 향하니, 군주께 불리할 것입니다.' 이에 주왕은 서백을 유리에 구금했다. … 서백이 음으로 선을 행하자, 제후들이 모두 와서 시비를 판결해 달라고 했다."(崇侯虎譖西伯於殷紂曰: "西伯積善累德, 諸侯皆鄉之, 將不利於帝." 帝紂乃囚西伯於羑里. … 西伯陰行善, 諸侯皆來決平.) (3)懂仲舒以爲文王閔悼紂之不道, 故至於日昃不暇食: 「擧賢良對策」, "당시에 주왕은 위에 있었고 존비가 혼란스러웠으며 백성들은 흩어져 도망했다. 그리하여 문왕은 가슴 아파하며 편안하게 하려고 하였다. 이에 해가 기울도록 먹을 겨를이 없었다."(當此之時, 紂尙在上, 尊卑昏亂, 百姓散亡, 故文王悼痛而欲安之, 是以日昃而不暇食.) (4)臣罪當誅兮, 天王聖明: 『琴操十首』, 「拘幽操」, "신의 죄, 마땅히 죽임당해야 하겠사오나, 천왕께서는 총명하시옵니다." 후대에 유학자들은 한유의 이 구절을 문왕의 군주를 향한 마음을 잘 드러낸 시구라 하여 찬탄하였다. (5)「考槃」之詩永矢弗過・弗告: 『詩』, 「衛風」, 「考槃」, "고반이 언덕에 있으니 석인의 마음이 넉넉하다. 홀로 자고 깨어 노래하나 길이 이 즐거움을 지나치지 않기를 맹세하였다. 고반이 육지에 있으니, 석인이 한가롭게 머뭇거린다. 홀로 자고 깨었다가 다시 누웠으니, 길이 이 즐거움을 남에게 말하지 않기로 맹세하였다."(考槃在阿, 碩人之薖. 獨寐寤歌, 永矢弗過. 考槃在陸, 碩人之軸. 獨寐寤宿, 永矢弗告.) 考槃, 반환(盤桓)의 뜻. 세상을 피해 은거한다는 뜻으로 해석되기도 하고 그릇을 두드려 가락에 맞춤을 뜻하는 것으로 해석되기도 함. 矢, 맹세함(誓). 過, 지나침. 혹은 교제함(過從)의 뜻으로 해석하기도 함.

군신의 도리조차 밝지 못하다면 어떻게 옳음의 이치가 있겠는가? 예컨대『시경』「고반」편의 지나치지 않고 알리지 않기로 길이 맹세한다는 구절을 길이 다시는 군주에게 알리지 않고 군주와 교제하지 않는다는 뜻으로 해석한다면 그것이 어찌 현자의 말이겠는가!

|해설| 유학자는 폭군에 대해 두 가지 태도를 취할 가능성이 있다. 하나는 폭군은 더는 섬겨야 할 군주가 아니라고 여기는 태도이고, 다른 하나는 아무리 폭군이라 해도 신하는 군주를 섬기는 자세를 버려서는 안 된다는 태도이다. 장재가 문왕을 거론하면서 부각시키고 있는 것은 후자이다. 이 후자를 강조하기 위해 그는『시경』「영대」편과 사마천『사기』의 기록이 문왕의 주왕에 대한 저항의 의미로 해석되는 것을 극도로 배격했다. 그런 의미에서 그가 동중서와 한유의 문왕에 대한 묘사를 칭찬한 의도는 명백하다. 적어도 이 조목에서만큼은 장재의 생각은 대단히 제왕학적이다.

2.18 「詩序」必是周時所作, 然亦有後人添入者, 則極淺近, 自可辨也. 如言"(1)不肯飮食教載之", 只見『詩』中云"(2)飮之食之, 教之誨之, 命彼後車, 謂之載之", 便云"教載", 絕不成言語也.[58] 又如"(3)高子曰靈星之尸"分明是高子言, 更何疑(一)[59]也.[60]

[58] 〈중화 주석〉『초석』에 근거해 이어지는 부분과 연결했다.
[59] 〈중화 주석〉 '一'은『초석』에 근거해 삭제했다.
[60] (1)不肯飮食教載之:『毛詩正義』卷第十五, 「綿蠻」, "「면만(綿蠻)」은 미천한 신하가 난세를 풍자한 시이다. 대신이 어진 마음을 사용하지 않고 미천한 자들을 잊어 음식을 먹이고 가르쳐 수레에 태워 주려 하지 않았으므로, 이 시를 지은 것이다."(微臣刺亂也. 大臣不用仁心, 遺忘微賤, 不肯飮食教載之, 故作是詩也.) (2)飮之食之, 教之誨之, 命彼後車, 謂之載之:『詩』, 「小雅」, 「綿蠻」, "음식을 먹게 하고 가르쳐 주고 저 뒤에 있는 수레에 명하여 태워 주라고 하겠는가?"(飮之食之, 教之誨之, 命彼後車, 謂之載之.) 後車, 뒤쪽의 수행하는 수레. (3)高子曰靈星之尸:『毛詩正義』卷第四十九, 「絲衣」, "「사의(絲衣)」는 시동(尸)에게 다시 제사 지낼 때(繹賓) 읊은 시이니, 고자는 '후직의 시동이다'라고 했다."(繹賓尸也, 高子曰: "靈星之尸也.") 繹賓, 제사를 지낸 다음 다시 제사를 지내는 것을 가리키는

|번역| 「시서(詩序)」는 틀림없이 주나라 때의 저작일 것이나 후대 사람들이 첨가해 집어넣은 것도 있으니, 그것들은 극히 천근해서 자연히 변별해 낼 수 있다. 예컨대 "음식을 먹이고 가르쳐 수레에 태워 주려 하지 않았다"고 했는데, 『시』에서는 단지 "음식을 먹게 하고 가르쳐 주고 저 뒤에 있는 수레에 명하여 태워 주라고 하겠는가?"라고만 했는데, "가르쳐 수레에 태워 준다"고 했으니, 절대 말이 통하지 않는다. 또 예컨대 "고자는 '후직의 시동이다'"라고 했는데, 이는 분명히 고자(高子)의 말이다. 다시 무슨 의심할 것이 있겠는가?

|해설| 「시서(詩序)」란 「毛詩序」의 약칭이다. 「시서(詩序)」는 대서(大序)와 소서(小序)를 포함하는데, 각각의 시편 앞에 주제를 설명한 것이 소서이고, 『시경』 첫 번째 시 「관저(關雎)」 뒤쪽에 『시경』 전체를 개괄한 것이 대서이다. 동한대의 정현은 '대서'는 자하의 저작이고, '소서'는 자하와 모공의 저작이라고 했다. 그러나 송대 이후로 「시서」의 작자가 누구인지에 대해서는 이견이 생겨났다. 장재는 이 조목에서 이 「시서」가 주대에 저술된 것이지만, 후대에 첨가된 것도 있다고 하면서 후대에 첨가된 문구의 예로 두 가지를 들었다. 하나는 의미가 통하지 않는 잘못된 설명이 있다는 것이고, 다른 하나는 「사의」편 설명처럼 전국시대 맹자와 동시대 사람의 말이 들어가 있다는 것이다.

2.19 「七月」之詩, 計古人之爲天下國家, 只是豫而已.

|번역| 「칠월(七月)」의 시는 옛사람이 천하 국가를 위하는 방법이 단지 미리 대비하는 일일 뿐이었음을 헤아린 것이다.

제사의 명칭이다. 고자(高子)는 맹자의 제자 공손추가 『맹자』 「고자하」에서 "고자는 '『시경』의 「소변」편은 소인의 시다'라고 말했습니다"(高子曰: 小弁, 小人之詩也)라고 인용했던 인물이다.

|해설| 『시경』「빈풍(豳風)」,「칠월七月」 편에서는 주로 별자리와 기후의 변화에 따라 사람들이 미리 어떤 일을 해야 하는지를 노래하고 있다. 예를 들어 9월에는 서리가 내리기 시작하여 추워지니 옷을 만들어 추위를 막는다고 하였고, 섣달에는 쟁기를 미리 수선하여 농사의 시작을 준비하여 봄이 되면 밭 갈러 나간다고 하였다. 장재는 이 「칠월」이 「역전」에서 말하는 미리 대비함(豫)의 정신을 체현하고 있는 것이라 보아 위와 같이 말했다.

(堯夫解他山之石可以攻玉玉者溫潤之物若兩玉相攻則無所成必石以磨之譬如君子與小人處爲小人侵陵則修省畏避動心忍性增益其所不能如此便道理出來)[61]

---

[61] 〈중화 주석〉 이 조목은 『이정유서』 권2에 보이는 것으로 잘못 끼어든 문장이므로 삭제했다.

3

종법
宗法

3.1 ⁽¹⁾管攝天下人心, 收宗族, 厚風俗, 使人不忘本, 須是明⁽²⁾譜系世族
與立宗子法. 宗法不立, 則人不知⁽³⁾統系來處. 古人亦鮮有不知來
處者, 宗子法廢, 後世尚譜牒, 猶有遺風. 譜牒又廢, 人家不知來處,
無百年之家, 骨肉無統, 雖至親, 恩亦薄.⁶²

|번역| 천하의 인심을 관리하고 포섭하며, 종족을 거두어들이고, 풍속을
두텁게 하며, 사람들이 근본을 잊지 않도록 하려면 족보의 체계와
명문대가를 밝히고 종법을 확립해야 한다. 종법이 확립되지 않으면
종족 계보의 유래를 알지 못한다. 옛사람 중에 자신의 유래를 모르
는 자는 드물었는데, 종법제가 폐지되고 후세에 족보를 숭상했으
니, 그래도 유풍이 남아 있었다. 그러다 족보가 다시 폐기되자 사람
들은 자신의 유래를 모르고 백 년 된 집안이 없고 골육지간에 체계
가 없어 지극히 가까운 친척이라 해도 은덕 또한 박해졌다.

---

62 (1)管攝, 관할하고 통섭함. (2)譜系世族: 譜系, 족보의 체계. 世族, 명문대가, 대대로 벼슬
을 한 집안. (3)統系, 종족의 계통, 즉 부계 가족의 체계.

|해설| 종법이란 서주 시대에 확립된 종족의 조직 규정이다. 종법은 크게 대종(大宗)과 소종(小宗)으로 나뉜다. 대종은 제후의 적장자 이외의 아들을 조상으로 삼아 적장자 상속이 무한히 이루어지게 하는 체계를 말한다. 소종은 대종에서 파생된 것으로, 적장자 이외의 남동생들이 세운 가계를 가리킨다. 종법은 원래 봉건제와 결합하여 시행되었으니, 봉건제가 폐지되면서, 종법 역시 그 본래의 면모는 사라졌다고 하겠다. 하지만 종법의 유풍은 족보를 중시하는 유풍으로 이어졌다. 족보를 중시한다는 것은 부계 중심의 복잡한 가족관계를 중시함을 뜻한다. 장재는 자신이 살던 송대에 이르러 족보마저 중시되지 않음을 한탄하였다. 그 이유는 부계 중심의 가계 안에서 자신이 어디서 유래했는지 모르고, 가족의 친소관계도 불분명해짐으로써 유교적 규범이 다소 흐릿해진다는 데 있었다.

3.2 宗子之法不立, 則朝廷無[1]世臣.[63] 且如公卿一日崛起於貧賤之中 以至公相, 宗法不立, 既死遂族散, 其家不傳. 宗法若立, 則人人各 知來處, 朝廷大有所益. 或問: "朝廷何所益?" 公卿各保其家, 忠義 豈有不立? 忠義既立, 朝廷之本豈有不固? 今驟得富貴者, 止能爲 三四十年之計, 造宅一區及其所有, 既死則衆子分裂, 未幾蕩盡, 則 家遂不存, 如此則家且不能保, 又安能保國家!

|번역| 종법이 확립되지 않으면 조정에 누대에 걸쳐 공을 세운 신하가 없게 된다. 만약 공경(公卿)이 어느 날 빈천한 자 가운데서 굴기하여 지위가 재상에 이르렀는데, 종법이 확립되지 않으면, 그가 죽고 나서 일족은 흩어지고 그 집안은 전승되지 않게 된다. 종법이 만약 확립된다면 사람마다 각자 자신의 유래를 알아 조정에 크게 이익이 되는 점이 있을 것이다. 누군가 "조정에 이익이 되는 점이 무엇입니

63 (1)世臣, 누대에 걸쳐 공을 세운 신하.

까?" 하고 묻는다면, 공경이 각기 자기 집안을 보전하니 충의(忠義)가 어찌 확립되지 않음이 있겠느냐고 답할 것이다. 충의가 확립될진대 조정의 근본에 어찌 견고하지 않음이 있겠는가? 지금 갑자기 부귀를 얻은 자들은 단지 30~40년의 계책만 행할 수 있을 뿐이니, 조성한 저택 한 구역과 그가 소유한 것들은 그가 사망하면 여러 아들이 분열하여 얼마 지나지 않아 탕진하게 되며, 집안은 끝내 보존되지 못할 것이니, 그와 같으면 집안조차 보전할 수 없을진대, 다시 어떻게 국가를 보위할 수 있겠는가!

| 해설 | 종법제의 시행이 정치적으로 충의의 확립으로 이어진다는 점에서 국가에 이익이 된다고 주장하고 있다. 종법제가 시행되면 집안 대대로 국가에 충성을 다하는 가문이 생겨나고, 그것이 국가 운영에 든든한 버팀목이 되어 줄 수 있다는 것이다. 하지만 이런 종법제의 시행으로 명문대가가 많아지는 것이 특권층의 국정농단을 낳을 수 있다는 점을 장재는 모르는 것일까?

3.3 夫所謂宗者, 以己之旁親兄弟來[(1)]宗己. 所以得宗之名, 是人來宗己, 非己宗於人也. 所以[(2)]繼禰則謂之繼禰之宗, [(2)]繼祖則謂之繼祖之宗, 曾高亦然.[64]

| 번역 | 종(宗)이란 '나'의 방계친족 형제가 '나'를 종주로 여기는 것이다. 종(宗)이라는 명칭을 얻은 것은 남이 와서 '나'를 종주로 여기는 것이지, '내'가 남에게 종주가 되는 것이 아니다. 별자 이외의 공자(公子)

---

64 (1)宗, 종주로 여긴다. 으뜸으로 여긴다. (2)繼禰, 繼祖: 『禮記』, 「喪服小記」, "(제후의 적장자가 아닌) 별자(別子)는 (경대부로 독립하여) 일가의 시조가 되고, 이 별자를 대대로 계승하는 자는 대종이 된다. (한편 별자 이외의 공자(公子)를) 아버지로 제사 지내는 자는 소종이 된다."(別子爲祖, 繼別爲宗. 繼禰者爲小宗.)

를 아버지로 제사 지내는 것을 소종이라고 부르고, 별자인 조상을 계승하는 것을 대종이라 부른다. 증조부나 고조부 역시 마찬가지이다.

| 해설 | 종법의 종(宗)이란 다름 아닌 가족의 방계친족들이 '나'를 종주로 대우하는 것을 뜻한다. 장재는 이 종자(宗子)에 대종과 소종의 구별이 있음을 설명했다.

3.4 言宗子者, 謂宗主祭祀. ⁽¹⁾宗子爲士, 庶子爲大夫, 以上牲祭於宗子之家. 非獨宗子之爲士, 爲庶人亦然.[65]

| 번역 | 종자(宗子)라 말하는 것은 제사를 주재하는 자이다. 종자가 사(士)이고, 서자가 대부라면 상급의 희생물로 종자의 집에서 제사 지낸다. 비단 종자가 사(士)인 경우만 그런 것이 아니고, 서인의 경우도 그렇다.

| 해설 | 종갓집 적장자가 사(士)이고, 서자가 대부인 경우에는 서자의 신분이 더 높은데, 그럴 경우에 서자의 신분에 맞추어 희생을 갖추는 것은 '녹을 귀히 여기는(貴祿)' 정신이 체현된 것이다. 그러면서도 제사는 여전히 종갓집에서 적장자가 주재하는 까닭은 사당이 종갓집에 있기 때문이기도 하지만, 종자의 지위를 존중하는(重宗) 정신의 체현이기도 하다.

3.5 "⁽¹⁾宗子之母在, 不爲宗子之妻服", 非也. 宗子之妻與宗子共事宗廟

---

[65] (1)宗子爲士, 庶子爲大夫, 以上牲祭於宗子之家: 『禮記』, 「曾子問」, "증자가 물었다. '(어떤 집에서) 종자(宗子)는 사(士)이고, 서자는 대부라면 그 제사는 어떻습니까?' 공자가 말했다. '상급의 희생물로 종자의 집에서 제사 지낸다.'"(曾子問: "宗子爲士, 庶子爲大夫, 其祭也如之何?" 孔子曰: "以上牲祭於宗子之家.") 宗子, 종갓집의 적장자. 上牲, 소뢰(少牢), 즉 양 한 마리와 돼지 한 마리를 가리킴. 소뢰는 대부가 제사를 지낼 때 쓰는 희생물이다. 사(士)일 경우에는 특생(特牲), 즉 돼지 한 마리만 쓴다.

之祭者, 豈可夫婦異服! 故宗子雖母在亦當爲宗子之妻服也, [(2)]東
酌犧象, 西酌罍尊, 須夫婦共事, 豈可母子共事也? 未娶而死, 則難
[(3)]立後, 爲其無母也. 如不得已須當立後, 又須幷其妾母與之, 大不
得已也. 未娶而死, 有妾之子, 則自是妾母也.[66]

| 번역 | "종자의 어머니가 살아 계신다면 종자의 아내를 위해 재최(齊衰) 3개
월의 복을 입지 않는다"고 했는데, 이는 틀린 말이다. 종자의 아내와
종자는 함께 종묘의 제사를 받들던 이인데, 어찌 부부에 대해 입는
복을 달리하겠는가! 그러므로 종자는 설사 어머니가 살아 계신다고
하더라도 마땅히 종자의 아내를 위해 복을 입어야 한다. 동쪽에서
희준과 상준을 잔질하고, 서쪽에서 뇌준을 잔질하려면 부부가 함께
받들어야 할진대, 어찌 어머니와 아들이 그 일을 함께할 수 있겠는
가? 장가를 들지 않고 죽은 경우는 후계자를 정하기 어려우니, 어머
니가 없기 때문이다. 만약 어쩔 수 없이 후계자를 정해야 한다면 그
첩모(妾母)를 병합하여 그에게 주니, 이는 너무도 어쩔 수 없는 경우
이다. 장가를 들지 않고 죽었는데, 첩의 자식이 있으면 자연히 첩모
(妾母)인 것이다.

| 해설 | 상복 및 후계자를 세우는 문제와 관련한 특수한 상황에 대해 견해를 피력했다.
첫 번째 특수한 상황은 어머니가 살아 계신데 아내가 죽었을 경우 재최 3개월의
상복을 입어야 하느냐의 문제이다. 『의례』에서는 그럴 필요가 없다고 했지만,

---

66 (1)宗子之母在, 不爲宗子之妻服: 『儀禮』, 「喪服」, "종자의 어머니가 살아 계신다면 종자의
아내를 위해 재최(齊衰) 3개월의 복을 입지 않는다."(宗子之母在, 則不爲宗子之妻服也.)
(2)東酌犧象, 西酌罍尊: 『禮記』, 「禮器」, "임금은 서쪽으로 가서 희준(犧尊)과 상준(象尊)
을 잔질하고, 부인은 동쪽으로 가서 뇌준(罍尊)을 잔질한다. (君西酌犧象, 夫人東酌罍
尊.) 犧, 희준(犧尊). 희준은 희생으로 쓰는 소 모양의 술잔. 象, 코끼리 모양의 술잔. 罍
尊, 구름과 우레를 장식으로 그려 넣은 술잔. (3)立後, 후사를 세운다. 후계자를 정한다.

장재는 이에 대해 반대 의견을 제시했다. 그 근거는 종갓집 제사는 종자와 종자의 아내가 줄곧 받들어 왔다는 데 있다. 종자를 존중하는 이유는 그가 조상 제사를 주재한다는 데 있으므로, 제사를 함께 받들어 온 종자의 아내가 죽었을 경우, 종자의 어머니가 살아 계시더라도 재최 3개월의 상복을 입어 존중을 표해야 한다는 것이다. 두 번째 특수한 상황은 장가를 들지 않고 죽었을 경우 후계자를 정하는 문제이다. 이 경우 어쩔 수 없이 후계자를 정해야 한다면 첩의 아들을 후계자로 세워야 한다고 주장하고 있다.

3.6 "⁽¹⁾天子建國, 諸侯建宗", 亦天理也. 譬之於木, 其上下挺立者本也, 若是旁枝大段茂盛, 則本自是須⁽²⁾低摧; 又譬之於河, 其正流者河身, 若是涇流泛濫, 則自然後河身轉而隨涇流也. 宗之相承固理也, 及旁支昌大, 則須是卻爲宗主. 至如⁽³⁾<u>伯邑考又不聞有罪, 只爲武王之聖, 顧伯邑考不足以承太王之緒, 故須立武王</u>. 所以然者, 與其使祖先享卿大夫之祭, 不若享人君之禮.⁶⁷ 至如人有數子, 長者至微賤不立, 其間一子仕宦, 則更不問長少, 須是士人承祭祀.⁶⁸

|번역| "천자는 제후국을 세우고, 제후는 종가를 세운다"고 했으니, 이 역시 하늘의 이치(天理)이다. 이를 나무에 비유해 보면, 그 위아래로 곧추 서 있는 것은 근본이다. 만약 곁가지가 대부분 무성하다면 근

---

67 〈중화 주석〉 『초석』에 근거해 이어지는 부분과 연결했다.

68 (1)天子建國, 諸侯建宗: 『春秋左傳』, 「桓公」 二年, "사복이 말했다. '저는 국가가 수립될 때 근본이 크고 말단이 작아야 공고해질 수 있다고 들었습니다. 그러므로 천자는 제후국을 세우고, 제후는 경대부의 집안을 세웁니다.'"(師服曰: "吾聞國家之立也, 本大而末小, 是以能固. 故天子建國, 諸侯立家.") 建國은 제후국을 세우는 것을 가리키고, 立家는 경대부의 집안을 세우는 것을 가리킨다. (2)低摧, 고개를 숙인다. 무게를 이겨 내지 못하는 모습을 나타냄. (3)伯邑考又不聞有罪: 『禮記』, 「檀弓上」 "옛날에 문왕은 백읍고를 버리고 무왕을 세웠다."(昔者文王舍伯邑考而立武王.) 伯邑考는 문왕의 맏아들이다.

본은 자연히 고개를 숙여 무게를 이겨 내지 못할 것이다. 이를 다시 하류에 비유해 보면, 곧게 흐르는 것은 본류이되, 만약 지류가 범람하면 자연히 본류를 뒤로 하고 지류를 따르게 될 것이다. 종자가 서로를 잇는 것은 물론 이치에 따른 것이지만, 곁가지가 창대해지면 종주가 된다. 한편 백읍고의 경우, 죄가 있다고 듣지 못했는데, 다만 무왕이 총명하여 백읍고는 태왕의 유업을 계승하기에 부족하다고 여겼으므로 무왕을 세워야 했다. 그렇게 한 까닭은 조상들이 경대부의 제사를 흠향하게 하느니 차라리 임금의 예를 흠향하게 하는 게 나았기 때문이다. 한편 어떤 사람에게 아들이 여럿 있는데, 적장자가 지극히 미천하면 후계자로 세우지 않고, 그 사이에 아들 하나가 관리로 있을 경우에는 나이의 많고 적음을 더 묻지 않고 사인(士人)이 제사를 계승하도록 했다.

|해설| 이 조목에서는 크게 두 가지를 이야기했다. 하나는 종법제를 시행하는 사회에서 천자의 나라나 제후국 같은 상위의 국가들이 사회의 근간에 해당하므로, 더욱 강한 권한을 쥐고 있어야 하고, 곁가지에 해당하는 경대부 등 집안의 힘이 너무 강해지지 않도록 해야 한다는 것이다. 다른 하나는 후계자를 세울 때 꼭 적장자 계승의 원칙을 따를 필요는 없고, 상황에 따라 능력이 출중한 자를 세울 수도 있음을 말하였다.

3.7 古所謂"[1]支子不祭"也者, 惟使宗子立廟主之而已. 支子雖不得祭, 至於齋戒致其誠意, 則與祭者不異; 與則以身執事, 不可與則以物助之, 但不別立廟, 爲位行事而已. 後世如欲立宗子, 當從此義, 雖不與祭, 情亦可安. 若不立宗子, 徒欲廢祭, 適足長惰慢之志, 不若使之祭猶愈於已也. 今日大臣之家, 且可[2]方宗子法. 譬如一人數

子, 且以適長爲大宗, 須據所有⁽³⁾家計厚給以養宗子, 宗子勢重, 卽
願得之, 供宗子外乃將所有均給族人. 宗子須專(直)[立]⁶⁹教授, 宗
子之得失, 責在教授, 其他族人, 別立教授. 仍乞朝廷立條, 族人⁽⁴⁾須
管遵依祖先立法, 仍許族人將己合⁽⁵⁾轉官恩澤乞⁽⁶⁾回授宗子, 不理
選限官, 及許將⁽⁷⁾奏薦子弟恩澤與宗子, 且要主張門戶. 宗子不善,
則別擇其次賢者立之.⁷⁰

|번역| 고대에 "종자가 아닌 아들들은 제사 지내지 않는다"는 말은 오로지
　　　 종자만이 사당을 세워 그것을 주재한다는 뜻이다. 종자가 아닌 아
　　　 들들은 제사를 지낼 수 없지만, 재계하여 성의를 다하는 점은 제사
　　　 를 지내는 자와 다르지 않다. 참여하면 몸소 일하고, 참여할 수 없으
　　　 면 물질로 제사를 돕는다. 하지만 따로 사당을 세우지 않으니 지위
　　　 에 따라 일을 할 따름이다. 후세 사람들이 만약 종자를 세우고자 한
　　　 다면 마땅히 이 이치를 따라야 설사 제사에 참여하지 않는다고 해
　　　 도 마음 또한 편안할 수 있다. 만약 종자를 세우지 않고 단지 제사를
　　　 폐하고자 한다면 게으른 마음이 자라나게 될 것이니, 그만두는 것
　　　 보다는 제사를 지내는 것이 더 낫다. 오늘날 대신의 집안도 종자의
　　　 방법을 모방할 수 있다. 이를테면 한 사람의 아들 몇 명 가운데 적장
　　　 자를 대종으로 삼되, 소유한 가산에 근거해 후하게 공급하여 종자
　　　 를 봉양해야 한다. 종자는 위세가 중요하여 곧 얻기를 원하니, 종자

69　〈중화 주석〉 '立'은 아래의 '別立教授' 구절에 근거해 고쳤다.
70　(1)支子不祭: 『禮記』, 「曲禮下」, "종자가 아닌 아들들은 제사 지내지 않는다. 제사를 지
　　 내면 반드시 종자에게 고해야 한다."(支子不祭, 祭必告於宗子.) 支子, 적장자가 아닌 아
　　 들들. (2)方, 仿과 통함. 모방함, 본뜸. (3)家計, 가산. (4)須管, 반드시. (5)轉官, 높은 관
　　 직에 오름. (6)回授, 관직을 타인에게 양도함, 넘겨줌. (7)奏薦, 조정에 주청하여 관리를
　　 천거함.

에게 제공하는 것 이외에 소유한 것들은 골고루 일족에게 나누어 준다. 종자는 특별히 선생을 세워야 하니, 종자의 득실은 그 책임이 선생에게 있다. 다른 일족도 따로 선생을 세운다. 이에 조정에 조칙을 세워 줄 것을 청하니, 일족 사람들이 반드시 조상의 뜻에 따라 법도를 세우게 하라. 일족에 속한 사람이 자신이 높은 관직에 올라야 할 은택을 종자에게 넘겨주기를 청할 경우, 관리를 제한하여 뽑는 것에 상관하지 말도록 윤허하고, 조정에 자제를 주청하여 관리에 천거하는 은택을 종자에게 주도록 윤허하며, 집안을 주재하도록 한다. 종자가 선하지 않으면 그다음 가는 현자를 따로 가려내어 세운다.

| 해설 | 유교 제사에서 제사권을 원칙적으로 종자에게만 부여하는 까닭은 그래야 비로소 가족의 위계질서가 유지될 수 있다고 생각했기 때문이다. 지자(支子)가 함부로 제사를 지낼 수 없도록 규정한 까닭도 거기에 있다. 이 점에 주목하며 장재는 위 조목 전반부에서 종자가 아닌 아들들이 제사를 주재할 수는 없지만, 적극적으로 종자가 주재하는 제사에 참여하여 협력해야 함을 말하고 있다. 후반부에서는 대신의 집안에서 종자를 세우는 구체적인 방법을 제안하고 있다. 일가의 가산을 종자에게 후하게 제공해 줄 것, 종자에게 높은 관직을 넘겨줄 것, 종자에게 관리 천거의 권한을 줄 것 등이 그것이다.

3.8 後來朝廷有制, 曾任[1]兩府則宅舍不許分, 意欲後世尚存某官之宅或存一[2]影堂, 如嘗有是人, 然宗法不立, 則此亦不濟事. 唐[2]狄人傑·[3]顏杲卿·眞卿後, 朝廷盡與官, 其所以[4]旌別之意甚善, 然亦處之未是. 若此一人死遂卻絕嗣, 不若各就墳冢給與田五七頃, 與一[5]閒名目, 使之世守其祿, 不惟可以爲天下忠義之勸, 亦是爲忠義者實受其報. 又如先代帝王[6]陵寢, 其下多有閒田, 每處與十畝田, 與一[7]閒官世守之.[71]

| 번역 | 후대의 조정에서는 다음과 같은 제도가 있었다. 양부(兩府: 재상)의 직책을 역임한 경우, 저택은 나누는 것이 허용되지 않았으니, 이는 후세에 아무개 관리의 저택이 상존하도록 하거나 조상의 영정을 모신 사당을 보존하도록 하고자 함이었다. 하지만 만약 그런 사람이 있었다고 하더라도 종법이 확립되지 않았다면 그것은 아무 쓸모가 없다. 당(唐)의 적인걸, 안고경, 안진경 사후에 조정에서는 관직을 주었으니, 그 구별을 두려는 뜻은 아주 좋았지만, 그것을 처리하는 방법은 옳지 않았다. 만약 이 한 사람이 죽어 후사가 끊어진다면 차라리 각기 분묘마다 전답을 5~7경씩 지급하고 한전이라는 명목을 주어 대대로 그 녹을 지키도록 하면, 천하에 충의를 권면하는 일이 될 수 있을 뿐 아니라, 충의를 행한 자가 실제로 그 보답을 받도록 하는 것이기도 하다. 또 예컨대 선대 제왕들의 왕릉 아래에는 많은 경우에 한전이 있는데, 한 곳마다 10무의 땅을 주고 한직을 주어 대대로 그것을 지키도록 한다.

| 해설 | 충의를 다한 신하들을 사후에 어떻게 대우하는 것이 옳은지를 논하였다. 충신의 저택을 보존하는 것은 별 의미가 없음을 주장하며, 충신의 집안에 한전(閑田)을 지급해 살림에 실질적인 도움을 줄 것을 제안하였다.

71 (1)兩府, 재상의 권한을 행사하는 두 중신과 그들이 소속된 기관을 가리킨다. (2)影堂, 조상의 영정을 모셔 놓은 사당. (2)狄人傑, 적인걸(狄仁傑, 630~700)을 가리킨다. 측천무후대의 재상으로, 혹독한 관리들을 몰아내고 과거제도를 정비해 인재를 다수 등용하는 등, 당시 정치를 안정시키는 데 큰 공헌을 했다. (3)顏杲卿·眞卿: 안고경(顏杲卿, 692~756)은 당나라 중기에 안록산의 난이 일어났을 때 의용군을 모집해 난을 진압하려 하였으나, 사로잡혀 처형당한 인물이다. 안진경(顏眞卿, 709~785)은 안고경의 사촌동생으로 그 역시 안고경과 함께 안록산의 난 진압에 참여했던 인물이다. 후에 덕종 대에 반란을 일으킨 이희열(李希烈)을 설득하다가 사로잡혀 죽임을 당했다. (4)旌別, 식별하다, 구별을 두다. (5)閑, 한전(閑田), 경작하지 않는 땅. (6)陵寢, 고대 제왕의 왕릉을 가리킴. (7)閑官, 특별한 직무가 없는 관직. 한직.

3.9 『禮』言"(1)祭畢然後敢私祭", 爲如父有二子, 幼子欲祭父, 來兄家祭
　　之, 此是私祭; 祖有諸孫, 適長孫已祭, 諸孫來祭者祭於長孫之家,
　　是爲公祭.[72]

|번역| 『예기』에서는 "적자와 서자는 종갓집 제사가 끝난 후에 사적인 제
　　　사를 지낸다"고 했다. 예를 들어 아버지에게 아들이 둘 있을 경우,
　　　어린 아들이 아버지 제사를 지내려고 형의 집에 와서 제사를 지내
　　　는 것, 그것이 사적인 제사이다. 한편 조상은 여러 자손이 있으니,
　　　적장손(嫡長孫)이 이미 제사를 지냈을 때, 여러 자손의 제사 지내러
　　　오는 자들이 장손의 집에서 제사를 지내는 것이 공적인 제사이다.

|해설| 『예기』의 사적인 제사(私祭)와 공적인 제사가 구체적으로 무엇을 가리키는지
　　　설명했다. 사적인 제사를 공적인 제사(公祭)를 마친 후에 지내는 원칙을 지키는
　　　것은 종갓집 제사를 더 중시하기 때문이다.

3.10 「王制」言"(1)大夫之廟一昭一穆, 與太祖之廟而三", 若諸侯則以有
　　　國, 指始封之君爲太祖, 若大夫安得有太祖![73]

72　(1)祭畢然後敢私祭: 『禮記』, 「內則」, "적자와 서자는 종자와 종부를 섬길 따름이다. …
　　만약 (적자와 서자가) 부유하다면 이생(二牲, 새끼 양과 기러기)을 갖추어 그중에서 좋
　　은 것을 종자에게 보낸다. 부부가 함께 재계하여 종갓집 제사에 공경을 표시하고, 종갓
　　집 제사가 끝난 후에 사적인 제사를 지낸다."(適子庶子, 只事宗子宗婦. … 若富, 則具二
　　牲, 獻其賢者於宗子, 夫婦皆齊而宗敬焉, 終事而後敢私祭.)
73　(1)大夫之廟一昭一穆, 與太祖之廟而三: 『禮記』, 「王制」, "제후의 사당에는 5대 신주를 모
　　신다. 소에 2위, 목에 2위이고 태조의 신주와 합하여 모두 5위이다. 대부의 사당에는 3
　　대의 신주를 모신다. 소에 1위, 목에 1위이고, 태조의 신주와 합하여 모두 3위이다.(諸
　　侯五廟: 二昭二穆, 與太祖之廟而五. 大夫三廟: 一昭一穆, 與太祖之廟而三.) 소목(昭穆), 조
　　상의 신주를 사당에 놓는 차례. 중앙에는 시조를 놓고, 왼쪽에는 2대, 4대 등의 신주를
　　놓는데, 이 왼쪽을 소(昭)라고 하고 오른쪽에는 3대, 5대 등의 신주를 놓는데, 이 오른쪽

| **번역** | 『예기』 「왕제」편에서는 "대부의 사당에는 3대의 신주를 모시니, 소에 1위, 목에 1위이고, 태조의 신주와 합하여 모두 3위이다"라고 했다. 제후의 경우라면 나라가 있어 최초로 봉후(封侯)된 군주를 가리켜 태조라고 하지만, 대부의 경우에 어찌 태조가 있을 수 있겠는가!

| **해설** | 장재는 『예기』에서 대부의 시조를 '태조'라고 칭하는 것이 합당하지 못하다고 여긴듯하다. 태조는 천자나 제후처럼 천하나 나라를 세운 사람에게 쓸 수 있는 칭호라 여겼기 때문이다. 통상적으로 대부의 태조란 최초로 작위를 받은 사람을 가리키는 것으로 이해된다.

3.11 宗子既廟其祖禰, 支子不得別祭, 所以嚴宗廟, 合族屬, 故曰: "(1)庶子不祭祖禰, 明其宗也."[74]

| **번역** | 종자가 선조와 아버지의 사당을 세웠을진대, 종자가 아닌 아들들이 따로 제사를 지낼 수 없는 것은 종자의 사당을 위엄 있게 하고 종족을 단합시키기 위함이다. 그러므로 "적장자 이외의 자식들이 선조와 아버지에게 제사 지내지 않는 것은 종자가 있음을 나타낸다"고 했다.

| **해설** | 이 조목 역시 종자가 아닌 아들들은 따로 제사를 지내서는 안 되는 이유를 말하고 있다. 그것은 다름 아닌 종자를 존중하기 위함이다.

을 목(穆)이라고 한다."
74 (1)庶子不祭祖禰, 明其宗也: 『禮記』, 「喪服小記」, "선조를 존숭하므로 종자를 공경한다. 종자를 공경하는 것은 선조를 존숭하는 것이다. 적장자 이외의 자식들이 선조를 제사 지내지 않는 것은 종자가 있음을 나타낸다. … 적장자 이외의 자식들이 아버지를 제사 지내지 않는 것은 종자가 있음을 나타낸다."(尊祖, 故敬宗; 敬宗, 所以尊祖禰也. 庶子不祭祖者, 明其宗也. … 庶子不祭禰者, 明其宗也.)

3.12 宗子爲士, 立二廟; 支子爲大夫, 當立三廟; 是曾祖之廟爲大夫立,
不爲宗子立. 然不可二宗別統, 故其廟亦立於宗子之家.

|번역| 종자가 사(士)이면 2대를 모시는 사당을 세우지만, 종자가 아닌 아들이 대부이면 마땅히 3대를 모시는 사당을 세워야 한다. 이는 증조부의 사당이 대부에 의해 세워지는 것이지, 종자에 의해 세워지는 것이 아니기 때문이다. 하지만 두 개의 종묘가 따로 통솔되어서는 안 되니, 그 사당 역시 종갓집에 세운다.

|해설| 가족 가운데 신분이 높은 아들이 있으면, 그가 종자가 아니더라도 신분이 높은 아들의 기준에 따라 사당을 세워야 함을 말하고 있다.

4

예악
禮樂

4.1 "⁽¹⁾禮反其所自生, 樂樂其所自成". 禮別異不忘本, 而後能推本⁽²⁾爲
之節文; 樂統同, 樂吾分而已. 禮天生自有分別, 人須推原其自然,
故言"反其所自生"; 樂則得其所樂即是樂也, 更何所待! 是"樂其所
自成."⁷⁵

|번역| "예란 그것이 생겨난 근본으로 돌이키는 것이고, 악이란 그 스스로
이룸을 즐거워하는 것이다"라고 했다. 예는 차이를 분별해 근본을
잊지 않아야 근본을 미루어 의례를 만들 수 있다. 악(樂)은 같은 점
을 통합해, 나의 본분에 즐거워할 따름이다. 예는 자연적으로 분별
이 있는 것으로, 사람은 그 자연스러운 것을 근원으로까지 미루어
간다. 그러므로 "그것이 생겨난 근본으로 돌이킨다"고 말한다. 악의
경우에는 그 즐거운 바를 얻는 것이 곧 악이니, 더 의존할 것이 무엇

---

75 (1)禮反其所自生, 樂樂其所自成:『禮記』, 「禮器」 "예란 그것이 생겨난 근본으로 돌이키는
것이고, 악이란 그 스스로 이룸을 즐거워하는 것이다."(禮也者, 反其所自生, 樂也者, 樂其
所自成.) (2)爲之節文, 구체적인 의례를 제정함.

인가! 이것이 "그 스스로 이룸을 즐거워하는 것이다."

|해설| 유교문화의 핵심 가운데 하나는 예악이다. 문화현상의 측면에서 말하자면 예는 각종 의례이고, 악은 음악과 춤이다. 하지만 의례는 예가 추구하는 정신의 표현이라는 점에 주목한다면, 인간이 각종 의례에서 부단히 성찰해야 할 것은 예의 근본이다. 장재는 이 예의 근본이 분별에 대한 인식이자 그 분별에는 자연스러움(天生, 自然)이라는 특성이 있음을 강조한다. 분별의 자연스러움이란 자연의 만물이 다 달라 구별되듯이, 인간사회 역시 본래 무수히 많은 차이가 존재한다는 뜻이다. 마찬가지로 음악과 춤 역시 그것이 추구하는 정신에 주목한다면, 그것이 중시하는 것은 즐거움이다. 함께 노래를 부르고 춤을 추는 동안 사람들은 다름을 잊고 하나가 된다. 같음과 즐거움을 추구하는 이 악의 정신을 장재는 사회로 확장한다. 그리하여 그는 악은 사회구성원 각자가 주어진 위치, 처지에서 직분을 다하며, 모두가 하나임을 느끼게 하는 사회통합의 기능이 있다고 말한다.

4.2 周樂⁽¹⁾有象, 有大武, 有⁽²⁾酌. 象是武王爲文王廟所作, 下武繼文也, 武功本於文王, 武王繼之, 故武王歸功於文王以作此樂, 象文王也. 大武必是武王既崩, 國家所作之樂, 奏之於武王之廟. 酌必是周公七年之後制禮作樂時於大武有增添也, 故「酌」言^{"(3)}告成大武"也, 其後必是酌以祀周公.⁷⁶

76 (1)有象, 有大武:『禮記』,「文王世子」, "당 아래에서는 관악으로 상무(象舞)의 곡을 연주하고 대무(大武)의 춤을 추며, 뭇사람들을 크게 화합시켜 양로의 행사를 거행했다."(下管象, 舞大武, 大合衆以事.) 象, 문왕의 무공을 춤으로 표현하고 무왕이 거기에 곡을 붙인 것으로 알려짐. 대무(大武), 주 무왕이 상나라 주왕을 주벌한 것을 표현한 춤. (2)酌: '대무(大武)' 무곡의 한 장으로, 무왕이 상나라를 주벌하여 큰 승리를 거둔 것을 찬탄한 시. (3)告成大武:『毛詩正義』卷第十九,「周頌」,「酌」, "'작(酌)'은 대무(大武)를 이룸을 고한 시이다. 선조의 도를 참작하여 천하를 기름을 말한 것이다."(「酌」, 告成大武也. 言能酌先祖之道, 以養天下也.)

｜번역｜ 주나라의 악에는 상무(象舞)의 악곡도 있고, 대무(大武)의 춤도 있으며, 작(酌)도 있다. 상무(象舞)는 무왕이 문왕의 사당을 위해 만든 것으로서, 아래에서 무왕이 문왕을 계승했으되, 무공은 문왕에 근본을 두어 무왕이 그것을 계승했으므로, 무왕은 공을 문왕에게로 돌려 이 악곡을 만들어 문왕을 본받았다. 대무(大武)는 필시 무왕이 붕어하시고 나서 국가에서 만든 악곡으로 무왕의 사당에서 연주했을 것이다. 작(酌)은 주공 섭정 7년 후에 예악을 만들 때 대무(大武)에 첨가한 것이다. 그래서 『시경』 「작(酌)」편에서는 "대무(大武)를 이룸을 고하였다"고 말했다. 그 후에는 틀림없이 작(酌)을 가지고 주공에게 제사를 지냈을 것이다.

｜해설｜ 장재는 이 조목에서 주나라를 대표하는 상무, 대무, 작이 각각 어떤 작품인지를 추측하고 있다. 상무(象舞)는 무왕이 자신의 무공을 문왕에게로 돌리는 악곡이라고 하였으며, 대무(大武)는 무왕 사후에 국가적으로 만든 악곡이며, 작(酌)은 주공 대에 대무에 첨가한 악곡일 것이라고 했다.

4.3 "(1)治亂以相", 爲周召作; "(1)訊疾以雅", 爲 (2)太公作. [77]

｜번역｜ "북을 가지고 어지러운 행렬을 바로잡는다"고 했는데, 이는 주공과 소공에 의해 만들어졌다. "박자를 맞추는 아(雅)를 가지고 빠른 것을

---

[77] (1) 治亂以相, 訊疾以雅: 『禮記』, 「樂記」, "북을 두드려 연주를 시작하고 징을 울려 연주를 끝냅니다. 북을 가지고 어지러운 행렬을 바로잡고, 박자를 맞추는 아(雅)를 가지고 빠른 것을 바로잡습니다."(始奏以文, 復亂以武, 治亂以相, 訊疾以雅.) 상(相)은 북(拊)을 가리킨다. 아(雅)도 악기의 이름으로, 땅을 두드리며 박자를 맞추는 데 쓰이는 기구라고 한다. 신(訊)은 신(迅)과 통함. 난(亂)은 음악 연주가 끝나는 것을 말한다. (2)太公: 태공은 강태공, 즉 강상(姜尙)을 가리킨다. 문왕과 무왕의 스승이며, 상나라를 멸망시키는 데 혁혁한 무공을 세웠다.

바로잡는다"고 했는데, 이는 강태공에 의해 만들어졌다.

┃해설┃ 악의 끝부분에서 북을 두드려 어지러운 무용수들의 행렬을 바로잡는 일은 마치 은나라 말기의 난세를 수습해 새로운 서주의 질서를 형성한 주공, 소공의 일과 흡사하다. 박자를 맞추는 아(雅)라는 악기로 빠른 것을 바로잡는 일은 마치 강태공이 곧은 태도로 군사를 신속하고 위풍당당하게 인솔한 것과 같다고 하여, 이 악기를 강태공과 연결해 설명했다.

4.4 "(1)入門而縣興其金奏", 此言兩君相見, 凡樂皆作, 必(2)肆夏也. 至升堂之後, 其樂必不皆作, 奏必有品次. 大合樂猶今之合曲也, 必無金石, 止用匏竹之類也. "(3)八音克諧", 堂上堂下盡作也明矣.[78]

┃번역┃ "문으로 들어가면 종을 두드려 음악을 연주한다"고 하였으니, 이는 두 임금이 서로 만났을 때 모든 악기를 다 연주한 것으로, 이는 틀림없이 사하(肆夏)였을 것이다. 당에 오른 뒤에는 그 악기를 필시 다 연주하지 않았을 것이니, 연주에는 반드시 차례가 있었다. 대합주 음악(大合樂)은 오늘날의 합주곡(合曲)과 같으니, 틀림없이 쇠나 돌로 된 악기 연주는 없고, 다만 죽관악기만 사용했을 것이다. "8음이 모두 조화를 이룰 수 있다"고 하니 당 위와 당 아래의 악기를 모두 연

---

[78] (1)入門而縣興其金奏: 『禮記』, 「仲尼燕居」, "대향(大饗: 큰 잔치)에는 네 가지 예가 있다. … 두 임금이 서로 만나면 읍양해 문으로 들어가고, 문에 들어가면 종, 경의 음악이 연주된다. 읍양해 당에 오르고, 당에 오르면 음악이 끝난다."(大饗有四焉. … 兩君相見, 揖讓而入門, 入門而縣興. 揖讓而升堂, 升堂而樂闋.) 縣興, 현(縣)은 종(鍾)과 경(磬)을 매다는 틀로, 현흥(縣興)은 종과 경이 연주되는 것을 가리킨다. (2)肆夏, 연회를 베풀거나 빈객을 영접하고 배웅할 때 연주하는 음악을 가리킨다. (3)八音克諧: 『尚書』, 「舜典」, "8음이 모두 조화를 이룰 수 있어 서로 차례를 빼앗은 법이 없으면 신과 인간이 조화를 이루게 된다."(八音克諧, 無相奪倫, 神人以和.)

주했음이 분명하다.

┃해설┃ 두 임금이 만나는 의례를 거행할 때 처음 문에 들어가 당에 오를 때까지는 모든
악기를 연주해 웅장한 느낌이 나도록 한다. 그다음에는 모든 악기를 다 연주하
지 않고 죽관악기만을 사용하고, 마지막 부분에서는 다시 모든 악기를 연주한
다. 악기 연주에도 일정한 순서가 있음을 『예기』와 『상서』의 구절을 들어 논하
였다.

4.5 (1)古樂不可見, 蓋爲今人求古樂太深, 始以古樂爲不可知. 只此「虞
書」 (2)詩言志, 歌永言, 聲依永, 律和聲"求之, 得樂之意蓋盡於是.
詩只是言志. 歌只是永其言而已, 只要轉其聲, 合人可聽, 今日歌者
亦以轉聲而不變字爲善歌. 長言後卻要入於律, 律則知音者知之,
知此聲入得何律. 古樂所以養人德性中和之氣, 後之言樂者止以求
哀, 故晉平公曰: "音無哀於此乎?" 哀則止以感人不善之心. 歌亦不
可以太高, 亦不可以太下, 太高則入於(3)噍殺, 太下則入於(4)嘽緩,
蓋窮本知變, 樂之情也.79

┃번역┃ 고대 제왕의 음악을 알 수 없는 것은 오늘날 사람들이 고대 제왕의
음악을 구하는 것이 지나치게 깊어 애초부터 고대 제왕의 음악을
알 수 없다고 여기기 때문이다. 다만 『상서』 「우서(虞書)」의 "시는

79 (1)古樂, 고대 제왕이 제사를 지내거나 조회를 할 때 연주하던 음악. (2)詩言志, 歌永言,
聲依永, 律和聲: 『尚書』, 「虞書」, 「舜典」, "시는 뜻을 말한 것이고, 노래는 말을 길게 읊는
것이며, 소리는 길게 읊음에 의지하는 것이고, 가락은 소리를 조화시키는 것이다."(詩言
志, 歌永言, 聲依永, 律和聲.) 이 구절은 이런 뜻이다. 시, 즉 가사를 통해 뜻을 표현하고,
노래를 통해 그 말을 길게 읊는다. 소리의 높낮이와 굴절은 이 길게 읊는 것에 의존하
고, 소리는 가락에 맞아야만 조화를 이룬다. (3)噍(초)殺, 소리가 지나치게 급박함. (4)
嘽(천)緩, 부드럽고 느림.

뜻을 말한 것이고, 노래는 말을 길게 읊는 것이며, 소리는 길게 읊음에 의지하는 것이고, 가락은 소리를 조화시키는 것이다"라는 말에서 구해 보면, 음악의 의미는 여기에 다 담겨 있다. 시는 다만 뜻을 말한다. 노래는 다만 그 말을 길게 읊는 것일 따름이고, 그 소리를 전변시켜 사람들이 들을 만하게 해야 한다. 오늘날 노래하는 자 역시 소리를 전변시키고 말은 변하지 않는 것을 노래를 잘한다고 여긴다. 길게 말을 읊조리되 가락에 들어맞아야 한다. 가락은 음을 아는 자가 그것을 아니, 그 소리가 어떤 가락인지를 아는 것이다. 고대 제왕의 음악은 사람이 지닌 덕성의 중화(中和)의 기를 기르기 위한 것이었는데, 후대에 음악을 말하는 자는 단지 슬픔만을 추구할 뿐이다. 그래서 진평공은 "음이 여기에서는 슬픔이 없는가?"라고 했으니, 슬프면 단지 사람의 좋지 않은 마음을 느끼게 할 뿐이다. 노랫소리는 너무 높아도 안 되고 너무 낮아도 안 된다. 지나치게 높으면 급박하게 되고, 지나치게 낮으면 느릿느릿하게 된다. 대개 근본을 다하여 변화를 아는 것이 악의 정황이다.

| 해설 | 고대 제왕의 음악(古樂)은 장재 당시의 시점에서 보아도 너무도 오래된 것이어서 당시 사람들이 쉽게 이해할 수 있는 것이 아니었다. 하지만 장재는 고대 음악의 핵심을 파악할 수 있는 단서가 『상서』「순전(舜典)」의 시, 노래, 소리, 가락에 대해 논하는 세 구절에 담겨 있다고 여겼다. 가사는 노래하는 사람의 뜻을 전달한다. 노래는 말을 길게 읊조리는 것이고, 그 길게 읊조림에 의해 소리는 그 높낮이가 끊임없이 변화한다. 그리고 이 변화하는 소리는 정해진 가락에 들어맞아야 한다. 가락에 들어맞는다는 것은 변화하는 소리가 조화를 이루는 것을 뜻한다. 옛 음악은 이렇게 조화로운 소리를 감상함으로써 감상자 또한 중화의 도덕적 기를 기르는 효과를 가져오도록 했다. 장재는 후대의 음악이 이런 덕성 함양의 기능을 상실했음을 비판한다. 오직 슬픔만을 추구하는 음악은 덕성 함양의 기능이 없다는 비판이 그것이다. 그런 맥락에서 그는 노랫소리가 너무 높아서도 너무 낮아서도 안 된다고 주장한다. 너무 높거나 낮은 소리는 바로 중화의

기를 기르는 데 도움이 되지 않기 때문이다.

4.6 『周禮』言"(1)樂六變而致物各異",　此恐非周公之制作本意.　事亦不
能如是確然.　若謂(2)"天神降","地祇出","人鬼可得而禮",　則庸有此
理.[80]

|번역| 『주례』에서는 "음악이 여섯 번 연주되면 사물을 이르게 하는 것이
각기 다르다"고 했는데, 이는 아마도 주공이 악을 만든 본뜻은 아닌
것 같고, 실제 일 역시 그렇게 확정적일 수는 없다. "하늘의 신이 강
림하고", "땅의 신이 출현하며", "귀신이 나와 예를 표시할 수 있다"
고 한다면, 어찌 그런 이치가 있겠는가?

|해설| 음악 연주가 동물도 감동케 하고, 신령도 감동케 한다는 『주례』의 표현을 비판
적으로 논하였다. 상고시대에 음악과 춤은 물론 샤머니즘의 굿과 분리될 수 없
었다. 하지만 주공의 예악 제정으로 음악과 춤은 주로 인간을 위한 것으로 세속
화되었다. 장재가 말하는 '주공이 음악을 만든 본뜻'이란 아마도 이를 가리킬 것
이다. 그래서 그는 음악이 연주되면 신령이 출현한다는 말도 비합리적인 생각

[80] (1)樂六變而致物各異: 『周禮』, 「春官」, 「大司樂」, "여섯 음악이란 한 번 연주하면 털짐승
과 내와 못의 신을 이르게 하고, 두 번 연주하면 털이 짧은 짐승과 산림의 신을 이르게
하고, 세 번 연주하면 비늘이 있는 짐승과 구릉의 신을 이르게 하며, 네 번 연주하면 털
이 가는 동물과 분연(墳衍, 물가나 저지대 평탄한 땅)의 신을 이르게 하고, 다섯 번 연주
하면 갑각류의 동물과 토지신을 이르게 하고, 여섯 번 연주하면 용, 봉황, 거북, 기린의
영물과 하늘의 신을 이르게 한다."(凡六樂者, 一變而致羽物及川澤之祇, 再變而致贏物及
山林之祇, 三變而致鱗物及丘陵之祇, 四變而致毛物及墳衍之祇, 五變而致介物及土祇, 六變
而致象物及天神.) (2)"天神降", "地祇出", "人鬼可得而禮": 『周禮』, 「春官」, 「大司樂」 "음악
이 여섯 번 연주되면 하늘의 신이 모두 강림하여 예를 표시할 수 있다. … 음악이 여덟
번 연주되면 땅의 신이 모두 나와 예를 표시할 수 있다. … 음악이 아홉 번 연주되면 인
귀가 나와 예를 표시할 수 있다.(若樂六變, 則天神皆降, 可得而禮矣. … 若樂八變, 則地祇
皆出, 可得而禮矣. … 若樂九變, 則人鬼可得而禮矣.)

으로 일축했다.

4.7 商[81]·角·徵·羽皆有主, 出於脣·齒·喉·舌, 獨宮聲全出於口, 以兼五聲也. 徵只是徵平, 或避諱爲徵仄, 如是則[(1)]平仄不同矣, 齒舌之音異矣.[82]

|번역| 상(商), 각(角), 치(徵), 우(羽)에는 모두 주가 되는 것이 있으니, 입술, 이, 목구멍, 혀에서 나온다. 오직 궁만이 전부 입에서 나와 5음을 아우른다. 치(徵)는 다만 치(徵)의 평성(平)이거나 회피하여 치의 측성(仄聲)인데, 그와 같으면 평측(平仄)과는 다르고, 치설(齒舌)의 음과 다르다.

|해설| 중국 고전 음악의 다섯 기본 음계인 궁상각치우(宮商角徵羽)가 음운학적으로 어떤 발음 부위에서 나오는 것인지를 논하였다. 일반적으로 궁(宮)은 목구멍소리(喉音), 상(商)은 혓소리(舌音), 각(角)은 어금닛소리(牙音), 치(徵)는 잇소리(齒音), 우(羽)는 입술소리(脣音)와 대응한다.

4.8 今尺長於古尺, 尺度權衡之正必起於[(1)]律. 律本[(2)]黃種, 黃種之聲, 以理亦可定. 古法[(3)]律管當實千有二百粒[(4)]秬黍, 後人以[(5)]羊頭山黍用三等篩子透之, 取中等者用, 此特未爲定也. 此尺只是器所定. 更有因人而制, 如言[(6)]深衣之袪一尺二寸, 以古人之身, 若止用一

---

81 〈중화 주석〉 '商'은 각 판본에는 모두 '問'이라고 잘못 기록되어 있다.
82 (1)平仄, 평성과 측성. 평성은 4성 가운데 평성이고, 측성은 평성을 제외한 나머지인 상성(上聲), 거성(去聲), 입성(入聲)을 가리킨다.

尺二寸, 豈可運肘, 即知因身而定. 羊頭山老子說一(7)秤二米秬黍, 直是天氣和, 十分豐熟. 山上便有, 山下亦或有之.[83]

|번역| 오늘날의 척도는 고대의 척도보다 길다. 척도와 무게의 바름은 반드시 율(律)에서 시작해야 한다. 율은 황종(黃鍾)에 근본을 두거니와 황종의 소리는 이치로 정할 수 있다. 옛 법에 따르면 음계를 확정하는 율관(律管)의 길이는 실제로 검은 기장 1,200알에 해당한다. 후세 사람들은 양두산(羊頭山)에서 나는 기장을 3등급으로 거르는 체를 사용해 걸러 중등에 해당하는 것을 취해 사용했는데, 이것이 완전히 고정적인 것은 아니었다. 이 길이는 단지 기구에 의해 정해졌을 뿐이며, 또한 사람에 따라 달리 제정된 것도 있다. 예컨대 심의(深衣)의 소매는 1척 2촌이라고 하는데, 옛사람의 몸에 만약 단지 1척 2촌을 사용할 뿐이라면 어떻게 팔꿈치를 움직일 수 있었겠는가? 이를 보면 몸에 따라 정했음을 알게 된다. 양두산의 늙은이가 말하기를 왕겨(秤) 한 알이나 쌀 두 알 크기의 검은 기장은 단지 하늘의 기가 조화로우면 아주 풍성하게 익어, 산 위에도 있고, 산 아래에도 혹 있다고 한다.

|해설| 이 조목에서는 황종율관(黃鍾律管)을 중심으로 도량형의 문제에 대해 논하였다. 고대 중국 사회에서 황종은 12율 가운데 가장 기본이 되는 소리로 여겨졌는

---

[83] (1)律, 음률. 중국 고대에 음률은 12개의 반음으로 나누었는데, 황종, 대려, 태주, 협종, 고선, 중려, 유빈, 임종, 이칙, 남려, 무역, 응종이 그것들이다. (2)黃種, 12율 가운데 하나. 가장 소리가 높고 커서 나머지 다른 소리의 근본이 되는 소리로 여겨짐. (3)律管, 죽관이나 금관(金管)으로 된 음계를 확정하던 기구. 음계의 수가 12개였으므로 율관의 수효도 모두 12개였다. (4)秬黍(거서), 검은 기장. (5)羊頭山, 오늘날 산서성(山西省) 장치시(長治市)에 있는 산. (6)深衣, 옛날에 신분이 높은 사대부가 입던 두루마기 모양의 옷으로 소매가 넓고 검은 비단으로 가를 둘렀다. (7)秤(부), 왕겨.

데, 이 황종음을 내는 황종율관 길이를 3등분하고 그 가운데 1/3에 해당하는 길이를 빼거나 더해 다른 11개의 율관을 만들어 냈다. 이렇게 해서 만들어진 율관은 12율을 확정하는 기구로 쓰였다. 장재는 이 이 율관 전체 길이가 검은 기장(秬黍) 1,200알에 해당한다고 하면서 후세 사람들은 그 검은 기장으로 특정 산에서 나는 중등 크기의 것을 사용해 왔지만, 그 크기가 완전히 고정불변하는 것은 아님을 지적하고 있다.

4.9 ⁽¹⁾律呂有可求之理, 德性深厚者必能知之.[84]

|번역| 율려에는 추구할 만한 이치가 있으니, 덕성이 깊고 두터운 자는 틀림없이 그것을 알 수 있을 것이다.

|해설| 율려의 추구할 만한 이치가 무엇인지 상세한 설명이 없다. 하지만 율려가 단지 음악적 개념일 뿐 아니라, 양률음려(陽律陰呂)라 하여 음양의 이치로 그 의미가 확장될 수 있음을 생각한다면, 이는 음양의 대립과 협력이라는 이치를 뜻하는 것처럼 보인다. 그렇다면 오직 덕이 깊은 자만이 이 음양의 이치를 파악하여 춤추듯 일하는 하늘의 덕을 직관할 수 있다는 말도 어느 정도 이해가 된다.

4.10 後之言⁽¹⁾曆數者, 言律一寸而萬數千分之細, 此但有數而無其象耳.[85]

|번역| 후세에 역수를 말하는 자들은 율(律) 1촌(寸)을 수천, 수만 분의 세밀함으로 말하지만, 이는 단지 수만 있을 뿐 그 상(象)은 없는 것이다.

---

84 (1)律呂, 율려란 앞서 언급한 12개의 반음을 가리킨다. 보통 양률음려(陽律陰呂), 율동여정(律動呂靜)이라 하여 율려를 음양의 운동과 연결하여 말한다.
85 (1)曆數, 역법과 같은 말이다. 천지와 일월성신의 도수를 계산하는 것을 가리킨다.

|해설| 역법을 연구하는 사람들이 수치를 세밀하게 계산하는 일에만 몰두하는 것을 비판하고 있다. 비판의 근거는 그러한 계산에는 "수만 있을 뿐 그 상은 없다"는 데 있다. 앞서 『정몽』 「건칭」편에서 "묘사할 수 있는 모든 것은 존재하는 것이고, 존재하는 모든 것은 상이며, 모든 상은 기이다"라고 말했듯 장재에게 어떤 존재를 상으로 나타낼 수 있느냐 없느냐는 무척 중요하다. 상으로 나타낼 수 있으면 그것은 존재하는 것, 기를 지닌 것으로 간주되기 때문이다. 장재가 보기에 후세의 역법 연구가들은 이 상, 즉 기의 측면을 소홀히 다루고 있다.

4.11 聲音之道, 與天地同和, 與政通. (1)蠶吐絲而商弦絕, 正與天地相應. 方蠶吐絲, 木之氣極盛之時, (2)商金之氣衰. 如言"(3)律中大簇", "(4)律中林鍾", 於此盛則彼必衰. 方春木當盛, 卻金氣不衰, 便是不和, 不與天地之氣相應.[86]

|번역| 소리의 도는 천지와 함께 조화를 이루고 정치와도 통한다. 누에가 실을 토해 낼 때 상(商)조의 줄은 쉽게 끊어지니, 이것이 바로 천지와 상응하는 것이다. 누에가 실을 토해 낼 때는 목(木)의 기가 극히

---

[86] (1)蠶吐絲而商弦絕: 『淮南子』, 「天文訓」, "만물은 비슷한 것끼리 서로 움직이고 근본과 말단이 상응한다. … 누에가 실을 토하면 상조의 현이 끊어진다."(物類相動, 本標相應. … 蠶珥絲而商弦絕.) (2)商金: 궁상각치우와 오행의 관계는 다음과 같다. 궁(宮)은 가장 길고, 낮고, 탁한 소리면서, 가장 기본이 되는 소리이므로 토(土)에 해당한다. 상(商)은 궁 다음으로 길고 낮고, 탁한 소리로 금(金)에 해당한다. 각(角)은 길이, 높낮이, 청탁이 중간 정도로 목(木)에 해당한다. 치(徵)는 두 번째로 짧고, 높고, 맑은 소리로, 화(火)에 해당한다. 우(羽)는 가장 짧고 높고 맑은 소리로 수(水)에 해당한다. (3)律中大簇: 『禮記』, 「月令」, "(맹춘, 즉 정월은) 율로는 (12율 중의) 태주에 해당한다."(律中大簇) 「월령」에서 달은 하나라 역법에 근거를 두고 있어, 정월은 인월(寅月)에 해당한다. 12율 가운데 태주(大簇) 역시 12(支) 가운데 인(寅)에 해당하므로 정월은 태주에 해당한다고 했다. (4)律中林鍾: 『禮記』, 「月令」, "(계하, 즉 6월은) 율로는 임종에 해당한다."(律中林鍾) 계하(季夏)는 미월(未月)에 해당하고, 임종 역시 미(未)에 해당하므로 이렇게 말했다.

성할 때로 상(商)인 금(金)의 기는 쇠해진다. 예를 들어 "(맹춘은) 율로는 태주(大簇)에 해당하고", "(계하는) 율로는 임종에 해당한다"고 하듯, 이것이 성하면 저것은 반드시 쇠해진다. 봄에 목의 기가 성할 때 금의 기가 쇠하지 않으면 곧 불화이니, 천지의 기와 상응하지 않게 된다.

|해설| 12율려의 소리와 12개월의 기가 상응한다는 생각은 합리적으로 이해되지 않는다. 누에가 실을 토해 내는 맹춘(孟春)의 시기에 오행 가운데 목의 기가 성해, 금에 속하는 상(商)의 현이 쉽게 끊어진다는 생각은 논리적으로 필연적이지 않고, 맹춘을 태주와 계하를 임종과 상응한다고 말하는 것도 그렇다. 다만 자연의 상대되는 기 가운데 한쪽이 성하면 한쪽이 쇠해야 천지가 조화를 이루지, 그렇지 않으면 불화한다는 생각, 천지의 조화는 정치에까지 영향을 미친다는 생각은 타당하다.

4.12 先王之樂, 必須律以考其聲, 今律既不可求, 人耳又不可全信, 正惟此爲難. 求(1)中聲須得律,[87] 律不得則中聲無由見. 律者自然之至, 此等物雖出於自然, 亦須人爲之; 但古人爲之得其自然, 至如爲規矩則極盡天下之方圓矣.

|번역| 선왕의 음악은 반드시 율관으로 그 소리를 살폈으나, 지금의 율관은 구할 수도 없고 사람의 귀도 온전히 믿을 수 없으니, 바로 오직 이 점이 난점이다. 중화의 소리를 구할 때는 반드시 율관을 얻어야 한다. 율관을 얻지 못하면 중화의 소리는 나타날 수 없다. 율관은 자연의 지극함으로, 그 물건들은 자연에서 나온 것이지만, 또한 사람

---

[87] (1)中聲, 중화(中和)의 소리. 적중하여 조화를 이루는 소리.

이 만든 것이기도 하다. 다만 옛사람은 그것을 만들 때 그 자연을 얻었을 따름이니, 예컨대 규구(規矩)를 만들면 천하의 네모진 것과 둥근 것을 다 잴 수 있는 것과 같다.

| 해설 | 율관은 각 음계가 정확한 소리를 내도록 조절하는 기구이다. 장재는 고대에는 이 율관이 정확했으나 당시에는 그것의 정확성을 믿기 어렵다고 말한다. 율관이 내는 소리는 자연에서 온 자연스러운 소리이다. 하지만 그것은 인위적으로 제작된 것이기도 하다. 다시 말해 율관은 자연에서 얻은, 12음계가 정확히 그 소리를 내도록 돕는 인위적 기구, 즉 자연을 따를 수 있도록 돕는 인위적 도구인 것이다. 이는 규구가 자연에 존재하는 모든 네모진 것과 둥근 것을 다 잴 수 있는 도구인 것과 같은 이치이다.

4.13 鄭衛之音, 自古以爲邪淫之樂, 何也? 蓋鄭衛之地[(1)]濱大河, 沙地土不厚, 其間人自然氣輕浮; 其地土苦, 不費耕耨, 物亦能生, 故其人偸脫怠惰, 弛慢[(2)]頹靡. 其人情如此, 其聲音同之, 故聞其樂, 使人如此懈慢. 其地[(3)]平下, 其間人自然意氣柔弱怠惰; 其土足以生, 古所謂"[(4)]息土之民不才"者此也. 若四夷則皆據高山谿谷, 故其氣剛勁, 此四夷常勝中國者此也.[88]

| 번역 | 정나라와 위나라의 음악은 자고 이래로 삿되고 음탕한 음악으로 여겨졌는데, 이는 무엇 때문인가? 정나라와 위나라의 땅은 황하에 가까이 있고, 모래로 된 땅에 토질이 두텁지 않아, 그 사이의 사람은 자연히 기질이 경박하다. 그 땅은 토질이 비옥해 경작에 힘을 들이

---

[88] (1)濱, 가깝다. (2)頹靡, 맥이 빠지다. 활력이 없다. (3)平下, 평탄하여 아래에 있다. (4)息土之民不才: 『國語』, 「魯語下」, "비옥한 땅에 사는 백성들 쓸모가 없으니, 방탕하기 때문이다."(沃土之民不材, 逸也.)

지 않아도 작물이 생겨나니, 그 지역 사람들은 게으름을 피우고 나태하며, 태만하고 덤벙거리며, 활력이 없다. 그 인정이 그와 같으니, 그 소리 또한 그와 같았다. 그 때문에 그 음악을 들으면 사람들을 그렇게 게으르게 했다. 그 땅이 평탄하여 아래에 있으면, 그 사이에 있는 사람들은 자연히 의기가 유약하고 나태하나, 그 토질은 작물을 생산하기에 족하니, 예로부터 "비옥한 땅의 백성은 쓸모가 없다"는 말이 전하는 까닭은 이 때문이다. 사방 오랑캐의 경우에는 높은 산과 계곡을 근거지로 하므로 그 기가 굳세고 강하다. 사방 오랑캐가 늘 중국을 이기는 까닭은 이 때문이다.

|해설| 춘추전국시대에 정나라와 위나라의 음악은 삿되고 방탕한 음악으로 마땅히 멀리해야 할 것으로 취급되었다. 장재는 그 지역 음악이 그렇게 된 이유를 그 지역 환경과의 관계 속에서 찾는다. 그 지역은 황하 유역에 위치하고 토질이 비옥하여 사람들이 각고의 노력을 하지 않아도 농작물을 쉽게 얻을 수 있으므로, 사회적 분위기가 쉽게 나태해지고, 그로 인해 음악 또한 방탕해지기 쉽다는 것이다. 반대로 인간이 살기에 척박한 환경 속에 사는 사람들은 그 어려운 환경을 이겨내기 위해 각고의 노력을 하므로 굳센 기질을 가진 이들이 많고, 이로 인해 중국은 자주 변방의 종족으로부터 침략을 받는다고 했다.

4.14 移人者莫甚於鄭衛, 未成性者皆能移之, 所以[(1)]夫子戒顏回也.[89]

|번역| 사람을 변하게 하는 것으로 정나라와 위나라의 음악보다 더한 것은

---

[89] (1)夫子戒顏回也:『論語』,「衛靈公」, "안연이 나라를 다스리는 방법에 대해 물었다. 공자께서 말씀하셨다. '하나라의 역법을 시행하고, 은나라의 큰 수레를 타며, 주나라의 면관을 쓰고, 음악은 소(韶)와 무(武)를 연주하고, 정나라의 음악을 몰아내고 말재주 있는 사람을 멀리해야 한다. 정나라의 음악은 음란하고 말재주 있는 사람은 위험하다."(顏淵問爲邦. 子曰: "行夏之時, 乘殷之輅, 服周之冕, 樂則韶舞, 放鄭聲, 遠佞人. 鄭聲淫 佞人殆.")

없다. 덕성을 완성하지 못한 자는 모두 변질시킬 수 있다. 그러므로 공자께서는 안회에게 경계의 말씀을 하신 것이다.

┃해설┃ 정나라와 위나라의 방탕한 음악은 사람을 방탕하게 하는 강력한 힘을 지니고 있다.

4.15 今之琴亦不遠鄭衛, 古音必不如是. 古音只是長言, 聲依於永, 於 聲之轉處過, 得聲$^{(1)}$和婉, 決無預前$^{(2)}$定下$^{(3)}$腔子.^{90}

┃번역┃ 오늘날의 현악곡은 정나라와 위나라의 음악과 그리 다르지 않다. 고대 제왕의 음악은 틀림없이 그와 같지 않았을 것이다. 고대 제왕의 음악은 다만 길게 읊조리고 소리는 길게 읊음에 의지하며, 소리가 전환되는 지점을 지나갈 때는 부드럽고 완곡한 소리를 내었지, 절대로 앞서서 가락을 정지시키는 일은 없었다.

┃해설┃ 장재 당시의 음악을 옛 제왕의 음악과 비교하며 비판하였다. 고대 제왕의 음악은 길게 읊조리고 소리가 전환되는 대목에서도 그 전환이 아주 부드러운 데 반해, 당시의 음악은 갑작스러운 음의 단절이 일어난다는 점에서 정나라나 위나라의 음악과 유사하다고 비판하였다.

4.16 禮所以持性, 蓋本出於性, 持性, 反本也. 凡未成性, 須禮以持之, 能守禮已不畔道矣.

90 (1)和婉, 부드럽고 완곡함. (2)定, 정지시킴. (3)腔子, 곡조, 가락.

|번역| 예는 성을 보존하고 있는 것이다. 근본은 성에서 나오기 때문이니, 성을 보존함은 근본으로 돌아감이다. 아직 성을 완성하지 못했다면 예로 그것을 보존해야 한다. 예를 지킬 수 있으면 이미 도에 어긋나지 않는 것이다.

|해설| 유학자들은 예도 근본적으로 말하면 인간의 덕성에 바탕을 두고 제정된 것임을 강조한다. 따라서 예를 지키는 것은 곧 덕성을 보존하는 일 가운데 하나가 된다. 장재는 덕성이 완성되지 않은 사람, 즉 성인이 아니라면 누구든 예로 덕성을 보존하려고 노력해야 한다고 말한다.

4.17 禮卽天地之德也. 如顏子者, 方勉勉於非禮勿言, 非禮勿動. 勉勉者, 勉勉以成性也.

|번역| 예란 바로 천지의 덕이다. 안연과 같은 자는 예가 아니면 말하지 말고 예가 아니면 움직이지 말라는 규범을 지키는 데 힘쓰고 힘썼다. 면면(勉勉)이란 힘쓰고 힘써 덕성을 완성하는 것이다.

|해설| 인간의 덕성은 궁극적으로는 천지의 덕에서 온 것이다. 따라서 예가 덕성에 바탕을 두고 제정된 것이라고 한다면, 그 예는 궁극적으로는 천지의 덕의 실현이라 할 수도 있겠다. 안연이 예가 아니면 말하지도, 움직이지도 말라는 공자의 가르침을 실천하기 위해 부단히 애쓴 것은 인위적 노력이다. 하지만 그것을 통해 도달하려 한 것은 덕성의 완성, 다른 말로 하면 천지의 덕의 전면적 실현이다.

4.18 禮非止著見於外, 亦有無體之禮. 蓋禮之原在心, 禮者聖人之⁽¹⁾成法也, 除了禮天下更無道矣. 欲養民當自井田始, 治民則教化刑罰

俱不出於禮外. 五常出於凡人之常情, [2]五典人日日爲, 但不知耳.[91]

|번역| 예는 단지 밖으로 드러나는 것만 있는 것이 아니고, 형체가 없는 예
도 있다. 대체로 예의 근원은 마음에 있으니, 예란 성인이 제정한 법
도로, 예를 제외하고 천하에 다시 도란 없다. 백성을 기르고자 하면
마땅히 정전제에서 시작해야 하되, 백성을 다스리는 경우는 교화와
형벌이 다 예를 벗어나지 않는다. 오상(五常)은 평범한 사람의 통상
적인 정감에서 나온 것이며, 오전(五典)을 사람들은 날마다 행한다.
다만 알지 못할 따름이다.

|해설| 모든 예가 궁극적으로는 마음의 덕성에서 비롯된 것임을 다시 한번 강조하고 있
다. 유자들은 예를 성인이 제정한 것으로 보며, 예는 주로 윤리 규범, 의례를 가
리키지만, 넓은 의미에서는 법규 또한 포함한다. 그런 맥락에서 장재는 예를 말
하면서도 정전제를 언급하고, 백성에 대한 교화와 함께 형벌도 말하고 있다. 또
예는 성인이 제정한 것이지만, 성인 역시 만인의 보편적 덕성에 근거해 그것을
제정한 것이므로, 그렇게 제정된 예는 평범한 사람의 도덕적 감정이나 일상 행
위에 부합한다고 말한다.

4.19 今之人自少見其父祖[1]從仕, 或見其鄕閭仕者, 其心正[92]欲得利祿
縱欲, 於義理更不留意. 有天生性美, 則或能孝友廉節者, 不美者
縱惡而已, 性元不曾識[2]磨礪.[93]

91 (1)成法, 이미 제정한 법규, 법도. (2)五典: 『尙書』, 「舜典」, "오전을 따를 수 있다."(五典
克從.) 오전(五典)은 아버지는 의롭고(父義), 어머니는 자애로우며(母慈), 형은 우애롭고
(兄友), 동생은 공손하며(弟恭), 자식은 효성스러움(子孝)을 가리킨다.
92 〈중화 주석〉 '正'은 마땅히 '止'여야 할 것 같다.
93 (1)從仕, 벼슬을 함. (2)磨礪, 갈고 닦음. 연마함.

| 번역 | 오늘날 사람들은 어려서부터 조상이 벼슬을 해 온 것을 보거나 마을에서 벼슬을 하는 자를 보고는 그 마음이 단지 재물과 녹을 얻고자 하여 방종하며 의리에 대해서는 더 유의하지 않는다. 천부적으로 성품이 훌륭하면 혹여 효성스럽고 우애로우며 청렴하고 절개가 있을 수 있는 자가 있겠지만, 성품이 훌륭하지 않은 자는 멋대로 악을 행할 뿐이니, 성(性)은 원래 연마를 모른다.

| 해설 | 유교 사회에서 관리가 된다는 것은 권력과 재부를 손에 넣는 기회를 얻는 것을 의미한다. 그런 사회에서 사람들은 어려서부터 관리가 되어 소유욕과 지배욕을 충족하려는 마음을 품기 쉽고, 그러면 옳은 이치가 무엇인지에 대해서 더는 살피지 않게 된다. 그런 사회에서는 오직 성품, 더 정확히 말하면 기질지성이 천부적으로 훌륭한 자만이 도덕적일 수 있을 뿐, 그렇지 못한 자는 쉽게 악으로 흐른다. 본성은 그 자체로는 자신을 연마할 줄 모른다. 오직 마음의 성찰을 계기로 한 수신의 노력만이 인간을 선으로 향하게 할 수 있다.

4.20 時措之宜便是禮, 禮即時措時中見之事業者. 非禮之禮, 非義之義, 但非時中皆是也. 非禮之禮, 非義之義, 又不可以一概言, 如孔子喪出母, 子思[不喪出母, 又不可以子思]守禮爲非也. 又如制禮(以)[者]小功不稅, 使曾子制禮, 又不知如何, 以此不可易言. 時中之義甚大, 須是精義入神以致用, [始得]觀其會通以行[其]典禮, 此則眞義理也; 行其典禮而不達會通, 則有非時中者矣. 禮亦有不須變者, 如天序天秩, 如何可變! 禮不必皆出於人, 至如無人, 天地之禮自然而有, 何假於人? 天之生物便有尊卑大小之象, 人順之而已, 此所以爲禮也. 學者有專以禮出於人, 而不知禮本天之自然, 告子專以義爲外, 而不知所以行義由內也, 皆非也, 當合內外

|번역| 때에 따른 조치의 적절함이 곧 예이다. 예는 곧 때에 따라 조치한 것이 시중하여 일에 나타난 것이다. 예가 아닌 예, 의가 아닌 의란 시중이 아니면 모두 그것이다. 예가 아닌 예, 의가 아닌 의는 일률적으로 말할 수도 없다. 예컨대 공자께서는 쫓겨난 어머니를 위한 상을 치르게 하셨고, 자사께서는 쫓겨난 어머니를 위한 상을 치르게 하지 않으셨는데, 그렇다고 자사가 예를 지킨 것을 틀렸다고 할 수는 없다. 또 예컨대 예를 제정한 자는 소공(小功)의 경우 추가로 상을 치르지 못하게 하여, 증자께서 예를 제정한 뜻이 어떠했는지 이해하지 못하게 했다. 그러므로 쉽게 말할 수 없는 것이다. 시중의 의미는 아주 커서, 의리를 정밀하게 살펴 신묘한 경지에 들어섬으로써 작용을 다 발휘해야만 비로소 그 회통하는 것을 보고 전례를 행할 수 있다. 그것이야말로 참된 의리이다. 전례를 행하지만 회통함에 도달하지 못하면 시중이 아닌 것이 있는 것이다. 예에는 변치 않아야 하는 것도 있으니 하늘의 차서, 하늘의 질서 같은 것이 어찌 변할 수 있겠는가! 예가 꼭 다 사람에게서 나온 것은 아니다. 예컨대 사람이 없더라도 천지의 예는 자연히 존재하니, 어찌 사람에 의존하겠는가? 하늘이 사물을 낳으면 존비와 대소의 형상이 있으니, 사람은 그것들을 따를 따름이요, 그것이 예가 되는 까닭이다. 배우는 자 중에는 오로지 예를 사람에게서 나온 것으로 여기는 자가 있으니, 이는 예가 하늘의 자연에 근본을 두고 있음을 모르는 것이다. 고자는 오로지 예를 외적인 것으로 여겨, 예를 행하는 것이 내면에서 비롯된 것임을 알지 못했다. 이 둘은 모두 틀린 것이니, 마땅히 내적인 것과

94 〈중화 주석〉 이상은 『어록』에 근거해 보완하고 바로잡았다.

외적인 것을 합한 도여야 한다.

┃해설┃ 時措之宜부터 如何可變까지는『횡거역설』「계사상」1.85와 완전히 중첩된다. 이 부분의 해설은『횡거역설』을 참조하라. 禮不必皆出於人 이후의 부분에서 장재가 말하고자 한 것은 예가 자연과 인간의 내면에 동시에 근원을 두고 있다는 점이다. 예의 뿌리는 대자연에 존재한다. 대자연의 만물에는 갖가지 차이가 있으며, 이 차이에도 불구하고 자연은 거대한 질서와 조화를 이루고 있다. 이 점에 주목하여 그는 인간이 만든 예 또한 궁극적으로는 이 자연의 질서성에 착안해 따라 제정한 것일 따름이라고 한다. 이렇게 보면 예는 외적인 것이지만, 그것은 동시에 내적인 것이기도 하다. 이는 매우 의미심장하다. 후대에 의리의 외적인 측면을 강조한 것이 정주리학이라면 내적인 측면을 강조한 것은 육왕심학이었기 때문이다.

4.21 能答[(1)]曾子之問, 能[(2)]教孺悲之學, 斯可以言知禮矣. 進人之速無如禮.[95] (學)[96]

┃번역┃ 증자의 물음에 답할 수 있고, 유비(孺悲)의 배움에 가르침을 줄 수 있으면 예를 안다고 말할 수 있을 것이다. 사람을 신속하게 향상시키는 데 예만 한 것은 없다.

┃해설┃『예기』에 등장하는 공자처럼 여러 상황에서 적절한 예가 무엇인지 대답해 줄 수

---

95 (1)曾子之問:『예기』「증자문(曾子問)」편에는 여러 상황에서 따라야 할 예에 대한 증자의 물음이 있고, 이에 대한 공자의 답변이 기록되어 있다. '증자의 물음'이란『예기』의 이 편에서 증자가 던진 예와 관련된 여러 물음을 가리킨다. (2)教孺悲之學:『禮記』, 「雜記下」, "휼유(恤由)의 상례에 대해, 애공은 유비를 공자에게 보내 사(士)의 상례에 대해 배우도록 했다. 이에 사의 상례가 기록되었다."(恤由之喪, 哀公使孺悲之孔子學士喪禮, 士喪禮於是乎書.)

96 〈중화 주석〉'學'은『초석』에 근거해 삭제했다.

있고, 일반인은 잘 모르는 예에 대해서도 가르침을 줄 수 있다면 예를 잘 아는 사람이라 할 수 있다. 장재는 예를 배우고 실천하는 것을 매우 중시했는데, 이는 그것이 사람의 덕성을 성장하게 하는 데 그 무엇보다 효과적이라고 여겼기 때문이다.

4.22 學之行之而復疑之, [(1)] 此習矣而不察者也. 故學禮所以求不疑, [(2)] 仁守之者在學禮也. [97]

|번역| 배우고 행하되 다시 의심하면, 이는 익숙하면서도 왜 그렇게 하는지 살피지 않은 것이다. 그러므로 예를 배운다는 것은 의심하지 않는 상태를 추구하는 것이다. 인으로 지키는 것은 예를 배우는 데 달려 있다.

|해설| 예가 무엇인지 배우고, 그 예에 따라 행동하면서도 자신이 알고 행하는 예에 대해 이런저런 의심이 생겨난다면, 이는 왜 그런 예를 따라야 하는지 이치를 상세히 살피지 않았기 때문이다. 장재는 의심 자체를 나쁜 것으로 보지 않는다. 오히려 그것은 학문의 시작 단계에서 반드시 가져야 하는 태도라고 말한다. 하지만 옳은 이치와 예가 무엇인지 시종 의심만 해서는 안 된다. 의심에서 출발하되 이치를 상세히 살펴 예에 대한 확신에 도달해야 한다. 장재는 그것이 내 내면의 인으로 덕성을 지킬 수 있는 방법이라고 여겼다.

---

97 (1)此習矣而不察:『孟子』.「盡心上」, "하면서도 왜 그렇게 해야 하는지 밝게 알지 못하고, 익숙해졌으면서도 왜 그렇게 하는지 살피지 않는다."(行之而不著焉, 習矣而不察焉) (2) 仁守之者:『論語』, 「衛靈公」, "지혜가 거기에 미쳤다 하더라도 인으로 그것을 지켜 낼 수 없다면 비록 얻었다 하더라도 반드시 잃게 된다."(知及之, 仁不能守之, 雖得之, 必失之.)

4.23 學者行禮時, 人不過以爲⁽¹⁾迂. 彼以爲迂, 在我乃是⁽²⁾徑捷, 此則
從吾所好. 文則要密察, 心則要洪放, 如天地自然, 從容中禮者盛
德之至也.⁹⁸

|번역| 배우는 자가 예를 행할 때 사람들은 진부하다고 여길 뿐이다. 저들
은 진부하다고 여기지만, 나에게는 빠르고 간편한 방법이니, 그렇
다면 내가 좋아하는 것을 따르겠다. 글은 세밀하게 살펴야 하지만
마음은 천지의 자연처럼 크게 가져야 한다. 자연스럽게 예에 들어
맞는 자는 성대한 덕이 지극하다.

|해설| 장재에게 예를 지키는 것은 진부한 것이 아니라 덕성을 기르는 가장 효과적인
방법이다. 무엇이 예에 부합하는 것인지, 무엇이 옳은 이치인지는 글을 읽을 때
그 이치를 세밀히 탐구함으로써 획득될 수 있다. 그렇지만 평소에 사물을 대하
는 마음은 늘 넓어야 한다. 즉 늘 포용하는 태도를 지녀야 한다. 마음을 크게 갖
는 것과 예를 따르는 것은 장재 수양론의 중요한 두 축이다.

4.24 古人無椅卓, 智非不能及也. 聖人之才豈不如今人? 但席地則體
恭, 可以⁽¹⁾拜伏. 今坐椅卓, 至有坐到起不識動者, 主人始親一酌,
已是非常之欽, 蓋後世一切取便安也.⁹⁹

|번역| 옛사람에게 의자가 없었던 것은 지혜가 미치지 못해서가 아니었다.
성인의 재주가 어찌 오늘날 사람만 못했겠는가? 다만 땅에 자리를
깔고 앉으면 몸이 공손해져 엎드려 절할 수 있다. 오늘날 의자에 앉

---

98 (1)迂, 진부함, 케케묵음. (2)徑捷, 첩경, 빠르고 간편한 방법.
99 (1)拜伏, 엎드려 절함.

아 있다가 일어날 때까지 움직일 줄 모르는 자가 있게 되었으니, 주인이 친히 술 한 잔을 따라 주는 것만 해도 이미 대단히 공경하는 일이 되었다. 후세에는 일체가 편안한 것을 취하기 때문이다.

|해설| 바닥에 앉아서 생활하던 것과 의자에 앉아서 생활하는 습관을 비교하며 전자가 불편하기는 하지만 자신을 단속하고 상대를 공경하는 마음을 표현하는 절을 하는 데 훨씬 적합한 생활양식이라고 하였다. 장재와 같은 11세기 사람의 눈에 당시 사람들이 예를 경시하고 생활의 편리함만 추구하는 생활 습관에 젖어 있다고 개탄했다는 점이 자못 흥미롭다.

5

기질
氣質

5.1 變化氣質. 孟子曰: ⁽¹⁾"居移氣, 養移體", 況居天下之廣居者乎! 居仁由義, 自然心和而體正. 更要約時, 但拂去舊日所爲, 使動作皆中禮, 則氣質自然全好. 『禮』曰: ⁽²⁾"心廣體胖", 心旣弘大則自然舒(大)[泰]¹⁰⁰而樂也. 若心但能弘大, 不謹敬則不立; 若但能謹敬而心不弘大, 則入於隘, 須寬而敬. 大抵有諸中者必形諸外, 故君子心和則氣和, 心正則氣正. 其始也, 固亦須⁽³⁾矜持, 古之爲冠者以重其首, 爲履者以重其足, 至於盤盂幾杖爲銘, 皆所以愼戒之.¹⁰¹

|번역| 기질을 변화시키라. 맹자는 "머무는 곳이 기를 변화시키고, 봉양 받

---

100 〈중화 주석〉 '泰'는 『학안』에 근거해 고쳤다.

101 (1)居移氣, 養移體: 『孟子』「盡心上」, "맹자가 범 땅에서 제나라로 가, 멀리서 왕의 아들을 보고 감탄하며 말했다. '머무는 곳이 기를 변화시키고, 봉양 받는 것이 몸을 변화시키니, 머무르는 곳이란 참 중요하구나! 저 사람은 사람의 아들이 아니란 말이냐?'"(孟子自范之齊, 望見齊王之子, 喟然嘆曰: "居移氣, 養移體, 大哉居乎! 夫非盡人之子與?") (2)心廣體胖, 『禮記』「大學」, "富潤屋, 德潤身, 心廣體胖. 故君子必誠其意." "부는 집안을 윤택하게 하고 덕은 몸을 윤택하게 하여 마음이 넓어지고 몸이 편안해진다. 그러므로 군자는 반드시 그 뜻을 성실하게 가진다." (3)矜持, 장중하다, 엄숙하다.

는 것이 몸을 변화시킨다"고 했다. 하물며 인(仁)이라는 천하에서 가장 넓은 곳에 머무는 사람들이야 더 말할 것이 있으랴! 인에 머무르고 의를 따르면 자연스레 마음이 조화로워지고 몸이 발라진다. 한층 구속할 때 다만 전날 행하던 것을 떨어내고 동작을 예에 들어맞게 한다면 기질이 자연스럽게 완전히 좋아질 것이다. 『예기』에서는 "마음이 넓어지고 몸이 편안해진다"고 했다. 마음을 크게 하면 자연히 편안해지고 즐거워진다. 만약 마음을 단지 크게 할 수 있을 뿐, 조심스럽고 공손하지 않으면 예에 서지 못하고, 만약 단지 조심스럽고 공손하기만 할 수 있을 뿐, 마음이 크지 못하면 협소함에 빠진다. 반드시 넓으면서도 공손해야 한다. 대체로 마음 가운데에 있는 것은 반드시 밖으로 드러난다. 그러므로 군자는 마음이 조화로우면 기가 조화롭고 마음이 바르면 기가 바르다. 그 시초에는 물론 엄숙해야 한다. 옛날에 관을 쓴 것은 머리를 중히 여기기 위해서였고 신을 신은 것은 발을 중히 여기기 위해서였으며, 접시, 사발, 안석, 지팡이에 새긴 것도 다 삼가고 경계하기 위해서였다.

|해설| 장재는 기질이 덕성의 전면적 발현을 가로막는다고 생각했으므로, 덕성의 발현이 막힘없이 이루어지기 위해서는 기질의 변화가 요구된다고 주장했다. 위 단락에서는 기질을 변화시키기 위한 구체적인 방법이 제시되어 있다. 서두에 인용한 『맹자』의 말은 일종의 비유로서, 훌륭한 거주환경이 인간의 몸과 마음에 좋은 영향을 미치듯이, 마음 또한 인생에서 가장 가치 있는 곳에 머물러야 심신의 참다운 평안을 얻을 수 있다는 뜻이다. 맹자에게서 그 가장 가치 있는 곳이란 인의(仁義)가 있는 곳이다. 장재도 어진 마음을 부단히 확충하는 사람을 '천하에서 가장 넓은 곳에 머무는 사람'이라 부른다. 널리 백성을 사랑하고 자연물을 아끼는 사람이기 때문이다. 그런데 이 사랑의 실천은 상황마다 적합한 의리(義理)를 따르는 것, 즉 예를 준수하는 것과 병행해야 한다. 어진 마음을 보존하고 의리를 궁구하는 두 가지 행위를 병행하여야 작은 '나'를 넘어서 '큰 나'를 이룰 수 있고 심신이 모두 평안할 수 있다. 이런 취지로 장재는 사랑을 실천하는 것과 의

리를 궁구해 예를 따르는 것 사이에 균형을 맞출 것을 강조한다. 단지 사랑의 확충만을 해서는 예에 적합하지 못할 수 있고, 삼가 공손하게 예를 지키는 데만 급급해서는 넉넉한 마음을 갖기 어렵다. 그러면서도 그는 공부를 막 시작할 때는 예를 지키는 데 더욱 힘써야 한다고 주장한다. 우선은 잘못된 습관을 고치는 일이 급선무라고 여겼기 때문이다.

5.2 人之氣質美惡與貴賤天壽之理, 皆是所受定分. 如氣質惡者學即能移, 今人所以多爲氣所使而不得爲賢者, 蓋爲不知學. 古之人, 在[1]鄕閭之中, 其師長朋友日相教訓, 則自然賢者多. 但學至於成性, 則氣無由勝, 孟子謂[2]"氣一則動志", 動猶言移易, 若志一亦能動氣, 必學至於如天則能成性.[102]

|번역| 사람의 기질이 좋고 나쁜 것과 귀하고 천하며 요절하고 장수하는 이치는 모두 부여받아 정해진 부분이다. 만약 기질이 나쁜 자가 배우면 바뀔 수 있으니, 오늘날 사람들이 많은 경우, 기에 의해 부려지고 현자가 될 수 없는 까닭은 배울 줄 모르기 때문이다. 옛사람들은 백성들이 모여 사는 지역에서 스승과 친구들 사이에 날마다 서로 교훈을 주었으니 자연히 현자가 많았다. 다만 배워 성을 완성하는 데 이르면 기가 이겨 낼 도리가 없어지니, 맹자는 "기가 한결같으면 뜻을 움직인다"고 했다. 움직인다는 것은 바뀐다는 말과 같다. 만약 뜻이 한결같아도 기를 움직일 수 있으니 반드시 배움이 하늘과 같은 수준에 이르러야 성을 완성할 수 있다.

---

102 (1)鄕閭, 백성들이 모여 사는 곳. (2)氣一則動志:『孟子』「公孫丑上」, "뜻이 한결같으면 기를 움직일 수 있지만, 기가 한결같아도 뜻을 움직일 수 있다.(志一則動氣, 氣一則動志也.)"

| 해설 | 장재는 기질은 수명이나 부귀빈천과 마찬가지로 선천적으로 주어진 것이지만, 그런 선천적 기질도 후천적 배움을 통해 변화될 수 있다고 보았다. 그렇게 배워 나쁜 기질을 변화시켜 원숙한 도덕성을 갖추면 변화된 기질은 강력한 힘을 발휘해 의지가 군건해지기도 하고, 반대로 그렇게 군건해진 의지가 다시 기질을 더 좋게 바꾸기도 한다고 했다.

5.3 誠意而不以禮則無徵, 蓋誠非禮無以見也. 誠意與行禮無有先後, 須兼修之. 誠謂誠有是心, 有尊敬之者則當有所尊敬之心, 有養愛之者則當有所⁽¹⁾撫字之意, 此心苟息, 則禮不備, 文不當, 故成就其身者須在禮, 而成就禮則須至誠也.[103]

| 번역 | 뜻을 정성스럽게 가져도 예로 하지 않으면 효험이 없다. 정성스러움은 예가 아니면 드러낼 방법이 없기 때문이다. 뜻을 정성스럽게 가지는 것과 예를 행하는 것에는 선후가 없으니, 반드시 함께 닦아야 한다. 정성스러움이란 진실로 이 마음이 있음을 말한다. 존경하려는 자는 마땅히 존경하는 마음이 있어야 하고 사랑으로 기르려는 자는 마땅히 정성껏 키우려는 생각이 있어야 한다. 이 마음이 만약 사라진다면 예는 갖추어지지 않고 꾸밈은 합당하지 않게 된다. 그러니 자기 몸을 완성하는 것은 모름지기 예에 있고 예를 완성하려면 반드시 지극히 정성스러워야 한다.

| 해설 | 장재의 인격 수양 방법론은 사욕이 없는 어진 마음을 보존하는 것, 그리고 의리를 궁구하고 예의 규범을 준수하는 것의 병행으로 요약된다. 여기서는 바로 저 '사욕이 없는 어진 마음'이 『대학』, 『중용』에서 말하는 내면의 정성스러움(誠)으

---

[103] (1)撫字, 정성껏 키우다.

로 대체되어 표현되고 있다. 즉 내면의 도덕성을 보존하는 것과 올바른 윤리 규범을 인식하고 실천하는 일이 병행되어야 한다는 생각이 여기서는 '뜻을 정성스럽게 가지는 것(誠意)'과 '예를 행하는 것(行禮)'의 병행으로 표현되고 있는 것이다. 마음이 아무리 정성스러워도 적절한 예로 표현되지 않으면, 그 정성스러운 마음은 달리 표현할 방법이 없고, 반대로 모든 예의 실천은 내면의 정성스러운 마음을 바탕으로 하지 않으면, 그 외적 꾸밈은 합당한 예가 아니게 된다. 이렇게 마음을 진실하게 가지려는 내면의 수양과 상황마다 합당한 예를 행하기 위한 외적인 인식과 실천, 이 양자 가운데 어느 것도 없어서는 안 된다는 것이 장재의 기본적인 생각이다.

5.4 天本無心, 及其生成萬物, 則須歸功於天, 曰: 此天地之仁也. 仁人則須索做, 始則須勉勉, 終則復自然. 人須(當)[常][104]存此心, 及用得熟却恐忘了. 若事有汩沒, 則此心旋失, 失而復求之則才得如舊耳. 若能常存而不失, 則就上日進. 立得此心方是學不錯, 然後要學此心之約到無去處也. 立本以此心, 多識前言往行以畜其德, 是亦從此而辨, 非亦從此而辨矣. 以此存心, 則無有不善.

|번역| 하늘은 본래 무심하지만, 그것이 만물을 생성함에 이르러서는 반드시 공을 하늘에 돌려 '그것은 천지의 인(仁)이다'라고 말해야 한다. 어진 사람이 되는 일은 반드시 찾아서 행해야 하니, 처음부터 힘쓰고 힘써야 끝에 이르러 자연스러움을 회복하게 된다. 사람은 반드시 항상 이 마음을 보존해야 하되, 그것을 익숙하게 사용하면 잊게 될 수도 있다. 만약 일에 골몰하면 이 마음을 잃고, 잃고 나서 다시 구해야 예전과 같을 수 있다. 만약 항상 보존하여 잃지 않을 수 있다

---

104 〈중화 주석〉 '常'은 『초석』에 근거해 고쳤다.

면 위를 향해 날로 전진하게 된다. 이 마음을 세워야 비로소 배움이 틀리지 않게 되니, 그런 후에는 이 마음이 떠나는 곳이 없도록 단속하는 것을 배워야 한다. 이 마음으로 근본을 세우고 옛사람의 언행을 많이 기억해 자신의 덕을 쌓아, 옳음도 이것을 따라 변별하고 그름도 이것을 따라 변별한다. 이것으로 마음을 보존하면 불선함이 없게 된다.

|해설| 하늘은 자연이니, 마음이 있을 리 없다. 그런 이유에서 장재는『역설』에서 천지는 불인하다고 했다. 하지만 이 하늘의 무심함에는 무의도, 무목적성이라는 또 다른 함의가 있다. 하늘은 무심하게 만물을 생육한다. 하늘 자체가 무심함에도 불구하고 어쨌거나 그 생육의 일은 하늘이 한 것이다. 살고자 하는 생명체를 살리는 일은 곧 인의 실현이다. 그런 측면에서 천지에 인의 의미를 부여할 수 있다. 인간에게 인한 마음은 천부적으로 주어진 것이다. 하지만 인간은 기질, 사욕 등의 영향으로 인해 일에 골몰하다 보면 이 마음이 쉽게 망각된다. 따라서 어진 사람이 되려면 이 어진 마음을 보존하려는 노력을 부단히 하지 않으면 안 된다. 인위적 노력이 쌓여야 인간은 비로소 무심하게 어진 마음을 발현할 수 있게 된다.

5.5 古人耕且學則能之, 後人耕且學則奔迫, 反動其心. 何者? 古人安分, 至(1)一簞食, 一豆羹, (2)易衣而出, 只如此其分也; 後人則多欲, 故難能. 然此事均是人情之難, 故以爲貴.[105]

105 (1)『孟子』「告子上」, "밥 한 그릇, 국 한 그릇을 얻으면 살고 얻지 못하면 죽지만, 꾸짖으면서 준다면 길을 가던 사람도 받지 않을 것이다.(一簞食, 一豆羹, 得之則生, 弗得則死, 嘑爾而與之, 行道之人弗受.)"에서 출전. 그러나 그 의미는『論語』「雍也」의 "안회는 어질다. 대그릇 하나에 담긴 밥과 표주박 하나에 담긴 물을 먹고 누추한 마을에 산다(賢哉, 回也. 一簞食, 一瓢飮, 在陋巷)"에 가깝다. (2)易衣, 단순히 옷을 갈아입는다는 뜻이 아니고 몇 벌 안 되는 옷이지만 외출할 때는 반드시 옷을 갈아입는다는 뜻이다.

|번역| 옛사람은 농사를 지으며 공부하는 것이 가능했던 데 비해, 후대 사람들이 농사를 지으며 공부하는 경우, 분주하여 도리어 자신의 마음을 흔드는 것은 무엇 때문인가? 옛사람은 본분에 편안하여 대광주리에 담긴 밥 한 그릇과 국 한 그릇에, 외출하기 위해 몇 벌 안 되는 외출용 옷이나 갈아입으며 산다고 할지라도 그 본분에 따라 그와 같았을 따름이다. 반면 후대의 사람들은 욕심이 많아서 그러기 어렵다. 그러나 이 일은 모두 인정상의 어려움이니 그것을 귀히 여긴다.

|해설| 손수 농사를 지으며 공부를 했던 옛 풍속을 귀히 여기는, 자못 주목되는 단락이다. 유가의 창시자인 공자는 농사에 대해 묻는 번지의 질문을 받고 "번지는 소인이구나(小人哉, 樊須也)"(『論語』「子路」)라고 반응했고, 맹자도 농가학파인 진상(陳相)의 "어진 사람은 백성과 함께 경작하여 먹고, 손수 밥을 지어 먹으면서 나라를 다스린다(賢者與民並耕而食 饔飱而治)"(『孟子』「滕文公上」)는 말을 듣고, 군자는 정신노동(勞心)을 하고 소인은 육체노동(勞力)을 한다고 반박했던 것과는 사뭇 다르기 때문이다. 장재는 농사가 사욕을 채우기에 급급한 노동이 아니고 안분지족할 수 있는 생계 수단이라면 그것은 성인이 되기 위한 공부와 병행하면 좋은 것이라 말하는 듯하다.

5.6 所謂勉勉者, 謂[(1)]"繼之者善也, 成之者性也", 繼繼不已, 乃善而能至於成性也. 今聞說到中道, 無去處, 不守定, [(2)]又上面更求, 則過中也, 過則猶不及也. 不以學爲行, 室則有奧而不居, 反之他而求位, 猶此也. 是處不守定, 則終復狂亂, 其不是亦將莫之辨矣. 譬之指鹿爲馬, 始未嘗識馬, 今指鹿爲之, 則亦無由識鹿也. 學釋者之說得便爲聖人, 而其行則小人也, 只聞知便爲了. 學者深宜以此爲戒.[106]

|번역| 이른바 힘쓰고 힘쓴다는 것은 "그것을 계승하는 것은 선이고 그것을 완성하는 것은 성이다"라는 말을 뜻한다. 계승하고 계승하는 일을 그만두지 않으면 선하여 성을 완성하는 데 이를 수 있다. 지금 중도(中道)는 일상을 떠나는 바가 없다는 말을 듣지만, 확고하게 지키지 않고 다시 형이상학적인 데서 구한다면 이는 중(中)을 지나친 것이고, 지나친 것은 미치지 못한 것과 같다. 배움을 실행으로 여기지 않아 집에 심오한 것이 있는데도 머무르지 않고 도리어 다른 곳으로 가 지위를 구하는 것도 이와 마찬가지다. 옳은 지점을 확고하게 지키지 않으면 결국은 다시 몹시 어지러워져 그 옳지 않은 것 또한 변별하지 못하게 된다. 비유하자면 사슴을 가리켜 말이라고 하는 것이니, 처음에 말에 대해 안 적이 없었던 데다가, 지금에 와서는 사슴을 가리켜 말이라고 하면 이는 사슴 또한 알 길이 없는 것이다. 불교를 공부하는 자들은 성인이 되는 것을 말하지만 그 행실은 소인이어서 다만 견문지지로 끝을 맺는다. 배우는 자는 깊이 이 점을 경계해야 할 것이다.

|해설| 이 단락에서는 하학(下學)과 상달(上達) 가운데 하학을 중시하였다. 형이하의 세계, 현실의 생활세계에서 구체적 상황마다 무엇이 옳은지 그른지를 탐구하는 일은 『주역』「계사전」에서 말하는 선천적으로 주어진 선한 본성을 보존하고 계승하기 위해 해야 하는 중요한 일이다. 이 일을 하지 않고 중도란 마음이 외물을 좇아 집착하지 않는 것이라는 말만을 듣고는 형이상의 본심만을 구한다면 큰 잘못이라는 것이다. 장재는 이러한 경향을 강하게 띠는 것으로 불교를 지목한다. 불교는 이 세계를 견문지지, 즉 인식론적 시각에서만 접근하여 일체가 다 덧없는 공(空)이라 여기고, 대상과 나에 대한 집착에서 벗어날 것을 주장한다. 그리

---

106 (1)繼之者善也, 成之者性也: 『周易』「繫辭傳上」, "한 번 음이 되었다 한 번 양이 되는 것을 도라고 한다. 그것을 계승하는 것은 선이고 그것을 완성하는 것은 성이다(一陰一陽之謂道. 繼之者善也, 成之者性也)." (2)又上面更求, '다시 위에서 구한다'는 말은 일상생활의 세계와 분리된 형이상학적인 것을 구한다는 뜻이다.

하여 생활세계에서 삶을 영위하는 데 지극히 중요한 시비 판단을 하는 훈련을 하지 않는데, 그는 이를 지록위마(指鹿爲馬)에 비유한다. 말, 즉 옳은 것이 무엇인지도 모르고, 그리하여 사슴, 즉 그른 것을 말, 즉 옳은 것이라고 하는 잘못에 이르게 된다는 것이다.

5.7 孔子 · 文王 · 堯 · 舜, 皆則是在此立志, 此中道也, 更勿疑聖人於此上別有心. (1)人情所以不立, (2)非才之罪也. (3)善取善者, 雖於不若己采取亦有益, 心苟不求益, 則雖與仲尼處何益![107] 君子於不善, 見之猶求益, 況朋友交相取益乎? 人於異端, 但有一事存之於心, 便不能至理. 其可取者亦(耳)[爾],[108] 可取者不害爲忠臣孝子.

| 번역 | 공자, 문왕, 요, 순은 모두 '이것'으로 뜻을 세웠으니, '이것'은 중도 (中道)로, 성인이 이것 위에 따로 마음이 있었다고 의심하지 말라. 세상에서 상식적으로 이것이 세워지지 않는 것은 타고난 자질의 잘못이 아니다. 선을 잘 취하는 자는 설사 자신보다 못하더라도 취하여 이득을 얻는다. 마음이 만약 유익함을 구하지 않는다면 설사 공자와 함께 있다고 하더라도 무슨 이득이 있겠는가! 군자는 불선을 보더라도 유익한 것을 구하거늘 하물며 친구와 서로 유익함을 주고받는 것이랴? 사람이 이단에 대해 다만 한 가지 일이라도 마음에 두면 이치에 도달할 수 없다. 그 취할 만한 것도 그러하니, 취할 만한 것은 충신과 효자가 되는 데 방해가 되지 않는다.

107 (1)人情, 인지상정의 준말. 세상에서 정해놓은 상식적 기준. (2)非才之罪也, 『孟子』「告子上」, "선하지 않게 되는 것에 대해 말할 것 같으면 그것은 타고난 자질의 죄가 아니다.(若夫爲不善 非才之罪也.)" (3)善取善者: 선을 잘 취하는 자. 앞의 善은 부사로 쓰였다.
108 〈중화 주석〉 '爾' 자는 『초석』에 근거해 고쳤다.

|해설| 옛 성인들은 중도, 중용의 덕을 갖추는 것을 목표로 세웠으니 유학의 최고 진리는 중도(中道)이다. 유학에 이것보다 더 상위의 진리는 없다. 중도를 추구하는 사람들은 모든 사람과 교류하고 소통하는 가운데 자신의 덕을 성숙시키는 데 유익한 것들을 취하기 위해 노력한다. 자신보다 못한 사람에게서도, 친구에게서도 그런 노력을 한다. 다만 이단에서 무엇인가를 취할 때에는 신중해야 한다. 그 취하는 것이 유교적 윤리 규범에 위배되지 않아야만 그것은 취할 만한 것이다.

5.8 如是心不能存, 德虚牢固, 操則存, 舍則亡, 道義⁽¹⁾無由得生. 如地之安靜不動, 然後可以載物, 生長以出萬物; 若今學者之心⁽²⁾出入無時, 記得時存, 記不得時即休, 如此則道義從何而生!¹⁰⁹

|번역| 이와 같으면 마음을 보존할 수 없다. 덕은 텅 비어 있지만 견고하니, 붙잡으면 보존되고 놓아 버리면 없어진다면 도의(道義)는 생겨날 길이 없게 된다. 안정되어 흔들리지 않는 땅과 같아진 뒤에야 사물을 싣고, 생장케 하여 만물을 낳을 수 있다. 만약 오늘날 배우는 자들의 마음이 수시로 안팎으로 드나들어 기억할 때는 보존되고 기억하지 못할 때는 작용을 멈춘다면 도의는 어디에서 나오겠는가!

|해설| 장재가 여기서 말하는 마음은 맹자가 제시한 도덕 본심과 같은 것이다. 천부적인 이 도덕 본심을 굳게 지켜 보존하지 못하고 기억과 망각을 반복한다면 도의는 생겨나지 않는다. 도의(道義)란 도덕과 의리, 즉 불변하는 도덕 원칙과 상황마다 합당한 윤리 준칙을 뜻한다. 사람은 이 도덕 원칙과 윤리 준칙을 확고히 세

---

109 (1)無由, ~할 길, 방법이 없다. (2)出入無時, 마음이 끊임없이 동요하는 것을 가리킨다. 〈중화 주석〉 이 단락은 『장재집』(四) 113쪽의 "도는 평탄하고 넓은 마음 가운데에서 그 옳음을 구해야 한다(道要平曠中求其是)"는 말로 시작되는 단락 끝에 이어져야 할 것 같다. "덕은 텅 비어 있지만 견고하다(德虚牢固)"는 말은 "텅 빈 가운데에서 알맹이를 구해낸다(虚中求出實)"는 말과 "하늘의 덕은 곧 허하다(天德即是虚)"는 말을 잇고 있기 때문이다.

워야 올바른 실천이 가능하다.

5.9 於不賢者猶有所取者, 觀己所問何事, 欲問耕則君子不如農夫, 問
織則君子不如婦人, 問夷狄不如問夷狄, 問財利不如問商賈, 但臨
時己所問學者, ⁽¹⁾擧一隅必數隅反.¹¹⁰

|번역| 현명하지 않은 자한테서도 취할 것이 있을진대 자기가 묻는 것이
어떤 일인지 보라. 농사일을 묻고자 한다면 군자보다 농부가 낫고,
베 짜는 일을 묻고자 한다면 군자보다 부녀자가 나으며, 오랑캐에
대해 묻고자 한다면 오랑캐에게 묻는 것이 낫고 재물의 이익에 대
해 묻고자 한다면 상인에게 묻는 것이 낫다. 다만 때에 임하여 자기
가 물어 배우는 것에 대해 한 귀퉁이의 예를 들었다면 반드시 여러
귀퉁이의 예로 돌이켜야 할 것이다.

|해설| 유학을 배우지 않아 철학적 사유를 할 줄 모르는 사람들에게서도 배워 취할 것
이 있다. 농부, 부녀자, 오랑캐, 상인 등에게서도 궁금한 것을 물어 그들의 전문
지식을 취하되, 세세한 지식을 다 습득할 필요는 없고 핵심을 취해 연관된 다른
지식들도 추론해낼 수 있어야 한다.

5.10 ⁽¹⁾"後生可畏",¹¹¹ 有(異)[意]¹¹²於古, 則雖科擧不能害其志, 然不如絶

---

110 (1)擧一隅必數隅反, 『論語』「述而」, "한 귀퉁이의 예를 들어 주었는데, 나머지 세 귀퉁이
를 돌이키지 않으면 다시 가르쳐 주지 않았다(擧一隅, 不以三隅反, 則不復也)." 『논어』에
서 이 말은 원래 공자의 교육원칙을 가리키는 말이다. 여기서는 배우는 자 자신이 어떤
하나의 세부 지식을 얻었으면 그로부터 다른 원리도 추론해 낼 수 있어야 한다는 뜻이다.
111 (1)『論語』「子罕」, 공자께서 말씀하셨다. "젊은이들은 두려워할 만하다. 앞으로 올 사

利一源.

|번역| "젊은이들은 두려워할 만하다"고 했다. 옛것에 뜻을 두었다면 과거 시험이라 하더라도 그 뜻을 해칠 수는 없다. 그러나 이익을 낳는 한쪽 근원을 막아 버리는 것이 더 낫다.

|해설| 전통에 담긴 진리를 찾는 일에 확고히 뜻을 두었다면 설사 과거에 응하더라도 상관은 없으나 최선은 과거시험 같은 것에는 관심을 두지 않는 것이다.

5.11 學者有息時, 一如木偶人, (1)撐搐則動,¹¹³ 舍之則息, 一日而萬生萬死. 學者有息時, 亦與死無異, 是心死也, 身雖生, 身亦物也. 天下之物多矣, 學者本以道爲生, 道息則死也, 終是僞物, 當以木偶人爲譬以自戒. 知息爲大不善, 因設惡譬如此, 只欲不息.

|번역| 배우는 자는 쉴 때가 있으나 완전히 목각인형 같아진다. 끌어당기면 움직이고 놓으면 멈추니, 하루에도 무수히 살고 무수히 죽는다. 배우는 자가 쉴 때는 죽은 것이나 다름이 없으니, 이는 마음이 죽은 것이다. 몸은 살아 있으나 몸 또한 사물이다. 천하에 사물은 많으나, 배우는 자는 도(道)를 산 것으로 여긴다. 도가 멈추면 죽어, 결국은 거짓된 물건이 되니, 마땅히 목각인형으로 비유해 스스로를 경계해야 한다. 쉬는 것이 크게 선하지 않음을 알기 때문에 이와 같이 나쁜 비유를 든 것이니, 다만 쉬지 않고자 함이다.

람들이 지금 사람들보다 못할지 어찌 아느냐?"(子曰, "後生可畏. 焉知來者之不如今也?")
112 〈중화 주석〉 '意' 자는 『초석』에 근거해 고쳤다.
113 (1)撐搐(견휵), 끌어당기다.

|해설| 장재에게 도는 일종의 정신적인 양식이다. 정신적인 양식을 하루라도 먹지 않는다면 그는 살아도 죽은 것이나 마찬가지다. 그래서 몸은 살아 있지만 실은 죽은 목각인형과 같다고 하며, 쉼 없이 도를 추구할 것을 요구한다.

5.12 欲事立須是心立, 心不⁽¹⁾欽則怠惰,¹¹⁴ 事無由立, 況聖人誠立, 故事無不立也. 道義之功甚大, 又極是尊貴之事.

|번역| 일이 이루어지기를 바라면 반드시 마음을 세워야 한다. 마음이 공손하지 않으면 나태해져 일이 이루어질 길이 없거늘 하물며 성인의 진실함이 확립됨이랴. 그러므로 일이 이루어지지 않음이 없다. 도의(道義)의 공은 아주 크고 또한 지극히 존귀한 일이다.

|해설| 어떤 일이든 일이 이루어지려면 진실한 태도와 도덕 원칙을 따르는 자세가 가장 중요하다.

5.13 苟能屈於長者, 便是問學之次第云爾.

|번역| 윗사람에게 굽힐 수 있다는 것은 곧 묻고 배우는 절차를 말하는 것일 따름이다.

5.14 整齊即是⁽¹⁾如切如磋也,¹¹⁵ 鞭後乃能齊也. 人須偏有不至處, 鞭所

---

114 (1)欽, 공손하다, 삼가다.
115 (1)如切如磋, 원래는 『詩經』「國風」「衛風」에 나오는 시구이다. 『논어』에는 이 시구를

不至處, 乃得齊爾.[116]

|번역| 가지런히 하는 것은 곧 자르는 것과 같고 가는 것과 같으니, 채찍질한 후에야 가지런해질 수 있다. 사람에게 모름지기 한쪽으로 이르지 못한 점이 있어 이르지 못한 점을 채찍질하면 가지런해질 수 있다.

|해설| 옥을 자르고 다듬듯이 자신의 치우친 점, 부족한 점을 각고의 노력을 통해 바로잡고 보완해야 한다는 말이다.

5.15 不知疑者, 只是不便實作, 既實作則須有疑, 必有不行處, 是疑也. 譬之通身會得一邊或理會一節未全, 則須有疑, 是問是學處也, 無則只是未嘗思慮來也.

|번역| 의심할 줄 모르는 자는 단지 실제로 해 보지 않은 것이니, 실제로 해 보면 반드시 의심이 있게 된다. 반드시 행해지지 않는 점이 있으리니 이것이 의심함이다. 비유컨대 온몸으로 한쪽 일을 할 수 있거나 한마디를 이해하는 것이 온전하지 않으면 반드시 의심이 있게 되니, 이것이 묻고 배울 지점이다. 그것이 없는 것은 단지 생각한 적이 없는 것일 뿐이다.

인용한 이야기가 있다. 자공이 물었다. "가난해도 아첨하지 않고 부유해도 교만하지 않다면 어떻습니까?" 공자께서 말씀하셨다. "그것도 괜찮지만, 가난하면서도 즐거워하며, 부유하면서도 예의를 좋아하는 사람보다는 못하다." 자공이 말했다. "『시경』에 '자르고 가는 것 같고, 쪼고 다듬는 것 같다'라고 했는데 이를 두고 하는 말이겠지요."(子貢曰, "貧而無諂, 富而無驕, 何如?" 子曰, "可也. 未若貧而樂, 富而好禮者也." 子貢曰, "『詩』云, '如切如磋, 如琢如磨', 其斯之謂與.")

116 〈중화 주석〉『학안』에 근거해 이어지는 단락과 구분했다.

|해설| 어떤 이론도 현실을 온전히 다 반영하지 못한다. 이는 실제 행위를 해 보면 안다. 실천해 보면 반드시 기존 이론으로는 다 설명되지 않는 것이 생겨난다. 이것이 새로운 의심을 낳는데, 이 의심은 학문을 해 나가는 동력이 된다.

5.16 君子不必避他人之言, 以爲太柔太弱. 至於瞻視亦有節, 視有上下, 視高則氣高, 視下則心柔, 故視國君者, 不離⁽¹⁾紳帶之中. 學者先須去客氣, 其爲人剛, 行則終不肯進, ⁽²⁾"堂堂乎張也, 難與並爲仁矣." 蓋目者人之所常用, 且心常記之, 視之上下且試之. 己之敬傲必見於視, 所以欲下其視者, 欲柔其心也, 柔其心則聽言敬且信.¹¹⁷

|번역| 군자가 타인의 말을 회피하는 것을 너무 유약하다고 여길 필요는 없다. 쳐다보는 일에도 예절이 있으니, 시선에는 위와 아래가 있다. 높은 것을 보면 기가 높아지고 아래를 보면 마음이 부드러워지니, 나라의 군주를 볼 때는 허리띠를 벗어나지 않는다. 배우는 자는 먼저 객기를 버려야 하니, 그 사람됨이 강하면, 행함에 끝내 전진하려 하지 않는다. "자장(子張)은 당당하구나! 하지만 함께 인을 행하기는 어렵겠다"고 했다. 대개 눈은 사람이 늘 사용하는 것이고 마음이 항상 그것을 기억하니, 위아래로 보는 일을 해 보라. 자기의 경건함과 오만함이 반드시 보는 일에서 드러나므로 그 시선을 아래에 두는 자는 자신의 마음을 부드럽게 하려는 것이고, 그 마음을 부드럽게 하면 말을 듣는 것이 경건하고 신실하다.

117 (1)紳帶, 신대. 사대부가 허리에 하던 큰 띠. (2)『論語』「子張」, 증자가 말했다. "당당하구나! 자장은. 하지만 함께 인을 행하기는 어렵겠다."(曾子曰, "堂堂乎張也, 難與並爲仁矣.")

| 해설 | 군자가 마음을 부드럽게 가져야 어진 덕을 행할 수 있다는 주장은 부드러운 덕을 강조하는 노자의 사상과 유학적 인의 결합이다. 전체적으로 보아도 장재는 군자가 '허하면서 인한(虛而仁)' 덕을 갖출 것을 주장하고 있다. 이 부드러운 덕을 갖추기 위한 하나의 방법으로 그는 여기서 의식적으로 시선을 아래에 두는 훈련을 함으로써 객기를 누그러뜨릴 것을 주문하고 있다.

5.17 人之有朋友, 不爲⁽¹⁾燕安, 所以輔佐其仁. 今之朋友, 擇其⁽²⁾善柔以相與, ⁽³⁾拍肩執袂以爲氣合, 一言不合, 怒氣相加. 朋友之際, 欲其相下不倦, 故於朋友之間主其敬者, 日相親與, 得效最速. 仲尼嘗曰: ⁽⁴⁾"吾見其居於位也, 與先生並行也, 非求益者也, 欲速成者也." 則學者先須溫柔, 溫柔則可以進於學, 『詩』曰: ⁽⁵⁾"溫溫恭人, 維德之基", 蓋其所益之多.¹¹⁸

| 번역 | 사람에게 친구가 존재하는 것은 편안하게 놀기 위한 것이 아니고 자신의 인(仁)에 도움이 되게 하려는 데 있다. 오늘날 친구라고 하면 잘 알랑대는 자를 택하여 함께하는데, 어깨를 치고 옷자락을 붙잡고 늘어지는 것을 의기투합이라고 여기다가 말 한마디 합치하지 않으면 노기를 서로 뿜어낸다. 친구 사이에 끊임없이 서로 양보하고자 한다면 친구 사이에 공경함을 위주로 하는 것이 날로 서로 친하

---

118 (1)燕安, 편안하다는 뜻도 있지만 여기서는 놀며 지낸다는 뜻이다. (2)善柔, 알랑거리다, 아부하다. (3)拍肩執袂, 어깨를 치고 옷소매를 붙들다. 친구 사이에 허물없이 지내는 모습을 나타낸다. (4)吾見其居於位也, 與先生並行也, 非求益者也, 欲速成者也: 『論語』「憲問」에서 출전. "나는 그 아이가 어른의 자리에 앉아 있는 것을 보았고, 어른과 함께 나란히 걸어가는 것을 보았습니다. 그 아이는 향상하고자 하는 아이가 아니라 급히 이루고자 하는 아이입니다." 여기서는 기질이 성급한 사람의 예를 들기 위해 인용했다. (5)『詩經』「大雅」「抑」에서 출전.

게 지내는 데 효과가 가장 빠르다. 공자는 일찍이 이렇게 말했다. "나는 그 아이가 어른의 자리에 앉아 있는 것을 보았고, 어른과 함께 나란히 걸어가는 것을 보았습니다. 그 아이는 향상하고자 하는 아이가 아니라 급히 이루고자 하는 아이입니다." 그러니 배우는 자는 먼저 마땅히 따뜻하고 부드러워야 한다. 따뜻하고 부드러우면 배움이 향상될 수 있다. 『시경』에서는 "따뜻하고 공손한 사람이여, 덕의 바탕이 높다"라고 했으니, 이는 그 얻은 바가 많기 때문이다.

|해설| 앞선 단락과 마찬가지로 부드러운 덕이 어진 덕임을 친구를 사귀는 예를 통해 설명하였다. 유자에게는 친구를 사귀는 이유가 어진 덕을 기르는 데 도움이 되고자 하는 데 있으니, 친구 사이에 요구되는 가장 중요한 태도는 서로 부드러운 태도로 양보하는 것이다.

5.18 多聞見適足以長小人之氣. "(1)君子莊敬日強", 始則須拳拳服膺, 出於(2)牽勉, 至於中禮卻從容, 如此方是爲己之學. 「鄕黨」說孔子之形色之謹亦是敬, 此皆變化氣質之道也.[119]

|번역| 많이 보고 들으면 소인의 기를 자라나게 할 수 있다. "군자는 장중하면 날로 강해진다"고 했으니, 처음에는 확실히 붙잡아 가슴속에 새기고 억지로 힘쓰는 데서 나오지만, 예에 들어맞음에 이르러서는 자연스러워지니, 이와 같아야 자기를 위하는 학문(爲己之學)이다. 『논어』「향당」 편에서 공자의 삼가는 모습을 말한 것 역시 경(敬)이니,

---

[119] (1)君子莊敬日強: 『禮記』, 「表記」, 공자가 말했다. "군자는 장중하면 날로 강해지고, 안일하고 방자하면 날로 경박해진다."(子曰: "君子莊敬日強, 安肆日偸.") (2)牽勉, 억지로 힘씀.

이것들은 모두 기질을 변화시키는 방법이다.

|해설| 기질을 변화시킬 수 있는 여러 유효한 방법들을 소개하였다. '많이 보고 듣는 것'
이란 도덕적, 윤리적 지식을 증대시키는 것을 뜻한다. 이런 지식의 증대로도 소
인의 도덕적 기를 자라나게 할 수 있다. 또 사람에게는 기질의 치우침이 있어서
이를 변화시키기 위한 인위적 노력을 하지 않으면 안 된다. 매사를 장중한 태도
로 임하고, 늘 삼가고 공경하며, 억지로라도 힘을 쓰는 데서 시작하는 것 등도
모두 그런 노력의 일환이다.

5.19 道要⁽¹⁾平曠中求其是, 虛中求出實, 而又(轉)⁽²⁾[博]¹²⁰之以文, 則彌
堅轉誠. 不得文無由行得誠. 文亦有時, ⁽³⁾有庸敬, 有斯須之敬, 皆
歸於是而已. 存心之始須明知天德, 天德即是虛, 虛上更有何說
也!¹²¹

---

120 〈중화 주석〉 '博'은 『논어』 '博我以文' 구절에 근거해 고쳤다.

121 (1)平曠, 평탄하고 넓음, 여기서는 평탄하고 넓은 마음을 가리킴. (2)[博]之以文: 『論語』,
「子罕」, "선생님께서는 순서대로 사람을 잘 이끌어 주시어, 글로 나를 넓혀 주시고 예로
나를 요약하게 해 주시니, 그만두고 싶어도 그만둘 수가 없다."(夫子循循然善誘人 博我
以文 約我以禮 欲罷不能.) 원래 『논어』에서 문(文)은 글을 뜻했으나, 장재의 위 조목에서
문(文)은 앞뒤 문맥을 고려할 때 의리(義理)에 부합하는 꾸밈, 즉 행위를 뜻하는 것으로
보인다. (3)有庸敬, 有斯須之敬: 『孟子』, 「告子上」, "숙부를 공경해야 하는가, 동생을 공
경해야 하는가 하고 물으면 그 사람은 '숙부를 공경해야 한다'고 말할 것이다. 자네가
'동생이 제사를 지낼 때 망자를 상징하는 시동이 된다면 누구를 공경해야 하는가?'라고
묻는다면, 그 사람은 '동생을 공경해야 된다'고 할 것이다. 그렇다면 자네는 '숙부를 공
경하던 것은 어디로 갔느냐?'고 말할 것이고, 그 사람은 '동생이 망자를 상징하는 시동
의 위치에 있기 때문이다'라고 할 것이다. 그러면 자네 또한 '그 동향 사람도 공경을 받
을 위치에 있었기 때문이다. 평소에 공경하는 마음은 형에게 있지만, 잠시 공경하는 마
음은 동향 사람에게 있는 것이다'라고 말할 것이다."(敬叔父乎? 敬弟乎? 彼將曰: 敬叔父.
曰: 弟爲尸, 則誰敬? 彼將曰 敬弟. 子曰: 惡在其敬叔父也? 彼將曰: 在位故也. 子亦曰: 在位
故也. 庸敬在兄, 斯須之敬在鄉人.) 庸, 평소, 평상시. 斯須, 잠시.

|번역| 도(道)는 평탄하고 넓은 마음가짐 속에서 그 옳은 것을 구해야 하고, 빈 마음 가운데에서 실제를 구해야 하며, 또 꾸밈(文)으로 넓히면 더욱 견실해지고 진실해진다. 적절한 꾸밈(文)을 얻지 못하면 행위가 진실하지 못하게 된다. 꾸밈(文)에도 때가 있으니, 평소에 공경할 것도 있고, 잠시 공경할 것도 있다. 모두 옳음으로 귀결될 따름이다. 마음을 보존하기 시작할 때는 하늘의 덕을 분명히 알아야 한다. 하늘의 덕은 바로 빈 것(虛)이다. 빈 것 위에 다시 무엇을 말할 것이 있겠는가!

|해설| 텅 빈 마음의 유지와 옳은 이치를 파악해 적절히 행동하는 것이 병행되어야 함을 말하였다. 텅 빈 마음은 무욕의 마음으로 대자연의 덕에서 연원한 것이다. 그 무욕의 마음을 보존하는 가운데 시의(時義)를 정확히 파악해 적절히 행동하는 것, 이것이 장재 수양론의 핵심 줄기이다.

5.20 求養之道, 心[122]只求是而已. 蓋心弘則是, 不弘則不是, 心大則百物皆通, 心小則百物皆病. 悟後心常弘, 觸理皆在吾術內, 觀一物又敲點着此心, 臨一事又記念着此心, 常不爲物所牽引去. 視燈燭亦足以警道. 大率因一事長一智, 只爲持得術博, 凡物常不能出博大之中.

|번역| 마음을 찾아 기르는 방법은 옳음을 구하는 데 있을 따름이다. 마음이 넓으면 옳고, 마음이 넓지 못하면 옳지 않다. 마음이 크면 갖가지 사물이 모두 통하고, 마음이 작으면 갖가지 사물이 모두 병든다. 깨

---

[122] 〈중화 주석〉 '心'은 마땅히 '求養' 다음에 놓여야 할 듯하다.

달은 후에는 마음이 항상 넓어, 접촉하는 이치가 모두 내 마음 안에 있게 된다. 사물 하나를 볼 때도 이 마음을 가리키고, 한 가지 일에 임했을 때도 이 마음을 기억하여, 항상 외물에 이끌려 가지 않는다. 등촉을 보는 것으로도 경계의 방법으로 삼을 수 있다. 대체로 한 가지 일로 인해 한 가지 지혜가 자라나니, 오직 지닌 마음이 넓기 때문에 모든 사물이 항상 넓고 큰 마음을 벗어나지 못한다.

| 해설 | 마음이 넓고, 마음이 크다는 것은 자기중심적인 욕심이 거의 사라짐으로 인해 나와 타자의 경계가 흐릿해진 마음 상태에 이르렀음을 의미한다. 이런 상태에 도달하면 '나'는 타자와 원활하게 소통할 수 있게 된다. 이러한 이치를 철저히 깨달은 자라면 사물과 접촉해 사물을 처리하는 과정에서 외물에 이끌려 가지 않을 뿐더러, 주체의 마음이 넓고 큰 상태를 유지하여, 한 가지 일을 하면 한 가지 지혜가 자라난다.

5.21 求心之始如有所得, 久思則茫然復失, 何也? 夫求心不得其要, 鑽研太甚則惑. 心之要只是欲平曠, 熟後無心如天, 簡易不已. 今有心以求其虛, 則是已起一心, 無由得虛. 切不得令心煩, 求之太切則反昏惑, 孟子所謂助長也. 孟子亦只言存養而已, 此非可以聰明思慮, 力所能致也. 然而得博學於文以求義理, 則亦動其心乎? 夫思慮不違是心而已, "尺蠖之屈, 以求伸也; 龍蛇之蟄, 以存身也; 精義入神, 以致用也; 利用安身, 以崇德也." 此交相養之道. 夫屈者所以求伸也, 勤學所以修身也, 博文所以崇德也, 惟博文可以力致. 人平居又不可以全無思慮, 須是考前言往行, 觀昔人制節, 如此以行其事而已, 故動焉無不中理.

|번역| 마음을 구하는 시초에 얻은 것이 있었던 것 같으나, 오래 생각하면 망연히 다시 잃게 되는 것은 무엇 때문인가? 마음을 구함에 그 요체를 얻지 못하고 너무 깊이 들이 파면 미혹되게 된다. 마음의 요체는 다만 평탄하고 넓어지려고 하니 성숙한 후에는 하늘처럼 무심해지고, 간단하고 쉬우며 그침이 없어진다. 지금 의식적으로(有心) 허한 마음을 구한다면, 이는 마음 하나를 이미 일으킨 것으로, 허한 마음은 얻을 수 없게 된다. 절대로 마음을 괴롭게 해서는 안 된다. 너무 절박하게 구하면 도리어 어두워지고 미혹되게 되니, 맹자가 말한 조장이 그것이다. 맹자 또한 다만 존양(存養)만을 말했을 따름이니, 이는 총명한 사려나 힘으로 이를 수 있는 것이 아니다. 그런데 글을 널리 익혀 의리를 구하는 것 또한 마음을 움직이는 것이 아닌가? 이는 사려가 이 마음에 어긋나지 않은 것일 따름이다. "자벌레가 몸을 굽히는 것은 폄을 도모하기 위해서이고, 용과 뱀이 겨울잠을 자는 것은 몸을 보존하기 위해서이다. 마찬가지로 의리를 정밀하게 탐구해 신묘함에 들어서는 것은 작용을 다하기 위해서이고, 이롭게 작용하여 몸을 편안하게 하는 것은 덕을 높이기 위해서이다." 이것은 교대로 기르는 방법이다. 무릇 굽히는 것은 폄을 도모하기 위한 것이요, 부지런히 배우는 것은 수신(修身)을 위한 것이요, 글을 널리 익히는 것은 덕을 높이기 위한 것이니, 오직 글을 널리 익히는 것만이 힘으로 이를 수 있다. 사람이 평상시에 기거할 때에도 완전히 사려가 없을 수는 없으니, 앞선 성현의 언행을 살피고, 옛사람의 절제함을 관찰하는 등, 그와 같이 일을 행할 따름이다. 그리하여 움직임이 이치에 들어맞지 않음이 없게 된다.

|해설| 장재가 구하는 마음은 평탄하고 넓은 마음, 즉 허심, 대심이다. 그런데 이 무욕의 마음, 타자와 하나가 되는 마음을 성취하겠다는 목표를 세우고, 그 목적의식

하에서 마음속으로 지나치게 파고들고, 절박하게 구하는 행위를 해서는 안 된다고 말한다. 왜냐하면 허심, 대심을 얻겠다고 하면서, '나'의 허심을 성취하려고 애쓰는 행위는 작위적 욕심이 발동한 것이기 때문이다. 이는 일종의 자가당착이다. 허심은 덕성이 성숙했을 때 자연스럽게 이를 수 있는 것으로, 이 일과 관련해 인간이 할 수 있는 일은 오직 덕성을 보존하고 기르는 일일 따름이다. 이렇게 장재는 허심, 대심을 성취하는 일과 관련하여 줄곧 강조한 것은 조장하지 않음, 즉 무위의 원칙을 최대한 지키는 것이다. 하지만 그가 일체의 인위적 노력을 배격한 것은 절대 아니다. 후반부에서 그는 '총명한 사려나 힘', 즉 인위적인 배움과 이성적 사유의 중요성을 말하고 있다. '자벌레가 몸을 굽히듯', '용과 뱀이 겨울잠을 자듯' 사람이 부지런히 글을 읽으며 그 안의 이치를 탐구하는 노력을 하는 것은 인위적인 노력이지만, 그것을 통해 사람들은 덕성이 함양되는 효과를 얻을 수 있다. 이를 장재는 '교대로 기르는 방법'이라 말한다. 앞서 말한 '안과 밖을 합하는 방법'이라는 말과 같은 뜻으로, 『중용』의 말을 빌리자면 장재는 '존덕성'과 '도문학'을 함께 중시하며, 수양의 방법으로 양자의 병행을 주장한 것이다.

5.22 學者既知此心, 且擇所安而行之己不愧. 疑則闕之, 更多識前言往行以養其德, 多聞闕疑, 多見闕殆, 而今方要從頭整理, 將前言往行常合爲一, 有不合自是非也.

|번역| 배우는 자가 이 마음을 알았을진대, 편안한 바를 택하여 자기에게 부끄럽지 않은 일을 행한다. 의심스러우면 그대로 놔두고, 앞선 성현의 언행을 더욱 많이 기억하여 그 덕을 기른다. 많이 듣되 의심스러운 것은 그대로 놔두고, 많이 보되 위태로운 것은 그대로 놔두었다가, 지금 처음부터 정리하려고 할 때, 앞선 성현의 언행과 항상 합일되도록 한다. 합치되지 않는 것이 있다면 그것은 스스로가 그른

것이다.

| 해설 | '이 마음'이란 텅 빈 무욕의 마음, 타자와 자기를 부단히 동일시하는 대심을 뜻한다. 이 마음을 성취하기 위해 사람이 할 수 있는 일은 오직 양심에 거리끼지 않는 편안한 것을 선택해 행하는 것이다. 하지만 무엇이 옳은지 판단하는 것이 쉽지 않은 경우도 적지 않다. 이런 의심스러운 것들에 대해서는 쉽게 결론을 내리지 말고 더욱 많이 보고 들어 식견을 넓힌 후에, 신중하게 판단해야 한다.

5.23 人能不疑, 便是德進, 蓋已於大本處不惑, 雖未加工, 思慮必常在此, 積久自覺漸變. 學者惡其自足, 足則不復進.

| 번역 | 사람이 의심하지 않을 수 있으면 덕이 향상된 것이다. 큰 근본이 되는 지점에 대해 이미 미혹되지 않았다면 설사 공부를 하지 않았더라도 생각이 반드시 늘 거기에 있을 것이니, 오래 쌓으면 스스로 깨달아 점차 변한다. 배우는 자는 자족함을 싫어한다. 자족하면 다시 진보하지 못한다.

| 해설 | 장재는 학문이 의심에서 출발해야 한다고 하면서도, 의심에만 머물러서는 안 되고, 반드시 확신으로 나아가야 한다고 생각했다. 여기서는 그 첫 확신이 '큰 근본이 되는 지점(大本處)'에서 시작되어야 함을 말하고 있다. '큰 근본이 되는 지점'이란 맹자가 말한 하늘에서 부여받은 덕성을 가리킨다. 장재는 그 덕성에 대한 확신을 기반으로 오래 축적하는 공부를 해야 한다고 말한다. 그러지 못하고 쉽게 자족한다면 더 이상의 진보는 없다.

5.24 立本既正, 然後修持. 修持之道, 既須虛心, 又須得禮, 內外發明,

此合內外之道也. 當是畏聖人之言, 考前言往行以畜其德, 度義擇
善而行之. 致文於事業而能盡義者, 只是要學, 曉夕參詳比較, 所
以盡義. 惟博學然後有可以參較琢磨, 學博則轉密察, 鑽之彌堅,
於實處轉(爲)[篤]¹²³實, 轉誠轉信. 故只是要博學, 學愈博則義愈精
微, ⁽¹⁾舜好問, 好察邇言, 皆所以盡精微也. 舜與仲尼心則同, 至於
密察處料得未如孔子. 大抵人君則有輔弼⁽²⁾疑丞, 中守至正而已,
若學者則事必欲皆自能, 又將道輔於人. 舜爲人君, 猶起於⁽³⁾側
微.¹²⁴

|번역| 근본을 세운 것이 바르면 수행을 한다. 수행의 방법은 마음도 비우
고 예도 체득해야 안과 밖이 분명히 드러나니, 이는 내적인 것과 외
적인 것을 결합하는 방법이다. 마땅히 성인의 말씀을 두려워하고,
옛 성현의 언행을 살펴 덕을 기르며, 의를 헤아리고 선을 가려 행동
해야 한다. 일에서 꾸밈을 다해 의를 온전히 드러낼 수 있는 자이려
면 오직 배워야 할 것이다. 밤낮으로 상세하게 살피고 비교하는 것
이 의를 다 드러내는 것이다. 오직 널리 배워야 참작하고 비교하며
사색할 수 있는 것이 있게 된다. 배움이 넓어지면 세밀하게 살피게
되고, 깊이 파고들수록 더욱 단단해져 실제적인 곳에서 독실해지고
성실해지며 신실해진다. 그러므로 오직 널리 배워야 한다. 배움이
넓어질수록 의리는 더욱 정미해진다. 순임금은 묻기를 좋아하고,
알기 쉬운 말들을 살피기를 좋아했는데, 이는 모두 정미한 것을 극

---

123 〈중화 주석〉 '篤'은 『초석』에 근거해 고쳤다.
124 (1)舜好問, 好察邇言: 『中庸』 6장, "순임금은 묻기를 좋아하고, 알기 쉬운 말들을 살피기
를 좋아했으며, 남의 나쁜 점은 숨겨 주고 좋은 점은 널리 알렸다."(舜好問而好察邇言,
隱惡而揚善.) 邇言, 천근한 말. (2)疑丞, 원래는 군주를 보좌하는 역할을 하는 관직 명칭
이었으나, 후에 군주를 보좌하는 신하를 뜻하게 됨. (3)側微, 비천함.

진히 한 것이다. 순임금과 공자의 마음은 같았으되, 세밀하게 살피는 것은 아마도 공자만 못했을 것이다. 대체로 군주에게는 보필하는 신하가 있으니, 중(中)을 지키며 지극히 바를 뿐이다. 배우는 자라면 일마다 반드시 다 능하고자 할 것이고, 남에게 도움을 주고자 할 것이다. 순은 임금이었지만, 비천한 위치에서 일어났다.

| 해설 | 장재는 하늘에 의해 부여된 덕성을 내 마음의 근본으로 확립한 뒤에는 수양을 하라고 했고, 그 수양의 핵심을 마음을 비우는 내면의 수양과 의리를 살피는 외적인 학습이라 했다. 이 조목에서도 내적 수양과 외적 공부의 병진을 말하면서도 외적인 학습의 의의를 중점적으로 논하고 있다. 장재는 박학(博學)을 중시한다. 널리 배워야 비교할 대상이 많아져, 이치를 더욱 세밀하고 깊이 파악하게 되고, 그럴수록 신념은 더욱 굳건해져 실천은 더욱 독실, 성실, 신실해진다는 것이다. 장재는 박학의 전범으로 순임금과 공자를 들면서도 공자가 더욱 뛰어났을 것이라 추측했다. 임금은 아무래도 임금인지라 구체적인 일을 세세히 알 필요까지는 없었던 데 반해, 학자였던 공자는 널리 배워 남에게 도움을 주는 일을 자신의 소명으로 여겼기 때문이라는 것이다.

5.25 學者所志至大, 猶恐所得淺, 況可便志其小, 苟志其小, 志在行一節而已, 若欲行信亦未必能信, 自古有多少要如仲尼者, 然未有如仲尼者. 顏淵學仲尼, 不幸短命, 孟子志仲尼, 亦不如仲尼. 至如樂正子, 爲信人, 爲善人, 其學亦全得道之(1)大體, 方能如此. 又如漆雕開言"(2)吾斯之未能信", 亦未說信甚事, 只是謂於道未信也.125

125 (1)大體, 가장 중요한 부분, 핵심이 되는 이치. (2)『論語』, 「公冶長」, "공자께서 칠조개에게 벼슬하라고 하시자, 칠조개가 '저는 아직 그럴 자신이 없습니다'라고 했다. 공자께서 기뻐하셨다."(子使漆雕開仕. 對曰: "吾斯之未能信." 子說.)

|번역| 배우는 자가 뜻을 둔 바가 지극히 커도 얻는 바가 얕을까 우려되거늘 하물며 뜻을 작게 갖는 경우이랴. 만약 뜻을 작게 갖는다면, 뜻은 단지 하나의 지엽적인 것을 행하는 데 있을 것이니, 만약 신실함(信)을 행하고자 하더라도 반드시 신실할 수 있는 것은 아닐 것이다. 자고로 다소 공자와 같아지고자 한 이들이 있었지만, 공자와 같아진 자는 없었다. 안연은 공자를 따라 배웠으나 불행히도 단명했고, 맹자는 공자에 뜻을 두었으나 공자만 못했다. 악정자 같은 경우에는 미더운 사람, 선한 사람이었으니, 그 학문 역시 도의 핵심을 온전히 얻었기 때문에 그와 같을 수 있었다. 또 예컨대 칠조개는 "저는 그것을 믿지 못하겠습니다"라고 했는데, 무슨 일을 믿는다는 것인지 말하지 않았으나, 도를 믿지 못함을 말하는 것일 따름이다.

|해설| 원대한 목표를 세우는 것, 즉 입지(立志)의 중요성에 대해 말하고 있다. 원숙한 인격을 갖춘 '성인'이 되겠다는 뜻을 세우더라도 그 목표에 도달하는 것은 결코 쉽지 않다. 그렇다고 하여 처음부터 뜻을 작게 갖는다면, 그 작은 목표조차 이르기 어렵다. 예컨대 신(信)의 덕이란 다른 덕목들과 유기적으로 연결되어 있어, 그 하나의 덕만 성숙하게 하겠다는 목표는 근본적으로 불가능하다.

5.26 愼喜怒, 此只矯其末而不知治其本, 宜⁽¹⁾矯輕警惰. 若⁽²⁾天祺⁽³⁾氣重也, 亦有矯情過實處.[126]

|번역| 기뻐하고 노하는 일을 신중하게 하라지만, 이는 말단을 바로잡는 일일 뿐, 근본을 다스릴 줄은 모르는 것이니, 마땅히 경박함을 바로

---

[126] (1)矯輕警惰, 경박함을 바로잡고 나태함을 경계함. (2)天祺: 장재의 동생, 장전(張戩), 장재보다 10살 아래였음. (3)氣重, 성질을 잘 냄.

잡고 나태함을 경계해야 한다. 동생 천기의 경우는 성질을 잘 내는데, 감정을 바로잡을 때 실제보다 지나치게 하는 면 또한 있다.

| 해설 | 화를 잘 낸다고 하여 화를 내지 않겠다고 억지로 억누르는 것은 말단을 바로잡는 것에 불과하여, 일시적으로 분을 참을 수 있을 뿐, 근본적 해결책은 못 된다. 장재는 희로애락의 감정을 적절히 표출하려면 무엇보다 '경박함'을 고치고 '나태함'을 경계해야 한다고 말한다. 경박하거나 나태한 태도는 상황에 대한 고려 없이 부적절한 감정을 표출할 수 있기 때문이다.

5.27 人多言安於貧賤, 其實只是⁽¹⁾計窮力屈, 才短不能⁽²⁾營畫耳, 若稍動得, 恐未肯安之. 須是誠知義理之樂於利欲也乃能.¹²⁷

| 번역 | 사람들은 빈천함에 편안해하라고 많이들 말하지만, 실은 계책과 힘이 다하고 재주가 부족해 부귀를 도모할 수 없을 뿐이다. 만약 조금이라도 움직일 수 있다면 아마도 비천에 편안해하지 않을 것이다. 의리가 사익에 대한 욕망보다 더 즐겁다는 점을 진실로 알아야 그것은 가능해진다.

| 해설 | 옳음과 이익에 관한 분별(義利之辨)은 유학의 중요한 주제 가운데 하나이다. 장재의 위 발언 역시 이에 관한 것이다. 장재는 의리를 추구하는 삶이 사적인 욕망을 채우려는 삶보다 훨씬 즐겁다는 점을 사람들이 진심으로 깨달아야 빈천에도 편안해할 수 있다고 주장한다. 그렇지 못한 사람들이 안빈낙도를 입에 담는 것은 거짓이다.

127 (1)計窮力屈, 계책과 힘을 다 써서 남아 있지 않음. (2)營畫, 계획함, 도모함.

5.28 天資美不足爲功, 惟矯惡爲善, 矯惰爲勤, 方是爲功. 人必不能便無是心, 須使思慮, 但使常遊心於義理之間. 立本處以易簡爲是, 接物處以時中爲是, 易簡而天下之理得, 時中則要博學素備.

|번역| 천부적인 자질의 훌륭함은 공적으로 삼기에 부족하다. 오직 악을 바로잡아 선하게 되고, 게으름을 바로잡아 부지런하게 되어야 공적이 된다. 사람은 틀림없이 이 마음이 없을 수 없으니, 사유하되 다만 마음을 늘 의리 사이에서 노닐도록 해야 한다. 근본을 세운 지점에서는 쉽고 간단한 것(易簡)을 옳은 것으로 여기고, 사물과 접하는 지점에서는 시중(時中)을 옳은 것으로 여긴다. 쉽고 간단하면 천하의 이치를 얻게 되고, 시중하면 널리 배운 것이 갖추어진다.

|해설| 기질은 천부적인 것이므로, 기질이 훌륭하다고 해서 훌륭한 공이 있다고 말할 수는 없다. 중요한 것은 그 기질을 바탕으로 각자의 삶에서 후천적으로 습관화된 나쁜 생각, 행위 등을 바로잡는 일이다. 그리고 이 일을 할 때 필수적인 것은 '마음을 의리 사이에서 노닐도록 하는 일', 즉 상황마다 옳고 그름을 이성적으로 숙고하고 판단하는 일이다. 장재는 이런 이성적 사유를 할 때 기준으로 삼아야 할 두 가지를 말하고 있다. 하나는 근본적인 도덕 원칙이다. 이것은 '내'가 본래 지닌 본성에 근거한 것이므로 쉽고 간단하다. 다른 하나는 상황마다 적절한 기준, 즉 시중이다. 전자는 보편적 도덕 원칙이므로 이 원칙을 세우면 '천하의 이치를 얻는 것'이 되고, 후자는 상황마다 무엇이 가장 적절한 것인지를 알아야 하므로, 널리 배움(博學)이 전제가 되어야 한다.

6

의리
義理

6.1 學未至而好語變者, 必知終有患. 蓋變不可輕議, 若⁽¹⁾驟然語變, 則
知⁽²⁾操術已不正.[128]

|번역| 배움이 아직 일정 수준에 이르지 않았는데도 변혁을 말하기를 좋아
하는 자에게는 끝내 우환거리가 있음을 반드시 알게 된다. 변혁은
가벼이 논의해서는 안 되는 것이니, 만약 갑작스럽게 변혁을 말한
다면 추진 방법이 이미 바르지 않음을 알 것이다.

|해설| 장재가 말하는 변(變)은 돌발적 변화이므로, '변'을 '변혁'으로 번역하였다. 위 조
목에서는 변혁을 말하는 자가 누구인지를 특정하지는 않았다. 다만 장재 생존
당시에 왕안석의 변법이 있었고, 장재는 그 변법에 소극적 태도를 보였던 점을
감안한다면, 위 발언은 왕안석을 겨냥한 말이 아닌가 한다.

---

128 (1)驟然: 驟(취), 달리다. 驟然, 갑작스러운 모습. (2)操術, 사람들과 교류할 때 견해를 제
시하거나 일을 추진하는 방법.

6.2 吾徒飽食終日, 不圖義理, 則大非也, 工商之輩, 猶能[(1)]晏寐夙興以
　　有爲焉.[129]

|번역| 우리 무리가 종일 배불리 먹기만 하고 의리를 도모하지 않는다면
　　그것은 큰 잘못이다. 상공업자들도 늦게 잠들고 일찍 일어나 애쓸
　　줄 안다.

6.3 知之而不信而行之, 愈於不知也. 學者須得中道乃可守.

|번역| 알되 확신하지 못하면서 행하는 것이 모르는 것보다는 낫다. 배우
　　는 자는 중도(中道)를 얻어야 지킬 수 있다.

|해설| 장재는 의심에서 출발해 배움을 통해 확신에 이르는 길을 제시했다. 따라서 아
　　직 확신에 이르지는 못했지만, 인식과 실천을 부단히 하는 것이 아예 모르는 것
　　보다는 당연히 더 낫다. 배움을 통해 중도를 얻게 되면 마침내 자신의 알고 있는
　　것에 대해 확신을 하며 그것을 지킬 수 있게 된다.

6.4 人到向道後, 俄頃不捨, 豈暇安寢? 然君子[(1)]向晦入[(2)]燕處, 君子隨
　　物而止, 故入燕處. 然其仁義功業之心未嘗忘, 但以其物之皆息, 吾
　　[(3)]兀然而坐, 無以爲接, 無以爲功業, 須亦入息.[130]

129　(1)晏寐夙興, 늦게 자고 일찍 일어남.
130　(1)向晦, 해 질 무렵, 저녁 무렵. (2)燕處, 거처, 편히 쉴 곳. (3)兀然: 홀로 우뚝 솟은 모양.

|번역| 사람이 도를 지향하는 일에 이른 뒤에는 잠시도 그 일을 놓지 않으니, 어찌 편안히 잠잘 겨를이 있겠는가? 하지만 군자는 저녁 무렵이면 편히 쉴 거처에 든다. 군자는 사물을 따라 머무르므로 편히 쉴 거처에 드는 것이다. 그렇지만 인의(仁義)의 업을 수행하려는 마음은 잊은 적이 없다. 다만 외물이 모두 쉬는데, 나만 홀로 우뚝 앉아 있으면 접촉할 것도 없고 업으로 삼을 것도 없으니, 나 또한 휴식에 들어야 하는 것이다.

|해설| 군자는 인의의 이념을 실현하기 위해 끊임없이 노력해야 한다. 하지만 그 노력도 외물과 접촉해야 할 수 있는 것이다. 외물이 모두 쉬는 밤이면, 군자 역시 쉬어야 한다. 밤에 쉬는 것은 결코 게으름이 아니다.

6.5 此學以爲絕耶? 何因復有此議論, 以爲興耶? 然而學者不博. 孟子曰: "(1)無有乎爾, 則亦無有乎爾." 孔子曰: "(2)天之未喪斯文也, 匡人其如予何!" 今欲功及天下, 故必多栽培學[者],[131] 則道可傳矣.[132]

|번역| 이 학문이 끊어졌다고 여기는가? 어찌하여 다시 이러한 논의가 생겨나는가? 이 학문이 흥기하고 있다고 여기는가? 하지만 배우는 자

---

131 〈중화 주석〉 '者'는 문맥에 따라 고쳤다.
132 (1)無有乎爾, 則亦無有乎爾: 『孟子』, 「盡心下」, "공자께서 사시던 때로부터 오늘날에 이르기까지 100여 년이 지났으니, 성인께서 사셨던 시대로부터 그리 멀지 않고 성인께서 사셨던 곳과 이렇게 아주 가까운데, 공자의 도를 아는 사람이 없으니, 공자의 도를 아는 사람은 없을 것인가 보다."(由孔子而來至於今, 百有餘歲, 去聖人之世若此其未遠也, 近聖人之居若此其甚也, 然而無有乎爾, 則亦無有乎爾.) (2)天之未喪斯文也, 匡人其如予何: 『論語』, 「子罕」, "하늘이 이 문을 없애려고 하신다면 뒤에 죽을 사람인 내가 이 문을 어쩔 수 없을 것이지만, 하늘이 이 문을 아직 없애려고 하지 않으신다면 광 땅 사람들이 나를 어쩌겠느냐?"(天之將喪斯文也, 後死者不得與於斯文也. 天之未喪斯文也, 匡人其如予何?)

들이 광범위하지 않다. 맹자는 "공자의 도를 아는 사람이 없으니, 없을 것인가 보다"라고 했다. 공자는 "하늘이 이 문을 아직 없애려고 하지 않으실진대 광 땅 사람들이 나를 어쩌겠느냐?"라고 했다. 지금 업적이 천하에 미치고자 할진대, 반드시 배우는 자들을 많이 육성해야 도를 전할 수 있을 것이다.

| 해설 | 장재가 여기서 언급하는 '이러한 논의'란 도통(道統)에 관한 논의를 가리키는 것 같다. 장재는 맹자와 공자의 말씀을 인용하며 유학적 진리의 전수 계통이 그가 살던 시대에 끊어질 수도 크게 흥할 수도 있다고 하며, 무엇보다 후학의 육성을 강조하였다.

6.6 人不知學, 其任智自以爲人莫及, 以理觀之, 其用智乃癡耳. 棋酒書畫, 其術固均無益也, 坐寢息, 其術同, 差近有益也, 惟與朋友燕會議論良益也. 然大義大節須要知, 若細微亦[不]¹³³必知也.

| 번역 | 사람이 배울 줄 모르면서 그 머리에 내맡기는 것을 남들은 미칠 수 없다고 여기지만, 이치에 따라 살피면 그의 지혜 사용은 어리석다. 바둑, 술, 서예, 그림 등의 기예는 원래 다 무익하니, 앉거나 잠자리에서 쉬는 것과 같은 것으로, 거리를 두는 것이 유익하다. 오직 친구들과 연회를 베풀며 논의하는 것은 유익하다. 그러나 대의와 큰 절차는 알 필요가 있으니, 미세한 부분까지 꼭 알 필요는 없다.

| 해설 | 공부하지 않고 각종 놀이에 빠지는 것의 무익함을 경계하고 있다. 그리하여 놀이의 절차를 알 정도면 된다고 하였다. 다만 토론을 곁들인 벗들과의 연회만큼

---

133 〈중화 주석〉 '不'은 『초석』에 근거해 보완했다.

은 긍정하고 있다.

6.7 凡人爲上則易, 爲下則難. 然不能爲下, 亦不能使下, 不盡其情僞
也. 大抵使人常在其前, 己嘗爲之則能使人.

|번역| 무릇 사람이 윗사람을 위하기는 쉬워도 아랫사람을 위하기는 어렵
다. 하지만 아랫사람을 위할 수 없다면 아랫사람을 부릴 수도 없으
니, 그 진실과 거짓을 다 드러내지 않기 때문이다. 대개 사람을 부리
는 일은 그에 앞서 자기가 그를 위해야만 사람을 부릴 수 있다.

|해설| 신분제 사회에서 윗사람을 위하기는 쉽다. 법규범으로 제정되어 있어 그렇게
하지 않으면 처벌을 받기 때문이다. 하지만 아랫사람을 위하는 일은 단지 도덕
규범일 따름이어서 그렇게 하기란 쉽지 않다. 장재는 아랫사람을 충심으로 위
해야 그 사람을 제대로 부릴 수 있다고 하였다.

6.8 凡事蔽蓋不見底, 只是不求益. 有人不肯言其道義所得, 所至不得
見底, 又非於吾言無所不說.

|번역| 일이 무엇이든 가려져 밑바닥까지 보지 않는 것은 단지 유익을 구
하지 않음이다. 그 얻은 도의(道義)를 말하려 하지 않는 사람이 있으
니, 도달한 경지가 밑바닥까지 보지 못했음이지, 나의 말에 대해 말
하지 않은 것이 없는 것은 아니다.

|해설| 밑바닥까지 봄은 어떤 사물의 본질을 철저히 규명하는 것을 뜻한다. 사람이 그
런 인식에 도달하지 못하는 까닭은 사물에 대한 탐구를 통해 유익을 구하려는

마음이 부족하기 때문이다. 말로는 스승 장재의 말을 다 따라서 하지만 스스로 보아 체득한 것이 아니므로 그 진리에 대해 말하려 하지 않는 사람도 있다.

6.9 人雖有功, 不及於學, 心亦不宜忘. 心苟不忘, 則雖接人事即是實 行, 莫非道也, 心若忘之, 則終身由之, 只是俗學.

| 번역 | 사람이 공이 있어도 학문에 이르지 못했다면 마음속으로라도 마땅히 잊지 않아야 한다. 마음속으로 진실로 잊지 않는다면 설사 사람과 접촉하는 일이라고 하더라도 그것이 바로 실행이며, 도가 아닌 것이 없을 것이다. 마음속으로 만약 그것을 잊는다면 종신토록 따른다고 하더라도 단지 속된 학문일 뿐이다.

| 해설 | 세상의 일을 하느라 공부에 힘쓸 겨를이 없다고 해도 배움에 대한 지향을 잊지 않는다면, 일상에서 사람과 접촉하고 교류하는 가운데도 진리를 얻을 수 있다. 만약 그런 배움에 대한 지향을 잊어버린다면 참된 배움을 성취하는 것은 불가능해진다.

6.10 今人自強自是, 樂己之同, 惡己之異, 便是有固·必·意·我, 無 由得虛. 學者理會到此虛心處, 則教者不須言, 求之書, 合者即是 聖言, 不合者則後儒添入也.

| 번역 | 지금 사람이 자신이 강하고 자신이 옳다고 여기고 자기와 같은 것은 즐거워하면서도 자기와 다른 것은 미워한다면, 이는 고집함, 기대함, 의도함, 소아(小我)가 있는 것으로서 허(虛)는 얻을 길이 없게

된다. 배우는 자가 이 허한 마음을 체득하면 가르치는 자는 말할 필요가 없게 되니, 서책에서 구하여 합치되는 것은 성인의 말씀이요, 합치되지 않는 것은 후대의 유자들이 첨가한 것이다.

|해설| 허심(虛心)을 체득하지 못하면 자기중심적으로만 생각하고 행동하기 쉽다. 장재는 사람이 이 텅 빈 마음을 확실히 체득하기만 한다면, 그에게 더 이상 가르칠 것이 없게 된다고 단언한다. 이미 성인의 마음을 체득한 것이기 때문에 그의 마음과 합치되는 서책의 문구는 곧 성인의 말씀이고, 합치되지 않는 것은 성인의 말씀이 아니라고 주장한다.

6.11 要見聖人, 無如『論』『孟』爲要. 『論』『孟』二書於學者大足, 只是須$^{(1)}$涵泳.[134]

|번역| 성인을 알고자 한다면 『논어』와 『맹자』를 요체로 삼는 것이 제일 낫다. 『논어』와 『맹자』는 배우는 자에게 크게 족하니, 다만 거기에 푹 젖어들어야 한다.

6.12 以有限之心, 止可求有限之事; 欲以致博大之事, 則當以博大求之, 知周乎萬物而道濟天下也.

|번역| 유한한 마음으로는 유한한 일밖에 추구할 수 없다. 넓고 큰일을 다 하고자 한다면 마땅히 넓고 큰 마음가짐으로 추구해야 앎이 만물에

---

134 (1)涵泳, 침잠함, 푹 젖어듦.

두루 미쳐 도로 천하를 구제하게 될 것이다.

|해설| '유한한 마음'이란 '나'와 외물을 분별하는 전제하에, 외물을 대상으로 지각하고 사유하는 마음, 즉 인식-심을 가리킨다. 이런 마음으로 하는 일은 '나'를 중심으로 대상을 헤아리고, 기술적으로 이용하는 일일 수밖에 없다. 장재는 이러한 일을 '유한한 일'이라고 한다. 이와는 상반된 일, 즉 무한한 의미를 갖는 일을 장재는 '넓고 큰일'이라고 칭한다. 무한한 의미를 갖는 '넓고 큰일'이란 만물을 두루 알아 만백성을 구제하는 일로, 그러한 일을 하려면 덕성에 근거해 타자를 '나'와 동일시하는 '넓고 큰 마음가짐'이 요구된다.

6.13 尊其所聞則高明, 行其所知則光大, 凡未理會至實處, 如空中立, 終不曾踏着實地. 性剛者易立, 和者易達, 人只有立與達 "⁽¹⁾己欲立而立人, 己欲達而達人", 然則剛與和猶是一偏, 惟大達則必立, 大立則必達.[135]

|번역| 그 들은 것을 높이면 고명해지고, 그 안 것을 행하면 빛나고 커진다. 지극히 실질적인 부분을 체득하지 못한다면 마치 공중에 서 있는 것처럼 끝내 실질적인 곳을 밟지 못하게 된다. 성품이 강한 자는 쉽게 서고, 화목한 자는 쉽게 도달하니, 사람에게는 오직 서는 일과 도달하는 일이 있을 뿐이다. "자기가 서고자 하면 남을 세워 주고, 자기가 도달하고자 하면 남을 도달하게 해 준다"고 했다. 그렇지만 강함과 화목함은 한쪽으로 치우친 것이다. 오직 크게 도달하면 반드시 서고, 크게 서면 반드시 도달한다.

---

135 (1)『論語』,「雍也」, "어진 사람은 자기가 서고자 하면 남을 세워 주고, 자기가 도달하고 자 하면 남을 도달하게 해 준다."(夫仁者, 己欲立而立人, 己欲達而達人.)

이상은 소중하지만, 그 이상을 현실에서 어떻게 실현할 수 있을지 분명히 제시하지 못한다면, 그 이상은 공허한 것일 뿐이다. 따라서 '들어서(聞)' '알게 된(知)' 이상을 존숭하되, 그것은 '실질적인 곳(實處)'에 발을 딛고 체득되지 않으면 안 된다. 현실은 난관으로 가득하다. 따라서 강한 성품을 지닌 자만이 현실에 제대로 발을 딛고 설 수 있지만, 이상은 타인과의 화목에 있으니, 타자와 조화를 이룰 수 있는 부드러운 성정도 요구된다. 강함과 부드러움 가운데 어느 한쪽으로 치우치지 않는 성품을 겸비할 때에만 현실에 굳건히 발을 딛고 설(立) 수 있고, 이상세계에 도달할(達) 수도 있다.

6.14 學者欲其進, 須欽其事, 欽其事則有立. 有立則有成, 未有不欽而能立, 不立則安可望有成.

|번역| 배우는 자가 향상되고자 한다면 삼가 그 일을 해야 한다. 삼가 그 일을 하면 서게 됨이 있다. 서게 됨이 있으면 성취함이 있지만, 삼가 일을 하지 않고서 설 수 있는 경우는 없다. 서지 못한다면 어떻게 성취가 있기를 바랄 수 있겠는가?

|해설| 삶 속에서 일을 통해 무엇인가를 배우고 성취하려 한다면 삼가는(欽) 태도로 일에 임해야 한다. 그래야 현실의 난관에 직면해서도 굳건히 설 수 있고, 마침내 목적한 바를 이룰 수 있다.

6.15 人若志趣不遠, 心不在焉, 雖學無成. 人情於進道, 無自得達, 自非成德君子必勉勉, 至從心所欲不踰矩方可放下, 德薄者終學不成也.

| 번역 | 사람이 지향은 도에서 멀지 않더라도 마음이 거기에 있지 않다면 배운다고 해도 성취는 없게 된다. 사람이 도(道)로 나아가는 데 게으르면 자연히 도달할 수 없다. 자신이 덕을 완성한 군자가 아니라면 반드시 힘쓰고 힘써, 마음이 하고 싶은 대로 해도 법도를 넘어서지 않는 경지에 이르러야 비로소 그 일을 놓을 수 있거니와, 박덕한 자는 끝내 배움을 완성하지 못한다.

| 해설 | 진리에 뜻을 두고 배우지만, 성실하지 못하면 결코 인격의 성숙을 이룰 수 없다. 자유로운 행위가 윤리적 표준에 늘 부합되는 자유와 도덕의 통일에 도달할 때에만 인격은 완성되니, 그런 경지에 이를 때까지 부단히 노력해야 한다.

6.16 聞見之善者, 謂之學則可, 謂之道則不可. 須是自求, 己能尋見義理, 則自有(1)旨趣, 自得之則居之安矣.136

| 번역 | 잘 보고 듣는 것을 배움이라고 할 수는 있어도 도(道)라고 해서는 안 된다. 스스로 구하여 자기가 의리를 찾아낼 수 있으면 자연히 종지가 생겨나게 되며, 그것을 스스로 얻으면 거처함이 편안해진다.

| 해설 | 견문지지(見聞之知)는 일종의 대상화하는 경험 지식으로, 그것도 배움이기는 하지만, 그것으로 세계의 조화 혹은 통일이라는 최고 진리를 발견할 수는 없다. 그러한 진리는 내면의 덕성을 기반으로 의리를 정밀히 탐구함을 통해 파악할 수 있으니, 그런 노력이 오래되면 만물을 관통하는 종지가 생겨나며, 그리하여 만사에 대처함이 편안해진다.

---

136 (1)旨趣, 종지, 근본 취지.

6.17 合內外, 平物我, 自見道之⁽¹⁾大端.¹³⁷

|번역| 안과 밖을 합일하고 사물과 나를 평등하게 대하면 자연히 도의 주
요한 실마리를 알게 된다.

|해설| '나'와 타자를 통합적으로 평등하게 바라볼 때 만물의 조화와 통일이라는 이념
의 실마리를 발견할 수 있다.

6.18 道德性命是長在不死之物也, 己身則死, 此則常在.

|번역| 도덕과 성명(性命)은 장구하게 존재하며 죽지 않는 것으로, 자기 몸
은 죽지만, 이것은 영원히 존재한다.

|해설| 개체 생명인 '나'는 삶이 있고 죽음이 있는 유한한 존재이다. '내' 안에 영원히 존
재하는 것이 있다면 그것은 도덕과 성명이다.

6.19 耳目役於外, 攬外事者, 其實是自惰, 不肯自治, 只言短長, 不能
反躬者也.

|번역| 눈과 귀는 외물에 의해 부려지며, 외부의 일을 끌어당기는 것이지
만, 실은 스스로 나태하여 스스로 다스리려 하지 않는 것이다. 길고
짧은 것만을 말할 뿐, 자기 몸으로 돌이킬 수 없는 자이다.

---

137 (1)大端, 주요한 실마리, 단서.

| 해설 | 눈과 귀 같은 감각기관은 외부의 유혹에 넘어가 부림을 당한다. 같은 말이지만 욕망에 이끌려 외물을 끌어당긴다고 할 수도 있다. 그런데 이렇게 인간이 욕망의 노예가 되는 것은 감각기관의 탓이 아니라, '나'의 나태함, 즉 자기를 도덕적으로 성찰하는 데 나태하기 때문이다. 그는 오직 이것과 저것을 비교하며 길고 짧음 등만 말할 뿐, 외물의 노예가 되는 자신을 성찰하지 못한다.

6.20 天地之道要一言而道盡亦可, 有終日善言而只在一物者, 當識其要, 總其大體, 一言而乃盡爾.

| 번역 | 천지의 도를 한마디 말로 다 표현하려고 해도 괜찮다. 종일토록 좋은 말이 있지만, 단지 한 사물에만 마음이 있는 자가 있으니, 마땅히 그 요점을 인식하고 그 중요한 부분을 개괄하여 한마디 말로 다 표현한다.

| 해설 | 개별 사물의 이치를 탐구하는 일은 중요하지만, 모든 사물을 아우르는 천지의 도를 파악해 그것을 개괄하는 일을 해도 좋다.

6.21 釋氏之學, 言以心役物, 使物不役心; 周孔之道, 豈是物能役心?
(1)虛室生白.[138]

| 번역 | 석가모니의 학문은 마음으로 사물을 부리지, 사물이 마음을 부리지

---

[138] (1)虛室生白:『莊子』,「人間世」, "저 텅 빈 곳을 보면 빈 곳에서 순백의 빛(도)이 생겨나니, 좋은 복이 거기에 머무를 것이다."(瞻彼闋者, 虛室生白, 吉祥止止.) 室, 마음을 가리킴. 白, 순백의 빛, 즉 도 혹은 지혜를 가리킴.

못하도록 할 것을 말한다. 하지만 주공과 공자의 도가 어찌 사물이 능히 마음을 부리는 것이겠는가? 텅 빈 마음에서 순백의 빛이 생겨난다.

┃해설┃ 불교에서는 외물을 비롯한 허상에 대한 집착을 버리고 자유로운 마음을 성취하라고 가르친다. 장재는 유학의 가르침에도 장자의 말을 빌리자면 텅 빈 마음을 회복해 지혜를 발할 것을 말한다고 한다. 여기서 그는 장자가 말하는 텅 빈 마음을 어진 마음과 통하는 것으로 보고 있고, 그 어진 마음에서 솟아나는 지혜를 일종의 사물을 부리는 지혜라고 하고 있다.

6.22 今之(性)[人]¹³⁹減天理窮人欲, 今復反歸其天理. 古之學者便立天理, 孔孟而後, 其心不傳, 如荀揚皆不能知.

┃번역┃ 지금 사람들은 천리(天理)를 멸하고 인욕(人欲)을 다하다가 지금 다시 천리로 되돌아간다. 옛날에 배우는 자들은 바로 천리를 확립했으나, 공자와 맹자 이후로 그 마음은 전해지지 않았으니, 예컨대 순자와 양웅은 모두 그 마음을 알 수 없었다.

┃해설┃ 천리는 하늘의 덕에 뿌리를 둔 인간 내면의 도덕 원칙이요, 인욕은 이 도덕 원칙에 어긋나는 욕망이다. 장재는 당시 사람들이 이기적인 욕망을 추구하여 도덕 원칙을 저버리는 삶을 살다가 다시 도덕 원칙을 회복하려고 노력하는 데 반해, 공맹을 포함한 옛사람들은 도덕 원칙을 곧바로 확립하고 지키는 삶을 살았다고 했다.

---

139 〈중화 주석〉 '人'은 문맥에 따라 고쳤다.

6.23 義理之學, 亦須深沈方有造, 非淺易輕浮之可得也. 蓋惟深則能通
天下之志, 只欲說得便似聖人, 若此則是釋氏之所謂祖師之類也.

|번역| 의리의 학문은 깊어야 성취가 있지, 얕고 쉽고 가벼움으로 얻을 수
있는 것이 아니다. 오직 깊어야 천하의 뜻에 통할 수 있지, 성인 비슷
하게 말하려고만 한다면 불교의 이른바 조사 같은 부류일 것이다.

|해설| '의리의 학문'이란 사물마다 옳은 이치를 오랫동안 탐구하여 깊이 체득함으로써
완성되는 학문이다. 그렇게 오래 축적하고 깊이 체득해야만 세상의 모든 사람
과 마음이 통하는 학문을 할 수 있다. 그런 노력이 없이 말만 번드르르한 사람을
장재는 고승 비슷한 부류라고 했다.

6.24 此道自孟子後千有餘歲, 今日復有知者. 若此道天不欲明, 則不使
今日人有知者, 既使人知之, 似有復明之理. 志於道者, 能自出義
理, 則是⁽¹⁾成器.[140]

|번역| 이 도는 맹자 이후로 1,000여 년이 되었는데, 오늘날 그것을 다시 아
는 자가 생겨났다. 만약 이 도를 하늘이 밝히고자 하지 않았다면 오
늘날 그것을 아는 자가 존재하도록 하지 않았을 것이지만, 사람이
그것을 알도록 했을진대, 다시 밝히려는 이치가 있는 것 같다. 도에
뜻을 둔 자가 스스로 의리를 내놓을 수 있다면 쓸모 있는 자가 될 것
이다.

|해설| 당나라 중기 이후로 유학자들 사이에는 도통론(道統論)이 성행했는데, 장재 역

---

140 (1)成器, 그릇이 됨, 즉 쓸모 있는 자가 됨.

시 그것과 비슷한 것을 말하고 있다. 도통론은 유학의 핵심 정신이 맹자 이후로 약 1,000여 년간 계승되지 못하다가, 북송대에 이르러 다시 전승되기 시작했다는 것이 기본 내용이다. 장재는 여기서 그 도를 아는 자를 자기 자신으로 자임하고 있는 것 같다. 그리고 이렇게 유학의 핵심 정신을 아는 자가 다시 출현한 것은 그 자신의 의지만으로는 가능하지 않고, 하늘의 이치가 그렇게 되도록 한 것이라고 하였다.

6.25 "⁽¹⁾人一能之, 己百之, 人十能之, 己千之." 曰能者, 是今日不能而能之, 若以聖人之能而爲不能, 則⁽²⁾狂者矣, 終身而莫能得也.¹⁴¹

|번역| "다른 사람이 1번에 할 수 있다면 자신은 100번 하고, 다른 사람이 10번에 할 수 있다면 자신은 1,000번 한다." 여기서 '할 수 있다(能)'고 한 것은 오늘은 할 수 없으나 그것을 할 수 있도록 한다는 뜻이다. 만약 성인이나 능한 것을 가지고 할 수 없다고 여긴다면 오만방자한 자이니, 종신토록 얻을 수 있는 것이 없게 된다.

|해설| 노력을 배가하면 누구든 성인이 될 수 있다. 이는 장재를 비롯한 많은 유학자의 믿음이다. 이런 노력을 성실히 하지 않고, 성인이라야 할 수 있는 것을 보고는 자신은 할 수 없다고 말한다면 이는 오만한 것이라 단언한다. 조금씩 노력해 성장하려는 자세가 없기 때문이다.

6.26 學貴心悟, 守舊無功.

---

141 (1)人一能之, 己百之, 人十能之, 己千之: 『중용』 제20장, "다른 사람이 1번에 할 수 있다면 자신은 100번 하고, 다른 사람이 10번에 할 수 있다면 자신은 1,000번 한다." (2)狂者, 여기서 광자란 오만방자한 자를 가리킴.

| 번역 | 배움은 마음속으로 깨닫는 것을 귀하게 여기니, 구태를 고수하는 것으로는 공이 없다.

6.27 知德斯知言, 己嘗自知其德, 然後能識言也. 人雖言之, 己未嘗知 其德, 豈識其言! 須是己知是德, 然後能識是言, 猶曰知孝之德則 知孝之言也.

| 번역 | 덕을 알면 말을 알게 되니, 자신이 그 덕을 스스로 알아야 말을 알 수 있다. 남이 그것을 말했더라도 자기가 그 덕을 알지 못한다면 그 말을 어찌 알 수 있겠는가! 자기가 이 덕을 알아야 이 말을 알 수 있 으니, 이는 효(孝)의 덕을 알면 효에 관한 말을 알게 된다고 하는 것 과 같다.

| 해설 | 여기서 말하는 '말(言)'이란 모든 말을 통칭하는 것이 아니라, 주로 도덕, 윤리적 인 내용을 포함하는 말을 가리킨다. 도덕, 윤리적인 내용을 포함하는 말은 도덕 윤리적인 마음의 표현이다. 따라서 마음의 덕이 어떤지 알아야 그것을 표현한 말 또한 제대로 이해할 수 있다.

6.28 三代時人, 自幼聞見莫非義理(1)文章, 學者易爲力, 今須自作.142

| 번역 | 하, 은, 주 삼대 때의 사람들은 어려서부터 보고 듣는 것이 의리와 예악제도가 아닌 것이 없었으니, 배우는 자는 힘쓰기가 쉬웠으나, 오늘날은 반드시 스스로 노력해야 한다.

142 (1)文章, 여기서 문장은 예악제도를 가리킴.

6.29 爲學大益, 在自(能)[求]變化氣質, 不爾[皆爲人之弊],[143] 卒無所發明, 不得見聖人之[(1)]奧. 故學者先須變化氣質, 變化氣質與虛心相表裏.[144]

|번역| 학문을 하는 커다란 이점은 스스로 기질의 변화를 추구하는 데 있다. 그러지 못한다면 모두 사람의 폐단이 되어 결국은 발현하는 것이 없어, 성인의 심오함을 알 수 없게 된다. 그러므로 배우는 자는 먼저 기질을 변화시켜야 한다. 기질을 변화시키는 것은 마음을 비우는 것과 서로 겉과 속을 이룬다.

|해설| 기질은 각기 다른 성격이나 재주 등을 뜻한다. 사람들은 대부분 이 기질이 한쪽으로 치우쳐 있어, 내면의 덕성을 제대로 발현하는 데 장애가 된다. 따라서 이치우친 기질을 변화시켜야 덕성을 전면적으로 드러낼 수도 있고 성인의 깊은 마음도 알 수 있다.

6.30 大中, 天地之道也; 得大中, 陰陽鬼神莫不盡之矣.

|번역| 대중(大中)은 천지의 도이다. 대중을 얻으면 음양과 귀신을 다하지 않음이 없게 된다.

|해설| 대중(大中)이란 가장 높은 수준의 중용이다. 천지는 만물이 필요로 하는 것을 적시 적소에 제공해 준다. 그 점에 착안하여 장재는 대중을 천지의 도라고 한다. 이런 대중의 기준을 얻으면, 대립하며 협력하는 음양의 작용을 다 파악할 수 있

---

143 〈중화 주석〉 이상은 모두 『어록』에 근거해 보완하고 바로잡았다.
144 (1)奧, 방 안 깊숙한 곳, 여기서는 성인의 심오한 마음을 뜻함.

게 된다.

6.31 仁不得義則不行, 不得禮則不立, 不得智則不知, 不得信則不能 守, 此致一之道也.

|번역| 인은 의를 얻지 못하면 행해지지 않고, 예를 얻지 못하면 서지 못하며, 지를 얻지 못하면 모르게 되고, 신을 얻지 못하면 지킬 수 없으니, 이는 하나에 이르는 도이다.

|해설| 인의예지신(仁義禮智信)은 각기 함의는 다르지만, 도덕 실천의 과정에서는 서로 긴밀히 연결되어 있다. 어진 마음이 있어도 구체적인 상황에서 무엇이 옳은지 분별하지 못하면 그 사랑을 실천할 수 없다. 어진 마음이 있어도 사회에서 통용되는 예가 무엇인지 모르면 사회에 발을 딛고 설 수 없다. 어진 마음이 있어도 지혜를 얻지 못하면 어떻게 판단하고 행동해야 할지 모르게 된다. 어진 마음이 있어도 사람마다 내면에 덕을 지니고 있음을 믿지 못하면 신뢰 관계는 쉽게 깨진다.

6.32 大率⁽¹⁾玩心未熟, 可求之平易, 勿⁽²⁾迂也. 若始求太甚, 恐自茲愈 遠.[145]

|번역| 대체로 전심전력으로 몰두하는 일에 익숙하지 않다면 평이하게 추구해도 괜찮으니 억지로 하지 말라. 만약 처음부터 추구하는 것이 지나치면, 아마도 그로부터 갈수록 멀어질 것이다.

---

[145] (1)玩心, 전심전력으로 몰두함. (2)迂, 억제함, 억누름.

|해설| 이 조목은 추측건대 궁리에 관한 의견인 듯하다. 사물의 이치를 궁구할 때는 물론 그 일에 몰두하는 것이 필요하지만, 아직 충분히 숙련되지 않았다면 억지로 집중도를 높이려 할 필요는 없다. 모든 일은 단계 혹은 순서가 있으니, 궁리 역시 마찬가지이다.

6.33 學不能推究事理, 只是⁽¹⁾心粗. 至如<u>顏子</u>未至於聖人處, 猶是心粗.[146]

|번역| 학문이 일의 이치를 미루어 궁구하지 못한다면 그것은 마음 씀이 충분하게 세심하지 못한 것이다. 안연이 성인에 이르지 못한 점은 마음 씀이 충분하게 세심하지 못했기 때문이다.

|해설| 사람이 마주하는 상황마다 적절히 대처한다는 것은 쉬운 일이 아니다. 그러려면 사물의 이치를 그때마다 세심히 살펴야 하는데, 이상적 인격자가 아닌 이상 매번 그렇게 한다는 것은 극히 어렵다.

6.34 觀書必總其言而求作者之意.

|번역| 책을 읽을 때는 반드시 그 말을 개괄하여 저자의 의도를 구해야 한다.

6.35 學者言不能識得盡, 多相⁽¹⁾違戾, 是爲無天德, 今⁽²⁾顰眉以思, 已失其心也. 蓋心本至神, 如此則已將不神害其至神矣.[147]

---

[146] (1)心粗, 마음 씀이 충분하게 세심하지 못함.

|번역| 배우는 자가 말에 대해 온전히 다 알지 못하고 많은 경우 어긋난다면, 이는 천덕이 없는 것이다. 지금 미간을 찌푸리며 생각하는 것은 이미 그 마음을 잃은 것이다. 대개 마음은 본래 지극히 신묘한데, 이와 같다면 이미 신묘하지 않은 것으로 그 지극히 신묘한 것을 해친 것이다.

|해설| 여기서의 '말' 역시 도덕, 윤리적인 말을 가리킨다. 예컨대 성현의 말씀을 다 이해하지 못하여 미간을 찌푸리며 열심히 생각해 보지만, 자기 생각과 많은 경우 어긋난다면, 이는 하늘이 부여해 준 덕성을 자기가 상실해서 그런 것은 아닌지 의심해 볼 만하다. 장재는 이를 신묘하지 않은 것, 예컨대 이기적인 욕망 같은 것으로 지극히 신묘한 덕성을 해치는 일이라고 말한다.

6.36 能亂吾所守 脫文.

|번역| 내가 지키는 것을 어지럽힐 수 있다. 이 조목에는 빠진 문장이 있다.

6.37 有言經義須人人說得別, 此不然. 天下義理只容一箇是, 無兩箇是.

|번역| 경전의 의미는 사람마다 설하는 것이 다르다고 하는 말이 있으나, 이는 그렇지 않다. 천하의 의리는 오직 하나의 옳은 것만을 허용하지, 두 개의 옳은 것이란 없다.

|해설| 장재는 유교 경전에 대한 해석이 사람마다 다를 수 있다는 주장에 대해 반대한

147 (1)違戾, 어긋남, 불일치함. (2)顰眉, 미간을 찌푸림.

다. 그러나 이 세상에 옳은 것은 오직 하나일 뿐이라는 생각은 자칫 다른 생각에 대해 배타적이기 쉽다.

6.38 且滋養其明, 明則求經義將自見矣. 又不可徒養, 有觀他前言往行便畜得己德, 若要成德, 須是速行之.

|번역| 그 밝음을 기르라. 밝으면 구하는 경전의 의미가 자연히 보일 것이다. 하지만 단지 기르기만 해서는 안 되니, 타인의 앞선 언행을 보면 자기의 덕을 기를 수 있지만, 덕을 완성하려 한다면 속히 그것을 행해야 한다.

|해설| "밝음을 기르라"고 할 때의 '밝음'은 이어지는 "타인의 앞선 언행을 보면 자기의 덕을 기를 수 있다"는 말을 참조할 때, 밝은 덕을 뜻하는 것 같다. 성현의 언행을 담고 있는 경전의 의미를 살피는 궁극적인 목적은 지식의 증대에 있는 것이 아니라 덕을 기르는 데 있다. 하지만 서책이 담고 있는 의미를 살피는 것은 지적인 이해에 머무는 일이다. 이해된 것은 실천을 통해 체득되어야 비로소 자신의 것이 된다. 그런 의미에서 장재는 속히 행해야 덕이 완성된다고 했다.

6.39 當自立說以明性, 不可以遺言[(1)]附會解之. 若孟子言[(2)]"不成章不達"及[(3)]"[所性]"[148]"四體不言而喩", 此非孔子曾言而孟子言之, 此是心解也.[149]

---

[148] '所性' 두 글자는 『어록』에 근거해 보완하고 바로잡았다.

[149] (1)附會, 남의 말을 단순히 따라 함. (2)不成章不達:『孟子』, 「盡心上」, "흐르는 물은 웅덩이를 채우지 않으면 앞으로 나가지 않는다. 군자는 도에 뜻을 두는데, 일정한 수준에 이르지 못하면 통달하지 못한다."(流水之爲物也, 不盈科不行; 君子之志於道也, 不成章不

| 번역 | 마땅히 스스로 학설을 세워 덕성을 밝혀야지, 남긴 말씀을 따라 하며 그것을 풀이해서는 안 된다. 맹자의 "스스로 일정한 수준에 이르지 못하면 통달하지 못한다"는 말이나, 군자가 "본성으로 삼는 것", "사지가 말하지 않아도 어떻게 해야 할지 안다"는 말 등은 공자가 일찍이 말한 적이 없되 맹자가 말한 것이니, 이는 마음으로 해석한 것이다.

| 해설 | 독립적 사고와 주장의 중요성을 말하고 있다. 성현의 학문을 계승한다고 하여 성현의 말씀을 그대로 반복하거나 훈고에만 힘쓰는 것으로는 창의적인 생각이 싹틀 수 없다. 맹자는 공자가 말한 적이 없는 것들을 많이 말했는데, 이는 맹자가 주체적인 사고를 통해 공자의 정신을 계승하면서도 그의 사상을 새롭게 해석했기 때문에 가능한 일이었다. 장재는 이를 '마음으로 해석하는' 방법이라 했다.

6.40 讀書少則無由得⁽¹⁾考校得義精, 蓋書以維持此心, 一時放下則一時德性有懈, 讀書則此心常在, 不讀書則終看義理不見. 書須⁽²⁾成誦精思, 多在夜中或靜坐中得之, 不記則思不起, 但通貫得大原後, 書亦易記. 所以觀書者, 釋己之疑, 明己之未達, 每見每知所益, 則學進矣, 於不疑處有疑, 方是進矣.¹⁵⁰

達.) 成章, 원래는 음악이 하나의 악장을 이룸을 뜻하였는데, 그 뜻이 확장되어 무엇인가가 점차 쌓이다가 변하여 하나의 골격, 짜임새를 이루는 것을 뜻하게 되었다. 여기서는 군자가 도를 두고 열심히 정진해 일정 수준에 이른다는 뜻을 지닌다. (3)所性"四體不言而喩": 『孟子』,「盡心上」, "군자가 본성으로 삼는 것은 크게 행해지더라도 더 보태지지 않으며, 곤궁하게 거하더라도 줄어들지 않는데, 이는 본분으로 정해져 있기 때문이다. 군자가 본성으로 삼는 인의예지는 마음에 뿌리를 두고 있고, 낯빛에 함치르르하게 생겨나, 얼굴에 나타나고, 등에 가득하며, 사지에까지 미쳐, 사지는 말하지 않아도 군자는 어떻게 해야 할지 안다."(君子所性, 雖大行不加焉, 雖窮居不損焉, 分定故也. 君子所性, 仁義禮智根於心, 其生色也睟然, 見於面, 盎於背, 施於四體, 四體不言而喩.)
150 (1)考校, 살펴 비교함, 연구함. (2)成誦, 많이 읽어 외울 정도가 됨.

|번역| 독서를 적게 하면 살펴 비교함으로써 의리가 정밀해질 길이 없게 된다. 무릇 책은 이 마음을 유지하게 하니, 일시적으로 놓으면 일시적으로 덕성에 해이해짐이 있게 된다. 책을 읽으면 이 마음이 늘 존재하고, 책을 읽지 않으면 끝내 의리를 보지 못하게 된다. 책은 외울 정도로 여러 번 읽고 정밀하게 생각해야 하되, 많은 경우 밤중이나 정좌한 상태에서 이치를 얻는데, 기억하지 않으면 생각나지 않게 된다. 하지만 큰 근원을 관통한 후에는 책 또한 기억하기 쉬워진다. 그러므로 책을 읽는 자가 자신의 의심나는 것을 풀고, 자신이 통달하지 못한 것을 알며, 매번 보아 매번 보태어지는 바를 알면 배움은 진보한다. 의심이 되지 않던 곳에서 의심이 생겨나면 그것이 진보함이다.

|해설| 독서의 방법과 효과를 논했다. 첫째로 비교, 고찰하여 의리를 정밀히 파악할 수 있다는 점에서 다독을 권하였다. 둘째로는 읽는 책이 주로 유교 경전인 만큼, 독서를 통해 덕성을 유지할 수 있다고 했다. 셋째로 외울 정도로 여러 번 읽고, 생각하여 얻은 이치를 기억하라고 했다. 넷째로 독서를 통해 의심나는 것이 해소함으로써 학문이 진보한다고 말하였다.

6.41 學者$^{(1)}$潛心略有所得, 即且$^{(2)}$誌之紙筆, 以其易忘, 失其良心. 若所得是, 充大之以養其心, 立數千題, 旋注釋, 常改之, 改得一字即是進得一字. 始作文字, 須當多其詞以包羅意思.[151]

|번역| 배우는 자가 마음을 집중하여 약간 얻은 것이 있다면 곧 그것을 종이와 붓으로 기록하는 것은 그것을 쉽게 잊어버림으로써 양심을 잃

---

151 (1)潛心, 마음을 어떤 일에 집중함, 몰두함. (2)誌, 기록함.

게 되기 때문이다. 만약 얻은 것이 옳다면 그것을 확충하고 크게 하여 마음을 기르고, 수천의 제목을 정해 차례로 주석하되, 항상 그것을 고치니, 한 글자를 고치면 한 글자만큼 진보한 것이다. 처음 글을 지을 때는 그 글을 많이 써서 뜻을 아우를 수 있어야 한다.

|해설| 유학자들에게 글을 쓰는 일 또한 도덕적인 마음을 기르는 일과 무관하지 않다. 마음을 집중해 얻은 것은 도덕적, 윤리적인 이치이다. 그 이치를 기록하는 이유는 그 이치를 망각하여 끝내 양심에 어긋나는 행위를 할까 해서이다. 자신이 얻은 이치가 옳은 것이라 확신한다면, 그 마음을 확충하도록 노력해야 하는데, 글을 쓰는 것도 그 노력의 일환이다. 글을 쓰고, 그것을 한 글자씩 수정하는 과정은 곧 생각이 그만큼씩 진보하는 것이기도 하다.

6.42 常人敎小童, 亦可取益. 絆己不出入, 一益也; 授人數次, 己亦了此文義, 二益也; 對之必⁽¹⁾正衣冠, 尊瞻視, 三益也; 嘗以因己而壞人之才爲之憂, 則不敢惰, 四益也.¹⁵²

|번역| 일반 사람이 어린아이를 가르치더라도 이점을 얻을 수 있다. 자기를 얽어매어 드나들지 않도록 하는 것이 첫 번째 이점이요, 남에게 여러 차례 가르쳐 자기 또한 그 글의 뜻을 이해하게 되는 것이 두 번째 이점이다. 그들을 대하면 반드시 의관을 바르게 하고 바라보기를 위엄 있게 하는 것이 세 번째 이점이요, 자기로 인해 타인의 재주를 망칠까 우려하여 감히 나태해지지 않는 것이 네 번째 이점이다.

---

152 (1)正衣冠, 尊瞻視:『論語』,「堯曰」, "군자가 의관을 바르게 하고, 바라보기를 위엄 있게 하여, 엄숙함이 사람들이 바라보아 경외하도록 한다면, 이것이 위엄이 있으면서도 사납지 않은 것이 아니겠느냐?"(君子正其衣冠, 尊其瞻視, 儼然人望而畏之, 斯不亦威而不猛乎?)

| 해설 | 교육자는 교육을 통해 자기 자신도 성장한다. 장재는 교육이 교육자에게 가져다주는 이점을 네 가지로 들었다. 자신을 일정한 장소에 얽어맬 수 있다는 점, 가르치면서 자신도 글의 뜻을 철저히 이해하게 된다는 점, 엄숙하고 정제하여 자신을 단속할 수 있다는 점, 타인을 망치지 않기 위해서라도 스스로 나태하지 않게 된다는 점이 그것이다.

6.43 有急求義理復不得, 於閑暇有時得. 蓋意樂則易見, 急而不樂則失之矣. 蓋所以求義理, 莫非天地 · 禮樂 · 鬼神至大之事, 心不弘則無由得見.

| 번역 | 급히 의리를 구할 때 더는 얻지 못하다가 한가할 때 얻는 경우가 있다. 마음이 즐거우면 쉽게 보이지만, 급하여 즐겁지 않으면 놓치기 때문이다. 의리를 구하는 것은 천지, 예악, 귀신의 지극히 큰일이 아닌 것이 없으니, 마음이 넓지 않으면 볼 수 없다.

| 해설 | 천지의 기를 펼치고 복귀하는(귀신) 일은 만물을 낳고 기르는 큰일이요, 예악으로 인간사회를 다스리는 일 역시 큰일이다. 이 큰일의 옳은 이치는 당연히 넉넉하고 큰 마음으로만 파악될 수 있다. 조급한 마음으로는 제대로 파악되지 않는다.

6.44 語道不簡易, 蓋心未簡易, 須實有是德, 則言自歸約. 蓋趨向自是居簡, 久則至於簡也.

| 번역 | 도를 말하는 것이 간이하지 않은 것은 마음이 간이하지 못하기 때문이니, 실제로 이 덕을 지닌다면 말은 자연히 요약되게 된다. 지향

이 자연히 간단함에 머무르니, 오래가면 간단함에 이르게 된다.

|해설| 자연이든 사회든 현상세계는 복잡다단하지만, 천지가 자연을 생육하고 성인이
사회를 다스리는 원칙(道)은 간이하다. 따라서 하늘의 덕을 충분히 기른 자는 마
음속에 간이한 원칙을 확립하여 말할 수 있다.

6.45 聞之知之, 得之有之.

|번역| 들어서 알고 얻어서 지닌다.

|해설| 진리는 들어서 알기도 하지만, 실천을 통해 체득해야 비로소 자신의 것이 된다.

6.46 ⁽¹⁾孔子適周, 誠有訪樂於萇弘, ⁽²⁾問禮於老聃. 老聃未必是今老子,
觀『老子』薄禮, 恐非其人, 然不害爲兩老子, 猶⁽³⁾左丘明別有作傳
者也.[153]

[153] (1)孔子適周, 誠有訪樂於萇弘: 장홍(萇弘, 기원전 565~492)은 춘추시대의 학자로 천문,
지리, 음악 등 다방면에 걸쳐 박학다식하였다. 주경왕(周敬王) 2년(기원전 518)에 공자
가 제나라에서 장홍을 방문하여 순임금의 소악(韶樂)과 무왕의 무악(武樂) 사이의 차이
에 대해 물었다고 전한다. (2)問禮於老聃: 공자가 노담에게 예에 대해 물었다는 고사는
『사기』,「노자한비열전」에 나온다. (3)左丘明: 공자와 동시대의 학자로 알려져 있다. 공
자는 일찍이 좌구명을 다음과 같이 칭찬한 바 있다. 『論語』,「公冶長」, "감언이설을 하
고, 얼굴빛을 꾸미며, 공손함이 지나친 것을 좌구명은 부끄러워했는데 나도 그것을 부
끄럽게 생각한다. 원망하는 마음을 감추고 그 사람과 벗하는 것을 좌구명은 부끄러워
했는데 나도 그것을 부끄럽게 생각한다."(巧言令色足恭, 左丘明恥之, 丘亦恥之. 匿怨而友
其人, 左丘明恥之, 丘亦恥之.) 또 좌구명은 『춘추좌전』의 저자로 알려져 있는데, 당나라
이후에는 『춘추좌전』의 저자인 좌구명을 동명이인으로 보기도 했다.

|번역| 공자는 주나라에 가서 실제로 장홍을 방문하여 음악에 대해 묻고 노담에게 예에 대해 물었던 일이 있었다. 하지만 노담이 꼭 오늘날의 노자는 아니었을 것이다. 노자가 예를 경시했던 것을 보건대 아마도 그 사람이 아니었을 것이니, 두 명의 노자가 있다고 해도 무방할 것이다. 이는 따로 『좌전』을 지은 자가 있는 것과 같다.

|해설| 장재는 공자가 노담에게는 예를 물었다는 이야기가 사실이었을 것이라 믿으면서도 노담은 노자와 같은 인물이 아닐 것이라고 주장하고 있다. 노자 『도덕경』에서 예를 경시하는 점을 볼 때 공자가 그런 노자에게 예를 물었을 리는 없다는 것이다.

6.47 (1)『家語』・(2)『國語』雖於古事有所證明, 然皆亂世之事, 不可以證先王之法.[154]

|번역| 『공자가어』와 『국어』는 옛일에 대해 증명한 점이 있지만, 그것은 모두 난세의 일로, 선왕의 법도를 증명하지는 못한다.

|해설| 『공자가어』와 『국어』가 각각 공자와 제자 사이의 일이나 춘추시대 8개국의 여러 일을 기록하였으나, 모두 춘추시대 말기라는 난세의 일로서, 태평성대였던 선왕의 법도가 어땠는지를 밝히지는 못했다는 뜻이다.

[154] (1)『家語』, 『공자가어(孔子家語)』를 가리킨다. 공자가 당시의 공, 경, 대부 및 제자들과 나눈 이야기를 모은 책으로 한나라 때 공자의 후손인 공안국(孔安國)에 의해 편집되었다고 알려졌으며, 다시 위나라의 왕숙(王肅)이 주석을 달아 널리 유행하기 시작했다고 한다. 다만 남송 이후로 이 책은 왕숙의 위서(僞書)라고 줄곧 의심을 받아오다가 현대에 이르러 출토 문헌 기록 중 일부 내용이 『공자가어』와 유사하다는 점이 발견되면서 다시 한대에 공씨 집안에서 전해지던 책이라는 주장이 힘을 얻고 있다. (2)『國語』, 좌구명이 춘추시대의 8개국 역사를 나라별로 나누어 기술한 책.

6.48 觀書且勿觀史, 學理會急處, 亦無暇觀也. 然觀史又勝於遊, 山水
林石之趣, 始似可愛, 終無益, 不如遊心經籍義理之間.

|번역| 책을 읽을 때 잠시 역사책은 읽지 말라. 학문은 시급한 것을 이해해
야 하니, 그런 책은 읽을 겨를이 없기 때문이기도 하다. 하지만 역사
책을 읽는 것이 노니는 것보다는 낫다. 산수와 석림(石林)의 정취는
처음에는 사랑스럽지만 끝내 무익하니, 마음이 경전의 의리 사이에
서 노니는 것만 못하다.

|해설| 장재는 독서를 중시하면서도 독서의 대상에 우선순위를 두었다. 무엇보다 유교
경전이 1순위였다. 그것은 성현의 말씀으로 덕성을 기르는 데 가장 요긴한 서적
이라고 생각했기 때문이다. 그에 비해 역사서는 독서의 1순위에 놓지 않았다.
그래도 역사서를 읽는 것이 자연 속에서 노니는 것보다는 가치 있는 일이라고
했다. 하지만 여행하며 산수와 석림에서 노니는 것이 과연 장재가 말하듯 무익
한 일일까?

6.49 心解則求義自明, 不必字字相校. 譬之目明者, 萬物紛錯於前, 不
足爲害, 若目昏者, 雖⁽¹⁾枯木朽株, 皆足爲⁽²⁾梗.¹⁵⁵

|번역| 마음으로 해석하면 구하는 의리가 자명해지니, 글자마다 살필 필요
는 없다. 비유하자면 눈이 밝은 자는 만물이 앞에서 번잡스럽고 어
지럽더라도 장애가 되지 않지만, 눈이 어두운 자라면 말라비틀어진
것들조차 모두 족히 가시나무 같은 것이 된다.

155 (1)枯木朽株, 말라비틀어진 나무와 썩은 그루터기. 쇠약한 사람이나 사물을 비유함. (2)
梗(경), 가시나무. 가시나무처럼 가로막는 것을 비유함.

| 해설 | 핵심 정신과 사상을 마음속으로 충분히 이해하고 체화했다면 경전이 전달하고
자 하는 의미는 이미 파악된 것이다. 그렇게 눈이 밝아진 자라면 아무리 복잡한
현상이 있더라도 그 이치를 파악하는 데 별 어려움이 없다. 하지만 핵심 사상을
파악하지 못한 자는 쉽게 파악할 수 있는 것도 복잡하고 어려운 것이라 착각한다.

6.50 觀書且不宜急迫了, 意思則都不見, 須是大體上求之. 言則指也,
指則所視者遠矣. 若只泥文而不求大體則失之, 是小兒視指之類
也. 常引小兒以手指物示之, 而不能求物以視焉, 只視於手, 及無
物則加怒耳.

| 번역 | 책을 읽는 일은 급박해서는 안 되니, 의미를 다 알지 못한다면 큰 부
분에서 구해야 한다. 말은 손가락과 같아, 가리키면 볼 것은 멀어진
다. 만약 글에만 집착하여 큰 부분을 구하지 않으면 놓치게 되니, 이
는 어린아이가 손가락을 보는 것과 같다. 아이를 끌고 가, 손가락으
로 물건을 가리켜 보여 주지만, 물건을 구하여 볼 수 없음에, 손만
보고는, 물건이 없음에 화를 내곤 한다.

| 해설 | 유학 경전과 같이 사상성이 짙은 책을 읽을 때 가장 중요한 것은 가장 중요한 부
분이 무엇인지를 파악하는 것이다. 그러지 못하고 글에 지나치게 집착하는 것
은 손가락만 보고, 그것이 가리키는 물건이 무엇인지를 보지 못하는 것과 같다.
목적과 수단이 전도되는 것이다.

6.51 博大之心未明, 觀書見一言大, 一言小, 不從博大中來, 皆未識盡.
既聞中道, 不易處⁽¹⁾且休, 會歸諸經義. 己未能盡天下之理, 如何

盡天下之言! 聞一句語則起一⁽²⁾重心, 所以處得心煩, 此是心小則百
物皆病也. 今既聞師言此理是不易, 雖掩卷守吾此心可矣. 凡經義
不過取證明而已, 故雖有不識字者, 何害爲善!『易』曰: "⁽³⁾一致而
百慮", 既得一致之理, 雖不百慮亦何妨! 既得此心, 復因狂亂而失
之, 譬諸⁽⁴⁾亡羊者, 挾策讀書與飲酒博塞, 其亡羊則一也, 可不鑒!¹⁵⁶

|번역| 넓고 큰 마음에 아직 밝지 못하다면 책을 읽을 때 어떤 말은 크고 어
떤 말은 작음을 알지만 넓고 큰 마음 가운데서 생겨난 것이 아니기
때문에 모두 온전히 알지 못하게 된다. 중도(中道)에 대해 이미 들었
지만, 쉽게 머무르지 못하면 잠시 쉬고 여러 경전의 의미에서 그것
을 모은다. 자기 자신이 천하의 이치를 온전히 알지 못할진대 어떻
게 천하의 말을 다 알 수 있겠는가! 말 한마디를 들으면 무거운 마음
이 생겨나니, 그로 인해 마음이 번잡스럽게 된다. 이것이 마음이 작
으면 갖가지 사물이 모두 병드는 이치이다. 지금 이 이치가 쉽지 않
다는 스승의 말씀을 듣고는 책을 덮고 '내' 이 마음을 지키더라도 괜
찮다. 무릇 경전의 의미는 증거를 얻는 데 있을 따름이니, 비록 글자
를 모르는 자가 있다 해도 선하게 되는 데 무슨 장애가 있겠는가!『주
역』에서는 "이르는 곳은 하나이지만 헤아리는 것은 수백 가지이다"
라고 했다. 이미 일치하는 이치를 얻었을진대 수백 가지로 헤아리
지 않는다고 해도 무슨 해가 되겠는가! 이미 이 마음을 얻었지만, 다
시 어지럽힘으로 인해 그것을 잃는 것은 비유컨대 양을 잃고 뒤늦
게 우리를 고치는 것과 같다. 책을 끼고 독서를 하는 것이나 음주하

---

156 (1)且休, 잠시 그만둠, 잠시 쉼. (2)重心, 일의 중요한 부분. (3)一致而百慮:『周易』,「繫辭
下」, "이르는 곳은 하나이지만 헤아리는 것은 수백 가지이다." (4)亡羊, 亡羊補牢의 준
말. 양을 잃고 우리를 고침. 사고가 발생한 다음에 뒤늦게 그 잘못을 고치려 하는 것을
뜻한다.

고 도박을 하는 것이나 양을 잃고 난 다음 우리를 고치는 것처럼 잘
못을 한 뒤에 뒤늦게 그것을 고치려 한다는 점에서는 같으니, 어찌
거울삼지 않을 수 있겠는가!

| 해설 | 사람이 먼저 만물을 포용하는 '넓고 큰 마음'을 확립하는 것이 중요함을 강조하
였다. '나' 자신이 그런 포용력을 갖추지 못한다면, 책에 예컨대 대아와 소아에
대한 이야기가 나온다 해도 머리로만 이해될 뿐, 그 의미를 온전히 다 알지 못한
다. 세상의 이치를 온전히 다 체득하지 못했으니, 당연히 경전의 말도 온전히 다
이해하지 못한다. 성현의 말씀도 무겁게만 느껴지기 쉽다. 이럴 때는 차라리 책
을 덮고 자기 마음속 덕성을 지키는 것이 낫다. 그 덕성만 지켜도 선한 사람은
될 수 있다. 이렇게 만물을 포용하려는 마음이 결여된 상태에서 책을 읽으면 자
칫 원래 갖고 있던 덕성마저 망각할 수 있다. 덕성을 잃었다는 점에서 그것은 술
마시고 도박하는 것과 다를 바 없다.

6.52 人之迷經者, 蓋己所守未明, 故常爲語言可以移動. 己守既定, 雖
孔孟之言有紛錯, 亦須不思而改之, 復鋤去其繁, 使詞簡而意備.

| 번역 | 사람이 경전에서 헤매는 것은 자기가 지킬 것에 대해 밝지 못하기
때문이다. 그로 인해 언제나 언어에 의해 바뀔 수 있게 된다. 자기가
지킬 것이 이미 정해졌다면 설사 공맹의 말씀에 번잡스럽고 어지러
운 것이 있더라도 다른 생각은 말고 고쳐야 한다. 다시 그 번잡한 것
을 없애 말이 간명하면서도 뜻이 완비되도록 한다.

| 해설 | '자기가 지킬 것'이란 덕성을 가리킨다. '내'가 본래 지닌 덕성을 자각해, 그것을
지키는 것이 확고해졌다면 비록 공맹의 말씀이라 해도, 번잡스럽고 어지러운
표현들은 간명하게 고칠 수 있다.

6.53 經籍亦須記得, 雖有舜禹之智, (吟)[⁽¹⁾唫]¹⁵⁷而不言, 不如聾盲之指
麾. 故記得便說得, 說得便行得, 故始學亦不可無誦記.

|번역| 경전의 내용은 기억해야만 한다. 순임금과 우임금의 지혜를 지녔다
해도 입 다물고 말하지 않느니, 귀먹고 눈먼 자가 손을 내젓는 것이
더 낫다. 기억할 수 있으면 말할 수 있고, 말할 수 있으면 행할 수 있
다. 그러니까 처음 배울 때에는 외우고 기억하는 일이 없어서는 안
된다.

|해설| 자신의 덕성을 자각하고 그것을 마음의 중심으로 확립해 지키는 일은 장재에게
그 무엇보다 중요하다. 하지만 그렇다고 해서 그가 경전 학습을 완전히 경시한
것은 아니다. 특히 초학자의 경우에는 경전의 내용을 외우고 기억하는 일이 긴
요하다고 생각했다. 기억은 표현을 이끌고, 표현은 실천을 추동해 낼 수 있기 때
문이다.

6.54 某觀『中庸』義二十年, 每觀每有義, 已長得一格. 六經循環, 年欲
一觀. 觀書以靜爲心, 但只是物, 不入心, 然人豈能長靜, 須以制
其亂.

|번역| 내가 『중용』의 의미를 살핀 지 20년이 되었는데, 살필 때마다 매번
의미가 생겨나, 이미 하나의 풍격을 이루게 되었다. 육경을 돌아가
며 해마다 한 번 보고자 한다. 책을 읽을 때는 고요함을 마음으로 삼
으니, 다만 사물일 뿐이어서 마음속으로 들어오지 않는다. 하지만

---

157 (1)唫(금), 입 다물다. 〈중화 주석〉 '唫'은 문맥에 따라 고쳤다.

사람이 어찌 오랫동안 고요할 수 있겠는가? 반드시 그 어지러움을
제어해야 한다.

| 해설 | 장재가 평소에 유교경전을 어떻게 읽었는지 알 수 있는 구절이다. 『중용』 같은
경전을 20여 년간 끊임없이 읽어 새로운 의미를 발견해 냈고, 육경을 돌아가며
해마다 한 번씩 읽은 것 등이 그것이다.

6.55 發源端本處不誤, 則義可以自求.

| 번역 | 발단이 되고 근본이 되는 곳이 잘못되지 않으면 옳음은 스스로 구
할 수 있다.

| 해설 | "발단이 되고 근본이 되는 곳(發源端本處)"이란 '내' 마음속 덕성을 가리킨다. 덕
성이 제대로 확립되면 '나'는 스스로 옳은 것을 판단하고 추구할 수 있다.

6.56 學者信書, 且須信『論語』『孟子』. 『詩』『書』無[(1)]舛雜. (理)[『禮』][158]
雖雜出諸儒, 亦若無害義處. 如『中庸』『大學』出於聖門, 無可疑
者. 『禮記』則是諸儒雜記, 至如禮文不可不信, 己之言禮未必勝如
諸儒. 如有前後所出不同且闕之, 『記』有[(2)]疑議亦且闕之, 就有道
而正焉.[159]

| 번역 | 배우는 자는 책을 믿으며, 또 『논어』와 『맹자』를 믿어야 한다. 『시

---

158 〈중화 주석〉 '禮'는 이어지는 문장에 근거해 고쳤다.
159 (1)舛(천)雜, 서로 어긋나고 잡스럽게 뒤섞임. (2)疑議, 의심스러운 것에 대한 논의.

경』과『상서』에는 잡스럽게 뒤섞인 것이 없다.『예』는 여러 유자로부터 뒤섞여 나왔지만 의를 해치는 것은 없는 것 같다.『중용』과『대학』 같은 것은 성인의 문하에서 나온 것으로 의심할 것이 없다.『예기』의 경우는 여러 유자의 자잘한 기록이지만, 예문 같은 것은 믿지 않을 수 없으니, 자기가 예에 대해 말한 것이 반드시 여러 유자가 말한 것보다 낫다고 할 수 없기 때문이다. 만약 앞뒤로 나온 내용이 다른 것이 있는데 그것을 그대로 놔두고,『예기』에서도 의심스러운 것에 대한 논의가 있지만 그것을 그대로 놔두었다면 도가 있는 데로 나아가 바로잡는다.

┃해설┃ 장재는 유교 경전이 대부분 신뢰할 만한 책이라고 여겼다.『논어』,『맹자』는 물론이요,『시경』,『상서』,『대학』,『중용』 모두 그렇다고 여겼다.『예기』의 경우도 여러 유학자가 공동 집필한 것이지만, 구체적인 의례에 관한 것은 여러 사람이 기록할 때 더 전면적으로 수집되고 파악될 수 있다는 점에서 믿을 만하다고 여겼다. 다만『예기』에는 앞뒤로 모순된 내용도 있고, 쉽게 정확한 답을 얻기 어려운 논쟁거리도 있는데, 이에 대해서는 원칙에 근거해 자신의 견해를 제시할수 있다고 했다. 실제로『경학리굴』과『장자어록』 곳곳에서 장재는 이런 난제에 대한 자신의 견해를 제시하고 있다.

6.57 嘗謂文字若史書歷過, 見得無可取則可放下, 如此則一日之力可以了六七卷書. 又學史不爲爲人, 對人恥有所不知, 意只在相勝. 醫書雖聖人存此, 亦不須大段學, 不會亦不甚害事, 會得不過惠及 (1)骨肉間, 延得頃刻之生, 決無長生之理, 若窮理盡性則自會得. 如文集文選之類, 看得數篇無所取, 便可放下, 如道藏釋典, 不看亦無害. 既如此則無可得看, 唯是有義理也. 故唯六經則須着循環, 能使晝夜不息, 理會得六七年, 則自無可得看. 若義理則儘無

窮, 待自家長得一格則又見得別.[160]

|번역| 일찍이 역사서 같은 글은 훑어보다가 취할 만한 것이 없음을 알면 내려놓아도 좋으니, 그렇게 하면 하루 동안의 힘으로 예닐곱 권의 책을 읽을 수 있을 것이다. 또한 역사를 배우지만 그것은 사람이 되기 위한 것도 아니고, 사람의 부끄러움에 대해 모르는 것이 있으며, 뜻이 오직 서로 이기는 데 있을 뿐이다. 의학서적은 성인도 그것을 소장했으나, 많이 배울 필요는 없고, 할 수 없어도 일에 큰 지장은 없고, 할 수 있어도 은혜가 몸에 미쳐 잠깐의 생명을 연장할 수 있는 것에 불과하니, 절대 장생한다는 이치는 없고, 이치를 궁구하고 본성을 다하면 자연히 할 수 있게 된다. 문집, 문선 같은 것들은 몇 편 보다가 취할 점이 없으면 내려놓아도 좋다. 『도장(道藏)』이나 불교 경전 같은 것은 보지 않아도 지장이 없다. 그럴진대 다른 볼만한 것은 없고, 오직 의리만이 있을 따름이다. 그러므로 오직 육경만은 순환하여 주야로 쉬지 않고 6~7년을 이해하도록 할 수 있다면 더는 볼만한 것이 없을 것이다. 그러나 의리의 경우는 무궁하므로 스스로 하나의 풍격을 자라나게 하면 구별됨 또한 알게 될 것이다.

|해설| 앞서 역사서의 가치를 그리 높게 잡지 않았는데, 여기서는 그렇게 평가한 이유가 명확히 제시되어 있다. 한마디로 말해 역사서는 사람답게 사는 도리를 논하는 것이 주된 목적이 아니기 때문이라는 것이다. 장재는 다른 서적들의 가치도 논한다. 의서도 문집, 문선도 큰 가치는 없고, 『도장』이나 불교 경전은 더욱 볼 가치가 없다고 주장한다. 오직 도덕, 윤리적 성격이 강한 유교경전만이 읽을 만한 서적이라 주장한다. 이런 주장은 물론 유학을 최고로 생각하는 관점에 근거를 둔 것이지만, 타 학문의 가치를 지나치게 폄하하고 있는 것도 사실이다.

---

160 (1)骨肉, 여기서는 몸을 가리킴.

6.58 語道斷自仲尼, 不知仲尼以前更有古可稽, 雖文字不能傳, 然義理
不滅, 則須有此言語, 不到得絶.

| 번역 | 도를 말한 것은 단연코 공자에서부터 시작되었다. 공자 이전의 살
펴 수 있는 옛날이 더 있는지 알 수 없고 문자로도 전할 수는 없었지
만, 의리는 멸하지 않았다. 그럴진대 이 언어가 있어야만 단절되는
데 이르지 않게 된다.

| 해설 | 옳은 이치는 영원하고 보편적이기 때문에 문자가 없었을 때도 존재했을 테지만,
언어와 문자가 생기고, 그것을 사용해 진리를 말한 공자로부터 도는 본격적으
로 전해질 수 있게 되었다.

6.59 由學者至顏子一節, 由顏子至仲尼一節, 是至難進也. 二節猶二關,
然而得仲尼地位亦少『詩』『禮』不得. 孔子謂[1]學『詩』學『禮』, 以
言以立, 不止謂學者, 聖人旣到後, 直知須要此不可闕. 不學『詩』
直是無可道, 除是穿鑿任己知.『詩』・『禮』・『易』・『春秋』・『書』,
六經直是少一不得.[161]

| 번역 | 배우는 자로부터 안연에 이르는 한 단계와 안연에서 공자에 이르는
한 단계는 전진하기가 지극히 어렵다. 두 단계는 두 관문과 같은데,
공자의 지위를 얻으려면 『시』와 『예』 또한 결여되어서는 안 된다.
공자는 『시』를 배우고 『예』를 배움으로써 말을 하고 서게 된다고

---

161 (1)學『詩』學『禮』, 以言以立:『論語』,「季氏」, "시를 배우지 않으면 말을 할 수가 없다."(不
學詩, 無以言);『論語』,「泰伯」, "시에서 시작하고 예에서 서며, 음악에서 완성된다."(興
於詩, 立於禮, 成於樂.)

했는데, 이는 배우는 자를 겨냥해서만 한 말이 아니다. 성인의 경지에 도달하였더라도 그것을 필요로 하며 결여되어서는 안 됨을 안다. 『시』를 배우지 않으면 곧 말할 수 없게 되니, 그것을 빼면 천착하여 자신이 아는 것에만 내맡기게 된다. 『시』, 『예』, 『역』, 『춘추』, 『상서』의 육경은 곧 하나라도 결여되어서는 안 된다.

| 해설 | 장재에게 안연은 대인을 대표하고 공자는 성인을 대표한다. 그렇기 때문에 배우는 자에서 대인인 안연의 경지에 이르는 것, 대인인 안연에서 성인인 공자의 경지에 이르는 것은 두 관문이자 진입하기 어려운 두 단계이다. 그런데 장재는 여기에서 『시』를 배우고 『예』를 배우는 일은 모든 단계를 관통한다고 말한다. 시는 자신의 감정을 효과적으로 전달하는 수단이고, 예는 사회적으로 약속된 행위 규범이다. 성인도 사회생활을 한다는 점에서 감정을 효과적으로 표현하는 법과 사회적으로 약속된 행위 규범을 배우는 일은 필요하다. 그런 이유에서 공자는 『시』와 『예』를 배울 것을 말했다는 것이다.

6.60 大凡說義理, 命字爲難, 看形器處尚易, 至要妙處本自博, 以語言復小卻義理, (1)差之毫釐, 繆以千里.[162]

| 번역 | 무릇 의리에 대해 말할 때 글자로 명명하는 것은 어렵다. 유형의 기물을 보는 것은 쉽지만, 지극히 중요하고 오묘한 곳은 본래 자연히 넓어 말로 표현하면 다시 의리를 작게 만드니, 조그만 차이가 엄청난 오류를 낳는다.

| 해설 | 형체를 지닌 사물을 명명하는 것은 어렵지 않다. 모두 구체적으로 지목할 수 있는 것들이기 때문이다. 하지만 철학적으로 중요한 의미를 지니는 형이상학적인

---

162 (1)差之毫釐, 繆以千里: 처음의 조그만 차이가 결과적으로 엄청난 오류를 낳는다.

것을 개념화해 설명한다는 것은 쉽지 않다. 구체적으로 지목할 수 있는 것이 아니어서, 조금만 잘못 설명해도 매우 잘못된 이해를 낳을 수 있기 때문이다.

6.61 從此學者, 苟非將大有爲, 必有所甚不得已也.

|번역| 이 학문에 종사하는 자는 진실로 장차 크게 무엇인가를 하려고 하는 것이 아니라면 틀림없이 심히 부득이한 점이 있을 것이다.

|해설| 유학을 배우는 이유로는 미래에 사회적으로 큰 성취를 얻고자 하는 경우도 있겠지만, 거스를 수 없는 운명처럼 다가와 그것을 배우게 된 경우도 있을 것이라는 뜻이다.

7

학대원상
學大原上

7.1 學者且須觀禮, 蓋禮者滋養人德性, 又使人有常業, 守得定, 又可學
便可行, 又可集得義. 養浩然之氣須是集義, 集義然後可以得浩然
之氣.[(1)] 嚴正剛大, 必須得禮[(2)] 上下達. 義者克己也.[163]

|번역| 배우는 자는 예를 살펴야 하니, 예란 사람의 덕성을 자라나게 하고,
사람에게 일상적인 일이 생겨 단단히 지키도록 한다. 또 예를 배울
수 있으면 행할 수 있고, 의를 모을 수도 있다. 호연지기를 기르려면
의를 모아야 하니, 의를 모아야 호연지기를 얻을 수 있다. 엄숙하고
공정하며 강하고 크며, 예를 얻어 위아래로 통달해야 한다. 의란 극
기이다.

---

[163] (1)嚴正, 엄숙하고 공정함. (2)上下達: 『論語』, 「憲問」, ""하늘을 원망하지 않고, 사람을
탓하지 않으며, 아래에서 배우고 위로 통달하니 나를 알아주는 자는 하늘인가 보다."
(不怨天, 不尤人, 下學而上達, 知我者, 其天乎!) 아래에서 통달한다는 것은 형이하의 세계
인 인간사에 통달한다는 뜻이고, 위로 통달한다는 것은 형이상학적인 하늘의 본질에
통달한다는 뜻이다. 〈중화 주석〉 이 다섯 글자는 원래는 두 줄로 된 소주(小注)로 되어
있었는데, 명대 판본『이굴』에 근거해 고쳤다.

|해설| 사람이 예를 자세히 살피는 이유는 단지 의례의 내용과 형식을 알기 위한 데 있지 않다. 그것은 궁극적으로 덕을 자라나게 하기 위함이다. 예를 살펴 알면, 그 예를 실천하게 되고, 그것이 반복되면 내면에 도덕적 힘이 축적된다. 이 축적된 도덕적 힘은 '나'와 세상의 온갖 불의를 이겨 낼 수 있는 강하고 엄숙한 기운이다. 요컨대 예를 배움으로써 사람은 내면 깊숙이 자리한 하늘과 동일한 본질이 무엇인지 깨달을 수 있고, 현실 세계에 올바르게 대처할 수 있는 힘을 기를 수 있다.

7.2 書多閱而好忘者, 只爲理未精耳, 理精則須記了[(1)]無去處也. 仲尼一以貫之, 蓋只着一義理都貫却. 學者但養心識明靜, 自然可見, 死生存亡皆知所從來, 胸中瑩然無疑, 止此理爾. 孔子言[(2)]未知生, 焉知死", 蓋略言之. 死之事只生是也, 更無別理.[164]

|번역| 책을 많이 읽어도 쉽게 잊어버리는 것은 탐구한 이치가 정밀하지 않기 때문이다. 이치가 정밀하면 기억되어 벗어날 곳이 없게 된다. 공자는 하나로 꿰뚫었으니, 하나의 의리를 드러내 모든 것을 관통시켰을 따름이다. 배우는 자가 다만 마음을 길러 밝고 고요함을 알면 자연히 볼 수 있고, 생사존망이 어디서 유래하는지 다 알아, 흉중이 밝아져 의심이 없어지니, 그저 이 이치일 따름이다. 공자는 "사는 것도 모르는데, 어떻게 죽음에 대해 알겠느냐"라고 했는데, 이는 개략적으로 말한 것이다. 죽는 일은 단지 사는 일일 따름이니, 따로 이치는 없다.

|해설| 세계를 관통하는 하나의 보편적 이치가 있음을 인정한다면, 이치를 탐구하는

---

164 (1)無去處, 기억된 이치가 내 몸을 벗어나 다른 갈 곳이 없다는 뜻. (2)未知生, 焉知死:『論語』,「先進」, "죽음에 대해 여쭙겠습니다. '사는 것에 대해서도 알지 못하는데 어떻게 죽음에 대해 알겠느냐?'"(敢問死. 曰: 未知生, 焉知死?)

자에게 그것을 파악하는 일만큼 중요한 것은 없다. 하지만 그 이치를 아무 기반 없이 문득 깨달을 수 있는 것은 아니다. 수많은 이치를 정밀히 탐구해 세상의 많은 일을 기억할 수 있어야 그것은 가능해진다. 또 이치 탐구의 과정은 인격적으로 원숙해지는 과정이기도 하다. 세상의 많은 이치를 파악하다 보면 생사존망이 어디에서 온 것인지도 알게 된다. 유학은 죽음의 문제에 별 관심이 없다. 그런데 장재는 이 죽음관을 장자적 생사관과 융합해 유학도 삶과 죽음을 둘로 나누지 않는다고 주장하였다.

7.3 下學而上達者兩得之, 人謀又得, 天道又盡. 人私意以求是未必是, 虛心以求是方爲是. 夫道, 仁與不仁, 是與不是而已.

|번역| 아래에서 배우고 위로 통달하는 자는 두 가지를 얻게 되니, 인위적인 도모도 얻고 천도도 다하게 된다. 사람이 사사로운 마음으로 옳음을 추구하면 반드시 옳게 되는 것은 아니니, 마음을 비워 옳은 것을 추구해야 옳은 것이 된다. 무릇 도란 인과 불인, 옳음과 옳지 않음일 따름이다.

|해설| '하학'이란 예를 배우고, 의를 축적하는 궁리를 가리키고, '상달'이란 모든 도덕 규범 나아가 도덕성이 궁극적으로는 천덕임을 깨달을 뿐 아니라 하늘과 같은 작용을 발휘하는 것을 뜻한다. 하학은 인위적 노력을 필요로 하고 상달은 천덕에 대한 자각과 자연스러운 발현이라는 점에서 사람은 이 과정에서 자연과 인위적 요소 두 가지를 모두 필요로 한다. 이 과정을 달리 말하면 하학은 옳음을 추구하는 과정이고 상달은 마음을 비우는 과정이다. 마음을 비우지 못해 이기적 동기에서 옳음을 추구한다면 그것은 공익을 해칠 수 있다.

7.4 旣學而先有以功業爲意者, 於學便相害, 旣有意必穿鑿, 創意作起
事也. 德未成而先以功業爲事, 是代大匠斲希不傷手也.

|번역| 배우되 앞서 업적을 세우는 데 뜻을 두는 일이 있는 자라면 배움에
지장을 초래한다. 의도가 있을진대 틀림없이 천착하며 의도를 만들
어 일을 일으킬 것이다. 덕이 성숙하지 않았는데 앞서 업적을 일삼
는 것은 큰 장인을 대신해 나무를 깎으면서 손이 안 다치기를 바라
는 것과 같다.

|해설| 공부가 아직 설익은 자가 처음부터 업적을 세우는 데 급급하다면 아직 인격적으
로 성숙하지 못했으면서도 큰 성과만 거두려고 무리수를 두게 된다. 그러면 배
움에 커다란 지장을 초래한다.

7.5 爲學須是要進有以異於人, 若無以異於人則是⁽¹⁾鄕人. 雖貴爲公卿,
若所爲無以異於人, 未免爲鄕人.[165]

|번역| 학문을 하면 남들과는 다른 점이 있을 정도로 향상되어야 한다. 남
들과 다른 점이 없다면 향촌의 보통 사람일 뿐이다. 설사 귀하기가
공경(公卿)이더라도 행하는 바가 남들과 다른 점이 없다면 향촌의
보통 사람을 면치 못할 것이다.

|해설| 학문을 할 때 남들과는 다른 자신의 독자적인 사유, 견해, 경지가 있어야 비범한

---

[165] (1)鄕人, 향촌의 보통 사람. 『孟子』, 「離婁下」, "순도 사람이고 나도 사람인데, 순은 천하
의 모범이 되어 후세에 전할 만한 데 비해, 나는 향촌의 보통 사람을 면치 못하고 있으
니, 이는 걱정할 만한 일이다."(舜, 人也 我, 亦人也. 舜爲法於天下, 可傳於後世; 我由未免
爲鄕人也, 是則可憂也.)

학자라 할 만하다. 그런 점을 갖추지 못한 학자는 보통 사람과 다를 것이 없다.

7.6 富貴之得不得, 天也, 至於道德, 則在己求之而無不得者也.

| 번역 | 부귀를 얻느냐 못 얻느냐는 하늘에 달려 있는 데 비해, 도덕의 경우는 자기가 그것을 구하면 얻지 못하는 일이 없다.

| 해설 | 부귀는 '내'가 아무리 노력해 추구해도 반드시 얻을 수 있는 것은 아니다. 여러 사회적, 역사적 조건, 여러 우연적 혹은 운명적 요인 등이 영향을 주기 때문이다. 반면 유학자들은 도덕성을 인간이 본래 갖추고 있다고 여긴다. 그래서 그것은 '내'가 찾기만 하면 필연적으로 얻는다.

7.7 漢儒極有知仁義者, 但心與迹異.

| 번역 | 한대 유학자 가운데 인의를 아는 자는 많이 있었으나 마음과 행적이 달랐다.

7.8 ⁽¹⁾戲謔直是大無益, 出於無敬心. 戲謔不已, 不惟害事, 志亦爲氣所流. 不戲謔亦是持氣之一端. 善戲謔之事, 雖不爲無傷.¹⁶⁶

| 번역 | 농담은 참으로 무익하니, 공경하는 마음이 없는 데서 나온 것이다.

---

166 (1)戲謔, 희롱함, 농담함.

그치지 않고 희롱하면 일에 해를 끼칠 뿐 아니라, 마음 역시 기에 의해 흐르게 된다. 농담하지 않는 것은 기를 유지하는 한 방법이다. 농담을 잘하는 일은 하지 않더라도 괜찮다.

| 해설 | 정말 모든 농담이 다 무익한 걸까? 적당한 농담은 삶의 윤활유 역할을 한다. 하지만 끊임없이 농담이나 해댄다면 장재의 말처럼 그건 상대를 공경하지 않는 것이요, 자칫 제대로 해야 할 일을 그르치고 자신이 굳건히 지켜야 할 것에 대한 의지도 약해져 아무렇게나 행동해도 좋은 분위기(氣)에 휩쓸리게 된다.

7.9 聖人於文章不講而學, 蓋講者有可否之疑, 須問辨而後明, 學者有所不知, 問而知之, 則可否自決, 不待講論. 如孔子之盛德, 惟官名禮文有所未知, ⁽¹⁾故其問老子郯子, 既知則遂行而更不須講.[167]

| 번역 | 성인은 문장에 대해 강론하지 않고 배운다. 강론이란 그래도 되는지 안 되는지 의문이 생겨 묻고 변별해 밝아지는 것이다. 배우는 자가 모르는 것이 생겨 물어서 알게 되면 그래도 되는지 안 되는지는 자연히 해결되니 강론할 필요가 없어진다. 예를 들어 공자는 덕이 성하였으되, 오직 관직의 명칭이나 의례에 대해서는 모르는 것이 있었다. 그래서 노자나 담자에게 묻고 알아 곧 행하고는 더는 강론할 필요가 없어졌다.

| 해설 | 장재의 논리에 따르면 성인은 덕이 성숙하여 우주와 인간의 본질에 관한 진리를

---

[167] (1)故其問老子郯子: 韓愈, 「師說」, "성인은 일정한 스승이 없으니, 공자는 담자, 장홍, 사양, 노담을 스승으로 섬겼다.(聖人無常師, 孔子師郯子 · 莨弘 · 師襄 · 老聃.) 담자는 춘추시대 담나라의 군주이다. 노나라에 갔을 때 소호씨(少皡氏)가 새로 관직의 이름을 붙인 까닭에 대해 논했는데, 공자가 이를 듣고 그에게서 배웠다.

담고 있는 고문헌은 읽으면 그 즉시 안다. 이해하지 못하는 의문이 생겨나 강론을 할 필요가 없는 것이다. 성인이 타인에게 물어본 것은 그저 제도 및 의례와 관련한 자질구레한 문제들뿐이었다.

7.10 "⁽¹⁾忠信所以進德"者何也? ⁽²⁾閑邪則誠自存, 誠自存斯爲忠信也. 如何是閑邪? 非禮而勿視聽言動, 邪斯閑矣.[168]

| 번역 | "충성과 신실함이 덕을 향상시킨다"는 것은 무슨 뜻인가? 삿됨을 막으면 진실함이 자연히 보존되고, 진실함이 자연히 보존되는 것이 충성스럽고 신실하게 됨이다. 어떻게 하는 것이 삿됨을 막는 것인가? 예가 아니면 보지도 듣지도 말하지도 움직이지도 않으면 삿됨을 막게 된다.

| 해설 | 『주역』「문언전」의 충신(忠信)과 성(誠)을 언급한 각기 다른 두 구절을 함께 거론해 충신이 곧 성임을 밝혔다. 충성은 타인을 위해 내 충심을 다하는 것이고, 신실함은 타인과의 관계를 맺을 때 내 진심을 다하는 것이다. 따라서 그것은 곧 진실함, 성실함을 뜻하는 성(誠)이다. 진실함, 성실함은 삿됨을 막아야 보존되고, 삿됨을 막는다는 것은 결국 극기복례를 뜻한다.

7.11 日月星辰之事, 聖人不言, 必是顏子輩皆已理會得, 更不須言也.

---

[168] (1)忠信所以進德: 『周易』, 「乾」, 「文言傳」, "군자는 덕을 진전시키고 업적을 닦아 나간다. 충성과 신실함은 덕을 향상시키고 언사를 닦아 성실함을 확립하는 것은 업적을 축적시킨다."(君子進德脩業. 忠信, 所以進德也; 脩辭立其誠, 所以居業也.) (2)閑邪則誠自存: 『周易』, 「乾」, 「文言傳」, "삿됨을 막고 진실함을 보존하며, 세상을 선하게 하되 자랑하지 않고 덕은 넓어 교화한다."(閑邪存其誠, 善世而不伐, 德溥而化.)

| 번역 | 일월성신에 관한 일을 성인은 말하지 않았는데, 이는 필시 안연 같은 이들이 모두 이미 이해하고 있어서 더 말할 필요가 없었기 때문일 것이다.

| 해설 | 일월성신의 운행에 관한 일을 공자 같은 이들은 거의 말하지 않았다. 반면 장재는 천도를 논할 때 그것에 관해 적지 않게 말했다. 따라서 이 점에서 자신의 사상과 공자를 연결시키려면 공자와 그 제자들도 실은 이 일월성신의 운행에 대해 잘 알고 있었다고 해야 했다.

7.12 學者不可謂[1]少年, 自緩便是四十五十. 二程從十四歲時便[2]銳然欲學聖人, 今盡及四十未能及顏[3]閔之徒. 小程可如顏子, 然恐未如顏子之無我.[169]

| 번역 | 배우는 자를 청년이라 말해서는 안 되니, 스스로 느슨해지면 바로 40, 50이 된다. 이정은 14살 때부터 재빨리 성인을 배우고자 했으나, 오늘날 40이 다 되어서도 안연과 민자건의 무리에 미치지 못했다. 정이는 안연과 비슷하다고 할 수는 있으나, 안연처럼 무아의 경지에 이르지는 못했다.

7.13 心既虛則公平, 公平則是非[1]較然易見, 當爲不當爲之事自知.[170]

---

169 (1)少年, 여기서의 소년이란 노년과 상대되는 청년을 가리킨다. (2)銳然, 재빨리, 급속히. (3)閔, 민자건을 가리킴. 공자의 제자로 덕행, 특히 효행에 뛰어났음.
170 (1)較然, 분명한 모양.

|번역| 마음이 텅 비면 공평해진다. 공평하면 옳고 그름이 분명히 쉽게 보이며, 마땅히 해야 할 일과 하지 말아야 할 일을 자연히 알게 된다.

|해설| 마음을 비워야, 즉 욕심이 거의 없어야 공평하게 시비 판단을 할 수 있다.

7.14 正心之始, 當以己心爲嚴師, 凡所動作則知所懼. 如此一二年間, 守得牢固則自然心正矣.

|번역| 마음을 바로잡는 시초에는 마땅히 자기 마음을 엄한 스승으로 삼아야 모든 동작에 두려워할 것을 알게 된다. 그렇게 한 지 1~2년 사이에 확고하게 지키면 자연히 마음이 바르게 된다.

|해설| 마음을 바르게 가지려는 노력을 본격적으로 해본 적이 없는 사람이라면 아마도 부지불식간에 형성된 갖가지 고질적 악습관이 있을 것이다. 이에 엄정한 도덕의식으로 자신의 행동 하나하나를 감독하고 통제하기를 상당히 오랜 기간 계속해야 마음은 비로소 바르게 된다.

7.15 其始且須道體用分別以執守, 至熟後只一也. 道初亦須一[(1)]意慮 參較[(2)]比量, 至已得之則非思慮所能致.[171]

|번역| 처음에 본체와 작용을 구별하여 말하여 지켜야 하지만, 덕이 성숙한 뒤에는 하나일 따름이다. 도는 최초에는 한결같이 사려하여 비교하고 추론해야 하지만, 이미 그것을 얻음에 이르러서 사려로 이

---

171 (1)意慮, 사려함. (2)比量, 인도 논리학 용어로 추론한다는 뜻.

를 수 있는 것이 아니다.

|해설| 장재가 도를 얻기 위해 취한 방법은 이성과 직관의 종합이라 할 수 있다. 도를
얻기 위한 노력을 처음 시작할 때는 본체와 작용으로 분별하여 인식하고 그것을
지키기 위해 노력해야 한다. 하지만 하늘 자체, 그리고 하늘과 완전히 합일한 성
인이 도달한 경지 자체는 본체와 작용이 하나이고, 그 경지를 인간의 이성으로
온전히 다 헤아릴 수 없도 없다. 그것은 오직 직관될 수 있을 뿐이다. 따라서 장
재의 방법은 이성주의도 직관주의도 아니다. 그는 이성적 사유를 충분히 거친
직관만을 제대로 된 직관으로 인정하며, 최후의 직관에 도달하지 못한 이성은
대단히 불충분한 것으로 여긴다.

7.16 古者惟國家則有$^{(1)}$有司, 士庶人皆子弟執事. 又古人於孩提時已
敎之禮, 今世學不講, 男女從幼便驕惰壞了, 到長益凶狠, 只爲未
嘗爲子弟之事, 則於其親已有物我, 不肯屈下, 病根常在.[172]

|번역| 고대에는 국가에만 관리가 있었고, 사(士)와 서인의 경우에는 자제
들이 구체적인 일을 했다. 또 고대 사람들은 어린아이일 때 이미 예
를 가르쳤으나, 오늘날 세상의 학문은 그것을 중시하지 않아, 남자
든 여자든 어렸을 때부터 굉장히 교만하고 나태하고 커서는 더욱
흉악하고 사나워진다. 이는 자제로서의 일을 한 적이 없기 때문이
니, 그 부모님에 대해서도 이미 타자와 '나'의 구분이 있어 자신을 굽
혀 아래에 있으려 하지 않으니, 화근이 항상 존재한다.

|해설| 일반 가정에서 자녀들이 어릴 때부터 자신을 낮추어 남을 위하여 일하는 습관을
기르지 않으면 커서도 자기만을 앞세우고 기질은 사나워진다. 오늘날의 시각에

---

[172] (1)有司, 관리를 가리킴. 각 직책을 전문적으로 책임지는 자.

서 보면 다소 지나치게 서열화된 윤리이지만, 어려서부터 겸손의 덕을 기르게 하라는 가르침 자체가 잘못되었다고 말할 수는 없다.

7.17 近來思慮大率少不中處, 今則利在閒, 閒得數日, 便意思長遠, 觀書到無可推考處.

|번역| 근래에 생각이 대체로 조금 들어맞지 않는 점이 있었는데, 지금은 이롭게 한가함 가운데 있으니, 며칠 동안 한가하게 지내면 생각이 멀리 미치고 책을 읽으면 더는 추론해 살필 수 없는 지점에 이르게 된다.

|해설| 학문을 열심히 하다가 뭔가 생각이 막힐 때가 있으면 잠시 한가롭게 지낼 필요가 있다. 그러면 다시 생각을 깊게 할 수 있는 힘을 얻게 되고 그러면 책을 읽을 때도 가장 궁극적인 본원에 이르게 된다.

7.18 顏子所謂有不善者, 必只是以常意有迹處便爲不善而知之, 此知幾也, 聖人則無之矣.

|번역| 안연에게 선하지 않은 것이 있음이란 틀림없이 다만 변치 않는 의념에 흔적을 남긴 곳이 있음으로 인해 선하지 않게 되어 그것을 아는 것이니, 이는 기미를 아는 것이다. 성인의 경우에는 그런 일이 없다.

|해설| 이 조목은 『횡거역설』 「계사하」 2.74의 일부 내용과 완전히 중첩된다. 해설은 『횡거역설』을 참조하라.

7.19 耳不可以聞道. "(1)夫子之言性與天道," 子貢以爲不聞, 是耳之聞
未可以爲聞也.173

|번역| 귀로는 도를 들을 수 없다. "선생님이 본성과 천도에 대해 말씀하신
것"을 자공은 듣지 못했다고 여겼지만, 귀로 듣는 것으로는 도를 들
을 수 없다.

|해설| 『논어』에서 자공은 공자가 본성과 천도에 대해 말씀하시는 것을 들은 적이 없다
고 했다. 공자는 본래 그런 형이상학적인 문제나 인간 본성의 문제에 대해서는
거의 논하지 않았기 때문이다. 그런데 장재는 이런 발언을 비틀어 해석했다. 천
도나 본성 같은 형이상학적인 본체와 그것의 작용을 견문으로는 알 수 없다는
의미로 해석한 것이다.

7.20 (愛)(1)[憂]174道則凡爲貧者皆道, 憂貧則凡爲道者皆貧.175

|번역| 도를 걱정하면 모든 가난한 자가 도를 따르고, 가난함을 걱정하면
모든 도를 행하는 자가 다 가난해진다.

|해설| 공자는 "군자는 도를 걱정하지, 가난을 걱정하지 않는다"고 했다. 전체 맥락을

---

173 (1)夫子之言性與天道: 『論語』, 「公冶長」, 자공이 말했다. "선생님의 고문헌에 관한 견해
는 들을 수 있었지만 선생님께서 본성과 천도(天道)에 대해 말씀하신 것은 듣지 못했
다."(夫子之文章, 可得而聞也, 夫子之言性與天道, 不可得而聞也.)
174 〈중화 주석〉 '憂'는 『논어』에 근거해 고쳤다.
175 (1)[憂]道~憂貧: 『論語』, 「衛靈公」, "군자는 도를 도모하지 먹을 것을 도모하지 않는다.
밭을 갈면 굶주림이 그 가운데 있고, 학문을 하면 녹이 그 가운데 있다. 군자는 도를 걱
정하지 가난을 걱정하지 않는다."(君子謀道, 不謀食; 耕也, 餒在其中矣; 學也, 祿在其中矣.
君子憂道, 不憂貧.)

고려할 때 이 말은 군자가 자신의 가난함을 걱정하여 밭을 갈기보다는 도가 실현되지 않는 세상을 걱정하여 학문에 매진하면 녹을 얻어 가난의 문제는 자연히 해결될 수 있다는 뜻이다. 그런데 장재는 이 구절 역시 살짝 비틀어 해석했다. 배우는 자가 도가 실현되지 않음을 걱정해야 모든 가난한 자, 즉 백성들이 도를 따르게 되지, 반대로 배우는 자가 고작 자신의 가난함을 걱정하면, 군자를 지향하는 모든 자가 앞다투어 자신만 잘살려고 해서 결국은 모두 가난해지는 결과를 초래한다는 것이다.

7.21 道理今日却見分明, 雖仲尼復生, 亦只如此. 今學者下達處行禮, 下面又見性與天道, 他日須勝孟子, 門人如子夏·子貢等人, 必有之乎!

|번역| 이치를 오늘 분명히 알게 된다면 공자가 다시 태어난다 해도 그저 그와 같을 것이다. 지금 배우는 자가 아래로 통달할 지점에서 예를 행하고 이어서 또 본성과 천도를 알게 된다면 언젠가는 맹자나 자하, 자공 같은 공자의 문도보다 뛰어나게 되는 일이 틀림없이 생겨날 것이다!

7.22 氣質猶人言性氣, 氣有剛柔·緩速·淸濁之氣也, 質, 才也. 氣質是一物, 若草木之生亦可言氣質. 惟其能克己則爲能變, 化却習俗之氣性, 制得習俗之氣. 所以養浩然之氣是集義所生者, 集義猶言積善也, 義須是常集, 勿使有息, 故能生浩然道德之氣. 某舊多[(1)]使氣, 後來殊減, 更期一年庶幾無之, 如太和中容萬物, 任其自然.[176]

|번역| 기질(氣質)은 사람들이 말하는 성격과 같은 것이다. 기(氣)에는 강하고 부드러우며, 느리고 빠르며, 맑고 탁한 기가 있다. 질은 재질(才)이다. 기질은 하나로서, 초목의 생성에 대해서도 기질을 말할 수 있다. 오직 자기를 이겨 낼 수 있어야 변할 수 있고, 습속의 성질을 교화하고, 습속의 기운을 통제할 수 있다. 그러므로 호연지기를 기르는 것은 의를 쌓아서 생기는 것이고, 의를 쌓는다는 것은 선을 쌓는다고 말하는 것과 같다. 의는 항상 쌓아야 하지, 쉼이 있게 해서는 안 된다. 그럼으로써 지극히 강하고 큰 도덕의 기가 생겨날 수 있다. 나는 과거에 많은 경우 기분 내키는 대로 하다가 후에 많이 줄였는데, 다시 1년쯤 지나면 거의 없어져, 마치 큰 조화(太和) 가운데에서 만물을 포용하듯 자연스러움에 내맡기게 될 것이다.

|해설| 기질(氣質)은 기와 질이 합쳐진 단어인바, 기에는 강유, 완급, 청탁의 성질이 있고, 질(質)은 그러한 기의 성질이 응집하여 종마다 혹은 개별 사물마다 지니는 재질을 뜻한다. 이로부터 인간에게 기질이란 성격과 재주를 뜻한다. 기질로 인해 종마다 개체마다 일정한 편향성을 지니며, 인간의 경우에는 하늘로부터 받은 덕성을 전면적으로 드러낼 수 없게 된다. 이에 기질을 변화시키는 노력이 필요하다. 기질을 변화시키는 과정은 개인적으로는 극기의 과정이자, 사회적으로는 습속을 변화시키는 과정이기도 하다. 장재는 이를 호연지기를 기르는 과정과 등치시킨다. 호연지기는 의를 쌓아 기르는 것이기 때문이다.

7.23 人早起未嘗交物, 須⁽¹⁾意(覘)[銳]¹⁷⁷⁽²⁾精健⁽³⁾平正, 故要得整頓一早晨. 及接物, 日中須汩沒, 到夜則自求息反靜.¹⁷⁸

---

176 (1)使氣, 기분 내키는 대로 함, 감정적으로 일을 처리함.
177 〈중화 주석〉 '銳'는 문맥에 따라 고쳤다.
178 (1)意[銳], 마음이 단단하다. (2)精健, 야무지고 강건함. (3)平正, 단정함.

| 번역 | 사람이 일찍 일어나 사물과 교감하지 않을 때는 마음이 단단하며, 야무지고 강건하며, 단정해야 한다. 그러니까 아침 내내 정돈해야 한다. 그러다가 사물과 접촉함에 이르러 한낮에는 반드시 골몰해야 하고 밤이 되면 자연히 휴식을 찾고 고요함으로 돌아간다.

| 해설 | 아침에는 마음 정돈, 한낮에는 사물의 이치에 골몰, 밤에는 고요한 휴식, 이것이 장재의 하루였다.

7.24 仁之難成久矣, 人人失其所好, 蓋人人有利欲之心, 與學正相背馳, 故學者要寡欲, 孔子曰: "(1)棖也慾, 焉得剛!"[179]

| 번역 | 인(仁)을 완성하는 일이 어렵게 된 지 오래되었다. 사람마다 그 좋아할 만한 것을 잃으니, 사람마다 사익을 욕망하는 마음이 있어 배운 것과 서로 배치되기 때문이다. 그러므로 배우는 자는 욕심을 적게 가져야 한다. 공자께서 말씀하셨다. "신정은 욕심이 많은 것이지 어찌 굳세다고 할 수 있겠느냐!"

| 해설 | 사람마다 본래 인을 좋아하는 경향이 있고, 그것을 길러야 한다고 배운다. 하지만 사람마다 사욕이 있어 종종 배운 것과 완전히 반대되게 행동한다. 그런 이유에서 유학은 욕심을 적게 가질 것을 주장한다.

---

[179] (1)棖也慾, 焉得剛!: 『論語』, 「公冶長」, "공자께서 말씀하셨다. '나는 아직 굳센 사람을 보지 못했다.' 어떤 사람이 '신정이 있습니다'라고 대답했다. 공자께서 말씀하셨다. '신정은 욕심이 많은 것이지 어찌 굳세다고 할 수 있겠는가?'"(子曰: "吾未見剛者." 或對曰: "申棖." 子曰: "棖也慾, 焉得剛?")

7.25 "⁽¹⁾樂則生矣", 學至於樂則自不已, 故進也. 生猶進, 有知乃德性之知也. 吾曹於窮神知化之事, 不能絲髮.¹⁸⁰

|번역| "즐거우면 생(生)한다." 배움이 즐거움에 이르면 자연히 그치지 않으므로, 나아간다. 생(生)은 나아감(進)과 같다. 아는 것이 있으니, 덕성에 의해 아는 것(德性之知)이다. 우리들은 신을 다하고 화를 아는(窮神知化) 일에 대해 추호도 그쳐서는 안 된다.

|해설| 즐거움을 얻기 위해 학문을 하는 것은 아니지만, 학문은 즐거움을 수반한다. 학문이 무르익어 상당한 수준에 이르면 즐거움도 커지니, 그런 상태에 이르면 학문에 정진하는 동력도 배가된다. 그치지 않고 나아가게 된다. 장재는 그렇게 더없이 즐거워하며 그침 없이 정진하게 되는 것이 덕성에 의한 앎을 성취하기 때문이라고 한다. 주체와 객체를 분립시켜 사물을 대상화하는 인식만으로 이런 즐거움과 정진은 불가능하다.

7.26 禮使人來悅己則可, 己不可以妄悅於人.

|번역| 예가 타인이 와서 나를 보고 기뻐하도록 하면 괜찮지만, 내가 타인에게 망령되게 기쁨을 주려고 해서는 안 된다.

---

180 (1)樂則生矣:『孟子』,「離婁上」, "인의 실질은 부모님을 섬기는 것이다. 의의 실질은 형에게 순종하는 것이다. 지의 실질은 이 두 가지를 알아 벗어나지 않는 것이다. 예의 실질은 이 두 가지를 조절하고 꾸미는 것이다. 악의 실질은 이 두 가지를 즐거워하는 것이다. 즐거우면 생(生)한다. 생하면 어찌 그칠 수 있겠는가? 그칠 수 없으면 자기도 모르게 손과 발이 춤을 추게 될 것이다."(仁之實, 事親是也; 義之實, 從兄是也; 智之實, 知斯二者弗去是也; 禮之實, 節文斯二者是也; 樂之實, 樂斯二者. 樂則生矣, 生則惡可已也? 惡可已, 則不知足之蹈之手之舞之.)

| 해설 | 예의를 차린다는 것은 기본적으로 '나'를 낮추고 타인을 높이는 행위이지만, 그 행위는 순수하게 타인을 인격적으로 존중하는 마음에 바탕을 둔 것이 아니면 안 된다. '내'가 참으로 그런 마음을 바탕으로 그렇게 행동한다면 많은 경우, 타인은 그런 '나'의 행동에 감동하여 '나'에게로 와 '나'를 기쁘게 한다. 반대로 단지 남에게 환심을 사기 위해 예의를 차리는 경우라면 그것은 그야말로 순수하지 못한 마음으로 타인에게 망령되게 기쁨을 주려는 행위이다.

7.27 ⁽¹⁾婢僕始至者, 本懷勉勉敬心, 若到所⁽²⁾提掇, 更謹則加謹, 慢則棄其本心, 便習以性成. 故仕者入治朝則德日進, 入亂朝則德日退, 只觀在上者有可學無可學爾.[181]

| 번역 | 처음 온 노복이 본래는 힘써 공경하는 마음을 품더라도, 발탁된 곳에 이르러 삼가면 더욱 신중해지겠지만, 태만하면 그 본래의 마음을 버려 나쁜 습성이 형성될 것이다. 그러므로 벼슬을 하는 자가 다스려지는 조정에 들어가면 덕이 날로 진보하고, 어지러운 조정에 들어가면 덕이 날로 퇴보하리니, 오직 위에 있는 자에게 배울 만한 점이 있는지, 배울 만한 점이 없는지 살필 따름이다.

| 해설 | 사람이 낮은 자리에서 처음 일을 할 때는 대부분 상대를 공경하고 삼가는 마음을 갖지만, 조금 지나면 태만해져 그 본래의 마음을 잃기 쉽다. 장재는 사대부가 그 초심을 잃지 않으려면 그 조정의 기풍이 어떤지를 잘 살펴보고 판단해 조정에 들어갈지 말지를 결정해야 한다고 했다.

---

181 (1)婢僕, 남녀 노복. (2)提掇, 끌어올림, 발탁됨.

7.28 學得『周禮』, 他日有爲却做得些實事. 以某且求必復⁽¹⁾田制, 只得一邑用法. 若許試其所學, 則『周禮』田中之制皆可擧行, 使民相趨如骨肉, 上之人保之如赤子, 謀人如己, 謀衆如家, 則民自信.[182]

|번역| 『주례』를 배운다면 언젠가는 함이 있어 실제적인 일을 할 수 있을 것이다. 나더러 추구하라고 한다면 반드시 농지 제도를 회복할 것이되 다만 읍 하나를 얻어 법제를 운용할 것이다. 만약 그 배운 것을 해 보도록 허용한다면, 『주례』의 전답에 관한 제도는 모두 시행할 수 있을 것이다. 백성들이 골육처럼 서로 따르게 하고, 윗사람은 그들을 마치 어린아이처럼 돌보아, 남을 위해 도모하는 것을 마치 자신을 위하는 것처럼 하고, 대중을 위해 도모하는 것을 마치 자기 집안을 위하는 것처럼 하면 백성들이 자연히 믿게 될 것이다.

|해설| 장재는 『주례』에 기술된 농지 관리 제도를 이상적인 것으로 생각한다. 그래서 만약 자신에게 기회가 주어져 그 제도를 시행할 수 있다면, 백성들이 서로를 위하고 윗사람이 자식 돌보듯 백성을 위하는 세상이 올 것이라고 생각한다.

7.29 ⁽¹⁾火宿之微茫, 存之則⁽²⁾烘然, 少假外物, 其生也易, 久可以燎原野, 彌天地, 有本者如是也.[183]

|번역| 하룻밤 지난 불에 남아 있는 미약한 빛도 보존하면 뜨겁게 타오른다. 조금이라도 외물의 힘을 빌리면 그것이 생겨나는 것은 쉽고, 오

---

182 (1)田制, 농경지와 관련한 제도.
183 (1)火宿, 즉 숙화(宿火), 하룻밤이 지나 남아 있는 불. (2)烘然, 불이 뜨겁게 타오르는 모양.

래가면 들판을 불태우고 천지에 가득하니, 근본이 있는 자는 그와
같다.

|해설| 다 타고 남은 불씨가 조금이라도 살아 있을 경우, 그것을 잘 보존하면 어느덧 온
들판을 태울 정도가 되는 것처럼 근본이 되는 도덕성을 잘 보존하고 기르면 그
것이 처음에 아무리 미약하더라도 어느덧 아주 강력한 힘을 발휘할 수 있다.

7.30 <u>孔子謂</u>"(1)<u>柴也愚, 參也魯", 亦是不得已須當語之. 如正甫之隨,</u> (2)<u>昞</u>
<u>之多疑, 須當告使知其病, 則病上偏治. 莊子謂</u>(3)<u>牧羊者止鞭其後,</u>
<u>人亦有不須</u>(4)<u>驅策處, 則治其所不足. 某只是太直無隱, 凡某人有</u>
<u>不善即面舉之.</u>184

|번역| 공자는 "고시는 어리석고 증삼은 둔하다"고 했는데, 이는 어쩔 수 없
이 그것을 마땅히 말해야만 했다. 예컨대 정보의 마음대로 하는 것
과 소병의 의심 많음은 마땅히 알려 주어 그 병폐를 알도록 하면 병
폐에 집중해 다스리게 된다. 장자는 양을 치는 자는 단지 그 뒤에 있
는 것을 채찍질한다고 했으니, 사람 또한 몰아세울 필요가 없는 점
도 있으니 그 부족한 것을 다스린다. 나는 지나치게 직설적이어서
숨김이 없으니, 어떤 사람에게 선하지 못한 점이 있으면 면전에서

---

184 (1) 『論語』, 「先進」, "고시는 어리석고 증삼은 둔하며, 전손사는 극단적이고 중유는 거
칠다."(柴也愚, 參也魯, 師也辟, 由也喭.) (2) 昞: 소병(蘇昞), 자는 소계명(蘇季明). 장재에
게서 가장 오랫동안 배웠으며, 장재 사후에는 이정에게서 배웠음. (3) 牧羊者止鞭其後: 『莊
子』, 「達生」, "양생을 잘하는 사람은 양 떼를 치는 것과 같아, 그 뒤에 있는 것을 보면,
그것을 채찍질한다."(善養生者, 若牧羊然, 視其後者而鞭之.) 양생을 잘하는 사람은 양생
에 필요한 여러 측면을 골고루 살펴 부족한 것이 있으면 그것을 보완할 줄 안다는 뜻.
(4) 驅策, 채찍으로 몲, 몰아 세움.

그것을 거론한다.

|해설| 스승이 학생의 결점을 지적하는 것은 학생들이 스스로 자신의 결점을 고치도록
하기 위해서이다. 하지만 장재는 자신이 지나치게 직설적으로 사람들의 문제점
을 면전에서 지적하는 점을 반성하고 있다.

8

학대원하

學大原下

8.1 天下之富貴, 假外者皆有窮已, 蓋人欲無厭而外物有限, 惟道義則
無爵而貴, 取之無窮矣.

|번역| 천하의 부귀한 것으로 외부에 의존하는 것은 모두 궁해짐이 있으
니, 대개 인간의 욕심에는 만족이 없고 외부의 사물은 유한하기 때
문이다. 오직 도의만이 작위가 없이 귀하고 취해도 궁함이 없다.

|해설| 세속의 부귀에 대한 사람들의 욕망은 끝이 없으나, 외물은 유한하다. 이와는 달
리 도덕과 의리를 지킨다고 해서 사회적 지위를 얻는 것은 아니지만, 그것은 그
것 자체로 귀한 가치를 지니며, 그 가치는 끝없이 취할 수 있다.

8.2 聖人設教, 便是人人可以至此. "(1)人皆可以爲堯舜", 若是言且要設
教, 在人有所不可到, 則聖人之語虛設耳.[185]

---

[185] (1)人皆可以爲堯舜: 『孟子』, 「告子下」, "조교가 물었다. '사람은 모두 요·순이 될 수 있

| **번역** | 성인이 가르침을 베풀면 사람마다 거기에 이를 수 있다. "사람은 모두 요, 순처럼 될 수 있다"고 했다. 만약 가르침을 베풀려고 하지만, 사람에게 이를 수 없는 것이 있다고 말한다면, 성인의 말씀은 헛되이 베푼 것일 뿐이다.

| **해설** | 장재는 성인이 도덕적 교화를 하면 사람들은 모두 감화되어 성인이 될 수 있다고 믿었다. 이런 확신이 없이, 교화를 하지만, 실제로 사람이 그런 이상적 상태에 이를 수는 없다고 한다면, 성인의 말씀은 헛소리가 되고 만다.

8.3 慕學之始, 猶聞都會紛華盛麗, 未見其美而有美不疑, 步步進則漸到, 畵則自棄也. 觀書解大義, 非聞也, 必以了悟爲聞.

| **번역** | 배움으로 향하는 시초는 도시가 번성하고 화려하다는 말을 듣는 것과 같으니, 그 아름다움을 보지 못했으나 아름다움이 존재할 것임을 의심치 않고, 한 걸음씩 전진하면 점차 이를 테지만, 선을 그으면 스스로 포기하는 것이 된다. 책을 읽다가 대의를 해석하는 것은 들어서 가능한 것이 아니니, 반드시 깨달음을 들음으로 삼아야 한다.

| **해설** | 학문을 하는 초기부터 자신이 학문을 해서 도달하게 될 상태가 얼마나 훌륭할지 분명히 아는 사람은 없다. 누구든 처음에는 타인으로부터 그것이 얼마나 훌륭한지 '들어서' 알 뿐이다. 똑같이 그 말을 들어서 알지만, 차이가 생겨나는 까닭은 어떤 사람은 그것이 훌륭하리라고 믿고 부단히 정진하는 데 반해, 어떤 사람은 처음부터 그러한 학문과는 선을 긋고 포기하기 때문이다. 한편 학문에 정진하는 과정에서 책을 읽고 그 의미를 참되게 이해하는 것은 남에게서 듣는 것만

다고 하던데 그렇습니까?' 맹자가 말했다. '그렇습니다.'"(曹交問曰: "人皆可以爲堯舜, 有諸?" 孟子曰: "然.")

으로는 절대 가능하지 않다. 반드시 스스로 그 의미를 깨우쳐야 참되게 이해한 것이라 할 수 있다.

8.4 人之好強者, 以其所知少也, 所知多則不自強滿. "(1)學然後知不
足." "(2)有若無, 實若虛", 此顏子之所以進也.[186]

|번역| 사람이 강함을 좋아하는 까닭은 아는 것이 적기 때문이다. 아는 것
이 많으면 스스로 강하다고 자만하지 않는다. "배워야 자신의 부족
함을 안다"고 했고, "있으면서도 없는 것처럼 하고 가득 차 있으면서
도 텅 빈 것처럼 한다"고 했으니, 이것이 안연이 진보한 까닭이다.

|해설| 배워서 아는 것이 많을수록 자신의 부족함을 알고 더욱 겸허해진다. 만고의 명
언이다.

(某與人論學二三十年所恨不能到人有得是人人各自體認至如明道形狀後語亦
甚鋪陳若人體認儘可以發明道理若不體認亦是一場閒言長語)[187]

---

186 (1)學然後知不足: 『禮記』, 「學記」, "배워야 자신의 부족함을 알게 되고, 가르쳐야 자신의
지식이 지닌 곤란함을 알게 된다."(學然後知不足, 教然後知困.) (2)有若無, 實若虛: 『論語』,
「泰伯」, "증자가 말했다. '능력이 있으면서 능력이 없는 사람에게 묻고, 지식이 많으면
서 지식이 적은 사람에게 물으며, 있으면서도 없는 것처럼 하고, 가득 차 있으면서도 빈
것처럼 하며, 남이 잘못을 저질러도 따지지 않는 이런 일에 옛날에 내 벗이 힘썼었다.'"
(曾子曰: "以能問於不能, 以多問於寡, 有若無, 實若虛, 犯而不校, 昔者吾友嘗從事於斯矣.")
187 〈중화 주석〉「明道先生行狀後語」는 정이가 지은 것으로, 『伊洛淵源錄』에 보인다. 이 글
은 분명히 정씨의 어록이 잘못 들어온 것이니 삭제했다.

8.5 今人爲學如登山麓, 方其⁽¹⁾逦迤之時, 莫不闊步大走, 及到⁽²⁾峭峻之
處便止, 須是要剛決果敢以進.¹⁸⁸

|번역| 지금 사람들이 학문을 하는 것은 산기슭을 오르는 것과 같아, 그것
이 완만하게 이어질 때는 큰 걸음으로 내달리지 않음이 없다가, 가
파르고 험준한 곳에 이르면 곧 멈추니, 굳세게 결단하고 과감하게
나아가야 한다.

8.6 學之不勤者, 正猶⁽¹⁾七年之病不蓄三年之艾. 今之於學, 加工數年,
自是享之無窮.¹⁸⁹

|번역| 배움이 부지런하지 않은 것은 바로 7년 동안 병을 앓고 있으면서도
3년 이상 된 쑥을 비축하지 않는 것과 같다. 지금 배움에 있어 몇 년
동안 잘 다듬어 완성한다면 자연히 즐김이 무궁할 것이다.

|해설| 맹자는 군주가 어진 마음으로 어진 정치를 오랫동안 펼쳐야 오랫동안 병을 앓듯
혼란한 상태에 놓여 있던 분열된 사회가 하나로 통일될 수 있다는 생각을 3년 이
상 된 쑥으로 7년 동안 앓던 병을 치료하는 것에 비유했다. 장재는 이 비유를 학
문을 하는 것에 적용했다. 이 조목에서 장재는 부지런히 학문에 정진해 축적한

---

188 (1)逦迤(이리), 완만하게 구불구불 이어진 모양. (2)峭峻(초준), 가파르고 험준함.
189 (1)七年之病不蓄三年之艾: 『孟子』, 「離婁上」, "지금 천하에 왕 노릇하려는 것은 7년 동안
앓은 병을 치료하는 데 3년 이상 말린 쑥을 구하는 것과 같다. 만약 비축해 두지 않는다
면 종신토록 얻지 못할 것이다. 마찬가지로 만약 인에 뜻을 두지 않는다면 종신토록 근
심하고 모욕을 당해 죽음에 이르게 될 것이다."(今之欲王者, 猶七年之病求三年之艾也. 苟
爲不畜, 終身不得. 苟不志於仁, 終身憂辱, 以陷於死亡.) 〈중화 주석〉 이어지는 부분은 문
맥에 따라 분리했다.

것이 있어야 자신의 오래된 병폐를 고쳐 인품을 더욱 가다듬어 성숙시킬 수 있고, 삶의 참 즐거움도 누릴 수 있다고 했다.

8.7 人多是恥於問人, 假使今日問於人, 明日勝於人, 有何不可! 如是則孔子問於老聃·萇弘·郯子·⁽¹⁾賓牟賈, 有甚不得! 聚天下眾人之善者是聖人也; 豈有其得一端而便勝於聖人也!¹⁹⁰

|번역| 사람은 많은 경우 남에게 묻기를 부끄러워한다. 가령 오늘 누군가에게 묻지만, 내일은 그 사람보다 뛰어나게 되는 것이 어찌 불가능하겠는가! 그렇다면 공자가 노담, 장홍, 담자, 빈모가에게 물으신 것도 안 될 게 무엇이겠는가! 이 세상 뭇사람들의 선함을 응집한 자가 성인이다. 어찌 그 한 측면을 얻은 것이 있다고 해서 성인보다 뛰어나다고 하리오!

|해설| 모르는 것을 남에게 묻는 것은 부끄러워할 일이 아니다. 모르는 것을 물어 알아야 남보다 더 나은 능력과 인격을 갖출 수 있기 때문이다. 성인이란 끊임없이 묻고 배워 온 세상의 선을 자신 안에 응집한 자이다.

8.8 心且寧守之, 其發明却是末事, 只常體義理, 不須思更無足疑. 天下

190 (1)賓牟賈: 춘추시대 인물로, 공자와 음악에 대해 문답을 한 바 있다. 『禮記』, 「樂記」, "빈모가가 공자를 곁에서 모시고 있을 때 공자가 그와 더불어 이야기하다가 음악에 대한 이야기에 이르게 되었다. 공자가 말했다. '대무(大武)의 음악은 처음 북을 울리고 곡이 시작될 때까지 사이가 아주 긴데, 그것은 무엇 때문입니까?' 대답했다. '무왕이 주를 칠 때 대중을 많이 얻지 못할까 하는 마음을 표현한 것입니다'"(賓牟賈侍坐於孔子, 孔子與之言及樂, 曰: "夫武之備戒之已久, 何也?" 對曰: "病不得眾也.")

有事, 其何思何慮! 自來只以多思爲害, 今且寧守之以攻其惡也. 處
得安且久, 自然文章出, 解義明. 寧者, 無事也, 只要行其所無事.

|번역| 마음을 고요하게 지켜야 하니 그것의 발현은 말단의 일이다. 오직
늘 의리를 체득하여 사려할 필요가 없어야 더는 의심할 만한 것이
없게 된다. 천하에 일이 있으나 그것을 어찌 사려하겠는가! 과거에
는 다만 생각이 많음을 해로운 것으로 여겼는데, 지금은 고요하게
지킴으로써 악을 공격한다. 편안하게 오랫동안 처하면 자연스레 문
장이 나오고 의미를 풀이함이 밝아진다. 고요함이란 무사(無事)다.
오직 그 무사를 행해야 한다.

|해설| 고요한 마음 상태를 유지하는 일은 마음을 비우는 수양에 의해 가능하다. 그리
고 그 내면의 수양은 부단히 옳은 이치가 무엇인지를 체득하는 외적인 공부와
병행되어야 한다. 하지만 그 인위적 노력이 끊임없이 이루어지면 어느덧 마음
은 오랫동안 평안한 상태를 유지하면서, 특별히 고심하며 사유하지 않아도 특
정 상황마다 무엇이 옳은지 정확하게 판단해 행동할 수 있게 된다. 그리하여 문
장도 술술 쓸 수 있게 되고, 책의 의미도 밝게 이해하게 된다. 장재는 이를 맹자
가 말한 '그 무사를 행하라(行其所無事)'는 원칙을 따르는 것이라고 했다.

8.9 心淸時常少, 亂時常多. 其淸時卽視明聽聰, 四體不待羈束而自然
恭謹, 其亂時反是. 如此者何也? 蓋用心未熟, [1]客慮多而常心少
也, 習俗之心未去而實心未全也. 有時如失者, 只爲心生, 若熟後自
不然. 心不可勞, 當存其大者, 存之熟後, 小者可略.[191]

191 (1)客慮, 객려(客慮)란 객형(客形)에 대한 사려를 가리킨다. 객형이란 앞서 살펴보았듯
이 일시적으로 특정 형태로 존재할 뿐인 사물이며, 따라서 객려란 사물을 객체로 대상

| 번역 | 마음이 맑을 때는 늘 적고 마음이 어지러울 때는 늘 많다. 마음이 맑
을 때는 보는 것이 분명하고 듣는 것이 밝으며 사지가 결박되지 않
더라도 자연스럽게 공손하고 삼가나, 마음이 어지러울 때는 이에
반하게 된다. 이렇게 되는 것은 무엇 때문인가? 마음을 쓰는 것이
아직 성숙하지 않아 대상화하는 생각이 많고 변치 않는 마음이 적
으며, 세속의 마음이 아직 제거되지 못하고 진실한 마음이 아직 완
전해지지 못했기 때문이다. 어떨 때는 잃어버린 듯한 것은 단지 마
음이 생겨났기 때문이니, 성숙한 후에는 자연히 그렇지 않을 것이
다. 마음은 괴롭혀서는 안 되고 마땅히 그 중요한 것을 보존해야 한
다. 보존하는 일이 익숙해진 후에 자질구레한 일들은 생략할 수 있다.

| 해설 | 욕심을 비워 마음이 맑고 고요할 때는 지각 작용이 의리를 정확히 아는 데 사용
되고, 사지의 움직임도 예에 부합한다. 하지만 보통 사람들에게는 그런 일이 늘
일어나지는 않는다. 그 이유를 장재는 덕이 성숙하지 않았기 때문이라 진단한
다. 덕이 성숙하지 않았기 때문에, 사람들은 자주 사물을 대상화하는 사유에 빠
져 버린다. 이는 세속의 일반적인 사유 방식이기도 하다. 상심(常心) 혹은 실심
(實心)은 이런 대상화된 사유를 거부하는 마음이다. 그것은 무욕의 평안한 마음
이자, 유학적인 진실한 마음이다. 장재는 사람이 맑고 고요한 마음 상태, 즉 중
요한 것을 보존하는 수양을 하면서 대상화된 사유, 즉 자질구레한 일들로 전자
의 마음을 괴롭혀서는 안 된다고 주장하고 있다.

8.10 人言必善聽乃能取益, 知德斯知言.

| 번역 | 사람의 말은 반드시 잘 들어야 이득을 얻을 수 있으니, 덕을 알면 말
을 안다.

화하여 사유하는 것을 뜻한다.

| 해설 | 말은 잘하는 것보다 잘 듣는 것이 더 중요하다. 타인의 말을 경청하는 것은 일종의 자기를 낮추고 타인을 높이는 태도로서, 그런 자는 덕을 아는 자요, 타인의 말을 통해 이득을 얻는, 말의 참 의미를 아는 자이다.

8.11 所以難[1]命辭者, 只爲道義是無形體之事. 今名者已是實之於外, 於名也命之又差, 則繆益遠矣.[192]

| 번역 | 말을 운용하는 것이 어려운 까닭은 다만 도의는 형체가 없는 일이기 때문이다. 지금 명칭이란 이미 밖에서 실제화된 것인데, 명칭을 운용하는 것에서 다시 오차가 생긴다면 오류는 더욱 심해진다.

| 해설 | 도의란 우주 자연과 인간사회의 가치, 의미, 이치 등을 뜻한다. 이런 도의는 물론 형체가 없는 것이어서, 조금만 잘못 이해해도 커다란 오류가 생겨나게 된다. 무형의 어떤 것을 명칭으로 표현하는 것은 실제가 아닌 것을 한 차례 실제화하는 것이다. 그런데 그렇게 실제화한 개념마저 다시 잘못 운용하면 더 쉽게 오해를 낳을 수 있다.

8.12 人相聚得言, 皆有益也, 則此甚善. 計天下之言, 一日之間, 百可取一, 其餘皆不用也.

| 번역 | 사람들이 함께 모여 말을 얻어 모두 유익했다면 이는 아주 좋은 일이다. 이 세상의 말들을 헤아려 보면 하루 사이에 100이면 1을 취할 만하고, 나머지는 모두 무용하다.

---

192 (1)命辭, 말을 운용함.

8.13 答問者命字爲難, 己則講習慣, 聽者往往致惑. 學者用心未熟, 以
『中庸』文字輩, 直須句句理會過, 使其言互相發明, 縱其間有命字
未安處, 亦不足爲學者之病.

|번역| 물음에 답할 때 글자를 운용하는 일은 어려우니, 자기는 논하는 것
이 익숙하지만 듣는 사람은 종종 미혹됨에 이른다. 배우는 자의 마
음 씀이 아직 성숙하지 못하니, 『중용』의 글귀 같은 것은 참으로 한
구절씩 이해하고 넘어가, 그 말들이 서로 증거가 되도록 해야 하겠
지만, 설사 그 사이에 글자를 운용하는 일에 타당하지 못한 점이 있
다고 해도 배우는 자의 병폐로 삼을 수는 없다.

|해설| 가르치는 자와 배우는 자는 연구의 수준이 다르므로, 개념을 운용하는 능력도
다를 수밖에 없다. 배우는 자가 개념을 운용할 때 오류가 있다고 해서 그것을 지
나치게 질책해서는 안 된다.

8.14 草書不必近代有之, 必自筆札已來便有之, 但寫得不謹, 便成草
書. 其傳已久, 只是法備於⁽¹⁾右軍, 附以己書爲說. 既有草書, 則經
中之字, 傳寫失其眞者多矣, 以此『詩』『書』之中字, 儘有不可通
者.[193]

|번역| 초서가 꼭 가까운 시대에 생겨난 것은 아닐 테지만, 틀림없이 붓으
로 글을 쓴 이후에 생겨났을 것이니, 다만 조심스럽게 쓰지 않아 곧

---

[193] (1)右軍, 동진 시대의 뛰어난 서예가 왕희지(王羲之, 303~361)를 가리킴. 왕희지가 일찍
이 우군장군을 역임했기 때문에 이런 호칭이 붙었다.

초서가 된 것이다. 그것이 전해진 지 이미 오래되었으되, 그 방법은
왕희지에게 갖추어져 있으며, 자기의 서체를 덧붙여 설을 세웠다.
초서가 생겨나자 경전의 글자 중에 서로 전하며 베끼다가 그 참모
습을 잃게 된 경우가 많아졌고, 그로 인해『시』,『서』의 글자 중에도
의미가 통하지 않는 것들이 많이 있게 되었다.

8.15 靜有言得大處, 有小處, 如"[(1)]仁者靜"大也, "[(2)]靜而能慮"則小也.
始學者亦要靜以入德, 至成德亦只是靜.[194]

|번역| 고요함(靜)에는 크게 고요함을 말하는 것도 있고 작게 고요함을 말
하는 것도 있으니, 예컨대 "어진 자는 고요하다"고 할 때의 고요함은
크게 고요함이요, "고요한 후에야 사려할 수 있다"고 할 때의 고요함
은 작게 고요함이다. 처음 배우기 시작하는 자 또한 고요함으로 덕
에 진입해야 하고, 덕을 완성함에 이르러서도 고요할 따름이다.

|해설| 마음의 고요함은 공부의 처음부터 끝까지 유지해야 한다. 다만 장재는 여기서
그 고요함에도 수준 차이가 있음을 말하고 있다. 예컨대『대학』에서 공부의 목
표를 정한 다음 생겨나는 고요함은 낮은 수준의 고요함이요, 공자가 말한 어진
자의 고요함은 높은 수준의 고요함이다.

---

194 (1)仁者靜:『論語』,「雍也」, "지혜로운 사람은 물을 좋아하고 어진 사람은 산을 좋아하
며, 지혜로운 사람은 동적이고 어진 사람은 고요하다."(知者樂水, 仁者樂山. 知者動, 仁
者靜.) (2)靜而能慮:『大學』, "머무를 곳을 안 후에야 정해지는 것이 생기게 되고, 정해진
후에야 마음이 고요해질 수 있으며, 마음이 고요해진 후에야 편안해질 수 있고, 편안해
진 후에야 사려할 수 있으며, 사려한 후에야 얻을 수 있다."(知止而后有定, 定而后能靜,
靜而后能安, 安而后能慮 慮而后能得.)

8.16 學不長者無他術, 惟是與朋友[(1)]講治, 多識前言往行以畜其德, 非
禮勿言, 非禮勿動, 即是養心之術也. 苟以前言爲無益, 自謂不能
明辨是非, 則是不能居仁由義自棄者也決矣.[195]

|번역| 배움이 성장하지 않는 자라면 다른 방법은 없고 오직 친구와 함께
강론하고 연구할 따름이니, 과거 성현의 언행을 많이 기억하여 덕
을 기르고 예가 아니면 말하지 않고 예가 아니면 움직이지 않는 것
이 곧 마음을 기르는 방법이다. 만약 과거 성현의 말씀은 무익하다
고 여기고 스스로 옳고 그름을 분명히 분별할 수 없다고 말한다면,
그는 인에 머물지 못하고 의를 따르지 못하여 스스로 포기하는 자
임이 분명하다.

|해설| 학문의 성장에 왕도는 없다. 오직 성현의 말씀을 많이 배워 익히고, 언행은 예를
따르려고 노력하며, 벗과 더불어 사물의 이치를 연구하는 가운데 덕이 자라날
수 있다.

8.17 人欲得正己而物正, 大抵道義雖不可緩, 又不欲急迫, 在人固須求
之有漸, 於己亦然. 蓋精思潔慮以求大功, 則其心隘, 惟是得心弘
放得如天地易簡, 易簡然後能應物皆平正. 博學於文者, 只要得[(1)]習
坎心亨, 蓋人經歷險阻艱難, 然後其心亨通. 捷文者皆是小德應
物, 不學則無由知之, 故[(2)]『中庸』之欲前定, 將所如應物也.[196]

195 (1)講治, 강론하고 연구한다.
196 (1)習坎心亨:『周易』,「習坎」, "습감은 진실함이 있으면 마음이 형통하여 행함에 높임이
있다."(習坎, 有孚, 維心亨, 行有尚.) 습감(習坎)은 위험이 중첩되어 있다는 뜻. (2)『中
庸』之欲前定:『中庸』20장, "모든 일은 미리 준비하면 성공하고 미리 준비하지 않으면

|번역| 사람이 자기를 바르게 하여 사물이 바르게 되기를 바란다면 대체로 도의의 실현을 늦춰서는 안 되겠지만, 급박하게 하려고도 하지 않아야 하니, 타인에게서는 물론 그것을 점진적으로 요구해야 하고 자기 자신에게도 그래야 한다. 대개 생각을 정밀하게 하고 사려를 정결하게 하여 큰 공을 세울 것을 추구하면 그 마음이 협소해지니, 오직 쉽고 간단한 원칙에 따라 일하는 천지처럼 마음을 넓게 가져 내려놓아야 한다. 쉽고 간단해져야 사물에 응대하는 것이 공평하고 바르게 될 수 있다. 글에서 널리 배우는 자는 오직 중첩된 어려움을 만나야 마음이 형통한다. 사람이 험한 일과 어려운 일을 겪어야 그 마음이 형통해지기 때문이다. 글을 민첩하게 이해하는 자는 모두 작은 덕으로 사물에 응하는 것이고, 배우지 않으면 그것을 알 도리가 없다. 그러므로 『중용』의 말처럼 미리 정하고자 한다면 뜻하는 바대로 사물에 응하게 될 것이다.

|해설| 유학에서는 자신을 바르게 하여 타자도 바르게 되기를 희망한다. 그렇다면 도덕의 실현은 늦출 수 없는 과제이겠지만, 그렇다고 해서 그것을 자신에게나 타인에게나 급히 요구해서는 안 된다. 그 이상도 점진적인 과정에 의해서만 실현될 수 있기 때문이다. 그런 이유에서 장재는 드넓은 포용력과 여유를 가져야 함을 강조한다. 그런 마음을 지녀야 비로소 간이한 원칙에 따라 일하는 천지를 닮아 갈 수 있기 때문이다. 넓은 포용력과 여유를 갖는다고 해서 늘 모든 일이 순조로운 것은 아니다. 반대로 온갖 험난한 일을 겪게 된다. 하지만 그 고난의 체험과 부단한 학습 속에서 사람은 만사에 형통할 수 있는 지혜를 체득하게 된다. 그런 체험이 없이 그저 글을 기민하게 이해하는 능력만 기르는 사람은 단지 작은 덕을 기르는 것일 뿐이다. 고난의 체험과 폭넓은 학습이 무르익으면 사람은

실패한다. 할 말이 미리 정해져 있으면 걸림이 없고, 할 일이 미리 정해져 있으면 어려움이 없으며, 할 행위가 미리 정해져 있으면 흠이 없고, 방법이 미리 정해져 있으면 궁하지 않게 된다."(凡事, 豫則立, 不豫則廢. 言前定則不跲, 事前定則不困, 行前定則不疚, 道前定則不窮.)

비로소 『중용』에서 말하는 대로 일에 앞서 미리 그 대처 원칙을 굳건히 갖게 됨
으로써 뜻한 바대로 외물에 대응할 수 있게 된다.

8.18 人當平物我, 合內外, 如是以身鑒物便偏見, 以天理中鑒則人與己
皆見, 猶持鏡在此, 但可鑒彼, 己莫能見也. 以鏡居中則盡照. 只
爲天理常在, 身與物均見, 則自不私, 己亦是一物, 人常脫去己身
則自明. 然身與心常相隨, 無奈何有此身, 假以接物則擧措須要
是. 今見人意·我·固·必以爲當絶, 於己乃不能絶, 即是私己.
是以大人正己而物正, 須待自己者皆是著見, 於人物自然而正. 以
誠而明者, 旣實而行之明也, 明則民斯信矣. 己未正而正人, 便是
有意·我·固·必. 鑒己與物皆見, 則自然心弘而公平. 意·我·
固·必只爲有身便有此, 至如(1)恐懼·憂患·忿懥·好樂, 亦只是
爲其身(虛)[處],197 亦欲忘其身賊害而不顧. 只是兩公平, 不私於己,
(2)無適無莫, 義之與比.198

|번역| 사람은 마땅히 사물과 나를 공평하게 대하고 안과 밖을 합해야 한
다. 만일 자기 몸을 중심으로 외물을 조감한다면 치우쳐 보이지만,

197 〈중화 주석〉 '處'는 『학안』에 근거해 고쳤다.
198 (1)恐懼·憂患·忿懥·好樂: 『大學』, "몸을 닦는 것이 마음을 바르게 하는 것에 달려 있
다는 말은 몸에 분노하는 바가 있으면 그 바름을 얻지 못하고, 두려워하는 바가 있으면
그 바름을 얻지 못하며, 즐기는 바가 있으면 그 바름을 얻지 못하고, 근심하는 바가 있
으면 그 바름을 얻지 못한다는 뜻이다."(所謂修身在正其心者, 身有所忿懥則不得其正, 有
所恐懼則不得其正, 有所好樂則不得其正, 有所憂患則不得其正.) (2)無適無莫, 義之與比: 『論
語』, 「里仁」, "군자는 천하의 일에 대해 반드시 그렇게 해야 한다는 것도 없고, 반드시
그래서는 안 된다는 것도 없이, 의를 따를 따름이다."(君子之於天下也, 無適也, 無莫也,
義之與比.)

천리(天理)로 가운데에서 조감하면 남과 내가 모두 보이니, 거울을 들고 여기에 있으면, 단지 저것만을 비출 수 있을 뿐, 자기는 보이지 않지만, 거울을 가운데에 두면 모두 비추는 것과 같다. 오직 천리는 늘 존재하기 때문에, 자신과 사물이 똑같이 보이면, 자연히 사사롭지 않게 되고, 자기 또한 하나의 사물이 되니, 사람이 늘 자기 몸을 벗어난다면 자명해질 것이다. 그러나 몸은 마음과 항상 서로 따라다녀 어쩔 수 없이 이 몸이 있으니, 이 몸으로 사물과 접촉할 때 행동은 발라야 한다. 지금 사람의 의도함, 소아, 고집함, 기대함을 마땅히 근절해야 한다고 여기면서도 자기에게서는 근절하지 못함을 보니, 이는 곧 이기적이기 때문이다. 그러므로 대인은 자기를 바르게 하여 사물이 바르게 되어, 자기를 대하는 것이 모두 드러나며 사람과 사물에서 모두 자연스럽고 바르게 된다. 성(誠)으로 밝아짐이란 이미 진실하여 행함이 밝은 것이니, 밝으면 백성들이 신뢰한다. 자기가 바르지 않으면서 타인을 바르게 하는 것은 의도함, 소아, 고집함, 기대함이 있는 것이다. 자기와 사물을 비추어 모두 보이면, 자연히 마음이 넓어지고 공평해진다. 의도함, 소아, 고집함, 기대함은 몸이 있기 때문에 그것이 있는 것이고, 두려워함, 근심함, 분노함, 즐김 역시 이 몸이 있기 때문이니, 그 몸이 해치는 것을 잊고 돌아보지 않고자 한다. 다만 나와 타자의 양쪽을 공평하게 대해 자기를 사사롭게 대하지 않으며, 반드시 그렇게 해야 한다는 것도 없고 그렇게 하면 안 된다는 것도 없이 의를 따를 따름이다.

|해설| '나'와 타자를 공평하게 바라보는 것에 대한 장재의 이 논의 가운데 전반부는 『장자』의 견해를 연상케 한다. 예컨대 『장자』에서는 "도의 관점에서 보면(以道觀之) 사물에는 귀천이 없다고 한다. 반대로 사물의 관점에서 보면(以物觀之) 자신은 귀하고 상대방은 천하다"(「秋收」)라고 하여, '나'를 중심으로 타자를 대하는 자기중심적 관점에서 벗어나 도의 관점, 환언하면 하늘의 관점에서 만물을 평

등하게 바라볼 것을 주장하고 있다. 장재의 견해도 이와 유사하다. 다만 그는 천리(天理)의 관점에서 조감한다고 하여, 도덕적인 눈으로 세계를 바라보는 것이 자신과 타자를 공평하게 대할 수 있는 관점임을 주장하는 점이 차이이다. 이어서 중반부 이후에 장재는 사람이 쉽게 자기중심적 혹은 이기적인 눈으로 자신과 타자를 바라보는 근본적인 원인이 신체를 지닌 데 있음에 주목한다. 하지만 살아 있는 한, 사람은 몸을 벗어날 수 없고, 그런 조건에서 '나'와 타자를 최대한 똑같이 대하는 방법은 오직 진실한(誠) 태도로 자신을 바르게 하여 타자가 바르게 되는 것밖에 없다고 했다. 사사로이 자기를 위하는 마음을 버리고 사전에 반드시 이렇게 되어야 한다거나 혹은 반드시 그렇게 되어서는 안 된다는 선입견도 버리고 상황마다 가장 합당한 의를 행할 때 '나'와 타자를 공정하게 대하는 일은 가능해진다고 했다.

(勿謂小兒無記性所歷事皆能不忘故善養子者當其嬰孩鞠之使得所養令其和氣乃至長而性美教之示以好惡有常至如不欲犬之升堂則時其升堂而撲之若既撲其升堂又復食之於堂則使孰適從雖日撻而求其不可升堂不可得也)[199]

> 8.19 教之而不受, 雖强告之無益, 譬之[(1)]以水投石, 必不納也. 今夫石田, 雖水潤沃, 其乾可立待者, 以其不納故也. (出)[200]莊子言[(2)]內無受者不入, 外無主者不出."[201]

[199] 〈중화 주석〉 이 조목은 『이정유서』 권2에 보인다. 잘못 들어온 것이기 때문에 삭제했다.
[200] 〈중화 주석〉 '出'은 『어록』에 근거해 삭제했다.
[201] (1)以水投石, 물을 돌에 부어도 돌이 물을 흡수하지 않듯이, 의견이 맞지 않아 받아들이지 않음. (2)內無受者不入, 外無主者不出: 『莊子』, 「天運」 "마음속에서 나가는 것을 밖에서 받아들이지 않기 때문에 성인은 밖으로 내보내지 않고, 밖에서 들어오는 것을 마음속에서 받아들일 주인이 없으면 성인은 그것에 기대지 않는다."(由中出者, 不受於外, 聖人不出; 由外入者, 無主於中, 聖人不隱.)

|번역| 가르쳐 주어도 받아들이지 않으면 억지로 알려 준다 해도 무익하
다. 비유컨대 물을 돌에 붓는 것과 같으니, 틀림없이 받아들이지 않
을 것이다. 지금 저 자갈밭에 물을 적셔 대더라도 그것이 금세 마르
는 것은 받아들이지 않기 때문이다. 장자는 "안에서 받아들이지 않
는 것은 들어오지 못하고, 밖에서 받아들일 주인이 없으면 나가지
못한다"고 했다.

|해설| 선생의 가르침이 아무리 합당하다고 해도 학생이 받아들이지 않는다면 억지로
알려 줄 필요가 없다. 그것은 돌에 물을 붓고, 자갈밭에 물을 적시는 것처럼 아
무리 가르쳐도 소용이 없는 일이다.

8.20 學者不論天資美惡, 亦不專在勤苦, 但觀其趣嚮着心處如何. 學者
以堯舜之事須刻日月要得之, 猶恐不至, 有何⁽¹⁾媿而不爲! 此始學
之良術也.²⁰²

|번역| 배우는 자는 천부적 자질이 훌륭한지 나쁜지 논하지 않고, 또 오직
부지런히 애쓰는 일에만 있지도 않으니, 다만 그 지향과 관심이 어
떤지 살필 따름이다. 배우는 자가 요임금과 순임금의 일을 가지고
시간을 쪼개어 얻으려 해도 이르지 못할까 하거늘, 무엇이 부끄러워
서 하지 않는가! 이것이 처음 배우는 단계에서의 훌륭한 방법이다.

|해설| 학문을 하는 첫 단계에서 가장 중요한 것은 무엇에 뜻과 관심을 두느냐에 있다.
학문을 하는 자의 타고난 능력이 어떤지, 얼마나 부지런히 애쓰는지는 그것에
비하면 부차적인 문제이다. 그런 이유에서 유학자에게 가장 중요한 일은 요임

---

202 (1)媿, 愧와 같음. 부끄러움.

금과 순임금 같은 성인이 되는 일에 뜻과 관심을 두는 것이라 하겠다.

8.21 義理有疑, 則濯去舊見以來新意. 心中苟有所⁽¹⁾開, 即便⁽²⁾劄記,
不思則還塞之矣. 更須得朋友之助, [一]²⁰³日間朋友論着, 則一日
間意思差別, 須日日如此講論, 久則自覺進也.²⁰⁴

|번역| 의리에 대해 의심이 생겨나면, 낡은 견해를 제거하여 새로운 의미
가 생겨나게 한다. 마음속으로 진실로 깨달은 점이 있으면 곧 여러
조목으로 간략히 기록하니, 생각하지 않으면 도리어 막히게 된다.
또한 친구의 도움을 얻어야 한다. 하루 동안 친구와 논하면, 하루 동
안의 생각에 차이가 나니, 날마다 그렇게 강론하여 오래되면 스스
로 진보했음을 느끼게 된다.

|해설| 학문 수준을 향상시키는 방법을 열거하였다. 의심을 계기로 사유를 통해 낡은
견해를 제거하고 새로운 견해를 얻을 것, 깨달은 내용은 항상 기록할 것, 친구와
강론할 것 등이 그것이다.

8.22 [學行之乃見, 至其疑處, 始是實疑, 於是有學]²⁰⁵在. 可疑而不疑
者不曾學, 學則須疑. 譬之行道者, 將之<u>南山</u>, 須問道路之(出)自
[出],²⁰⁶ 若安坐則何嘗有疑.

203 〈중화 주석〉『초석』에 근거해 이어지는 문장과 한 단락으로 연결했으며, '一'을 보완해
넣었다.
204 (1)開, 개오(開悟), 즉 깨달음. (2)劄記, 찰기(札記), 여러 조목으로 나누어 기록함.
205 〈중화 주석〉 이 네 구절은 원래『역설』끝 일문(『장재집』(三) 371쪽)이었는데, 글의 의
미에 따라 이곳으로 옮겼다.

|번역| 배우고 행하면 알게 되는데, 그 의심이 나는 곳에 이르러야 비로소 실제로 의심하는 것이고, 이에 배우는 것이 있게 된다. 의심할 만한 데도 의심하지 않으면 배운 적이 없는 것이니, 배우면 반드시 의심한다. 비유컨대 길을 가는 자가 남산에 가려고 한다면 도로가 난 곳을 물어야 한다. 편안히 앉아 있다면 어찌 의심이 있겠는가?

|해설| 새로운 앎의 획득은 의심, 회의에서 비롯된다. 따라서 학문하는 과정에서 의심은 중요한 의미를 지닌다. 의문이 생겨나야 마땅한데도 아무 의문이 없다면, 그 사람은 아무것도 배우지 못한 것이다. 배움이란 새로운 것을 배우는 것이기 때문이다.

8.23 學者只是於義理中求, (1)譬如農夫, 是穮是蓘, 雖在饑饉, 必有豐年. 蓋求之則須有所得.207

|번역| 배우는 자는 다만 의리 속에서 구할 따름이다. 비유컨대 농부가 김매고 농작물을 북돋우면 설사 기근 가운데 있어도 틀림없이 풍년이 드는 것과 같다. 구하면 반드시 얻는 것이 있다.

|해설| 농부가 기근이 드는 상황에서도 김매고, 작물을 북돋우는 일을 하여야 풍년이 들 수 있듯이, 학문을 하는 자가 어떤 상황에서도 오직 옳은 것을 추구해야만 소기의 성과가 있을 수 있다.

---

206 〈중화 주석〉『학안』에 근거해 고쳤다.
207 (1)譬如農夫, 是穮是蓘, 雖在饑饉, 必有豐年: 『春秋左傳』, 「昭公元年」, 비유컨대 농부가 김매고 농작물을 북돋우면 설사 기근 가운데 있어도 틀림없이 풍년이 들 것이다. 穮(표), 김을 맴. 蓘(곤), 뿌리를 싸고 있는 흙을 도톰하게 북돋움.

8.24 道理須(義)從[義]²⁰⁸理生, 集義又須是博文, 博文則利用, 又集義則
自是經典, 已除去了多少⁽¹⁾掛意, 精其義直至於入神, 義則一種是
義, 只是尤精. 雖曰義, 然有一意·必·固·我便是繫礙, 動輒不
可. 須是無倚, 百種病痛除盡, 下頭有一不⁽²⁾犯手勢自然道理, 如
此是快活, 方眞是義也. <u>孟子</u>所謂"⁽³⁾必有事焉", 謂下頭必有此道
理, 但起一意·必·固·我便是助長也. ⁽⁴⁾浩然之氣本來是集義所
生, 故下頭却說義. 氣須是集義以生, 義不集如何得生? "⁽⁵⁾行有不
慊於心則餒矣." 集義須是博文, 博文則用利, 用利即身安, 到身安
處却要得資養此得精義者. ⁽⁶⁾脫然在物我之外, 無意·必·固·
我, 是精義也. 然立則道義從何而生? 灑掃應對是誠心所爲, 亦是
義理所當爲也.²⁰⁹

|번역| 도리(道理)는 의리(義理)에서 생겨나야 하고, 의를 모으려면 또한 글
을 널리 읽어야 한다. 글을 널리 읽으면 이롭게 작용하고, 또 의를
모으면 스스로가 경전이다. 마음속에 걸려 있던 근심을 이미 많이

---

208 〈중화 주석〉'義'는『학안』에 근거해 '從' 다음으로 옮겼다.
209 (1)掛意, 마음속에 걸려 있는 생각, 근심, 걱정. (2)犯手勢, 착수하여 행함, 손을 놀려 일
을 함. 즉 여기서는 작위적으로 애씀. (3)必有事焉:『孟子』,「公孫丑上」, "반드시 호연지
기를 기르는 일이 있어야 하겠지만, 억지로 표준에 맞추려 해서는 안 되고, 마음속에서
잊지 말아야 하겠지만, 억지로 조장을 해서도 안 된다. 송나라 사람처럼 그렇게 해서는
안 된다."(必有事焉, 而勿正; 心勿忘, 勿助長也. 無若宋人然.) (4)浩然之氣本來是集義所生:
『孟子』,「公孫丑上」, "공손추가 물었다. '호연지기란 무엇입니까?' 맹자가 말했다. '설명
하기 어렵구나. 그 기는 지극히 크고 지극히 강하여, 곧음으로써 기르면 하늘과 땅 사
이에 가득 차게 된다. 그 기는 의(義)와 도(道)가 배합되는 것으로서 이것이 없으면 기
가 허약해진다. 이것은 부단히 의가 모여서 생겨나는 것이지, 의가 밖에서 엄습하여 취
해지는 것이 아니다.'"("敢問何謂浩然之氣?' 曰: "難言也. 其爲氣也, 至大至剛, 以直養而無
害, 則塞於天地之間. 其爲氣也, 配義與道, 無是, 餒也. 是集義所生者, 非義襲而取之也.") (5)
行有不慊於心則餒矣:『孟子』,「公孫丑上」, "행하고 나서 마음이 흡족하지 않으면 기가 허
약해진다."(行有不慊於心, 則餒矣.) (6)脫然, 초탈한 모습.

제거하고, 그 의를 정밀하게 탐구해 곧장 입신(入神)의 경지에 이르게 되니, 의는 똑같은 종류의 의(義)로되, 다만 더욱 정밀해졌을 따름이다. 비록 의라고 말하지만 의도함, 기필함, 고집함, 소아가 있으면 얽매임과 장애가 되어 걸핏하면 할 수 없게 된다. 기대는 것이 없어야 갖가지 병통이 다 제거되고, 이어서 작위적으로 애쓰지 않는 자연스러운 이치가 생겨나니, 그래야 유쾌하고 참된 의이다. 맹자의 "반드시 일이 있어야 한다"는 말은 그 이후로 반드시 이 이치가 있어야 함을 뜻한다. 하지만 의도하고, 기대하며, 고집하고, 소아가 생겨나면 곧 조장하는 것이다. 호연지기는 본래 의를 모아 생겨나는 것이므로, 이어서 의를 말하였다. 기는 의를 모아서 생겨나는 것일진대, 의가 모이지 않으면 어떻게 생겨날 수 있겠는가? "행하고 나서 마음이 흡족하지 않으면 기가 허약해진다"고 했다. 의를 모으려면 글을 널리 읽어야 한다. 글을 널리 읽으면 작용이 이롭고, 작용이 이로우면 몸이 편안해진다. 몸이 편안한 지점에 이르면 이것을 길러 정밀한 의를 탐구할 수 있어야 한다. 초연히 사물과 나의 분별 밖에 있어 의도함, 기대함, 고집함, 소아가 없는 것이 의리를 정밀하게 탐구하는 것이다. 그런데 뜻을 세우면 도의는 어디에서 생겨나는가? 물 뿌리고 마당 쓸고 응대하는 것은 정성스러운 마음으로 행하는 것이자, 의리상 마땅히 해야 하는 것이기도 하다.

|해설| 이 단락에서 장재는 대인의 경지에 이르기 전과 이른 후에 의를 탐구하는 일이 어떤 점에서 같고 다른지를 『맹자』의 집의(集義)와 「역전」의 정의(精義) 개념을 뒤섞어 인용하며 설명하였다.

첫 구절 "도리(道理)는 의리(義理)에서 생겨나야 한다"는 말은 이 단락 전체 내용이 『맹자』의 호연지기 장을 상당히 많이 인용하고 있음을 생각할 때, 호연지기는 "의(義)와 도(道)가 배합된다(配義與道)"는 말에서 착안해 의와 도의 관계를 장재 나름대로 설명한 것으로 보인다. 도리는 일반적·보편적 도덕 원칙이

고, 의리는 구체적인 상황마다 합당한 도덕 · 윤리적 원칙을 뜻한다. 그렇다면 첫 구절은 일반적 · 보편적 도덕 원칙은 구체적인 상황마다 합당한 도덕 · 윤리적 원칙이 종합되고 추상화된 것이라는 뜻일 것이다. 구체적인 상황마다 무엇이 합당한 판단과 행위의 원칙인지 알려면 그것을 알려 주는 글을 많이 읽어야 한다는 것이 장재의 입장이다. 글을 많이 읽어 지식이 쌓이면 행동이 타자에게 이로우며, 어느덧 '나' 자신이 살아 있는 경전이 된다. 내면의 근심이 대부분 사라져 '나'는 옳은 것이 무엇인지 정밀하게 탐구해 신묘한 능력을 갖춘 대인의 경지에 들어서게 된다. 대인이 아는 윤리적 원칙 역시 대인이 되기 전과 같은 종류의 그것이지만, 옳은 것이 무엇인지에 대한 인식이 매우 정밀해졌다는 점에서 그 수준에는 분명히 차이가 난다. 반면 똑같이 옳음이 무엇인지 알지만, 타자와 명확히 분별되는 '나'라는 주체를 세워, '나'를 중심으로 무엇인가를 의도하고 그렇게 해서 얻은 견해를 고집하고, 외물에 대해 기대하는 것이 있다면, '나'의 생각과 행동에는 '나'는 '타자'에 대해 얽매임이 있고 막힘이 있게 되어 그 옳음은 실천할 수 없게 된다. 따라서 한쪽으로 치우쳐 기대는 일이 없어야 그런 병폐가 다 제거되고, 작위적으로 애쓸 필요가 없는 자연스러운 이치가 현현하며, 그래야 '나'의 도덕적 행위는 즐거운 행위가 되고, '내'가 아는 옳음은 참된 옳음이 된다.

이어서 장재는 이상의 이치를 맹자의 호연지기 장을 인용하며 거듭 설명하고 있다. 호연지기 장의 사람은 "반드시 일이 있어야 한다"는 말은 장재에게는 대인의 경지에 진입한 이후로 반드시 이 자연스러운 이치가 있어야 함을 뜻한다. 그런데 앞서 말했듯 '타자'와 분립된 '나'를 주체로 세워 '나'를 중심으로 무엇인가 의도하고, 고집하고, 기대한다면, 이는 곧 맹자가 말하는 억지로 조장(助長)하는 행위가 되어, 자연스러운 이치는 생겨나지 않는다. 맹자가 제시한 호연지기는 도덕적 기로서 그의 말처럼 의를 모아(集義) 생겨나는 것이다. 옳은 원칙에 대한 지식을 축적하려면 당연히 글을 많이 읽어야 한다. 그래야 타자에 이롭게 행동할 수 있고, '나' 자신도 편안해질 수 있다. 몸이 편안한(身安) 상태에 이르는 것은 곧 앞서 말한 대인의 경지에 이르는 것이다. 그 대인의 경지에 이르면 이 지극히 크고 강한 도덕적 기를 기르면서 옳은 것이 무엇인지 더욱 정밀히 탐구해야 한다. 이 단계에서는 '나'와 타자의 분별이 없으므로, '나'를 중심으로 무엇인가 의도하고, 나의 의견을 고집하며, 외물에 기대하는 것이 사라지며, 이 '나'와 타자의 분별이 사라지는 과정이 곧 옳은 것이 무엇인지 더욱 정밀하게 탐구하는 과정이 된다. 하지만 이 옳은 것이 무엇인지 정밀하게 탐구하는 과정이 어떤 특별한 일을 가리키는 것도 아니다. 그저 물 뿌리고 마당 쓸고 손님을 응대하는 일상의 행위를 정성스러운 태도로 하는 과정에서 체득되는 것일 따름이다.

8.25 凡所當爲, 一事[(1)]意不過, 則推類如此善也; 一事意得過, 以爲且休, 則百事廢, 其病常在. 謂之病者, 爲其不虛心也. 又病隨所居而長, 至死只依舊. 爲子弟則不能安灑掃應對, 在朋友則不能下朋友, 有官長不能下官長, 爲宰相不能下天下之賢, 甚則至於[(2)]狥私意, 義理都喪, 也只爲病根不去, 隨所居所接而長. 人須一事事消了病則常勝, 故要克己. 克己, 下學也, 下學上達交相培養, 蓋不行則成何德行哉[210]!

|번역| 마땅히 해야 할 일 가운데, 한 가지 일이라도 마음속으로 지나치지 못한다면 비슷한 것을 밀고 나아가 그렇게 선해진다. 반대로 한 가지 일이라도 마음속으로 그냥 지나쳐도 좋고 잠시 쉬겠다고 생각한다면 갖가지 일을 그만두어 그 병폐는 늘 존재하게 된다. 이를 병폐라고 말하는 까닭은 그 마음을 비우지 못했기 때문이다. 또 병폐는 머무르는 곳을 따라 자라나니, 죽을 때까지 그대로인 상태가 된다. 자제의 경우에는 물 뿌리고 마당 쓸고 응대하는 일에 편안하지 못하고, 친구의 경우에는 친구의 아래에 있지 못하며, 관장이 있어도 관장의 아래에 있지 못하고, 재상이 되어서는 세상의 현자 아래에 있지 못한다. 심하면 사사로운 생각을 꾀하는 데 이른다. 의리를 모두 상실하니, 다만 병의 근원이 제거되지 않으므로, 머무르고 접촉하는 것을 따라 자라난다. 사람은 한 가지 일마다 병폐를 제거해야 늘 이기게 되니, 자기를 이겨 내야 한다. 극기는 아래에서 배우는 일이다. 아래에서 배우는 일과 위로 통달하는 일은 교대로 배양해야 한다. 행하지 않고서 무슨 덕행을 이루겠는가!

[210] (1)意不過, 마음속으로 도저히 지나칠 수 없음. (2)狥, 徇과 같음. 꾀함, 모색함.

| 해설 | 선한 사람, 더 나아가 덕을 완성하는 사람이 되려면 지금 이곳에서 '내'가 마땅히
해야 할 일을 하는 데서 시작해야 한다. 지금 마땅히 해야 할 일을 지나쳐 버리
면 그것은 습관이 되어 마땅히 해야 할 갖가지 일들을 다 지나쳐 버리게 되고, 결
국은 '나'의 병폐가 되고 만다. 장재는 사람들이 그렇게 마땅히 해야 할 일을 하
지 않고 지나치는 근본 원인이 '마음을 비우지 못한' 탓이라고 주장한다. 마음을
비우면 자신을 낮추고 타인을 높일 줄 알게 된다. 그러지 못하기 때문에 자제,
친구, 백성, 재상 등 어느 위치에 있어도 마땅히 자신을 낮추어야 할 때 그러지
못한다. 심하면 자신의 사익 추구에 온통 정신이 빼앗긴 이기적 인간이 되고 만
다. 장재는 마음을 비우는 일은 극기를 통해 가능하다고 말하는 듯하다. '자기를
이겨 낸다(克己)'는 말에서 '자기'란 자기의 자기중심성을 극복한다는 뜻으로, 그
일은 생활세계에서의 배움, 즉 하학(下學)에 해당한다.

8.26 大抵人能弘道, 舉一字無不透徹. 如義者, 謂⁽¹⁾合宜也, 以合宜推
之, 仁·禮·信皆合宜之事. 惟智則最處先, 不智則不知, 不知則
安能爲! 故要知及之, 仁能守之. 仁道至大, 但隨人所取如何. 學
者之仁如此, 更進則又至聖人之仁, 皆可言仁, 有能一日用其力於
仁猶可謂之仁. 又如不穿窬已爲義, 精義入神亦是義, 只在人所
弘.²¹¹

| 번역 | 대개 사람이 도를 넓힐 수 있을진대, 한 글자를 거론하더라도 투철
하지 않음이 없다. 예컨대 의(義)란 합당함을 말하거니와, 합당함으
로 밀고 나아가면 인(仁), 예(禮), 신(信) 모두 합당한 일이다. 오직 지
(智)만이 가장 앞에 놓이니, 지혜롭지 않으면 알지 못하거니와, 알지
못한다면 어떻게 행할 수 있겠는가! 그러므로 지혜가 거기에 미쳐

---

211 (1)合宜, 적합함, 합당함.

야 인(仁)으로 그것을 지킬 수 있다. 인(仁)의 도는 지극히 크니, 사람이 취하는 것이 어떠한지를 따를 따름이다. 배우는 자의 인은 그와 같거니와, 더 나아가면 다시 성인의 인에 이르는데, 모두 인이라 말할 수 있고, 하루 동안 자신의 힘을 인에 사용할 수 있는 자에 대해서도 인이라고 말할 수 있다. 또 예컨대 구멍을 파고 담장을 넘어 남의 것을 훔치려고 하지 않는 것도 의(義)이지만, 의리를 정밀하게 탐구하여 신의 경지에 들어서는 것도 의이니, 오직 사람이 넓히는 것이 어떠한가에 달려 있을 따름이다.

|해설| 유학의 중심 이념에 대한 이해가 투철해야 함을 강조하면서 몇 가지 개념들에 대해 설명하였다. 첫째, 인, 의, 예, 신은 서로 긴밀히 연결되어 있어, 의가 합당함을 뜻할진대, 나머지 일들도 모두 합당한 일이라 하여, 인, 예, 신 등에 의의 함의가 내포되어 있음을 말하였다. 둘째, 인의예지 가운데 지(智)가 논리적으로 가장 앞서 있음을 주장했다. 도덕은 이성을 지닌 인간만이 지닐 수 있으니, 이성이 능력을 발휘해 무엇인가를 알지 못하면 인한 마음 또한 유지할 수 없다. 셋째는 인, 의 등의 수준은 사람에 따라 크게 다르다는 점을 지적했다. 배우는 자의 인과 성인의 인은 그 수준이 다르고, 단지 남의 것을 훔치지 않는 소극적인 측면의 의와 대인이 의리를 정밀하게 탐구하는 적극적 측면의 의 역시 그 수준이 다르다.

8.27 在始學者, 得一義須固執, 從麤入精也. 如孝事親, 忠事君, 一種是義, 然其中有多少義理也.

|번역| 배움의 시작 단계에 있는 사람은 한 가지 옳음을 얻으면 그것을 굳게 지녀야 하니, 거친 곳에서 정밀한 곳으로 진입함이다. 예컨대 효심으로 부모님을 섬기고, 충심으로 군주를 섬기는 것은 똑같이 옳

음이지만, 그 가운데에는 여러 의리가 있다.

|해설| 초학자는 한 가지 옳다고 판단되는 가치 있는 일을 부단히 실천할 필요가 있다. 실천 속에서 예컨대 효나 충에 대한 인식이 '거친 곳에서 정밀한 곳'으로, 즉 표면적인 데서 깊이 있는 데로 진전되기 때문이다.

8.28 學者大不宜志小氣輕. 志小則易足, 易足則無由進; 氣輕則[1]虛而爲盈, 約而爲泰, 亡而爲有, 以未知爲已知, 未學爲已學. 人之有恥於就問, 便謂我好勝於人, 只是病在不知求是爲心, 故學者當無我.[212]

|번역| 배우는 사람은 절대로 뜻이 작고 기질이 가벼워서는 안 된다. 뜻이 작으면 쉽게 만족하고, 쉽게 만족하면 전진할 방법이 없게 된다. 기질이 가벼우면 비어 있으면서도 가득 찬 척하고, 적으면서 많은 척하고, 없으면서 있는 척하고, 알지 못하면서 이미 아는 척하고, 배우지 못했으면서 이미 배운 척한다. 사람이 남에게 다가가 묻는 일을 부끄럽게 여기면서 '나'는 남을 이기기를 좋아한다고 말한다면 그 병폐는 단지 옳음을 추구할 줄 모르는 것을 마음으로 삼은 데 있을 뿐이다. 그러므로 배우는 사람은 마땅히 '내'가 없어야 한다.

|해설| 유학을 공부하는 사람이라면 목표가 작고, 경박한 기질을 가져서는 안 된다. 목표가 작으면 쉽게 만족하여 더욱 정진할 수도 없고 성인이 되려고 하지도 않을 것이다. 기질이 경박스러우면 실제 수준을 솔직히 인정하지 않고 감추며, 그와

---

[212] (1)虛而爲盈, 約而爲泰, 亡而爲有:『論語』,「述而」, "없으면서 있는 척하고, 텅 비어 있으면서 가득 찬 척하고, 적으면서 많은 척하면 변치 않기가 어려울 것이다."(亡而爲有, 虛而爲盈, 約而爲泰, 難乎有恒矣.)

는 반대로 자신이 얼마나 부유하고 많이 아는지, 그 힘과 능력을 과대 포장하며, 자신을 낮추며 남에게 묻는 일은 절대 하지 않는다. 장재는 그런 사람의 문제는 옳음을 추구할 줄 모르는 데 있다고 하면서, 그것을 극복하려면 자기중심적 '자아'를 비워 내는 수양을 해야 한다고 주장했다.

8.29 聖人無隱者也, 聖人, 天也, 天隱乎? 及有得處, 便若日月有明, 容光必照焉, 但通得處則到, 只恐深厚, 人有所不能見處. 以顏子觀孔子猶有看不盡處, 所謂"(1)顯諸仁, 藏諸用"者, 不謂以用藏之, 但人不能見也.213

|번역| 성인은 숨김이 없는 자이다. 성인이 하늘일진대, 하늘이 숨기는가? 얻은 것이 있을 경우, 마치 일월에 밝음이 있어 빛을 받아들이는 곳이라면 반드시 비추는 것처럼, 통할 수 있는 곳이면 어디든 이른다. 다만 깊고 두터워 사람들이 보지 못하는 점이 있을까 할 따름이다. 안연이 공자를 살필 때도 다 보지 못하는 지점이 있었으니, "인에서 드러내고 작용에서 간직한다"는 말은 작용으로 감춤을 말하는 것이 아니고, 다만 사람이 보지 못하는 것을 말한다.

|해설| 일월이 그 빛을 허용하는 사물이면 모두 비추듯이, 하늘은 생장하는 데 필요한 모든 것을 만물에 제공해 준다. 하늘은 단지 은폐된 존재가 아니다. 마찬가지로 하늘과 합일을 이룬 성인 역시 끊임없이 자신의 덕을 드러내 보인다. 이렇게 하늘이든 성인이든 자신을 끊임없이 현현하지만, 사람들이 그것을 다 파악할 수 있는 것은 아니다. 하늘과 성인이 지닌 덕은 깊고 두텁기 때문이다. 이런 장재의 설명은 대체로 다 타당하다. 하지만 "작용에서 간직한다"는 말에서 '간직함'을

---

213 (1)顯諸仁, 藏諸用: 『周易』, 「繫辭上」, "인에서 드러내고 작용에서 간직한다."(顯諸仁, 藏諸用.)〈중화 주석〉 이어지는 부분은 문맥에 따라 단락을 구분했다.

하늘의 '감춤'이 아니라고 하는 발언은 자칫 오해를 낳을 수 있다. 차라리 하늘 그 자체는 감추어져 있지만, 그것은 부단히 작용을 통해 자신을 드러낸다고 설명하는 편이 「역전」의 본뜻이나 장재 자신의 체용론에도 부합한다.

8.30 虛則事物皆在其中, 身亦物也, 治身以道與治物以道, 同是治物也. 然治身當在先, 然後物乃從, 由此便有親疏遠近先後之次, 入禮義處.

|번역| 텅 비면 사물이 모두 그 안에 있게 된다. 몸 역시 사물이다. 도(道)로 몸을 다스리는 것과 도로 사물을 다스리는 것은 똑같이 사물을 다스리는 것이다. 그러나 몸을 다스리는 일이 마땅히 먼저 있어야 사물이 곧 따르게 된다. 이로부터 친소, 원근, 선후의 차례가 생겨, 예의로 진입하게 된다.

|해설| 마음을 비우면 만물과 '내' 몸을 똑같이 적절히 다스려야 할 것으로 대하게 된다. 하지만 유학에서는 수신이 타자를 다스리기 위한 논리적 전제로 여겨진다. '내' 몸을 먼저 다스려 바르게 하면 타자도 그 감화를 받아 따르게 된다. 여기까지는 충분히 이해할 수 있고 타당해 보인다. 그러나 수신이 타자를 다스리는 것보다 앞선다는 점으로부터 친소, 원근, 선후의 분별을 따지는 예의로 진입한다는 생각에는 논리적 비약이 보인다. 수신이 앞서고 타자를 다스리는 것이 그다음이라는 생각은 물론 선후의 논리이다. 하지만 이 선후의 논리가 선후뿐 아니라 친소, 원근의 분별까지 포함하는 것도 아니고, 친소, 원근의 분별을 따지는 예의로 진입하면 '내' 몸과 타자를 똑같이 대우해야 한다는 생각은 더는 유효하지 않게 된다. 장자적인 제물론의 논리에서 출발해 유학의 분별의 논리에 도달하려는 사고가 이런 논리적 비약을 낳지 않았나 한다.

8.31 只有責己, 無責人. 人豈不欲有所能, 己安可責之? 須求其有漸.

|번역| 다만 자기를 탓할 뿐, 남을 탓하지 말라. 사람이 어찌 능한 것이 있기를 바라지 않겠는가? 그런데 내가 어떻게 그를 탓할 수 있겠는가? 그에게 요구함이 점진적이어야 할 것이다.

|해설| '나' 자신에게는 엄격해야 하고 타인에게는 너그러워야 한다. 이는 예나 지금이나 사람들이 늘 명심해야 할 경구이다. 사람이 지닌 자기중심성으로 인해 이 말대로 행하는 것이 쉽지 않기 때문이다.

8.32 世儒之學, 正惟灑掃應對便是. 從基本一節節實行去, 然後制度文章從此而出.

|번역| 세상 유자들의 학문은 바로 오직 물 뿌리고 마당 쓸고 응대하는 것이다. 기본에서 출발해 하나씩 실행해 나가야 제도와 예악이 그곳으로부터 나온다.

|해설| 신유학의 학문적 특색 가운데 하나는 자연에 대한 형이상학적 논의와 인간의 심성에 대한 논의가 매우 풍부하면서도 여전히 일상의 조그만 행위에서부터 그 도를 실현해야 한다는 생각을 놓치지 않고 있다는 점이다. 장재의 위 발언도 일상을 중시하는 유학 정신의 표현이다.

9

자도
自道

9.1 某學來三十年, 自來作文字說義理無限, 其有是者皆只是⁽¹⁾億則屢
中. 譬之穿窬之盜, 將竊取室中之物而未知物之所藏處, 或探知於
外人, 或隔墻聽人之言, 終不能自到, 說得皆未是實. 觀古人之書,
如探知於外人, 聞朋友之論, 如聞隔墻之言, 皆未得其門而入, 不見
宗廟之美, 室家之好.⁽²⁾比歲方似入至其中, 知其中是美是善, 不肯
復出, 天下之議論莫能易此. 譬如既鑿一穴已有見, 又若既至其中
卻無燭, 未能盡室中之有, 須索移動方有所見. 言移動者, 謂逐事要
思, 譬之昏者觀一物必⁽³⁾貯目於一, 不如明者擧目皆見. 此某不敢
自欺, 亦不敢自謙, 所言皆實事. 學者又譬之知有物而不肯捨去者
有之, 以爲難入不濟事而去之者有之.²¹⁴

|번역| 나는 학문을 해 온 30년 동안 줄곧 무한히 글을 쓰고 의리를 말해 왔
는데, 그 가운데 옳은 것은 모두 억측한 것이 여러 차례 적중했을 따

---

214 (1)億則屢中, 억측한 것이 여러 차례 적중함. (2)比歲, 근년. (3)貯目, (어떤 것을) 주시함.

름이다. 이는 비유컨대 구멍을 파고 담장을 넘은 도둑이 방 안의 물건을 훔치고자 하되 물건을 감춰둔 곳을 알지 못하여 외부 사람에게 탐문해 알거나 벽에 대고 사람들이 말하는 것을 들었을 뿐, 끝내 스스로 이르지 못하고 말한 것들이 모두 실질적이지 못한 것과 같다. 옛사람의 책을 살피는 것은 외부 사람에게 물어 아는 것과 같고, 친구들의 논의를 듣는 것은 벽에 대고 말을 듣는 것과 같아, 모두 그 문을 찾아 들어가지 못하여 종묘의 아름다움이나 저택의 훌륭함을 보지 못한 것과 같다. 근년에 이르러서야 그 가운데로 들어간 것 같아 그곳이 아름답고 선한지 알게 되었고, 다시 나가려 하지 않게 되었으며, 세상의 논의도 이 생각을 바꿀 수 없게 되었다. 비유컨대 동굴 하나를 파서 이미 본 것이 있지만, 그 가운데에 이르렀을 때 촛불이 없다면 석실 안에 있는 것을 다 볼 수 없어, 더듬으며 이동해야 비로소 보이는 것이 있는 것과 같다. 이동이라 한 것은 일에 따라 생각해야 함을 말하니, 비유컨대 어두운 자가 어떤 물건을 살필 때 틀림없이 하나를 주시하겠지만, 그것은 눈 밝은 자가 눈을 들면 다 보이는 것만 못하다. 이 점들에 대해 나는 자신을 속일 수도 없고, 겸손한 것도 아니니, 말한 것들은 다 사실이다. 배우는 자 중에는 다시 비유컨대 어떤 것이 있음을 알면 그것을 버리고 떠나지 않으려는 자도 있고, 진입하기 어렵고 쓸모없다고 여겨 그것을 떠나는 자도 있다.

|해설| 30년 동안 학문을 하며 자신이 도달한 경지를 고백하고 있는데, 요지는 옛 성현이 발견하고 체득한 유교적 진리를 자신은 온전히 다 체득하지는 못했다는 것이다. 유교 경전을 읽거나 특정 주제에 대해 벗들이 논하는 것을 들어 아는 것은 모두 견문지지이다. 이 견문지지는 물론 덕성을 기르는 데 도움이 되지만, 덕성이 원숙해진 자가 아는 것이 아닐진대, 모든 것들이 다 밝게 그 진상을 드러내는 경지에 도달하지는 못한 것이다. 장재는 이 점을 여러 비유를 통해 설명했다.

9.2 祭祀用⁽¹⁾分至四時, ⁽²⁾正祭也, 其禮, ⁽³⁾特牲行⁽⁴⁾三獻之禮, ⁽⁵⁾朔望
用一獻之禮, 取時之新物, 因薦以是日, 無食味也. 元日用一獻之
禮, 不特殺, 有食; ⁽⁶⁾寒食・十月朔日皆一獻之禮. 喪自⁽⁷⁾齊衰以下,
[朔]²¹⁵不可廢祭.²¹⁶

|번역| 춘분, 추분, 동지, 하지의 사계절에 제사를 지내는 것은 정규 제사
(正祭)인데, 한 종류의 가축으로 세 번 술잔을 올리는 예를 행한다.
상중에 있는 집안에서 매달 초하루와 보름에 제사를 지낼 때는 한
번 술잔을 올리는 예를 행하고, 때마다 새로운 물품을 취하는데, 그
날의 것을 바쳐 음식 맛을 보는 일이 없도록 한다. 설날에는 한번 술
잔을 올리는 예를 행하고, 가축을 죽이지 않되 음식은 있다. 한식과
10월 초하루에도 모두 한번 술잔을 올리는 예를 행한다. 상복 가운
데 재최(齊衰) 이하의 경우에는 초하루 제사를 폐하면 안 된다.

|해설| 각종 제사를 지내는 규칙을 설명하였다. 사계절에 지내는 정규 제사는 가장 중
요하기 때문에 희생물도 바치고 세 번 술잔을 올리는 예를 행한다. 그 밖의 여러
제사에 대한 규정을 보면 모두 정규 제사보다는 간소화하여 거행했음을 알 수
있다.

---

215 〈중화 주석〉'朔'은 『학안』에 근거해 보완했다.
216 (1)分至, 춘분, 추분, 동지, 하지를 가리킴. (2)正祭, 한 해에 네 번 계절마다 조상 사당에
제사 지내는 정규 제사. (3)特牲, 한 종류의 가축. (4)三獻, 제사를 지낼 때 술잔을 세 번
따라 올림. 첫 번째를 초헌작(初獻爵)이라 하고, 두 번째를 아헌작(亞獻爵)이라 하며, 세
번째를 종헌작(終獻爵)이라고 함. (5)朔望, 삭망전(朔望奠)을 가리킴. 상중에 있는 집안
에서 매달 초하루와 보름에 지내는 제사. (6)寒食, 한식. 4월 5~6일 경으로, 이날에도 제
사를 지냄. (7)齊衰(재최), 오복(五服) 가운데 참최(斬衰) 다음으로 중한 복으로, 옷의 끝
단을 꿰맨 상복을 가리킴.

9.3 某向時謾說以爲已成, 今觀之全未也, 然而得一[(1)]門庭, 知聖學可以學而至. 更自期一年如何, 今且專與聖人之言爲學, [(2)]閒書未用閱, 閱閒書者蓋不知學之不足.[217]

|번역| 나는 과거에 함부로 말하며 이미 완성했다고 생각했는데, 지금 보니 전혀 아니다. 하지만 통로 하나를 얻어 성인의 학문은 배워서 이를 수 있음은 알게 되었다. 다시 1년이 지나면 어찌 될지 기대하며 지금은 오로지 성인의 말씀과 함께하며 배우고 있다. 심심풀이용 책은 읽지 않으니, 심심풀이용 책을 읽는 자는 자신의 학문이 부족함을 모르는 것이다.

|해설| 오직 성인의 말씀을 읽으며 덕성의 함양에 힘쓰겠다는 태도는 자못 경건한 종교인의 그것에 가깝다. 마치 세속의 쾌락을 만족시키는 것들을 경건한 종교인이라면 거부하려 하듯, 심심풀이용 책은 들여다볼 겨를이 없다고 한다.

9.4 [(1)]思慮要簡省, 煩則所存都昏惑, 中夜因思慮不寐則驚[(2)]魘不安. 某近來終夕不寐, 亦能安靜, 却求不寐, 此其驗也.[218]

|번역| 생각은 간략하게 줄여 나가야 한다. 마음을 괴롭히면 보존한 것이 모두 어둡고 미혹되게 된다. 밤중에 생각으로 인해 잠을 이루지 못하면 악몽에 놀라 불안해진다. 나는 근래에 밤새도록 잠을 자지 않고서도 안정될 수 있어 잠을 자지 않으려 했으니, 이것이 그 징험이다.

217 (1)門庭, 통로, 방법. (2)閒書, 한가할 때 심심풀이로 읽는 책.
218 (1)思慮, 여기서 말하는 생각(思慮)이란 갖가지 잡념을 뜻한다. 잡념은 마음을 괴롭게 하고, 그로 인해 보존했던 덕성마저 흐릿하게 만든다. (2)魘(염), 악몽에 시달림. 가위눌림.

| 해설 | 갖가지 잡념은 줄여야 한다. 잡념에 시달리면 정신이 우울, 불안해지고, 불면증
이나 악몽을 겪게 된다. 장재도 불면증을 겪었던 것일까? 잠을 자지 않고서도 마
음이 안정될 수 있었다는 말에서 마치 불면을 극복하려 했었던 것 같다는 인상
을 받는다.

9.5 家中有孔子⁽¹⁾眞, 嘗欲置於左右, 對而坐又不可, 焚香又不可, 拜而
瞻禮皆不可, 無以爲容, 思之不若卷而藏之, 尊其道. 若⁽²⁾召伯之甘
棠, 始也勿伐, ⁽³⁾及教益明於南國, 則至於不敢(伐)[拜].²¹⁹

| 번역 | 집에 공자 초상이 있는데, 일찍이 그것을 곁에 두고 싶었으나 마주
놓고 앉아도 안 되고, 향을 피워도 안 되었으며, 우러러보며 절을 해
도 다 안 되어 마음속으로 허용되지 않았다. 생각건대 그것을 말아
감추어 두고 그 도를 존숭하는 것만 못했다. 소백의 팥배나무 같은
것도 처음에는 베지 말라고 했지만, 교화가 남쪽 나라에 더욱 밝혀
짐에 이르러서는 감히 휘지도 못함에 이르렀다.

| 해설 | 공자를 너무도 존숭하여 그의 초상을 감히 꺼내 놓고 절을 하지 못하는 상황을
『시경』「감당」의 소백이 머무르던 자리인지라 팥배나무를 감히 휘지 못하는 상
황에 견주고 있다. 허리를 굽혀 절을 함도 팥배나무를 휘는 일도 모두 배(拜) 자
이기 때문에 이렇게 견준 것으로 보인다.

---

219 (1)眞, 초상. (2)召伯之甘棠, 始也勿伐:『詩經』,「召南」,「甘棠」, "무성한 팥배나무, 자르지
말라, 베지도 말라. 소백이 머무시던 곳이니라."(蔽芾甘棠, 勿翦勿伐, 召伯所茇.) (3)及教
益明於南國, 則至於不敢(伐)[拜]:『詩經』,「召南」,「甘棠」, "무성한 팥배나무, 자르지 말라,
휘지도 말라. 소백이 머무르시던 곳이니라."(蔽芾甘棠, 勿翦勿拜, 召伯所說.)「毛序」, "「감
당」은 소백을 찬미한 시이니, 소백의 교화가 남쪽 나라에 밝혀진 것이다."(甘棠, 美召伯
也. 召伯之教, 明於南國.) 〈중화 주석〉'拜'는『초석』에 근거해 고쳤다.

9.6 近作十詩, 信知不濟事, 然不敢決道不濟事. 若⁽¹⁾孔子於石門, 是信其不可爲, 然且爲之者何也? 仁術也. 如⁽²⁾『周禮』救日之弓, 救月之矢, 豈不知無益於救? 但不可坐視其薄蝕而不救, 意不安也.²²⁰

|번역| 최근 시 10수를 지었는데, 그것이 별 쓸모없음을 확실히 알지만, 그렇다고 결단코 쓸모없다고 말할 수도 없다. 공자의 경우에 석문의 이야기에서처럼 할 수 없음을 확실히 알면서도 하려고 한 것은 무엇 때문이었을까? 그것이 인술(仁術)이기 때문이다. 예를 들어 『주례』의 해를 구하는 데 쓰이는 활과 달을 구하는 데 쓰이는 화살이 구하는 일에 무익함을 어찌 모르겠는가? 다만 그 일식과 월식이 일어나는 것을 좌시하며 구하지 않아서는 안 되었으니, 마음이 불안했기 때문이다.

|해설| 일찍이 공자는 그 불가능함을 알면서도 이상의 실현을 위해 노력하는 자라는 소리를 들었다. 『주례』에도 일식과 월식을 막으려는 활과 화살이 언급되어 있다. 이는 모두 그냥 두고 볼 수 없는 어진 마음의 발현이다. 장재는 자신이 시 10수를 지은 동기도 마찬가지라고 했다. 그 시로 사람들의 마음이 바뀌지 않으리라는 점을 알면서도 혹여 사람들이 감화를 받을 수 있다는 생각에 차마 두고 볼 수 없어 그 시를 지었다는 것이다.

---

220 (1)孔子於石門: 『論語』, 「憲問」, "자로가 석문에서 유숙했다. 새벽에 성문을 열어 주는 사람이 물었다. '어디에서 오는가?' 자로가 대답했다. '공씨 댁에서 오는 길이오.' 그가 말했다. '그 안 된다는 것을 알면서도 하려고 하는 사람 말이오?'"(子路宿於石門. 晨門曰: "奚自?" 子路曰: "自孔氏." 曰: "是知其不可而爲之者與?") (2)『周禮』救日之弓, 救月之矢: "정씨는 도성의 괴이한 새를 쏴서 죽이는 일을 관장한다. 만약 그 조수가 보이지 않는다면 해를 구하는 데 쓰는 활과 달을 구하는 데 쓰는 화살로 밤에 그것을 쏜다."(庭氏掌射國中之夭鳥. 若不見其鳥獸, 則以救日之弓與救月之矢夜射之.)

9.7 凡忌日必告廟, 爲設諸位, 不可⁽¹⁾獨享, 故迎出廟, 設於他次, 既出
則當告諸位, 雖尊者之忌亦迎出. 此雖無古, 可以意推. 薦用酒食,
不焚⁽²⁾楮幣, 其子孫食素.²²¹

|번역| 모든 기일에는 반드시 사당에 아뢰는데, 여러 위패를 진설해야지
한 사람의 위패만 모셔 두고 제향해서는 안 된다. 그러므로 사당에
맞이하러 나가 다른 자리에 진설하고, 나갔을 때는 마땅히 여러 위
패에 아뢰어야 한다. 비록 높은 사람의 기일이라 하더라도 맞이하
러 나간다. 이런 규칙은 옛날에는 없었으나 생각으로 추론할 수 있
다. 술과 음식을 바치고, 지폐를 불사르지 않으며, 그 자손은 채소를
먹는다.

|해설| 조상의 기일에 제사를 지낼 때는 반드시 사당에 나아가 모셔져 있는 모든 조상
들께 그 일을 고하여야 함을 말했다.

9.8 書啓稱⁽¹⁾台候, 或以此言無義理. 衆人皆⁽²⁾台, 安得不台!²²²

|번역| 서신에서 태후(台候)라고 칭하는데 어떤 사람은 이 말에 의미가 없
다고 여긴다. 뭇사람들이 모두 태(台)이니, 어찌 높이지 않을 수 있
겠는가?

|해설| 태후란 서신에서 안부를 물을 때 상대를 높이는 데 쓰는 말이다. 뭇사람이 모두

---

221 (1)獨享, 한 사람의 위패만 모셔두고 제향함. (2)楮(저), 지폐.
222 (1)台候, 서신에서 상대의 안부를 물을 때 쓰는 높임말. (2)台, 상대방이나 상대방이 하
   는 행위를 높이는 말.

높일 만한 존재이니, 이런 높임말을 쓰는 것이다. 유학에는 사람 일반에 대한 공경의 정신이 있다.

9.9 上曰: "慕堯舜者不必慕堯舜之迹." 有是心則有是迹, 如是則豈可無其跡! 上又曰: "嘗謂[1]孝宣能總人君之權, [2]繩漢之弊." 曰: "但觀(陛)[陛][223]下志在甚處. 假使孝宣能盡其力, 亦不過整齊得漢法, 漢法出於秦法而已."[224]

|번역| 주상께서 말씀하셨다. "요와 순을 흠모하는 자가 요와 순의 자취를 흠모할 필요는 없다." 이 마음이 있으면 이 자취가 있다. 그렇다면 어떻게 그 자취가 없을 수 있겠는가! 주상께서 또 말씀하셨다. "전한의 효선제는 군주의 권한을 통괄하여 한나라의 폐단을 바로잡을 수 있었다." (내가) 말했다. "다만 폐하의 뜻이 어디에 있는지 살필 따름입니다. 가령 효선제가 그 힘을 다할 수 있었다고 하더라도 한나라의 법을 정돈한 것에 불과하니, 한나라의 법은 진나라의 법에서 나온 것일 뿐입니다."

|해설| 여기에 등장하는 주상은 아마도 북송 신종(神宗, 1048~1085년)인 것으로 보인다. 신종은 한때 장재를 크게 등용하려 했다. 장재는 위 대화에서 신종의 생각을 완곡하게 비판하였다. 요순의 자취는 요순의 마음에서 나온 것이니, 업적과 마음을 그렇게 분리해 생각할 필요는 없다. 또 효선제의 업적은 고작 진나라의 법을 계승한 한나라의 법을 정돈한 것이라고 했다. 법가를 따르고 유가를 싫어한

---

223 〈중화 주석〉 '陛'는 『漢書』에 근거해 고쳤다.

224 (1)孝宣: 전한(前漢)의 10대 황제 효선제(기원전 91년~기원전 48년)를 가리킨다. 법가사상에 근거해 조세정책, 행정기구를 개혁해 경제 상황을 호전시키고 중앙권력을 강화했으며, 유가를 싫어했다. (2)繩, 바로잡음.

효선제를 칭찬하는 신종에 불만을 표현한 것이다.

9.10 祭用分至, 取其陰陽往來, 又取其氣之中, 又貴其時之均. 寒食者,
    (1)『周禮』四時變火, 惟季春最嚴, 以其(2)大火心星, 其時太高, 故
    先禁火以防其太盛. 既禁火須爲數日糧, 既有食復思其祖先祭祀.
    寒食與十月朔日(3)展墓亦可, 爲草木初生初死.[225]

|번역| 제사를 춘분, 추분과 동지, 하지에 지내는 것은 음양의 왕래함과 기
의 한가운데에서 취한 것이자, 그 시간의 균일함을 귀히 여긴 것이
다. 한편 한식이란 다음과 같은 의미이다. 『주례』에서 말하는 사계
절에 불을 얻는 데 쓰이는 목재의 변경은 늦봄에 가장 엄했으니, 그
시기에 대화심성(大火心星)이 너무 높이 떠 있어, 우선 불 사용을 금
하여 그것이 지나치게 성해지는 것을 막았다. 불 사용을 금할진대
며칠 동안의 식량을 만들어야 하고, 먹을 것이 생겼을진대 그 조상
에 제사 지낼 것을 다시 생각하게 된다. 한식에는 10월 초하루와 더
불어 성묘를 해도 괜찮다. 그 시기에 초목이 막 생겨나고 막 죽기 때
문이다.

|해설| 정규 제사를 춘분, 추분, 동지, 하지에 지내는 이유를 사계절에 걸친 기의 변화
와 관련 지어 설명하였다. 기의 변화라는 측면에서 보면 동지와 하지에는 각각
음기와 양기가 가장 성할 때이고 춘분과 추분은 낮과 밤의 길이가 같을 때이다.

---

[225] (1)『周禮』四時變火: 『周禮』, 「夏官」, 「司爟」, "사관(司爟)은 불을 사용하는 정치적 명령을
관장한다. 사계절에 걸쳐 나라에서 불을 얻는 데 쓰이는 목재를 변경해 시기마다 질병
을 구제한다."(司爟掌行火之政令. 四時變國火, 以救時疾.) 變火, 불을 피우는 데 쓰이는
목재를 계절마다 변경함. (2)大火心星, 28수 가운데 다섯 번째 별자리에 있는 별들. 대
화(大火)는 심성(心星)의 옛 명칭. (3)展墓, 즉 성묘(省墓).

음기와 양기가 서로 대립, 교체되는 식으로 협력하기 때문에, 이런 음양의 성쇠와 그 음양의 한가운데 같은 시간이 있을 수 있다. 한식은 음력 4월 5~6일 경이다. 왜 이날에는 불을 피워 음식을 하지 않는가? 상고시대에는 나무에 구멍을 뚫어 불을 지폈는데, 계절마다 그 불을 지피는 데 적합한 목재가 달랐다. 그것을『주례』에서는 변화(變火)라고 했다. 그런데 사계절 중에 늦봄에는 특히 불을 조심해야 하고, 그런 이유에서 한식에는 불 사용을 금했다. 그래서 미리 음식을 만들어 놓고, 음식이 생겼으니 조상에게 제사를 지냈다.

9.11 某自今日欲⁽¹⁾正經爲事, 不奈何須着從此去, 自古聖賢莫不由此始也. 況如今遠者大者又難及得, 惟於家庭間行之, 庶可見也. 今左右前後無尊長可事, 欲經之正, 故不免須(貴)[責]²²⁶於家人輩, 家人輩須不喜亦不奈何, 或以爲自尊大亦不奈何. 蓋不如此則經不明, 若便行之, 不徒其身之有益, 亦爲其子孫之益者也.²²⁷

|번역| 나는 오늘부터 단정하고 엄숙함을 일삼으려 한다. 어쩔 수 없이 이것에서 출발해야 하니, 자고로 성현 가운데 이것에서 시작하지 않은 이가 없었다. 지금 먼 것과 큰 것에는 이르기 어려울진대, 오직 가정에서 행해야 볼 수 있을 것이다. 지금 전후좌우로 섬길 수 있는 윗사람이 없는데, 불변하는 원칙을 바르게 하고자 한다면 집안 사람들에게 요구하지 않을 수 없다. 집안 사람들이 기뻐하지 않아도 어쩔 수 없고, 자신을 높이고 크게 한다고 여겨도 어쩔 수 없다. 그렇게 하지 않으면 불변하는 원칙이 밝혀지지 않기 때문이니, 만약 그것을 행한다면 자신에게 유익할 뿐 아니라, 자손에게도 이득이

---

226 〈중화 주석〉 '責'은 문맥에 따라 고쳤다.
227 (1)正經, 단정하고 엄숙함.

될 것이다.

│해설│ 장재가 '단정하고 엄숙함을 일삼으려 한' 이유는 '불변하는 원칙(經)을 바르게 하기' 위함이었다. 불변하는 원칙이란 유학에서 영원하고 보편적이라고 여기는 도덕 원칙이다. 이 도덕 원칙이 바로잡히는 일은 물론 중요하고, 그러기 위해서 윗사람이 '단정하고 엄숙한' 태도를 유지하는 일에서 출발하고자 하는 것도 일견 일리가 있어 보인다. 하지만 윗사람이 '단정하고 엄숙한 태도'를 유지하며, 다른 가족에게 도덕적인 책임을 다하기를 요구하는 것은 자율적으로 도덕적 행위를 하는 것과는 분명 일정한 거리가 있다.

9.12 今衣服以朝·燕·齊·祭四等分之, 朝則⁽¹⁾朝服也, 燕則尋常衣服也, 齊則⁽²⁾深衣, 祭則緇帛, ⁽³⁾通裁寬袖, 須是教不可便用.²²⁸

│번역│ 지금 의복은 조(朝), 연(燕), 제(齊), 제(祭)의 4부분으로 나뉜다. 조(朝)는 조복(朝服)이요, 연(燕)은 평상복이다. 제(齊)는 심의(深衣)이고, 제(祭)는 검은 비단(緇帛)이다. 통으로 마름질한 넓은 소매의 옷은 틀림없이 가르칠 때 편리하게 입을 수는 없을 것이다.

9.13 某既聞居⁽¹⁾橫渠說此義理, 自有橫渠未嘗如此. 如此地又非會衆教化之所, 或有賢者經過, 若此則似⁽²⁾繫着在此, 某雖欲去此, 自是未有一道理去得. 如諸葛孔明在南陽, 便逢先主相召入蜀, 居了許

---

228 (1)朝服, 조정에 나아갈 때 입는 옷. (2)深衣, 두루마기 모양의 옷. 흰 베로 만들며, 검은색 비단으로 가를 두름. (3)通裁, 상의와 하의를 나누어 마름질한 다음 다시 붙이지 않고, 상의와 하의를 통으로 마름질하는 옷의 제작방식

多時日, 作得許多功業. 又如周家發迹於邠, 遷於岐, 遷於鎬. 春積漸向冬, (漢)[周]²²⁹積漸入秦, 皆是氣使之然. 大凡能發見即是氣至, 若仲尼在⁽³⁾洙·泗之間, 修仁義, 興教化, 歷後千有餘年用之不已. 今倡此道不知如何, 自來元不曾有人說着, 如揚雄·⁽⁴⁾王通又皆不見, 韓愈又只尙聞言詞. 今則此道亦有與聞者, 其已乎? 其有遇乎?²³⁰

|번역| 나는 횡거에 머물며 이 의리를 말했는데, 횡거가 존재한 이래 이런 적은 없었다는 말을 들었다. 만약 이곳이 대중을 모아 교화하던 곳도 아닌데, 혹 어떤 현자가 지나가는 것이라면, 그와 같다면 이곳에 얽매여 연연하는 것도 같아, 내가 이곳을 떠나고 싶지만, 떠날 수 있는 근거는 하나도 없다. 예를 들어 제갈공명은 남양에서 지내다가 유비를 만나 그를 촉 땅으로 불러들였으며, 오랜 시간 머물면서 많은 공을 세웠다. 또 예컨대 주 왕실은 빈(邠)에서 일어나 기산 기슭(岐)으로 옮겼고 다시 호경(鎬)으로 옮겼다. 봄은 점차 겨울을 향해 가고, 주나라는 점차 진 땅으로 진입했으니, 이는 모두 기가 그렇게 만든 것이다. 무릇 발견할 수 있다면 바로 기가 이른 것이다. 공자께서 수수(洙水)와 사수(泗水) 사이에서 인의를 닦고, 교화를 일으킴에 1,000여 년 가까이 되도록 그것을 사용함이 그치지 않는다. 지금 이 도는 어떻게 될지 알 수 없다. 자고로 이 도를 아무도 말한 적이 없

---

229 〈중화 주석〉 '周'는 문맥에 따라 고쳤다.
230 (1)橫渠: 장재가 머물며 지내던 곳으로, 오늘날 샨시성(陝西省) 바오지시(寶鷄市) 메이현(眉县)에 있다. (2)繫着, 얽매이다, 연연하다. (3)洙·泗之間: 수수(洙水)와 사수(泗水) 사이. 공자가 살던 산동성 곡부(曲阜) 북쪽에 있던 두 개의 하천으로 북쪽에는 수수가 있고, 남쪽에는 사수가 있었음. (4)왕통(王通, 584~617), 수나라 때의 유학자로『중설(中說)』을 남겼다.

으니, 예컨대 양웅, 왕통(王通)은 모두 도를 보지 못했고, 한유도 단지 한가한 말만 숭상했다. 오늘날은 이 도를 함께해 들은 자가 있으니, 그것은 그렇게 그칠 것인가, 아니면 때를 만난 것인가?

|해설| 장재가 머물며 연구하고 교육하던 횡거라는 곳은 예나 지금이나 후미진 시골이다. 이런 곳에서 학문을 해 나가는 것이 나름의 의의를 지니고 있음을 장재는 역사적 사실을 들어 논하였다. 제갈공명이 유비를 끌어들인 곳, 주 왕실이 흥기한 곳도 모두 후미진 곳이었지만, 그들은 그곳을 근거지로 하여 큰 공적을 세울 수 있었다. 장재는 자신도 후미진 곳에서 살고 있지만, 역시 마찬가지로 큰 공을 세울 수 있다고 생각했던 듯하다. 그 공이란 1,000여 년 가까이 된 공자의 도를 정확히 알아 계승하는 일이다.

9.14 某始持期喪, 恐人非笑, 己亦自若羞恥, 自後雖大功小功亦服之, 人亦以爲熟, 己亦熟之. 天下事, 大患只是畏人之非笑, 不養車馬, 食麤衣惡, 居貧賤, 皆恐人非笑. 不知當生則生, 當死則死, 今日萬鍾, 明日棄之, 今日富貴, 明日饑餓亦不卹, 惟義所在.

|번역| 내가 1년 상을 지키기 시작했을 때 사람들이 비웃을까 봐, 그리고 나 역시 부끄러움에 태연할 수 있을지 두려웠다. 그 후로 대공(大功)과 소공(小功)에도 그 복을 입자, 사람들도 익숙하게 생각했고 나도 그것에 익숙해졌다. 세상의 일 가운데 큰 우환은 다만 사람들이 비웃을까 두려워하는 데 있으니, 수레를 끄는 말을 기르지 않고, 먹고 입는 것이 조악하며, 빈천한 상태에 머무르면 모두 사람들이 비웃지 않을까 두려워한다. 이는 살아 마땅하다면 살고, 죽어 마땅하다면 죽고, 오늘 재산이 많지만 내일 그것을 버리고, 오늘 부귀하지만 내일 굶더라도 돌아보지 않으며, 오직 옳음만이 있을 뿐임을 모르

는 것이다.

|해설| 타인의 비웃음은 많은 경우 우리를 두렵게 한다. 사람은 누구나 타인으로부터 인정을 받고 싶어 하기 때문이다. 하지만 참으로 옳은 일이라고 여긴다면 그 두려움을 이겨 내고 실행하는 용기를 발휘해야 한다. 상을 당할 때마다 옛 의례를 그대로 지킨 장재의 행동이 오늘날 공감을 얻기는 어려울 것이다. 하지만 도덕적 옳음의 가치 아래 부귀도 심지어 자신의 목숨도 부차적일 수 있다는 생각은 여전히 울림을 준다.

9.15 人在$^{(1)}$外姻, 於其$^{(2)}$婦氏之廟, 朔望當拜. 古者雖$^{(3)}$無服之人, 同$^{(4)}$爨猶$^{(5)}$緦, 蓋同爨則有恩, 重於朋友也. 故壻之同居者當拜, 以其門內之事, 異居則否.[231]

|번역| 사람은 외척의 집에 있으면 그 처가의 사당에서 초하루와 보름에 마땅히 절해야 한다. 옛날에는 비록 복을 입는 관계가 아닌 사람일지라도 함께 밥을 지어 먹었으면 시마복을 입었으니, 함께 밥을 지어 먹으면 은혜가 있음이 친구보다 중하기 때문이다. 그러므로 사위 가운데 동거하는 자가 마땅히 절해야 하는 까닭은 그것이 집안의 일이기 때문이다. 따로 거주한다면 그렇게 하지 않는다.

|해설| 고대에 일반적으로 외가의 상에 대해서는 그 복을 입는 경우가 극히 제한적이었다. 이는 물론 가부장제의 반영이다. 하지만 장재는 예외적 상황을 언급하고 있다. 남성이 처가에 사는 경우, 함께 밥을 지어 먹은 은혜가 있으므로 시마복이라도 입어야 한다는 것이다. 관계의 친소에서 함께 밥을 먹느냐는 매우 중요하다.

---

[231] (1)外姻, 혼인 관계로 맺은 친척, 즉 외척. (2)婦氏, 처가. (3)無服, 복을 입는 관계가 아님. (4)爨(찬), 불을 땜, 밥을 지음. (5)緦, 시마복, 가는 베로 만들어 3개월 동안 입음.

그것은 생명을 나누며 함께 유지하는 일이기 때문이다.

9.16 "⁽¹⁾人而不爲「周南」「召南」, 其猶正墻面而立", 近使家人爲之. 世學泯沒久矣, 今試力推行之.²³²

|번역| "사람으로서 「주남」「소남」을 공부하지 않으면 담장을 마주 보고 서 있는 것과 같다"고 했다. 근래에 집안사람에게 그것을 공부하도록 했다. 세상의 학문이 사라진 지 오래되었으니, 이제 힘써 그것을 밀고 나아가 보려 한다.

9.17 祭堂後作一室, 都藏位板, 如朔望薦新只設於堂, 惟分至之祭設於堂. 位板, 正(世)[位]²³³與配位宜有差.

|번역| 제사 지내는 당(祭堂) 뒤편에 방을 하나 만들어 거기에 위패를 보관하니, 예컨대 초하루와 보름에 새로운 음식을 바칠 때 당(堂)에만 진설하고, 오직 춘분, 추분, 동지, 하지의 제사에는 당에 위패를 진설한다. 위패 가운데 정위(正位)와 배향하는 위패에는 의당 차이가 있어야 한다.

|해설| 초하루와 보름에는 위패를 진설하지 않고 음식만 바치고, 오직 춘추분, 동하지

---

232 (1)『論語』,「陽貨」, "공자께서 백어에게 말씀하셨다. '너는 『시경』의 「주남」과 「소남」을 공부했느냐? 사람으로서 「주남」「소남」을 공부하지 않으면 담장을 마주 보고 서 있는 것과 같다.'"(子謂伯魚曰: "女爲周南召南矣乎? 人而不爲周南召南, 其猶正牆面而立也與.")
233 〈중화 주석〉 '位'는 이어지는 문장에 근거해 고쳤다.

의 제사 때만 위패를 진설한다.

9.18 日無事, 夜未深便寢, 中夜已覺, 心中平曠, 思慮逮曉. 加我數年, 六十道行於家人足矣.

|번역| 낮에는 일이 없다가 밤이 깊지 않았을 때 잠이 든다. 밤중에 깨어나면 마음은 평온하고 넉넉하여 새벽녘까지 생각한다. 나에게 몇 년이 더 주어져 60세에 도(道)가 집안사람들 사이에 행해진다면 족할 것이다.

|해설| 장재가 57세에 사망했으니 이 조목은 만년의 일상에 대한 기록이다. 만년의 장재는 일찍 잠들었다가 한밤중에 깨어나 새벽까지 사색을 했음을 알 수 있다.

9.19 某平生於公勇, 於私怯, 於公道有義, 眞是無所懼. 大凡事不惟於法有不得, 更有義之不可, 尤所當避.

|번역| 나는 평생 공적인 일에는 용감했고, 사적인 일에는 겁을 냈다. 공적인 도(道)에는 의(義)가 있으니, 참으로 두려워할 것이 없다. 무릇 일은 법만으로는 얻지 못하는 것이 있고, 다시 의(義)의 측면에서 그래서는 안 되는 일이 있으니, 더욱 마땅히 피해야 할 바이다.

|해설| 장재의 유자다운 풍모를 알 수 있는 대목이다. 참된 유자라면 모름지기 사익은 생각하지 않고 오직 공적인 일, 사회적인 문제에서 옳은 것이 무엇인지 판단해 용감히 행동해야 한다. 그리고 그 옳음의 기준은 단지 법적인 것에 그쳐서는 안 된다. 도덕적, 윤리적으로 옳고 그른 것이 무엇인지 분명히 분별해, 도덕적으로

옳지 못한 일은 하지 말아야 한다.

9.20 忌日變服, 爲曾祖·祖皆布冠而素帶麻衣, 爲[(1)]曾祖·祖之妣皆素冠布帶麻衣, 爲父布冠帶麻衣麻履, 爲母素冠布帶麻衣麻履, 爲伯叔父皆素冠帶麻衣, 爲伯叔母麻衣素帶, 爲兄麻衣素帶, 爲弟姪易褐不肉, 爲[(2)]庶母及嫂亦不肉.[234]

|번역| 기일의 복식 변화는 다음과 같다. 증조부와 조부의 기일에는 베 관을 쓰고 흰 띠를 차고 삼베옷을 입는다. 증조모와 조모의 기일에는 흰 관을 쓰고 베 띠를 차고 삼베옷을 입는다. 아버지 기일에는 베 관을 쓰고 베 띠를 차고 삼베옷을 입고 삼베 신을 신는다. 어머니 기일에는 흰 관을 쓰고 베 띠를 차고 삼베옷을 입고 삼베 신을 신는다. 큰아버지와 작은아버지 기일에는 흰 관을 쓰고 흰 띠를 차고 삼베옷을 입는다. 큰어머니와 작은어머니 기일에는 삼베옷을 입고 흰 띠를 찬다. 형 기일에는 삼베옷을 입고 흰 띠를 찬다. 동생과 조카의 기일에는 베옷으로 갈아입고 고기를 먹지 않는다. 서모(庶母)와 형수의 기일에도 고기를 먹지 않는다.

|해설| 고대 유교사회에서 기일의 복식 규정은 관계의 친소, 그리고 가부장적 관념에 따라 복잡하게 세분화되었음을 알 수 있는 조목이다. '나'를 기준으로 부모님이 가장 가까우므로 부모님 기일에 가장 거친 옷감으로 만든 옷을 입어 슬픔을 표시한다. 그러면서도 아버지의 기일에 쓰는 관이 어머니의 기일에 쓰는 관보다 더 거친 것이다. 아버지의 기일을 더욱 중시하는 것이다.

234 (1)曾祖·祖之妣: 증조모와 조모. 妣(비), 돌아가신 여성 조상을 뜻함. (2)庶母, 아버지의 첩.

10

제사
祭祀

10.1 無後者必祭, 借如有⁽¹⁾伯祖至孫而絕, 則伯祖不得言無後, 蓋有子
也, 至⁽²⁾從父然後可以言無後也. 夫祭者是⁽³⁾正統相承, 然後祭禮
正, 有所⁽⁴⁾統屬. 今既宗法不正, 則無緣得祭祀正, 故且須參酌古
今, 順人情而爲之. 今爲士者而其廟設三世⁽⁵⁾几筵, 士當一廟而設
三世, 似是只於⁽⁶⁾禰廟而設祖與曾祖位也. 有人又有伯祖與伯祖
之子者, 當如何爲祭? 伯祖則自當與祖爲列, 從父則自當與父爲
列, 苟不如此, 使死者有知, 以人情言之必不安. 禮於親疏遠近,
則禮自有煩簡, 或月祭之, 或⁽⁷⁾享嘗乃止. 故拜朔之禮施於三世,
伯祖之祭止可施於享嘗, 平日藏其位版於⁽⁸⁾櫝中, 至祭時則取而
⁽⁹⁾祫之. 其位則自如尊卑, 只欲尊祖, 豈有⁽¹⁰⁾逆祀之禮! 若使伯祖
設於他所, 則似不得祫祭, 皆人情所不安, 便使庶人亦須祭及三
代. "⁽¹¹⁾大夫士有大事, 省於其君, (子)[干]²³⁵祫及其高祖."²³⁶

---

235 〈중화 주석〉 '干'은 『禮記』「大傳」에 근거해 고쳤다.
236 (1)伯祖, 아버지의 큰아버지, 즉 큰할아버지. (2)從父, 아버지의 형제, 즉 큰아버지나 작
은아버지. (3)正統, 정통, 여기서는 직계자손을 가리킴. (4)統屬, 위가 아래를 통괄하고

|번역| 후사가 없는 자는 반드시 제사 지내야 한다. 가령 큰할아버지(伯祖)가 손자에 이르러 대가 끊어졌다면 큰할아버지에 대해서 후사가 없다고 말할 수는 없으니, 아들이 있기 때문이다. 큰아버지나 작은아버지에 이르러서야 후사가 없음을 말할 수 있다. 제사란 직계자손이 서로 계승해야 제례가 바르게 되고 통솔되는 것이 있다. 지금 종법이 바르지 않아 제사가 바를 수 없으니, 고금을 참작하고 인정(人情)에 따라 행해야 할 것이다. 지금 사(士)인 자는 사당에 3대의 궤석(几席)을 설치하는데, 사(士)는 마땅히 사당 하나에 3대의 궤석을 설치해야 하니, 다만 아버지 사당에 조부와 증조부의 신위를 설치하는 것인 듯하다. 신위 중에 큰할아버지와 큰할아버지의 아들이 있는 경우에는 어떻게 제사 지내야 할까? 큰할아버지는 자연히 할아버지와 동렬로 하고, 큰아버지나 작은아버지는 자연히 아버지와 동렬로 해야 한다. 만약 그러지 않아 망자가 알게 된다면 그것은 인정상 틀림없이 편안치 못할 것이다. 예는 관계의 친소와 원근에 따라 자연히 번잡함과 간략함이 있으니, 혹은 다달이 제사 지내기도 하고 혹은 사계절에 제사 지내는 것에 그치기도 한다. 그러므로 초하루에 절하는 예는 3대에 행하고, 큰할아버지에 대한 제례는 단지 사계절 제사에서만 베풀고, 평소에 그 위패를 주독(主櫝)에 보관해 두었다가 제사 지낼 시기에 이르면 꺼내서 합사(合祀)한다. 그 위치는

아래가 위에 예속됨. (5)几筵(궤연), 궤석(几席), 즉 망자의 영혼을 모셔 놓은 자리를 가리킴. 영좌(靈座)라고도 칭함. (6)禰廟(예묘), 돌아가신 아버지 사당. (7)享嘗, 사계절에 지내는 제사. (8)牘, 牘(독)은 櫝(독)의 오자인 것으로 보임. 櫝(독)은 주독(主櫝), 즉 위패를 보관해 두는 궤를 뜻함. (9)祫, 합사함. 즉 여러 혼령을 한곳에 모아 제사 지냄. (10)逆祀, 위아래의 차례에 어긋나는 제사. (11)大夫士有大事, 省於其君, (子)[干]祫及其高祖: 『禮記』,「大傳」, "대부와 사(士)가 조상을 모아 놓고 제사를 지낼 때는 그 군주보다 간략하게 해야 하니 간여하여 제사 지내는 것이 고조부 이하이다." 大事, 여기서 대사(大事)란 합사를 하는 것을 가리킴. 干祫에서 干은 간여함을 뜻함. 따라서 干祫은 간여하여 제사 지낸다는 뜻임.

높고 낮은 대로 오직 조상을 존숭하고자 할 뿐이니, 어찌 차례에 어긋나는 제례가 있겠는가! 만약 큰할아버지를 다른 곳에 모셔 두면 합사할 수 없을 듯하여, 인정상 편치 못한 바이니, 서인도 제사가 3대에 이르도록 한다. "대부와 사(士)가 조상을 모아 놓고 제사를 지낼 때는 그 군주보다 간략하게 해야 하니 간여하여 제사 지내는 것이 고조부 이하이다"라고 했다.

| 해설 | 위 단락에서 가장 주목되는 것은 제례를 "고금을 참작하고 인정(人情)에 따라 행해야 한다"고 한 구절이다. 예에는 시대를 관통하는 것도 있고 특정 시대에만 통용되는 것도 있는데, 그것이 '고금을 참작해야 하는' 이유이다. 또 예는 상하의 차서를 중시한다는 점에서는 위계적 가치를 정당화하는 이데올로기이지만, 모두 허구적, 기만적인 것만은 아니며, 인간의 원초적 감정에 기반을 두고 있는 요소도 있다. 후사가 없는 큰할아버지, 큰아버지도 제사를 지내야 한다는 것, 가까운 조상과 먼 조상의 차이에 따라 제사 지내는 횟수에 차이를 두는 것, 서인도 3대까지는 제사를 지내도록 허용하자는 것 등은 모두 이른바 인정에 부합하는 측면이 있다. 하지만 서열화, 위계화를 절대시하는 생각도 뒤섞여 있다. 할아버지뻘과 아버지뻘은 구분되어 동렬에 배치되어야 한다는 생각, 사대부의 제례는 제후의 그것보다 간략해야 한다는 생각 등이 그것이다.

10.2 近世亦有祭禮, 於男子之位禮物皆同, 而於其配皆有[(1)]降殺, 凡器皿[(2)]俎豆[(3)]筵席[(4)]純緣之類, 莫不異也. 此意亦近得之. 其[(5)]從食者必又有降, 雖古人必須有此降殺, 以明尊卑親疏, 故今設[(6)]祔位, 雖以其班, 以須少退, 其禮物當少損. 其主祭者, 於[(7)]祔食者若其尊也, 則不必親執其禮, 必使有司或子弟爲之.[237]

[237] (1)降殺(쇄), 점차 줄임, 체감함. (2)俎豆(조두), 제사용 나무 그릇으로 주로 고기를 담는 데 쓰임. (3)筵席, 신을 놓는 자리, 즉 신위(神位). (4)純(준)緣, 준연은 선을 두른다는 뜻

│번역│ 근세에도 제례가 있다. 남자의 신위에 놓인 예물은 모두 같지만, 그 배우자에 대해서는 모두 체감함이 있으니, 그릇, 조두(俎豆), 신위, 선을 두른 제복 따위에 차이가 없는 것이 없다. 이러한 의미도 근세에 얻은 것이다. 그 배향하는 자에 대해서도 반드시 체감함이 있으니, 옛사람이라 해도 반드시 이 체감이 있어 존비와 친소를 밝혔으니, 오늘날 합사하는 신위를 설치할 때는 그 반열도 약간 물려야 하고, 그 예물도 마땅히 약간 줄여야 한다. 그 제사를 주관하는 자가 합사하는 망자보다 높다면 친히 그 의례를 집전할 필요가 없으니, 반드시 전담 관리나 자제가 그것을 행하도록 한다.

│해설│ 장재가 살던 때로부터 비교적 가까운 시대에 생겨난 제례 풍습을 소개하였다. 그 골자는 망자의 경우도 남성을 여성보다, 직계 조상신을 배향하는 신보다 우대하며, 제사를 주관하는 자가 합사하는 신보다 높을 경우, 직접 제례를 집전하지 않는다는 것이다. 존비, 친소, 남존여비의 관념을 제례에서 실현하는 것이라 하겠다.

10.3 祭接鬼神, 合宗族, 施德惠, 行教化, 其爲備須是豫, 故至時受福也. [(1)]羞無他物, 則雖羞一品足矣. 既曰庶矣, 則惟恐其不多, 有則共載一器中, [(2)]簿正之外多無妨.[238]

│번역│ 제사는 귀신과 접촉하고 종족을 단합시키며 덕의 시혜를 베풀고 교화하는 일이니, 그 준비가 미리 되어 있어야 그 시기가 이르렀을 때

으로, 선을 두른 제복(祭服)을 입는 것을 가리킴. (5)從食, 배향(配享)함. (6)祔位(부위), 祔(부)는 망자의 신주를 조상의 사당에 모셔 합사하는 것을 가리킴. 따라서 祔位(부위)는 합사하는 신위. (7)祔食者, 합사할 때 원래의 조상과 함께 제수를 흠향하는 망자.
[238] (1)羞, 음식을 올림. (2)簿正, 문서로 제사 물품을 정하는 것을 가리킴.

복을 받는다. 올리는 음식으로 다른 것은 없고 한 종류만 올려도 족
하다. '거의 다 되었다'고 말할진대, 그것이 많지 않을까 하며, 더 있
다면 그릇 하나에 같이 넣으니, 문서로 정해 놓은 물품 외에 더 많아
도 무방하다.

┃해설┃ 제사는 망자와 소통하고 일족을 단결시키며, 도덕적 교화의 효과도 지닌다. 따
라서 이 일은 면밀하게 준비해야 한다. 제사 지낼 때 올리는 음식은 그 정성이
중요하지, 가짓수는 중요하지 않다. 그런 의미에서 한 종류만 담아 올려도 되지
만, 더 올려 무방하다.

10.4 古者既爲$^{(1)}$孟月之祭, 又爲$^{(2)}$仲月之$^{(3)}$薦, 薦者祭之略, 今之祭不
若仲月祭之. 大抵仲月爲薦新, 今將新物便可仲月祭之. 蓋物之成
不如仲月, 因時感念之深又不如仲月. 祭必$^{(4)}$卜日, 若不卜日則時
同, 時同則大宗小宗之家無由相助. 今之士大夫, $^{(5)}$主既在一堂,
何不$^{(6)}$合祭之, 分而作夏秋特祭則無義. 天子$^{(7)}$七廟, 一日而行則
力不給, 故禮有一特一祫之說, 仲特則祭一, 祫則徧祭. 如春祭享
祖, 夏祫群廟; 秋祭曾, 冬又祫; 來春祭祖, 夏又祫; 秋祭禰, 冬又
祫.^{239}

┃번역┃ 옛날에는 맹월(孟月)의 제사를 지내고, 중월(仲月)의 간소한 제사인
천(薦)을 지냈는데, 천(薦)은 간략한 제사로서, 오늘날 제사는 중월

239 (1)孟月, 사계절의 첫 달, 즉 음력으로 정월, 4월, 7월, 10월을 가리킴. (2)仲月, 사계절의
둘째 달, 즉 음력으로 2월, 5월, 8월, 11월을 가리킴. (3)薦, 술과 고기를 올리지 않는 간
소한 제사. (4)卜日, 길일을 묻다. (5)主, 신주를 가리킴. (6)合祭, 원조의 사당에 합사함.
(7)七廟, 고조부, 증조부, 조부, 부의 사당, 고조부의 아버지와 조부의 사당, 그리고 시조
사당을 합쳐 7묘라고 함.

(仲月)에 제사 지내는 것이 제일 낫다. 대체로 중월에는 새로운 음식을 바치니, 오늘날 새로운 작물로 중월에 제사 지낼 수 있다. 작물이 이루어짐에 중월만 할 때가 없고, 때에 따라 깊이 감격함이 중월만 할 때가 없기 때문이다. 제사는 반드시 길일을 물어야 하니, 길일을 묻지 않으면 시일이 같아지고, 시일이 같으면 대종(大宗)의 집안과 소종(小宗)의 집안이 서로 도울 길이 없게 된다. 오늘날 사대부들에게 신주는 당(堂) 한곳에 있을진대 어찌 원조의 사당에 합사하지 않겠는가? 나누어 여름과 가을에 단독으로 제사를 지낸다면 그것은 의미가 없을 것이다. 천자의 7묘(七廟)에 대해 하루에 제사를 거행한다면 힘이 부족할 것이므로 예에 한 번은 단독으로 제사 지내고, 한 번은 합사한다는 설이 있게 되었다. 중월의 단독 제사에서는 한 명에게 제사 지내고, 합사일 경우에는 두루 제사 지내는 것이다. 예를 들어 봄에는 할아버지께 제향하고 여름에는 여러 사당을 합사한다. 가을에는 증조부께 제향하고 겨울에는 다시 합사한다. 이듬해 봄에는 조부께 제향하고 여름에는 다시 합사한다. 가을에는 아버지께 제사 지내고, 겨울에는 다시 합사한다.

| 해설 | 옛날에는 맹월, 중월에 모두 제사를 지냈다는 사실을 참조하되, 당시는 그에 비해 다소 제사가 간소화된 현실과 새로운 작물이 나오는 시기를 종합적으로 고려하여 중월에 제사를 지내자고 주장했다. 이런 생각은 앞서 말한 고금을 참작하여 시대에 알맞은 제사법을 고안해 내자는 그의 기본적 주장을 구체화한 것이라 하겠다. 또 정규 제사를 지낼 때 길일을 택하여 원조의 사당에서 합사해야 한다는 생각, 천자의 경우 계절마다 단독 제사와 합사를 순환하여 거행해야 한다는 생각 등도 제사가 쓸데없이 많아지는 것을 막기 위한 나름의 방안이다.

10.5 "⁽¹⁾鋪筵設同几", 只設一位, 以其精神合也. 後又見 ⁽²⁾合葬孔子善

之, 知道有此義. 然不知一人數娶, 設同几之道又如何, 此未易
處.[240]

┃번역┃ "부모님의 영위를 한 자리에 깔고 안석 하나를 놓는다"고 하였으니,
단지 하나의 자리를 진설한 것은 그 정신이 합일하기 때문이다. 후
에 공자가 합장을 잘 처리한 이야기를 다시 보고 이러한 의미가 있
음을 알게 되었다. 하지만 한 사람이 여러 번 장가를 드는 경우 하나
의 안석을 놓는 이치는 어떻게 되는지의 문제는 쉽게 처리되지 않
는다.

10.6 奠酒, 奠, 安置也, 若言[(1)]奠摯奠枕是也, 謂注之於地非也.[241]

┃번역┃ 전주(奠酒)의 전(奠)은 안치한다는 뜻이다. 예물을 내려놓는다(奠摯),
베개를 놓는다(奠枕)고 말할 때의 전(奠)과 같은 뜻이다. 땅에 붓는
다고 말한다면 틀린 것이다.

┃해설┃ 전주(奠酒)의 전(奠)은 일반적으로는 술을 땅에 뿌리는 것으로 해석한다. 그러
나 장재는 전(奠)에 안치한다는 뜻이 있음에 주목하여 '술을 놓는다'는 뜻이라고

---

240 (1)鋪筵設同几: 『禮記』, 「祭統」, "자리를 깔고 안석 하나를 놓는 것은 신이 의지하는 바
가 있도록 하기 위함이다."(鋪筵設同几, 爲依神也.) 부모님의 영위를 한 자리에 깔고 안
석을 하나만 진설해 놓는 것을 가리킴. (2)合葬孔子善之: 『禮記』, 「檀弓上」, "공자는 어
려서 아버지를 여의었는데, 그 무덤이 어디에 있는지 알지 못하였다. 그러다가 어머니
가 돌아가시자 오보(五父)의 거리에 빈장했다. 그것을 본 사람들은 모두 장례를 치르는
줄 알았지만, 실은 관을 끄는 끈이 빈장하는 끈이었다. 추만보의 어머니에게 물어 방
(防)에 있는 아버지의 무덤에 합장할 수 있었다.(孔子少孤, 不知其墓, 殯於五父之衢, 人之
見之者, 皆以爲葬也, 其愼也, 蓋殯也. 問於郰曼父之母, 然後得合葬於防.)
241 (1)奠摯, 옛날에 사람들이 만났을 때 아랫사람이 예물을 땅에 내려놓는 것을 가리킴.

달리 해석하고 있다.

10.7 祭則⁽¹⁾香茶, 非古也. 香必⁽²⁾燔柴之意, 茶用生人意事之. ⁽³⁾膟膋升首, 今已用之, 所以達臭也.²⁴²

|번역| 제사를 지낼 때 향기로운 차를 올리는 것은 옛 습관이 아니다. 향기
에는 반드시 섶에 옥백(玉帛)이나 희생을 놓고 태운다는 뜻이 있고,
차는 산 사람이 마음으로 섬긴 것을 사용한다. 희생의 창자에 있는
지방과 머리를 지금 사용하는 것은 냄새를 하늘에 도달하게 하기
위함이다.

|해설| 제사에 향기로운 음식을 사용하는 것은 그 냄새가 하늘에 도달하도록 한다는 의
미를 지니고 있다. 고대에 희생의 지방과 머리를 태운 것도, 장재 당시에 향기로
운 차를 사용한 것도 그런 의미를 담고 있다.

10.8 古人因祭祀大事, 飲食禮樂以會賓客親族, 重⁽¹⁾專殺必因重事. 今
人之祭, 但致其事生之禮, ⁽²⁾陳其數而已, 其於接鬼神之道則未
也. 祭祀之禮, 所總者博, 其理甚深, 今人所知者, 其數猶不足, 又
安能達聖人致祭之義!²⁴³

---

242 (1)香茶, 맑고 향기로운 차. (2)燔柴, 고대에 하늘에 제사 지낼 때, 섶 위에 옥백(玉帛)과
희생 등을 놓고 태우던 일. 불에 태우면 향기가 하늘에 이른다고 하여 하늘에 제사 지
낼 때 이런 행위를 했다. (3)膟膋升首: 『禮記』, 「郊特牲」, "희생의 창자에 있는 지방을 떼
어서 태우고, 머리를 바치는 것은 양의 혼기에 보답하기 위함이다." 膟膋(율료), 희생의
지방.
243 (1)專殺, 자유롭게 살생함. (2)陳其數: 『禮記』, 「郊特牲」, "예가 존귀한 까닭은 그 의가 존

|번역| 옛사람은 큰일에 제사를 지낼 때 음식과 예악으로 손님과 친족을 모으되 자유롭게 살생함을 중시한 것은 반드시 중대한 일일 때였다. 한편 오늘날 사람들의 제사는 단지 살아 있는 사람을 섬기는 예를 다하고, 그 제기, 조두의 수를 벌여 놓을 뿐이며, 귀신과 접하는 방법은 없다. 제사의 예가 포괄하는 것은 넓고 그 이치는 깊은데, 지금 사람들은 그 수에 대해 아는 것도 부족하거늘 어떻게 다시 성인의 제사 지내는 의미에 통달할 수 있겠는가!

|해설| 상고시대에는 큰일에 제사를 지낼 때, 자유롭게 살생도 하고, 접신술도 성행했을 것이다. 이는 제례가 샤머니즘적 성격을 강하게 띰을 뜻한다. 유교적 제사는 이런 샤머니즘적 제례를 인문화한 것이다. 그래서 귀신보다는 사람 섬기는 일을 중시한다. 제례의 절차를 중시하다 보니 제기, 조두의 수에 관심이 특별하다. 하지만 장재는 이런 형식적 절차, 수치보다 더 중요한 것은 제사의 의미를 아는 것임을 강조한다. 제사에는 깊고 넓은 문화적, 철학적 함의가 있다는 것이다.

10.9 凡薦, 如有司執事者在外庖爲之, 則男子薦之; 又如[(1)]籩豆之類本
婦人所爲者, 復婦人薦之.[244]

|번역| 간소한 제사인 천(薦)을 지낼 때, 전담 관리와 집사가 외부에 있는 주방에서 그것을 만든다면 남자는 그것을 바친다. 또 예컨대 변두(籩豆)와 같은 제기는 본디 부녀자가 준비하는 것이므로, 다시 부녀자가 그것을 바친다.

귀하기 때문이다. 그 의를 잃고 그 수만 벌여 놓는 것은 축관이나 사관의 일이다."(禮之所尊, 尊其義也. 失其義, 陳其數, 祝史之事也.) 陳其數란 예의 의미는 모르고 단지 제기, 조두 등의 수가 어떻게 되는지 알 뿐인 것을 말한다.
244 (1)籩豆, 籩(변)은 대나무로 만든 제기, 豆(두)는 나무로 된 제기.

|해설| 유교식 제사의 음식 준비는 과거에 부녀자가 전담해 왔다. 위 구절도 그런 전제를 깔고 있다. 다만 주방이 외부에 있을 때, 남자가 음식을 올리기도 하는 예외적 상황을 말한 것이다.

10.10 禮義之家, 雖奴婢出而之他, 必能笑人之喪祭無理者, 賢者之效
　　　不爲細也.

|번역| 예의가 있는 집에서는 설사 노비가 외출해 다른 집에 가더라도 틀림없이 그 사람의 상례나 제례가 이치에 닿지 않고, 현자의 본뜸이 정밀하지 않음을 웃을 수 있을 것이다.

|해설| 예의로 충만한 집안이라면 그 영향이 노비에게까지 미쳐, 그 노비가 상례나 제례를 행하는 집에 갔을 때 그 집의 의례를 거행함에 부족한 점이 무엇인지 알아차린다.

10.11 [(1)]五更而祭, 非禮也.[245]

|번역| 오경에 제사를 지내는 것은 예가 아니다.

10.12 "[(1)]庶羞不踰牲", 不豐於牲也, [(2)]傳者以品之不踰, 非也, 豈有牲
　　　體少而羞掩豆是謂之踰牲![246]

---

245 (1)五更, 하룻밤을 다섯으로 나누었을 때 마지막 단계의 시각으로, 대략 새벽 4시 전후를 가리킴.

|번역| "여러 가지 음식이 희생보다 낫지 않다"고 하였는데, 이는 희생보다 풍성하지 않음을 뜻한다. 전하는 자는 종류가 더 낫지 않은 것으로 여겼는데, 이는 틀린 것이다. 어찌 희생물이 적고, 음식이 제기를 가려 버리는 것을 희생보다 나은 것이라 부르는 일이 있겠는가!

|해설| 이 조목에서 장재는 『예기』의 평소에 먹는 음식이 제사에 쓰는 희생보다 더 좋아서는 안 된다는 말이 예컨대 더 좋은 종류의 고기를 써야 한다는 뜻이 아니고, 제사에 쓰는 희생이 평소의 음식보다 더 풍성해야 한다는 뜻이라고 해석하였다.

10.13 尸惟⁽¹⁾虞則男女皆有, 是初⁽²⁾祔廟時也, 至於吉祭, 則唯見男尸而不見女尸, 則必女無尸也. 當初祔時則不可以無尸, ⁽³⁾節服氏言郊祀而送逆尸車, 則祀天有尸也. 天地山川之類非人鬼者, 恐皆難有尸. 節服氏言郊祀有亦不害, 后稷配天而有尸也. 「詩序」有言"⁽⁴⁾靈星之尸", 此說似不可取. ⁽⁵⁾「絲衣」之詩, 正是既祭之明日求神於門, 其始必有祭, 其實所以⁽⁶⁾賓禮尸也. 天子既以臣爲尸, 不可祭罷便使出門而就臣位, 故其退尸也皆有漸, 言絲衣已是不着冕服, 言弁已是不冠冕也, 漸有從便之禮. 至於燕尸, 必極醉飽, 所謂"⁽⁷⁾不吳不敖, 胡考之休", 吳敖猶言娛樂也, 不娛樂何以成其休考!²⁴⁷

---

246 (1)庶羞不踰牲: 『禮記』, 「王制」, "여러 가지 음식이 희생보다 나아서는 안 되고, 평상복이 제복보다 나아서는 안 되며, 거실이 사당보다 나아서는 안 된다."(庶羞不踰牲, 燕衣不踰祭服, 寢不踰廟.) (2)傳者以品之不踰: 여기서 전하는 자란 정현을 가리킨다. 정현은 이렇게 말했다. "음식이 희생보다 낫다는 것은 제사를 양으로 지내면 소고기를 음식으로 삼지 않음을 말한다"(羞不踰牲, 謂祭以羊, 則不以牛肉爲羞也.)

247 (1)虞, 부모 장례를 마치고 돌아와 지내는 제사. (2)祔廟, 망자를 선조의 사당에 합사함. (3)節服氏, 주나라 때의 관직 명칭. 군주의 제사 및 조회할 때 입는 예복을 관장하였다. 『周禮』, 「夏官」, "절복씨는 왕의 제사와 조회할 때의 곤룡포 및 면류관을 관장했으니,

| 번역 | 시동은 부모 장례를 마치고 돌아와 우제(虞祭)를 지낼 때만 남녀가 모두 있으니, 이는 처음 조상 사당에 합사할 때이다. 길한 제사의 경우에는 오직 남자 시동만 보이고 여자 시동은 보이지 않으니, 필시 여자는 시동이 없다. 처음 합사를 할 때는 시동이 없을 수 없다. 『주례』의 절복씨(節服氏) 부분에서 왕이 교외에서 하늘에 제사 지낼 때 시동의 수레를 보내고 맞이한다고 했으니 하늘에 제사 지낼 때 시동이 있었다. 천지나 산천 등 사람 귀신이 아닌 것에 대해서는 아마 다 시동이 있기 어려웠을 것이다. 절복씨 부분에서 교외의 제사에 시동이 있었다고 말한 것도 대의를 해치지 않으니, 후직도 하늘에 짝하여 시동이 있다. 『시』「사의(絲衣)」편의 「모서(毛序)」에는 "후직

왕이 제사를 지내거나 조회를 할 때는 여섯 사람이 해, 달, 별, 용을 그린 대상기(大常旗)의 술을 관장한다. 제후는 네 사람이 그것을 관장하고, 제후의 복식 또한 그들이 관장한다. 왕이 교외에서 제사 지낼 때 갓옷을 입고 면류관을 쓰는데, 두 사람이 창을 쥐고 있으며, 시동을 맞이하고 보낼 때 시동 수레 뒤를 따른다."(節服氏掌祭祀朝覲袞冕, 六人維王之大常. 諸侯則四人, 其服亦如之. 郊祀裘冕, 二人執戈, 送逆尸從車.) 送逆, 송영(送迎). 보내고 맞이함. (4)靈星之尸: 『詩』, 「周頌」, 「絲衣」, 「毛序」, "「사의」편은 시동에게 다시 제사 지내는 역빈(繹賓)을 행하는 시이다. 고자(高子)는 '후직을 상징하는 영성(靈星)의 시동이다'라고 했다." 역빈(繹賓)이란 제사를 지낸 뒤 다시 제사를 지내는 것을 가리키는 제사의 명칭이다. 제왕의 경우는 역(繹)이라고 하여 제사 지낸 이튿날 제사 지내고, 경대부의 경우는 빈시(賓尸)라 하여 당일에 지낸다. 영성(靈星)은 농사를 주관하는 별자리로, 후직을 상징한다. (5)「絲衣」之詩: 『詩』, 「周頌」, 「絲衣」, "생사로 만든 제복(祭服)이 깨끗하니, 고깔 쓴 관원의 모습이 다소곳하다. 사당에서 문전까지, 양에서 소까지, 큰 솥 작은 솥 두루 살핀다. 쇠뿔 잔은 구부정하고 맛있는 술은 부드럽구나. 떠들지 않고 오만하지 않으니, 장수의 복을 누리리라."(絲衣其紑, 載弁俅俅, 自堂徂基, 自羊徂牛, 鼐鼎及鼒, 兕觥其觩, 旨酒思柔, 不吳不敖, 胡考之休.) (6)賓禮尸, 주대에 시동의 노고에 보답하기 위해 제사를 지낸 다음 날 술과 음식을 차려 놓고 먹도록 하는 의례를 가리킴. (7)不吳不敖, 胡考之休: 이 구절에 대한 장재의 해석은 일반적이지 않다. 일반적으로 오(吳)는 큰 소리로 떠듦, 오(敖)는 오만함, 고(考)는 수고(壽考), 즉 장수를 뜻하는 것으로 이해된다. 그리하여 전체 구절은 "떠들지 않고 오만하지 않으니, 장수의 복을 누릴 것이다"라고 풀이된다. 이와는 달리 장재는 오오(吳敖)를 오락(娛樂), 즉 즐거움, 고(考)는 살핌, 휴(休)는 쉼을 뜻하는 것으로 풀이했다. 그렇다면 전체 구절은 "즐겁지 않으면 어찌 살피는 일이 중단되겠는가?"라는 뜻으로 이해된다.

을 상징하는 영성(靈星)의 시동이다"라는 말이 있는데, 이 설은 취하면 안 될 듯하다. 「사의(絲衣)」의 시는 바로 제사를 지낸 다음 날 문에서 신을 구하는 것이니, 그 처음에는 틀림없이 제사가 있었을 것이고, 사실은 제사 지낸 다음 날 노고에 보답하기 위해 술과 음식을 차려 놓고 먹도록 하는 빈례시(賓禮尸)였을 것이다. 천자가 신하를 시동으로 삼았을진대, 제사가 끝났다고 해서 바로 문으로 나가 신하의 위치로 나아가도록 해서는 안 된다. 따라서 그 시동을 물러가게 하는 데도 점진적인 과정이 있다. 생사로 만든 옷(絲衣)을 말함은 이미 면류관과 예복을 착용하지 않았음을 뜻하고, 고깔을 말함은 이미 면류관이 아님을 뜻하니, 점차 편안함으로 나아가는 예가 있는 것이다. 연회에 참석한 시동의 경우는 틀림없이 많이 취하고 배부를 것이다. "즐겁지 않으면 어찌 살피는 일이 중단되겠는가?"라는 말에서 오오(吳敖)는 오락(娛樂)이라는 말과 같다. 즐겁지 않으면 어찌 살핌을 쉬는 일이 이루어지겠는가!

| 해설 | 고대 제사에서는 종종 시동이 쓰였다. 장재는 이 조목 전반부에서 이 시동의 쓰임에 관해 자신의 의견을 제시하였다. 남녀 시동이 모두 쓰인 예는 부모 장례가 끝난 뒤 집에 돌아와 지내는 우제(虞祭)처럼 극히 중요한 경우일 뿐이라는 점, 길한 제사에서는 모두 남자 시동만 쓰였을 것이라는 점, 처음 합사할 때, 하늘에 제사 지낼 때와 같이 중요한 제사에서 시동은 쓰였겠지만, 자연신에 대한 제사에서는 시동이 쓰이지 않았을 것이라는 점이 그것이다. 후반부에서는 『시경』 「사의」에 등장하는 시동의 의미에 대해 자신의 의견을 제시했다. 이 시는 제사가 끝난 다음 날 시동의 노고에 보답하기 위해 주연을 베푸는 상황에서 쓰인 것으로, 시동 역할을 한 신하가 술과 음식을 배불리 먹으며 점차 일상으로 돌아가는 상황을 묘사한 것이라 했다.

10.14 祭所以有尸也, 蓋以示教; 若接鬼神, 則室中之事足矣. 至於⁽¹⁾事
　　　 尸, 分明以孫行, 反以子道事之, 則事親之道可以喻矣.²⁴⁸

|번역| 제사에 시동이 있는 까닭은 가르침을 내보이기 위해서이다. 귀신과
　　　접촉하는 일의 경우는 방 안에서의 섬김이면 족하다. 시동을 섬기
　　　는 일의 경우는 분명히 손자를 세워 행하지만, 아들의 도로 섬기니,
　　　이로써 부모님을 섬기는 도를 알 수 있다.

|해설| 제사에 시동을 세우는 유교 윤리적 의미를 밝혔다. 고대에 중국에서 시동을 세
　　　운 원래 이유는 시동의 몸으로 조상의 귀신이 들어온다고 생각했기 때문이다.
　　　그러나 장재는 그런 샤머니즘적 귀신 섬김의 의미는 약화시킨다. 대신 시동을
　　　세움이 부모 섬기는 도를 알게 하기 위한 것이라고 말한다. 예컨대 조상의 신위
　　　를 대신하는 시동은 손자로 세우지만, 아들은 그 손자를 부모처럼 섬긴다. 이것
　　　이 시동을 세움으로써 부모 섬기는 도를 알 수 있다는 말의 의미이다.

10.15 "⁽¹⁾抱孫不抱子", 父於子主尊嚴, 故不抱, 孫自有其父, 故在祖則
　　　 可抱, 非謂尸而抱也.²⁴⁹

|번역| "손자는 안지만 아들은 안지 않는다"고 했다. 아버지는 아들에 대해
　　　존엄을 위주로 하므로 안지 않는다. 손자는 자연히 자신의 아버지

248 (1)事尸, 分明以孫行:『禮記』,「曾子問」, "성인의 영혼에 제사 지내려면 반드시 시동이 있
　　어야 한다. 시동은 반드시 손자를 세운다. 손자가 너무 어리면 사람이 그를 안고 있도
　　록 한다."(祭成喪者必有尸, 尸必以孫. 孫幼, 則使人抱之.)
249 (1)抱孫不抱子:『禮記』,「曲禮上」,『고예경(古禮經)』에서는 "군자는 손자는 안지만 아들
　　은 안지 않는다"고 했다. 이 말은 손자는 할아버지의 시동이 될 수 있지만, 아들은 아버
　　지의 시동이 될 수 없음을 뜻한다."(『禮』曰: "君子抱孫不抱子." 此言孫可以爲王父尸, 子不
　　可以爲父尸.)

가 있으므로 할아버지는 안을 수 있다. 이 말은 시동으로 안는 것을
말하는 것이 아니다.

| 해설 | 『예기』의 해설을 보면 "손자는 안지만 아들은 안지 않는다"는 말은 손자만을 시
동으로 세워 안을 수 있다는 의미로 이해된다. 하지만 장재는 이 『고예경』의 구
절이 시동을 안는 문제와는 상관없이 평소에 아버지는 아들을 안지 않지만, 할
아버지는 손자를 안을 수 있다는 의미를 담고 있는 것으로 이해한다.

10.16 七廟之主聚於太祖者, 此蓋有意, 以其當有⁽¹⁾祧者. 且祧者當⁽²⁾易
(擔)[檐],²⁵⁰ 故盡用出之, 因而⁽³⁾祧之, 用意婉轉. 古者言遷主, 不
見所以安置之所, 若祭器祭服則有焚埋之說, 木主不知置之何
地. 又公出疆及大夫⁽⁴⁾出聘皆載⁽⁵⁾遷廟之主而行, 以此觀之, 則
是主常存也, 然則當其祫時必皆取而合祭也. 庶人當祭五世, 以
恩須當及也, 然其祫也止可謂合食.²⁵¹

| 번역 | 7사당의 신주를 태조에 모으는 행위에는 그 뜻이 있으니, 그들에게
는 마땅히 먼 조상 사당이 있어야 하기 때문이다. 게다가 먼 조상의
사당은 마땅히 사당을 바꾸어야 하므로, 다 쓰이면 그것을 꺼내어
다른 사당으로 옮기니, 의미가 완곡하고 함축적이다. 고대에는 신
주를 옮기는 일을 말할 때는 그것을 안치하는 곳이 어딘지는 보이
지 않고, 제기나 제복의 경우에는 불태워 묻었다는 설이 있으나, 나

---

250 〈중화 주석〉 '檐'은 『초석』에 근거해 고쳤다.
251 (1)祧(조), 먼 조상의 사당. (2)易檐(역첨), 처마, 즉 처마로 대표되는 건물을 바꿈. (3)祧,
여기서는 동사로 쓰여 신주를 다른 사당으로 옮긴다는 뜻. (4)出聘, 외교적인 일로 나
감. (5)遷廟(천묘), 먼 조상을 옮겨 와 합사한 사당.

무 신주는 어느 곳에 안치했는지 알 수 없다. 또한 공(公)이 국경 밖으로 나가거나 대부가 외교적인 일로 나갈 때는 모두 천묘(遷廟)의 신주를 싣고 갔으니, 이것을 보건대 신주는 늘 보존되었음을 알 수 있다. 그렇다면 그들을 합사할 때는 반드시 모두 꺼내어 합쳐 제사를 지낸 것이다. 서인의 경우는 5대까지 제사를 지냈으니, 은혜가 거기에까지 이르기 때문이다. 하지만 그것을 합사함은 단지 합쳐 제사 지낸다고 말할 수 있을 뿐이다.

|해설| 합사를 하는 첫째 이유는 먼 조상의 사당이 있어야 하기 때문이고, 둘째 이유는 세월이 흐름에 따라 늘어나는 먼 조상들은 하나의 사당에 모아 합칠 필요가 있기 때문이다. 장재는 고대의 기록에 신주를 정확히 어디로 옮겼는지 보이지 않지만, 국경 밖으로 나갈 때도 신주를 가지고 갔던 것을 보면 신주는 늘 보존되었음을 알 수 있다고 하면서 먼 조상은 당연히 합사했을 것이라고 했다. 그 밖에 합사는 천자뿐 아니라 서인들도 행했는데, 서인의 경우, 조상의 은혜가 5대까지는 여전히 미치고 있다고 여겨 5대까지 합사해 제사를 지낸다고 했다.

10.17 祫祭既不見男女異廟之文, 今以人情推之, 且不若男從東方, 女從西方, 而太祖居南面, 男⁽¹⁾祔其祖, 婦祔其姑, 雖一人數娶, 猶不妨東方虛其位以應西方之數, 其次世則復對西方之配也.[252]

|번역| 합사의 경우, 남녀가 사당을 달리한다는 글은 보이지 않는데, 지금 인정으로 그것을 추론해 본다면 다음과 같이 하는 것이 나을 것 같다. 남성은 동쪽을 따르고 여성은 서쪽을 따르며, 태조는 남쪽에 머무른다. 남성의 신위는 할아버지 쪽에 붙이고, 부녀자의 신위는 할

---

[252] (1)祔(부), 나중에 죽은 망자의 신위를 선조의 옆에 붙여 놓고 제사 지내는 것을 가리킴.

머니 쪽에 붙여 제사 지낸다. 비록 한 사람이 여러 번 장가들었다 해
도 동쪽에 그 위치를 비워 놓아 서쪽의 수에 응하도록 해도 무방하
니, 그다음 대의 경우 다시 서쪽의 배우자에 대응하게 한다.

┃해설┃ 한 사당 안에 남녀 신위를 진설할 경우 어떻게 하는 것이 좋을지 그 원칙을 이른
바 '인정(人情)', 사실상은 당시 유교문화권에서 통용되는 상식에 근거해 제시하
고 있다. 남성과 여성의 신위를 각각 동쪽과 서쪽에 진설하는 것은 동쪽은 양기
가 성하고 서쪽은 음기가 성하다는 생각에 근거를 두고 있다. 남성의 신위와 부
녀자의 신위를 각각 할아버지와 할머니 조상 쪽에 붙이는 것은 남녀유별 관념에
바탕을 둔 것이다.

10.18 凡人家⁽¹⁾正廳, 似所謂廟也, 猶天子之受正朔之殿. 人不可常居,
以爲祭祀吉凶冠婚之事於此行之. 廳後謂之寢, 又有⁽²⁾適寢, 是
⁽³⁾下室, 所居之室也.²⁵³

┃번역┃ 저 집의 정중앙 대청이 이른바 사당인 듯하니, 이는 천자가 정북향
의 궁전을 받는 것과 같다. 사람들은 거기에 항상 거주해서는 안 되
니, 길흉사, 관례, 혼례의 일에 대한 제사를 이곳에서 지낸 것으로
여겨진다. 대청 뒤를 침(寢)이라고 부르는데, 사무를 보는 정침(正
寢)도 있는 내실로, 기거하는 방이다.

┃해설┃ 이 조목은 정침, 내실 등을 언급하는 것을 보면 과거 어느 제후의 저택에 대한 설
명인 것으로 보인다. 저택의 정중앙에 사당인 듯한 대청이 있는 것은 사당을 얼
마나 중시했는지 알 수 있는 대목이다. 집안에 중대한 일이 있으면 이곳에서 모
두 제례를 행한다. 일상 공간은 사당 뒤편에 있다. 그 뒤편에는 사무를 보는 정

---

253 (1)正廳, 정중앙에 있는 대청. (2)適寢, 정침(正寢), 사무를 보는 곳. (3)下室, 내실(內室).

침도 있고, 기거하는 내실도 있다.

10.19 "⁽¹⁾去壇爲墠", "⁽¹⁾去[墠曰]²⁵⁴鬼", 從廟數以至壇墠, 皆有等差定數. 至於鬼只是鬼饗之, 又非⁽²⁾『孝經』所謂鬼饗也. 此言鬼饗, 旣不在廟與壇墠之數, 卽幷合上世一齊饗之而已, 非更有位次分別, 直共一饗之耳, 只是懷精神也. 鬼者只是歸之太虛, 故共饗之也. 旣曰鬼饗之, 又分別世數位次, 則後將有百世之鬼也.²⁵⁵ 旣是壇墠, 則其禮必不如宗廟, 但鬼饗之耳. 鬼饗之者, 血毛以爲尙也. 『孝經』言"爲之宗廟而鬼饗之", 又不與此意同. 彼之謂鬼者, 只以人死爲鬼, 猶⁽³⁾『周禮』言天神‧地祇‧人鬼.²⁵⁶

|번역| "단(壇)을 벗어나 더 먼 조상을 제사 지내는 데는 선(墠)으로 한다"고 하고 "선(墠)을 벗어난 더 먼 조상을 귀(鬼)라고 일컫는다"고 하니, 사

254 〈중화 주석〉'墠曰'은 『예기』「祭法」에 근거해 보완했다.

255 〈중화 주석〉 문맥에 따라 이어지는 부분과 한 단락으로 연결했다.

256 "(1)去壇爲墠", "去[墠曰]鬼": 『禮記』, 「祭法」, "왕은 7사당을 세우고, 그 외에 단(壇) 하나와 선(墠) 하나를 설치한다. 7사당 중, 고묘, 왕고묘, 황고묘, 현고묘, 조고묘는 모두 매달 제사 지낸다. 먼 조상 사당인 이조(二祧)는 사계절에 한 번 제사 지내는 데 그친다. 조(祧)보다 더 먼 조상을 제사 지내는 데는 단(壇)을 사용하고, 그보다 더 먼 조상을 제사 지내는 데는 선(墠)을 사용한다. 특별히 기도할 일이 있으면 단과 선에서 제사를 지내고, 기도할 일이 없으면 그친다. 선(墠)보다 더 먼 조상은 귀(鬼)라고 부른다."(王立七廟, 一壇一墠. 曰考廟, 曰王考廟, 曰皇考廟, 曰顯考廟, 曰祖考廟, 皆月祭之. 遠廟爲祧, 有二祧, 享嘗乃止. 去祧爲壇, 去壇爲墠. 壇‧墠有禱焉祭之, 無禱乃止. 去墠曰鬼.) 壇(단), 흙을 쌓아 만든 제단. 墠(선), 흙을 깎아서 조금 낮게 만든 제단. (2)『孝經』所謂鬼饗: 『孝經』, 「喪親」, "종묘를 세워 귀로 하여금 흠향하게 한다."(爲之宗廟, 以鬼饗之.) (3)『周禮』言天神‧地祇‧人鬼: 『周禮』, 「春官」, 「大宗伯」"대종백의 직무는 다음과 같다. 나라의 천신, 인귀, 지신에 제사 지내는 예를 관장하여 세움으로써 왕을 보좌해 나라를 세우고 보위한다." (大宗伯之職: 掌建邦之天神‧人鬼‧地祇之禮, 以佐王建保邦國.)

당의 수에서 단(壇), 선(墠)에 이르기까지 모두 등급과 정해진 수가 있다. 귀(鬼)의 경우는 단지 귀가 흠향함이고, 그것은 또한 『효경』에서 말하는 '귀의 흠향(鬼饗)'도 아니다. 여기서 말하는 '귀의 흠향'이란 사당과 단(壇), 선(墠)의 수에 들지 않아, 즉 위 대를 병합하여 한꺼번에 흠향하는 것일 따름이니, 다시 신위의 순서에 분별이 있는 것도 아니고, 곧바로 함께 흠향하는 것이니, 단지 정신(精神)을 품는 것이다. 귀(鬼)란 다만 태허로 돌아감이므로 함께 흠향한다. 귀(鬼)가 흠향한다고 하면서 다시 대의 수와 신위의 순서를 분별한다면 후에 장차 백 대의 귀가 존재하게 될 것이다. 장소가 단(壇)과 선(墠)일진대, 그 예는 틀림없이 종묘만 못하니, 다만 귀가 흠향할 따름이다. 귀가 흠향하는 것으로 가축의 피와 털을 높이 여긴다. 『효경』의 "종묘를 만들어 귀가 흠향하도록 한다"는 말은 이 의미와 같지 않다. 거기에서 말하는 귀(鬼)란 단지 사람이 죽어 귀가 되는 것이니, 『주례』에서 말하는 천신, 지신, 인귀와 같다.

┃해설┃ 장재 철학에서 귀(鬼)란 주로 기가 흩어져 태허로 돌아감을 뜻한다. 귀에 대한 이러한 개념적 이해를 토대로 이 조목에서는 사당, 단(壇), 선(墠)에서 제사 지내는 범위에도 들지 않는 아주 먼 조상신에 대한 제사란 실은 모든 세대의 귀를 병합해 한꺼번에 흠향하도록 함을 뜻한다. 이러한 귀에 이르러서는 가까운 조상 제사에서 보이는 신위의 차서 같은 위계질서는 전혀 보이지 않는다. 먼 조상들의 모든 기가 하나로 뒤섞여 있을 따름이다. 이런 맥락에서 말하는 귀 개념은 예컨 대 『효경』에서 말하는 샤머니즘적인 인귀(人鬼) 개념과는 분명히 다른 것이다.

10.20 山川之祀, 止是其如此巍然而高, 淵然而深, 蒸潤而足以興雲致
雨, 必報之, 故祀之視三公諸侯, 何嘗有此人像, 聖人爲政必去之.

|번역| 산천에 대한 제사는 단지 그것이 저렇게 우뚝 높이 솟아 있고 심연처럼 깊으며 증발하고 적셔 구름을 일으키고 비를 내리게 하니 반드시 보답하겠다는 것일 따름이다. 그러므로 그것들을 제사 지내 삼공, 제후로 간주하나, 그러한 사람의 형상은 없으니, 성인이 정치를 하면 틀림없이 그러한 제사를 버릴 것이다.

|해설| 산천에 제사를 지내는 것도 일종의 샤머니즘적 제사 풍습이다. 유학자인 장재가 이런 샤머니즘적 산천제에 반감을 품었을 것임은 충분히 짐작할 수 있는 일이다. 산천이 지닌 위력을 두려워하고 은혜에 감탄하며 그러한 산천을 의인화해 삼공이나 제후처럼 여기는 것에는 분명히 미신적인 요소가 있다. 하지만 그렇다고 하여 산천이 인간을 비롯한 만물에 생존의 터전이 된다는 점마저 부정할 수 있을까? 장재의 자연에 대한 전체적인 생각을 살펴볼 때 그 역시 이 점은 충분히 긍정해야 마땅하다.

10.21 (1)八蜡: 先嗇, 一也, 始治稼穡者, 據『易』則神農是也; 司嗇是修此職者, 二也; 農, 三也; (2)郵表畷, 四也; 貓虎, 五也; 坊, 六也; (3)水庸, 七也; 百種, 八也. 百種, 百穀之種. 舊說以昆蟲爲八, 昆蟲是爲害者, 不當祭. 此歲終大報也.[257]

257 (1)八蜡:『禮記』,「郊特牲」, "천자는 사제(蜡祭)를 지낼 때 여덟 신에게 제사 지낸다. 사제는 이기씨(伊耆氏)가 시작했다. 사(蜡)란 색(索, 찾는 것)이다. 매년 12월에 만물의 정령을 모아 향응하는 것이다. 사제에서는 가장 먼저 농사를 가르친 선색(先嗇)을 비롯하여 농사 관리인 사색(司嗇)에게 제사하고, 백곡의 정령에 제사하여 농사로 받은 은혜에 보답한다. 여러 농사의 신과 밭두둑 사이에 오두막을 짓고 농사를 독려하던 농관 신인 우표철(郵表畷), 금수에 이르기까지 향응하니, 이는 인의 지극함이요, 의를 다함이다. 옛 군자는 일을 시키면 반드시 보답을 했다. 고양이 신을 부르는 것은 그것이 쥐를 잡아먹기 때문이요, 호랑이 신을 부르는 것은 그것이 멧돼지를 잡아먹기 때문이니, 그것들을 불러 제사 지낸다. 제방과 도랑의 신에 제사 지내는 것도 농사에 공이 있기 때문이다.(天子大蜡八. 伊耆氏始爲蜡. 蜡也者, 索也, 歲十二月, 合聚萬物而索饗之也. 蜡之祭也,

|번역| 사제(蜡祭)의 여덟 신은 다음과 같다. 첫째는 선색(先嗇)으로 농사를 처음으로 지은 자로, 『역』에 근거하면 신농이다. 둘째는 사색(司嗇)으로 그 직무를 처리한 자이다. 셋째는 농신이다. 넷째는 밭두둑 사이의 오두막에서 농사를 독려하던 우표철이다. 다섯째는 고양이와 호랑이 신이다. 여섯째는 제방이다. 일곱째는 도랑이다. 여덟째는 백종(百種)으로 백종이란 백곡의 종자이다. 옛 설에서는 여덟째를 곤충이라고 여겼는데, 곤충은 해가 되는 것으로 제사 지내서는 안 된다. 그것은 한 해가 끝나 은혜에 크게 보답하는 제사이다.

|해설| 사제(蜡祭)의 종교의례에는 농사가 인간의 힘만으로는 이루어지지 않는다는 생각이 투영되어 있다. 장재가 정리한 여덟 신 가운데 다섯 번째에서 여덟 번째 신들은 모두 자연신이다. 그리고 농사는 물론 일종의 기술로 그 기술을 가르쳐 준 이들의 공헌도 빼놓을 수 없다. 첫 번째에서 네 번째에 이르는 신들은 모두 농사의 기술을 보급하거나 농사를 사회적으로 조직한 신들이다. 한 가지 빠진 게 있다면 그것은 농부이다. 자연의 자연력과 직접 결합하여 농사를 짓는 농부의 공역시 중요한데, 이 요소가 빠져 있는 것이다.

10.22 "(1)龍見而雩", 當以孟夏爲百穀祈甘雨也. 水旱旣其氣使然, 祈禱
復何用意也? 民患若此, 不可坐視, 聖人憂民而已, 如人之疾, 其
子祈禱, 不過卒歸無益也, 故曰"(2)丘之禱久矣."258

主先嗇而祭司嗇也, 祭百種以報嗇也. 饗農及郵表畷·禽獸, 仁之至義之盡也. 古之君子, 使之必報之. 迎貓, 爲其食田鼠也; 迎虎, 爲其食田豕也, 迎而祭之也. 祭坊與水庸, 事也.) 八蜡, 농사가 끝난 뒤 매년 12월 농사와 관련된 갖가지 신을 모아 놓고 지내는 제사. (2)郵表畷, 우표(郵表)는 우사(郵舍), 즉 밭두둑 사이에 있는 오두막이고, 철(畷)은 밭두둑을 뜻함. 우표철(郵表畷), 밭두둑 사이에 오두막을 짓고 거기에서 농사를 관리, 감독하던 농사관리의 신을 가리킴. (3)水庸, 도랑.

258 (1)龍見而雩: 『春秋左傳』, 「桓公」, 五年, "가을에 기우제를 크게 지냈다. 『춘추』에서 이

| 번역 | "창룡성(蒼龍星)이 보이면 기우제를 지낸다"고 했는데, 이는 마땅히 음력 4월에 백곡에 단비가 내리기를 기원하는 제사일 것이다. 가뭄이 드는 것은 그 기가 그렇게 만드는 것일진대, 무슨 의도로 다시 기도를 하는가? 백성의 우환이 그와 같아 좌시할 수 없으니, 성인은 백성을 근심하는 것일 따름이다. 예를 들어 사람이 질병에 걸리면 그 아들은 기도를 하지만, 결국은 무익할 뿐이다. 그래서 공자께서는 "그렇다면 나는 기도한 지 오래되었다"고 하셨다.

| 해설 | 일찍이 순자는 「천론편」에서 기우제를 지내는 것의 무용함에 대해 지적한 바 있다. 장재 역시 그것을 말하고 있다. 다만 그것이 무익함에도 여전히 기우제를 지내는 습속이 남아 있는 까닭은 그 의례를 통해 백성의 우환을 함께 근심하는 성인의 마음을 표현할 수 있는 데 있다고 했다. 그런 맥락에서 장재는 질병을 낫게 해달라는 기도의 무용함을 말한다. 하지만 그가 주장하듯 이런 기도가 과연 무용한 것인지에 대해서는 이견이 있을 듯하다.

일을 기록한 것은 정기적인 제사가 아니었기 때문이다. 무릇 제사란 짐승이 겨울잠에서 깨어나면 교제(郊祭)를 지내고, 창룡(蒼龍)이 나타나면 기우제를 지내며, 가을에 한기가 느껴지기 시작하면 상제(嘗祭)를 지내고, 짐승이 겨울잠을 자면 증제(烝祭)를 지낸다."(秋, 大雩, 書不時也. 凡祀, 啓蟄而郊, 龍見而雩, 始殺而嘗, 閉蟄而烝.) 창룡(蒼龍), 동쪽 일곱 별의 총칭. (2)丘之禱久矣:『論語』,「述而」, "공자께서 병이 깊어지시자, 자로가 기도하기를 청했다. 공자께서 말씀하셨다. '그런 일이 있었느냐?' 자로가 대답했다. '있습니다. 뇌문에 '그대를 위해 위아래의 신께 빈다'라는 말이 있습니다.' 공자께서 말씀하셨다. '그렇다면 나는 기도한 지 오래되었다.'"(子疾病, 子路請禱. 子曰: "有諸?" 子路對曰: "有之, 誄曰: '禱爾於上下神祇.'" 子曰: "丘之禱久矣.")

11

월령통

月令統

11.1 秦爲⁽¹⁾「月令」, 必取先王之法以成文字, 未必實行之. "⁽²⁾道千乘之國, 敬事而信, 節用而愛人, 使民以時", 此皆法外之意. 秦苟有愛民爲惠之心方能行, 徒法不以行, 須實有其心也. 有其心而無其法, 則雖有仁心⁽³⁾仁聞, 不行先王之道, 不能爲政於天下.[259]

|번역| 진나라에서 만든 「월령」은 틀림없이 선왕의 법에서 취해 글을 이룬 것이지만, 반드시 그대로 실행한 것은 아니었다. "천 대의 전차를 가진 나라를 다스릴 때는 일을 조심스럽게 하고 신뢰를 주며, 비용을 절약하고 관리를 아끼며, 백성을 적절한 때에 부린다"고 했는데, 이

---

[259] (1)「月令」, 전국시대 음양오행가의 저작이다. 『여씨춘추』에는 「십이기(十二紀)」가 있는데, 편마다 그 달의 천문, 기후를 논하고, 그것에 근거해 농사를 지을 때 구체적으로 어떤 일을 해야 하는지, 그리고 종교적, 정치적으로 통치자는 무엇을 해야 하는지 등이 기재되어 있다. 이 「월령」을 장재가 진나라와 연관 짓고 있는 근거는 『여씨춘추』를 여불위(呂不韋)가 진나라 재상으로 있을 때 문객들에게 저술하게 했던 사실과 관련이 있다. (2)『論語』, 「學而」, "천 대의 전차를 가진 나라를 다스릴 때는 일을 조심스럽게 하고 신뢰를 주며, 비용을 절약하고 관리를 아끼며, 백성을 적절한 때에 부린다."(道千乘之國, 敬事而信, 節用而愛人, 使民以時.) (3)仁聞, 어질다는 명성.

는 모두 법의 테두리 밖에서 지니는 마음이다. 진나라가 진실로 백성을 사랑하여 시혜를 베푸는 마음이 있어야 행할 수 있지, 법만으로는 행해지지 않으니, 실제로 이 마음이 있어야 한다. 반대로 그 마음은 있으나 그 법이 없으면 설사 어진 마음과 어질다는 명성이 있다 해도 선왕의 도를 행하지 않아 천하에 정치를 행할 수 없게 된다.

|해설| 흔히 정치는 법과 도덕 사이에 위치한다고들 말하는데, 장재가 이 조목에서 하는 말도 이러한 생각과 유사하다. 진나라가 「월령」과 같은 법령을 제정했다고 하더라도, 그것을 실제로 시행할 만큼 높은 도덕성이 갖추어지지 못했기 때문에, 그 나라는 그 정치가 제대로 행해지지 못했다. 반면 도덕성만 갖추고 그것을 현실에서 발현할 법적, 제도적 틀이 마련되어 있지 않으면, 마찬가지로 정치는 제대로 그 기능을 발휘하지 못하게 된다.

11.2 古者諸侯之建, ⁽¹⁾繼世以立, 此象賢也, 雖有不賢者, 象之而已. 天子使吏治其國, 彼不得暴其民, 如舜封象是不得已. (用)『[周]²⁶⁰禮』建國大小必參⁽²⁾相得, 其勢不能相下, 皆小國則無紀, 以小事大, 莫不有法.²⁶¹

|번역| 고대에 제후를 세울 때는 대를 이어 세웠는데, 그것은 선군의 현덕을 본받는 것이었지만, 설사 선군 가운데 현명하지 못한 자가 있다고 하더라도 본받을 따름이었다. 천자가 관리에게 그 나라를 다스

---

260 〈중화 주석〉 '周'는 『초석』에 근거해 고쳤다.

261 (1)繼世以立, 此象賢也: 『禮記』, 「郊特牲」, "천자의 적자도 원래는 사(士)였으니, 천하에 태어나면서부터 귀한 자란 없다. 대를 이어 제후를 세우는 것은 그 선군의 현덕을 본받는 것이었다."(天子之元子, 士也, 天下無生而貴者也. 繼世以立諸侯, 象賢也.) (2)相得, 서로 잘 지냄, 조화롭게 지냄.

리도록 할 때는 백성을 해치지 못하도록 했으나, 순임금이 동생 상(象)을 봉한 일은 어쩔 수 없어서였다. 『주례』에서는 나라를 세울 때 크고 작은 나라가 반드시 참여하여 서로 잘 지내도록 했으나, 그 세력이 서로 양보하지 못하면 모두 소국이어서 기강이 없게 되고, 작은 나라로서 큰 나라를 섬기면 법도가 있지 않음이 없다.

|해설| 유교적 정치의 이상을 따르고 기본 원칙을 지키면서도 그 이상과는 거리가 먼 현실과 어느 정도 타협도 필요함을 말하였다. 왕위를 계승하는 자는 기본적으로 선대 임금의 현명한 덕을 계승해야 하지만, 현실적으로는 현명하지 못한 선대 군주더라도 그대로 본받게 된다. 통치자는 적어도 백성을 해쳐서는 안 되지만, 유교의 혈연 우선 원칙으로 인해 성정이 사나운 자도 동생이기 때문에, 어쩔 수 없이 관리로 임명하곤 한다. 유학은 대국과 소국의 조화를 지향하지만, 자국의 이익을 앞세우는 일이 빈번한 현실에서는 소국이 대국을 섬기는 행위가 지혜로운 행위로 간주된다.

11.3 ⁽¹⁾泰社, 王爲群姓所立, 必在國外也, 民各有社, 不害爲泰社. 王社, 王自立爲社, 必在城內. 在漢猶有泰社, 在唐只見⁽²⁾一社. ²⁶²

|번역| 태사는 왕이 백관과 백성을 위해 세운 것으로, 틀림없이 왕성 밖에 있었을 것이고, 백성에게 각기 대지 신을 모신 사당이 있더라도 태

---

262 (1)泰社, 王爲群姓所立 … 王社, 王自立爲社: 『禮記』, 「祭法」, "왕이 백관과 백성을 위해 대지 신의 사당을 세운 것을 대사(大社)라고 부르고, 왕이 자신을 위해 대지 신의 사당을 세운 것을 왕사(王社)라고 부른다."(王爲群姓立社, 曰大社; 王自爲立社, 曰王社.) 泰社, 대사(大社). 사(社)는 대지의 신을 모신 사당. 群姓, 여러 종족의 성씨. 백관과 백성을 아울러 가리킴. (2)一社, 대지 신 사당인 사(社)를 대부 이하는 따로 세울 수 없었고, 다만 100집 이상이면 공동으로 사당을 세울 수 있었는데, 이를 일사(一社) 혹은 이사(里社)라 했다.

사를 만드는 일에는 영향을 주지 않았다. 왕사는 왕이 스스로 세워 대지 신을 모시는 사당으로 삼은 것으로 틀림없이 도성 안에 있었을 것이다. 한대까지만 해도 태사가 있었지만, 당대에는 일사(一社)만 보인다.

|해설| 고대에는 대지의 신을 모신 사당이 천자가 세운 것, 제후가 세운 것, 대부 이하의 사람들이 세운 것 등으로 무척 다양하고 많았지만, 당대 이후에는 다 사라지고 대부 이하의 사람들이 세운 것만 남게 되었다.

11.4 ⁽¹⁾章旒之數, 自九降至五, 皆降差以兩. 奇數有君之象, 四以下恐是諸侯卿大夫之服.[263]

|번역| 천자를 비롯한 백관이 착용한 장류(章旒)의 수는 9에서 낮아져 5에 이르기까지 모두 둘씩 차이를 보이며 낮아진다. 홀수에는 군주의 형상이 있으니, 4 이하는 아마도 제후, 경대부의 복식이었을 것이다.

|해설| 천자, 제후, 대부 등이 착용한 고대 예복인 장류의 수가 9에서 시작해 둘씩 낮아져 홀수로 계속되는 것을 군주의 형상이라 말하는 것은 『주역』에서 홀수를 양의 수로 보는 생각에 기반을 두고 있다.

11.5 井田而不封建, 猶能養而不能教; 封建而不井田, 猶能教而不能養; 封建井田而不肉刑, 猶能教養而不能使. 然此未可遽行之.

---

263 (1)章旒, 천자, 제후, 대부 등이 착용하던 예복으로 일월성신 등의 문양을 수놓은 장복(章服)과 면류관(冕旒冠)을 가리킨다. 장식한 문양의 수에 따라 9장복, 7장복, 5장복, 3장복 등으로 불리며 이는 신분의 차이를 나타냈다.

|번역| 정전제를 시행하면서 봉건제를 시행하지 않으면 부양할 수는 있어
도 교화할 수는 없다. 반대로 봉건제를 시행하면서 정전제를 시행
하지 않으면 교화할 수는 있어도 부양할 수는 없다. 봉건제와 정전
제를 시행하면서 육체에 대한 형벌을 가하지 않으면 교화하고 부양
할 수는 있어도 부릴 수는 없다. 하지만 이것들은 갑작스럽게 시행
해서는 안 된다.

|해설| 장재가 유학의 이상적 토지 분배 제도인 정전제 실현과 서주 시대의 봉건제 부
활을 주장했음은 이미 앞에서도 여러 차례 확인할 수 있었다. 장재는 정전제의
시행으로 백성들이 균등하게 토지를 분배받아 농사를 지음으로써 기본적으로
먹고사는 문제가 해결될 수 있다고 여겼고, 덕을 지닌 사람이 비교적 작은 지역
을 나누어 다스리면 사회교화가 더욱 효과적으로 정밀하게 이루어질 수 있다고
믿었다. 하지만 그는 이런 제도의 변화가 급격하게 이루어져서도 안 된다고 생
각한다. 대다수가 동의할 수 있을 때 점진적으로 추진해야 한다고 주장했다.

11.6 四時[(1)]蒐狩田獵, 教師行於[(2)]草莽之法. 行於草莽則潛師, 潛師夜
中聲相聞, 『易』曰: "[(3)]伏戎於莽."[264]

|번역| 사계절에 사냥할 때, 군사가 초원에서 행군하는 방법을 가르친다.
초원에서 행군하면 비밀리에 행군하는 것이어서, 비밀리에 행군하
면 밤중에 소리가 서로 들리니, 『역』에서는 "군사를 풀 속에 매복시
켜 놓는다"고 했다.

|해설| 사냥을 통해 군대가 비밀리에 행군하는 훈련을 했음을 알 수 있다.

---

264 (1)蒐狩(수수), 蒐, 봄에 하는 사냥. 狩, 겨울에 하는 사냥. (2)草莽, 초목이 무성한 들판.
(3)伏戎於莽: 『周易』, 「同人」九三 효사이다.

12

상기
喪紀

12.1 "⁽¹⁾喪不慮居"也, 非無薪也, 必毀屋扉, 明於死者無所愛惜, 所以趨
其急也. ⁽²⁾鄭氏之說恐非. ²⁶⁵

| **번역** | "상례를 치르기 위해 거주하는 집을 생각하지 않는다"는 말은 집안

---

²⁶⁵ (1)喪不慮居: 『禮記』, 「檀弓下」 "상례를 치르기 위해 거주하는 집을 생각하지 않지만, 집을 훼손하더라도 몸을 위태롭게 하지 않는다. 상례를 치르기 위해 거주하는 집을 생각하지 않음은 사당이 없기 때문이다. 훼손하더라도 몸을 위태롭게 하지 않는 것은 후사가 없게 되기 때문이다."(喪不慮居, 毀不危身. 喪不慮居, 爲無廟也. 毀不危身, 爲無後也.)『예기』의 이 단락을 여기서는 장재의 이해에 따라 해석했다. 이 단락은 다음과 같이 해석되기도 한다. "상례를 치르기 위해 거주하는 집을 근심하지 않도록 하고, 몸을 훼손하여 몸을 위태롭게 하지 않는다. 상례를 치르기 위해 거주하는 집을 근심하지 않도록 함은 집이 없으면 사당이 없기 때문이다. 몸을 훼손하여 몸을 위태롭게 하지 않는 것은 후사가 없게 되기 때문이다." 이 두 해석의 차이는 첫째로는 '不慮居'의 '慮'를 '고려함'으로 볼 것인지 아니면 '우려함'으로 볼 것인지에 있고, 둘째로는 '毀不危身'의 '毀'를 '집을 훼손함'으로 볼 것인지 아니면 '몸을 훼손함'으로 볼 것인지에 있다. (2)鄭氏之說: 정현은 "喪不慮居"의 의미를 "집을 팔아 상례를 봉행함을 말한다"(謂賣舍宅以奉喪)고 설명했다. 장재는 집이 없으면 사당도 있을 수 없기 때문에 '집을 판다'는 설명이 틀렸다고 본 듯하다. 〈중화 주석〉 이 구절은 원래 다음 조목의 첫머리에 있었으나, 문맥에 따라 여기로 옮겼다.

형편이 땔감이 없을 정도는 아니니, 틀림없이 집을 훼손한다는 뜻이다. 죽음의 의미를 잘 아는 자는 아끼는 것이 없으니, 그 시급한 것을 향해 달려간다. 정현의 설명은 틀린 것 같다.

|해설| 유자는 상례를 치르고 사당을 세우는 일을 극히 중시한다. 장재는 그 일을 하기 위해 유자가 집을 훼손하기도 하는 것은 무엇보다 죽음의 문제에 민감해 아끼는 것이 없기 때문이라고 했다. 이를 보건대, 상례와 제례를 대하는 유가의 태도는 거의 종교적인 그것에 가깝다.

12.2 喪須三年而祔, 若⁽¹⁾卒哭而祔, 則三年都無事. 禮卒哭猶存朝夕哭, 若無祭於⁽²⁾殯宮, 則哭於何處? 古者君薨, 三年喪畢, ⁽³⁾吉禘然後 祔, 因其祫, 桃主藏於⁽⁴⁾夾室, 新主遂自殯宮入於廟. 『國語』言"⁽⁵⁾日 祭月享", (禮)[廟]²⁶⁶中豈有日祭之禮? 此正謂三年之中不徹几筵, 故有日祭. 朝夕之饋, 猶⁽⁶⁾定省之禮, 如其親之存也. 至於祔祭, 須 是三年喪終乃可祔也.²⁶⁷

|번역| 상례에 따르면 3년이 지난 후에 조상의 사당에 합사해야 하니, 만약 백일제를 마쳐 졸곡(卒哭)하고 나서 합사한다면 3년 동안 일이 없을 것이다. 예에 따르면 졸곡(卒哭)을 하더라도 조석으로 곡하는 일은

266 〈중화 주석〉 '廟'는 『讀禮通考』에 근거해 고쳤다.
267 (1)卒哭, 고대의 상례에 따르면 백일제를 마친 다음에는 아무 때나 곡하던 것을 그치고, 조석으로 한 번 곡하는 것으로 바꾸는데, 이를 졸곡(卒哭)이라 한다. (2)殯宮, 영구를 안치해 놓는 가옥. (3)吉禘(체), 탈상한 후에 망자의 신주를 받들어 종묘에 들게 하는 것. (4)夾室, 종묘의 동서 양쪽 행랑의 뒤쪽에 5대 조 이상의 먼 조상 신주를 보관하는 곳. (5)日祭月享: 『國語』, 「楚語下」, "그러므로 고대에 선왕은 날마다 부친과 조부에게 제사 지내고, 다달이 고조와 증조에게 제사 지냈다." (6)定省, 定은 부모님의 잠자리를 봐드리는 것을 뜻하고, 省은 문안 인사를 드리는 것을 가리킨다.

남아 있으니, 만약 영구를 놓던 빈궁에서 제사 지내는 일이 없다면 어디에서 곡을 하겠는가? 고대에는 군주가 붕어하여 삼년상이 끝나면 망자의 신주를 종묘에 들인 뒤 합사하고, 조묘(祧廟)의 신주는 협실(夾室)에 보관하였으니, 새로운 신주는 마침내 빈궁에서 종묘로 들게 된다. 『국어』에는 "날마다 조부와 부친에게 제사 지내고 다달이 고조와 증조에게 제사 지낸다"는 말이 있는데, 사당에서 어찌 날마다 제사 지내는 예가 있겠는가? 이는 바로 삼 년 동안 궤석을 철거하지 않았다는 뜻이다. 그러므로 날마다 제사 지내는 일이 있는 것이다. 조석으로 음식을 드리는 것은 '잠자리를 봐드리고 문안 인사를 올리는' 예와 같으니, 마치 그 부모님이 계시는 것처럼 한다. 합사하는 제사의 경우는 삼년상이 끝나야 합사할 수 있다.

| 해설 | 부모상을 당하면 3년상을 마치고 나서야 비로소 사당에 합사할 수 있음을 말했다. 당시 아마도 100일제를 지내고 나서 바로 합사를 하는 사람들이 있어서 이런 말을 한 듯하다.

12.3 "卒哭"者, 卒去非常之時哭, 非不哭也, 故⁽¹⁾伯魚期而猶哭也.²⁶⁸

| 번역 | '졸곡(卒哭)'이란 비상시기의 곡을 마치는 것이지, 곡을 하지 않는 것이 아니다. 그래서 백어는 기년이 되었지만 곡을 했던 것이다.

| 해설 | 100일제를 마치고도 곡을 계속할 만큼 부모님 상을 당했을 때는 오랫동안 슬퍼

---

268 (1)伯魚期而猶哭: 『禮記』, 「檀弓上」, "백어의 어머니가 돌아가시고 기년이 되었건만 백어는 곡을 했다. 공자가 듣고 말했다. '누가 곡을 하는가?' 문인이 말했다. '백어입니다.' 공자가 말했다. '아! 지나치구나!' 백어가 듣고는 곡을 그쳤다."(伯魚之母死, 期而猶哭. 夫子聞之, 曰: "誰與哭者?" 門人曰: "鯉也." 夫子曰: "嘻, 其甚也!" 伯魚聞之, 遂除之.)

하는 것이 예에 맞음을 말하였다.

12.4 古人於忌日不爲⁽¹⁾薦奠之禮, 特⁽²⁾致哀示變而已. 古人亦不爲影
像, 繪畫不眞, 世遠則棄, 不免於褻慢也, 故不如用主. 古人猶以
主爲藏之於櫝, 設之於位亦爲褻慢, 故(無)[始]²⁶⁹死設爲⁽³⁾重鬲以
爲主道. 其⁽⁴⁾形制甚陋, 止用⁽⁵⁾葦籆爲之, 又設於⁽⁶⁾中庭, 則是敬
鬼神而遠之之義. "⁽⁷⁾重, 主(建)[道]²⁷⁰也", 士大夫得其重應當有主,
既埋重不可一日無主, 故設⁽⁸⁾苴, 及其已作主卽不用苴.²⁷¹

|번역| 고대 사람들은 기일에 제물을 바치는 예를 행하지 않고 다만 애도
하며 슬픈 감정의 변화를 내보일 따름이었다. 고대 사람들은 초상
을 만들지도 않았으니, 그린 것이 진짜가 아니기 때문이었다. 대가
먼 조상이면 그만두었으니, 무례함을 면치 못하기 때문이었다. 그
래서 차라리 신주를 사용했다. 고대 사람들은 신주를 나무로 된 함
에 보관했으니, 신위에 그것을 진설하는 것도 무례하기 때문이었
다. 그러므로 막 사망했을 때는 임시 신주에 걸어 놓은 솥인 중역(重
鬲)을 진설하는 것을 신주를 세우는 방법으로 여겼다. 그 형태가 심

---

²⁶⁹ 〈중화 주석〉 '死'는 『讀禮通考』에 근거해 고쳤다.
²⁷⁰ 〈중화 주석〉 '道'는 『예기』 「檀弓」에 근거해 고쳤다.
²⁷¹ (1)薦奠, 제사를 지낼 때 제물을 바침. (2)致哀示變, 致哀는 애도함. 示變은 슬픔의 감정
을 절제하며 점차 그 변화를 내보임. (3)重鬲, 重은 나무로 만든 임시 신주. 重鬲(역)은
임시 신주인 중(重)에 걸어 놓은 솥(鬲, 앵병)으로, 솥에는 망자에게 먹일 죽을 끓여 담
아 놓았다. (4)形制, 기물의 형태와 구조. (5)葦籆(멸), 갈대 껍질. (6)中庭, 사당 앞 계단
아래의 정중앙 부분. (7)重, (建)[主]道也: 『禮記』, 「檀弓下」, "임시 신주(重)는 신주를 세
우는 도이다."(重, 主道也.) (8)苴(저), 띠 풀을 5촌 길이로 잘라 묶은 다음, 그 위에 제사
음식을 놓아둔 것.

히 조잡하였으니, 고작 갈대 껍질로 만들었고, 사당 계단 아래 정중
앙에 진설했으니, 이는 귀신을 공경하되 멀리한다는 의미였다. "임
시 신주인 중(重)은 신주를 세우는 도이다"라고 했으되, 사대부가 그
중(重)을 얻었다면 마땅히 신주가 있어야 하니, 중(重)을 묻었을진대
하루라도 신주가 없어서는 안 되므로 저(苴)를 설치하고, 이미 신주
를 만들었다면 곧 저(苴)를 사용하지 않았다.

| 해설 | 신주를 사용하는 의미와 임시 신주에 대해 논하였다. 신주를 사용하는 까닭은
초상 같은 것은 자칫 돌아가신 조상을 잘못 그려 무례를 범할 수 있기 때문이다.
또 상례를 치르는 과정에서는 정식 신주가 없으므로 중(重), 저(苴) 등을 임시 신
주로 만들어 썼다.

12.5 "重, 主道也", 謂人所嗜者飲食, 故死以飲食(衣)[依]²⁷²之. 旣葬然
後爲主, 未葬之時, 棺柩尚存, 未可爲主, 故以重爲主. 今人之喪,
旣設⁽¹⁾魂帛又設重, 則是兩主道也.²⁷³

| 번역 | "중(重)은 신주를 세우는 방법이다"라는 말은 사람이 좋아하는 것은
음식이므로, 망자가 음식에 의존하게 한다는 뜻이다. 장례를 치른
다음에 신주를 만드니, 아직 매장하지 않았을 때는 관이 존재하여
신주를 만들 수 없으므로 중(重)을 신주로 삼는다. 요즘 사람들의 상
례에서는 혼백(魂帛)도 설치하고 중(重)도 설치하니, 이는 두 개의 신
주를 세우는 도이다.

272 〈중화 주석〉 '依'는 「단궁」 "重主道也"에 대한 소(疏)의 "重亦所以依神"이라는 구절에 근
거해 고쳤다.
273 (1)魂帛, 비단을 묶어서 만든 임시 신주.

| 해설 | 나무로 만든 임시 신주인 중(重)에 솥(鬲)을 걸어 놓는 까닭은 음식으로 망자를 위로하려 하기 때문이다. 장재는 또 당시 사람들이 임시 신주인 중(重)과 혼백(魂帛)을 함께 사용하는 것이 잘못되었음을 지적했다.

12.6 古之槨言⁽¹⁾井槨, 以大木自下排上來, 非如今日之籠棺也, 故其四隅有隙, 可以置物也.²⁷⁴

| 번역 | 고대의 곽(槨)은 정곽(井槨)을 말한다. 큰 목재를 아래에서부터 배열한 것이니, 오늘날의 농관(籠棺) 같은 것이 아니다. 그러므로 그 네 모퉁이에는 틈이 있어 물건을 넣을 수 있었다.

12.7 ⁽¹⁾祔葬祔祭, 極至理而論, 只合祔一人. 夫婦之道, 當其初昏未嘗約再配, 是夫只合一娶, 婦只(是)²⁷⁵合一嫁. 今婦人夫死而不可再嫁, 如天地之大義然, 夫豈得而再娶! 然以重者計之, 養親承家, 祭祀繼續, 不可無也, 故有再娶之理. 然其葬其祔, 雖爲⁽²⁾同穴同筵几, 然譬之人情, 一室中豈容二妻? 以義斷之, 須祔以首娶, 繼室別爲一所可也.²⁷⁶

| 번역 | 합장과 합사는 지극한 이치로 논하자면 한 사람만 합사할 따름이

---

274 (1)井槨, 네모진 형태 사이에 빈 공간이 있어 정(井)과 비슷하기 때문에 정곽(井槨)이라 불렀다.
275 〈중화 주석〉 '是'는 『讀禮通考』에 근거해 삭제했다.
276 (1)祔葬, 합장(合葬). (2)同穴同筵几, 구덩이를 함께 하고 제사 지낼 때 놓는 자리와 책상을 함께 함. 합장한다는 뜻.

다. 부부의 도는 처음 혼인했을 때 다시 짝을 짓자고 약속한 적이 없으니, 남편은 본디 한 번만 장가 들어야 하고, 부인도 본디 한 번만 시집가야 한다. 그리하여 오늘날 부인은 남편이 사망하면 재가할 수 없음이 마치 천지의 대의 같거늘, 남편이 어찌 다시 장가를 들 수 있겠는가! 그러나 중한 것을 헤아려 보면, 부모님을 봉양하고 가업을 계승하는 일은 없을 수 없으니, 이에 다시 장가를 가는 이치가 있게 되었다. 하지만 장례를 치르고 합사할 때 비록 합장하지만, 인정으로 비유컨대 한 방에 어찌 두 아내를 허용하겠는가? 의리로 판단해 보건대 첫 번째로 장가든 이를 합사하고, 후처는 따로 한 곳을 만들면 될 것이다.

|해설| 장재는 남녀가 만나 혼인을 하면 설사 그 가운데 한 사람이 먼저 죽더라도 재혼하지 않는 것이 원칙이라고 말하면서도 남편은 부모 봉양이나 가업 계승을 이유로 재혼할 수 있다고 주장한다. 그렇게 해서 여러 번 장가를 든 남편이 죽은 후 부인과 합장, 합사할 때는 반드시 첫째 부인과 해야 하고, 후처는 따로 장소를 마련하면 된다고 했다.

12.8 ⁽¹⁾正叔嘗爲⁽²⁾「葬說」, 有五⁽³⁾相地, 須使異日決不爲道路, 不置城郭, 不爲溝渠, 不爲貴家所奪, 不致耕犂所及.²⁷⁷

---

277 (1)正叔, 송대 이학(理學) 이론을 정초한 정이(程頤, 1033~1107년)의 자(字). (2)「葬說」: 『二程文集』卷第十, "오직 다섯 가지 근심하는 일은 신중하지 않을 수 없으니, 미래의 어느 날 절대로 도로를 내지 않고, 성곽을 설치하지 않으며, 도랑을 만들지 않고, 존귀한 세력에 의해 빼앗기지 않으며, 경작이 미치지 않도록 하는 곳이어야 한다."(惟五患者不得不愼, 須使異日不爲道路, 不爲城郭, 不爲溝池, 不爲貴勢所奪, 不爲耕犂所及.) (3)相地, 땅의 생김새를 보고 길흉을 판단하는 일.

|번역| 정이는 일찍이 「장설(葬說)」을 지었는데, 땅의 길흉을 보는 5가지 원칙이 있으니, 미래의 어느 날 절대로 도로를 내지 않고, 성곽을 설치하지 않으며, 도랑을 만들지 않고, 부잣집에 빼앗기지 않으며, 경작이 미치지 않도록 하는 곳이어야 한다고 했다.

|해설| 정이가 제시한 묏자리 선택 시 고려해야 할 다섯 가지 원칙이다. 곧이어 나오지만 장재는 이른바 풍수지리설을 믿지 않았다. 다만 합리적으로 예측 가능한 요소들은 고려해야 한다고 보았을 따름이다.

12.9 ⁽¹⁾安穴之次, 設如尊穴南向北首, ⁽²⁾陪葬者前爲兩列, 亦須北首, 各於其穴安夫婦之位, 坐於堂上則男東女西, 臥於室中則男外而女內也.[278]

|번역| 묏자리를 배치하는 순서는 이렇다. 가령 높은 사람의 묏자리는 남쪽을 향하고 머리는 북쪽에 두며, 배속하여 안치하는 자는 앞에 두 줄로 하되, 그들 역시 머리를 북쪽으로 하여 각자 그 묏자리에서 부부의 자리에 배치한다. 당상에 앉을 때 남자는 동쪽에 앉고 여자는 서쪽에 앉으며, 방 안에 누울 때 남자는 바깥쪽에 눕고 여자는 안쪽에 눕는다.

|해설| 묏자리의 배치 순서에는 존비를 분별하려는 정신이 체현되어 있고, 당상에 앉아 있을 때나 침실에 누워 있을 때 남녀의 자리 배치에는 남성은 양이고, 여성은 음이며, 남성은 바깥일을 하고 여성은 가정사를 주관한다는 가부장적 가치관이

---

278 (1)이 조목은 전체가 『二程遺書』 卷第二下에도 나온다. 모든 표현이 거의 다 똑같으나, 다만 첫 구절이 『이정유서』에는 "其穴之次"라고 되어 있다. (2)陪葬者, 남편, 제왕 등 높은 사람 옆에 안장하는 처첩이나 신하를 가리킴.

배어 있다.

12.10 葬法有風水山崗, 此全無義理, 不足取. 南方用⁽¹⁾『青囊』, 猶或得
　　　之, 西方人用⁽²⁾一行, 尤無義理. 南人試葬地, 將五色帛埋於地
　　　下, 經年而取觀之, 地美則采色不變, 地氣惡則色變矣. 又以器貯
　　　水養小魚埋經年, 以死生卜地美惡, 取草木之榮枯, 亦可卜地之
　　　美惡.²⁷⁹

|번역| 장사 지내는 법에 풍수와 산세를 보는 일이 있는데 그것은 완전히
　　　이치에 닿지 않는 것으로 취하기에 부족하다. 남방에서는 『청낭(靑
　　　囊)』을 이용하는데, 간혹 들어맞기도 하지만, 서쪽 지역 사람들은
　　　승려 일행(一行)의 설을 이용하는데 더욱 이치에 닿지 않는다. 남쪽
　　　지역 사람들은 장지를 고를 때 오색 비단을 땅속에 묻어 몇 년이 경
　　　과한 뒤에 꺼내 보아, 땅이 훌륭하면 화려한 색채가 변하지 않지만,
　　　땅의 기가 열악하면 색깔이 변한다고 한다. 또 그릇에 물을 담아 작
　　　은 물고기를 길러 몇 년이 경과하도록 묻어둔 뒤, 물고기의 생사로
　　　땅의 좋고 나쁨을 점치고, 초목의 성쇠를 취해 땅의 좋고 나쁨을 점
　　　칠 수 있다고 한다.

|해설| 장재는 풍수지리설의 갖가지 불합리한 생각들을 믿지 않았다.

279 (1)『靑囊』, 본래 청낭(靑囊)이란 검은 자루를 뜻했으나, 풍수가들이 그것에 책을 넣고
　　　다님으로 인해 청낭은 풍수를 지칭하게 되었다. 『晋書』, 「郭璞傳」에는 곽공(郭公)이라
　　　는 은자가 『靑囊中書』를 곽박에게 전수해 주었다는 기록이 나온다. 따라서 여기서 말하
　　　는 『청낭』은 곽박에게 전수해 주었다는 그 책을 가리키는 것으로 보인다. (2)一行: 당대
　　　의 승려 일행(一行)을 가리킨다. 본명은 장수(張遂, 683~727)이고 대혜선사(大慧禪師)라
　　　불렸다. 풍수학에 대단히 명성이 높았다.

12.11 [(1)]韓退之以少孤養於嫂, 故爲嫂服加等. 大抵族屬之喪不可有加, 若爲嫂養便以有恩而加服, 則是待兄之恩至薄. 大抵無母, 不養於嫂更何處可養? 若爲族屬之親有恩而加等, 則待己無恩者可不服乎哉? 昔有士人少養於嫂, 生事之如母, 死自處以齊衰, 或告之非先王之禮, 聞而遂除之, 惟持心喪, 遂不復應擧, 人以爲[(2)]得體.[280]

| 번역 | 한퇴지는 어려서 고아로 형수에게서 자라났다. 그래서 형수를 위해 복을 입을 때 등급을 보탰다. 대체로 친족의 상에 등급을 보태는 일이 있어서는 안 된다. 형수에 의해 길러져 은혜가 있다고 하여 복의 등급을 더한다면 그것은 형의 은혜를 대함이 지극히 박한 것이다. 대체로 어머니가 없을진대 형수에게서 길러지지 않는다면 다시 어디에서 길러질 수 있겠는가? 만약 친족의 친함에 은덕이 있다고 하여 등급을 더한다면 자신을 대함에 은덕이 없는 자라면 복을 입지 않아도 되는 것인가? 옛날에 어떤 선비가 있었는데, 어려서 형수에 의해 길러져, 살아 계실 때는 어머니처럼 섬기고 돌아가셨을 때는 재최(齊衰)복으로 자처했다. 혹자가 그것은 선왕의 예가 아니라고 알려 주자, 그 말을 듣고는 바로 탈상하고 단지 마음의 애도(心喪)만 유지하며 다시 천거에 응하지 않았으니, 사람들은 언행이 합당하다고 여겼다.

| 해설 | 특별히 은혜를 입은 사람이 사망했을 때는 당연히 무척 슬프고 그 감정을 복의 등급을 높임으로써 표현하고 싶어 할 수도 있다. 한유가 형수의 상을 당했을 때 그랬다. 그러나 장재는 그런 행위에 반대한다. 아무리 슬퍼도 사회적으로 정해

---

[280] (1)韓退之, 퇴지(退之)는 당대 한유(韓愈, 768~824)의 자(字)이다. 저명한 문학가이자 당대 중기에 유학부흥운동을 이끈 인물이다. (2)得體, (언행이) 합당함.

진 규범을 함부로 어겨서는 안 된다고 여긴 것이다.

12.12 『禮』云: "(1)大功之末, 可以冠子, 可以嫁子. 父小功之末, 可以冠子, 可以嫁子, 可以娶婦." 疑"大功之末"已下十二字爲衍, 宜直云"父大功之末"云云. 父大功之末, 則是己小功之末也, 而己之子緦麻之末也, 故可以冠娶也. 蓋冠娶者固已無服矣, 凡卒哭之後皆是末也. 所以言衍者, 以上十二字義無所附着. 己雖小功, 既卒哭可與冠取妻, 是己自冠取妻也.[281]

|번역| 『예기』에서는 이렇게 말했다. "대공의 복 말미에는 아들을 위해 관례를 올려도 되고, 딸을 시집보내도 된다. 아버지가 소공의 복 말미에 있을 때는 아들을 위해 관례를 올려도 되고, 딸을 시집보내도 되며, 자신이 아내를 맞이해도 된다." 의심컨대 "대공의 복 말미(大功之末)" 이하의 12글자는 군더더기 글귀(衍文)인 듯하니, 곧바로 "아버지가 대공의 복 말미에 있을 때"라고 말해야 한다. 아버지가 대공의 복 말미에 있음은 자신이 소공의 복 말미임을 뜻하고, 자식은 시마복 말미임을 뜻한다. 그러므로 관례를 올릴 수도 있고, 아내를 맞이할 수도 있다. 관례를 올리고 아내를 맞이하는 것은 물론 더는 복을 입지 않기 때문이니, 졸곡(卒哭) 이후는 모두 말미이다. 군더더기의 글귀라고 말한 까닭은 이상의 12글자의 의미는 붙일 곳이 없기 때

[281] (1)大功之末, 可以冠子, 可以嫁子. 父小功之末, 可以冠子, 可以嫁子, 可以娶婦: 『禮記』, 「雜記下」, "대공의 복 말미에는 아들을 위해 관례를 올려도 되고, 딸을 시집보내도 된다. 아버지가 소공의 복 말미에 있을 때는 아들을 위해 관례를 올려도 되고, 딸을 시집보내도 되며, 자신이 아내를 맞이해도 된다." 大功, 대공복. 복을 입는 기간이 9개월임. 小功, 소공복. 복을 입는 기간은 5개월.

문이다. 자기는 비록 소공의 복을 입고 있지만, 졸곡을 했을진대 관을 줄 수 있고 아내를 맞이할 수 있으니, 이는 자기가 스스로 관을 주고 아내를 맞이하는 것이다.

|해설| 소공의 복과 같이 촌수가 비교적 먼 친척의 상을 치르다가 그 말미가 되면 자식이 관례를 올리게 하거나 딸을 시집보내거나 자신이 아내를 맞이하는 등의 일을 할 수 있음을 말하였다.

12.13 "⁽¹⁾<u>子上</u>之母死而不喪, 門人問諸<u>子思</u>曰: ʻ昔者先君子喪出母乎?ʼ 曰:ʻ然.ʼ ʻ子之不使<u>白</u>也喪之何也?ʼ 子思曰: ʻ昔先君子無所失道, 道隆則從而隆, 道汙則從而汙. <u>伋</u>則安能!'" 出妻不當使子喪之, 禮, 子於母則不忘喪, 若父不使子喪之, 爲子固不可違父, 當默持心喪, 亦禮也, 若父使之喪而喪之, 亦禮也. <u>子思</u>以我未至於聖, <u>孔子</u>聖人處權, 我循禮而已.²⁸²

|번역| "자상의 쫓겨난 어머니가 돌아가시자 상례를 치르지 않았다. 문도가 자사에게 물었다. ʻ예전에 선생님의 조부께서는 쫓겨난 어머니를 위해 상례를 치르게 하셨습니까?ʼ 자사가 말했다. ʻ그랬다.ʼ ʻ그런데 선생님께서는 왜 아들 백(白)에게 상을 치르지 못하게 하셨습니

---

282 (1)<u>子上</u>之母死而不喪, 門人問諸<u>子思</u>曰: 『禮記』, 「檀弓」, "자상의 쫓겨난 어머니가 돌아가시자 상례를 치르지 않았다. 문도가 자사에게 물었다. ʻ예전에 선생님의 조부께서는 쫓겨난 어머니를 위해 상례를 치르게 하셨습니까?ʼ 자사가 말했다. ʻ그랬다.ʼ ʻ그런데 선생님께서는 왜 아들 백(白)에게 상을 치르지 못하게 하셨습니까?ʼ 자사가 말했다. ʻ옛날에 나의 조부께서는 도를 잃는 일이 없었다. 도가 높여야 할 것이면 따라서 높이셨고 도가 낮춰야 할 것이면 따라서 낮추셨다. 나의 경우야 어찌 그렇게 할 수 있겠느냐?ʼ"('昔者先君子喪出母乎?ʼ 曰:ʻ然.ʼ ʻ子之不使<u>白</u>也喪之何也?ʼ 子思曰: ʻ昔先君子無所失道, 道隆則從而隆, 道汙則從而汙. <u>伋</u>則安能!ʼ) 자상(子上)은 자사의 아들.

까?' 자사가 말했다. '옛날에 나의 조부께서는 도를 잃는 일이 없었다. 도가 높여야 할 것이면 따라서 높이셨고 도가 낮춰야 할 것이면 따라서 낮추셨다. 나의 경우야 어찌 그렇게 할 수 있겠느냐?'" 쫓겨난 아내의 경우는 자식이 상례를 치르지 못하도록 함이 예이지만, 자식은 어머니에 대해서 그 초상난 일을 잊지 못한다. 만약 아버지가 자식더러 상례를 치르지 못하도록 하면 자식으로서 물론 아버지의 명을 거스를 수 없으나 마땅히 침묵을 유지하며 마음속으로 애도하는 것도 예이다. 만약 아버지가 그더러 상례를 치르도록 하여 그렇게 하는 것 역시 예이다. 자사는 자신이 아직 성인에 이르지 못하였고 공자는 성인으로 권도로 처리했으니 자신은 예를 따를 뿐이라고 한 것이다.

| 해설 | 일반적으로는 쫓겨난 어머니 상은 치르지 않는 것이 예이지만, 아들은 어쨌거나 어머니이기 때문에 어머니의 죽음을 잊지 못한다. 이 점을 측은히 여긴 공자는 성인으로서 권도를 사용해 아들에게 상례를 치르도록 했다. 반면 자사는 자신이 늘 시의적절하게 일을 처리하는 수준에는 도달하지 못했다고 여겼기 때문에 쉽게 권도를 사용할 수 없었다. 그래서 자사는 그냥 예에 따라 상례를 치르지 못하도록 했다. 어쨌든 명확한 것은 쫓겨난 어머니에 대한 상을 아들이 치를지의 여부는 아버지에 의해 좌지우지되었다는 점이다.

12.14 聖人不制師之服. 師無定體, 如何是師? 見彼之善而己效之便是師也. 故有得其一言一義如朋友者, 有相⁽¹⁾親炙而如兄弟者, 有成就己身而恩如天地父母者, 豈可一槩服之! 故聖人不制其服, 心喪之可也.⁽²⁾孔子死, 弔服如麻, 亦是服也, 却不得謂無服也.²⁸³

---

283 (1)親炙, 스승을 가까이하여 그 가르침을 받음. (2)孔子死, 弔服如麻, 亦是服也: 『禮記』, 「檀

| 번역 | 성인은 스승에 대한 복을 입지 않는다. 성인에게는 스승에 고정된 형태가 없으니, 어떤 자가 스승일까? 그의 선함을 보고 자기가 그것을 본받는다면 그가 곧 스승이다. 그러므로 마치 친구처럼 한마디 말에, 한 가지 의미를 얻는 경우도 있고, 마치 형제처럼 가까이하며 가르침을 받는 경우도 있으며, 마치 은혜가 천지부모와 같아 자기를 성취하도록 하는 경우도 있으니, 어찌 일률적으로 복을 입을 수 있으리오! 그러므로 성인은 스승에 대한 복을 입지 않고, 그저 마음으로 애도하면 된다. 공자께서 돌아가셨을 때 시마복 같은 것을 입고 문상하는 것 역시 복을 입는 것이지, 복이 없다고 말할 수는 없다.

| 해설 | 위 조목에서 장재는 성인의 경우, 일정한 스승이 없으므로 스승의 상에 입는 복이 없음을 말하였고, 아울러 스승과 제자의 관계에는 그 정도의 깊이에 차이가 있음도 말하였다. 그 관계가 친구 같이 가벼운 경우도 있고, 천지·부모와 같이 깊은 경우도 있다는 것이다. 예컨대 공자의 수제자들에게 스승의 은혜는 천지나 부모의 그것에 못지않았을 것이기 때문에 복을 입어서는 안 된다고 말할 수 없다고 주장하였다. 이러한 그의 생각은 『예기』「단궁」편의 그것과는 다르다.

12.15 『禮』稱"[(1)]母爲長子斬三年", 此理未安. 父存子爲母期, 母如何却服斬? 此爲父只一子, 死則世絶, 莫大之戚, 故服斬, 不如此豈可服斬![284]

弓上」,"공자께서 돌아가시자, 문인들은 입어야 할 복에 대해 의혹이 있었다. 자공이 말했다. '옛날에 공자께서는 안연의 상을 당하시자, 아들의 상을 당한 것처럼 하셨지만, 복은 없었다. 자로의 상을 당했을 때도 마찬가지셨다. 공자의 상을 치름에 마치 아버지 상을 치르는 것처럼 하되 복이 없도록 합시다.'"(孔子之喪, 門人疑所服. 子貢曰: "昔者夫子之喪顔淵, 若喪子而無服, 喪子路亦然. 請喪夫子若喪父而無服.")

[284] (1)母爲長子斬三年: 『儀禮』,「喪服」,"어머니는 맏아들을 위해 참최(斬衰)복을 입는다.「전」에서 말했다. '어째서 3년인가? 아버지는 아버지임으로 인해 조상의 정통을 계승한

| 번역 | 『의례』에서는 "어머니는 맏아들을 위해 참최복 3년을 입는다"고 했는데, 이는 이치에 닿지 않는다. 아버지가 살아 계시면 아들은 어머니를 위해 기년복을 입는데, 어머니가 어떻게 참최복을 입겠는가? 이는 아버지에게 아들이 하나뿐인데 죽으면 대가 끊어져 이보다 슬픈 일이 없으므로 참최복을 입는 것이니, 그렇지 않다면 어찌 참최복을 입을 수 있겠는가!

| 해설 | 맏아들이 죽었을 경우 어머니가 그 아들을 위해 참최복을 입는다는 『의례』의 기록이 일반적인 것은 아니라고 주장하고 있다. 어머니가 돌아가시면 아들은 기년복을 입는데, 그 반대의 경우 어머니가 아들을 위해 참최복을 입는 것은 합당하지 않다는 것이 그 근거이다. 아들이 죽었을 때 참최복을 입는 것은 오직 그 아들의 죽음으로 대가 끊어졌을 때뿐이라고 하고 있다.

12.16 父在, 母服三年之喪, 則家有二尊, 有所嫌也. 處今之宜, 但可服齊衰, 一年外可以[(1)]墨衰從事, 可以合古之禮, 全今之制.[285]

| 번역 | 아버지가 살아 계신 경우, 어머니에 대해 삼년상을 치른다면 집안에 두 명의 높은 자가 있는 것으로, 그것에는 의심스러운 점이 있다. 오늘에 처하여 합당한 것은 제최복을 입을 수 있을 뿐이고, 1년 이후에는 검은색 상복을 입고 일을 할 수 있으니, 그러면 옛 예에도 합치되고 오늘날의 제도도 온전히 할 수 있다.

| 해설 | 유교는 부권 중심적이다. 모권이 부권과 동등한 위상을 갖는다고 절대 생각하

맏아들에 대한 상복을 낮추지 않으니, 어머니도 감히 낮추지 못한다."(經文曰: "母爲長子" 傳曰: "何以三年也? 父之所不降, 母亦不敢降也.")
[285] (1)墨衰, 검은색 상복.

지 않는다. 그래서 어머니가 돌아가셨더라도 아버지가 살아 계신다면 삼년상을 치러서는 안 된다고 여긴다. 그런 경우 1년상을 치르는 것을 원칙으로 하되, 그 이후에도 검은색 상복을 입고 일을 하는 것으로 어머니를 추도하는 예의를 표시할 수 있다고 주장하고 있다.

12.17 同母異父之兄弟, 小功服之可也. 或云未之前聞, 當古之時又豈有此事!

|번역| 어머니는 같으나 아버지는 다른 형제에 대해서는 소공복을 입으면 될 것이다. 혹자는 예전에 들어 본 적이 없는 일이라 말하거니와, 고대에 어찌 이런 일이 있었겠는가!

|해설| 유교 사회에서 부인 재가(再嫁)는 금지되어 있었다. 그러나 당시 부인이 재혼을 해 다시 자식을 낳는 일이 있었던 모양이며, 그런 경우 형제 사이에 어떤 상복을 입어야 하느냐가 문제가 되어 이런 답변을 한 것으로 보인다.

12.18 三年之喪, 二十五月而畢, 又兩月爲[(1)]禪, 共二十七月. 禮[(2)]鑽燧改火, 天道一變, 其期已矣; 情不可以已, 於是再期, 再期又不可以已, 於是加之三月, 是二十七月也.[286]

|번역| 삼년상은 25개월이 끝난 뒤 다시 2개월이 되었을 때 담제(禪祭)를 지내니, 도합 27개월이다. 예는 계절에 따라 다른 목재를 사용해 불을

---

286 (1)禪(담), 담제. 즉 대상(大祥: 사망 후 2년이 되었을 때 지내는 제사) 후 2달 지난 후에 지내는 제사. (2)鑽燧改火: 나무를 비벼 불을 얻을 때 계절에 따라 다른 목재를 사용함.

얼듯 하늘의 도가 한 번 변하면 그 기년복은 그치지만, 인정상 그칠 수 없어, 이에 다시 기년복을 입는다. 다시 기년복을 입고도 그칠 수 없어, 이에 3개월을 보태니, 이것이 27개월이다.

┃해설┃ 삼년상이라는 것은 실제로는 27개월 동안 복상을 하는 것이다. 아무튼 그렇게 오래 하는 이유를 장재는 인정상 그칠 수 없기 때문이라고 하였다.

12.19 大功以下算閏月, 期以上以期斷, 不算閏月. 三年之喪[(1)]禫祥, 閏月亦算之.[287]

┃번역┃ 대공복 이하는 윤달을 계산에 넣지만, 기년복 이상은 1년으로 끊어 윤달을 계산에 넣지 않는다. 삼년상은 담제와 상제의 경우, 윤달을 계산에 넣는다.

12.20 古者爲舅姑齊衰期, 正服也; 今斬衰三年, 從夫也.

┃번역┃ 고대에는 시부모를 위해 제최의 기년복을 입었으니 바른 상복이다. 오늘날은 참최의 3년상을 치르니, 남편을 따른 것이다.

12.21 "[(1)]孔子惡哭諸野者", 謂其有服之喪不哭諸家而哭諸野, (者)[是惡

---

[287] (1)禫祥, 담제와 상제(祥祭: 부모님이 돌아가신 지 25개월이 되었을 때 지내는 제사)의 통칭

凶事]也. [所知自當哭諸野, 又若⁽²⁾奔喪者安得不哭諸野]]²⁸⁸

|번역| "공자가 들에서 곡하는 것을 싫어했다는 것"은 그에게 복을 입는 상사가 있었는데 집에서 곡하지 않고 들에서 곡한 것을 말하니, 이는 흉사를 싫어함이다. 아는 자라면 자연히 들에서 곡해야 하겠지만, 외지에서 급히 돌아가 친족의 장례를 치르는 자의 경우라면 어찌 들에서 곡하지 않을 수 있겠는가!

|해설| 『예기』의 첫 구절 "吾惡乎哭諸?"를 일반적으로는 "내가 어디에서 곡을 하는가?"로 해석한다. 그러나 장재는 이 구절을 "내가 곡하는 것을 싫어하겠는가?"라고 해석한 듯하다. 그리고 '들에서 곡하는 것'을 『예기』에서 말하듯 단순히 '아는 자'의 경우 외에 '외지에 있다가 고향으로 돌아가는' 경우도 해당된다고 하였다.

12.22 師不立服, 不可立也, 當以情之厚薄事之大小處之. 如顏閔於孔子, 雖斬衰三年可也, 其成己之功, 與君父並. 其次各有淺深, 稱其情而已. 下至⁽¹⁾曲藝莫不有師, 豈可一槩制服!²⁸⁹

288 (1)孔子惡哭諸野者: 『禮記』, 「檀弓上」, "백고가 위나라에서 죽자 부고가 공자에게로 왔다. 공자가 말했다. '내가 곡하는 것을 싫어하는가? 형제라면 나는 사당에서 곡하고, 아버지의 벗이라면 사당문 밖에서 곡하고, 스승이라면 나는 침전에서 곡하며, 친구라면 나는 침전문 밖에서 곡하고, 아는 자라면 나는 들에서 곡할 것이다. 백고의 경우는 들에서 곡한다면 너무 소원하고 침전에서 곡한다면 너무 중한 것이다. 사(賜)로 인해 만나게 된 사람이니, 나는 사씨의 집에서 곡하겠다.'"(伯高死於衛, 赴於孔子. 孔子曰: "吾惡乎哭諸? 兄弟, 吾哭諸廟; 父之友, 吾哭諸廟門之外; 師, 吾哭諸寢; 朋友, 吾哭諸寢門之外; 所知, 吾哭諸野. 於野, 則已疏; 於寢, 則已重. 夫由賜也見我, 吾哭諸賜氏.") (2)奔喪, 외지에서 급히 돌아가 친족의 장례를 치름. 〈중화 주석〉이상은 모두 『독례통고』에 근거해 보완했다.
289 (1)曲藝, 작은 기예. 고대에는 의술이나 문학, 예술 방면의 기예를 가리켰다.

|번역| 스승에 대해 복을 세우지 않으니, 세울 수 없기 때문이다. 마땅히 정감의 두텁고 얇음, 일의 크고 작음에 따라 처리해야 할 것이다. 예를 들어 안연이나 민자건 같은 이는 공자에 대해 참최 3년상을 치르더라도 괜찮을 것이다. 자기를 완성시켜 준 공이 군주나 아버지와 동등하기 때문이다. 그다음으로는 각자 얕고 깊음이 있으니, 그 정감에 부합하게 할 따름이다. 아래로 작은 기예에 이르러서도 스승이 없는 경우는 없지만, 어찌 일률적으로 복을 정할 수 있겠는가!

|해설| 스승이 돌아가셨을 경우 상복을 얼마나 입어야 하는지 일률적으로 정할 수 없다고 주장하였다. 공자와 그 수제자들의 관계는 매우 특별하여 그 은혜가 아버지와 거의 비슷하므로 삼년상을 지내도 괜찮지만, 작은 기예를 가르쳐 준 스승에 대해서는 그렇게 할 수 없다.

(受祥日食彈琴恐不是聖人擧動使其哀未忘則子於是日哭不飮酒食肉以全哀況彈琴可乎使其哀已忘何必彈琴)²⁹⁰

12.23 "⁽¹⁾爲人後者爲其父母[報]²⁹¹", 不論其族遠近, 並以期服之. 據今之律, 五服之內方許爲後; 以禮文言又無此文. 若五服之內無人, 使後絶可乎? 必以⁽²⁾疏屬爲之後也. ²⁹²

---

290 〈중화 주석〉 이 조목은 『이정유서』에 보이므로, 여기서는 삭제했다.
291 〈중화 주석〉 '報' 자는 「단궁」에 근거해 보완했다.
292 (1)爲人後者爲其父母[報]: 『儀禮』, 「喪服」, "「경문」에서 말했다. '종자의 계승자는 자신의 부모님을 위해 복을 입는다.' 「전」에서 말했다. '왜 기년복을 입는가? 두 번 참최복을 입을 수 없기 때문이다. 대종에서 종묘제사를 주재하는 자는 자신의 소종에서는 상복을 낮춘다.'"(經文曰: "爲人後者, 爲其父母, 報." 傳曰: "何以期? 不貳斬也. 持重於大宗者, 降其小宗也.") (2)疏屬, 먼 친족, 방계친족.

| 번역 | "종자의 계승자는 자기 부모를 위해 복을 입는다"고 했으니, 그 친족이 멀든 가깝든 상관없이 함께 기년복으로 복을 입는다. 오늘날 법률에 따르면 오복(五服) 안에 들어야 종자의 계승자가 되는 것이 허용되는데, 예문(禮文)으로 말하자면 그러한 문장은 없다. 만약 오복을 입는 범위 안에 사람이 없다면 후사가 끊어지도록 해도 괜찮은가? 반드시 방계의 친족을 종자의 계승자로 삼아야 한다.

| 해설 | 종자의 계승자는 종자가 사망하면 그를 위해 참최복을 입고, 자신의 친부모가 돌아가셨을 때에는 기년복을 입는다. 종자의 계승자는 당시 법률에 따르면 오복의 범위 안에 드는 사람 가운데서 정했는데, 그 범위 안에 계승자가 없다면 방계 친족에서라도 찾아 계승자를 세워야 했다.

12.24 有⁽¹⁾適母在, 其所生母死, 禮雖服緦, 亦當心喪, 難以求仕.²⁹³

| 번역 | 정실 큰어머니가 살아 계신데 생모가 사망했다면 예는 시마복을 입는 것이지만, 또한 마땅히 마음으로 애도하며 벼슬자리 구하는 일을 어렵게 여겨야 한다.

| 해설 | 서자는 큰어머니가 살아 계실 경우 생모가 돌아가셨더라도 3개월의 상복밖에 입을 수 없다. 하지만 장재는 생모가 돌아가신 것이므로, 인정상 마음으로 계속 애도하고 벼슬길로 나아가는 일은 삼가야 한다고 하였다.

12.25 祭器祭服, 以其嘗用於鬼神, 不敢褻用, 故具埋焚之禮. 至於⁽¹⁾衰

---

²⁹³ (1)適母, 서자가 아버지의 정실을 부르는 칭호. 큰어머니.

経冠履, 不見所以毀之文, 惟杖則言"⁽²⁾棄諸隱者." 棄諸隱者, 不
免有時而褻, 何不即焚埋之! 常謂喪服非爲死者, 己所以致哀也,
不須道敬喪服也. 『禮』云: "⁽³⁾齊衰不以邊坐, 大功不以服勤", 皆
言主在哀也, 非是爲敬喪服. 不邊坐, ⁽⁴⁾專席而坐. 『禮』云: "⁽⁵⁾有
憂者側席而坐, 有喪者專席而坐." 有憂則意不安, 故側席而坐,
側席者, 坐不安也. 有喪者則專在於哀, 不爲容也, 故專席而坐;
得席則坐更無所遜於前後, 是以無容也. "大功不以服勤", 不以
服勤勞之事, 皆是不二事之義也. 毀喪服者必於除日毀, 以散諸
貧者或諸守墓者皆可也. 蓋古人不惡凶事而今人以爲嫌, 留之
家, 人情不悅, 不若散之, 焚埋之又似惡喪服. ²⁹⁴

|번역| 제기와 제복(祭服)은 일찍이 귀신에게 사용했기 때문에 감히 멋대로
사용할 수 없으므로 불살라 묻는 예를 갖춘다. 최복, 수질 및 요질,
관, 신발은 그것들을 벗는다는 글은 보이지 않고, 오직 지팡이만 "안
보이는 곳에 버려 둔다"고 했다. 안 보이는 곳에 버리는 행위는 어떨
때는 무례함을 면치 못하는데, 어찌하여 곧바로 그것을 불살라 묻
지 않는가! 종종 상복은 죽은 자를 위한 것이 아니고 자기가 애도를
표하기 위한 것이라고 말하니, 상복을 공경한다고 말해서는 안 된

---

294 (1)衰經: 衰는 衰服. 즉 굵은 삼베로 가장자리가 부스러진 상복. 經, 상복 가운데 머리에
두르는 수질(首経)과 허리에 감는 요질(腰経). (2)棄諸隱者: 『禮記』, 「喪大記」, "지팡이를
버린다는 것은 그것을 부러뜨려 안 보이는 곳에 버리는 것이다."(棄杖者, 斷而棄之於隱
者.) (3)齊衰不以邊坐, 大功不以服勤: 『禮記』, 「檀弓上」, "제최복을 입었을 때는 기울게
앉지 않고 대공복을 입었을 때는 힘쓰는 일을 하지 않는다."(齊衰不以邊坐, 大功不以服
勤.) 邊坐, 기울게 앉음. 服勤, 힘쓰는 일을 함. (4)專席, 한 겹의 자리. 겹겹이 포개어진
자리, 즉 重席의 반대말. (5)有憂者側席而坐, 有喪者專席而坐: 『禮記』, 「曲禮上」, "부모님
이 병환이 있으신 자는 편안하게 앉지 못하고 부모님 상례가 있는 자는 한 겹의 자리에
앉는다." 側席, 편치 못하게 앉아 있음.

다. 『예기』에서는 "제최복을 입었을 때는 기울게 앉지 않고 대공복을 입었을 때는 힘쓰는 일을 하지 않는다"고 했으니, 모두 주된 것은 슬퍼함에 있지, 상복을 공경하기 위한 것이 아님을 말한다. 기울게 앉지 않음이란 한 겹의 자리에 앉음을 뜻한다. 『예기』에서는 "병환이 있으신 자는 편안하게 앉지 못하고 상사가 있는 자는 한 겹의 자리에 앉는다"고 했다. 부모님 병환이 있으면 마음이 편치 못하므로 편치 못한 상태로 앉는다. 측석(側席)이란 앉아 있는 것이 편치 못함이다. 상사가 있는 자는 오직 슬퍼하는 상태에 있어 다른 것이 허용되지 않으므로 한 겹의 자리에 앉는다. 자리를 얻어 앉으면 다시는 앞뒤로 물러나는 일이 없으므로 다른 것을 허용함이 없다. "대공복을 입었을 때는 힘쓰는 일을 하지 않는다"는 것은 수고로운 일을 하지 않음이니, 모두 두 가지 일을 하지 않는다는 의미이다. 상복을 벗는 일은 반드시 탈상하는 날에 해야 하니, 가난한 자나 묘지기에게 나누어 주는 것도 다 괜찮다. 대체로 옛사람들은 흉사를 싫어하지 않았으나 오늘날 사람들은 싫어하여 그것을 집에 남겨 두는 것을 인정상 기뻐하지 않으니 차라리 나누어 주는 것이 낫다. 그것을 불살라 묻는 것 또한 상복을 싫어하기 때문인 듯하다.

|해설| 상례가 끝난 후에 상복을 처리하는 문제에 대해 논하였다. 장재는 이 문제를 올바르게 처리하려면 상복을 슬픔을 표현하는 수단으로 생각하는 것이 무엇보다 중요함을 말한다. 상복은 죽은 자를 위한 것이 아니다. 산 자의 슬픔을 표현하는 수단일 따름이다. 앉는 자세 또한 유사한 의미를 지닌다. 부모님이 병환이 있으실 때는 좌불안석이다. 그러다가 만약 부모님이 돌아가셨다면 여러 겹의 자리가 아닌, 한 겹의 자리에 똑바로 앉아 애도를 표한다. 이 역시 상황에 따라 '나'의 슬픔을 표현하는 상이한 방식이다. 이렇게 상복이 슬픔을 표현하는 수단일진대, 그것을 다 사용했다면 입을 것이 없는 가난한 자나 묘지기에 나누어 주어도 괜찮다고 주장한다. 대단히 실용적인 생각이다. 이와는 달리 상복을 불사르는

것은 흉사를 싫어하는 심리가 작용한 것일 터인데, 장재는 흉사를 꼭 싫어할 일만은 아니라고 말하는 듯하다.

12.26 ⁽¹⁾練亦謂之⁽²⁾功衰, 蓋練其功衰而衣之爾. 據「曾子問」, "⁽³⁾三年之喪不弔", 又「雜記」, "⁽⁴⁾三年之喪, 雖功衰不以弔", 又服三年之喪既練矣, 有期之喪既葬矣, 則服其功衰. 又「雜記」, "⁽⁵⁾有父母之喪尚功衰", 此云尚功衰, 蓋末祥之前尚衣輕練之功衰耳. 知既練猶謂之功衰者, 以下文云"則練冠", 三年之喪, 禮不當弔, 而「雜記」又云"雖功衰不以弔." "⁽⁶⁾兼服之, 服重者以易輕者", 舊註不可用. 此爲三年之喪以上而言, 故⁽⁷⁾作記者以斬齊及大功明之. 若斬衰既練, 齊衰既卒哭, 則首帶皆葛, 又有大功新衰之麻, 則與齊之首絰, 麻葛兩施之. 既不敢易斬葛之輕, 以斬葛大於大功之麻. 又不敢易齊首之重, 輕者方敢易去, 則重者固當存. 故麻葛之絰兩施於首. 若大功既葬, 則當服齊首之葛, 不服大功之葛, 所謂"兼服之", 服重者則變輕者, 正謂此爾. 若齊麻未葛, 則大功之麻亦止當免, 則絰之而已. 如此, 喪變雖多, 一用此制, 前後禮文不相乖戾. ²⁹⁵

---

295 (1)練: 『禮記』, 「檀弓上」, "1주년 제사를 지내고 나서는 시간이 빨리 지났음을 탄식한다."(練而慨然.) 연(練)은 소상(小祥)과 같은 말, 즉 부모님 1주년 기념제를 뜻한다. 소상제사를 지낼 때 물로 삶아서 베를 깨끗하고 부드럽게 만든 관인 연관(練冠)을 쓰기 때문에 소상은 연제(練祭)라고도 칭한다. (2)功衰: 공최(功衰)의 공(功)은 대공(大功)을 말하고, 최(衰)는 부모상을 당해 입는 상복을 가리킨다. 부모의 상을 당해 소상을 지낸 후에는 옷을 대공복으로 갈아입는데, 이를 공최라고 한다. (3)三年之喪不弔: 『禮記』, 「曾子問」, "증자가 물었다. '삼년상 중에도 조문을 합니까?' 공자가 말했다. '삼년상 와중에 소상을 지낸 후에는 여럿이서 함께 서지도 않고 여행하지도 않는다. 군자는 예로 감정을 꾸민다. 그러니 삼년상 중에 조문하며 곡하는 것은 헛된 것이 아니겠는가?'"(曾子問曰: "三年之喪, 弔乎?" 孔子曰: "三年之喪, 練, 不群立, 不旅行. 君子禮以飾情. 三年之喪而弔哭, 不亦虛乎?") (4)三年之喪, 雖功衰不以弔: 『禮記』, 「雜記下」, "삼년상 중에는 비록 소상을

|번역| 부모님 1주년 기념제인 소상(小祥), 즉 연(練)은 그때 갈아입는 대공복인 공최(功衰)라고도 부르니, 공최(功衰)를 삶아서 깨끗하게 만들어 입기 때문이다. 『예기』,「증자문」에 근거하면 '삼년상을 치를 때는 조문하지 않는다'고 했고,「잡기」에서도 "삼년상을 치르는 와중에는 비록 공최의 복을 입고 있을 때라도 조문하지 않는다"고 하였다. 삼년상 와중에 이미 연제(練祭)를 지내, 1년의 상례를 이미 마쳤으면 공최를 입는 것이다. 또「잡기」에서는 "부모 상중에 오히려 공최의 복을 입고 있을 때"라고 했는데, 여기서 '오히려 공최의 복을 입고 있을 때(尚功衰)'라고 말한 것은 소상을 끝내기 전에 오히려 가벼운 연복인 공최복을 입음을 뜻한다. 이미 연제를 지냈음을 아는데 공최라고 말한 것은 이어지는 문장에서 "자신은 연관(練冠)을 쓴다"라고 했기 때문이다. 삼년상을 치르는 도중에는 예에 따르면 조문해서는 안 되니,「잡기」에서도 "공최의 복을 입고 있을 때도 타인의 상에 조문하지 않는다"고 했다. "겸복(兼服)할 때는 무거운 것을

마치고 공최의 복을 입고 있을 때도 타인의 상에 조문하지 않음은 제후에서 사에 이르기까지 같다."(三年之喪, 雖功衰不弔, 自諸侯達諸士.) (5)有父母之喪尚功衰: 『禮記』,「雜記上」, "부모의 상중에 오히려 공최(功衰)의 복을 입고 있을 때 재종(再從) 형제가 요절하여 그 조부의 사당에 합사하는 의식에서 자신은 연관(練冠)을 쓴다."(有父母之喪, 尚功衰, 而附兄弟之殤則練冠.) (6)兼服之, 服重者以易輕者: 『禮記』,「間傳」, "참최의 갈(葛)은 재최의 마(麻)와 같고, 재최의 갈은 대공의 마와 같으며, 대공의 갈은 소공의 마와 같고, 소공의 갈은 시의 마와 같고, 마가 같으면 이를 겸복한다. 겸복할 때 무거운 것을 입는 것은 곧 가벼운 것을 바꾸는 것이다."(斬衰之葛, 與齊衰之麻同; 齊衰之葛, 與大功之麻同; 大功之葛, 與小功之麻同; 小功之葛, 與緦之麻同, 麻同則兼服之. 兼服之服重者, 則易輕者也.) (7)作記者以斬齊及大功明之: 『禮記』,「間傳」의 다음과 같은 기록을 가리킨다. "복을 바꾸는 자는 어찌하여 가벼운 것을 바꾸는가? 참최의 상에 우제(虞祭)와 졸곡을 지내고 나서 재최의 상을 당하면 가벼운 것은 포함하고 무거운 것은 그대로 유지한다. 이미 연제를 지내고 대공의 상을 만났다면 마와 갈이 겹치게 된다. 재최의 상에 이미 우제와 졸곡을 지내고 대공의 상을 만났다면 마와 갈을 겸복한다."(易服者何? 爲易輕者也. 斬衰之喪, 既虞卒哭, 遭齊衰之喪, 輕者包, 重者特. 既練, 遭大功之喪, 麻葛重. 齊衰之喪, 既虞卒哭, 遭大功之喪, 麻葛兼服之.)

입어 가벼운 것을 바꾼다"라고 했는데, 이에 대한 옛 주석은 쓸모가 없다. 이 구절은 삼년상 이상에 대해 말한 것이므로, 기록한 자는 참최, 재최 및 대공으로 그것을 밝혔다. 참최의 상중에 이미 연제(練祭)를 지냈고, 재최의 상중에 이미 졸곡을 했을 경우, 수질(首絰)과 질대(絰帶)는 모두 갈질(葛絰)인데, 다시 대공의 새로운 상복인 마(麻)가 있으면, 그것은 재최의 수질(首絰)인 갈질과 병존하니, 마질(麻絰)과 갈질(葛絰)의 둘이 쓰인다. 참최복에 쓰이는 갈질(葛絰)의 가벼운 부위도 감히 바꾸지 않고, (참최복에 쓰이는 갈질은 대공복에 쓰이는 마질(麻絰)보다 크기 때문이다.) 재최복 수질(首絰) 중요한 부위도 감히 바꾸지 않는다. (가벼운 것이어야 감히 바꾸지, 중요한 것은 마땅히 보존해야 한다.) 그리하여 마질과 갈질의 둘이 수질에 쓰인다. 대공복 장례가 이미 치러졌다면 마땅히 재최복 수질인 갈질(葛絰)을 둘러야 하지, 대공복의 갈을 착용하지 않으니, "겸복한다(兼服之)"는 말은 무거운 것을 착용해 가벼운 것을 변하게 만든다는 뜻으로, 바로 이를 두고 하는 말이다. 만약 재최복이 마(麻)이고 갈(葛)이 아니라면 대공복의 마 또한 그치고 벗어야 하니, 그것을 두를 따름이다. 이와 같이 상복의 변화가 많이 일어나지만 한결같이 이 규정을 사용하면 전후의 예문이 서로 어긋나지 않을 것이다.

| 해설 | 이 조목은 대체로 다음 두 가지 사항을 논하고 있다. 첫째는 삼년상을 치르는 기간 중에는 타인의 상에 조문하지 않는 원칙이다. 삼년상도 몇 가지 단계가 있어서 1주년 기념제를 마치면 대공복으로 상복을 갈아입는다. 하지만 그럴 경우에도 타인의 상에는 조문을 하지 않음을 강조하고 있다. 둘째는 하나의 상을 치르는 기간 중에 다른 상을 당했을 때 겸복(兼服), 즉 두 가지의 상복을 함께 입는 원칙을 상세히 설명했다. 그 원칙은 '무거운 것을 입어 가벼운 것을 바꾼다'는 것으로서, 구체적으로는 참최나 재최의 경우 갈질(葛絰), 즉 칡으로 만든 수질과 요질을 두르는데, 그 상복을 입는 기간 중에 다시 대공복을 입을 일이 생기면, 마

질(麻絰)을 함께 두르되, 무거운 것, 중한 것은 바뀌지 않는다.

12.27 ⁽¹⁾練衣必煆煉大功之布以爲衣, 故有言功衰. 功, 衰上之衣也, 以
其著衰於上, 故通謂之衰, 必著受服之上, 稱受者, 以此得名, 受
蓋受始喪斬疏之衰而著之. 變服, 其意以喪久變輕, 不欲摧割之
心亟忘於內也.²⁹⁶ 此說昔嘗與學者言之, 今三年, 始獲二人同矣.

|번역| 연의(練衣)는 반드시 대공복의 베를 단련해 옷으로 만들기 때문에
공최(功衰)라는 말이 있다. 공(功)은 최복(衰服) 상에 입는 옷으로서,
앞서 최복을 입었기 때문에 최(衰)라고 통칭하고, 반드시 이어받는
복(受服) 상에서 착용하니, 수(受)라고 칭하는 것은 이로 인해 얻은
명칭이다. 수(受)란 상례가 시작되어 입던 참최의 거친 최복을 이어
받아 착용함을 뜻한다. 변복(變服)의 뜻은 상을 치르는 일이 오래되
어 그것을 가볍게 변화시킴으로써 꺾고 베어 내는 마음으로 급히
내면에서 잊기를 원하지 않게 하는 데 있다.(이 주장을 예전에 배우는
자들에게 말했었는데, 이제 3년이 되어 두 사람의 동의를 얻게 되었다.)

|해설| 앞서 이미 설명했듯이 공최(功衰)란 삼년상을 치르는 가운데 1주년 기념제인 연
제를 마친 다음 갈아입는 대공(大功, 9개월 상)에 해당하는 최복(衰服) 차림의 옷
을 가리킨다. 여기서 장재는 이 공최라는 어휘를 분석함으로써 그 함의를 더 명
확히 설명하였다. 공최는 대공복 차림의 옷이지만, 최복(衰服), 즉 삼년상을 치
를 때 입는 참최복이나 재최복과 연속선상에 있다. 그런 연속성을 드러내는 단
어가 최(衰)이고 수(受)이다. 최(衰)는 공최가 최복에서 시작된 것임을 나타내

---

²⁹⁶ (1)練衣, 베를 삶아 만든 상복으로, 부모님 상중에 1주년 기념제를 치르고 나면 이 상복
을 착용하였다.

고, 수(受)는 공최가 최복을 이어받은 것임을 나타낸다. 이렇게 최복에서 공최로 상복을 가볍게 변화시키는 까닭은 물론 활동의 편의를 위해서이다. 오랜 기간 초상을 치르고 있노라면 사람은 쉽게 지치고, 그것을 '꺾고 베어 내듯' 그만두고 싶은 마음이 생길 수 있다. 변복(變服)은 이런 마음이 생기는 것을 막는 효과적인 조치라고 장재는 설명하고 있다.

12.28 "[(1)]古之冠也縮縫", 古之吉冠縮縫也; "今之冠也衡縫", 今之吉冠
衡縫也. 吉冠當縮縫, 喪冠當衡縫, 今喪反吉, 非古也.[297]

|번역| "고대의 관은 세로로 꿰맸다"는 말은 고대의 길관을 세로로 꿰맸다는 뜻이다. "오늘날의 관은 가로로 꿰맨다"는 말은 오늘날의 길관을 가로로 꿰맨다는 뜻이다. 길관은 마땅히 세로로 꿰매야 하고, 상관은 마땅히 가로로 꿰매야 하는데, 오늘날 상관이 길관과 상반된 것은 옛 제도가 아니다.

|해설| 관의 주름을 꿰매는 방향 문제를 논했다. 관은 길한 일에 쓰는 관인 길관(吉冠)과 상례에 쓰는 관인 상관(喪冠)으로 나뉜다. 그런데 『예기』, 「단궁상」의 관련 문장에서는 논하는 관이 길관인지 상관인지 분명히 밝히지 않았다. 이에 여러 해석이 있게 되었는데, 장재는 『예기』 「단궁상」에서 논한 관을 모두 길관으로 이해했다. 고대에는 길관을 세로로 꿰맨 데 반해, 『예기』가 쓰인 당시는 길관을 가로로 꿰맸다는 것이다. 나아가 그는 길관은 세로로 꿰매고 상관은 가로로 꿰매야 한다고 주장했고, 그 주장에 근거해 당시의 관을 꿰매는 방법은 잘못됐다고 단언했다. 물론 이는 하나의 설일 뿐이다. 예컨대 공안국은 고대에는 길관이

---

297 (1)古之冠也縮縫~今之冠也衡縫: 『禮記』, 「檀弓上」, "옛날에 관은 세로로 꿰맸는데, 오늘날 관(冠)은 가로로 꿰맨다. 그러므로 상관(喪冠)이 길관과 상반된 것은 옛 제도가 아니다."(古者, 冠縮縫, 今也, 衡縫; 故喪冠之反吉, 非古也.) 縮은 縱의 뜻. 縮縫, 세로로 꿰맴. 衡(횡)縫, 가로로 꿰맴.

든 상관이든 모두 세로로 꿰맨 데 반해,『예기』가 쓰인 당시에는 길관을 가로로 꿰맸다고 설명했다.

12.29 ⁽¹⁾小功大功言"末", 恐止是以卒哭之後爲末. 齊衰不言"末", 謂其 無是禮也.[298]

|번역| 소공과 대공에 대해 '말미(末)'를 말하는 것은 아마도 단지 졸곡 이후 를 말미라고 여겨서 그렇게 말한 듯하다. 재최에 대해서는 '말미'를 말하지 않음은 그 경우에는 이 예가 없음을 말한다.

|해설|『예기』,「잡기하」에서 말하는 '대공의 복 말미', 혹은 '소공의 복 말미'에서 '말미' 란 구체적으로는 매일 아무 때나 곡하던 데서 조석으로 한 번 곡함으로 전환하 는 졸곡(卒哭) 이후를 뜻한다고 주장하고 있다.

12.30 "小祥乃練其功衰而衣之", 則練與功衰非二物也.

|번역| "부모님 사망 1주년 기념제인 소상(小祥)을 지내면 공최(功衰)를 삶 아 깨끗이 하여 입는다"고 하였으니, 연(練)과 공최(功衰)는 두 가지 사물이 아니다.

|해설| 연(練)은 연제(練祭), 연복(練服)을 뜻한다. 부모님 사망 1주년 기념제인 소상을

---

[298] (1)小功大功言"末":『禮記』,「雜記下」, "대공의 복 말미에는 아들을 위해 관례를 올려도 되고, 딸을 시집보내도 된다. 아버지가 소공의 복 말미에 있을 때는 아들을 위해 관례 를 올려도 되고, 딸을 시집보내도 되며, 자신이 아내를 맞이해도 된다."(大功之末, 可以 冠子, 可以嫁子. 父小功之末, 可以冠子, 可以嫁子, 可以娶婦.)

지낸 뒤에, 대공복으로 갈아입는데, 대공복은 베를 삶아 깨끗이 하여(練) 만든 것이니, 공최와 연은 같은 것을 가리킨다.

12.31 "⁽¹⁾*有父母之喪尙功衰*", *此尙功衰, 謂末祥猶衣所練之功衰, 未衣麻衣也.*²⁹⁹

|번역| "부모의 상중에 오히려 공최(功衰)의 복을 입고 있을 때"라고 했다. 여기서 '오히려 공최의 복을 입고 있을 때'란 소상을 마칠 때 오히려 삶은 공최를 입고, 마(麻)로 된 옷을 그때까지는 입지 않음을 뜻한다.

12.32 ⁽¹⁾*特牲少牢饋食, 一出*⁽²⁾*孺悲之學, 不勝欽嘆父母.*³⁰⁰

|번역| 특생(特牲), 소뢰(小牢) 등으로 제물을 바치니, 유비(孺悲)의 학문, 즉 사(士)의 상례에 대한 학문이 출현하자 부모님을 찬탄해 마지않을 수 없게 되었다.

---

299 (1)有父母之喪尙功衰: 『禮記』, 「雜記上」, "부모의 상중에 오히려 공최(功衰)의 복을 입고 있을 때 재종(再從) 형제가 요절하여 그 조부의 사당에 합사하는 의식에서 자신은 연관 (練冠)을 쓴다."(有父母之喪, 尙功衰, 而附兄弟之殤則練冠.)

300 (1)特牲少牢饋食: 『儀禮』, 「特牲饋食禮」, "사(士)의 특생(特牲)으로 조부모와 부모에게 제물을 바치는 예."(特牲饋食之禮.) 고대의 예에 따르면 천자와 제후는 제사를 지낼 때 태뢰(太牢), 즉 소, 양, 돼지를 각각 한 마리씩 희생으로 바쳤고, 경대부는 소뢰(小牢), 즉 양과 돼지를 각각 한 마리씩 희생으로 바쳤으며, 사는 특생(特牲), 즉 돼지를 한 마리를 희생으로 바쳤다. 饋食, 신령에게 희생과 곡식 등의 제물을 바침. (2)孺悲之學: 『禮記』, 「雜記下」, "휼유(恤由)의 상례에 대해, 애공은 유비를 공자에게 보내 사(士)의 상례에 대해 배우도록 했다. 이에 사의 상례가 기록되었다."(恤由之喪, 哀公使孺悲之孔子學士喪禮, 士喪禮於是乎書.) 따라서 유비의 학문이란 사의 상례에 대한 학문을 가리킨다. 〈중화 주석〉 이 조목에는 오탈자가 있다.

|해설| 특생, 소뢰 등의 제물로 조상에게 제사를 지내는 의례에 관한 지식체계가 하나
의 학문으로 정립된 까닭은 부모님을 찬탄해 마지않을 수 없게 만드는 데 있었
다. 즉 사람들을 효심으로 가득한 이로 만드는 데 있었다.

황공의 발문[(1)]
黃鞏跋

右橫渠先生子張子『經學理窟』凡五卷. 按先生「西銘」『正蒙』皆列學宮,
若『文集』·『語錄』·諸經說之類,　朱文公編次『近思錄』則固取之矣,
獨『理窟』世所罕見. 然[(2)]晁氏『讀書志』有"『經學理窟』一卷,　張某撰",
[(3)]『黃氏日抄』亦謂橫渠好古之切, 故以「詩書」次「周禮」焉. 但晁云一卷
而此則五卷, 豈本自一卷而爲後人所分? 未可知也. 考之『近思錄』, 凡
取之先生『文集』·『語錄』·諸經說者, 乃皆出於『理窟』, 意『理窟』亦
其門人彙輯『文集』·『語錄』·諸經說之語而命以是名, 殆非先生所自
著也. 然則晁氏與『日抄』之所云者, 其又未必然與? 先生『文集』及諸經
說皆不傳, 其見於『近思錄』者亦無幾, 猶幸是編之存, 先生所謂知禮成
性變化氣質之道, 學必如聖人而後已者, 蓋屢書焉. 世之欲求先生之學
者, 其可忽諸![301]

---

301 (1)황공(黃鞏, 1480~1522) 명대 복건(福建) 보전(莆田) 사람으로 자(字)는 백고(伯固)이
고, 호는 후봉(後峰). 저서로『후봉집(後峰集)』이 있다. (2)晁氏『讀書志』: 조공무(晁公武,
1105~1180)의『군재독서지』(郡齋讀書志)를 가리킨다. 조공무는 자신의 상관이었던 장
서가 정도(井度)로부터 많은 책을 물려받았는데, 약 2만 5천여 권에 달하는 책의 해제
를 지어 출판한 것이 바로 『군재독서지』이다. (3)『黃氏日抄』: 송대의 황진(黃震,

|번역| 이상은 장횡거 선생의 『경학리굴』 전 5권이다. 생각건대, 선생의 「서명」, 『정몽』은 모두 학궁에 진열되어 있고, 『문집』, 『어록』 및 여러 경설 따위의 경우는 주문공이 『근사록』을 편집할 때 그것들에서 취했으나, 유독 『경학리굴』만은 세상에 잘 보이지 않았다. 하지만 조공무의 『군재독서지』에 "『경학리굴』 1권, 장 아무개 지음"이라고 되어 있고, 『황씨일초』에서도 장횡거는 옛것을 좋아함이 절실하였으므로 「시서」를 「주례」 다음에 놓았다고 했다. 그런데 조공무는 『경학리굴』이 1권이라고 했는데, 여기서는 5권이라고 했으니, 원래는 1권이었는데 후대 사람에 의해 나뉘게 된 것이 아닐까? 이 점은 알 수가 없다. 『근사록』을 살펴보면 선생의 『문집』, 『어록』, 여러 경설에서 취한 것은 바로 모두 『리굴』에서 나온 것이니, 생각건대 『리굴』도 문인들이 『문집』, 『어록』, 여러 경설의 말들을 모아 편집하여 이 이름으로 명명한 것이지, 선생이 스스로 펴낸 저작은 아닐 것이다. 그렇다면 조공무와 『황씨일초』에서 말한 것도 반드시 그런 것은 아니지 않을까? 선생의 『문집』과 여러 경설은 다 전해지지 않고, 『근사록』에 보이는 것도 얼마 없다. 다행히 이 책이 존재하여 선생의 이른바 예를 알아 성을 완성하고, 기질을 변화시키는 도와 배움은 반드시 성인과 같게 된 후에야 멈출 수 있다는 말이 여기에 여러 차례 쓰여 있다. 세상에서 선생의 학문을 배우려는 자라면 어찌 이것들을 소홀히 할 수 있겠는가!

|해설| 명대의 황공이 쓴 발문이다. 명대에 『정몽』, 『어록』, 여러 유교 경전에 대한 장재의 저술들은 이미 널리 보급되어 있었지만, 『경학리굴』만큼은 잘 알려지지 않았음을 알 수 있다. 또 황공은 이 책을 조공무는 1권이라 한 데 반해 황진은 5

1213~1280)이 지은 책이다. 황진의 자(字)는 동발(東發). 송의 멸망 이후에는 벼슬하지 않고 깊은 산에 은거해 지내다가 아사했다. 『황씨일초』는 『동발일초』라고도 칭한다.

권이라 한 점을 거론하면서 이 책이 과연 애초에 몇 권짜리로 편집된 것인지에 의문을 표시한 뒤, 이 책의 많은 글귀가 주희가 편집한 『근사록』에 수록되어 있다는 사실을 들며, 이 책 역시 『근사록』과 마찬가지로 장재 자신의 저술이 아니라, 그의 문인들에 의해 편집된 저작일 것이라고 추정한다. 그리고 이 책은 내용적인 측면에서 예에 대한 인식을 덕성 완성의 중요한 경로로 보고 있고, 기질의 변화를 역설하며, 성인의 경지에 도달할 때까지 공부에 매진해야 함을 강조하고 있는데, 이 점들은 다른 저술에서 그리 자세히 서술되지 않고 있다는 점에서 이 책은 의의를 지닌다고 말하였다.

嘉靖元年四月望日, 後學莆陽黃鞏謹識.

|번역| 가정 원년(1208년) 4월 15일, 후학 보양 황공이 삼가 씀.

장자어록
張子語錄

1

어록상
語錄上

1.1 子貢曰: [(1)]"夫子之文章, 可得而聞也, 夫子之言性與天道, 不可得 而聞也." 子貢曾聞夫子言性與天道, 但子貢自不曉, 故曰"不可得而 聞也." 若夫子之文章則子貢自曉. 聖人語動皆示人以道, 但人不求 耳.[1]*

| 번역 | 자공이 말했다. "선생님의 고문헌에 관한 견해는 들을 수 있었지만 선생님께서 본성과 천도(天道)에 대해 말씀하신 것은 듣지 못했다." 자공은 공자께서 본성과 천도에 대해 말씀하시는 것을 들은 적이 있었으나 자공은 깨닫지 못했으므로 '듣지 못했다'고 했다. 한편 선생님의 고문헌에 관한 견해의 경우, 자공은 이해했다. 성인의 말씀과 행동은 모두 사람들에게 도(道)로써 보여 주는 것이건만 사람들은 구하지 않는다.

| 해설 | 현대 학자들은 대부분 공자가 자공의 말처럼 성(性)과 천도(天道) 같은 형이상

---

1 (1) 『論語』 「公冶長」에서 출전.

학적인 담론을 거의 다루지 않았다고 생각한다. 『논어』에서 이에 대해 거의 논하지 않았기 때문이다. 그런데도 장재는 공자가 말과 행동으로 도(道)를 보여 주었다고 주장한다. 일상의 말과 행동을 통해 그렇게 했다는 뜻일 것이다. 다소 억지스러운 주장이지만, 적어도 장재가 유학의 형이상학적인 체계를 세우는 일을 자신의 소임으로 여겼기 때문에 이런 해석을 했다는 점만큼은 짐작할 수 있다.

1.2 ⁽¹⁾"不可使知之", 以其愚無如之何, 不能使知之耳. 聖人設學校以敎育之, 豈不欲使知善道? 其不知, 愚也. 後世以爲民使由之而不使知之, 則其待聖人也淺.²

|번역| 백성들이 "알도록 할 수는 없다"고 하신 것은 그들의 어리석음을 어찌할 도리가 없어 알게 할 수는 없다는 뜻이다. 성인이 학교를 세워 교육을 하셨거늘, 어찌 선한 도를 알게 하고자 하지 않으셨겠는가? 그들이 알지 못한 것은 어리석음 때문이었다. 후세에는 성인이 백성을 따르게 했지, 알게 하지 않았다고 여겼으니, 그 성인을 대함은 천박하다.

|해설| 『논어』의 백성은 행동으로 따르게 할 수는 있지만, 행동에 앞서 왜 그렇게 해야 하는지 일깨워 줄 수는 없다는 말이 갖는 미묘한 의미 차이는 '알도록 할 수 없다'는 말을 어떻게 이해하느냐에 달려 있다. 첫째는 백성이 알도록 할 수 없으므로 아예 교육하려는 노력을 하지 않는다는 이해이고, 둘째는 열심히 교육했으나, 백성이 어리석어 성인의 가르침을 알도록 할 수 없었다는 이해이다. 이 둘 가운데 장재는 후자의 이해를 따르고 있다. 백성이 무지몽매하다고 미리 단정하고 이들을 교육하려는 노력을 아예 하지 않는 것은 신분을 따지지 않고 누구

---

2 (1) 『論語』「泰伯」, 공자께서 말씀하셨다. "백성은 따르게 할 수는 있지만, 알도록 할 수는 없다." 子曰: "民可使由之, 不可使知之."

에게나 교육한 공자의 행위와는 부합하지 않는 해석이라고 판단했기 때문이다.

1.3 ⁽¹⁾"上智下愚不移", 充其德性則爲上智, 安於見聞則爲下愚, 不移 者, 安於所執而不移也.[3]

| 번역 | "가장 지혜로운 사람과 가장 어리석은 사람은 바뀌지 않는다"고 했
다. 자신의 덕성을 확충하면 가장 지혜로운 사람이 되고, 보고 듣는
것에 편안해하면 가장 어리석은 사람이 된다. '바뀌지 않는다'는 것
은 붙잡은 것에 편안해하여 바뀌지 않는다는 뜻이다.

| 해설 | 공자는 가장 똑똑한 자와 가장 우매한 자는 그 상태가 크게 바뀌지 않는다고 했
다. 그런데 장재는 이 두 부류의 차이가 인간의 지적 능력 가운데 후천적으로 어
느 방향에 힘쓰느냐에 달려 있다고 재해석한다. 장재는 인간의 지적 능력을 덕
성소지(德性所知)와 견문지지(見聞之知)로 구분하며, 전자를 후자보다 한 차원
수준이 높은 것으로 본다. 따라서 덕성에 기대어 지혜를 발휘하는 자는 가장 지
혜로운 자가 되고, 그저 대상화하는 인식에 만족해하는 자는 우매한 자가 된다.

1.4 毋固者不變於後, 毋必者不變於前, 毋四者則心虛, 虛者, 止善之本 也, 若實則無由納善矣.

| 번역 | '고집하지 않음'은 후에 불변하는 것이고 '기필하지 않음'은 앞에 불변
하는 것이다. '네 가지를 근절한' 자는 마음이 텅 빈다. 텅 빈 것은 선

---

3 (1)『論語』「陽貨」, 공자께서 말씀하셨다. "오직 가장 지혜로운 사람과 가장 어리석은 사
람은 바뀌지 않는다."(子曰: "唯上知與下愚不移.")

에 머무는 근본이다. 만약 가득 찬다면 선을 받아들일 수 없게 된다.

|해설| 공자가 근절한 네 가지 가운데 '고집하지 않음(毋固)'과 '기필하지 않음(毋必)'은 상황에 매우 유연하게 대처하는 것을 가리킨다. 그런데 장재는 이 유연함이 무원칙한 상황 추수가 아님을 강조하기 위해 일부러 그것들이 '불변하는 것'이라고 말한다. 성인은 하나의 원칙만 고집하지 않지만, 어떤 상황에서 일단 그 원칙을 확정하면 그 상황에서는 그 원칙을 함부로 바꾸지 않는다. 또 성인은 반드시 어떤 하나의 원칙을 기필코 지키겠다고 기약하지는 않지만, 어떤 상황에서 반드시 지켜야 할 그때마다의 원칙은 사전에 확립하고 함부로 바꾸지 않는다. 한편 이렇게 원칙을 지키면서도 유연하게 대처할 수 있는 내적 동력은 텅 빈 마음에 있다. 사욕이 없는 마음, 그것이 선에 머물 수 있는 근본 동력이라는 것이다.

1.5 (1)"先之勞之", 身先之必勞之. (2)"愛之能勿勞乎", 愛之, 則己須勤勞
以求其養之之道.[4]

|번역| "솔선수범하고 애쓰라"고 하셨으니, 몸으로 솔선수범하면 반드시 애쓰게 된다. "사랑하면서 그 사람을 위해 애쓰지 않을 수 있겠느냐?"고 하니, 사랑하면 자신은 반드시 부지런히 애써 그들을 길러 줄 방법을 찾는다.

|해설| 『논어』의 '선지노지(先之勞之)'는 '자신이 솔선수범하고 나서 백성들을 애쓰게 하라'라는 뜻으로 이해되는 게 일반적이다. 그러나 장재가 이 구절에 이어 「憲問」

---

4 (1)先之勞之:『論語』「子路」, 자로가 정치에 대해 물었다. 공자께서 말씀하셨다. "솔선수범하고 애쓰라." 한 마디 더 보태달라고 했다. 공자께서 말씀하셨다. "게으르지 않아야한다."(子路問政. 子曰: "先之勞之." 請益. 曰: "無倦.") (2)愛之能勿勞乎:『論語』「憲問」, 공자께서 말씀하셨다. "사랑하면서 그 사람을 위해 애쓰지 않을 수 있겠느냐? 충심을 갖고 있으면서 그 사람을 위해 도모해 주지 않을 수 있겠느냐?"(子曰: "愛之, 能勿勞乎? 忠焉, 能勿謀乎?")

편을 인용하고 있는 것을 볼 때, 그는 '노지(勞之)'를 자신이 애쓰는 것으로 이해한 것 같다. 그래야 앞뒤 구절이 하나로 연결된다.

1.6 子貢謂夫子所言性與天道不可得而聞, 旣云夫子之言, 則是⁽¹⁾居常語之矣. 聖門學者以仁爲己任, 不以苟知爲得, 必以了悟爲聞, 因有是說. 明賢思之.^{5*}

| 번역 | 자공은 선생님께서 말씀하신 성과 천도에 대해서는 듣지 못했다고 했는데, 선생님의 말씀이라고 한 이상, 평상시에 그것에 대해 말씀하셨을 것이다. 성인 문하의 배우는 자는 인(仁)을 자기 소임으로 여겨 대충 아는 것을 얻었다고 여기지 않고 반드시 철저히 깨닫는 것을 듣는 것으로 여기므로 이러한 말이 있게 되었다. 현명한 이들은 생각할지어다.

| 해설 | 유학의 형이상학적 체계를 세워야 했던 장재는 공자 또한 실은 이런 형이상학적 주제에 대해 자주 논하는 사람이었다고 해야 자신의 학설에 권위가 선다고 생각했었나 보다. 그래서 여기서도 다소 억지스럽게 성과 천도에 대해 '들음(聞)'을 그것들에 대해 '철저히 깨달음(了悟)'이라고 풀이하였다.

1.7 生知有小大之殊, 如賢不肖莫不有文武之道也. ⁽¹⁾"忠信如丘", 生知也; ⁽²⁾"克念作聖", 學知也. ⁽³⁾仲尼謂我非生知, 豈學而知之者歟? 以其盡學之奧, 同生知之歸, 此其所以過堯舜之遠也.⁶

5 (1)居常, 평소에, 늘.
6 (1)忠信如丘:『論語』「公冶長」, 공자께서 말씀하셨다. "열 가구가 사는 작은 마을에도 반

|번역| 태어나면서 아는 것(生知)에 크고 작은 차이는 있으니, 마치 총명하고 어리석은 자 중에 문왕과 무왕의 도가 없는 이는 없는 것과 같다. "충성스럽고 신실함이 나와 같음"은 태어나면서 아는 것이다. "생각하여 총명해지는 것"은 배워서 아는 것이다. 공자는 '나'는 태어나면서부터 아는 자가 아니라고 했지만, 어찌 배워서 아는 자이겠는가? 그가 학문의 심오함을 온전히 다하여 태어나면서부터 앎이 귀결되는 것과 같게 된 점, 이것이 그가 요임금, 순임금보다 훨씬 나은 점이다.

|해설| 장재는 '태어나면서부터 아는 것'에 대해 독특한 해석을 하고 있다. 그에게 그것은 선천적 지혜, 즉 충성스러울 줄 알고, 신실할 줄 아는 것 등을 뜻한다. 그러한 지혜는 모든 이가 다 갖추고 있다. 반면 후천적 지식은 생각하여 총명해지는 것, 즉 배워서 아는 것이다. 장재는 공자가 다른 사람과 마찬가지로 덕성을 갖춘 생지자(生知者)이고, 더욱이 배움을 통해 지식을 끝까지 추구해 심오한 진리를 얻은 자라는 점에서 위대한(大) 생지자라고 말하고 있다.

1.8 $^{(1)}$舜好問, $^{(2)}$仲尼每事問, 德同矣, 學亦同否?^{7*}

드시 나처럼 충성스럽고 신실한 사람이 있겠지만, 나처럼 배우기를 좋아하는 사람은 없을 것이다."(子曰: "十室之邑, 必有忠信如丘者焉, 不如丘之好學也.") (2)克念作聖:『尙書』「周書」「多方」, "비록 총명해도 상제의 뜻을 생각하지 않으면 우매한 것이고, 비록 우매하다고 해도 상제의 뜻을 생각한다면 총명한 것이다."("惟聖罔念作狂, 惟狂克念作聖.") (3)仲尼謂我非生知:『論語』「述而」, 공자께서 말씀하셨다. "나는 태어나면서부터 아는 사람이 아니다. 옛것을 좋아하여 재빨리 그것을 구하는 사람일 뿐이다."(子曰: "我非生而知之者, 好古敏以求之者也.")

7 (1)舜好問:『中庸』제6장, 공자께서 말씀하셨다. "순임금은 아마 대단히 지혜로우셨을 것이다. 순임금은 묻기를 좋아하시고, 알기 쉬운 말들을 살피기를 좋아하셨다."(子曰: "舜其大知也與. 舜好問而好察邇言.") (2)仲尼每事問:『論語』, 「八佾」, 공자께서 태묘에 들어가시어 매사를 물으셨다. 어떤 사람이 말했다. "누가 추읍(鄹邑) 대부의 아들이 예를 안다고 하였는가? 태묘에 들어가 매사를 묻는구나." 공자께서 듣고 말씀하셨다. "그것

|번역| 순임금은 묻기를 좋아하시고 공자는 매사를 물으셨는데, 덕은 같거니와 배움 또한 같았을까?

|해설| 장재는 맹자의 생각을 계승해 순임금과 공자뿐 아니라 모든 사람이 공통된 덕성을 지니고 있다고 여겼다. 그런데 그들이 묻고 배운 것 또한 같다고 할 수 있겠느냐고 묻고 있다. 그는 공자의 후천적 지식 획득의 수준이 순임금보다 높다고 평가한다.

1.9 仲尼$^{(1)}$發憤而化至於聖耶? 抑每有悟而忘食一作饑遺老耶?[8]

|번역| 공자는 분발하며 화(化)하여 성인에 이르렀던가, 아니면 매번 깨달음이 있어 먹는 것도(어떤 곳에서는 배고픔이라고 되어 있다) 잊고 늙어 가는 것도 몰랐던가?

|해설| 공자는 각고의 노력을 하다가 어느덧 덕성이 원숙해져 지나가기만 해도 타자를 교화하는 화의 경지에 이른 것인지, 아니면 늙어 죽을 때까지 깨달음과 배움이 그침이 없었는지 자문하고 있다.

1.10 $^{(1)}$"仁者壽", 安靜而久長, 壽之象也.[9]

이 바로 예이다."(“子入大廟, 每事問. 或曰: ‘孰謂鄹人之子知禮乎? 入大廟, 每事問.” 子聞之曰: “是禮也.”)

8 (1)發憤, 忘食:『論語』「述而」, 공자께서 말씀하셨다. “너는 어찌 그 사람됨이 분발하여 먹는 것도 잊어버리고 즐거워하여 근심도 잊어버리며 늙어 가는 것도 모른다고 말하지 않았느냐?”(子曰: “女奚不曰: 其爲人也發憤忘食, 樂以忘憂, 不知老之將至云爾.”)

9 (1)仁者壽:『論語』「雍也」, 공자께서 말씀하셨다. “지혜로운 사람은 물을 좋아하고 어진 사람은 산을 좋아하며, 지혜로운 사람은 동적이고 어진 사람은 정적이며, 지혜로운 사람은 즐겁게 살고 어진 사람은 장수한다.(子曰: “知者樂水, 仁者樂山, 知者動, 仁者靜, 知

|번역| "어진 사람은 장수한다"고 하니, 편안하고 고요하며 장구한 것이 장수하는 모습이다.

|해설| 어진 사람은 사욕이 없어 마음이 편안하고 고요하며, 그 상태를 오래도록 유지한다. 그 모습이 마치 장수하는 사람과 비슷하다.

1.11 ⁽¹⁾"信近於義", 猶言言近於義, 則信可復也, 復, 踐也.¹⁰

|번역| "신(信)이 의(義)에 가깝다"는 것은 언약이 의에 가깝다는 말과 같으니 그러면 언약은 실천할 수 있다. 복(復)은 실천한다는 뜻이다.

|해설| 말로 약속한 일이 옳은 일이라면 그 말은 실행에 옮길 수 있다.

1.12 ⁽¹⁾仲尼自志學至老, 德進何晩? 竊意仲尼自志學固已明道, ⁽²⁾其立固已成性, 就上益進, 蓋由天之不已. 爲天已定, 而所以爲天不窮. 如有成性則止, 則舜何必孜孜, 仲尼何必不知老之將至, 且⁽³⁾嘆其衰, 不復夢見周公? 由此觀之, 學之進德可知矣.^{11*}

者樂, 仁者壽.")

10 (1)信近於義: 『論語』「學而」, 유자가 말했다. "언약이 의에 가까우면 말을 실천할 수 있다. 공손함이 예에 가까우면 치욕을 멀리할 수 있다. 친한 사람을 잃지 않는다면 이 또한 으뜸으로 삼을 수 있을 것이다."(有子曰: "信近於義, 言可復也. 恭近於禮, 遠恥辱也. 因不失其親, 亦可宗也.")

11 (1)仲尼自志學至老: 『論語』「爲政」, 공자께서 말씀하셨다. "나는 열다섯에 배움에 뜻을 두었고, 서른에 사회에 발 딛고 섰으며, 마흔에는 미혹되지 않았고, 쉰에는 천명을 알았으며, 예순에는 귀로 들으면 그대로 들어 넘겼고 일흔에는 마음이 하고자 하는 대로 해도 법도를 넘지 않았다."(子曰: "吾十有五而志于學, 三十而立, 四十而不惑, 五十而知天命, 六十而耳順, 七十而從心所欲 不踰矩.") (2)其立, 서른에 사회에 발 딛고 섰다고 할 때의

│번역│ 공자께서 배움에 뜻을 두었을 때부터 늙게 되었을 때까지 덕이 향상되는 것이 어찌 늦었겠는가? 생각건대 공자께서는 배움에 뜻을 두셨을 때부터 이미 도에 밝으셨고, 그가 사회에 발 딛고 섰을 때는 이미 본성을 완성하셨으며, 위를 향해 더욱 나아갈 때는 그침 없는 하늘의 모습을 따랐다. 하늘처럼 되는 것이 이미 확정되었으되 하늘답게 되는 일은 멈추지 않았다. 만일 본성을 완성했다고 해서 멈춘다면 순임금이 부지런히 힘쓸 필요가 어디 있으며 공자가 늙어가는 것도 모르고 그 쇠약해짐을 탄식하여 다시는 주공을 꿈에서 보지 못했다고 할 필요가 어디에 있겠는가? 이를 통해 보건대 배움이 학문을 향상시킨다는 사실을 알 수 있다.

│해설│ 공자는 70세에 이르러서야 마음대로 행해도 법도에 어긋나지 않는 자유의 경지이자 만인을 자연스럽게 교화(化)하는 경지에 이르렀다. 그렇지만 공자는 일찍부터 상당히 높은 수준의 덕성과 지성을 겸비했다. 15세에 이미 가장 근본적인 진리를 확고히 깨달았고, 30세에 이미 덕성을 완성했으며, 그 이후에는 타인을 교화하는 일이 하늘이 만물을 화육하는 것처럼 되는 것, 즉 화의 경지에 이르는 것을 목표로 정진했다. 공자는 조숙했다는 것이다.

1.13 [(1)]"擇不處仁, 焉得智", 是擇善也. 孔子所擇亦不過乎仁, 然而仁也又有守, 得處在求之.[12]

섭(立)을 뜻한다. (3)嘆其衰, 不復夢見周公: 『論語』「述而」, 공자께서 말씀하셨다. "내가 심히 노쇠해졌구나! 오래되었구나, 내가 꿈에 다시 주공을 뵙지 못한 지 오래되었다." (子曰, "甚矣, 吾衰也! 久矣, 吾不復夢見周公.")

12 (1)擇不處仁, 焉得智: 『論語』「里仁」, 공자께서 말씀하셨다. "사는 곳은 어진 기풍이 있어야 좋다. 사는 곳을 택하는 데 어진 곳에 거처하지 않는다면 어찌 지혜로울 수 있겠는가?"(子曰: "里仁爲美, 擇不處仁, 焉得知?")

| 번역 | "택하여 인(仁)에 거처하지 않는다면 어찌 지혜로울 수 있겠는가?"라고 하니, 이는 선을 택하는 것이다. 공자가 택한 것 역시 인을 넘어서지 않는다. 그러나 인에는 지키는 일 또한 있으니, 인을 얻어 거처하는 일은 구하는 데 달려 있다.

| 해설 | 공자의 말은 일반적으로 사람이 어진 기풍이 넘치는 지역을 선택해 살아야 그 선택이 지혜로운 선택이라는 의미로 이해된다. 그러나 장재는 여기서의 '선택'을 마을의 선택이 아니라 선(善), 인(仁)의 선택이라 풀이한다. 공자는 삶의 중심 가치로 인을 선택했고, 그 가치를 지키기 위해 노력했고, 우리도 그러한 선택과 노력을 해야 한다는 생각이다.

1.14 舜非致曲而至於聖人, 何以以孝聞? 曰: 不幸舜之父母異於人之父母, 故以孝著也.

| 번역 | 순임금은 조그만 일에 힘을 다해 성인에 이른 것이 아닌데 어찌하여 효로 유명한가? 말했다. 불행히도 순임금의 부모는 일반인의 부모와 달랐으므로 효로 유명했다.

| 해설 | 순임금은 성인으로, 이미 성(誠)의 이념을 완전히 체득한 사람일 텐데, '조그만 일에 힘을 쓰는(致曲)' 사람처럼 왜 효자로 알려져 있느냐는 의문에 대한 설명이다.

1.15 夫子之門, 父子共學而賢者, (1)點與(2)參也. 點好學樂道.13

13 (1)點: 증점(曾點, 생졸연대 미상) 자는 자석(子晳)이고 증삼의 아버지이다. 『논어』에 나오는 가장 잘 알려진 일화는 네 제자가 선생님에게 각기 자신의 포부를 말했는데, 공자는 오직 예닐곱 사람들과 자연에서 즐기며 노닐겠다는 증점의 말에만 크게 동의했다는

|번역| 공자의 문하에서 아버지와 아들이 함께 배워 현명해진 자는 증점(曾點)과 증삼(曾參)이다. 증점은 배우기를 좋아하고 도를 즐겼다.

|해설| 증점은 벗들과 자연을 즐기며 노닐겠다는 포부를 밝힌 것으로 유명하므로, 배우기를 좋아하고 도를 즐겼다고 평했다. 증삼은 공자의 대표적인 만년 제자이다.

1.16 (1)“禹吾無間然”, 無問隙矣. 故其下所擧之事皆善也. 聖人猶看之無隙, 衆人則可知.¹⁴

|번역| “우임금에 대해서는 흠잡을 데가 없다”고 했으니, 힐문할 흠이 없음이다. 그래서 그 아래에 열거한 일들은 모두 선한 것들이다. 성인도 흠이 없다고 보았으니 뭇사람들이 어땠을지는 알 만하다.

1.17 (1)“顔子問爲邦”云云, 三代之文章, 顔淵固皆知之, 故於其所知而去取之曰: “行夏之時, 乘殷之輅, 服周之冕”, 又曰“放鄭聲, 遠佞人”, 此則法外意, 如(2)“道千乘之國”之意, 不與已擧行者故事相干. 鄭聲佞人最爲治之害, 亦人之所難.¹⁵

것이다. (2)參: 증삼(曾參, 기원전 505~432년): 자는 자여(子輿)이다. 공자보다 46세 어리고 그의 만년 제자이다. 『논어』에서 15번 등장한다. 대부분은 증자(曾子)라고 칭했다.

14 (1)禹吾無間然: 『論語』 「泰伯」, 공자께서 말씀하셨다. “우임금에 대해서는 내가 흠잡을 데가 없다. 먹는 음식은 보잘것없으면서도 귀신에게는 효를 다하셨고, 의복은 형편없으면서도 제복은 화려한 것을 입으셨으며, 궁실은 나지막하게 지으셨으면서도 치수 사업에는 힘을 다하셨으니, 우임금에 대해서는 내가 흠잡을 데가 없다.”(子曰: “禹, 吾無間然矣. 菲飮食而致孝乎鬼神, 惡衣服而致美乎黻冕, 卑宮室而盡力乎溝洫. 禹, 吾無間然矣.”)

15 (1)“顔子問爲邦”云云: 『論語』 「衛靈公」, 안연이 나라를 다스리는 것에 대해 물었다. 공자께서 말씀하셨다. “하나라의 역법을 시행하고, 은나라의 큰 수레를 타며, 주나라의 면

|번역| "안연이 나라를 다스리는 것에 대해 물었다"고 운운한 것에 대해 말하자면, 하, 상, 주 삼대의 제도에 대해 안연은 물론 다 알고 있었으므로, 그가 아는 것 중에서 취사해서 "하나라의 역법을 시행하고 은나라의 큰 수레를 타며 주나라의 면관을 쓴다"고 했다. 또 "정나라의 음악을 몰아내고 말재주 있는 사람을 멀리한다"고 했으니, 이는 "천 대의 전차를 가진 나라를 다스릴 때" 말한 의미와 같이 제도 밖의 의미를 지닌 것으로 이미 행해진 옛일과는 관련이 없다. 정나라의 음악과 말재주 있는 사람은 다스리는 데 가장 해가 되며 사람들이 어렵게 여기는 것이다.

|해설| 정치에 대한 안연과 공자의 문답이 지니는 의미를 장재가 부연해서 설명하였다. 그가 부연 설명한 첫 번째 사항은 공자는 삼대의 제도를 적절히 취사선택해 사회제도를 확립해야 한다고 여겼는데, 안연 또한 삼대의 제도에 대해서는 잘 알고 있었다는 점이다. 두 번째로는 말미에 언급된 정나라 음악이 성행하는 것을 막고 말재주 있는 자를 멀리하는 것은 제도의 확립과는 관련이 없으나 사회적 안정을 꾀하는 데 특별히 중요한 정치적 행위이기 때문에 언급했다는 점이다.

1.18 『論語』問同而答異者至多, 或因人才性, 或觀人之所問意思言語及所居之位.

|번역| 『논어』에는 물음은 같으나 답변이 다른 것이 아주 많은데, 사람마

관을 쓰고, 음악은 소(韶)와 무(武)를 연주하고, 정나라의 음악을 몰아내고 말재주 있는 사람을 멀리해야 한다. 정나라의 음악은 음란하고 말재주 있는 사람은 위험하다."(顏淵問爲邦. 子曰: "行夏之時, 乘殷之輅, 服周之冕, 樂則韶舞, 放鄭聲, 遠佞人. 鄭聲淫 佞人殆.")
(2)道千乘之國: 『論語』「學而」, 공자께서 말씀하셨다. "천 대의 전차를 가진 나라를 다스릴 때는 일을 조심스럽게 하고 신뢰를 주며, 비용을 절약하고 관리를 아끼며, 백성을 적절한 때에 부린다."(子曰: "道千乘之國, 敬事而信, 節用而愛人, 使民以時.")

다 재능과 성격이 달라서인 경우도 있고, 사람들이 물어본 의도, 말, 그리고 그들이 차지하는 위치를 살펴 달라진 경우도 있다.

|해설| 장재의 말처럼 『논어』에는 같은 물음에 다르게 답한 경우가 아주 많다. 대표적으로 인(仁)이 무엇인지, 지(知)가 무엇인지, 정치를 어떻게 해야 하는지 등을 묻는 경우가 그렇다. 이 물음들에 대해 답변이 각기 달랐던 이유를 장재는 두 면에서 설명한다. 하나는 사람마다 지닌 재능과 성격의 차이를 고려하여 교육하기 위해서였고, 다른 하나는 구체적인 대화의 상황이 달랐기 때문이라는 것이다.

1.19 ⁽¹⁾"誦『詩』三百止奚以爲", 誦『詩』雖多, 若不心解而行之, 雖授之以政則不達, 使於四方, 言語亦不能, 如此則雖誦之多奚以爲?¹⁶

|번역| "『시경』 삼백 편을 외웠어도 무엇에 쓰겠는가?"라고 하였으니, 『시경』을 외운 것이 많다고 하더라도 만약 마음으로 이해하지 않고 행한다면, 정치를 맡긴다 해도 통달하지 못하고 사방에 사신으로 보낸다 해도 말에 능하지 못할 것이니, 이와 같다면 비록 많이 외웠다고 한들 무엇에 쓰겠는가?

|해설| 마음으로 이해하지 못했다고 함은 시구가 담고 있는 의미를 정서적으로 깊이 이해하고 공감하여 자신의 것으로 충분히 체화하지 못했음을 뜻한다.

---

16 (1)誦『詩』三百止奚以爲: 『論語』 「子路」, 공자께서 말씀하셨다. "『시경』 삼백 편을 외웠어도 정치를 맡기자 통달하지 못하고, 사방에 사신으로 보내자 홀로 처리하지 못한다면 비록 많이 외웠다 한들 무엇에 쓰겠는가?"(子曰: "誦詩三百, 授之以政, 不達, 使於四方, 不能專對, 雖多, 亦奚以爲?")

1.20 大武可以爲也, 盡見武王之事便可爲. 看了武, 特地知虞舜. 舜之
時又好, 德性又備, 禮文又備.

|번역| 위대한 무왕은 될 수 있으니, 무왕의 사적을 다 보면 될 수 있다. 무
왕을 보았으면 특별히 순을 알아야 한다. 순임금의 시대는 훌륭해
덕성도 갖추어져 있었고 예의제도도 갖추어져 있었다.

|해설| 무왕도 훌륭하지만, 순임금이 내면의 덕성을 갖추었고 외적인 예의제도 또한
완비되어 있었다는 점에서, 즉 유학의 내성외왕이라는 두 목표를 두루 훌륭히
실현하고 있었다는 점에서 그에게 특별히 주목하라고 하였다.

1.21 ⁽¹⁾文而靜, 孔子言弗可及也, 更不說可知.¹⁷

|번역| 점잖고 고요했는데, 공자는 미칠 수 없다고 말하고 더욱이 알 수 있
다고는 말하지 않았다.

|해설| 이 구절은 앞 단락과 이어지는 문장인 것처럼 보인다. 이 구절에서 장재는 공자

---

17 (1)文而靜:『禮記』「表記」, 공자가 말했다. "후세에 행하는 자가 있더라도 순임금에는 미
치지 못할 것이다. 천하에 임금 노릇함에 살아 있을 때는 사심이 없었고 죽어서도 자신
의 아들을 후하게 대하지 않았다. 백성을 아들로 여기기를 부모처럼 했고 슬퍼하는 사
랑이 있었으며 충심으로 이롭게 하려는 가르침이 있었다. 친하면서도 높고 편안하면서
도 공경을 받았다. 위엄이 있으면서도 사랑을 받았고 부유하면서도 예의가 있었으며,
은혜로우면서 잘 나누어 주었다. 그의 신하들은 인을 존숭하고 의를 두려워했으며 낭
비를 부끄러워하고 재화를 가벼이 여겼으며, 충성스러워 윗사람을 거스르지 않았고,
의로워 순종했으며, 점잖고 고요했으며, 너그러우면서도 분별이 있었다."(子言之曰, "後
世雖有作者, 虞帝弗可及也已矣. 君天下, 生無私, 死不厚其子, 子民如父母, 有憯怛之愛, 有
忠利之敎, 親而尊, 安而敬, 威而愛, 富而有禮, 惠而能散. 其君子尊仁畏義, 恥費輕實, 忠而不
犯, 義而順, 文而靜, 寬而有辨.")

가 순임금의 '점잖고 고요한(文而靜)' 상태를 다른 군주들은 미칠 수 없다고 생각했고, 그래서 그에 대해서 '알 수 있다'고는 더욱 말할 수 없었다고 설명했는데, 이는 앞서 무왕의 경우에는 그 사적을 살펴 그처럼 될 수 있다고 한 것과 대조를 이룬다. 순임금은 그처럼 훌륭했기 때문에 보통 사람은 그에 미칠 수도 없고, 그에 대해 다 알 수도 없다는 것이다.

1.22 (1)"揖讓而升下", 或以爲絕句, 謂揖讓而升降也, 及以射禮不勝者亦飮之堂上, 故不言. "下而飮"非也. 升而讓可也, 下而讓無此理也. 禮文雖不說"下而飮", 不勝者自下而請飮, 勝者又不可飮之於下, 故升飮也.[18]

| 번역 | "읍양이승하(揖讓而升下)"라고 구문을 끊기도 하는데, 읍하고 사양하여 올라가고 내려오는 것을 말한다. 활쏘기의 예에 따라 이기지 못한 자 또한 대청에서 마시므로 그것에 대해서는 말하지 않았다. "내려와서 술을 마신다"고 하면 틀렸다. 오르면서 사양하는 것은 괜찮지만 내려가면서 사양하는 그런 이치는 없다. 예법에 관한 글에서 "내려와서 술을 마신다"고는 하지 않지만, 이기지 못한 자는 스스로 내려와 마시기를 청하고 이긴 자는 아래에서 마셔서는 안 되므로 올라가서 마신다.

| 해설 | 장재의 지적처럼 오늘날 학자들 중에 『논어』의 이 구절을 '읍양이승揖讓而升, 하이음下而飮'으로 끊어 읽어서는 안 된다고 말하는 이들이 적지 않다. 그렇게 읽

---

[18] (1)揖讓而升下:『論語』「八佾」, 공자께서 말씀하셨다. "군자는 다투는 경우가 없다. 다투는 것이 있다면 그것은 반드시 활을 쏠 때일 것이다. 읍하고 사양해 올라가고 내려오며, 술을 마시는데, 그러한 다툼이 군자다운 것이다."(子曰: "君子無所爭. 必也射乎? 揖讓而升下而飮, 其爭也君子.")

으면 읍하고 양보하여 대청에 올라갔다가 대청을 내려와서 술을 마시는 것이라 이해가 된다. 하지만 실제로는 대청 위에서 활을 쏘고 술도 대청 위에서 마신다는 점에서 그렇게 읽으면 안 되고, '읍양이승하이음揖讓而升下而飮'으로 읽어야 한다는 것이다. 이렇게 끊어 읽는 학자들은 전국시대 활쏘기의 예법에 따르면 읍을 하고 사양하며 대청에 오르고, 읍을 하고 사양하며 대청을 내려오며, 읍을 하고 사양하며 술을 마시는 세 가지 절차로 이루어진다고 한다. 이런 설명과 비교해 보면 장재의 설명은 대부분 현대의 그것과 별 차이가 없다.

1.23 (1)"吾之於人也誰毀誰譽? 止試矣", 言於人之毀譽, 誰爲毀? 誰爲譽? 若有所來譽者則我將有所試矣. 不言試所毀, 此義正與(2)「采苓」問人之爲言者"苟亦(3)無信, (4)舍旃舍旃, 苟亦無然", 惟下言 "人之爲言(5)胡得焉", 亦不考其舍旃之言, 獨於人之爲言者考其實. 仲尼未嘗見毀人, 其於弟子有所進退者, 止是言其實耳.19

| 번역 | "내가 남들에 대해 누구를 헐뜯고 누구를 칭찬할까? 단지 살펴볼 따름이다"라고 했는데, 이 말은 '남들이 헐뜯고 칭찬함에 누구를 헐뜯고 누구를 칭찬할까? 만약 와서 칭찬하는 자가 있으면 나는 장차 그것을 살펴볼 것이다'라는 뜻이다. 헐뜯는 바를 살핀다고는 말하지

---

19 (1)吾之於人也誰毀誰譽? 止試矣: 『論語』「衛靈公」, 공자께서 말씀하셨다. "내가 남들에 대해 누구를 헐뜯고 누구를 칭찬할까? 만약 칭찬한 일이 있었다면 살펴본 것이 있었을 것이다. 이 백성들은 삼대 때부터 곧은 도를 행해 왔다."(子曰: "吾之於人也, 誰毀誰譽? 如有所譽者, 其有所試矣. 斯民也 三代之所以直道而行也.") (2)「采苓」問人之爲言者: 『詩經』「唐風」「采苓」, "감초를 캐세, 감초를 캐세. 수양산 봉우리에 올라. 남들이 한 말을 참으로 믿지 마시오. 흘려듣고 흘려들어 참으로 그렇지 않다고 여기면, 남들이 말을 해도 무엇을 얻겠소?"(采苓采苓, 首陽之巓. 人之爲言, 苟亦無信. 舍旃舍旃, 苟亦無然. 人之爲言, 胡得焉?) (3)無, 勿과 같다. 금지를 나타내는 말. (4)舍旃: 舍, 버리다. 旃, 之焉의 합성어. 남들이 만들어 낸 말을 듣지 말고 흘려들으라는 뜻. (5)胡, 무엇.

않았는데, 그 의미는 바로 「채령」에서 남들이 한 말을 "참으로 믿지
마시오. 흘려듣고 흘려들어 참으로 그렇지 않다고 여기시오"라고
힐문하고는 오직 그다음에 "남들이 말을 해도 무엇을 얻겠소?"라고
말한 것과 같다. 이 또한 그 흘려듣고 흘려듣는 말을 살피지 않고 오
직 사람들이 한 말에 대해 그 실제를 살피는 것이다. 공자는 남을 헐
뜯는 행동을 보인 적이 없고 제자들이 진보하고 퇴보한 것에 대해
서도 단지 그 실제를 말했을 따름이다.

| 해설 | 『논어』에는 인물 품평이 적지 않고, 그중에는 특정 인물에 대한 비판도 있고 칭
찬도 있다. 공자는 인물 품평을 적지 않게 했다. 이에 대해 공자는 『논어』에서
자신이 누구를 없는 사실을 날조해 헐뜯거나 과장한 것은 아니라는 점, 사실에
기초해 말한 것일 뿐이라는 점을 밝히고 있다. 장재는 『논어』의 이 단락이 지닌
이런 대의를 설명하였다. 다만 '헐뜯는다(毁)'는 단어를 민감하게 생각했던 것
같다. 공자 같은 인격자가 남을 헐뜯을 리 없다는 생각이다. 그래서인지 장재는
헐뜯고 칭찬하는 주체를 공자가 아닌, 남들로 바꾸어 놓았다. 그리고는 『논어』
원문에서 공자가 칭찬에 대해서만 그 사실 여부를 살핀다고 하고 헐뜯음에 대해
서는 그 진상을 살핀다고 말하지 않았음을 근거로 '헐뜯음'에 대한 공자의 태도
를 『시경』 「채령」 편에서 말하듯, 남들의 헐뜯는 말은 흘려들음이라 설명했다.

1.24 (1)"聖之時", 當其可之謂時, 取時中也. 可以行, 可以止, 此出處之
時也. 至於言語動作皆有時也.²⁰*

---

20 (1)聖之時: 『孟子』 「萬章下」, 맹자가 말했다. "백이는 성인 중에 청렴한 자이고, 이윤은
성인 중에 책임을 다하는 자이며, 유하혜는 성인 중에 화합을 잘하는 자이고, 공자는 성
인 중에서 시의적절하게 행동하는 분이다."(孟子曰: "伯夷, 聖之清者也; 伊尹, 聖之任者
也; 柳下惠, 聖之和者也; 孔子, 聖之時者也.)

|번역| "성인 가운데 시의적절하게 행동하는(時) 분이다"라고 했다. 그 합당한 시기를 시(時)라고 하니, 시중(時中)을 취한 것이다. 갈 수도 있고 멈출 수도 있으니, 이는 나가고 머무르는 일에서의 때이다. 언어와 동작에 대해서도 모두 때가 있다.

|해설| 장재는 시의(時義), 시중(時中) 관념을 무척 중시한다. 그것의 실현을 성인이 되는 결정적 지표로 간주한다. 위 단락에서 장재는 『맹자』에서 시중을 실천하는 자가 곧 성인이라는 문헌적 근거를 찾아내 그 점을 설명하였다.

1.25 顏孟有無優劣同異?[21] 顏子[(1)]用舍與聖人同, [(2)]孟子辨伯夷伊尹而願學孔子, 較其趨固無異矣. 考孟子之言, 其出處固已立於無過之地. [(3)]顏子於仁三月不違, [(4)]於過不貳, 如有望而未至者, 由不幸短命故歟![22]

---

[21] 〈중화 주석〉 이 구절은 아래 단락과 원래 분리되어 있었는데, 문맥에 따라 연결시켰다.

[22] (1)用舍, 기용되면 나아가고 버려지면 숨는(用則行, 舍則藏) 것을 뜻한다. (2)孟子辨伯夷伊尹而願學孔子:『孟子』「公孫丑上」, 공손추가 물었다. "백이와 이윤은 어땠습니까?" 맹자가 말했다. "방법이 달랐다. 섬길 만한 임금이 아니면 섬기지 않고, 부릴 만한 백성이 아니면 부리지 않았으며, 다스려지면 나아가고 어지러우면 물러난 이는 백이였다. 누구를 섬기든 내 군주가 아니고, 누구를 부리든 내 백성이 아니겠느냐고 하면서 다스려져도 나아가고 어지러워도 나아간 이는 이윤이었다. 벼슬할 만하면 벼슬하고, 그만둘 만하면 그만두었으며, 오랫동안 있을 만하면 오랫동안 있고, 속히 떠나야 하면 속히 떠난 이는 공자셨다. 모두 옛 성인들로서 나는 이분들처럼 하지 못하지만, 내가 바라는 바는 공자를 따라 배우는 것이다."(曰: "伯夷伊尹何如?" 曰: "不同道. 非其君不事, 非其民不使, 治則進, 亂則退, 伯夷也. 何事非君, 何使非民, 治亦進, 亂亦進, 伊尹也. 可以仕則仕, 可以止則止, 可以久則久, 可以速則速, 孔子也. 皆古聖人也. 吾未能有行焉, 乃所願則學孔子也.) (3)顏子於仁三月不違:『論語』「雍也」, 공자께서 말씀하셨다. "안회는 그 마음이 석 달 동안 인을 떠나지 않는데, 나머지 사람들은 하루나 한 달에 한 번 이를 뿐이다."(子曰: "回也, 其心三月不違仁, 其餘則日月至焉而已矣.") (4)於過不貳:『論語』「雍也」, 애공이 물었다. "제자 중에 누가 배우기를 좋아합니까?" 공자께서 대답하셨다. "안회라는 제자가 배우기를 좋아해, 노기를 다른 사람에게 옮기지 않았고, 같은 잘못을 되풀이하지 않

| 번역 | 안연과 맹자 사이에 더 낫고 더 못함, 같고 다름이 있을까? 안연은 기용되고 버려질 때 취한 태도가 성인과 같았고, 맹자는 백이와 이윤을 분별하면서 공자를 따라 배우기를 원했다. 그 경향을 비교해 보면 물론 차이가 없다. 맹자의 말을 살펴보면 그 나아가고 머무는 일에 이미 지나침이 없는 위치에 있었다. 안연의 경우에는 석 달 동안 인(仁)을 떠나지 않았고 같은 잘못을 되풀이하지 않았다. 성인이 될 가망이 있었는데, 이르지 못한 까닭은 불행히도 단명했기 때문이다.

| 해설 | 안연과 맹자 가운데 누가 더 낫다고 분명히 답하지는 않았지만, 전체적으로 보아 안연을 약간 더 높이 평가하는 것처럼 보인다. 두 인물 모두 시중의 실천을 목표로 삼아 노력했고 대체로 그 목표에 도달했다는 점에서는 같지만, 안연의 나아가고 물러남은 성인과 같았다는 표현이 맹자는 '지나침이 없었다'는 표현에 비해 더 강한 것이 그 근거이다.

1.26 "[1]時雨化之", [2]春誦夏弦, 又言當其可之謂時. "成德", 因人之有心, 當成說之, 如好貨好勇, 因爲其說以敎之. "私淑艾", 大人正己而物正.[23]

았습니다. 그런데 불행히도 단명해 죽었기 때문에 지금은 없습니다. 배우기를 좋아하는 사람에 대해서 아직까지 듣지 못했습니다."(哀公問: "弟子孰爲好學?" 孔子對曰: "有顔回者好學, 不遷怒, 不貳過, 不幸短命死矣. 今也則亡, 未聞好學者也.")

23 (1)時雨化之~成德~私淑艾: 『孟子』, 「盡心上」, "군자가 가르치는 방법에는 다섯 가지가 있다. 때마침 내리는 비가 만물을 화육하는 것처럼 적시에 감화시키는 것이 있고, 덕을 이루어 주는 것이 있으며, 재능을 발휘하게 해 주는 것이 있고, 물음에 답하는 것이 있으며, 후학들이 사숙하게 하는 것도 있다. 이 다섯 가지가 군자가 가르치는 방법이다." (君子之所以敎者五, 有如時雨化之者, 有成德者, 有達財者, 有答問者, 有私淑艾者. 此五者, 君子之所以敎也.) 私淑艾, '타인의 훌륭한 점을 취해 자신을 닦는다'는 뜻이다. (2)春誦夏弦: 고대에 학교에서 시를 단지 구송만 하는 것을 송(誦)이라 하고, 악기연주를 곁들이

|번역| "때마침 내리는 비처럼 교화한다"고 했으니, 봄에는 구송하고 여름에는 악기연주를 곁들여 계절에 맞게 배우고 또 그 합당할 때를 시(時)라고 함을 말한다. "덕을 이루어 준다"고 했으니, 사람에게 어떤 마음이 있음으로 인해 그것을 가지고 말하는 것이다. 예를 들어 재물을 좋아하고 용기를 좋아한다면 그것을 가지고 말함으로써 가르침을 주는 것이다. "타인의 훌륭한 점을 취해 자신을 닦는다"고 했으니, 대인은 자기를 바르게 하여 사물이 바르게 된다.

|해설| 맹자가 제시한 군자의 다섯 가지 교육 방법 가운데 세 가지에 대해 보충 설명을 하였다. "때마침 내리는 비처럼 교화한다"는 말에서 장재가 주목한 것은 교육의 시의 적절성이다. 시기마다 어떤 교육을 해야 피교육자가 교화될 수 있는지 정확히 판단하고 행동해야 함을 강조하였다. 다음으로 "덕을 이루어 줌"은 상대가 마음속에 두고 있는 것을 주제로 삼아 가르쳐 그를 바른 길로 이끄는 방법이다. 마지막으로 '타인의 훌륭한 점을 취해 자신을 다스린다'는 말에서 장재가 주목한 것은 '자기를 다스림'의 측면이다. 유학은 타인을 바르게 하고자 한다면 우선 자기가 바르게 되어야 한다고 말한다. 자기가 바르게 되면 그 영향력이 타인에게 미쳐 타인은 자연스럽게 바르게 된다.

1.27 "$^{(1)}$形色", 如生色也, "$^{(2)}$睟然見於面"云云.^{24}

는 것을 현(弦)이라 했다. 春誦夏弦은 원래는 계절에 따라 상이한 학습방법을 취하는 것을 가리켰는데, 여기서는 때에 맞게 학습하는 것을 뜻한다.

24 (1)形色:『孟子』,「盡心上」, "형체와 용모는 천부적인 것인데, 오직 성인이라야 타고난 형체대로 실천할 수 있다."(形色, 天性也. 惟聖人然後可以踐形.) (2)睟然見於面:『孟子』,「盡心上」, "군자의 본성인 인의예지는 마음에 뿌리를 두고 있고, 낯빛에 함치르르하게 생겨나, 얼굴에 나타나고, 등에 가득하며, 사지에까지 미쳐, 사지는 군자가 말하지 않아도 어떻게 해야 할지 안다."(君子所性, 仁義禮智根於心, 其生色也, 睟然見於面, 盎於背, 施於四體, 四體不言而喩.) 睟然, 반지르르 윤이 나는 모양.

| 번역 | "형체와 용모"는 예컨대 낮빛에 생겨나 "함치르르하게 얼굴에 나타난다."

| 해설 | 『맹자』 「진심상」의 천부적인 형체와 용모가 제 역할을 다한다는 말이 실은 인의예지의 본성이 낮빛 등의 표정과 몸의 동작으로 드러난다는 뜻임을 설명하고 있다.

1.28 ⁽¹⁾舜三十而徵庸, 是有聞於朝也. 成聖之速, 自古無如舜也, 舜爲仁之大端也.^{25*}

| 번역 | 순임금은 30세에 요임금에게 불려 임용되었는데, 이는 조정에 이름이 났음을 뜻한다. 신속하게 성인이 된 이로는 자고 이래로 순임금만 한 이가 없었으니, 순임금은 인의 커다란 단서이다.

| 해설 | 순임금이 30세에 일찌감치 요임금에 의해 임용된 사실로 미루어 그가 인격적으로 대단히 신속하게 성숙했다고 주장하고 있다.

1.29 學者至於與孟子之心同, 然後能盡其義而不疑.*

| 번역 | 배우는 자는 맹자의 마음과 같아지는 수준에 이르러야 그 의를 다하여 의심하지 않을 수 있게 된다.

| 해설 | 맹자의 마음이란 측은, 수오, 사양, 시비의 사단을 부단히 확충하여 도덕성을 남

---

25 (1)舜三十而徵庸: 『尙書』, 「舜典」, "순임금은 태어나 30세에 요임금에 의해 불려 임용되었고, 30년 후에 제위에 올랐으며, 50년 후에 남쪽을 순수(巡狩)하다가 사망했다."(舜生三十徵庸, 三十在位, 五十載陟方乃死.) 徵庸은 徵用, 즉 불려 임용된다는 뜻이다.

김없이 발휘하는 마음이다. 장재는 학문을 하는 자의 마음이 그런 수준에 이르러야 옳고 그른 것이 무엇인지 환히 알아 확신하게 된다고 하고 있다.

1.30 ⁽¹⁾告子不動心, 必未有以取材也.²⁶

|번역| 고자는 마음이 동요되지 않았으나 틀림없이 재주를 취할 것이 없을 것이다.

|해설| 『맹자』「공손추상」에서 맹자는 고자도 자신보다 먼저 마음이 흔들리지 않는 경지에 이르렀다고 했지만, 장재가 보기에 고자의 그 경지는 성선설에 이론적 기반을 둔 도덕 수양을 통해 도달한 것이 아니기 때문에, 유자들이 그의 능력에서 취할 것은 없다고 여겼던 듯하다.

1.31 "⁽¹⁾必有事焉"四字更求之.²⁷

|번역| "반드시 일이 있어야 한다(必有事焉)"는 네 글자 상에서 더욱 추구해야 한다.

|해설| 지극히 크고 강한 도덕적 역량을 기르는 일, 즉 도덕 수양에 매진하는 일이 그 무엇보다 중요함을 말하였다.

26 (1)告子不動心: 『孟子』, 「公孫丑上」, "고자도 나보다 먼저 마음이 동요되지 않았다."(告子先我不動心.)
27 (1)必有事焉: 『孟子』, 「公孫丑上」, "반드시 호연지기를 기르는 일이 있어야 하겠지만, 억지로 표준에 맞추려 해서는 안 되고, 마음속으로 잊지 말아야 하겠지만, 억지로 조장을 해서도 안 된다. 송나라 사람처럼 그렇게 해서는 안 된다."(必有事焉, 而勿正; 心勿忘, 勿助長也. 無若宋人然.)

1.32 ⁽¹⁾四詞以溢 · 侈 · 偏 · 妄四字推之.²⁸

|번역| 피사(詖辭), 음사(淫辭), 사사(邪辭), 둔사(遁辭)의 네 어휘는 정도가 넘침(溢), 제멋대로임(侈), 한쪽으로 치우침(偏), 거짓됨(妄)의 네 글자상에서 그 의미를 추론해야 한다.

|해설| 맹자가 제시한 네 가지 잘못된 말이 무엇을 뜻하는지 간명하게 밝혔다. 장재는 피사(詖辭)를 정도가 심해 선을 넘어 버린 말로, 음사(淫辭)를 제멋대로인 말로, 사사(邪辭)를 한쪽으로 치우친 말로, 둔사(遁辭)를 거짓된 말로 이해했다.

1.33 賢人當爲天下知, 聖人(尚)[當]²⁹受命. 雖不受知 · 不受命, 然爲聖爲賢, 乃吾⁽¹⁾性分當勉耳.^{30*}

|번역| 현자는 세상에 알려져야 마땅하고, 성인은 천명을 받아야 마땅하다. 비록 알려지지 않고 천명을 받지 못하더라도 성인이 되고 현자가 되는 일은 '내' 천성에 기반을 둔 일로서 마땅히 힘써야 하다.

|해설| 지혜로운 자가 사회적으로 인정을 받고, 도덕적으로 가장 성숙한 자가 천명을 받아 세상을 다스리는 사회를 유학에서는 가장 합당한 사회 상태로 본다. 하지만 그런 사회적 인정과 대우를 받지 못했다고 하여 현자와 성인이 되는 일을 그만두어서는 안 된다고 주장한다. 그 일은 도덕성에 기반을 둔, 힘써야 할 일로

---

28 (1)四詞:『孟子』,「公孫丑上」, "편파적인 말에 대해서는 그 가려진 점을 알고, 지나친 말에 대해서는 그 오류에 빠진 점을 알며, 바르지 못한 말에 대해서는 바른 것에서 벗어난 점을 알고, 회피하는 말에 대해서는 궁해진 점을 안다."(詖辭, 知其所蔽; 淫辭, 知其所陷; 邪辭, 知其所離; 遁辭, 知其所窮.)

29 〈중화 주석〉 '當'은『초석』에 근거해 고쳤다.

30 (1)性分, 천성, 본성.

생각되기 때문이다.

1.34 事實到如此, 則更何須言! "(1)天何言哉!"³¹

|번역| 실제로 그러한 경지에 이르렀다면 더 말할 필요가 어디에 있겠는가! "하늘이 무슨 말을 하던가!"

|해설| 『논어』「양화」편의 대화에서 장재는 아마도 하늘과 합일된 성인의 경지를 떠올린 듯하다. 장재가 그린 성인은 하늘과 그 덕성 및 작용이 완전히 하나로 합일된 존재이다. 그렇기 때문에 하늘이 말하지 않고 기로 만물을 생육하듯이, 성인 역시 더 말할 필요가 없이 행동으로 자연스럽게 타인을 감화시키는 자로 여겼다.

1.35 "(1)成德者"如(2)孟子語宋牼之言是也, 本有是善意, 因而成之. "答問者", 必問而後答也.³²

---

31 (1)天何言哉!:『論語』,「陽貨」, "공자께서 말씀하셨다. '나는 말을 하지 않으려고 한다.' 자공이 말했다. '선생님께서 말씀하지 않으시면 저희가 무엇을 전하겠습니까?' 공자께서 말씀하셨다. '하늘이 무슨 말을 하더냐? 사계절이 운행되고 만물이 자라나지만 하늘이 무슨 말을 하더냐?'"(子曰: "予欲無言." 子貢曰: "子如不言, 則小子何述焉?" 子曰: "天何言哉? 四時行焉, 百物生焉, 天何言哉?")

32 (1)成德者~答問者:『孟子』,「盡心上」, "군자가 가르치는 방법에는 다섯 가지가 있다. 덕을 이루어 주는 것이 있으며, 재능을 발휘하게 해 주는 것이 있고, 물음에 답하는 것이 있다."(君子之所以教者五 … 有成德者, 有達財者, 有答問者.) (2)孟子語宋牼之言:『孟子』,「告子下」, "송경이 말했다. '제가 진나라와 초나라가 교전을 한다는 말을 들었습니다. 저는 초나라 왕을 뵙고 설득하여 그만두게 하려고 합니다. 초나라 왕이 기뻐하지 않으면, 저는 진나라 왕을 뵙고 설득하여 그만두게 하려고 합니다. 두 왕 중에 제 말을 따르는 분을 만날 수 있을 겁니다.' 맹자가 말했다. '제가 그 상세한 내용을 묻지는 않겠습니다만 그 요지를 듣고 싶습니다. 어떻게 설득하려 하십니까?' 송경이 말했다. '저는 그것이 이롭지 않다고 말할 것입니다.' 맹자가 말했다. '선생의 뜻은 좋습니다만, 선생이 말

|번역| "덕을 이루어 주는 것"은 예컨대 맹자가 송경에게 해 준 말이 그것이다. 본래 선한 의도가 있었으므로 그것을 따라가며 이루어 준다. "물음에 답하는 것"은 반드시 물은 후에 답함을 뜻한다.

|해설| 맹자가 말한 다섯 가지 교육 방법 중 "덕을 이루어 주는 것"의 의미를 구체적인 사례를 들어 설명했다. 덕을 이루어 주는 것은 상대가 마음속에 두고 있는 일을 주제로 삼아 이야기하며 상대를 바른 길로 이끌어 주는 방법이다. 유학의 관점에서 보면 맹자가 묵가의 사상에 경도된 송경의 주장 가운데 반전 평화의 정신을 인정하면서도 이익을 기준으로 시비를 판단하는 생각을 비판하는 것이 송경을 바른 길로 이끄는 교육 방법이 된다. 한편 "물음에 답하는 것"을 장재는 단순히 선생과 학생 사이의 문답으로만 보지 않고, 학생이 공부하다가 스스로 궁금해하는 점이 생겨 물어올 때만 대답하는 것으로 본다. 묻지도 않는데 억지로 가르치고 주입하려 하는 것은 올바른 교육 방법이 아니라는 생각이다.

1.36 古之人亦有仕而不受綠者, 仕者未嘗遽受其綠以觀可否, 在上者亦不欲便臣使之.

|번역| 옛사람 중에는 벼슬을 하며 녹을 받지 않는 자도 있었으니, 벼슬을

은 그렇게 하면 안 됩니다. 선생이 이로움으로 진나라와 초나라의 왕을 설득하면, 진나라와 초나라의 왕은 이로움을 좋아하여 삼군의 군사를 물릴 것인데, 이는 삼군의 군사가 이로움을 좋아하여 기꺼이 군사를 물리는 것입니다.'"(宋牼將之楚, 孟子遇於石丘, 曰, "先生將何之?" 曰, "吾聞秦楚構兵, 我將見楚王說而罷之. 楚王不悅, 我將見秦王說而罷之. 二王我將有所遇焉." 軻也請無問其詳, 願聞其指. 說之將如何?" 曰, "我將言其不利也." 曰, "先生之志則大矣, 先生之號則不可. 先生以利說秦楚之王, 秦楚之王悅於利, 以罷三軍之師, 是三軍之士樂罷而悅於利也.") 맹자가 송경에게 한 말이란 송경이 묵가로서 비공(非攻)과 교상리(交相利)를 말하기를 좋아하므로, 그 주제를 가지고 함께 논하지만, 결국은 묵가의 이익을 잣대로 시비 판단을 하는 것을 비판하며, 인의를 기준으로 삼을 것을 주장한 것을 가리킨다.

하는 자는 갑작스럽게 녹을 받지 않음으로써 그 가부를 살폈고, 위에 있는 군주도 곧바로 신하로 그를 부리려 하지 않았다.

|해설| 벼슬을 하면서도 녹을 받지 않은 이가 고대에 있었던 이유는 시간을 두고 자신이 녹을 받아도 좋은지의 여부를 살피기 위함이었다. 녹봉보다 신하로서의 직분을 다할 수 있는지를 우선 고려했다는 뜻이다.

1.37 "⁽¹⁾有所不爲而後可以有爲", 不爲, 不爲不義也, 不爲不義則可以爲義.³³

|번역| "하지 않는 일이 있어야 하는 일이 있을 수 있다"고 했다. 하지 않음이란 불의를 행하지 않음이요, 불의를 행하지 않으면 의를 행할 수 있다.

|해설| 유학에서 충서(忠恕) 가운데 서(恕)가 자신이 원하지 않는 일을 타인에게 강요하지 않는 인의 소극적 측면이듯, 불의를 행하지 않음은 의의 소극적 측면이다. 의롭지 않은 일을 행하지 않을 수 있어야, 사람은 더 나아가 의로운 일을 적극적으로 할 수 있다.

1.38 孟子於聖人, 猶是粗者.

|번역| 맹자는 성인에 비하면 투박한(粗) 자이다.

---

33 (1)有所不爲而後可以有爲: 『孟子』, 「離婁下」, "사람은 하지 않는 일이 있어야 하는 일이 있을 수 있다."(人有不爲也, 而後可以有爲.)

∥해설∥ 투박하다(粗)는 말은 아직 사리를 정밀하게 파악하여 매사에 합당하게 행동하는 경지에는 이르지 못했다는 뜻이다.

1.39 以善服人者, 要得以善勝人也, 然其術未至者, 又烏能服人? 以善養之者, 凡教之養之皆養人也.[34]

∥번역∥ 선으로 남을 설복시키는 자는 선으로 남을 이기려고 한다. 하지만 그 방법이 합당함에 이르지 못한 자가 어떻게 남을 설복시킬 수 있겠는가? 선으로 기르는 자는 가르치고 기르는 모든 일이 사람을 기르는 일이다.

∥해설∥ 사람은 억지로 설복을 당하는 존재가 아니다. 남이 진정으로 선을 따르게 하고자 한다면 '설복'이 아니라, '기름'의 방법을 써야 한다. 기름은 사람이 가진 덕성과 능력을 믿고, 그가 자발적으로 그 덕성과 능력을 최대한 발휘할 수 있도록 이끌어 주는 일이다. 교육은 절대 강압과 주입으로 되지 않는다.

1.40 夷子謂"[(1)]愛無差等", 非也; 謂"[(1)]施由親始", 則施愛固由親始矣. 孟子之說, 闢其無差等也, 無差等即夷子之二本也. "[(1)]彼有取焉耳", 謂"[(1)]赤子匍匐將入井非赤子之罪也", 所取者在此.[35]

---

[34] 『孟子』, 「離婁下」, "선을 가지고 남을 설복시키는 자 가운데 남을 복종시킬 수 있는 자는 없다. 선으로 남을 길러 주어야만 천하를 복종시킬 수 있다. 천하가 마음으로 복종하지 않는데 천하에 왕 노릇하는 자는 없다."(以善服人者, 未有能服人者也. 以善養人, 然後能服天下. 天下不心服而王者, 未之有也.)

[35] (1)愛無差等~施由親始~彼有取焉耳~赤子匍匐將入井非赤子之罪也: 『孟子』, 「滕文公上」, "이자가 말했다. '유자의 학설에 따르면 옛사람들은 백성을 어린아이를 돌보듯이 했다고 하는데, 이 말은 무슨 뜻일까요? 저는 사랑에는 차등이 없되, 다만 그것을 베푸는 일은

|번역| 이자는 "사랑에 차등이 없다"고 했는데, 이는 틀린 말이다. "사랑을 베푸는 일은 부모님에게서부터 시작된다"고 했는데, 사랑을 베푸는 일은 물론 부모님에게서부터 시작된다. 맹자의 설은 그 차등이 없음을 물리치는 데 있었으니, 차등이 없다는 생각은 곧 이자가 근본을 둘로 보는 것이다. "그가 다음과 같은 점을 파악한 데 불과하다"고 할 때의 다음과 같은 점이란 "어린아이가 장차 기어가서 우물로 들어가려 하는 것이 어린아이의 잘못이 아니다"라는 점을 말하니, 그가 파악한 점은 이것이다.

|해설| 유학은 사랑의 차등성을 당연시하되, 그 사랑의 실천을 모든 인간과 천지만물에까지 넓혀 가라고 가르친다. 그리고 이 가르침에 근거해 묵가의 겸애설을 비판한다. 맹자는 이자의 주장 가운데, 사랑이 부모에게서 시작된다는 말을 인정하면서도, 그 사랑의 무차별성을 비판한다. 이자가 파악한 것은 어린아이가 우물에 빠지려 할 때 누구든 측은지심이 생겨난다는 그 보편적 사랑의 감정일 뿐이다. 맹자가 보기에 이자가 모르는 것은 사랑은 가까운 사람, 즉 친족에 대해 더 깊을 수밖에 없고, 따라서 사랑의 실천은 '내' 생명의 직접적 뿌리인 친족을 하나의 근본으로 삼아 이루어져야 한다는 점이다.

1.41 *存心養性以事天, 盡人道則可以事天*.[36]

부모님에게서부터 시작된다고 생각합니다.' 서벽이 이 말을 맹자에게 전했다. 맹자가 말했다. '이자는 정말 사람이 자기 조카를 친애하는 것과 이웃의 어린아이를 친애하는 것이 같다고 생각할까요? 그는 단지 다음과 같은 점을 파악한 것에 불과합니다. 즉 어린아이가 기어서 우물로 들어가려고 한다면 그것은 어린아이의 잘못이 아니라는 점 말입니다. 하늘이 만물을 낳음에 만물이 근본을 하나로 삼았는데, 그렇게 생각하는 것은 이자가 근본을 두 가지로 보기 때문입니다.'"(夷子曰: "儒者之道, 古之人若保赤子, 此言何謂也? 之則以爲愛無差等, 施由親始." 徐以告孟子. 孟子曰: "夫夷子信以爲人之親其兄之子爲若親其鄰之赤子乎. 彼有取爾也. 赤子匍匐將入井 非赤子之罪也. 且天之生物也, 使之一本, 而夷子二本故也.")

|번역| 마음을 보존하고 본성을 길러 하늘을 섬긴다. 사람의 도를 다하면 하늘을 섬길 수 있다.

|해설| 유학에서는 일찍부터 초월적 하늘을 경배하는 신앙에서 벗어나, 그것을 인간화, 내면화했다. 하늘의 본질이 인간 내면에 덕성으로 자리하고 있으므로, '내' 마음의 덕성을 보존하고 기르는 것이 곧 하늘의 본질을 실현하는 것, 즉 하늘을 섬기는 방법이라 여겼다. 장재 또한 이를 인간의 도를 다하는 것이라고 했다.

1.42 ⁽¹⁾忘勢之人, 不資其力而利其有, 則能忘人之勢, 若資仰其富貴而欲有所取, 則不能忘人之勢. ⁽²⁾五人者能忘獻子之家也, 不能忘獻子之家則爲所輕, 獻子亦不肯與之爲友矣.³⁷

|번역| 권세를 잊는 사람은 그 힘에 기대지 않고 그 지닌 것을 이롭게 여기기 때문에 남의 권세를 잊을 수 있다. 만약 그 부귀를 우러러보고 취한 것을 지니고자 한다면 남의 권세는 잊을 수 없게 된다. 맹헌자의 친구 다섯 명은 맹헌자가 대부라는 점을 잊을 수 있었으니, 맹헌자가 대부라는 점을 잊을 수 없었다면 가벼이 여기는 바가 되어, 맹헌

---

36 (1)存心養性以事天:『孟子』,「盡心上」, "그 마음을 보존하고 그 본성을 기르는 것이 하늘을 섬기는 방법이다."(存其心, 養其性, 所以事天也.)

37 (1)忘勢之人:『孟子』,「盡心上」, "고대의 현군들은 선을 좋아하며 권세를 잊었거늘, 고대의 어진 사인들이 홀로 그렇지 않았겠는가? 자신의 도를 즐거워하며 타인의 권세를 잊었다."(孟子曰: 古之賢王好善而忘勢, 古之賢士何獨不然? 樂其道而忘人之勢.) (2)五人者能忘獻子之家也:『孟子』,「萬章下」, "맹헌자는 백 대의 수레를 가진 사람으로, 친구 다섯 명이 있었다. 악정구, 목중, 그리고 나머지 세 사람은 기억이 나지 않는다. 맹헌자는 이 다섯 사람과 사귈 때 자신은 대부라는 생각이 없었다. 이 다섯 사람 역시 맹헌자는 대부라는 생각이 있었다면 맹헌자와 사귀지 않았을 것이다."(孟獻子, 百乘之家也, 有友五人焉. 樂正裘, 牧仲, 其三人, 則予忘之矣. 獻子之與此五人者友也, 無獻子之家者也. 此五人者, 亦有獻子之家, 則不與之友矣.)

자 또한 그들과 벗이 되려고 하지 않았을 것이다.

|해설| 전통 유교 사회의 사회적 인간관계에서 거의 유일하게 평등한 관계는 친구 사이이다. 맹자는 그런 평등한 관계 속에서 진정한 우정을 나누려면 친구 가운데 사회적 지위와 부를 지닌 사람이 있다고 하더라도 그가 부귀한 사람이라는 점을 잊어야 한다고 말한다. 그래야 상대방도 그런 마음으로 친구를 대할 수 있다는 것이다.

1.43 盡天[下]³⁸之物, 且未須道窮理, 只是人尋常據所聞, 有⁽¹⁾拘管局殺心, 便以此爲心, 如此則耳目安能盡天下之物? 盡耳目之才, 如是而已. 須知耳目外更有物, 盡得物方去窮理, 盡(心)了[心].³⁹ 性又大於心, 方知得性便未說盡性, 須有次敍, 便去知得性, 性即天也.⁴⁰

|번역| 천하의 사물을 다하는 것은 아직 궁리(窮理)라고 말해서는 안 된다. 단지 사람이 평소에 듣는 바에 근거하는 것은 마음을 가두고 통제하며 제한하고 죽이는 점이 있되, 그것을 마음으로 삼는 것인데, 그와 같다면 귀와 눈으로 어떻게 천하의 사물을 다할 수 있겠는가? 귀와 눈의 재주를 다하는 것은 이와 같을 뿐이다. 귀와 눈 밖에 다시 어떤 것이 있음을 알아야 한다. 사물을 다할 수 있어야 비로소 이치를 궁구하고, 마음을 다한다. 성은 또한 마음보다 크니, 성을 안다고 했지, 성을 다한다고 말하지 않았다. 순서가 있어야 성을 알게 되니,

---

38 〈중화 주석〉 '下'는 『四部叢刊』 「校記」 가운데 『諸儒鳴道』 교감본에 근거해 보완했다.

39 〈중화 주석〉 『鳴道』본에 근거해 고쳤다.

40 (1)拘管: 拘, 구금함. 管, 통제함, 단속함. 拘管은 여기서 마음을 넓히지 못하고 그것을 가두고 통제한다는 뜻이다.

성은 곧 하늘이다.

| 해설 | 『맹자』, 「진심상」의 첫 구절, 즉 "그 마음을 다하면 그 성을 알고, 그 성을 알면 하늘을 알게 된다"(盡其心者, 知其性也, 知其性, 則知天矣)는 구절을 장재 자신의 심성론과 수양론에 근거해 재해석하였다. 그에게 '천하의 사물을 다하는(盡物)' 일이란 '마음을 다하는(盡心)' 일, 즉 대심(大心)의 수양을 뜻한다. '마음을 다함', 즉 '대심'이란 '내'가 가진 덕성에 근거해 '나'와 외물의 동일한 본질을 직관하는 공부이다. 그런 의미에서 '평소에 듣는 것', 즉 감각에 근거하는 인식 활동은 마음이 지닌 거대한 기능을 가두고 제한하는 점이 있다. 마음을 그런 대상화하는 인식 활동으로만 제한한다면 '나'와 외물의 공통 본질을 파악하는 '대심'의 목표에는 도달할 수 없다. 나아가 장재는 '성이 심보다 크기' 때문에 성을 아는 것과 성을 다하는 것도 다른 일이라고 주장한다. 성(性)은 하늘의 본질(天地之性)이자 인간을 비롯한 만물에 부여된 공통 본질이다. 반면 심(心)은 인간만이 지닌 것이다. 논리적으로 성의 외연이 심보다 큰 것이다. 그런 이유에서 성을 아는 것과 성을 다하는 것은 다른 일이다. 전자는 '나'와 천지만물의 공통 본질을 직관하는 일인 데 비해, 후자는 인간만이 지닌 도덕심과 인식심, 즉 마음(心)으로 천지만물과 접촉해 그것들의 이치를 인식하고 윤리적인 실천을 함으로써 천지와 하나가 되고 만물과 조화로운 관계를 유지하는 활동을 통해 비로소 완성되는 것이기 때문이다.

1.44 富貴(者)貧賤(者)[41]皆命也. 今有人, 均爲勤苦, 有富貴者, 有終身窮
餓者, 其富貴者只是幸會也. 求而有不得, 則是求無益於得也. [(1)]道
義則不可言命, 是求在我者也.[42]

---

[41] 〈중화 주석〉 두 '者' 자는 「校記」에 근거해 삭제했다.

[42] (1)道義則不可言命:『孟子』, 「盡心下」, "부자 사이에서 인의 실현, 군신 사이에서 의의 실현, 손님과 주인 사이에서 예의 실현, 현자에게서 지의 실현, 성인에게서 천도의 실현에는 운명적 요소가 있지만, 거기에는 본성이 존재하기에 군자는 그것을 운명이라 말하지 않는다."(仁之於父子也, 義之於君臣也, 禮之於賓主也, 智之於賢者也, 聖人之於天道也,

| 번역 | 부귀와 빈천은 모두 명(命)이다. 지금 어떤 사람들이 있어 똑같이 부지런히 애쓰지만, 부귀한 자도 있고, 종신토록 빈궁하여 굶는 자도 있으니, 그 부귀한 자는 단지 행운을 만난 것일 따름이다. 찾아도 얻지 못한다면 그것은 찾는 일이 얻는 일에 무익한 것이다. 도의(道義)의 경우에는 명을 말해서는 안 되니, 그것은 찾는 것이 나에게 있기 때문이다.

| 해설 | 부귀와 빈천은 내 노력만으로 성취될 수 있는 것이 아니다. 똑같이 노력해도 어떤 자는 부귀하고 어떤 자는 빈천을 면치 못하니, 부귀에는 반드시 행운의 요인이 있다. 애써 노력해도 그것의 성취가 필연적으로 보장되지 않는다는 이유에서 맹자는 부귀는 애써 추구할 가치가 없다고 주장한다. 물론 도덕을 실현하는 일도 다 내 뜻대로 되는 것은 아니다. 그런 점에서 명을 말할 수도 있을 듯하지만, 맹자도 장재도 도덕에 대해 명을 말해서는 안 된다고 주장한다. 적어도 도덕성은 내 안에 갖추어져 있으므로, 도덕성은 찾으면 반드시 얻게 되어 있다는 점에 주목해야 함을 강조한다.

1.45 賢者在堯舜之世, (否)亦有不得遇者, 亦有甚不幸者, [是]亦有命也. (臨時却)[即]智之於賢者(則)不獲知也.[43]

| 번역 | 현자 중에는 요순의 세상에 있을 때이더라도 행운을 만나지 못한 자도 있었고 심히 불행한 자도 있었으니, 이 역시 명(命)이 있는 것이다. 즉 현자의 지(智)의 실현의 문제에 있어서, 그는 알려지지 못한 것이다.

命也, 有性焉, 君子不謂命也.)
43 〈중화 주석〉 이상은 모두 『초석』에 근거해 삭제, 보완, 수정했다.

|해설| 태평성대일 때에도 '내' 뜻대로만 되지 않는 명의 문제는 여전히 존재한다. 그 시대에도 불행한 개인은 여전히 존재한다.

1.46 學者須要識⁽¹⁾所惡.⁴⁴

|번역| 배우는 자는 싫어할 바를 알아야 한다.

|해설| 배우는 자가 싫어할 바란 불인함이다. 배우는 자는 불인한 것을 제대로 알아 싫어할 수 있어야 한다.

1.47 窮理亦當有漸, 見物多, 窮理多, 如此可盡物之性.*

|번역| 이치를 궁구하는 일은 마땅히 점진적이어야 한다. 사물을 많이 보고 이치를 많이 궁구해야 사물의 본성을 다할 수 있다.

|해설| 장재는 사물의 본성을 아는 것(知性)과 사물의 본성을 다하는 것(盡性)을 구별한다. 사물의 본성을 다하는 일은 실제 하나하나의 사물과 접촉하여 실천적으로 그것과 소통하는 일로서, 그 소통이 성공하려면 반드시 사물마다 지닌 특수한 이치를 파악해야 한다. 그런 이유에서 장재는 사물의 본성을 다하려면 많이 보고, 많이 궁리해야 한다고 주장한다.

---

44 (1)所惡: 싫어할 바. 여기서 싫어할 바란 구체적으로 불인함을 가리키는 듯하다. 『論語』, 「里仁」, "나는 어진 것을 좋아하는 사람과 어질지 않은 것을 미워하는 사람을 본 적이 없다. 어진 것을 좋아하는 사람은 더할 나위가 없고, 어질지 않은 것을 미워하는 사람은 인을 행할 때 불인한 것이 자기 몸에 더해지지 않게 한다."(我未見好仁者, 惡不仁者. 好仁者, 無以尙之; 惡不仁者, 其爲仁矣 不使不仁者加乎其身.)

1.48 (1)不常者與常者處, 則十事必十次怒, 爲他常是過, 九次未怒已是 (2)大段包忍, 十次則須怒.[45]

|번역| 범상치 않은 자가 범상한 자와 함께 있으면 10가지 일에 틀림없이 10차례 노할 터이니, 범상한 자가 항상 잘못하기 때문이다. 하지만 9차례 노하지 않는 것은 대체로 포용하며 참기 때문이니, 10번째면 노할 것이다.

1.49 觀(1)「虞書」禮大樂備,[46] 然則禮樂之盛直自虞以來. 古者雖有崩壞 之時, 然不直至於泯絶天下, 或得之於此國, 或得之於彼國, 互相 見也.[47]

|번역| 『상서』「우서」를 보면 예악이 크게 갖추어져 있으니, 예악의 흥성 은 실로 우(虞)로부터 비롯되었다. 옛날에는 그것이 붕괴할 때도 있 었지만, 실로 이 세상에 끊어진 상태에 이르지는 않아, 혹은 이 나라 에서 발견되고 혹은 저 나라에서 발견되어 서로 간에 보였다.

|해설| 중국의 예악 제도가 저 멀리 요순시대로부터 비롯되었다는 말은 반쯤 맞는 말이 다. 현대 학자들은 중국의 예악 제도가 샤머니즘에 뿌리를 두고 있되, 서주 시대 에 이르러 그것이 인문화되었음을 밝혔다. 따라서 요순시대의 예악제도는 적어

---

45 (1)不常者, 범상치 않은 자, 뛰어난 자. (2)大段, 대략, 대체로
46 〈중화 주석〉『鳴道』본에도 '禮大樂備'라고 잘못 기록되어 있다. '禮樂大備'라고 해야 한다.
47 (1)「虞書」, 『尙書』의 첫 부분이다. 하나라 이전인 우(虞) 왕조에 관한 기록으로, 「堯典」, 「舜典」, 「大禹謨」, 「皐陶謨」, 「益稷」을 포함한다.

도 서주시대의 인문화된 예악제도라고 보기는 어렵다.

1.50 假令⁽¹⁾宮縣雖鍾鼓四面同設, 其四隅必別各有鼓.⁴⁸

|번역| 가령 제왕의 궁현(宮縣)은 비록 종과 북을 네 면에 동시에 걸어 놓지만, 그 네 구석에는 반드시 따로 각기 북이 있다.

1.51 人有⁽¹⁾陰疾者, 先雨必有驗, 斯可候雨, 此"⁽²⁾動乎四體也."⁴⁹

|번역| 산증이 있는 사람은 비가 오기 전에 반드시 징험이 있다. 이에 비를 기다릴 수 있으니, 이것이 "사지에 나타남"이다.

1.52 天地之道, 可以一言而盡也. 凡言(是)[道],⁵⁰ 皆能盡天地, 但不得 其理; 至如⁽¹⁾可欲皆可以至聖神, 但不嘗得聖神滋味. 天地之道,

---

48 (1)宮縣: 縣은 懸의 뜻. 고대에 제왕의 음악을 연주할 때 악기를 사방 네 곳에 걸어 놓던 것을 가리킨다. 『周禮』, 「春官」, 「小胥」, "정악: 소서의 관리는 걸어 놓는 악기의 위치를 바로잡는다. 왕은 궁현으로 사방 네 곳에 악기를 걸고, 제후는 헌현으로 세 면에 걸며, 경대부는 판현으로 두 곳에 걸고, 사는 특현으로 한 곳에 건다."(正樂縣之位: 王宮縣, 諸侯軒縣, 卿大夫判縣, 士特縣.)

49 (1)陰疾, 산증(疝症), 즉 생식기가 붓거나 허리나 아랫배가 아픈 병증. (2)動乎四體:『中庸』제24장, "나라가 장차 망하려고 할 때에는 반드시 괴이한 조짐이 생겨나, 시초점과 거북점에 나타나고, 사지에 나타난다."(國家將亡, 必有妖孼, 見乎蓍龜, 動乎四體.) 이 구절은『중용』을 인용한 것이지만, 그 의미는『중용』과 다르다.

50 〈중화 주석〉 '道'는『초석』에 근거해 고쳤다.

以術知者却是妄.[51*]

|번역| 천지의 도는 한마디 말로 다 표현할 수 있다. 무릇 도를 말하면 천지를 다할 수 있으나, 그 이치를 얻은 것은 아니다. 예컨대 '좋아할 만한 것'을 가지고도 성스럽고 신묘한 경지에 이를 수 있지만, 성스럽고 신묘한 느낌은 얻은 적이 없는 것이다. 천지의 도를 재주로 아는 자는 거짓이다.

|해설| 천지만물의 궁극적 진리는 이성, 논리, 추리로 온전히 알 수 있는 것이 아니다. 장재의 말대로 머리로만 아는 것은 마치 성인의 신묘한 경지가 어떤 것인지 말로는 할 수 있을지언정 자신이 실제로 그런 경지에 도달하지 못했기 때문에 그 맛을 제대로 느낄 수 없는 것과 같다.

1.53 又有人語怪爲人所難, 理不勝則就上更說將去, 是質疑事, 如此則過益過, 非可[(1)]遂非也.[52]

|번역| 또 어떤 사람은 괴이한 것을 말하여 사람들에게 힐난을 당할 경우, 이치로 이기지 못하면 더 계속해서 말하여 의심스러운 일이 되니, 이와 같으면 잘못은 더욱 잘못되고, 잘못된 생각은 계속 견지해 나가게 된다.

---

51 (1)可欲皆可以至聖神:『孟子』,「盡心下」, "좋아할 만한 것을 '선'이라고 하고, 선이 자기에게 있는 것을 '신'이라고 하며, 선이 가득 찬 것을 '미'라고 하고, 가득 차고 광채가 나는 것을 '대'라고 하며, 크게 교화하는 것을 '성'이라고 하고, 성스러워서 알 수 없는 것을 '신'이라고 한다."(可欲之謂善, 有諸己之謂信, 充實之謂美, 充實而有光輝之謂大, 大而化之之謂聖, 聖而不可知之之謂神.)

52 (1)遂非, 잘못된 생각을 계속 견지하다.

1.54 祭用⁽¹⁾分至啓閉, 取其陰陽往來, 又得其氣之中, 又貴時之均也.⁵³

|번역| 제사는 춘분, 추분, 동지, 하지, 입춘, 입하, 입추, 입동에 지내니, 그
음양이 왕래함을 취하고, 또한 그 기의 중(中)을 얻고, 또한 시기의
균등함을 귀히 여긴다.

|해설| 음양의 변화라는 측면에서 제사를 지내는 시기의 의미를 설명하였다. 입춘, 입
하, 입추, 입동은 기가 왕래하는 가운데 그 음양의 성쇠가 시작되는 각 시기에
해당하며, 하지와 동지는 그 기의 중(中)을 얻은 시기, 즉 음양의 기가 각기 가장
성한 시기이며, 춘분과 추분은 음양의 기가 균등한 시기에 해당한다.

1.55 大凡禮不可大段駭俗, 不知者以爲怪, 且難之, 甚者至於怒之疾
之. 故禮亦當有漸, 於不可知者, 少行之已爲多矣, 但不出戶庭親
行之可也, 毋强其人爲之. 己德性充實, 人自化矣, 正己而物正
也.[*]

|번역| 무릇 예는 대체로 세상 사람들을 놀라게 해서는 안 되니, 모르는 사
람들은 괴이하다고 여기고 비난하며, 심한 자는 노하고 싫어함에
이른다. 그러므로 예는 마땅히 점진적인 것이 있어야 한다. 알 수 없
는 자에게는 그것을 조금만 행하는 것도 이미 많이 행한 것이니, 집
밖으로 나가지 않고 그것을 몸소 행하는 것도 괜찮다. 사람들이 그
것을 하도록 강제하지 말라. 자기의 덕성이 충실하다면 사람들은

---

53 (1)分至啓閉: 分은 춘분과 추분, 至는 하지와 동지, 啓는 입춘과 입하, 閉는 입추와 입동
의 절기를 각각 가리킨다.

자연히 변화된다. 자신을 바르게 하여 타자가 바르게 되는 것이다.

┃해설┃ 예의 내용을 모든 사람이 선천적으로 알 수 있는 것은 아니다. 따라서 사람들이 예를 모른다고 하여 무조건 비난하고 화내서는 안 된다. 예는 점진적으로 자발적으로 준수되어야 한다. 억지로 예를 준수하라고 강요해서는 안 된다. '나'부터 예를 준수한다면, 타인 또한 그런 '나'의 인격에 감화되어 자발적으로 예를 따른다.

1.56 食則⁽¹⁾遇毒, 不悟凡食不義便是遇毒.⁵⁴

┃번역┃ 나쁜 것을 먹으면 독을 만난다. 불의를 먹음을 깨닫지 못함이 바로 독을 만남이다.

┃해설┃ 이 조목은 『주역』 「서합」괘 육삼에 대한 설명과 관련이 있다. 「서합」괘에서 육삼이 독이 든 음식과 맞닥뜨리는 것처럼, 사람이 불의라는 독을 삼키면서도 그것이 독임을 깨닫지 못한다면 그것이야말로 자신에게 독이 된다.

1.57 (其)[人之]⁵⁵出處, 則出而足以利天下亦可出, 爲免死之仕亦可出.*

┃번역┃ 사람이 출사하고 물러나는 일의 경우, 출사하여 세상을 이롭게 할 수 있으면 출사해도 좋고, 죽음을 면하기 위해 출사한다면 출사해

---

54 (1)遇毒, 『周易』, 「噬嗑」, "육삼은 말린 고기를 씹다가 독을 만나듯이 처결하는 데 약간 어렵지만 허물은 없다. 「상전」에서 말했다. '독을 만나는 것'은 위치가 합당하지 않기 때문이다."(六三, 噬腊肉, 遇毒, 小吝, 无咎. 「象」曰: "遇毒", 位不當也.)
55 〈중화 주석〉 '人之'는 『초석』에 근거해 고쳤다.

도 좋다.

| 해설 | "죽음을 면하기 위해 출사한다"는 말은 아마도 관리가 되지 않으면 사회적 지위
가 낮아 착취와 압박을 면치 못하는 상황에 처하는 경우를 가리키는 것 같다.

1.58 今人過憂盜賊禍難, 妄動避之, 多致自傷者, 又禍未必然而自禍
者, 此惡溺而投河之類也.*

| 번역 | 지금 사람들은 도적과 화란을 지나치게 우려하며 경솔하게 움직여
피하다가 많은 경우 자신이 다치는 상황에 이르고, 또 화가 반드시
미치지 않는데도 스스로 화를 부르는 경우도 있다. 이는 물에 빠지
는 것을 싫어하면서 강물에 뛰어드는 부류이다.

| 해설 | 도적과 화란은 물론 피해야 하겠지만, 이를 지나치게 우려하여 망동함을 경계
하고 있다. 두려움으로 인한 섣부른 행동은 도리어 화를 자초한다.

1.59 古之衣服器皿之類必要知者, 以其作之者⁵⁶古人道古物, 故盡物
之象, 然後經義可說也, 無徵不(言)[信].⁵⁷

| 번역 | 고대의 의복과 그릇 따위에 대해 알 필요가 있는 이유는 그것을 만
든 자들인 옛사람들이 옛 물건을 말하기 때문이니, 사물의 형상을
다 알아야 경전의 의미도 말할 수 있지, 증거가 없으면 믿을 수 없다.

56 문맥에 따라 이어지는 부분과 한 단락으로 연결했다.
57 〈중화 주석〉 '信'은 『논어』에 근거해 고쳤다.

하은주 삼대나 춘추전국시대의 의복, 그릇은 장재가 살았던 북송대에도 이미 낯선 것이었다. 장재는 경전 글귀의 의미를 이해하기 위해서라도 그것들에 대해 알아야 한다고 했다.

1.60 感亦須待有物, 有物則有感, 無物則何所感!

|번역| 느끼려면 반드시 사물이 있어야 한다. 사물이 있으면 느낌이 있으니, 사물이 없다면 무엇을 느끼겠는가!

1.61 若以聞見爲心, 則止是感得所聞見. 亦有不聞不見自然静生感者, 亦緣自昔聞見, 無有勿事空感者.

|번역| 만약 보고 듣는 것을 마음으로 여긴다면 그것은 단지 보고 들은 것을 느낀 것일 뿐이다. 또 보지 않고 듣지 않지만, 자연히 고요한 가운데 느낌이 생겨나는 것도 있지만, 그것 역시 과거에 보고 들은 것에 기인한 것이다. 아무 일 없이 공연히 느끼는 것은 없다.

|해설| 인식론적인 측면에서 말하는 마음이란 그것이 무엇이든 감각적 지각을 토대로 한다. 그런 감각적 지각에서 비롯하지 않는 느낌이란 존재하지 않는다. 물론 장재는 이런 인식론적 측면에서 말하는 마음을 한계를 지닌 것이라 여긴다.

1.62 聞見不足以盡物, 然又須要他. 耳目不得則是木石, 要他便合內外之道, 若不聞不見又何驗?

|번역| 보고 듣는 것으로는 사물을 다하기에 부족하지만, 그래도 그것을 필요로 한다. 귀와 눈이 없다면 곧 목석일 것이니, 그것이 있어야 안과 밖의 도를 합일한다. 만약 보지 않고 듣지 않는다면 다시 무엇으로 징험하겠는가?

|해설| 감각적 지각으로는 사물의 본질을 인식할 수 없지만, 그것을 직관할 경우에도 여전히 귀와 눈은 필요하다. 귀와 눈으로 보고 듣는 계기를 통해서만 인간은 내면의 덕과 외부의 사물 사이의 본질이 일치함을 확인할 수 있다.

1.63 (1)「訂頑」之作, 只爲學者而言, 是所以訂頑. 天地更分甚父母? 只欲學者(忠)[心]⁵⁸於天道, 若語道則不須如是言.⁵⁹*

|번역| 「정완」을 지은 것은 다만 배우는 자를 위해 말한 것으로 완고함을 고치기 위한 글이다. 천지가 다시 무슨 아버지와 어머니로 나뉘겠는가? 다만 배우는 자들이 하늘의 도에 마음을 두게 하기 위함이니, 도에 대해 말한다면 그렇게 말해서는 안 된다.

|해설| 천지를 부모라고 하는 것은 그저 비유일 뿐이다. 도에 대해 직접적으로 논한다면 그런 표현을 써서는 안 된다는 뜻이다.

1.64 理不在人皆在物, 人但物中之一物耳, 如此觀之方均. 故人有見一

---

58 〈중화 주석〉 '心'은 『초석』에 근거해 고쳤다.
59 (1)「訂頑」: '완고함을 고친다'는 뜻으로 『정몽』「건칭」편 첫 조목에 실려 있다. 이 글은 원래 장재의 학당 창문 우측에 붙여 놓았던 것으로, 후에 「西銘」이라 개칭했다. 후에는 「서명」으로 더 잘 알려졌다.

物而悟者, 有終身而悟之者.

| 번역 | 이치는 사람에게 있지 않고 모두 사물에 있으니, 사람은 단지 사물 가운데의 하나일 뿐이다. 이와 같이 보아야 비로소 균등하게 된다. 그러므로 사람 중에는 사물 하나를 보고 깨닫는 자도 있고 죽을 때가 되어서야 그것을 깨닫는 자도 있다.

| 해설 | 이치를 제대로 파악하려면 인간을 중심으로 생각하는 관점에서 벗어나야 한다. 사람 또한 사물의 하나일 뿐이라는 생각을 가져야 비로소 인간과 자연물을 균등하게 바라볼 수 있다. 장재의 이러한 견해는 장자의 제물론과 매우 흡사하다.

1.65 [1]以己孝友施於有政之人, 是亦己爲政之道. 如以[2]溫・良・恭・儉・讓化於國君, 猶國君重信之, 是以溫・良・恭・儉・讓施於有政也.[60]

| 번역 | 자기의 효도와 우애를 정치를 하는 사람에게 베푼다면, 그것 역시 자기가 정치를 하는 방법이다. 만약 온화함, 선량함, 공손함, 검소함, 겸양함으로 군주를 감화시킨다면 군주는 그를 중히 여기고 신

60 (1)以己孝友施於有政之人: 『論語』, 「爲政」, "어떤 사람이 공자에게 말했다. '선생께서는 어찌하여 직접 정치를 하지 않습니까?' 공자께서 말씀하셨다. '『서경』에서는 '효로다. 부모님께 효도하며, 형제간에 우애롭게 지내어 정치에 영향을 준다'고 했으니, 이것 역시 정치를 하는 것입니다. 어찌 벼슬해서 정치를 하는 것만 정치하는 것이라고 하겠습니까?"(或謂孔子曰: "子奚不爲政?" 子曰: "書云, '孝乎惟孝, 友于兄弟, 施於有政.' 是亦爲政, 奚其爲政?") (2)溫・良・恭・儉・讓: 『論語』, 「學而」, "자공이 말했다. '선생님께서는 온화하고 선량하며 공손하고 검소하며 겸양함으로써 얻어 들으셨다. 선생님께서 물어 들으시는 것은 다른 사람들이 물어 듣는 것과는 다르다.'"(子貢曰: "夫子溫良恭儉讓以得之. 夫子之求之也, 其諸異乎人之求之與.")

뢰할 것이니, 이는 온화함, 선량함, 공손함, 검소함, 겸양함으로 정
치에 영향을 주는 것이다.

| 해설 | 반드시 관리가 되어 직접 정치를 해야만 정치행위인 것은 아니다. 효심과 우애,
온화함, 선량함, 공손함, 검소함, 겸양함 등으로 사회와 군주에게 좋은 영향을
끼친다면 그 역시 넓은 의미의 정치행위이다.

1.66 "(1)曾謂泰山不如林放乎", 言泰山之神不歆享也.⁶¹

| 번역 | "태산의 신이 임방보다 못하다고 생각하느냐?"라는 말은 태산의 신
은 흠향하지 않았을 것임을 뜻한다.

| 해설 | 임방(林放)은 공자에게 예의 근본이 무엇이냐고 훌륭한 질문을 한 사람이다. 그
렇다고 해도 임방이 태산의 신보다는 못한 존재로 생각되었을 것이다. 그런 태
산의 신에게 계강자는 대부의 신분으로서 제사를 지냈다. 그렇다면 이치상 태
산의 신이 임방보다 나은 존재일진대 예의 이치에 밝아 그런 제사로 올리는 제
물을 흠향하지 않았을 것이라는 말이다.

1.67 "(1)路鼓鼓鬼享", 必在北近堂, 天子五門, (2)路正在北. 路, 大也, 路

---

⁶¹ (1)曾謂泰山不如林放乎:『論語』,「八佾」, "계강자가 태산에 제사를 지냈다. 공자께서 염
유에게 말씀하셨다. '네가 막을 수 없었느냐?' 염유가 대답했다. '불가능했습니다.' 공자
께서 말씀하셨다. '아! 태산의 신이 임방보다도 못하다고 생각하느냐?'"(季氏旅於泰山.
子謂冉有曰: "女弗能救與?" 對曰: "不能." 子曰: "嗚呼! 曾謂泰山不如林放乎?") 태산의 신과
임방을 비교하는 공자의 이 말은『논어』「팔일」편의 또 다른 대화와 관련이 있다. "임
방이 예의 본질을 묻자, 공자께서 말씀하셨다. '좋은 질문입니다. 예는 사치스러운 것보
다는 검소한 것이 낫고, 상례는 의례를 완벽하게 행하는 것보다는 슬퍼하는 것이 낫습
니다.'"(林放問禮之本. 子曰: "大哉問. 禮與其奢也, 寧儉; 喪, 與其易也, 寧戚.")

門⁽³⁾路寢皆特大, 路鼓之名恐由此得之.⁶²

｜번역｜ "노고(路鼓)는 종묘에서 제향할 때 두드린다"고 했는데, 노고는 틀림없이 북쪽 당(堂) 가까운 곳에 있었을 것이다. 천자에게는 문이 다섯이 있는데, 노문(路門)은 바로 북쪽에 있었다. 노(路)는 크다는 뜻이다. 노문과 노침은 모두 매우 컸으니, 노고라는 명칭은 아마 이로 인해 붙은 것일 것이다.

｜해설｜ 주대에 지관(地官)인 고인(鼓人)은 북과 쇠로 된 악기의 연주법을 가르치는 관리로서, 북의 경우 상황마다 쓰이는 북의 종류가 달랐다. 그 가운데 노고는 종묘의 신에게 제사를 지낼 때 쓰인 북인데, 장재는 노고의 노가 크다는 뜻이고, 구체적으로는 천자의 다섯 문 가운데 노문, 노침이 궁궐 북쪽에 있었다는 점을 근거로 노고는 궁궐 북쪽에 있었을 것이라 추론했다.

1.68 "⁽¹⁾擊石拊石", 獨擊謂之擊, 若⁽²⁾編磬則聲有高下, 擊之不齊, 故謂之拊. 今謂之拊, 響然也, 琴瑟亦謂之拊, 以其聲不同也.⁶³

｜번역｜ "각종 석경을 두드린다"고 했는데, 홀로 두드리는 것을 격(擊)이라고 하고, 편경의 경우에는 소리에 높낮이가 있어 그것을 두드리면 소리가 균일하지 않으므로 이를 부(拊)라고 한다. 오늘날은 부(拊)라

---

62 (1)路鼓鼓鬼享:『周禮』,「地官」,「鼓人」, "노고(路鼓)는 종묘에서 제향할 때 두드린다." 노고(路鼓)는 네 개의 면으로 이루어진 북의 이름으로 종묘의 신에게 제사를 지낼 때 이 북을 사용했다. (2)路, 노문(路門)을 가리킨다. 노문은 고대 궁궐에서 가장 안쪽에 있는 정문을 뜻한다. (3)路寢, 고대 천자나 제후의 대청을 가리킨다.
63 (1)『尚書』,「舜典」, 기(夔)가 말했다. "네! 제가 각종 석경(石磬)을 두드리니, 갖가지 짐승 분장을 한 사람들이 따라서 춤을 춥니다."(夔曰: "於! 予擊石拊石, 百獸率舞.") (2)編磬, 두 층으로 길게 늘어선 경쇠로 한 층에 8개씩 경을 매달아 연주하였다.

고 하면 울림을 뜻하니, 금슬 소리 또한 부(拊)라고 하는 것은 그 소리가 다르기 때문이다.

| 해설 | 『상서』「순전」에서 순임금이 악관인 기(夔)에게 귀족 자제들에 대한 음악교육을 당부하는 말을 하자, 기(夔)는 위와 같이 대답하는데, 장재는 그 말 가운데 격(擊)과 부(拊)의 뜻이 어떻게 다른지 설명하였다. 둘 다 경쇠를 두드리는 것을 뜻하지만, 격(擊)은 한 가지를 홀로 두드리는 것을 뜻하고, 부(拊)는 서로 다른 음을 내는 편경 같은 것을 두드리는 것을 뜻한다.

1.69 物怪, 衆見之即是理也, 神也, 偏見之者非病即僞. 豈有有一物有不見者有見者? 偏見者即病也, 人心病則耳目亦病. 今日月之明, 神也, 誰有不見者? 又如殞石於宋, 是昔無今有, 分明在地上皆見之, 此是理也.

| 번역 | 괴이한 것을 뭇사람이 보았다면 그것은 이치요, 신(神)이지만, 그것을 홀로 보았다면 그것은 병이 아니면 거짓이다. 어찌 어떤 사물을 보지 못한 자도 있고 본 자도 있겠는가? 홀로 본 것은 곧 병든 것이니, 사람의 마음이 병들면 귀와 눈 또한 병이 든다. 지금 일월의 밝음은 신(神)이니, 누구인들 보지 못한 자가 있겠는가? 또 예컨대 송나라에 운석이 떨어졌다고 한다면 그것은 과거에는 없었다가 지금 생겨난 것으로 분명히 땅 위에서 모두가 그것을 본 것이니, 그것은 이치이다.

| 해설 | 장재는 어떤 사물이 실재하는지 그렇지 않은지를 판별하는 기준을 다수의 공통 경험 여부로 삼고 있다. 물론 이런 기준 설정은 엄밀히 말하면 비판될 수 있다. 다수가 경험했더라도 그것은 착각인 경우도 있을 수 있기 때문이다. 위 조목의

첫 번째 예시처럼 어떤 괴물을 여러 사람이 보았다고 해서 곧바로 그것의 실재성이 입증되었다고 할 수 있을까? 그것은 다수의 착각일 수도 있다. 심지어 불교에서는 일체가 불변하는 실재성이 없는 가상이라고까지 주장함을 생각할 때 장재의 생각은 반박될 수 있다. 하지만 장재가 세운 기준은 적어도 생활세계에서 무엇이 실재한다고 여기거나 혹은 누군가 홀로 본 것의 실재성을 의심할 때는 유효할 수 있다. 누군가 혼자 괴물을 보았다면 그것은 그 사람의 지각 작용이 잘못된 것이거나 거짓말일 가능성이 크다. 또 드물게 일어나는 일이지만 떨어진 운석이 실재한다고 생각할 때 그 기준은 분명히 뭇사람들이 그것을 지금 분명히 보고 있다는 사실에 있다.

위 조목에서 한 가지 더 주목해야 할 글자는 신(神)이다. 장재는 뭇사람이 보았다면 괴이한 것도 신이고, 일월의 밝음도 신이라고 했다. 여기서의 신은 물론 하늘의 신묘한 기가 일을 해서 그런 괴이한 것이나 일월이 존재하게 되었다는 뜻이다. 그런데 여기서 말하는 신은 신비주의적인 신비함이 아니다. 생활세계 자체의 신비함이다. 그렇지 않다면 일월의 빛남을 신이라 할 수도 없을 것이요, 그것을 이치라고 할 수는 더더욱 없을 것이다.

1.70 人言不信怪, 須是於實事上不信, 又曉其理, 方是[1]了當. 苟不然者, 才劫之不測, 又早是信也.[64*]

|번역| 사람들은 괴이한 것을 믿지 않는다고 말하는데, 반드시 실제적인 일에서 믿지 않고 그 이치를 밝게 알아야 비로소 완전한 것이다. 만약 그렇지 못하다면 헤아릴 수 없는 재난에 다시 일찌감치 믿어 버린다.

|해설| 괴이한 것이란 합리적으로 이해되지 않는 것이다. 합리적으로 이해되지 않는

---

64 (1)了當, 적절하게 혹은 타당하게 완비되어 있음. 〈중화 주석〉『초석』에는 '者'가 '方'으로 잘못 표기되어 있고, '不測' 앞에는 '以'가 있으며, '早是'는 '畢竟'으로 되어 있다.

것을 사람들은 쉽게 믿지 않는다고 한다. 하지만 입으로 믿지 않는다고 해서 그가 꼭 믿지 않는 것은 아니다. 사람들은 자신에게 헤아릴 수 없는 재난이 닥치면 비합리적인 것을 쉽게 믿어 버리곤 한다. 이에 장재는 진정으로 괴이한 것을 믿지 않음이란 실제 재난에 닥쳤을 때에도 비합리적인 것은 믿지 않는 것이라고 했다.

1.71 質疑非[(1)遁辭之比也, 遁辭者[(2)無情, 只是他自信, 元無所執守. 見人說有, 己即說無, 反入於太(無)[高]; 見人說無, 己則說有, 反入於至下. 或太高, 或太下, 只在外面走, 元不曾入中道, 此釋老之類. 故遁辭者本無情, 自信如此而已. 若質疑者則有情, 實遂其非也.[65]*

|번역| 질의는 발뺌하는 말에 비할 수 있는 것이 아니다. 발뺌하는 말이란 진실성이 없는 것으로, 그저 자신하지만 본디 견지하는 것이 없다. 남이 있다고 말하는 것을 보면 자기는 바로 없다고 말하며 도리어 너무 높은 데로 진입하고, 남이 없다고 말하는 것을 보면 자기는 있다고 말하며 도리어 지극히 낮은 데로 진입한다. 혹은 너무 높고 혹은 너무 낮아, 단지 밖에서만 내달리니, 본디 중도(中道)에 들어선 적이 없다. 이는 불교나 노자의 부류이다. 그러므로 발뺌하는 말이란 본래 진실성이 없고 자신하는 것이 그와 같을 뿐이다. 질의의 경우에는 진실성은 있으나, 실은 그 잘못을 견지하는 것이다.

---

65 (1)遁辭, 피하는 말, 얼버무리며 발뺌하는 말. (2)無情: 情은 실정(實情), 진실을 뜻함. 無情은 진실성이 없다는 뜻. 〈중화 주석〉 '高'는 『초석』에 근거해 고쳤다. 『초석』에는 '非'가 '罪'로 잘못 표기되어 있다.

┃해설┃ 여기서 질의(質疑)라는 말은 결코 좋은 의미로 쓰인 것 같지 않다. 단순히 의심이 나는 것을 질문하는 것이 아니라, 유교적 진리에 대한 확신을 갖지 못하고 부단히 회의하며 질의하는 것을 뜻한다. 그래도 장재는 질의가 둔사(遁辭)보다는 비할 수 없이 낫다고 말한다. 적당히 얼버무리며 발뺌하는 말을 하는 자는 남이 있다고 하면 없다고 하고, 남이 없다고 하면 있다고 하는, 즉 반대를 위한 반대를 일삼는 자이다. 그는 불교와 노자의 학문을 따르는 자들을 그런 부류에 속하는 자들이라 주장하는데 이는 물론 지나친 언사이다. 그러나 어쨌거나 장재는 이런 발뺌하는 말은 진실성이 없다고 단언한다. 그에 비해 끊임없이 회의하며 질의하는 말은 적어도 진실성은 있다고, 다만 자기의 잘못된 생각을 견지할 따름이라고 한다.

1.72 凡言自信與不動心同, 亦有差等, <u>告子</u>不動心, <u>孟子</u>亦不動心. 勇亦然.

┃번역┃ 자신한다고 말하는 것은 마음이 흔들리지 않는 것과 같지만, 그것에는 차등이 있으니, 고자도 마음이 흔들리지 않았고 맹자도 마음이 흔들리지 않았다. 용기 역시 그렇다.

┃해설┃ 자기 확신에 이른 것은 맹자가 말한 부동심의 경지에 이른 것과 같다. 하지만 이 자기 확신, 즉 부동심의 경지에는 수준 차이가 있다.

1.73 [(1)]孔子不語怪者, 只謂人難信, 所以不語也.[66]

---

66 (1)孔子不語怪者:『論語』, 「述而」, "공자는 괴이한 것, 폭력적인 것, 이치에 어긋나는 것, 귀신에 대해서는 말씀하지 않았다."(子不語怪力亂神.)

| 번역 | 공자가 괴이한 것을 말씀하지 않은 까닭은 다만 사람들이 믿기 어려워했기 때문에 말씀하지 않으셨던 것이다.

| 해설 | 장재는 괴이한 것 중에 사실도 있다고 여긴다. 뭇사람이 목도하고 합리적으로 이해될 수 있는 현상, 예컨대 운석이 떨어지는 현상 같은 것은 괴이하지만 명백한 사실임을 지적한다. 그런 맥락에서 공자가 괴이한 것을 말하지 않은 것은 괴이한 현상 일체를 인정하지 않은 것은 아니고, 다만 사람들이 괴이한 것을 믿지 않기 때문에 말하지 않았던 것이다.

1.74 十詩之作, 信知不濟事, 然不敢決道不濟事. 若孔子於石門, 是知其不可而爲之, 然且爲之者何也? 仁術也. 如『周禮』救日之弓, 救月之矢, 豈不知無益於救? 但不可坐視其薄蝕而不救, 意不安也, 救之不過失數矢而已. 故此詩但可免不言之失. 今同者固不言, 不同者又一向不言, 不言且多故識, 言之亦使知不同者不徒聞過而已, 極只是有一不同耳.

| 번역 | 시 10수의 작품은 별 쓸모없음을 확실히 알지만, 그렇다고 결단코 쓸모없다고 말할 수도 없다. 공자의 경우에 석문의 이야기에서처럼 할 수 없음을 확실히 알면서도 하려고 한 것은 무엇 때문이었을까? 그것이 인술(仁術)이었기 때문이다. 예를 들어 『주례』의 해를 구하는 데 쓰이는 활과 달을 구하는 데 쓰는 화살이 구하는 일에 무익함을 어찌 모르겠는가? 다만 그 일식과 월식이 일어나는 것을 좌시하며 구하지 않아서는 안 되었으니, 마음이 불안했기 때문이요, 그것을 구하는 일은 화살 몇 발을 버리는 데 불과했기 때문이다. 그러니 이 시들은 다만 말하지 않음으로써 놓치는 일을 면할 수 있을 따름

이다. 지금 같은 자에 대해서는 물론 말하지 않지만, 다른 자에 대해서도 줄곧 말하지 않고, 말하지 않을뿐더러 예전부터 알고 지내는 이들도 늘어나니, 말해 주어 다른 자들이 다만 한가하게 지내지 않도록 하여, 하나의 다른 점이 있음을 알도록 한다.

|해설| 十詩之作부터 意不安也까지는 『경학리굴』 「자도」 9.6과 완전히 중첩된다. 장재는 타인과 사상 통일을 이룬다는 것이 극히 어려움을 알고 있었다. 그래서 이어지는 구절에서 생각이 다른 자와 쉽게 말하지 않고, 말을 하더라도 자기 생각을 타인에게 섣부르게 강요하지 않으며, 그저 타인들이 차이점을 인식하는 데 이르면 족하다고 말하였다.

1.75 禮但去其不可者, 其他取力能爲之者.

|번역| 예란 다만 그 불가한 것을 제거하는 일이고, 그 나머지는 힘을 모아 행할 수 있는 것이다.

|해설| 예란 사회적으로 해서는 안 되는 일을 하지 않는 것이고, 행할 수 있는 일은 적극적으로 하는 것이다.

1.76 寒食, 『周禮』禁火惟季春最嚴, 以其大火心星高, 其時禁之以防其太盛, 野人鄉里尤甚. 既禁火須爲數日糧. 既有食因重其祭祀. 十月一展墓亦可用, 以其草木初生初死.

|번역| 한식이란 이런 의미이다. 『주례』에서 불 사용을 금한 것은 늦봄에 가장 엄했으니, 그 시기에 대화심성(大火心星)이 높이 떠 있어, 그 시

기에는 불 사용을 금하여 그것이 지나치게 성해지는 것을 막았는
데, 시골 사람과 향촌의 경우에는 그 금함이 더욱 심했다. 불 사용을
금했을진대 며칠 동안의 식량을 만들어야 했고, 먹을 것이 생겼을
진대 제사를 중시하게 되었다. 10월 초하루에 성묘도 지낼 수 있으
니, 그 시기에 초목이 막 생겨나고 막 죽기 때문이다.

┃해설┃ 이 조목의 내용은 『경학리굴』 「자도」 9.10과 같다. 그곳의 해설을 참조하라.

1.77 老子言“天地不仁, 以萬物爲芻狗”, 此是也; “聖人不仁, 以百姓爲
芻狗”, 此則非也. 聖人豈有不仁? 所患者不(患)[仁]也. 天地則何
意於仁? “鼓(舞)萬物而不與聖人同憂”, 聖人則仁, 此其爲能弘道
也.[67]

┃번역┃ 노자는 “천지는 불인하여 만물을 추구(芻狗)로 여긴다”고 했는데, 이
는 옳다. 또 “성인은 불인하여 백성을 추구(芻狗)로 여긴다”고 했는
데, 이는 틀린 것이다. 성인에게 어찌 불인함이 있겠는가? 성인이
근심하는 바가 불인함이다. 천지가 어찌 인에 뜻을 두겠는가? “만물
을 고무시키되 성인과 더불어 근심하지 않는다.” 반면 성인은 인하
니, 이는 그가 도를 넓힐 수 있기 때문이다.

┃해설┃ 이 조목은 『횡거역설』 「계사상」 1.64와 내용이 같다. 그곳의 해설을 참조하라.

---

67 〈중화 주석〉 이 조목은 『역설』에도 보인다. 군더더기나 오류는 『역설』에 근거해 삭제
하고 고쳤다.

1.78 人則可以管攝於道, 道則管攝人, 此"人能弘道, 非道弘人"也, 人
則可以推弘於道, 道則何情, 豈能弘人也!

|번역| 사람은 도에 의해 통제될 수 있으니, 도는 사람을 통제한다. 이것이
"사람이 도를 넓힐 수 있지, 도가 사람을 넓힐 수 있는 것은 아니다"
라는 말의 뜻이다. 사람은 도에 의해 밀고 나가 넓힐 수 있다. 도의
경우는 그것에 무슨 정이 있어 사람을 넓힐 수 있겠는가!

|해설| 여기서 말하는 도(道)란 인간의 내면에 부여된 하늘의 본질 혹은 도덕 원칙으로
서 성(性)과 같은 개념이다. 그렇다면 "사람이 도에 의해 통제될 수 있다"는 말은
사람이 도덕 원칙에 근거해 매사에 판단하고 행동할 수 있다는 뜻이다. "도가 사
람을 통제한다"는 말도 '도'라는 어떤 의식적 존재가 있어 사람의 판단과 행동을
통제한다는 뜻이 아니라, 그저 도가 사람이 어떤 판단과 행동을 하는 데 기준이
되어 준다는 뜻이다. 도는 그저 본질, 원칙이기 때문에, 그것이 직접 사람의 도
덕적 능력을 넓혀 줄 수는 없는 것이다. 오직 사람이 지닌 도덕의식만이 도덕 원
칙에 근거해 자신의 도덕적 능력을 넓혀 갈 수 있다.

(勿謂小兒無記性所歷事皆能不忘故善養子者當其嬰孩鞠之使得所養令其和氣
乃至長而性美教之示以好惡有常至如不欲犬之升堂則時其升堂而撲之若既撲
其升堂又復食之於堂使孰適從雖日撻而求其不可升堂不可得也是施之妄莊
生有言養虎者不敢以生物與之爲其有殺之之怒不敢以全物與之爲其有決之之
怒養異類尚爾況於人乎故養正者聖人也)[68]

[68] 〈중화 주석〉 이 조목은 『경학리굴』에도 보인다. 본래 정이의 말인데 잘못 들어온 것이
기 때문에 삭제했다.

1.79 人言四月一日爲麥⁽¹⁾受胎, 殆不知受胎也久矣. 草木之實, 自其初結時已受胎也.⁶⁹

|번역| 사람들은 4월 1일에 보리가 수정한다고 말하지만, 이는 수정이 오래전에 이루어졌음을 모르는 것이다. 초목은 그것이 처음 열매를 맺을 때 이미 수정이 된다.

|해설| 4월 1일에 보리가 수정함은 일종의 현저한 변화, 즉 변(變)이 일어남이다. 그러나 수정이 되기 위한 은미한 변화, 즉 화(化)는 초목이 처음 열매 맺을 때부터 이미 시작되고 있었다.

1.80 教之而不受, 則雖強告之無益, 譬之以水投石, 不納也. 今石田, 雖水潤之不納, 其乾可立而待者, 以其不納故也. 莊子謂"內無受者不入, 外無正者不行."

|번역| 가르쳐 주어도 받아들이지 않으면 억지로 알려 준다 해도 무익하다. 비유컨대 물을 돌에 붓는 것과 같으니, 받아들이지 않는다. 지금 자갈밭에 물을 적셔 대더라도 받아들이지 않으니, 그것이 금세 마르는 것은 받아들이지 않기 때문이다. 장자는 "안에서 받아들이지 않는 것은 들어오지 못하고, 밖에 바른 것이 없으면 행해지지 않는다"고 했다.

|해설| 이 조목은 『경학리굴』 「학대원하」 8.19와 내용이 같다. 해설은 『경학리굴』을 참조하라.

---

69 (1)受胎, 수정(受精).

1.81 知之爲用甚大, 若知, 則以下來都了. 只爲知包著心性識, 知者一
如心性之⁽¹⁾關轄然也. 今學者正惟知心性識不知如何, 安可言知?
⁽²⁾知及仁守, 只是心到處便謂之知, 守者守其所知. 知有所極而人
知則有限, 故所謂知及只言心到處.⁷⁰

|번역| 지(知)의 쓰임은 매우 넓다. 만약 이것을 안다면 이하의 것은 모두
이해될 것이다. 지(知)는 심, 성, 식(識)을 포함하고 있기 때문에, 지
(知)는 심성의 핵심이 되는 부분 같다. 오늘날 배우는 자들은 바로
심, 성, 식만 알 뿐, 그것이 어떠한지는 모르니, 어찌 지(知)에 대해
말할 수 있으리오? 지(知)가 이르고 인(仁)으로 지킨다고 하니, 다만
마음이 이른 곳을 지(知)라고 하고, 지킨다(守)는 것은 그 알게 된 것
을 지킴이다. 지(知)에는 극한이 있되, 사람의 지(知)는 유한하다. 그
러므로 지가 이른다(知及)는 말은 마음이 이른 곳을 말하는 것일 따
름이다.

|해설| 여기서 장재는 지(知)를 마음과 본성의 중추라고 하면서 지에 관한 이해가 중요
하고, 특히 지와 다른 범주의 관계를 명확히 인식하는 것이 시급하다고 주장하
였다. 이는 아마도 노장 철학에서 지를 주로 부정적으로 보고, 불교에서도 심,
성, 식에 관한 논의가 매우 풍부하기 때문이었을 것이다. 이에 그는 유학적 지
(知)론의 단초를 공자의 "'지'가 이르고 인으로 그것을 지킬 수 있다"는 말에서 찾
는다. 그는 '지가 이른다'는 말을 '마음이 이른 곳'이라는 말로 풀이했다. 의식 작
용(心)이 어떤 대상에 미치는 것이 곧 앎(知)일진대, 유학에서는 그 알게 된 것을
인(仁), 즉 덕성으로 지켜야 함을 강조한다. '의식 작용이 어떤 대상에 미쳐' 성립

---

70 (1)關轄, 원래는 수레의 핵심 부품을 가리키는 단어이나, 여기서는 관건, 핵심이 되는
부분을 뜻한다. (2)知及仁守: 『論語』, 「衛靈公」, "지혜가 거기에 미쳤다 하더라도 인으로
그것을 지켜 낼 수 없다면 비록 얻었다 하더라도 반드시 잃게 된다."(知及之, 仁不能守
之, 雖得之, 必失之.)

하는 것이 견문지지라면, '덕성으로 안 것을 지키는 것'은 덕성소지인 것이다. 이런 생각에 근거해 장재는 '지에는 극한이 있지만 사람의 지는 유한하다'고 말한다. 지 중에는 극한, 즉 최고의 정점에 이른 지가 있으나, 유한한 인생에서 보고 들어 아는 것에는 한계가 있을 수밖에 없다는 것이다. 바꿔 말하면 천지만물과 인간사회의 본질에 관한 궁극적인 앎이 있을 터이나, 인간의 유한한 인생에서 보고 듣는 감각적 지각에 기초한 인식능력은 한계를 지닌다. 이 무한한 지와 유한한 지의 관계를 규명하는 것이 바로 지에 관한 장재의 논의의 핵심이며, 이 논의는 견문지지와 덕성소지의 개념을 가지고 전개되었다.

1.82 "(1)狎大人", 大人, 寬容有(2)德度者, 以其有德度容人故狎. 狎, 侮之也. "(1)侮聖人之言", 聖人之言直是可畏, 少犯之便有君子小人之別.[71]

|번역| "대인을 업신여긴다"고 하니, 대인은 너그러워 도덕적인 도량이 있는 자이다. 그가 도덕적인 도량을 지녀 사람을 포용하므로 가볍게 여긴다. 가볍게 여김은 그를 업신여김이다. "성인의 말씀을 모욕한다"고 하니, 성인의 말씀은 참으로 두려워할 만하되, 조금이라도 거스르면 군자와 소인의 구별이 있게 된다.

|해설| 대인은 포용력이 큰 자이다. 하지만 그런 대인을 소인은 덕으로 대하지 않는다. 너그럽게 대하는 대인을 보며, 그를 가벼이 대하고 업신여긴다. 나아가 소인은 성인의 지극히 선한 말씀도 중시하지 않고 도리어 그것을 모욕한다.

---

[71] (1)狎大人~侮聖人之言: 『論語』, 「季氏」, "군자는 두려워하는 것이 세 가지 있다. 천명을 두려워하고, 대인을 두려워하며, 성인의 말씀을 두려워한다. 소인은 천명을 알지 못하기 때문에 두려워하지 않고 대인을 업신여기며 성인의 말씀을 모욕한다."(君子有三畏, 畏天命, 畏大人, 畏聖人之言. 小人不知天命而不畏也, 狎大人, 侮聖人之言.) 狎(압), 업신여기다. (2)德度, 도덕적인 도량.

2

어록중
語錄中

2.1 溫·良·恭·儉·讓何以盡夫子之德? 人只爲少他名道德之字, 不推廣, 見得小. 溫·良·恭·儉·讓, 聖人惟恐不能盡此五德. 如 "夫子之道忠恕而已", 聖人惟憂不能盡忠恕, 聖人豈敢自謂盡忠恕也! "(1)所求乎君子之道四", 是實未能. 道何嘗有盡? 聖人人也, 人則有限, 是誠不能盡道也. 聖人之心則直欲盡道, 事則安能得盡! 如博施濟衆, 堯舜實病諸. 堯舜之心, 其施直欲至於無窮, 方爲博施, 言(2)朔南暨, 聲教西被於流沙, 是猶有限, 此外更有去處, 亦未可以言衆. 然安得若是! 修己以安百姓, 是亦堯舜實病之, 欲得人人如己, 然安得如此!⁷²

---

72 (1)所求乎君子之道四: 『中庸』제13장, "군자의 도에는 네 가지가 있는데, 나는 한 가지도 제대로 행하지 못한다. 내가 자식에게 요구하는 것만큼 내 부모를 섬기는 일을 나는 하지 못한다. 다른 신하에게 요구하는 것만큼 내 임금을 섬기는 일을 나는 하지 못한다. 내가 내 동생에게 요구하는 것만큼 내 형을 섬기는 일을 나는 하지 못한다. 벗에게 요구하는 것만큼 내가 먼저 베푸는 일을 나는 하지 못한다."(君子之道四, 丘未能一焉. 所求乎子, 以事父, 未能也; 所求乎臣, 以事君, 未能也; 所求乎弟, 以事兄, 未能也; 所求乎朋友, 先施之, 未能也.) (2)朔南暨, 聲教西被於流沙: 『尚書』, 「禹貢」, "동쪽으로 바다에 젖어 들고, 서쪽으로 유사(流沙)에 이르며, 북쪽과 남쪽으로 명성과 교화가 사해에 다 미치자, 우왕

|번역| 온화함, 선량함, 공손함, 검소함, 겸양함으로 어떻게 선생님의 덕을 다 표현할 수 있는가? 사람들은 그에 대해 도덕이라는 글자로 명명하는 것이 빠져 있다고 하여 이 말들을 널리 보급하지 않고 작게 본다. 그러나 온화함, 선량함, 공손함, 검소함, 겸양함은 성인이더라도 이 다섯 가지 덕을 다 드러낼 수 없을 듯하다. 예를 들어 "선생님의 도는 충과 서일 따름이다"라고 했으니, 성인은 오직 충과 서를 다하지 못할까 우려한다. 성인이 어찌 감히 자신은 충과 서를 다했다고 말하던가! "군자에게 요구되는 네 가지 도"는 실제로 할 수 없는 것들이다. 도를 언제 다한 적이 있었던가? 성인이 사람일진대, 사람은 한계가 있으니, 참으로 도를 다할 수는 없는 것이다. 성인의 마음은 다만 도를 다하고자 하는 것이나, 실제 일에서 어떻게 다할 수 있겠는가! 예컨대 널리 베풀어 백성들을 구제하는 일은 요임금과 순임금도 부족하다고 여겼다. 요임금과 순임금의 마음은 그 베풂이 다만 무궁함에 이르도록 해야 비로소 널리 베푼 것이라 여겼으니, 북쪽과 남쪽에 미치고 명성과 교화가 서쪽의 유사(流沙)에 이르러도 한계가 있는 것이고, 그 밖에 더욱 갈 곳이 있으니, 대중을 구제했다고 해서는 안 됨을 말한다. 하지만 어떻게 그와 같을 수 있겠는가! 자기를 닦아 백성을 편안하게 해 주는 일은 요임금과 순임금도 실로 부족하다고 여겼다. 사람마다 자기와 같기를 바라지만 어떻게 그와 같을 수 있겠는가!

|해설| 평범한 듯 보이는 덕목은 절대 평범하지 않고, 아울러 성인 또한 사람으로서의 한계를 지닐 수밖에 없음을 논하였다. 『논어』에서 말하는 여러 평범해 보이는 덕목들, 예컨대 온화함, 선량함, 공손함, 검소함, 겸양함, 충서의 원칙, 부자, 군

은 검은색 홀을 올려 성공을 아뢰었다."(東漸于海, 西被于流沙, 朔南暨, 声教訖于四海. 禹錫玄圭, 告厥成功.) 流沙, 고대 중국 서쪽에 있던 사막지대. 暨, 미치다(及).

신, 형제, 친구 사이에 요구되는 덕목 등은 실은 완전히 실현하기 어렵다는 점에서 성인의 도를 다 표현한다고 할 수 있다. 그리고 이 성인의 도는 성인에게도 일생에 걸쳐 추구해야 할 목표이자 행위의 원칙이지만, 그 목표에 완전히 도달하고 원칙을 철저히 지킨 이는 실제로는 없었다. 아무리 성인이더라도 그 역시 결국은 인간이기 때문이다. 예컨대 공자는 널리 베풀어 백성을 구제하는 일은 요순 같은 성군도 완벽하게 실현할 수 없음을 인정했다. 성인은 단지 자신의 이상, 삶의 원칙을 이른바 성인의 도로 제시했을 뿐이며, 실제로 성인이 그러한 이상, 원칙을 완전히 실현한 적은 없었다.

2.2 某⁽¹⁾比來所得義理, 儘彌久而不能變, 必是屢中於其間, 只是昔日所難, 今日所易, 昔日見得心煩, 今日見得心約, 到近上更約, 必是精處尤更約也.⁷³ 尤一作必.*

|번역| 내가 근래에 얻은 의리는 오래되어 변할 수 없는 것으로, 필시 그간 여러 차례 적중하였던 것이다. 다만 과거에 어려웠던 것이 오늘날에는 쉬운 것이 되고, 과거에 마음속에 번잡스러워 보이던 것이 오늘날에는 마음속에 요약되어 있어 보이니, 근래에 이르러 더욱 요약한다면 필시 정밀한 지점이 더욱 요약될 것이다. '尤'는 어떤 곳에서는 '必'이라고 되어 있다.

|해설| 옳은 이치에 대한 장재 자신의 탐구가 정밀한 수준에 도달했음을 밝히고 있다. 이 조목을 쓴 시기에 그가 체득한 이치는 갑작스럽게 얻은 것이 아니라, 오래전부터 확립되었고, 누차에 걸쳐 그 이치에 부합되게 행동했던 것이지만, 과거에는 그것이 어렵고 번잡스럽게 사색하여 이루어진 행위였다면, 지금은 그것이 쉽게, 그리고 간단한 원칙으로 요약되어 이루어진다는 점이 큰 차이이다. 그는

73 (1)比來, 근래.

자신의 덕성이 더욱 원숙해진다면 향후 '정밀한 지점이 더욱 요약되는' 경지, 즉 '의리를 정밀하게 탐구하여 신묘함에 들어서는(精義入神)' 경지를 성취하게 될 것이라 기대하고 있다.

2.3 "⁽¹⁾禮不下庶人, 刑不上大夫." 於禮, 庶人之禮至略, 直是不責之, 難責也, 蓋財不足用, 智不能及. 若學者則不在此限, 爲己之所得所 (一作爲)行, 己之所識也. 某以爲⁽²⁾先進之說, 只是行己之志, 不願乎 其外, 誠盡而止. 若孔子必要行大夫之祭, 當其退時直是不可爲也, 故須爲野人, 無奈何又不可不爲, 故以禮樂爲急. "刑不上大夫", 雖 在禮有之, 然而是刑不上大夫, 官有⁽³⁾士師而已.⁷⁴

| 번역 | "예는 아래에 있는 서인들을 위해 만든 것이 아니고, 형벌은 위에 있는 대부를 위해 만든 것이 아니다." 예 중에서 서인의 예는 지극히 간략하여 그들을 꾸짖지 않으니, 꾸짖기 어렵다. 그들은 재물을 사용하기에 부족하고 지혜도 미치지 못하기 때문이다. 반면 배우는 자는 그러한 제한 속에 있지 않으니, 자기가 얻는 것, 행하는 것(어떤 곳에서는 "하는 것"이라고 되어 있다), 자기가 인식하는 것이기 때문이다. 나는 『논어』 「선진」 편의 '예악으로 먼저 나아가는' 설이 다만 자

---

74 (1)禮不下庶人, 刑不上大夫. 『禮記』, 「曲禮」, "예는 아래에 있는 서인들을 위해 만든 것이 아니고, 형벌은 위에 있는 대부를 위해 만든 것이 아니다. 형벌을 받은 사람은 임금의 곁에 있지 못한다."(禮不下庶人, 刑不上大夫. 刑人不在君側.) (2)先進之說: 『논어』 「선진」 편의 '예악으로 먼저 나아가는' 설을 가리킨다. 『論語』, 「先進」, "먼저 예악으로 나아가 그것을 배우고 그 후에 벼슬하는 자는 시골 사람이고, 먼저 벼슬을 하고 나중에 예악으로 나아가 그것을 배우는 자는 도시의 귀족들이다. 만약 등용한다면 나는 먼저 예악으로 나아가 배운 쪽을 따르겠다."(子曰: 先進於禮樂者, 野人也; 後進於禮樂者, 君子也. 如用之, 則吾從先進.) (3)士師: 주대의 송사를 감찰하는 일을 맡은 관리.

기 뜻대로 행하고 그 밖의 것을 바라지 않아, 정성을 다하고 거기에 머무르는 것을 뜻한다고 생각한다. 만약 공자가 기필코 대부의 제사를 지내려고 했다면 그가 벼슬자리에서 물러났을 때는 할 수 없었을 것이고, 그래서 시골 사람이 되었을 것이나, 어쩔 수 없이 또한 예를 행하지 않을 수 없었으므로, 예악을 시급한 것으로 여겼다. "형벌은 위에 있는 대부를 위해 만든 것이 아니다"라는 말은, 비록 예에 그것이 있으나 형벌은 위에 있는 대부를 위해 만든 것이 아니니, 관에는 송사를 감찰하는 사사(士師)가 있었을 따름이다.

|해설| 신분제에 따른 예와 형벌의 주된 적용 범위를 밝힌 『예기』 「곡례」 편의 구절을 해설하였다. 일반 백성에게도 간략한 예는 있다. 하지만 그들에게 사대부에게서처럼 복잡한 예의 준수를 요구할 수 없는 이유는 예를 따르려면 어느 정도의 재력과 지식이 필요하기 때문이다. 장재는 백성들에게는 그런 조건이 구비되어 있지 않기 때문에 예를 따르지 않았다고 하여 그들을 꾸짖을 수는 없다고 말한다. 그런데 이 대목에서 해명해야 할 것이 있다. 『논어』 「선진」 편에서 공자는 야인(野人), 즉 백성의 신분이면서도 예악의 준수를 우선시했다. 이는 공자가 예악 질서가 회복된 사회를 꿈꾸는 이상을 가졌기 때문에, 야인의 신분으로 지내면서도 무엇보다 그것을 중시했던 것으로 풀이된다. 한편 형벌이 사대부에게는 주로 적용되지 않는 이유를 장재는 예에 이미 형법적 요소가 포함되어 있고, 사대부의 경우는 예를 자각적으로 인식하고 예에 따라 행동할 의무가 있기 때문이라고 해명했다.

2.4 ⁽¹⁾有虞氏止以其身而得天下, 自庶人言. 堯舜只是⁽²⁾納於大麓, 元不曾⁽³⁾有封大麓如後世『尚書』之任. ⁽⁴⁾夏后氏謂以君而得天下, 商人周人謂以衆而得天下, 以君者止以君之身, 以衆者謂以其國之衆. 有此分別, 各以其所以得天下名之.⁷⁵

| 번역 | 순임금은 혈혈단신으로 천하를 얻었으니, 이는 그가 서인이었다는 측면에서 말한 것이다. 또 요와 순은 단지 거대한 산기슭에 들어간 것이지, 본디 후세에 『상서』의 정리를 맡은 자의 말처럼 순을 천자의 일을 총괄하는 대록(大麓)에 봉한 일은 없었다. 우임금은 군주로서 천하를 얻었다고 하고, 상나라 사람들과 주나라 사람들은 대중의 힘으로 천하를 얻었다고 하는데, '군주로서(以君)'라는 말은 다만 '군주의 몸으로'라는 뜻이고, '대중의 힘으로(以衆)'라는 말은 '그 나라의 대중의 힘으로'라는 뜻이다. 이러한 구별이 있는 것은 각기 그 천하를 얻은 까닭에 근거해 명명한 것이다.

| 해설 | 유학에서 이상적인 시대로 생각하는 당우(唐虞)와 하은주(夏殷周) 시대의 대권이 각기 어떻게 창출되었는지를 밝혔다. 유우씨의 수령인 순은 서인의 신분으로 산기슭에서 갖가지 어려움을 견뎌 냄으로써 비로소 천하를 얻게 된 반면, 하우씨의 우는 군주의 신분으로 하왕조를 개창했다. 또 그와는 달리 상나라와 주나라의 경우에는 그 시대 백성, 즉 민심에 의해 대권의 향배가 결정되었다.

2.5 昔謂顏子⁽¹⁾不遷怒爲以此加彼, 恐顏子未至此地, 處之太高, 此則

75 (1)有虞氏, 유우씨란 본래는 순임금이 속한 부락의 명칭을 가리키나, 여기서는 순임금을 지칭한다. (2)納於大麓: 『尚書』, 「舜典」, "요임금이 순에게 동서남북 사방의 문에 나아가 요임금을 알현하러 온 부족장들을 영접하게 하니, 사방의 문에 화기가 흘러넘쳤다. 또 순을 거대한 산기슭으로 들어가게 하니 매서운 바람, 우레와 비 속에서도 길을 잃지 않았다."(賓於四門, 四門穆穆, 納於大麓, 烈風雷雨弗迷.) (3)有封大麓如後世『尚書』之任: 한대 공안국의 『尚書孔氏傳』에서 대록을 천자의 일을 총괄한다는 뜻으로 해석하는 구절이 나온다. 『尚書正義』卷第3, "녹(麓)은 녹(錄)이다. 순을 받아들여 갖가지 중요한 정사를 총괄하게 하니, 음과 양이 조화를 이루고 바람과 비가 때에 맞게 이르러, 각기 그 절기로써 운행하니, 미혹되고 어지러운 잘못된 모습은 없었다."(麓, 錄也. 納舜使大錄萬機之政, 陰陽和, 風雨時, 各以其節, 不有迷錯愆狀.) 여기서 대록(大麓)은 천자의 일을 총괄한다는 뜻이다. (4)夏后氏: 우(禹)임금이 세운 하 왕조를 가리키는데, 여기서는 우임금을 지칭한다.

直是天神. 顔子未必能寂然而[76]感. 故後復以爲不遷他人之怒於己.
[(1)]不貳過, 不貳己之過, 然則容有過, 但不貳也, 聖人則無過.[77]

|번역| 옛날에는 안연이 노기를 타인에게 옮기지 않아, 여기에 있는 노기
를 저기에 보태지 않았다고 했는데, 아마도 안연은 그러한 경지에
이르지 못했던 것 같다. 그를 너무 높은 데 올려놓았으니, 그렇다면
그는 참으로 하늘인 신(神)일 것이다. 안연이 반드시 고요하게 있다
가 감응하는 일에 능하지는 않았을 것이다. 그리하여 후에는 다시
타인의 노기를 자기에게 옮기지 않는 것이라 생각하게 되었다. 같
은 잘못을 되풀이하지 않는다는 말은 자기의 잘못을 되풀이하지 않
는다는 뜻이다. 그렇다면 그는 잘못할 수 있되, 다만 되풀이하지 않
는 것이다. 성인의 경우에는 잘못이 없다.

|해설| 자신의 노기를 타인에게 옮기지 않는다는 것은 결코 쉬운 일이 아니다. 그에 비
해 타인이 나에게 화를 낼 때, 그 화가 나에게로 옮겨붙지 않도록 하는 일은 조금
은 더 용이한 일이다. 이 점에 착안하여 장재는 안연이 '화를 옮기지 않았다'는
말을 후자의 의미로 새겼다. 전자의 의미라면 안연의 경지를 지나치게 높인 것
이라는 생각이다. 비슷한 맥락에서 '같은 잘못을 되풀이하지 않는다'는 말에서
안연은 어쨌거나 때로 잘못을 한다는 점에 주목해, 성인은 전혀 잘못을 하지 않
는다는 생각과 대비시킨다.

---

76 〈중화 주석〉'而'는 '無'의 오자인 듯하다. (역자 주) '而'라고 그냥 두고 읽어도 해석이 가
능하다. 굳이 오자로 볼 필요는 없어 보인다.
77 (1)不遷怒~不貳過: 『論語』, 「雍也」, "애공이 물었다. '제자 중에 누가 배우기를 좋아합니
까?' 공자께서 대답하셨다. '안회라는 제자가 배우기를 좋아해, 노기를 다른 사람에게
옮기지 않았고, 같은 잘못을 되풀이하지 않았습니다. 그런데 불행히도 단명해 죽었기
때문에 지금은 없습니다. 배우기를 좋아하는 사람에 대해서 아직까지 듣지 못했습니
다.'"(哀公問: "弟子孰爲好學?" 孔子對曰: "有顔回者好學, 不遷怒, 不貳過, 不幸短命死矣. 今
也則亡, 未聞好學者也.")

2.6 孔子^{"(1)}三人行, 必有我師焉", 此聖人取善. <u>顏子</u>亦在此術中, 然猶
⁽²⁾着心以取益, 比聖人差別, 聖人則所見是益.^{78*}

|번역| 공자는 "세 사람이 길을 가면 반드시 거기에는 나의 스승이 있다"고
했으니, 이것이 성인이 선을 취하는 방법이다. 안연도 이러한 방법
가운데에 있었으되, 애를 써 이득을 취했으니, 성인과는 구별되었
다. 성인의 경우는 보는 것이 곧 이익이다.

|해설| 공자나 안연이나 모두 타인과 교류를 하면서 타인으로부터 선을 취해 자신을 이
롭게 한 점은 똑같다. 하지만 안연은 그 일을 인위적으로 애쓰며 한 반면, 성인
인 공자는 특별히 애쓰지 않고 자연스럽게 했다.

2.7 "毋意", ⁽¹⁾毋常心也, 無常心, 無所倚也, 倚者, 有所偏而係着處也,
率性之謂道則無意也. 性何嘗有意? 無意乃天下之良心也, 聖人則
直是無意求斯良心也. <u>顏子</u>之心直欲求爲聖人. 學者亦須無心, 故
<u>孔子</u>教人絕四, 自始學至成聖皆須無此, 非是聖人獨無此四者, 故
言"毋", 禁止之辭也. 所謂倚者, 如<u>夷清惠和</u>, 猶有倚也. <u>夷惠</u>亦未
變其氣, 然而不害成性者, 於其氣上成性也. 清和爲德亦聖人之[一]
節, 於聖人之道(收)[取]⁷⁹得最近上, 直隣近聖人之德也. 聖人之清直
如<u>伯夷</u>之清, 聖人之和直如<u>下惠</u>之和, 但聖人不倚着於此, 只是臨

---

78 (1)三人行, 必有我師焉: 『論語』, 「述而」, "세 사람이 길을 가면 반드시 거기에는 나의 스
승이 있다. 그중의 좋은 점을 골라 따르고 좋지 않은 점을 골라 자신의 허물을 고친
다."(三人行, 必有我師焉. 擇其善者而從之, 其不善者而改之.) (2)着心, 마음을 집중함, 애
를 씀.
79 〈중화 주석〉 '一'은 『역설』에 근거해 보완했다. '取'는 『鳴道』본에 근거해 고쳤다.

時應變, 用淸和取其宜. 若言聖人不淸, 聖人焉有濁? 聖人不和, 聖
人焉有惡?[80]

|번역| '무의'란 편견(常心)이 없다는 뜻이다. 편견(常心)이 없으면 기대는
바가 없게 된다. 기댐(倚)이란 치우쳐 얽매이는 바가 있음을 뜻한다.
본성을 따르는 것을 도라 하니, 곧 '무의(無意)'이다. 성(性)에 무슨 의
(意)가 있겠는가? '무의'는 곧 천하의 양심이다. 성인은 다만 '무의'로
이 양심을 구할 따름이다. 안연의 마음은 다만 성인이 되는 일을 구
하고자 했다. 배우는 자도 무심해야 하므로 공자는 사람들에게 네
가지를 근절하라고 가르쳤다. 처음 배울 때부터 성인이 되는 데 이
르기까지 그것이 없도록 해야 한다. 성인만이 그 네 가지가 없는 것
이 아니다. 그러므로 '~말라(毋)'고 했으니, 금지하는 말이다. '기댄
다(倚)'는 것은 예컨대 백이의 청렴함과 유하혜의 화합함도 기댐이
있는 것이다. 백이와 유하혜도 그 기질을 변화시키지 못했지만, 본
성을 완성하는 데는 지장이 되지 않았으니, 그 기질 상에서 본성을
완성한 것이다. 청렴하고 화합하는 덕 역시 성인의 일부분으로, 성
인의 도 가운데에서 가장 상층에 접근한 것을 얻어, 성인의 덕에 가
까운 것이다. 성인의 청렴함은 참으로 백이의 청렴함과 같고, 성인

80 (1)毋常心: 『道德經』 제49장, "성인은 상심이 없으니, 백성의 마음을 마음으로 삼는다."
(聖人無常心 以百姓心爲心.) 노자의 무상심을 성현영(成玄英)은 무심으로 풀이했다. 『道
德經義疏』 卷四, "성인은 무심하여 느낌이 있으면 곧 응한다. 물의 느낌에 응하고 따르
니, 백성의 마음을 마음으로 삼는다."(聖人無心, 有感斯應. 應隨物感, 故以百姓心爲心.)
장재 역시 무의를 '사려함이 없음'으로 풀이한 것을 보면 그는 무상심을 무심으로 해석
한 듯하다. 하지만 다른 한편 무상심은 '편견 없는 마음'으로 이해되기도 한다. 장재 역
시 무상심을 이렇게 이해한 것으로 보이는 구절도 있다. 예컨대 그는 『정몽』 「대심」 편
에서 "화(化)에 도달하면 편견(成心)이 없게 된다. 편견이라는 것은 의(意)를 말하는 것
이다."(化則無成心矣 成心者 意之謂歟.) 종합하면 장재는 '무의' 혹은 '무상심'을 '편견 없
는 무심한 마음 상태'로 규정했다고 말할 수 있다.

의 화합함은 참으로 유하혜의 화합함과 같다. 다만 성인은 그것에 기대어 집착하지 않고, 때에 따라 변화하여, 청렴함과 화합함을 사용함에 그 적절함을 취한다. 만약 성인이 청렴하지 않다고 말할진대 성인에게 어찌 혼탁함이 있겠는가? 성인이 화합하지 않는다고 말할진대 성인에게 어찌 미워함이 있겠는가?

| 해설 | 장재는 공자의 절사(絶四) 가운데, 무의(無意)를 『주역』의 '무사(無思)', 즉 '사려함이 없음'이라고 했다. 그리고 다시 여기서는 그것을 노자의 무상심(無常心)과도 같은 것이라 했다. 무상심은 주석에서 설명했듯, 편견 없는, 혹은 치우침이 없는 무심한 마음 상태이다. 이러한 마음 상태가 유학의 본성을 따르는(率性) 일, 혹은 양심을 구하는 일과 어떻게 하나로 연결되는가? 양심은 선천적 도덕성이기 때문에, 그것은 사려로 파악되지 않는다는 점에서 무의와 하나로 연결된다. 편견, 혹은 한쪽으로 치우침이 없는 상태에서 무심히 양심을 기르는 것, 장재는 이것을 배움이 시작될 때부터 성인의 경지에 이를 때까지 줄기차게 추구해야 할 과제로 설정했다. 안연도 성인이 되고자 했으나 무심히 그 일을 추구하지는 못했으며, 백이와 유하혜도 각기 청렴함과 화합함의 측면에서는 성인의 덕에 가까워졌으나, 그 기질을 변화시키지 못함으로 인해 한쪽으로 치우친 덕을 얻었을 뿐이다. 그는 이 한쪽으로 치우침 없는 무심함을 강조한다.

2.8 ⁽¹⁾禹·稷·顏回易地皆然. 顏固可以爲禹稷之事, ⁽²⁾顏子不伐善不施勞, 是禹稷之事也. 顏子勿用者也, 顏子當禹稷之世, 禹稷當顏子之世, 處與不處, 此則更觀人臨時志如何也. 雖同時人, 出處有不同, 然當平世, 賢者自顯, 夫子豈有棄顏子而不用? ⁽³⁾同室鄉隣之別, 有責無責之異耳. 孔顏出處自異, 當亂世德性未成, 則人亦尚未信, 苟出則妄動也, 孔子其時德望, 天下已信之矣.⁸¹

81 (1)禹·稷·顏回易地皆然:『孟子』,「離婁下」, "우, 직, 안연이 자리를 바꾼다 하더라도 마

|번역| 우임금, 후직(后稷), 안회는 위치를 바꾸었다고 해도 다 똑같았을 것이다. 안연은 물론 우임금과 후직의 일을 할 수 있었다. 안연은 훌륭한 점을 자랑하지 않고, 공로를 과시하지 않았는데, 이는 우임금과 후직이 했던 일이다. 안연은 쓰이지 않았으니, 안연이 우임금과 후직의 세상을 만나고, 우임금과 후직이 안연의 세상을 만났다고 한다면, 초야에 묻혀 지낼지 그러지 않을지는 사람이 그때에 이르러 뜻이 어떨지를 더 살펴봐야 할 것이다. 설사 동시대 사람이라 하더라도 출사의 여부에는 차이가 있되, 태평한 세상에서 현자는 자연히 드러나리니, 공자께서 어찌 안연을 버리고 쓰지 않으시는 일이 있으리오? 마치 싸우는 사람들이 같은 방에 있는 사람인지, 아니면 이웃인지에 따라 그들을 말리는 시급성이 다른 것처럼, 구체적 상황이 다르고, 출사를 하느냐 마느냐에 따라 책임이 있고 없고의 차이가 있을 따름이다. 공자와 안연의 출처(出處)는 자연히 달랐으니, 난세에 덕성이 성숙하지 못했다면 사람들 또한 믿지 못하는데, 출사한다면 그것은 경솔한 행동이다. 반면 공자는 그 시기에 덕망이 높았으니, 세상 사람들이 이미 그를 신뢰했다.

찬가지일 것이다. 지금 같은 방에 있는 사람이 싸운다면, 이들을 말리되, 산발을 한 채로 갓을 쓰고서 말린다 하더라도 괜찮을 것이다. 반대로 이웃 중에 싸우는 사람이 있는데, 산발을 한 채로 갓을 쓰고서 이들을 말리러 가는 것은 어리석은 짓이다. 설사 문을 닫아 버린다 하더라도 괜찮을 것이다."(禹稷顔子易地則皆然. 今有同室之人鬪者, 救之, 雖被髮纓冠而救之, 可也. 鄕鄰有鬪者, 被髮纓冠而往救之, 則惑也. 雖閉戶可也.) (2)顔子不伐善不施勞:『論語』,「公冶長」, "안연이 말했다. '훌륭한 점을 자랑하지 않고, 공로를 과시하지 않기를 바랍니다.'(顔淵曰: "願無伐善, 無施勞.") (3)同室鄕鄰之別, 有責無責之異耳: 위 인용문에서 맹자는 싸우는 사람이 방 안에 있는 사람인가 아니면 집 밖의 이웃 사람인가에 따라 그 싸움을 말리는 일의 시급성에는 차이가 난다고 말했다. 이는 구체적인 상황의 차이에 따른 대처 방법의 차이를 뜻한다. 따라서 장재의 위 문장에서 "같은 방에 있는 사람인가, 아니면 이웃 사람인가의 구별"이라는 말은 동시대이더라도 구체적으로 처한 상황에 따라 출사할지 말지를 결정하는 데는 개인마다 차이가 있을 수 있다는 뜻이다.

|해설| 우임금은 오랫동안 골치를 앓던 홍수 문제를 해결했으며, 후직은 농사짓는 법을 백성에게 널리 보급했다. 모두 당시 사회에 큰 공을 세운 인물이다. 그에 반해 안연은 출사를 하지 않았다. 그런데 장재는 이들이 위치를 바꾼다 해도 마찬가지였을 것이라고, 즉 안연이 우임금과 후직의 위치에 있었다면 우임금이나 후직과 비슷한 일을 했을 것이라고 추정한다. 그렇게 추정하는 근거는 물론 이 세 인물의 덕성에 있다. 모두 자신의 훌륭한 점을 자랑하지 않고 공로를 과시하지 않는다는 점이 그것이다. 그러면서도 장재는 사람이 출사와 은거 사이에서 무엇을 택할지는 시대적 상황, 사람의 개인적 처지, 당사자의 지향 등에 따라 다르다고 말한다. 예컨대 공자가 살았던 춘추 말기는 난세였기 때문에 덕성이 어지간히 성숙한 자가 아니면 섣불리 출사해서는 안 되었고, 그로 인해 출사와 은거의 문제에서 공자와 안연은 차이를 보이는 것이라고 했다.

2.9 "⁽¹⁾作者七人", 伏羲也, 神農也, 黃帝也, 堯也, 舜也, 禹也, 湯也. 所謂作者, 上世未有作而作之者也. 伏羲始服牛乘馬者也, 神農始敎民稼穡者也. 黃帝始正名百物者也, 堯始推位者也, 舜始⁽²⁾封禪者也, 堯以德, 禹以功, 故別數之. 湯始革命者也, 若謂武王爲作, 則已是述湯事也. 若以伊尹爲作, 則當數周公, 恐不肯以人臣謂之作. 若孔子自數爲作, 則自古以來實未有如孔子者, 然孔子已是言"⁽³⁾述而不作"也.⁸²*

---

82 (1)作者七人: 『論語』, 「憲問」, "공자께서 말씀하셨다. '어진 사람은 세상을 피하고 그다음 가는 사람은 위태로운 곳을 피하며, 그다음 가는 사람은 나쁜 얼굴빛을 피하고, 그다음 가는 사람은 나쁜 말을 피한다.' 공자께서 말씀하셨다. '작자(作者)가 일곱 명이다.'" (子曰: "賢者避世, 其次避地, 其次避色, 其次避言." 子曰: "作者七人矣.") 여기서 '작자(作者)'를 앞 문장과 연결시켜 생각하는 사람은 그들을 세상을 피하고, 위태로운 곳을 피하는 등 은자를 가리킨다고 본다. 하지만 장재는 "작자가 일곱 명이다"라는 구절을 위 문장과 분리된, 또 다른 발언으로 이해한다. 그는 '작자'를 "술이부작(述而不作)"의 작(作)으로, 중국문명의 발전을 처음 추동한 자를 가리킨다고 본다. (2)封禪, 고대에 제왕이 천지에 제사 지내던 일을 가리킨다. (3)述而不作: 『論語』, 「述而」, "조술하되 창작하지

|번역| "작자(作者)는 일곱 명이다"라고 했으니, 복희, 신농, 황제, 요, 순, 우, 탕을 가리킨다. 작자(作者)란 이전 세상에는 만들지 않았던 것을 만든 자를 뜻한다. 복희는 소를 길들이고 말을 탄 자이고, 신농은 백성에게 농사를 처음으로 가르친 자이다. 황제는 만물의 명칭을 바로잡기 시작한 자이고, 요는 임금의 자리를 처음으로 물려준 자이며, 순은 처음으로 천지에 제사를 지낸 자이다. 요는 덕(德)이 있고, 우는 공이 있음으로 인해 따로 헤아린다. 탕은 처음으로 혁명을 한 자이니, 무왕을 작자라고 할지나, 그는 이미 탕의 일을 조술한 것이다. 또 이윤을 작자라고 여긴다면 주공도 마땅히 헤아려야 할 것인데, 아마도 신하를 작자라고 해서는 안 될 것 같다. 만약 공자를 작자로 헤아린다면 자고이래로 공자와 같은 분은 실로 없었지만, 공자는 이미 자신이 "조술하지 창작을 하지는 않는다"고 말했다.

|해설| 장재가 열거한 7명은 모두 중국의 문명화를 추동한 전설적인 인물들이다. 가축을 길들이고 농사를 짓고 사물에 명칭을 부여하고 국가권력을 전해 주며 천지에 제사를 지내고 치수의 공을 세우며 혁명을 한 것 등은 모두 실로 문명화를 상징하는 중요한 일들이다. 오늘날의 관점에서 보면 이 일들을 꼭 특정한 어떤 한 사람이 했다고 말하는 것은 부정확해 보인다. 오히려 그것은 오랜 세월을 거치며 인류가 집단적 지혜를 발휘해 이룬 성과라고 보는 것이 더 타당하다. 장재를 비롯한 유자들은 공자를 가장 창의적인 인물로 여긴다. 유가를 창도한 인물이므로 그렇게 보였을 것이다. 그러나 공자는 정작 자신이 선대의 문화를 계승한 자이지, 창조한 자는 아니라고 했다.

2.10 "$^{(1)}$果哉末之難也", 言爲言之果, 容易發言也, 無所難, 是易其言

않으며, 옛것을 믿고 좋아하는 점을 가만히 우리 노팽에 비겨 본다."(述而不作, 信而好古, 竊比於我老彭.)

也. 彼之"有心哉", 亦未必知音如此, 蓋素知孔子德望, 故往來云耳.[83] 又作來往言耳.

|번역| "과감하구나! 어려울 것이 없다"라는 말은 말이 과감하여 쉽게 발언한다는 뜻이고, 어려울 것이 없다는 말은 그 말을 쉽게 한다는 뜻이다. 저자의 "마음이 들어 있구나"라는 말 역시 반드시 그렇게 공자의 음을 듣고 속마음까지 안 것은 아니었을 것이다. 공자의 덕망을 본래 알고 있었기 때문에 왕래하며 말했을 따름이다. (어떤 곳에서는 '來往言耳'라고 되어 있다.)

|해설| 공자와 삼태기를 메고 공자의 집 문 앞을 지나간 은자 사이의 대화를 재해석하였다. 장재는 공자가 삼태기 메고 간 사람의 비판을 받고 그것을 인정했다는 사실을 받아들일 수 없었던가 보다. 그래서 그 비판에 대해 "논박할 수 없다"는 구절을 삼태기 멘 사람의 말이 "어려울 것 없음", 즉 거리낌 없음이라 해석했다. 그리고 삼태기 멘 사람이 공자의 경쇠 두드리는 소리를 듣고 그 음악에 공자의 마음이 들어 있다는 평에 대해서도 그가 반드시 공자의 속마음까지 안 것은 아니었을 것이라 폄하했다.

2.11 "⁽¹⁾爲命"云云猶⁽²⁾成人之爲. 我爲命則須是討論・修飾・潤色, 乃

---

83 (1)果哉末之難也: 『論語』, 「憲問」, "공자께서 위나라에서 경쇠를 두드리고 계셨는데, 삼태기를 메고 공씨 집 문 앞을 지나가는 사람이 말했다. '마음이 들어 있구나. 경쇠 두드리는 소리에는.' 이윽고 말했다. '천하구나. 경쇠 두드리는 소리가! 자기를 알아주지 않으면 그만두면 될 일이다. 『시경』에서는 물이 깊으면 옷을 그대로 입고 건너고, 물이 얕으면 옷을 걷고 건너라고 했다.' 공자께서 말씀하셨다. '그 말이 참 과감하구나! 논박할 수가 없다.'"(子擊磬於衛, 有荷蕢而過孔氏之門者, 曰, "有心哉, 擊磬乎!" 既而曰, "鄙哉, 硜硜乎! 莫己知也, 斯已而已矣. 深則厲, 淺則揭." 子曰, "果哉! 末之難矣.") 보통 "末之難"은 '논박할 수 없다'라고 풀이되는데, 장재는 이 말을 '어려울 것이 없다'는 뜻으로 이해했다.

善取此衆人之長, 方盡其善. 鄭介於大國之間, 其時得以不屈辱,
特由爲命之善也, 言此時未有能兼備此衆善以爲命者. 成人之義,
亦謂兼此衆善可以爲成人. ⁽³⁾孟公綽·趙·魏 雖大家, 然令不出
家, 事不至大; 滕薛雖小國, 蓋具國體, 有禮樂征伐之事, 其事亦
大, 須才足以治之. 此評人品也.[84]

|번역| "외교문서를 만들 때는"이라고 운운한 것은 완벽한 사람의 행위와
같다. 내가 외교문서를 만든다면 토론하고 꾸미고 윤색하여 여러
사람의 장기를 잘 취해야 그 훌륭함을 다하게 된다. 정(鄭)나라는 큰
나라들 사이에 끼어 있었는데, 그 시대에 굴욕을 당하지 않을 수 있
었던 것은 특별히 외교문서를 잘 만들었기 때문이고, 이는 당시에
그렇게 여러 사람의 훌륭한 것을 두루 갖추어 외교문서를 만드는
자가 없었음을 뜻한다. 완벽한 사람이라는 말도 이 여러 훌륭함을
겸비해야 완벽한 사람이 될 수 있다는 뜻이다. 맹공작, 조씨, 위씨는
비록 큰 집안이었으나 명령이 집 밖을 벗어나지 않아, 일이 크게 되

[84] (1)爲命:『論語』,「憲問」, "(정나라에서) 외교문서를 만들 때는 비침이 초안을 만들고, 세
숙이 검토를 했으며, 외교관 자우가 꾸미고, 동리에 살던 자산이 윤색을 했다."(爲命, 裨
諶草創之, 世叔討論之, 行人子羽修飾之, 東里子産潤色之.) (2)成人: 완벽한 사람.『論語』,
「憲問」, "자로가 완벽한 사람에 대해 물었다. 공자께서 말씀하셨다. '장무중의 지혜와
맹공작의 무욕과 변장자의 용맹과 염구의 재주에다 예악으로 꾸미면 완벽한 사람이 될
수 있을 것이다."(子路問成人. 子曰: '若臧武仲之知, 公綽之不欲, 卞莊子之勇, 冉求之藝,
文之以禮樂, 亦可以爲成人矣.") (3)孟公綽·趙·魏 雖大家:『論語』,「憲問」, "노나라의 대
부 맹공작은 진나라의 조씨나 위씨의 가신이 되기에는 넉넉하지만 등나라나 설나라의
대부가 되어서는 안 된다."(孟公綽, 爲趙魏老則優, 不可以爲滕薛大夫.) 맹공작은 노나라
의 대부로서 공자가 욕심이 적다고 칭찬한 인물이다. 조씨와 위씨는 진나라의 대부였
는데, 맹공작이 이런 조씨와 위씨 집안의 가신이 된다면 욕심이 적은 그는 비교적 여유
롭게 지낼 수 있다. 이와는 달리 등나라와 설나라는 작은 나라이지만 그 나라의 대부가
된다면, 나라는 작지만 큰일이 많을 것이므로 욕심이 적은 맹공작에게는 적합한 자리
가 아니게 된다.

는 데 이르지 않았다. 반면 등나라와 설나라는 작은 나라였으나, 국가의 체계를 갖추고 있었기 때문에, 예악과 정벌의 일이 있었으니, 그 일 역시 커 재주가 있어야 다스릴 수 있었다. 이는 인품을 평한 것이다.

|해설| 위 조목에서는 두 가지 사항을 논했다. 첫째로는 잘된 협력은 완벽한 사람의 능력 발휘와 같은 효과를 낳음을 논하였다. 정나라가 강대국의 틈바구니에서 살아남을 수 있었던 것은 외교문서를 잘 작성해 외교를 잘해서인데, 그 훌륭한 문서작성의 비결은 "여러 사람의 장기를 잘 취한 데" 있었다. 각자의 장기가 잘 발휘될 수 있도록 협력이 훌륭히 이루어진다면 그것은 일반적으로 한 사람이 할 수 없는 큰 성과를 거둘 수 있다. 오직 완벽한 사람만이 도달할 수 있는 그런 성과 말이다. 둘째로는 맹공작의 인품에 적합한 일에 대해 논하였다. 장재가 이 조목 후반부에 맹공작을 논한 까닭은 '완벽한 사람'에 맹공작이 언급되어 있기 때문이다. 욕심이 적은 사람은 번잡스럽고 큰일을 하는 데 적합지 않다. 등나라나 설나라는 나라는 작지만, 그곳에서 대부가 된다면 틀림없이 여러 번잡스러운 일을 처리해야 한다. 그에 비해 조씨, 위씨 집안의 가신은 그런 번잡스러운 일을 할 필요가 없다. 그런 이유에서 맹공작과 같이 욕심이 적은 사람은 번잡스럽지 않은 일을 하는 것이 좋다.

2.12 "[(1)]林放問禮之本", 禮之本, 所以制奢也. 凡禮皆所以(致)[制][85]奢, 獨喪則情異, 故特舉之. 喪只爲人易忘, 所以勉人之難, 孔子猶曰: "[(2)]喪事不敢不勉."[86]

---

85 〈중화 주석〉'制'은 앞 구절에 근거해 고쳤다.

86 (1)林放問禮之本: 『論語』, 「八佾」, "임방이 예의 본질을 묻자, 공자께서 말씀하셨다. '좋은 질문입니다. 예는 사치스러운 것보다는 검소한 것이 낫고, 상례는 의례를 완벽하게 행하는 것보다는 슬퍼하는 것이 낫습니다.'"(林放問禮之本. 子曰: "大哉問. 禮與其奢也, 寧儉; 喪, 與其易也, 寧戚.") (2)喪事不敢不勉: 『論語』, 「子罕」, "집 밖을 나가서는 왕공 대신들을 섬기고, 집에 들어와서는 아버지와 형을 섬기며, 상을 치르는 일에 감히 힘쓰지

|번역| "임방이 예의 본질을 물었다." 예의 본질은 사치스러움을 제어하는
데 있다. 모든 예는 사치스러움을 제어하기 위한 것이나, 유독 상례
만은 상황이 다르므로 특별히 그 일을 거론했다. 초상난 일은 사람
들이 쉽게 잊기 때문에 사람들이 어려워하는 일에 힘쓰도록 했으
니, 공자는 "초상난 일에 대해 힘쓰지 않을 수 없다"고 했다.

|해설| 사람은 쉽게 사치스러워지므로, 예의 본질은 사치스러움을 제어하는 데 있다고
보았다. 하지만 또 상례만은 그 상황이 특수하다고 했다. 무엇이 특수하다는 것
일까? 초상이 나면 그때는 슬퍼하지만, 어느덧 사람은 그 일을 쉽게 잊기 때문
에, 망자를 오래도록 기억하기 위해 상례에 힘써야 한다는 것이다. 이 설명은 조
금 이상하다. 사람들이 장례를 후하게 치르는 이유는 망자와의 헤어짐이 너무
도 아쉬워서 그런 것이 아닐까?

2.13 "⁽¹⁾二十博學,　內而不出",　不敢遽爲成人之事也.　"⁽¹⁾三十博學無
方",　猶智慮通達也.⁸⁷

|번역| "20세에는 널리 배우되 지식을 안에 쌓고 표출하지 않는다"고 하니,
감히 갑작스럽게 남을 이루어 주는 일을 하지 않는다는 뜻이다. "30
세에는 널리 배우되 고정된 것이 없다"는 것은 지혜와 사려가 통달

않음이 없고, 술 때문에 곤란을 당하지 않는 것이 나에게 무슨 어려움이 있겠느냐?"(出
則事公卿, 入則事父兄, 喪事不敢不勉, 不爲酒困, 何有於我哉?)
87 (1)二十博學, 內而不出~三十博學無方: 『禮記』, 「內則」, "20세가 되면 관례를 치르고 성인
의 예를 배우기 시작하며, 갖옷과 비단옷을 입을 수 있다. 위대한 하나라의 무악(舞樂)
을 배우고 효제를 돈독히 행하며, 널리 배우지만 가르치지 않고 지식을 안에 축적하되
그것을 표출하지 않는다. 30세가 되면 아내를 맞이하여 비로소 남자로서의 일을 처리
한다. 널리 배워 고정된 내용이 없으며, 벗과 화목하게 지내되 그 뜻을 살핀다."(二十而
冠, 始學禮, 可以衣裘帛, 舞大夏, 惇行孝弟, 博學不教, 內而不出. 三十而有室, 始理男事, 博
學無方, 孫友視志.)

한다는 말과 같다.

| 해설| 20세 이후에는 성인으로서 배워야 할 갖가지 지식을 널리 습득한다. 하지만 대부분은 아직 성숙하지 않은 상태이므로 함부로 타인을 교화하려고 해서는 안 된다. 30세 이후에는 20세부터 배운 지식을 더욱 넓혀 나가 특정한 분야에만 한정하지 않고, 자신의 지혜와 사유 능력을 더욱 넓혀야 한다.

2.14 ⁽¹⁾哀公問社於宰我, [宰我]⁸⁸言戰栗, 孔子非其穿鑿也. ⁽²⁾不知爲不知, 是知也, ⁽³⁾若以不知爲知, 則所知亦不知也. "⁽¹⁾成事不說, 遂事不諫, 旣往不咎", 此皆言其不可救. 且言有淺深, 事已成何須說, 事已遂不可復諫止, 旣往何必救之!⁸⁹

| 번역| 애공이 재아에게 토지신 위패에 대해 묻자 재아는 주나라에서 위패 재료로 밤나무를 사용한 것은 백성들이 벌벌 떨게 하기 위한 것이라고 말했는데, 공자는 그가 억지로 이치에 닿지 않는 말을 한다고 비판했다. 모르는 것을 모른다고 하는 것, 그것이 아는 것이다. 모르

---

88 〈중화 주석〉 '宰我'는 『초석』에 근거해 보완했다.

89 (1)哀公問社於宰我~成事不說, 遂事不諫, 旣往不咎: 『論語』, 「八佾」, "애공이 재아에게 토지신 위패에 대해 묻자 재아가 대답했다. '하나라 사람들은 소나무를 사용하였고, 은나라 사람들은 잣나무를 사용하였습니다. 주나라 사람들은 밤나무를 사용하였는데, 이는 백성들이 벌벌 떨게 하기 위함이었습니다.' 공자께서 그 말을 들으시고 말씀하셨다. '이미 이루어진 일은 말하지 않고, 끝난 일은 충고하지 않으며, 이미 지나간 일은 허물하지 않는다.'"(哀公問社於宰我. 宰我對曰, "夏後氏以松, 殷人以柏, 周人以栗, 曰, 使民戰栗." 子聞之曰, "成事不說, 遂事不諫, 旣往不咎.") (2)不知爲不知, 是知也: 『論語』, 「爲政」, "자로야. 내가 너에게 아는 것에 대해서 가르쳐 주마. 아는 것을 안다고 하고 모르는 것을 모른다고 하는 것, 그것이 아는 것이다."(由, 誨女知之乎. 知之爲知之, 不知爲不知, 是知也.) (3)若以不知爲知, 則所知亦不知也: 모르는 것을 안다고 여긴다면, 자신이 아는 것이 무엇인지, 모르는 것이 무엇인지조차 모르므로, 아는 것 역시 모른다고 했다.

는 것을 안다고 하면 아는 것 역시 모르는 것이다. "이미 이루어진 일은 말하지 않고, 끝난 일은 충고하지 않으며, 이미 지나간 일은 허물하지 않는다"고 했는데, 이는 그를 구제할 길이 없음을 말한 것이다. 또 그 말에는 정도의 차이가 있으니, 일이 이미 이루어졌으니 말할 필요가 어디에 있으며, 이미 일이 끝났으니 다시 충고하여 제지할 수 없으며, 이미 지나간 일이니, 구제할 필요가 어디 있겠느냐는 순이다.

| 해설 | 토지신 위패 사용에 관한 재아의 대답에서 잘못된 부분은 "백성들이 두려워 벌벌 떨게 하기 위해 주나라에서 밤나무를 사용하였다"고 하는 대목이다. 장재는 재아의 이 잘못된 발언을 공자의 "모르는 것을 모른다고 하는 것이 아는 것이다"라는 경구와 연결하여 재아의 잘못은 모르는 것을 아는 척한 데 있다고 했다. 그리고 재아의 이 발언에 대한 공자의 비판 역시 굉장히 강한 어조를 띠고 있다고 분석했다.

2.15 "[(1)近臣守和", 和, 平也. 和其心以備顧對, 不可徇其喜怒好惡.[90]

| 번역 | "임금을 가까이에서 모시는 신하는 화평함을 지킨다"고 하니, 화(和)란 화평함(平)이다. 그 마음을 화평하게 하여 돌아보고 응대하는 데 대비해야지, 자신의 기쁨과 노함, 좋아함과 싫어함을 좇아서는 안 된다.

| 해설 | 군주를 가까이에서 모시는 신하에게 평온한 심리상태의 유지가 요구됨을 말하

90 (1)近臣守和: 『禮記』, 「表記」, "임금을 가까이에서 모시는 신하는 화평함(和)을 지키고 재상은 백관을 바르게 하며, 대신은 사방을 고려한다."(邇臣守和, 宰正百官, 大臣慮四方.)

였다. 임금을 가까이에서 모시는 신하 자신이 평온한 심리상태를 유지해야 임금이 국사를 온당하게 처리할 수 있는 분위기가 조성된다.

2.16 "(1)紅紫不以爲褻服", 近身衣也, 以紅紫爲之不宜也, 非爲以(2)間色而賤之, 雖褻服不用也. 禮服非止用五色之正, 雖間色亦有爲之者.[91]

|번역| "붉은색과 자주색으로 평상복을 만들어 입지 않는다"고 하니, 속옷을 붉은색과 자주색으로 만드는 것이 적절하지 않다는 뜻이지, 중간색이라서 그것을 천시해 평상복이더라도 그것을 사용하지 않는다는 뜻은 아니다. 예복으로 단지 적, 황, 청, 백, 흑의 오색만을 사용하는 것은 아니고, 중간색이더라도 그것으로 만드는 경우도 있다.

|해설| 평상복의 색깔로 붉은색과 자주색을 사용하지 않는 것은 단지 그것이 평상복의 색깔로 적절치 않아서이지, 그것이 중간색이기 때문은 아니라는 설명이다. 예복도 때에 따라 중간색으로 옷을 만드는 경우가 있다는 것이 그 근거이다.

2.17 "(1)甯武子其愚不可及也", 言非所取也. 無道則愚近於詐, 不可學也.[92]

---

91 (1)紅紫不以爲褻服: 『論語』, 「鄕黨」, "군자는 감색과 검붉은색으로 옷깃의 선을 두르지 않고, 붉은색과 자주색으로 평상복을 만들어 입지 않는다."(君子不以紺緅飾, 紅紫不以爲褻服.) 褻服(설복)은 평소에 집에서 입는 옷을 가리킨다. (2)間色, 두 종류 이상의 원색을 혼합해 만든 색깔. 중간색.

92 (1)甯武子其愚不可及也: 『論語』, 「公冶長」, "위나라 대부 영무자는 나라에 도가 있을 때는 지혜롭고, 나라에 도가 없을 때는 어리석은 척했다. 그 사람의 지혜는 따라갈 수 있지만, 그 사람의 어리석은 척하는 모습은 못 따라가겠다."(甯武子, 邦有道則知, 邦無道則

| 번역 | "영무자의 어리석을 척하는 모습은 못 따라가겠다"는 말은 취할 바가 아님을 뜻한다. 도가 없는데 어리석은 척하는 것은 속임수에 가까우니, 배워서는 안 된다.

| 해설 | 혼란한 세상에서 어리석은 척하는 것은 자기를 보호하기 위한 방편일 수 있다. 공자는 영무자의 어리석은 척하는 모습을 못 따라가겠다고 했는데, 장재는 그 '못 따라가겠다'는 말을 '따라가서는 안 된다'는 말로 읽었다. 어리석은 척하는 행위는 어쨌건 속임수에 가까운 것으로서 의식적으로 배워서는 안 될 행동이라는 것이다.

2.18 "[(1)]攻乎異端", 攻, 難闢之義也. 觀孔子未嘗攻異端也. 道不同謂之異端. 若孟子自有攻異端之事, 故時人以爲好辨.[93]

| 번역 | "이단을 공격한다"고 할 때의 공(攻)은 힐난하고 물리친다는 뜻이다. 공자를 살펴보면 이단을 공격한 적이 없다. 도가 다른 것을 이단이라고 부른다. 맹자의 경우에는 이단을 공격하는 일이 있었다. 그래서 당시 사람들은 그가 논변하기를 좋아한다고 여겼다.

| 해설 | 『논어』의 "攻乎異端"은 늘 논란거리였다. 맹자로부터 유학에서는 대체로 이단 공격이 정당화되었기 때문이다. 이로 인해 『논어』의 위 문장에서의 공(攻)을 전공(專攻)의 뜻으로 보아, 이단을 연구한다고 풀이하기도 하고, 혹은 이단을 군자의 도가 아닌 소도(小道)로 보아, 소도를 공격한다고 이해하기도 했다. 이에 비하면 장재의 풀이는 간단명료하다. 공자는 이단을 공격하는 일이 해롭다고 보았고, 반대로 맹자는 이단을 공격하는 일을 자신의 임무로 삼았다는 것이다. 이

愚. 其知可及也, 其愚不可及也.)
93 (1)攻乎異端: 『論語』, 「爲政」, "이단을 공격하면 해로울 뿐이다."(攻乎異端, 斯害也已.)

단에 대한 공자와 맹자의 태도가 전혀 달랐다고 보는 견해이다.

2.19 "⁽¹⁾雖小道必有可觀者焉", 小道, 道之小成者也, 若⁽²⁾言必信·行
必果是也, 小人反中庸亦是也, 此類甚多. 小道非爲惡, 但致遠恐
泥. 信果者亦謂士之次. 反中庸而無忌憚者自以爲是, 然而非中
庸. 所謂小道, 但道之小耳, 非直謂惡.⁹⁴

|번역| "작은 도지만 반드시 볼 만한 것이 있다"고 했는데, '작은 도'란 도 가
운데 작게 이룬 것을 뜻한다. 말에 반드시 신용이 있고자 하고 행동
은 반드시 과감하게 하는 것이 그 예이다. 소인이 중용에 반하는 행
위를 하는 것도 그 예이다. 그러한 종류는 아주 많다. 작은 도가 악
인 것은 아니지만, 먼 데 이르는 데는 장애가 될 수 있다. 그래서 신
용이 있고자 하고 과감하게 하는 자를 선비 다음가는 자라고 했다.
중용에 반하며 거리낌이 없는 자는 자신이 옳다고 여기지만 중용이

94 (1)雖小道必有可觀者焉:『論語』,「子張」, "자하가 말했다. '작은 도에도 반드시 볼 만
한 것이 있기는 하지만 멀리 이르는 데 장애가 될까 두렵다. 이 때문에 군자는 그것을 하
지 않는 것이다.'"(雖小道, 必有可觀者焉, 致遠恐泥, 是以君子不爲也.) 작은 길 혹은 작은
도(小道)는 흔히 자잘한 기예를 뜻하는 것으로 이해된다. 이와는 달리 장재는 소도를
특정한 작은 원칙 같은 것으로 이해했다. (2)言必信·行必果:『論語』,「子路」, "자공이
물었다. '어떠해야 선비라고 할 수 있습니까?' 공자께서 말씀하셨다. '자기 행동에 대해
부끄러워함이 있고, 사방에 사신으로 가서 군주의 명을 욕되게 하지 않으면 선비라고
할 만하다.' 자공이 말했다. '그다음 가는 것을 여쭙습니다.' 공자께서 말씀하셨다. '종친
들이 효성스럽다고 칭찬하고, 마을 사람들이 공손하다고 칭찬하는 사람이다.' 자공이
말했다. '그다음 가는 것을 여쭙습니다.' 공자께서 말씀하셨다. '말에 반드시 신용이 있
고자 하고, 행동은 반드시 과감하게 하는 사람은 천박하고 고집스러운 소인이지만, 그
래도 그다음 가는 사람은 될 수 있을 것이다.'"(子貢曰: "何如斯可謂之士矣?" 子曰: "行己
有恥, 使於四方, 不辱君命, 可謂士矣." 曰: "敢問其次." 曰: "宗族稱孝焉, 鄕黨稱弟焉." 曰:
"敢問其次." 曰: "言必信, 行必果, 硜硜然小人哉! 抑亦可以爲次矣.")

아니다. 이른바 작은 도란 단지 도 가운데 작은 것일 따름이지, 곧바로 악인 것은 아니다.

|해설| 장재는 자하가 말한 '작은 도'를 작은 원칙들로 이해했다. 예컨대 반드시 신용을 지켜야 한다든가, 행동은 늘 과감하게 해야 한다든가 하는 원칙을 세워 놓고 어떤 상황에서든 늘 그 원칙을 지키려는 사람이 작은 도를 지키는 자이다. 장재는 그렇게 작은 원칙을 붙들고 있는 것 자체가 악은 아니지만, 구체적 상황을 고려하지 않고 그 원칙들을 무조건 고수하려 한다면 중용에 반하는 행위가 될 위험이 있다고 보았다.

2.20 "⁽¹⁾笙鏞以間", 謂東西鏞磬間作也.⁹⁵

|번역| "생황과 큰 종을 교대로 연주한다"는 말은 동쪽과 서쪽의 큰 종과 경쇠를 교대로 연주한다는 뜻이다.

|해설| "笙鏞以間"은 보통 동쪽에 있는 관악기인 생황(笙簧)과 서쪽에 있는 큰 종(鏞)을 교대로 연주한다는 뜻으로 풀이한다. 그런데 장재는 이를 동쪽과 서쪽에서 큰 종과 경쇠를 교대로 연주한다고 풀이했다.

2.21 樂言拊者, 大凡雜音謂之拊, 獨者爲擊. 笙鏞鐘磬皆可言拊.

95 (1)笙鏞以間: 『尚書』, 「益稷」, "옥경(玉磬)의 하나인 명구(鳴球)를 치고, 소고의 하나인 박부(搏拊)를 두드리고 금슬(琴瑟)을 타 노래하니, 조상신들이 이르시고, 선대 제왕의 후예가 자리에 있으면서 여러 제후와 덕으로 사양한다. 당 아래에서는 피리를 불고 북을 치며 축(柷)이라는 악기로 연주를 시작해 어(敔)라는 악기로 연주를 마친다. 생황과 큰 종을 교대로 연주하니 조수가 너울너울 춤춘다."(戛擊鳴球, 搏拊・琴瑟以詠. 祖考來格, 虞賓在位, 群后德讓. 下管鞉鼓, 合止柷敔. 笙鏞以間, 鳥獸蹌蹌.)

|번역| 음악에서 부(拊)란 음을 뒤섞은 것은 모두 부(拊)라고 부르니, 홀로 인 것은 격(擊)이다. 생황, 큰 종, 종, 경쇠에 대해서는 모두 부(拊)라고 말할 수 있다.

|해설| 하나의 음을 내는 경쇠를 두드리면 그것은 곧 격(擊)이다. 이와는 달리 둘 이상의 음을 내는 악기를 두드리면 그것을 부(拊)라고 한다.

2.22 爲天地立志, 爲生民立道, 爲去聖繼絶學, 爲萬世開太平.

|번역| 천지를 위해 뜻을 세우고 백성을 위해 도를 세우며, 과거의 성인을 위해 끊어진 학문을 계승하고, 만세를 위해 태평성대를 연다.

|해설| 장재가 남긴 명구(名句) 가운데 하나이다. 후대의 유학자들은 자신의 포부를 이 구절을 인용하며 밝히곤 했고, 중국의 현대철학자 펑유란(馮友蘭)은 이를 "횡거의 네 구절(橫渠四句)"이라 칭하기도 했다. "천지를 위해 뜻을 세운다"는 말은 천지는 그 자체로는 마음이 없는 기일 뿐이나, 그 기로 만물을 낳고 기르니, 인간은 천지의 만물을 생육하는 뜻을 계승해 살고자 하는 만물을 살리려는 인심(仁心)을 확충하려는 뜻을 세운다는 뜻이다. "백성을 위해 도를 세운다"는 말은 백성과 '내'가 하늘이 부여한 도덕성을 똑같이 지닌 존재라는 자각, 다시 말해 "백성과 내가 동포(民吾同胞)"라는 자각 아래, 그 도덕성을 닦아 나가는 과정(道)을 통해 도덕적인 사회를 지향해 나간다는 뜻이다. "과거의 성인을 위해 끊어진 학문을 계승한다"는 말은 공자와 맹자에 의해 확립된 유학의 정신이 진한대 이후로 단절되었는데, 송대에 이르러 자신과 같은 유학자들이 공맹의 정신을 담은 유학을 계승해 나간다는 뜻이다. 마지막으로 "만세를 위해 태평성대를 연다"는 말은 장재가 「서명」에서 그린 "백성은 나의 동포이고 만물은 나의 친구가 되는 (民胞物與)" 이상사회를 열어 나간다는 뜻이다.

2.23 所思所存, 益以堅瑩.

|번역| 생각하고 보존하는 바가 더욱 견고해지고 밝아진다.

|해설| 정밀하게 탐구하면 파악되는 이치가 더욱 공고해지고 보존하는 덕성이 더욱 밝게 드러난다.

2.24 萬物生死成壞, 均爲有知.

|번역| 만물의 태어남과 죽음, 형성됨과 무너짐에 대해 다 앎이 있다.

|해설| 만물의 탄생과 죽음, 형성과 소멸의 궁극적인 원인이 어디에 있는지 장재는 나름대로 철학적인 탐색을 했고, 일종의 자연주의적인 시각에서 그 답을 내놓았다.

2.25 不礙於物而物亦不能礙.

|번역| 사물에 의해 방해를 받지 않는다면 사물도 방해를 할 수 없다.

|해설| 마음을 비워 욕심이 적다면 '나'는 외물의 유혹에 넘어가지 않게 된다.

2.26 學者當須立人之性. 仁者人也, 當辨其人之所謂人. 學者學所以爲人.*

|번역| 배우는 자는 마땅히 사람의 성을 세워야 한다. 인(仁)이란 사람다움이니, 마땅히 그 사람이 사람이라 불리는 점을 변별해야 한다. 배우는 자는 사람이 된 까닭을 배운다.

|해설| 다른 동물과 구별되는 사람의 사람다운 특징을 유학에서는 인(仁)으로 파악한다. 따라서 사람이 사람다울 수 있으려면 자신의 내면에 인(仁)을 확립해야 한다.

2.27 爲學大益在自求變化氣質, 不爾皆爲人之弊, 卒無所發明, 不得見聖人之奧.*

|번역| 학문을 하는 커다란 이점은 스스로 기질의 변화를 추구하는 데 있다. 그러지 못한다면 모두 사람의 폐단이 되어 결국은 발현하는 것이 없어, 성인의 심오함을 알 수 없게 된다.

|해설| 이 조목은 『경학리굴』 「의리」 6.29와 내용이 중첩된다. 그곳의 해설을 참조하라.

2.28 學者觀書, 每見每知新意則學進矣.

|번역| 배우는 자가 매번 책을 읽을 때마다 새로운 의미를 안다면 학문은 진보하게 된다.

|해설| 인간은 독서를 그 책이 담고 있는 의미를 발견하기 위해 한다. 장재 역시 그렇게 생각했다. 다만 그가 덧붙여 강조한 것은 '새로운' 의미의 발견이다. '새로운' 의미를 발견해야 학자는 그 학문이 진보한다.

2.29 義理有礙, 則濯去舊見以來新意.*

| 번역 | 의리에 장애가 있다면 옛 견해를 씻어 내고 새로운 의미를 오게 한다.

| 해설 | '내'가 견지해 온 견해가 옳은 이치 파악에 걸림돌이 된다면, 과감히 과거의 견해를 버리고 새로운 의미를 찾아야 한다.

2.30 權, 量宜而行, 義之精, 道之極者, 故非常人所及. 取名則近, 取材則難, 即道也, 不可妄分.

| 번역 | 권도(權道)는 적절함을 헤아려 행함이니, 의(義)의 정밀함이요, 도의 극한이므로 보통 사람들이 미칠 바가 아니다. 개념을 얻는 일은 쉬워도, 재주를 얻는 것은 어려우니, 도에 대해 허망하게 분석해서는 안 된다.

| 해설 | 권도란 중용과 같은 말이다. 중용을 실현하는 것은 결코 쉬운 일이 아니다. 즉 권도에 대해 개념적인 인식을 하는 것은 어렵지 않지만, 자유자재로 권도를 쓰는 능력을 얻는 일은 쉽지 않다.

2.31 多求新意以開昏蒙. 吾學不振, 非强有力者不能自奮. 足下信篤持謹, 何患不至! 正惟求(一作來)自粹美, 得之最近.*

| 번역 | 새로운 의미를 많이 구하여 우매함에서 깨어나라. '나'의 학문이 진작되지 않을진대, 강한 힘을 지닌 자가 아니라면 스스로 분발할 수

없다. 발 딛고 있는 곳에 대한 믿음이 돈독하고 지킴이 조심스럽다면 무슨 우환이든 이르지 않는다! 오직 구하는 것이 (어떤 곳에서는 來라고 되어 있다.) 자연히 순수하고 아름다워야 얻는 것이 가장 가까워진다.

|해설| 학문이 진보하려면 내면의 강한 힘이 필요하다. 여기서 말하는 강한 힘이란 진리에 대한 두터운 믿음, 그리고 그 믿음을 삼가 지키는 태도를 뜻한다. 이는 도를 추구하는 순수하고 아름다운 태도이며, 그래야 비로소 도에 가장 가깝게 다가갈 수 있다.

2.32 萬物皆有理, 若不知窮理, 如夢過一生. 釋氏便不窮理, 皆以爲⁽¹⁾見病所致. 莊生儘能明理, 反至窮極亦以爲夢, 故稱孔子與顏淵語曰: "⁽²⁾吾與爾皆夢也", 蓋不知『易』之窮理也.^{96*}

|번역| 만물에는 모두 이치가 있으니, 만약 이치를 궁구할 줄 모르면 꿈속에서 일생을 보내는 것과 같다. 불교는 이치를 궁구하지 않고, 그것을 모두 시각적인 질병의 소치라고 여긴다. 장자의 경우에는 이치를 밝힐 수 있었으나 궁극에 이르러서는 역시 꿈이라 여겼다. 그래

96 (1)見病, 시각적인 질병. 불교에서는 우리가 보는 만물은 불변하는 실재성을 지니지 않은 허망한 것인데, 중생은 전도된 망상으로 인해 실재한다고 여긴다고 설한다. 시각적인 질병이란 바로 인간의 지각 능력이 이런 전도된 망상을 일으키는 것을 가리킨다. (2)吾與爾皆夢也:『莊子』,「大宗師」, "맹손씨는 태어난 까닭을 알려 하지 않고 죽음의 이유도 알려 하지 않는다. 태어나기 전의 모습도 알려 하지 않고 죽은 후의 모습도 알려고 하지 않는다. 변화를 따라 사물이 되어 그 아직 모르는 변화를 기다릴 따름이다. 또 막 변화했을 때 아직 변화하지 않았던 과거의 모습을 어찌 알 것이며, 아직 변화하지 않았을 때 이미 변화한 후의 모습을 어찌 알겠는가? 나와 너는 다만 꿈에서 깨어나지 못하고 있는 사람일 것이다."(孟孫氏不知所以生, 不知所以死. 不知就先, 不知就後. 若化爲物, 以待其所不知之化已乎. 且方將化, 惡知不化哉? 方將不化, 惡知已化哉? 吾特與汝, 其夢未始覺者邪!)

서 『장자』에 등장하는 공자가 안연에게 말하기를 "나와 너는 모두 꿈을 꾸고 있다"고 했는데, 이는 『주역』의 궁리에 대해 모르는 것이다.

|해설| 불교는 세계의 실상을 공, 즉 꿈 같은 세계로 보기 때문에, 이치의 궁구를 중시하지 않는다. 장자 역시 생사의 문제와 관련하여 자주 우리가 꿈을 꾸고 있는 것인지도 모른다고 말한다. 이 점에서 노장과 불교는 유사하다. 그래도 장재는 장자의 경우에는 이치를 밝힐 수 있었다고 평가한다. 그는 왜 그렇게 말한 것일까? 아마도 장자가 기의 취산으로 생사의 문제를 설명하였는데, 장재 역시 그 설명 방식을 그대로 채용했기 때문인 것으로 보인다.

2.33 有志於學者, 都更不論氣之美惡, 只看志如何. "(1)匹夫不可奪志也", 惟患學者不能堅勇.[97]*

|번역| 배움에 뜻을 둔 자에 대해서는 모두 다시 기질의 좋고 나쁨에 대해서는 논하지 않고 뜻이 어떤지만 본다. "필부의 뜻은 빼앗을 수 없다"고 했으니, 배우는 자가 용기를 굳건히 지킬 수 없을까 우려할 따름이다.

|해설| 장재가 기질지성 개념을 제시하기는 했지만, 그렇다고 하여 그가 기질의 좋고 나쁨을 인생에서 가장 결정적인 요소로 본 것은 아니다. 그는 타고난 기질은 후천적인 노력을 통해 충분히 변화시킬 수 있다고 주장했다. 따라서 더욱 중요한 것은 기질을 변화시켜 성숙한 인격을 이루겠다는 굳건한 의지이다.

---

97 (1)匹夫不可奪志也: 『論語』, 「子罕」, "삼군의 장수는 빼앗을 수 있지만 필부의 뜻은 빼앗을 수 없다."(三軍可奪帥也, 匹夫不可奪志也.)

2.34 學須以三年爲期, 孔子曰: "(1)朞月可也, 三年有成", 大凡事如此, 亦是一時節. 朞月是一歲之事, 舉偏也, 至三年事大綱慣(說)[熟]. 學者又且須以自朝及晝至夜爲三節, 積累功夫, 更有勤學, 則於時又以爲(恨)[限].[98*]

|번역| 배움은 3년을 기한으로 삼아야 한다. 공자는 "1년이면 될 것이고, 3년이면 크게 이룰 것이다."라고 했는데, 대체로 일이 이와 같으니, 이 역시 하나의 시간적 마디이다. 기월(朞月)은 1년의 일로 한쪽을 든 것이니, 3년에 이르면 일의 대강에 익숙해진다. 배우는 자 또한 아침에서 낮을 거쳐 밤에 이르기까지를 세 마디로 삼아 힘을 쌓아 가고, 다시 열심히 공부할 때는 시간상 또한 그것을 기한으로 삼아야 한다.

|해설| 배움을 시간을 의식하며 계획적으로 해야 함을 말하고 있다. 크게는 3년을 한 시기로 잡아 그 기간에 하나의 일이 익숙해지도록 해야 한다. 또 작게는 하루를 아침, 낮, 밤의 세 시간대로 나누어 힘을 씀으로써 매일 조금씩 진보함이 있도록 해야 한다.

2.35 義理無形體, 要說且則說得去, 其行持則索人工夫, 故下學者所以鞭後而趨齊也.

---

98 (1)朞月可也, 三年有成: 『論語』, 「子路」, "만약 나를 쓰는 사람이 있다면 1년이면 될 것이고, 3년이면 크게 이룰 것이다."(苟有用我者, 朞月而已可也, 三年有成.) 朞月, 올해 몇 월부터 내년 몇 월까지 꼬박 1년의 시간을 가리킴. 〈중화 주석〉 '熟'과 '限'은 모두 『초석』에 근거해 고쳤다.

|번역| 의리는 형체가 없지만, 그것에 대해 말하고자 한다면 말할 수 있고, 그것을 행하며 지키는 일은 사람의 노력을 필요로 한다. 그러므로 일상에서 배우는 자는 채찍질을 한 뒤에야 정제됨으로 나아가게 된다.

|해설| 옳은 이치는 형체가 있는 사물은 아니지만, 논할 수 있다. 더욱 중요한 것은 그대로 실천하는 것인데, 그러려면 자신을 채찍질하는 노력이 요구된다. 그래야 사람은 정제된 품격을 갖추게 된다.

2.36 人與動植之類已是大分不齊, 於其類中又極有不齊, 某嘗謂天下之物無兩箇有相似者, 雖則一件物亦有陰陽左右. 譬之人一身中兩手爲相似, 然而有左右, 一手之中五指而復有長短, 直至於毛髮之類亦無有一相似. 至如同父母之兄弟, 不惟其心之不相似, 以至聲音形狀亦莫有同者, 以此見直無一同者.*

|번역| 인간과 동식물은 이미 크게 나뉘어 똑같지 않고, 동류 사이에도 극히 똑같지 않은 점이 있다. 나는 일찍이 이 세상의 사물 가운데 서로 흡사한 두 가지란 없고, 하나의 사물이더라도 음과 양, 좌와 우가 있다고 했다. 예컨대 사람의 몸에 있는 두 손은 비슷하지만, 거기에는 좌와 우가 있고, 한 손의 다섯 손가락에도 길고 짧음이 있으며, 모발 같은 것도 하나라도 서로 흡사한 것은 없다. 또 예컨대 같은 부모에게서 난 형제도 그 마음이 서로 비슷하지 않을 뿐 아니라, 목소리와 모습도 같은 점이 없으니, 이를 통해 참으로 하나라도 같은 것은 없음을 알게 된다.

|해설| 만물은 다르다는 관점에서 보면 이 세상에 하나도 똑같은 것은 없다. 이는 명가 (名家)로 분류되는 전국시대의 혜시(惠施)가 한 말이다. 장재의 위 발언도 이 혜

시의 생각과 일맥상통하는데, 아마도 장자의 제물론을 겨냥해 이 말을 한 것으로 보인다. 이 세상에 존재하는 사물 가운데 완전히 똑같은 것은 하나도 없다. 만물은 종마다 다르고, 같은 종이라도 각각의 개체에는 차이가 있으며, 한 개체가 지닌 몸의 어떤 부분도 완전히 같은 것은 없다. 장재와 동시대를 살았던 정이도, 후대의 주자학자들도 종종 이 점을 거듭 말했는데, 이 다름에 대한 강조는 각기 다른 사물의 이치를 궁구해야 한다는 궁리(窮理)설의 이론적 토대라 할 수 있다.

2.37 人一己百, 人十己千, 如此不至者, 猶難罪性, 語氣可也; 同行報異, 猶難語命, 語遇可也. 氣與遇, 性與命, 切近矣, 猶未易言也.*

|번역| 남이 1번에 하면 자기는 100번에 하고 남이 10번에 하면 자기는 1,000번에 한다. 그렇게 했는데도 이르지 못하는 자에 대해서는 본성을 탓하기는 어렵고 기질 때문이라고 말하면 괜찮다. 같은 행위를 행하지만 과보가 다른 것에 대해서는 운명(命)이라고 말하기는 어렵고 우연(遇)이라고 말하면 괜찮다. 기질과 우연, 본성과 운명은 가깝지만 바꿔서 말할 수 없다.

|해설| 아무리 노력을 해도 덕성이 길러지지 않는다면 그 원인을 덕성 탓으로 돌려서는 안 되고, 기질이 워낙 나쁜 탓이라고 여긴다면 괜찮다고 했다. 장재 역시 성선설을 굳게 믿기 때문이다. 선행을 했지만 어떤 이는 복을 받고 다른 이는 화를 입었을 경우, 그것을 운명이라 말해서는 안 된다고도 했다. 운명이란 필연적인 것이다. 장재는 화복이 필연이라기보다는 우연이라고 여겼다. 기질도 기질지성이라는 점에서 기질과 덕성은 다 비슷하게 본성 개념이며, 우연과 운명 역시 내 뜻과는 상관없이 주어지는 것이라는 점에서 비슷한 개념이다. 하지만 양자의 함의는 엄밀히 말해 다르다.

2.38 "(1)君子之道費而隱", 費, 日用; 隱, 不知也. 匹夫匹婦與知與行,
　　是人所常用, 故曰費, 又其至也雖聖人有所不知不能, 是隱也. 聖
　　人若<u>夷惠</u>之徒, 亦未知君子之道, 若知君子之道亦不入於偏.[99]

| 번역 | "군자의 도는 넓고도 은미하다"고 했는데, 넓은 것(費)은 일상이요,
은미한 것(隱)은 모르는 것이다. 평범한 부부도 함께 알고 행하는 것
은 사람이 늘 쓰는 것이므로 넓다(費)고 했다. 또 그 지극한 데 이르
러서는 성인이더라도 모르고 할 수 없는 것이 있으니, 그것은 은미
하다(隱). 성인 가운데 백이나 유하혜와 같은 무리는 군자의 도를 알
지 못했으니, 만약 군자의 도를 알았다면 치우친 데로 들어서지 않
았을 것이다.

| 해설 | 『중용』에서는 군자의 도, 즉 유학적 진리가 삶의 세계, 일상의 세계에 있다고 여
긴다. 그래서 평범한 사람들도 그 도를 알고 있고 행할 수 있는 측면이 있음을
간파한다. 하지만 평범한 사람들이 일상에서 알고 행하는 도는 도의 온전한 실
현은 아니다. 도의 전모는 다 드러나지 않는다. 그래서 한쪽으로 치우친 덕을 기
른 백이, 유하혜 같은 '성인'조차 모르는 것이 있고 할 수 없는 것이 있다.

2.39 "(1)望道未之見", 望太平也.[100]

99　(1)君子之道費而隱:『中庸』제12장, "군자의 도는 넓고도 은미하다. 평범한 부부의 어리
　　석음으로도 그것은 알 수 있으나, 지극한 데 이르러서는 설사 성인이라 할지라도 모르
　　는 것이 있다. 평범한 부부의 모자람으로도 그것은 행할 수 있으나, 지극한 데 이르러
　　서는 설사 성인이라 할지라도 행할 수 없는 것이 있다."(君子之道, 費而隱. 夫婦之愚可以
　　與知焉, 及其至也, 雖聖人亦有所不知焉; 夫婦之不肖可以能行焉, 及其至也, 雖聖人亦有所不
　　能焉.)
100　(1)望道未之見:『孟子』,「離婁下」, "문왕께서는 백성을 다친 이들처럼 보셨으며, 도를 바
　　랐으되 아직 보지 못하셨다."(文王視民如傷, 望道而未之見.)

| 번역| "도를 바랐으되 아직 보지 못하셨다"고 했으니, 태평성대를 바란 것이다.

| 해설| 『맹자』 「이루하」의 "望道未之見"의 몰을 장재는 바란다는 뜻으로 풀었다. 그러면 이 구절은 '태평성대를 바랐으나 그 실현을 보지 못했다'는 뜻이 된다. 이와는 달리 몰을 본다는 뜻으로 풀기도 한다. 그러면 이 구절은 '도를 보았으나 보지 못한 듯이 했다'는 뜻이 된다.

2.40 "⁽¹⁾語大天下莫能載焉, 語小天下莫能破焉", 言其體也. 言其大則天下莫能載, 言其小則天下莫能破, 此所以見其虛之大也.¹⁰¹

| 번역| "큼으로 말하자면 천하에 그것을 실을 수 있는 것은 없고, 작음으로 말하자면 천하에 그것을 깨뜨릴 수 있는 것은 없다"고 했으니, 이는 그 본체를 말한 것이다. 그 큼을 말하면 천하에 그것을 실을 수 있는 것은 없고, 그 작음을 말하면 천하에 그것을 깨뜨릴 수 있는 것은 없다. 이를 통해 그 태허의 큼을 알게 된다.

| 해설| 『중용』에서 말한 것은 군자의 도이다. 그런데 장재는 이 도를 자신이 세운 태허의 기로 치환했다. 태허의 기는 우주 자연을 아우르는 지극히 큰 것이어서 이 세상에 존재하는 사물 가운데 그 어떤 것도 그것을 실을 수 없다. 또 태허의 기는 개별적 기로 보면 지극히 미세하여 이 세상에 존재하는 그 어떤 것도 그 기를 깨뜨릴 수 없다.

---

101 (1)語大天下莫能載焉, 語小天下莫能破焉: 『中庸』 제12장, "군자의 도는 큰 것으로 말할 것 같으면 천하에 그것을 실을 수 있는 것은 없으며, 작은 것으로 말할 것 같으면 천하에 그것을 깨뜨릴 수 있는 것은 없다."(君子語大, 天下莫能載焉; 語小, 天下莫能破焉.)

2.41 凡觀書不可以相類泥其義, 不爾則字字相⁽¹⁾梗, 當觀其⁽²⁾文勢上下
之意. 如"⁽³⁾充實之謂美", 與『詩』之言美輕重不同.¹⁰² 『近思』作程語.*

|번역| 무릇 책을 읽을 때는 서로 유사한 것으로 그 의미를 흐리게 해서는
안 되니, 그러지 못한다면 글자들이 서로 방해가 되니, 마땅히 그 위
아래 문맥의 의미를 살펴야 한다. 예컨대 "선이 가득 찬 것을 미라고
한다"는 말은 『시경』에서 말하는 미와 그 경중이 다르다. (『근사
록』에서는 이를 이정의 말이라 했다.)

|해설| 독서를 할 때 글자 하나하나에 지나치게 얽매이지 말고, 전체 문맥상에서 그것
이 갖는 의미를 파악해야 한다는 말이다. 『맹자』「진심하」에서 말한 미(美)는 선
이 가득함을 뜻하는 말인 데 반해, 『시경』에서의 미는 미학적 함의를 지닌 미이다.

2.42 ⁽¹⁾鄕原徇欲而畏人, 其心乃穿窬之心也, 苟徇欲而不畏人, 乃明
(道)[盜]¹⁰³耳. 遁辭乃鄕原之辭也, 無執守故其辭妄.¹⁰⁴*

|번역| 향원(鄕愿)은 욕심을 좇으며 사람을 두려워하니, 그 마음은 구멍을
파고 담장을 넘는 마음이다. 만약 욕심을 좇으면서 사람도 두려워
하지 않는다면 그는 분명히 도적이다. 적당히 얼버무리는 말은 향
원의 말이다. 붙잡아 지키는 것이 없으므로 그 말은 거짓되다.

---

¹⁰² (1)梗, 가로막음, 방해가 됨. (2)文勢, 문장의 기세, 즉 문맥. (3)充實之謂美, 『孟子』, 「盡
心下」, "선이 가득 찬 것을 '미'라고 한다."
¹⁰³ 〈중화 주석〉'盜'는 『초석』에 근거해 고쳤다.
¹⁰⁴ (1)鄕原, 즉 향원(鄕愿). 향리에서 평판은 좋으나 실제로는 자신과 세상을 속이는 위선
자를 가리킨다.

| 해설 | 향원과 도둑은 둘 다 부당한 방법으로 자신의 욕심을 채우려는 자이다. 둘의 차이가 있다면 향원은 사람을 두려워하므로 몰래 위선적 행위를 하는 데 반해, 도둑은 사람을 두려워하지 않고 물건을 훔치는 자이다. 향원은 자신의 위선을 감추기 위해 얼버무리는 말을 한다.

2.43 當自立說以明性, 不可以遺言附會解之. 若孟子言"不成章不達"及 "所性""四體不言而喩", 此非孔子曾言而孟子言之, 此是心解也.*

| 번역 | 마땅히 스스로 학설을 세워 덕성을 밝혀야지, 남긴 말씀을 따라 하며 그것을 풀이해서는 안 된다. 맹자의 "스스로 일정한 수준에 이르지 못하면 통달하지 못한다"는 말이나, 군자가 "본성으로 삼는 것", "사지가 말하지 않아도 어떻게 해야 할지 안다"는 말 등은 공자가 일찍이 말한 적이 없되 맹자가 말한 것이니, 이는 마음으로 해석한 것이다.

| 해설 | 이 조목은 『경학리굴』 「의리」 6.39와 내용이 중첩된다. 그곳의 해설을 참조하라.

2.44 世學不明千五百年, (1)大丞相言之於書, 吾輩治之於己, 聖人之言 庶可期乎! 顧所憂謀之太迫則心勞而不虛, 質之太煩則泥文而滋 弊, 此僕所以未置懷於學者也.105*

---

105 (1)大丞相, 여기서 말하는 대승상이 누구를 가리키는지는 분명치 않다. 다만 장재 생존 당시에 전해지지 않던 유학의 정신을 글을 통해 다시 밝힌 이 가운데 승상의 위치에 이른 이로는 범중엄이 있다. 예컨대 그는 「岳陽樓記」에서 "천하의 걱정을 앞서 걱정하고, 천하의 즐거움을 뒤에 즐거워한다"고 하여, 유학자의 정신을 밝힌 바 있다.

|번역| 세상의 학문이 밝지 못한 지 1,500년이 되었는데, 대승상은 그것을
책에서 말했고, 우리는 그것을 자기에게서 다스리니, 성인의 말씀
이 드러나는 일도 거의 기대할 수 있지 않겠는가! 다만 우려하는 일
은 너무 급하게 도모하면 마음이 수고로워져 텅 비지 않게 되고, 너
무 복잡하게 질의하면 문장에 얽매여 폐단이 자라나게 되는 것이
다. 이것이 내가 배우는 자에 대해 마음에 담아 두지 못한 점이다.

|해설| 송대 중기에 장재, 정호, 정이 등은 자신들이 1,500여 년 동안 단절된 유학의 정
신을 계승해 그것을 재건하고 있다고 자부했다. 그런데 이 일과 관련하여 장재
는 당시의 대승상, 즉 왕안석의 학문도 유학의 재건에 참여하고 있다고 말하고
있다. 왕안석은『주관신의(周官新義)』에서 주례(周禮)를 따를 것을 말했는데,
장재도 주례를 추숭했으니, 장재가 왕안석을 칭찬한 것도 이해할 만하다. 아울
러 장재는 후학들이 경계해야 할 점을 두 가지 지적하고 있다. 하나는 학문적 과
제를 너무 급히 수행하려고 하는 것 또한 지나친 욕심이니, 텅 빈 마음가짐이 흐
트러질 수 있다는 것이다. 다른 하나는 성현의 말씀을 제대로 이해하겠다고 하
여 경전의 문장 하나하나에 지나치게 얽매이는 자세이다. 글에 지나치게 얽매
이면 글을 통해 전하려 하는 대의를 잊게 된다. 장재는 그동안 자기가 교육할 때
이 점을 깊이 생각하지 못했음을 성찰하고 있다.

2.45 凡可狀, 皆有也; [凡有, 皆象也]; 凡象, 皆氣也. 氣之性本虛而神,
則神與性乃氣所固有, 此鬼神[所以]體物而不可遺也.[106]

|번역| 무릇 묘사할 수 있는 것은 다 존재하는 것이요, 무릇 존재하는 것은
다 형상이다. 무릇 형상은 다 기이다. 기의 본성은 본디 허(虛)하고
신묘하니(神), 신과 허함은 기에 고유한 것이다. 이것이 귀신이 사물

---

106 〈중화 주석〉 이상은『정몽』「건칭편」에 근거해 보완했다.

을 체현하되 어떤 사물이든 빠뜨릴 수 없는 까닭이다.

|해설| 이 조목은 『정몽』 「건칭편」 17.2와 내용이 중첩된다. 그곳의 해설을 참조하라.

2.46 "(1)志於道", 道者無窮, 志之而已. "據於德", 據, 守也, 得寸守寸,
得尺守尺. "依於仁"者, 居仁也. "游於藝", (2)藏脩息游.[107]

|번역| "도에 뜻을 둔다"고 했다. 도란 무궁하니, 그것에 뜻을 둘 따름이다.
"덕에 근거한다"고 했다. 근거함(據)은 지킴(守)이다. 촌(寸)을 얻으
면 촌을 지키고, 척(尺)을 얻으면 척을 지킨다. "인에 의지한다"는 말
은 인에 머무른다는 뜻이다. "예에서 노닌다"고 하니, 일할 때나 노
닐 때나 배운 것을 익히는 데 힘쓴다.

|해설| 공자가 말한 도를 장재는 무궁한 실재로 해석한다. '도에 뜻을 둔다'는 말은 그에
게는 무궁한 실재에 대한 탐구에 뜻을 두는 것이다. '덕에 근거함'은 덕을 길러
얻은 딱 그만큼 덕을 지킬 수 있다는 뜻이다. '인에 의지함'은 하늘에 의해 주어
진 내면의 덕성인 인에 늘 머물러 있다는 뜻이다. '예에서 노닌다'는 말은 늘
배운 것을 익히는 데 힘쓴다는 뜻이다.

---

107 (1)志於道~據於德~依於仁~游於藝: 『論語』, 「述而」, "도에 뜻을 두고, 덕에 근거하고, 인
에 의지하며, 예에서 노닌다."(志於道, 據於德, 依於仁, 游於藝.) (2)藏脩息游: 『禮記』, 「學
記」 "군자는 학문에 대해 배운 것을 항상 마음에 간직하고 배운 것을 익히며 쉴 때도 노
닐 때도 견문을 넓힌다."(君子之於學也, 藏焉, 脩焉, 息焉, 游焉.) 정현의 주석에 따르면
藏은 마음속에 품음을 뜻하고, 脩는 익힘을 뜻한다. 따라서 藏脩息游란 일할 때나 노닐
때나 어떤 상황에서든 배움에 뜻을 두고 열심히 배운 것을 익히는 데 힘쓰는 것을 가리
킨다.

2.47 利, 利於民則可謂利, 利於身利於國皆非利也. 利之言利猶言美之爲美, 利誠難言, 不可以槩而言.

|번역| 이로움(利)이 백성에게 이롭다면 이롭다고 말할 수 있지만, 자기 몸에 이롭거나 국가에 이롭다면 그것은 모두 이로움이 아니다. 이로움을 이롭다고 말하는 것은 아름다움을 아름답다고 말하는 것과 같으니, 이로움은 진실로 말하기 어려우니, 일률적으로 말해서는 안 된다.

|해설| 백성에게 이로운 것만이 비로소 참된 의미의 이로움이라고 할 수 있다. 백성은 약자이기 때문이다. 약자에게 이로운 것은 곧 의로움이다. 이와는 달리 내 몸에 이롭거나 나라에 이로운 것이 필연적으로 의로운 것은 아니다.

2.48 (1)樂山樂水, 言其成德之□. 仁者如山之安靜, 智者如水之不窮, 非謂仁智之必有所樂, 言其性相類.[108]

|번역| 산을 좋아하고 물을 좋아한다는 구절은 그 덕을 이룬 □을 말한다. 어진 자는 산처럼 안정되어 있고, 지혜로운 자는 물처럼 지혜의 발휘가 궁하지 않으니, 이 구절은 어질고 지혜로운 자가 반드시 좋아하는 바가 있다는 뜻이 아니고, 그 성질이 서로 유사함을 말한다.

|해설| 어진 자를 산에 비유한 것은 정지된 산의 안정되고 고요한 모습처럼 어진 자의

---

108 (1)樂山樂水: 『論語』, 「雍也」, "지혜로운 사람은 물을 좋아하고 어진 사람은 산을 좋아하며, 지혜로운 사람은 동적이고 어진 사람은 정적이며, 지혜로운 사람은 즐겁게 살고 어진 사람은 장수한다."(知者樂水, 仁者樂山. 知者動, 仁者靜. 知者樂, 仁者壽.)

심신도 평안함을 표현하기 위함이고, 지혜로운 자를 물에 비유한 것은 지혜의 발휘가 샘솟듯 끊임없이 흘러나옴을 표현하기 위함이다.

2.49 詖・淫・邪・遁之辭, 古語(孰)[孰]近? 詖辭(徇)⁽¹⁾[苟]¹⁰⁹難, 近於並耕爲我; 淫辭⁽²⁾放侈, 近於兼愛齊物; 邪辭離正, 近於⁽³⁾隘而不恭; 遁辭無守, 近於⁽⁴⁾揣摩⁽⁵⁾說難, 四者可以盡天下之狂言.^{110*}

|번역| 편파적인 말, 지나친 말, 삿된 말, 회피하는 말로, 고대의 말 중에 누구의 말이 그것들에 가까울까? 편파적인 말은 구차하고 실현하기 어려우니, 임금이 백성과 함께 경작해야 한다는 농가(農家)의 말이나 위아(爲我)주의인 양주(楊朱)의 말이 그것에 가깝다. 지나친 말(淫辭)은 제멋대로이니, 묵가의 겸애설과 장자의 제물론이 그것에 가깝다. 삿된 말은 바름에서 벗어난 것이니, 속 좁은 백이의 말과 엄숙하지 않은 유하혜의 말이 그것에 가깝다. 회피하는 말은 지키는 것이 없으니, 군주의 마음에 영합하는 종횡가의 말이나 유세의 어려움을 논한 한비의 말이 그것에 가깝다. 이상의 네 가지로 천하의 터무니없는 소리(狂言)를 아우를 수 있다.

|해설| 앞서 피사(詖辭)는 정도가 심해 선을 넘어 버린 말이라고 했다. 전국시대의 농가는 농사를 너무 중시한 나머지 군주 또한 백성과 함께 농사를 지어야 한다고 했

---

109 〈중화 주석〉 '孰'과 '苟'는 『초석』에 근거해 고쳤다.

110 (1)[苟]難, 구차(苟且)하고 실현하기 어려움. (2)放侈, 방종함, 제멋대로임. (3)隘而不恭: 『孟子』, 「公孫丑上」, "백이는 좁고 유하혜는 엄숙하지 않다. 좁은 것과 엄숙하지 않은 것을 군자는 따르지 않는다."(伯夷隘, 柳下惠不恭. 隘與不恭, 君子不由也.) (4)揣摩, 군주의 심사를 헤아려 유세가 그 뜻에 맞도록 하는 것으로, 종횡가의 말이 그랬다. (5)說難, 유세(遊說)의 어려움. 『韓非子』에 「說難」편이 있다.

고, 양주는 자기 생명을 너무 아낀 나머지 천하에 이롭다고 해도 터럭 하나 뽑을 수 없다고 했다. 군주와 백성이 함께 농사를 짓는 일은 실현되기 어렵고, 자기 생명만 중히 여겨 터럭 하나도 뽑지 않는 태도는 구차하다는 것이다. 음사(淫辭)는 사람들을 방종으로 이끄는 말로 보았다. 묵가의 겸애설이나 장자의 제물론이 지닌 평등 관념은 유가가 보기에는 제멋대로 사람들을 행동하게 만드는 설이었다. 사사(邪辭)는 시중(時中)하지 못하고 한쪽으로 치우친 말로서, 청렴하기는 하지만 속 좁은 백이나, 화합은 잘하지만 엄숙하지 못한 유하혜의 말이 그렇다고 보았다. 마지막으로 둔사(遁辭)는 이익을 위해 적당히 얼버무리며 거짓을 말하는 것으로, 종횡가나 한비의 말이 그렇다고 보았다.

2.50 孟子之言性情皆一也, 亦觀其文勢如何. 情未必爲惡, 愛樂喜怒發而皆中節謂之和, 不中節則爲惡.*

|번역| 맹자가 말한 성(性)과 정(情)은 모두 하나이니, 그 문맥이 어떤지 살펴야 한다. 정(情)이 반드시 악인 것은 아니니, 희로애락이 발하여 모두 절도에 들어맞는 것을 조화(和)라고 하고, 들어맞지 않는 경우는 악이 된다.

|해설| 장재는 성(性)과 지각(知覺)의 종합을 마음(心)이라고 했고, 또 마음(心)은 성과 정을 아우른다(心統性情)고 했다. 후대에 이 명제를 수용한 주자와 마찬가지로 장재에게 성과 정은 분명히 다른 개념이다. 이와는 달리 맹자는 종종 성과 정을 뭉뚱그린다. 정이 곧 성정(性情)을 뜻하기도 하고, 측은지심을 뜻하기도 한다. 그래서 맹자의 성정 개념은 문맥을 잘 살펴야 그 함의가 제대로 파악된다. 아울러 장재는 정이 반드시 악인 것은 아니라고도 했다. 희로애락은 그것 자체로는 선도 악도 아니다. 그것이 적절히 발현된다면 선이고, 상황에 부적절하게 발현된다면 그것이 곧 악인 것이다.

2.51 "$^{(1)}$可欲之謂善", 凡世俗之所謂善事可欲者, 未盡可欲之理, 聖賢
之所願乃爲可欲也, 若夷惠尚不願, 言"$^{(2)}$君子不由也." 淸和亦可
言善, 然聖賢猶以爲未足, 乃所願則學孔子也.^{111}

|번역| "욕구할 만한 것을 선이라고 한다"고 했는데, 세속에서 말하는 욕구
할 만한 선한 일로는 욕구할 만한 이치를 다할 수 없다. 성현이 원하
는 것이 곧 욕구할 만한 것이요, 백이나 유하혜 같은 경우는 그렇게
되기를 원하지 않았으니, "군자는 그처럼 되는 길을 따르지 않아야
함"을 말한다. 청렴함과 화합함 또한 선이라 말할 수 있다. 하지만
성현은 그것으로는 부족하다고 여기니, 그들이 원한 것은 공자를
따라 배우는 것이다.

|해설| 그저 범범한 의미로 선을 욕구하고 선한 사람이 되고자 하는 것만으로 유학에서
말하는 선을 실현하기에는 상당히 미진하다. 예를 들어 백이의 청렴함과 유하
혜의 화합을 잘함은 모두 선함이지만, 어느 한 측면에서만 선함이므로 그들처
럼 되는 길을 따라서는 안 된다. 유자라면 중용의 덕을 실천했다고 믿은 공자를
따라 배워야 한다.

2.52 釋氏之說所以陷爲小人者, 以其待天下萬物之性爲一, 猶告子"生
之謂性". 今之言性者(汚)$^{(1)}$[汗]^{112}漫無所執守, 所以臨事不精. 學者
先須立本.^{113}

111　(1)可欲之謂善:『孟子』, 「盡心下」: "욕구할 만한 것을 '선'이라고 하고, 선이 자신에게 있
는 것을 '신'이라고 한다."(可欲之謂善, 有諸己之謂信.) (2)君子不由也:『孟子』, 「公孫丑上」,
"백이는 좁고 유하혜는 엄숙하지 않다. 좁은 것과 엄숙하지 않은 것을 군자는 따르지
않는다."(伯夷隘, 柳下惠不恭. 隘與不恭, 君子不由也.)
112　〈중화 주석〉 '汗'은『초석』에 근거해 고쳤다.

| 번역 | 불교의 학설이 소인이 되는 데로 빠지는 까닭은 그것이 이 세상 만물의 성을 동일한 것으로 대하기 때문이니, 이는 고자의 "태어나면서 지닌 것을 성(性)이라고 한다"는 주장과 같다. 오늘날 성에 대해 논하는 자들은 한없이 늘어 놓을 뿐 붙잡아 지키는 근본이 없으니, 일에 임하여 이치 파악이 정밀하지 못하다. 배우는 자는 우선 근본을 세워야 한다.

| 해설 | 성(性), 즉 본성, 본질을 파악하는 일은 장재에게 학문의 근본을 세우는 일이다. 그런 그가 보기에 불교는 만물의 동일한 본성, 즉 공성(空性)만을 말할 뿐, 종에 따라 개체에 따라 만물의 본성이 갖는 차이를 논하지 않는다. 불교로서는 그 차이를 논하는 것 자체가 분별심을 일으키는 것이다. 하지만 장재로서는 그런 차이에 주목하지 않는 것은 마치 고자가 본성을 선천적인 것이라 규정하고서 내용적으로 그것을 식색(食色)의 욕구라고 한 것과 같다. 장재가 보기에 본성에 대한 논의에서 근본은 하늘 혹은 천지의 성, 그리고 그것의 인간적 표현인 덕성, 즉 도덕성이다. 그는 유자라면 마땅히 이런 성을 근본으로 세워야 한다고 생각했다.

2.53 陰陽者, 天之氣也, 亦可謂道. 剛柔緩速, 人之氣也, 亦可謂性. 生成[(1)] 覆(露)[幬],[114] 天之道也; 亦可謂理. 仁義禮智, 人之道也; 亦可謂性. 損益盈虛, 天之理也; 亦可謂道 壽夭貴賤, 人之理也, 亦可謂命. 天授於人則爲命, 亦可謂性. 人受於天則爲性; 亦可謂命. 形得之備, 不必盡然. 氣得之偏, 不必盡然. 道得之同, 理得之異. 亦可互見. 此非學造至約不能區別, 故互相發明, 貴不[(2)]碌碌也.[115*]

113 (1)[汗]漫, 한없이 늘어 놓을 뿐 근본이 되는 기준이 없음을 뜻한다.
114 '幬'는 『초석』에 근거해 고쳤다.
115 (1)覆[幬]: 덮어 줌. 『中庸』 제30장, "비유컨대 이는 하늘과 땅이 싣지 않는 것이 없고 덮지 않는 것이 없는 것과 같다."(辟如天地之無不持載, 無不覆幬.) (2)碌碌, 바삐 움직이며

|번역| 음양이란 하늘의 기요,(도라고 할 수도 있다.) 강함과 부드러움, 느림과 신속함은 사람의 기이다.(성이라고 할 수도 있다.) 낳고 이루어 주고 덮어 줌은 하늘의 도이다.(이치라고 할 수도 있다.) 인의예지는 사람의 도이다.(성이라고 할 수도 있다.) 덜어 냄과 보탬, 가득 참과 텅 빔은 하늘의 이치이다.(도라고 할 수도 있다.) 장수와 요절, 귀함과 천함은 사람의 이치이다.(운명이라고 할 수도 있다.) 하늘이 사람에게 준 것은 명이 되고(성이라고 할 수도 있다.) 사람이 하늘로부터 받은 것은 성이 된다.(명이라고 할 수도 있다.) 형체로는 완비된 것을 얻고(반드시 다 그런 것은 아니다.) 기로는 치우친 것을 얻는다.(반드시 다 그런 것은 아니다.) 도는 같은 것을 얻고 이치는 다른 것을 얻는다.(또한 도와 리는 서로에게서 보인다.) 이는 학문이 지극히 요약된 수준에 이른 것이 아니라면 구별할 수 없으니, 서로 드러내지, 각각을 구별하느라 바쁘게 수고하지 않음을 귀히 여긴다.

|해설| 이 조목에서는 기, 도, 리, 성, 명 등 여러 개념이 호환되며 쓰이는 예들을 들고 있는데, 그런 예를 든 이유는 말미에 제시되어 있다. 그는 말미에 이 여러 개념은 예컨대 '도' 안에 '리'가 있고, '리' 안에 '도'가 있는 것과 같이, '서로를 드러내므로', 그저 그렇게 호환하여 개념을 운용하면 될 뿐, 각각의 개념이 지니는 미세한 차이를 수고롭게 분석할 필요는 없다고 하고 있다.

음양은 우선은 하늘 자신의 기이다. 그러나 기가 운행하는 '과정'의 측면에서는 '도'라고 할 수도 있다. 강함과 부드러움, 느림과 신속함은 사람이 지닌 기질의 차이를 나타낸다. 하지만 기질은 타고나는 것이므로, 기질지성, 즉 본성이라 할 수도 있다. 하늘은 만물을 생성하고 기르는 일을 한다. 그 일은 하나의 과정, 즉 도이다. 하지만 그 일하는 과정은 아무렇게나 이루어지는 것이 아니다. 생성과 양육의 이치, 원리에 따라 이루어지므로, 그것은 리라고 할 수도 있다. 인의예지는 사람이 마땅히 걸어야 할 길이므로 도이다. 하지만 인의예지는 본성이기도 하므로 성이라고 할 수도 있다. 하늘이 기를 덜어 내고 보태며, 기가 가득

수고함.

차고 텅 비는 것은 이치에 따라 그렇게 되는 것(리)이지만, 동시에 그것은 하나의 과정(도)이다. 장수와 요절, 귀함과 천함은 모두 인간의 생물학적, 사회적 삶의 이치이다. 동시에 그것은 '나'의 의지대로 되지 않는 어떤 운명적 요인이 있다는 점에서 운명이라 할 수도 있다. 하늘이 사람에게 준 덕성은 명령하듯 주었다는 점에서는 명이지만, 본성으로 받았다는 점에서는 성이라고 할 수도 있다. 인간을 비롯한 만물은 다 그런 것은 아니지만 대체로 눈, 코, 입 등 그 종으로서 갖추어야 할 형체를 온전히 얻지만, 기질은 치우친 것을 얻는다. 물론 성인 같은 이는 온전한 기를 얻는 예외가 있기는 하지만 말이다. 또 만물은 보편적인 도를 똑같이 얻지만, 이치는 종에 따라 개체에 따라 다른 것을 얻는다.

2.54 大略⁽¹⁾玩心未熟, 可求之平易, 勿⁽²⁾迂也. 若始求太深, 恐自茲愈遠.[116]*

| 번역 | 대체로 마음을 다해 몰두하는 능력이 미숙하다면 그것을 평이한 수준에서 추구해도 좋으니, 에돌아가지 말라. 만일 처음부터 너무 깊이 추구하면 그로부터 더욱 멀어질까 한다.

| 해설 | 배움에도 단계가 있다. 아직 어떤 일에 몰두하는 힘이 부족한데 억지로 힘을 쏟을 필요는 없다. 처음에는 평이한 수준에서 집중하면 된다. 처음부터 너무 깊은 수준을 추구하면 갈수록 헤매게 된다.

2.55 ⁽¹⁾子夏未盡反身處, 可更求之. 題「不動心章」. ⁽²⁾告子所止到己言所不及處, ⁽³⁾孟子所止到己所難名處. 然則告子所見所言與孟子所守所見可知矣. 同上. 不知命則大無信, 故⁽⁴⁾命立而後心誠. 題「盡心章」. 誠

---

116 (1)玩心, 온 마음을 다해 일에 몰두함을 뜻한다. (2)迂, 우회함, 에돌아감.

則實也, 太虛者天之實也. 萬物取足於太虛, 人亦出於太虛, 太虛者心之實也.[117]*

|번역| 자하는 자기 몸을 반성하는 데 미진했으니 그것은 더 추구할 수 있다.(『맹자』부동심 장 머리말.) 고자가 머무른 지점은 자기의 말이 미

---

117 (1)子夏未盡反身處: 『孟子』, 「公孫丑上」, "북궁유는 이렇게 용기를 길렀다. 살갗을 찔려도 꿈쩍하지 않고, 눈을 찔러도 눈동자를 움직이지 않았다. 털끝만큼이라도 다른 사람에게서 모욕을 당했다고 생각하면 마치 저잣거리에서 매질을 당한 것처럼 여겼다. … 맹시사는 증자와 비슷하고, 북궁유는 자하와 비슷하다. … 옛날에 증자가 자양에게 말했다. '선생님께서는 용기를 좋아하십니까? 저는 일찍이 공자님으로부터 큰 용기에 대한 다음과 같은 이야기를 들은 적이 있습니다. 스스로 반성해서 곧지 않으면, 나는 천한 사람들조차 두려워하게 할 수 없으며, 스스로 반성해서 곧으면 설사 천만 명이 있다고 하더라도 나는 앞으로 나아갈 것이라고요.'"("北宮黝之養勇也, 不膚撓, 不目逃. 思以一毫挫於人, 若撻之於市朝. … 孟施舍似曾子, 北宮黝似子夏. … 昔者曾子謂子襄曰: '子好勇乎? 吾嘗聞大勇於夫子矣. 自反而不縮, 雖褐寬博 吾不惴焉; 自反而縮, 雖千萬人, 吾往矣.'") (2)告子所止到己言所不及處: 『孟子』, 「公孫丑上」, "공손추가 물었다. '선생님의 마음이 동요되지 않음과 고자의 마음이 동요되지 않음에 대해 들려주실 수 있습니까?' 맹자가 말했다. '고자는 말에서 얻지 못하면 마음에서 구하지 말라고 했고, 마음에서 얻지 못하면 기에서 구하지 말라고 했다.'"(曰: "敢問夫子之不動心與告子之不動心, 可得聞與?" "告子曰: '不得於言, 勿求於心; 不得於心, 勿求於氣.'") '고자가 머무른 지점은 자기의 말이 미치지 못한 지점'이라는 말은 고자의 '말에서 얻지 못하면 마음에서 구하지 말라'는 말을 가리킨다. 고자는 말을 이해하지 못하면 더 이상 마음에서 그 의미를 구하지 않음으로써 부동심의 상태를 유지했다. (3)孟子所止到己所難名處: 『孟子』, 「公孫丑上」, "공손추가 물었다. '호연지기란 무엇입니까?' 맹자가 말했다. '말하기 어렵구나. 그 기는 지극히 크고 지극히 강하여, 곧음으로써 기르면 하늘과 땅 사이에 가득 차게 된다.'"(敢問: "何謂浩然之氣?" 曰: "難言也. 其爲氣也, 至大至剛, 以直養而無害, 則塞於天地之間.") 이 말을 보면 '맹자가 머무른 지점은 명명하기 어려운 지점이었다'는 말은 뭐라고 설명하기 어려운 호연지기를 기르는 데 머물렀다는 뜻이다. (4)命立: "그 마음을 다하는 자는 그 본성을 안다. 그 본성을 알면 하늘을 알게 된다. 그 마음을 보존하여 그 본성을 기르는 것은 하늘을 섬기는 일이다. 요절하든 장수를 하든 다른 마음을 먹지 않고 몸을 닦아 기다리는 것이 명을 세우는 방법이다."(盡其心者, 知其性也. 知其性, 則知天矣. 存其心, 養其性, 所以事天也. 夭壽不貳, 修身以俟之, 所以立命也.) 여기서 명을 세운다는 것은 유자로서 마음을 보존하고 덕성을 길러 하늘을 섬기는 일을 자신이 해야 할 사명으로 여긴다는 뜻이다.

치지 못하는 지점, 즉 말을 이해하지 못하면 더는 그 의미를 구하지 않고 부동심의 상태에 머무르는 지점이었고, 맹자가 머무른 지점은 자기가 명명하기 어려운 지점, 즉 호연지기를 기르는 지점이었다. 그렇다면 고자가 본 것과 말한 것, 그리고 맹자가 지킨 것과 본 것을 알 수 있다.(같은 곳.) 사명을 알지 못하면 크게 믿음이 없게 되므로, 사명이 확립되어야 마음이 정성스러워진다.(진심 장 머리말.) 성(誠) 하면 실(實)해지니, 태허는 하늘의 실제이다. 만물은 태허에서 충분히 취하니, 사람 역시 태허에서 나온다. 태허란 마음의 실제이다.

|해설| 『맹자』의 여러 글귀를 뒤섞어 인용하며 유학적 입장에서 마음의 본질이 무엇인지 밝힌 뒤, 그것을 태허(太虛)의 인간 내적 함의와 연결시켜 설명하였다. 『맹자』 부동심 장에서 자하는 북궁유와 비슷하다고 했다. 북궁유는 외부의 어떤 자극에도 마음이 흔들리지 않는 자이니, 자하도 그런 식의 부동심에 이르렀을 것이다. 하지만 증자처럼 내적 성찰을 부단히 하여 얻은 부동심은 아니었다. 때문에 장재는 자하가 공자의 제자로서 내적 성찰에 더 정진할 수 있다고 말하였다. 북궁유, 자하와 유사하게 고자도 내적 성찰을 하지 않기는 마찬가지였다. 그는 어떤 말을 이해할 수 없었다면 더 이상 마음에서 그 의미를 찾지 않았다. 반면 맹자는 마음에서 옳은 것이 무엇인지 부단히 살펴 명명하기 어려운 호연지기를 길렀다. 맹자가 그럴 수 있었던 까닭을 장재는 명(命), 즉 하늘로부터 부여된 사명이 무엇인지 아는 데서 찾았다. 자신에게 주어진 사명이 뭔지 알면 정성스러워진다. 그리고 이 정성스러운 태도는 궁극적으로는 하늘의 태허에서 나온 것이다. 태허의 기는 허한 기, 신묘한 기이다. 하늘의 태허를 직접 체현한 인간의 마음 역시 허하고 신묘한 본성을 지니고 있다.

2.56 誠者, 虛中求出實.

|번역| 성(誠)이란 허한 것 가운데서 실(實)한 것을 구해 내는 것이다.

| 해설 | 『중용』도 『맹자』도 성(誠)을 하늘의 도라고 했다. 그런데 장재에게 하늘은 허, 즉 태허이기도 하다. 그렇다면 성과 태허는 어떤 관계인가? 하늘은 허한 기로 성실하게 만물을 생육하는 일을 한다. 그 자신은 허한 기이지만, 사용하는 기, 만들어 내는 기는 실한 기이다. 마찬가지로 인간의 마음은 유학적으로 말하면 성실한 마음이다. 그러면서도 장재가 말하는 인간의 마음은 허한 마음이기도 하다. 그렇다면 성실함이란 도가적인 허한 마음에서 유학적인 덕을 구해내는 것이다. 장재는 도가적인 마음 개념과 유가적인 마음 개념을 종합하려고 애썼다.

2.57 虛者, 仁之原, 忠恕者與仁俱生, 禮義者仁之用.*

| 번역 | 허(虛)란 인(仁)의 근원이니, 충서(忠恕)는 모두 인과 더불어 생겨난다. 예와 의란 인의 작용이다.

| 해설 | 하늘은 허한 기이다. 그 기, 그 본질이 만물에 내재되어 있다. 따라서 만물의 하나인 인간 역시 일차적으로 지닌 것은 허한 본성이다. 인간의 어진 덕성은 허한 본성의 인간적 표현이다. 그런 맥락에서 장재는 '허를 인의 근원이다'라고 했다. 충서는 인의 소극적, 적극적 표현이다. 그렇기 때문에 충서는 인과 더불어 생겨난다. 예는 인한 마음을 표현하는 외재적 형식이요, 의 또한 인한 마음을 바탕으로 확립된 것이다. 따라서 예와 의는 인의 작용이다.

2.58 敦厚虛靜, 仁之本; 敬和接物, 仁之用.*

| 번역 | 돈독하고 두터우며 허하고 고요한 것은 인의 근본이요, 경건하고 조화롭게 사물과 접촉하는 것은 인의 작용이다.

| 해설 | 인(仁)은 내면의 욕심 없는 허함, 평온한 고요함, 타인을 위하려는 돈후함을 근

본으로 한다. 그 마음이 바탕이 되어 사물과 접촉할 때 경건, 겸손한 태도로 조화로운 관계를 유지한다면 그것은 인의 작용이라 할 수 있다.

2.59 太虛者自然之道, 行之要在思, 故又曰"(1)思誠."118*

|번역| 태허(太虛)란 자연스러운 도이되, 그것을 행하는 요체는 생각함에 있다. 그러므로 또한 "성을 생각한다(思誠)"고 한다.

|해설| 인간이 하늘로부터 부여받은 태허, 즉 허한 본성은 일종의 자연성에 토대를 둔 도덕성이다. 그것이 순수하게 자연성일 뿐이라면 본성대로 하도록 내버려두면 된다. 하지만 그것은 도덕성이기 때문에 그것을 실천할 때 인간에게는 사유 활동이 요구된다. 인간은 끊임없이 내면의 진실함, 성실함을 생각하고 그것에 따라 행동하기 위해 노력한다.

2.60 虛心然後能盡心.*

|번역| 마음을 비워야 마음을 다할 수 있다.

|해설| 마음을 다한다는 말은 마음이 지닌 두 가지 기능, 즉 덕성과 인식의 기능을 유감 없이 발휘할 수 있다는 뜻이다. 이 두 마음의 기능이 제대로 작동하기 위해서는 마음을 비우는 것이 선결 조건이다. 욕심이 없어야 덕성이 발휘될 수 있고, 인식 또한 덕성의 인도를 받는 인식이 될 수 있기 때문이다.

118 (1)思誠:『孟子』,「離婁上」, "그러므로 성은 하늘의 도요, 성을 생각하는 것은 사람의 도 이다."(是故誠者, 天之道也; 思誠者, 人之道也.)

2.61 虛則生仁, 仁在理以成之.*

|번역| 허하면 인을 낳는다. 인은 이치에 있음으로써 그것을 완성한다.

|해설| 텅 빈 욕심 없는 마음에서 타자를 위하려는 어진 마음이 생겨난다. 어진 마음은 반드시 이치에 합당한 곳에서 발현되어야 그 이념을 제대로 실현할 수 있다.

2.62 虛心則無外以爲累.*

|번역| 마음을 비우면 외부에 얽매이는 것으로 여길 것이 없어진다.

|해설| 마음을 비우면 자유로워진다.

2.63 人生固有天道. 人之事在行,¹¹⁹ 不行則無誠, ⁽¹⁾不誠則無物, 故須行實事. 惟聖人踐形爲實之至, 得人之形, 可離非道也.¹²⁰*

|번역| 사람이 태어나면 본디 하늘의 도가 있다. 사람의 일은 행하는 데 있으니, 행하지 않으면 성(誠)은 없고, 정성스럽지 않으면 사물은 없다. 그러므로 실질적인 일을 행해야 한다. 오직 성인이 타고난 모습대로 실천하는 것만이 실질의 지극함이니, 사람의 형체를 얻어 그것을 벗어날 수 있다면 도가 아니다.

---

119 『초석』에는 "人事當行"(사람의 일은 마땅히 행해야 하니)이라고 되어 있다.

120 (1)『孟子』, 「盡心上」, "형체와 용모는 천부적인 것인데, 오직 성인이라야 타고난 형체대로 실천을 할 수 있다."(形色, 天性也. 惟聖人然後可以踐形.)

|해설| 장재에게 인생에서 실현해야 할 도는 하늘과 하나가 되는 도이다. 인간은 하늘의 본질을 도덕성이라는 특수한 형태로 지니고 있기 때문에, 도덕성을 실현하는 것이 곧 하늘의 도를 실현하는 일이 된다. 도덕성을 실현하는 데 관건이 되는 것은 실천에 있다. 실천하지 않으면 성실함(誠)도 없고, 그 정성스럽게 일하여 성장하게 하는 타자도 존재할 수 없다. 마치 대자연이 성실하게 일하지 않으면 만물은 존재할 수 없는 것처럼 말이다. 인간에게 결국 가장 필요한 것은 실질적인 일을 하는 것이다. 장재는 이 실질적인 일을 성인만이 제대로 할 수 있음을 강조한다. 맹자가 말했던 것처럼 성인만이 타고난 육신을 덕성에 의지해 최대한 잘 발휘하기 때문이다. 육신 또한 사람이 하늘로부터 받은 것이다. 이 육신을 무시하고, 육신에서 벗어날 수 있을 듯 주장한다면 그것은 진리가 아니다.

2.64 與天同原謂之虛, 須[121]事實故謂之實, 此叩其兩端而竭焉, 更無去處.*

|번역| 하늘과 근원이 동일하니 허(虛)라고 하고, 사실을 필요로 하므로 실(實)이라고 한다. 이는 양쪽 끝을 두드려 다한 것으로, 여기서 더 갈 곳은 없다.

|해설| 장재가 세운 본체는 도가적 허와 유가적 실을 종합한 본체이다. 이 본체를 자연의 측면에서 말하면, 하늘의 기는 지극히 허하면서도 그 안에 실한 기를 잠재하고 있어, 그 기에 의해 만물을 낳고 기르는 것이라 할 수 있다. 인간의 측면에서 말하면 인간 내면의 허한 본성은 무욕의 마음이지만, 그 마음에서 타자를 위하는 인한 마음이 생겨난다는 점에서 인간의 본성은 허하면서도 인하다고 할 수 있다. 장재는 이를 '양쪽 끝을 두드려 다한 것', 즉 허와 실의 두 대립면을 종합한 것이라 했다.

---

[121] 〈중화 주석〉『초석』에는 '須' 다음에 '行' 자가 있다.

2.65 天地之道無非以至虛爲實, 人須於虛中求出實. 聖人虛之至, 故擇
善自精. 心之不能虛, 由有物[(1)]榛礙. 金鐵有時而腐, 山丘有時而
摧, 凡有形之物即易壞, 惟太虛(處)[122]無動搖, 故爲至實. 『詩』云:
"[(2)]德輶如毛", [(3)]毛猶有倫, 上天之載, 無聲無臭, 至矣.[123*]

|번역| 천지의 도는 지극히 허함(至虛)을 실(實)로 삼지 않음이 없으니, 사람
은 허 가운데서 실을 찾아내야 한다. 성인은 허함이 지극하므로, 선
을 택함이 자연히 정밀하다. 마음이 허할 수 없음은 어떤 것이 가시
덤불처럼 가로막고 있기 때문이다. 쇠도 부식할 때가 있고, 산과 언
덕도 무너질 때가 있으니, 모든 형체가 있는 사물은 쉽게 부서진다.
오직 태허만이 동요함이 없으니, 지극히 실한 것이 된다.『시경』에
서는 "덕은 가볍기가 터럭 같다"고 하나 터럭은 그래도 구체적인 사
물로 비견한 것이다. '하늘이 하는 일은 소리도 없고 냄새도 없다'고
함에 이르러서는 지극하다고 할 것이다.

|해설| 허공은 텅 빈 듯하지만, 실한 기로 가득하다. 대자연은 지극히 허한 기를 실한
기로 전환하여 만물을 낳고 기른다. 마찬가지로 사람 또한 욕심 없는 허한 마음
에서 어진 마음을 구해야 한다. 성인은 욕심이 없기 때문에, 선을 가려내는 일
또한 정밀하게 해낼 수 있다. 보통 사람들이 그러지 못하는 이유는 가시덤불 같
은 갖가지 유형의 사물들이 '내' 마음을 가로막고 있기 때문이다. 유형의 사물들
의 세계는 아무리 견고해 보이는 것이더라도 언젠가는 부서지게 마련이다. 그

---

[122] 〈중화 주석〉 '處'는『초석』에 근거해 삭제했다.
[123] (1)榛礙, 가시덤불처럼 가로막음. 榛(진), 마구 엉클어진 덩굴, 숲. (2)德輶如毛:『詩』,「大
雅」,「蒸民」, "덕은 가볍기가 터럭 같다." 덕을 드러내는 일은 마치 가벼운 터럭처럼 용
이함을 뜻함. 輶, 가벼움. (3)『중용』제33장, 毛猶有倫 上天之載 無聲無臭 至矣: "터럭은
그래도 구체적인 사물로 비견한 것이다. '하늘이 하는 일은 소리도 없고 냄새도 없다'고
함에 이르러서는 지극하다고 할 것이다." 倫, 倫比. 비교할 만한 대상.

런 하릴없이 부서지는 세계를 쫓아다니면 내 마음만 피곤해질 뿐이다. '내' 마음
이 근본으로 삼을 것은 오직 하늘이 싣고 있는, 저 지극한 기의 허하면서 인한 본
성밖에는 없다.

2.66 言虛者未論陰陽之道.

|번역| 허(虛)라 말했을 때는 아직 음양의 도를 논하지는 않았다.

|해설| 허, 즉 태허의 기는 음양의 대립하는 기로 화할 잠재태를 자신 안에 내재하고 있
기는 하지만, 태허의 기 자체가 곧바로 음양의 기인 것은 아니다.

2.67 靜者善之本, 虛者靜之本. 靜猶對動, 虛則至一.*

|번역| 고요함이란 선의 근본이요, 허함은 고요함의 근본이다. 고요함은
움직임과 상대되나, 허함은 지극한 하나이다.

|해설| 도가에서는 흔히 도를 체득한 마음을 허정지심(虛靜之心)이라고 한다. 텅 빈 무
욕의 마음은 고요한 심리상태를 유지하도록 한다. 그런데 장재는 여기서 고요
함과 허함을 분석적으로 사유하고 있다. 그가 허함을 고요함의 근본이라 하는
까닭은 태허를 우주의 본체로 여기고 있기 때문이다. 이 태허가 인간 안에 내재
하면 그것은 곧 인간의 허한 본성이다. 욕심 없는 허한 본성을 근본으로 삼아 사
람은 고요한 심리상태를 유지할 수 있고, 이 심리상태에서 모든 선악을 제대로
분별할 수 있다. 고요함은 움직임과 상대된다. 같은 논리로 허함도 실함과 상대
된다고 해야 하는 것 아닐까? 그러나 장재에게 허는 태허이기 때문에 실과 상대
되는 것이 아닌, 지극한 하나라고 말한다. 태허는 그에게 절대적이다.

2.68 氣之蒼蒼, 目之所止也; 日月星辰, 象之著也; 當以心求天之虛.
大人不失其赤子之心, 赤子之心今不可知也, 以其虛也.*

|번역| 기의 푸르른 것은 눈이 머무는 대상이다. 일월성신은 하늘의 형상
의 드러남이다. 마땅히 마음으로 하늘의 허함을 구해야 한다. 대인
은 아린아이의 마음을 잃지 않는다. 어린아이의 마음을 지금 알지
못하는 것은 그 어린아이의 마음이 허하기 때문이다.

|해설| 이 조목은 장자의 심재(心齋)에 관한 설명과 그 논리가 매우 흡사하다. 장자는
귀로는 표피적인 소리밖에 들을 수 없다고 했다. 마찬가지로 장재도 눈으로는
푸른 하늘과 일월성신밖에 보이지 않는다고 말한다. 그것들을 보았다고 해서
하늘을 알았다고 할 수 있을까? 물론 장재는 아니라고 말한다. 사람이 하늘에서
알아야 할 것은 '하늘의 허함'이다. 그것은 어떻게 알 수 있는가? 장자가 허한 기,
즉 무욕의 마음으로 들으라고 했던 것처럼, 장재 역시 어린아이 같은 마음으로
구하라고 말한다. 어린아이의 마음은 천진함, 순박함을 상징한다. 동시에 그것
은 선한 본성을 잃지 않음을 뜻하기도 한다. 어린아이의 마음을 거론하면서 장
재는 노자와 유가의 종합을 시도하고 있다.

2.69 天地以虛爲德, 至善者虛也. 虛者天地之祖, 天地從虛中來.*

|번역| 천지는 허함을 덕으로 삼으니, 지극히 선한 것은 허하다. 허함은 천
지의 조상이니, 천지는 허로부터 나왔다.

|해설| 천지의 실질은 허한 기이다. 대자연은 허한 기로 만물을 생육하는 작용을 일으
킨다. 이 작용, 기능은 곧 덕(德)이다. 유가에서 말하는 인간의 지극히 선한 덕은
바로 이 대자연의 허함에 뿌리를 두고 있다. 천지 자신이 허한 기의 작용으로부
터 형성된 것임을 인정한다면, 허함은 천지의 조상이라고까지 말할 수 있다.

3

어록하
語錄下

3.1 (1)中央土寄王之說, 於理非也. 大率五行之氣, 分王四時, 土固多於
四者, 然其運行之氣, 則均(同諸)[施錯][124]見. 金木水火皆分主四時,
獨不見土之所主, 是以有寄王之說. 然於中央在季夏之末者, 且
以『易』言之, 八卦之作, (2)坤在西南, 西南致養之地, 在離兌之間,
離兌即金火也, 是以在季夏之末.[125]*

---

124 〈중화 주석〉『초석』에 근거해 고쳤다.

125 (1)中央土寄王之說: 中央土는『禮記』,「月令」편에 나오는 말이다. 오행가들은 오행을 다
섯 방위에 배속시켰는데, 목은 동쪽, 화는 남쪽, 금은 서쪽, 수는 북쪽, 토는 중앙에 각
각 배속되었다. 또 오행은 사계절과도 관련 지어 배속시켰는데, 목은 봄, 화는 여름, 금
은 가을, 수는 겨울에 배속했다. 그런데 토를 배속할 곳이 없자, 그것을 여름과 가을 사
이, 즉 늦여름에 배속했다. 이는 화(火)가 토(土)를 생하고, 토(土)가 금(金)을 생한다는
오행상생의 원리에도 부합하고, 토가 시간상으로도 중앙에 위치하는 것으로서 설득력
이 있는 것이다. 이와는 약간 달리, 中央土寄王說은 12달을 12지지(地支)로 셈할 때, 진
월(辰, 3월), 미월(未, 6월) 술월(戌, 9월), 축월(丑, 12월)이 사계절의 4달 각각에 중앙 토
의 기가 18일씩 깃들어(寄) 그 시기를 주재한다(王)는 설이다. (2)坤在西南, 西南致養之
地, 在離兌之間, 離兌即金火也: 팔괘를 방위 및 오행과 연관 지어 배속시키면 이(離)는
불(火)로 남쪽, 태(兌)는 쇠(金)로 서쪽, 곤(坤)은 흙(土)으로 이괘와 태괘 사이인 서남쪽
에 해당한다. 그리고 시간상으로도 이괘인 여름과 태괘인 가을 사이의 늦여름에 해당
한다.

|번역| 중앙의 토(土)기가 사계절에 각각 18일씩 깃들어 그 기간을 주재한
다는 설은 이치상 틀린 것이다. 대체로 오행의 기는 사계절에 나뉘
어 각 시기를 주재하는데, 토는 물론 넷보다 많지만, 그 운행되는 기
는 고르게 베풀어져 교대로 나타난다. 금, 목, 수, 화가 모두 사계절
을 나누어 주재할 때 유독 토가 주재함이 보이지 않으므로, 이에 사
계절의 특정 시기에 깃들어 주재한다는 기왕(寄王)의 설이 생겨났
다. 그러나 중앙은 늦여름의 끝에 있는 것이고, 『주역』을 가지고 말
하더라도 팔괘가 지어질 때 곤(坤)은 서남쪽에 위치하였고, 서남쪽
은 길러지는 땅으로, 이(離)괘와 태(兌)괘 사이에 있다. 이괘와 태괘
는 각각 화와 금이다. 그러므로 늦여름 끝에 있는 것이다.

|해설| 오행 가운데 토를 사계절의 어느 시기에 배속하느냐 하는 문제와 관련하여 장재
는 토가 늦여름에 해당한다는 오행가의 일반적인 견해에는 찬동한다. 그리고
이에 근거해 토가 각 계절의 중간에 18일씩 배속된다는 설은 이치에 맞지 않는
다고 반대한다.

3.2 ⁽¹⁾五緯, 五行之精氣也. 所以知者, 以天之星辰獨此五星動, 以色言
之又有驗, 以心取之, 亦有此理.^{126*}

|번역| 금성, 목성, 수성, 화성, 토성의 다섯별은 오행의 정기이다. 그것을
아는 근거는 하늘에 있는 별들을 보면 유독 이 다섯별만이 움직이
고, 색깔로 말해도 징험되는 것이 있기 때문이며, 마음으로 취해 보
더라도 그런 이치가 있기 때문이다.

---

126 (1)五緯, 금성, 목성, 수성, 화성, 토성의 다섯 별을 가리킨다.

|해설| 옛 중국인들은 위 다섯 별이 오행의 정수가 되는 기운이라고 생각했다. 무엇보
다 하늘에 위치해 있기 때문이다. 중국뿐 아니라 고대의 천문학에서 보편적으
로 움직이는 별(行星)로 생각된 것은 해와 달, 그리고 금성, 목성, 수성, 화성, 토
성이다. 그것들은 대부분 육안으로도 관찰되기 때문에 장재는 색깔로 말해도
징험된다고 했다.

3.3 謂⁽¹⁾五帝皆黃帝子孫, 於理亦無. 黃帝以上, 豈無帝王?¹²⁷

|번역| 오제(五帝)를 모두 황제(黃帝)의 자손이라고 하는데, 그런 이치는 없
다. 황제 이전에 어찌 제왕이 없었겠는가?

|해설| 장재는 황제(黃帝) 이전에도 제왕이 있었을 것이라고 추측한다. 황제 자체가 전
설상의 신화적 인물이므로 그 진위를 따지는 것은 무의미하다. 다만 장재가 제
왕은 태고 적부터 늘 존재해 왔다고 생각한 것이라면 이는 역사적 사실에 부합
하지 않는다.

3.4 大雩, "龍見而雩"是也, 當以孟夏爲百穀祈甘雨, 有水旱則別爲雩.

|번역| 큰 기우제는 "창룡성(蒼龍星)이 보이면 기우제를 지낸다"고 한 것을
가리킨다. 초여름에는 백곡을 위해 단비를 기원하고, 날이 가물면

---

127 (1)五帝: 상고시대 전설상의 다섯 제왕을 지칭하는 명칭이다. 다섯 제왕이 누구인지에
대해서는 여러 설이 있다. 소호(少昊), 전욱(顓頊), 제곡(帝嚳), 요, 순이라고 하기도 하
고, 황제(黃帝), 전욱, 제곡, 요, 순이라고 하기도 하며, 복희(伏羲), 신농(神農), 황제(黃
帝), 소호, 전욱이라고 하기도 한다. 위에서 장재는 오제를 황제의 자손이라고 하는 설
을 문제 삼고 있으므로 아마도 첫 번째 설을 따른 것 같다.

따로 기우제를 지냈다.

|해설| 『경학리굴』, 「제사」 10.22의 일부와 내용이 중첩된다. 그곳의 해설을 참조하라.

3.5 禮文⁽¹⁾參校, 是非去取, 不待已自⁽²⁾了當. 蓋禮者理也, 須是學窮理, 禮則所以行其義, 知理則能制禮, 然則禮出於理之後. 今在上者未能窮, 則在後者烏能盡! 今禮文殘缺, 須是先求得禮之意然後觀禮, 合此理者即是聖人之制, 不合者即是諸儒添入, 可以去取. 今學者所以宜先觀禮者類聚一處, 他日得理, 以意參校.^{128*}

|번역| 예법에 관한 글을 비교하고 교정할 때 옳은 것과 그른 것, 버릴 것과 취할 것을 판단하는 일은 기다리지 않아도 자연스럽게 끝난다. 무릇 예(禮)란 리(理)이니, 이치를 궁구하는 법을 배워야 한다. 예는 의를 행하기 위한 것이니, 이치를 알면 예를 제정할 수 있다. 그러니 예는 리 뒤에 나오는 것이다. 지금 앞에 있는 리를 궁구하지 못한다면 뒤에 올 예를 어떻게 다할 수 있겠는가! 오늘날 예법에 관한 글은 일부가 빠져 있으니, 먼저 예의 의미를 구하고 나서야 예를 살핀다. 그 이치에 합치되는 것은 성인이 제정한 것이요, 합치되지 않는 것은 여러 유자가 첨가해 넣은 것이니, 그것들은 버리고 취할 수 있다. 지금 배우는 자는 앞서 예를 살핀 것을 종류에 따라 한 곳에 모으고, 훗날 이치를 얻으면 의미에 따라 비교하고 교정해야 한다.

|해설| 예는 아무렇게나 제정된 것이 아니라, 이치에 근거를 둔 것이다. 여기서 말하는

---

128 (1)參校, 책 한 권을 저본으로 삼아 다른 판본과 비교하고 교정함. (2)了當, 끝을 맺는다는 뜻.

이치란 결국은 이성적으로 판단할 때 합리성을 갖는 것을 뜻한다. 그런 이유에서 장재는 예를 리라고 하고, 예는 리 뒤에 나오는 것이라 주장한다. 그리고 그 근거 위에서 장재는 예에 관한 글을 교정하는 사람들은 반드시 이치를 궁구하는 법을 배워야 한다고 말한다. 고대로부터 전해 내려온 예법에 관한 문헌은 빠진 부분이 적지 않기 때문에, 반드시 먼저 예의 의미를 탐구하고, 그것을 바탕으로 예가 성현의 정신을 제대로 계승한 것인지 어떤지를 판별해야 한다고 말한다.

3.6 "八蜡以記四方", 八者, 先嗇一也, 先嗇是始治稼者, 據『易』是神農也, [(1)] 司稼是修此職者, 二也; 農, 三也; 郵表綴, 四也; 貓虎, 五也; 坊, 六也; 水庸, 七也; 百種, 八也. 百種, 百穀之種, 祭之, 以民食之重, 亦報其稼所成. 舊說以昆蟲爲百種, 昆蟲是爲害者, 不當爲百種. 或(至)[致][129]此百種而祭之, 或只祭稼而已. 此蜡是報成之祭, 故所祭甚有重祭之者.[130]

|번역| "팔사(八蜡)의 제사를 지낼 때는 사방의 풍흉을 기록한다." 여덟 신 가운데 첫째는 선색(先嗇)이다. 선색은 농사를 처음으로 지은 자로, 『역』에 근거하면 신농이다. 둘째는 사색(司嗇)으로 그 직무를 처리한 자이다. 셋째는 농신이다. 넷째는 밭두둑 사이의 오두막에서 농사를 독려하던 우표철이다. 다섯째는 고양이와 호랑이 신이다. 여섯째는 제방이다. 일곱째는 도랑이다. 여덟째는 백종(百種)으로 백종이란 백곡의 종자로서, 그것에 제사를 지낸 것은 백성이 먹는 것을 중시하여 농사를 지어 거둔 것에 보답하기 위함이다. 옛 설에서는 곤충을 백종(百種)이라 여겼는데, 곤충은 해가 되는 것으로 백종

---

129 〈중화 주석〉 '致'는 『鳴道』본에 근거해 고쳤다.
130 (1)司稼, 사색(司嗇)을 가리킴.

으로 삼아서는 안 된다. 그것은 한 해가 끝나 은혜에 크게 보답하는 제사이다. 혹은 이 백곡의 종자에 이르러 제사를 지내기도 하고 혹은 단지 색(穡)에만 제사 지냈다. 이 사제는 수확에 보답하는 제사였으므로, 제사 지내는 대상이 중첩되어 제사 지내는 것이 많이 있었다.

| 해설 | 이 조목은『횡거역설』「의리」10.21과 내용이 거의 같다. 그곳의 해설을 참조하라.

3.7 "$^{(1)}$知之於賢者", 知人之謂知, 賢者當能知人, 有於此而不受知於賢者, 知不施於賢者也. $^{(2)}$顏嬰之賢亦不知仲尼, 於仲尼猶$^{(3)}$吹毛, 直欲陷害孔子, 如$^{(4)}$歸女樂之事.[131]*

| 번역 | "지는 현자에 대해서"라고 하니, 사람을 알아보는 것을 지(知)라고 한다. 현자는 마땅히 사람을 알아볼 수 있어야 하니, 어떤 이가 여기에 있는데, 현자가 그를 알아보지 못한다면, 그것은 지(知)가 현자에게서 베풀어지지 않음이다. 안영의 현명함으로도 공자를 알아보지 못했으니, 사력을 다해 공자의 흠을 찾아내 공자를 모함하려 했다. 예컨대 여자 악사들을 보내온 것처럼 말이다.

---

[131] (1)知之於賢者: "지는 현자에 대해, 성인은 천도에 대해 그것을 성취하는가 하는 것은 운명이지만, 거기에는 본성이 존재하기에 군자는 그것을 운명이라 하지 않는다."(智之於賢者也, 聖人之於天道也, 命也, 有性焉, 君子不謂命也.) (2)顏嬰: 춘추시대 말기 제나라의 현명한 재상. (3)吹毛: 吹毛求疵(취모구자)의 준말. 터럭을 불어 흠을 찾는다. 즉 전력을 다해 남의 흠을 찾아냄을 뜻한다. (4)歸女樂之事:『論語』,「微子」, "제나라 사람이 여자 악사들을 보내오자 계환자가 그것을 받고 3일 동안 조회를 열지 않았다. 공자께서 떠나셨다.(齊人歸女樂 季桓子受之 三日不朝 孔子行.) 歸, 궤(饋)와 같음, 보내옴. 제나라에서 여자 악사들을 노 정공에게 보내왔는데, 계환자가 그것을 받아들여 3일 동안 조회를 열지 않자, 공자가 그것에 불만을 품고 노나라를 떠났다.

|해설| 아무리 현명한 사람이라 하더라도 다 알 수는 없다. 맹자는 그런 상황을 명이라고 했다. 장재는 맹자의 그 생각을 이어받아 안영의 예를 들었다. 안영은 춘추 말기의 현명한 재상이었으나, 그의 총명함으로도 공자를 알아보지 못했을 뿐 아니라, 그를 모함하기까지 했다.

3.8 "(1)隱居以求其志", 求志, 欲盡道也; 問學, 求放心於其失而已.[132]

|번역| "숨어 지내면서 그 뜻을 추구한다"고 했는데, 뜻을 추구한다는 것은 도를 다하려고 함을 뜻한다. 학문이란 그 상실한 상태에서 잃어버린 마음을 찾는 것일 따름이다.

|해설| 장재는 뜻을 추구한다는 말이 도에 뜻을 두고 그 도를 실현하기 위해 진력함을 뜻한다고 설명했다. 아울러 학문이란 상실한 '나'의 덕성을 되찾는 일이라고 했다.

3.9 "時雨化之者", 如春誦夏弦亦是時, 反而教之亦是時, 當其可之謂. 言及而言亦是時, 言及而言, 非謂答問也, 亦有不待問而告之, 當其可告而告之也. 如天之雨, 豈待望而後雨? 但時可雨而雨.

|번역| "때마침 내리는 비처럼 교화한다"는 것은 예를 들어 봄에는 구송하고 여름에는 악기연주를 곁들이는 것도 때에 맞게 함이고, 돌이켜 가르치는 것도 때에 맞게 함이니 그 마땅히 그래야 할 때를 말한다.

132 (1)隱居以求其志: 『論語』, 「季氏」, "숨어 지내면서 그 뜻을 추구하고, 의를 행하여 그 도에 통달한다고 하는데, 나는 그런 말은 들었지만 그런 사람은 보지 못했다."(隱居以求其志, 行義以達其道, 吾聞其語矣, 未見其人也.)

말이 어떤 일에 미쳐 말하는 것도 때에 맞게 함이니, 말이 어떤 일에 미쳐 말하는 것은 물음에 답함을 뜻하는 것이 아니다. 물을 때까지 기다리지 않고 알려 주는 일도 있으니, 알려 줘도 좋을 때 알려 주는 것이다. 예컨대 하늘이 내리는 비가 어찌 그것을 바란 뒤에 내리는 것이겠는가? 시기상 비가 내릴 만할 때 내리는 것일 뿐이다.

┃해설┃ 맹자는 "때마침 내리는 비처럼 교화한다"고 했다. 장재가 이 말에서 주목한 것은 때에 맞게 하는 교육의 시의 적절성이다. 예컨대 교육 내용은 계절마다 다를 수도 있고, 말을 하다가 어떤 다른 관련된 일을 언급하게 될 때도 있으며, 묻지 않은 것을 알려 줄 때도 있다. 교육의 방법은 매우 다양한데, 그 다양한 방법 가운데 어느 것을 사용할지는 어느 것이 시의적절한지에 대한 판단에 달려 있다.

3.10 "私淑艾者", 自修使人觀己以化也. 如顏子大率私艾也, "以能問於不能, 以多問於寡, 有若無, 實若虛", 但修此以教人. 顏子嘗以己德未成而不用, 隱而未見, 行而未成故也. 至於聖人神道設教, 正己而物正, 皆是私淑艾, 作於此, 化於彼, 如祭祀之類.

┃번역┃ "사숙애(私淑艾)"란 자기를 닦아 타인이 '나'를 살펴 감화되도록 함이다. 예컨대 안연은 대체로 타인의 훌륭한 점을 취해 자신을 닦은 자이다. "능력이 있으면서 능력이 없는 사람에게 묻고, 지식이 많으면서 지식이 적은 사람에게 물으며, 있으면서도 없는 것처럼 하고, 가득 차 있으면서도 빈 것처럼 하였다"고 했으니, 그는 다만 그렇게 닦아 사람들을 가르쳤다. 안연은 자기 덕이 완성되지 못해 쓰이지 않겠다고 하여 숨어 지내며 드러내지 않았으니, 행했으되 완성하지 못했기 때문이다. 성인의 경우는 신묘한 도로 가르침을 베풀고, 자

기를 바르게 해 사물이 바르게 되니, 이는 모두 타인의 훌륭한 점을 취해 자신을 닦은 것이다. 여기에서 행하여 저기에서 감화되는 것이 마치 제사를 지내는 것과 같다.

|해설| 맹자가 말한 '사숙애'란 타인의 훌륭한 점을 본받아 자기를 닦는 것을 뜻한다. 장재는 그런 자의 전형으로 안연을 들었다. 자신이 이미 뛰어나면서도 자기보다 못한 사람에게 물어 배우고, 늘 자신은 부족한 것처럼 행동했다는 증자의 말이 그 증거이다. 그런 안연과 같은 이를 보면 사람들은 감화되기 마련이다. 장재는 사숙애에 타인의 훌륭한 점을 취해 자기를 닦는 사람을 보고 다른 사람들이 감화된다는 의미를 덧붙였다. 마치 정성을 다한 제사에 신령이 감응한다고 믿는 것처럼, 그런 교감이 일어난다고 보았다.

3.11 "非禮之禮, 非義之義", 但非時中者皆是也. 大率時措之宜者即時中也. 時中非易得, 謂非時中而行禮義爲非禮之禮·非義之義. 又不可一槩如此, 如孔子喪出母, 子思不喪出母, 不可以子思爲非也. 又如制禮者小功不稅, 使曾子制禮又不知如何, 以此不可易言. 時中之(宜)[義]甚大, 須[是]精義入神[以致用], 始得觀其會通[以]¹³³行其典禮, 此方是眞義理也. 行其典禮而不達會通, 則有非時中者矣. 今學者則須是執禮, 蓋禮亦是自會通制之者. 然言不足以盡天下之事, 守禮亦未爲失, 但大人見之, 則爲非禮非義不時中也. 君子多要識前言往行以畜其德, 以其看前言往行熟, 則自能比物醜類, 亦能見得時中.¹³⁴ 禮亦有不須變者, 如天敍天秩之類, 時中者不謂此.

---

133 〈중화 주석〉 이상은 모두 『정의』에 근거해 보완하고 바로잡았다.
134 〈중화 주석〉 이어지는 부분은 『정의』에 근거해 합병했다.

| 번역 | "예가 아닌 예, 의가 아닌 의"란 시중이 아니면 모두 그것이다. 대체로 때에 따라 조치하여 합당한 것이 곧 시중이다. 시중을 쉽게 얻을 수 없음은 시중이 아니면서 예의를 행하면 예가 아닌 예, 의가 아닌 의가 됨을 말하니 또한 일률적으로 말할 수도 없다. 예컨대 공자께서는 쫓겨난 어머니를 위한 상을 치르게 하셨고, 자사께서는 쫓겨난 어머니를 위한 상을 치르게 하지 않으셨는데, 그렇다고 자사가 예를 지킨 것을 틀렸다고 할 수는 없다. 또 예컨대 예를 제정한 자는 소공(小功)의 경우 추가로 상을 치르지 못하게 하여, 증자께서 예를 제정한 뜻이 어떠했는지 이해하지 못하게 했다. 그러므로 쉽게 말할 수 없는 것이다. 시중의 의미는 아주 커서, 의리를 정밀하게 살펴 신묘한 경지에 들어섬으로써 작용을 다 발휘해야만 비로소 그 회통하는 것을 보고 전례를 행할 수 있다. 그것이야말로 참된 의리이다. 전례를 행하지만 회통함에 도달하지 못하면 시중이 아닌 것이 있는 것이다. 지금 배우는 자는 예를 행하여야 하니, 예라는 것도 회통시켜 제정한 것이다. 하지만 말은 천하의 일을 다 표현하기에 부족하여, 예를 지켜 잃지 않았으나, 대인이 보면 예가 아니고 의가 아니며 시중이 아니게 된다. 군자는 과거 성현의 언행을 많이 기억하여 덕을 쌓아야 하니, 과거 성현의 언행을 익숙하게 보면 그로 인해 자연히 같은 부류의 것들을 비교할 수도 있고, 시중을 알 수도 있을 것이다. 예에는 변치 않아야 하는 것도 있으니 하늘의 차서, 하늘의 질서 같은 것이 어찌 변할 수 있겠는가! 시중이란 이를 말하는 것이 아니다.

| 해설 | 이 조목은 『횡거역설』 「계사상」 1.85와 내용이 같다. 그곳의 해설을 참조하라.

3.12 時中之義甚大. [如]"蒙亨, 以亨行時中也", 蒙何以有亨? 以九二之
    亨行蒙者之時中, 此所以蒙得亨也. 蒙無遽亨之理, 以九二循循行
    時中之亨也. 蒙卦之義, 主[之]¹³⁵者全在九二, 「彖」之所論皆二之
    義. 教者但只看蒙者時之所及則導之, 是以亨行時中也, 此時也,
    正所謂"如時雨化之". 若既引之中道而不使之通, 教者之過也; 當
    時而引之使不失其正, 此教者之功也. "蒙以養正, 聖功也", 是養
    其蒙以正, 聖人之功也.*

|번역| 시중의 의미는 아주 크다. 예컨대 "몽매하지만 형통한다는 것은 형
통함으로 시중을 행하는 것이다"라는 말에서 몽매함이 어떻게 형통
함이 있을 수 있는가? 구이의 형통함으로 몽매한 자의 시중을 행하
기 때문이다. 그래서 몽매함은 형통할 수 있다. 그러나 몽매함이 갑
자기 형통할 리는 없다. 구이로부터 차례로 시중을 행한 형통함이
다. 몽괘에서 그것을 주도하는 것은 전적으로 구이에 있다. 「단전」
에서 논한 것은 다 구이의 의미이다. 가르치는 자는 다만 몽매한 자
가 때에 따라 미치는 바를 관찰하여 그를 인도하니, 이것이 형통함
으로 시중을 행하는 것이다. 그때라는 것은 바로 이른바 때마침 내
리는 비처럼 교화하는 것을 말한다. 만약 중도로 인도했는데도 통
달하지 못하게 된다면 그것은 가르치는 자의 잘못이다. 마땅한 때
에 그를 인도하여 그 바름을 잃지 않도록 한다면 그것은 가르치는
자의 공이다. "몽매함에 바름으로 기르는 것은 성인의 공이다"라고
했다. 몽매한 자를 길러 바르게 하는 것은 성인의 공이다.

|해설| 이 조목은 『횡거역설』 「상경」 몽괘 4.6과 내용이 거의 중첩된다. 해설은 『횡거

---

135 〈중화 주석〉 이상은 모두 『역설』에 근거해 보완했다.

역설』을 참조하라.

3.13 ⁽¹⁾孟子言水之有本無本者, [以]¹³⁶⁽²⁾況學者有所止也. 大學之道在
止於至善, 此是有本也. 思天下之善無不自此始, 然後定止, 於此
發源立本. 樂正子有本者也, 日月而(爲)¹³⁷至焉, 是亦有本者也. 聲
聞過情, 是無本而有聲聞者也, 向後僞跡俱辨則都無也.^{138*}

|번역| 맹자가 물의 근본 있음과 없음에 대해 말한 것은 그것을 통해 배우
는 자들이 머무를 곳이 있음을 비유한 것이다. 대학의 도는 지선에
머무르는 데 있다고 했으니, 이는 근본이 있는 것이다. 이 세상의 선
을 생각해 보건대 여기서 시작하지 않은 것이 없고, 그래야 머물 곳
을 정하게 되니, 여기에서 발원하여 근본을 세운다. 악정자는 근본
이 있는 자로서, 매일, 매달 거기에 이르니, 그 역시 근본이 있는 자
이다. 명성이 실제를 넘어선다는 것은 근본이 없이 명성이 있는 자
이다. 이후에 거짓된 자취가 다 변별되면 모두 없어진다.

|해설| 맹자가 말한 "근본이 있는 자"를 『대학』의 '지선(至善)에 머무르는' 자로 해석하
고, 맹자가 선한 자, 신뢰할 만한 자로 평가한 악정자를 그런 자의 예로 들었다.

136 〈중화 주석〉 '以'는 『초석』에 근거해 보완했다.
137 〈중화 주석〉 '爲'는 『초석』과 『명도』본에 근거해 삭제했다.
138 (1)孟子言水之有本無本者:『孟子』,「離婁下」, "근원이 있는 샘물은 콸콸 흘러 밤낮을 가
리지 않고 구덩이를 가득 채운 뒤 계속 나아가 큰 바다에 이른다. 근본이 있는 자는 이
와 같으니, 이 점을 취하신 것이다. 만약 근본이 없다면, 7~8월 사이에 빗물이 모여 도
랑에 모두 가득하지만, 그것은 서서 기다리는 동안 마르는 것과 같을 것이다. 그러므로
명성이 실제를 넘어서는 것을 군자는 부끄러워한다."(原泉混混, 不舍晝夜, 盈科而後進,
放乎四海. 有本者如是, 是之取爾. 苟爲無本, 七八月之間雨集, 溝澮皆盈, 其涸也, 可立而待
也. 故聲聞過情, 君子恥之.) (2)況, 비유하다.

일반적으로 『대학』의 '지선에 머무름'이란 배움의 목적에 도달한 것으로 설명되는데, 이와는 달리 장재는 그것을 배움의 시작 단계에서 근본을 확립하는 일로 보았다.

3.14 明庶物, 察人倫, 庶物, 庶事也, 明庶物須要旁用; 人倫, 道之大原也. 明察之言不甚異, 明庶物, 察人倫, 皆窮理也. 既知明理, 但知順理而行而未嘗以爲有意仁義, 仁義之名, 但人名其行耳, 如天春夏秋冬何嘗有此名, 亦人名之爾.

|번역| 많은 사물(庶物)을 밝히고 인륜을 살핀다고 하니, 많은 사물이란 많은 일이다. 많은 일을 밝히려면 두루 작용해야 한다. 인륜은 도의 큰 근원이다. 밝힌다(明)는 말과 살핀다(察)는 말은 그리 다르지 않으니, 많은 일을 밝히고 인륜을 살피는 일은 모두 궁리이다. 이치를 밝힐 줄 알았으면, 다만 이치를 따라 행할 줄 알 뿐, 인의를 의도적으로 행한 적은 없다. 인의라는 명칭은 다만 사람이 그 행위를 칭한 것일 따름이다. 예컨대 하늘의 춘하추동에 언제 이 명칭이 있었겠는가? 이 역시 사람이 이름을 붙인 것이다.

|해설| 『맹자』에서 순임금이 "많은 사물을 밝히고 인륜을 살폈다"고 한 구절을 이치를 궁구하는 일이라고 설명하였다. 그가 말하는 밝혀야 할 이치란 주로 하늘의 이치이다. 예컨대 인의는 하늘이 부여한 이치이니, 그 이치를 알았다면, 내면의 그것을 자연스럽게 따르면 될 일이지, '내'가 인의를 행해야겠다는 목적의식을 갖고 행해서는 안 된다. 그는 인의도, 춘하추동도 사람이 이름을 붙인 것일 뿐이라고 말한다. 이 말은 무슨 뜻인가? 바로 춘하추동, 인의 등이 인간의 의식과는 상관없이 자연적, 객관적으로 본래 존재하는 것이라는 뜻이다.

3.15 某比年所思慮事漸不可易動, 歲年間只得變得些文字, 亦未可謂辭有巧拙, 其實是有過. 若果是達者, 其言自然別, 寬而約, 沒病痛. 有不是, 到了是不知. 知一物則說得子細必實. 聖人之道, 以言者尚其辭, 辭不容易, 只爲到其間知得詳, 然後言得不錯, 譬之到長安, 極有知長安仔細者. 然某近來思慮義理, 大率億度屢中可用, 既是億度屢中可用則可以⁽¹⁾大受. 某唱此絕學亦輒欲成次第, 但患學者寡少, 故貪於學者. 今之學者大率爲應擧壞之, 入仕則事官業, 無暇及此. 由此觀之, 則⁽²⁾呂範過人遠矣. 呂與叔資美, 但向學差緩, 惜乎求思也⁽³⁾[褊],¹³⁹ 求思雖[猶]¹⁴⁰似褊隘, 然褊不害於明. 褊何以不害於明? 褊是氣也, 明者所學也, 明何以謂之學? 明者言所見也. 大凡寬褊者是所稟之氣也, 氣者自萬物散殊時各有所得之氣, 習者自胎胞中以至於嬰孩時皆是習也. 及其長而有所立, 自所學者方謂之學, ⁽⁴⁾性則分明在外, 故曰氣其一物爾. ⁽⁵⁾氣者在性學之間, 性猶有氣之惡者爲病, 氣又有習以害之, 此所以要⁽⁶⁾鞭(後)[辟]至於齊, 強學以勝其氣習. 其間更有緩急⁽⁷⁾精麤, 則是人之性(則)[雖]同, 氣則[有異]. 天(理)[下]¹⁴¹無兩物一般, 是以不同. 孔子曰: "性相近也, 習相遠也", 性則寬褊昏明名不得, 是性莫不同也, 至於習之異斯遠矣. 雖則氣(之)稟[之]¹⁴²褊者, 未至於成性時則暫或有暴發, 然而所學則却是正, 當其如此, 其一作不. 則漸寬容, 苟志於學則可以勝其氣與習, 此所以褊不害於明也. 須知⁽⁸⁾自誠明與[自]¹⁴³明誠者有異. 自誠明者, 先盡性以至於窮理也, 謂先其

---

139 〈중화 주석〉 '褊'은 『초석』에 근거해 보완했다.
140 〈중화 주석〉 '猶'는 『명도』본에 근거해 보완했다.
141 〈중화 주석〉 이상은 모두 『초석』에 근거해 보완하고 바로잡았다.
142 〈중화 주석〉 두 글자는 글의 뜻에 따라 위치를 바꿨다.

性理會來, 以至窮理; 自明誠者, 先窮理以至於盡性也, 謂先從學問理會, 以推達於天性也. 某自是以仲尼爲學而知者, 某今以竊希於明誠, 所以勉勉安於不退. 孔子稱顔淵曰: "(9)惜乎吾見其進也, 未見其止也." 苟惟未止, 則可以竊冀其成就. 自明誠者須是要窮理, 窮理須是學也, 所觀所求皆學也. 長而學固(所)[144]謂之學, 其幼時豈可不謂之學? 直自在胞胎保母之教, 己雖不知謂之學, 然人作之而已變以化於其教, 則豈可不謂之學? 學與教皆學也, 惟其受教即是學也, 只是長而學, 庸有不待教習便謂之學, 只習有善惡. 只一作. 某所以使學者先學禮者, 只爲學禮則便除去了世俗一副當[世][145]習熟(10)纏繞. 譬之(11)延蔓之物, 解纏繞即上去, 上去即是理明矣, 又何求! 苟能除去了一副當世習, 便自然脫灑也. 又學禮則可以守得定. 所謂長而學謂之學者, 謂有所立自能知向學, 如孔子十五而志於學是學也. 如謂有所成立, 則十五以前庸有不志於學時. 一本云: 如孔子(五)十[五]而學是學也, 如謂有所成立, 則(五)十[五]以前庸有不(至)[志][146]於學. 若夫今學者所欲富貴聲譽, 博聞繼承, 是志也. 某只爲少小時不學, 至今日勉強, 有太甚則反有害, 欲速不達, 亦須待歲月至始得.[147]*

---

143 〈중화 주석〉 '自'는 이어지는 아래 문장에 근거해 보완했다.

144 〈중화 주석〉 '所'는 『명도』본에 근거해 삭제했다.

145 〈중화 주석〉 '世'는 이어지는 아래 문장에 근거해 보완했다.

146 〈중화 주석〉 이상은 모두 『초석』에 근거해 고쳤다.

147 (1)大受, 중임을 맡다. (2)呂: 여여숙(呂與叔, 1044~1091)은 여대림(呂大臨)을 가리킨다. '여숙'은 자(字)이다. 장재의 제자였고, 나중에는 이정에게서 배웠다. 평생 벼슬에 뜻을 두지 않고 도학에 전념했다. 範은 범육을 가리킨다. (3)[編], 즉 編隘. 협소함. (4)性則分明在外, 故曰氣其一物爾: 장재가 성을 밖에 있다고 말하는 까닭은 그가 천지 자체의 성(性), 즉 천지지성 개념을 사용하고 있기 때문이다. 인간을 비롯한 만물에 내재한 성은 모두 이 천지 자체의 성, 즉 허한 본성에 기원을 두고 있다고 여기기 때문에 이렇게 말

|번역| 나는 최근 몇 년 사이에 생각이 점점 바뀌어 흔들리지 않게 되었다. 1년 사이에 몇몇 글귀만 바뀌었을 뿐이니, 이 역시 글에 정교함이나 서투름이 있었던 때문은 아니고, 사실 오류가 있었던 것이다. 만약 진실로 통달한 자라면 그 말이 자연히 달라, 넓으면서도 요약되어 아무 병통이 없을 것이다. 잘못이 있으면 옳은 것에 이르러도 모르게 된다. 어떤 사물에 대해 알면 그것에 대해 자세히 반드시 알맹이가 있게 말한다. 성인의 도를 말하는 자는 그 언사를 숭상하니, 언사는 표현하기 쉽지 않다. 그 사이에 이르러 상세히 알아야 말하는 것이 틀리지 않기 때문이다. 비유컨대 장안에 이르면 장안에 대해 지극히 자세히 아는 자가 있는 것과 같다. 그러나 내가 근래에 의리에 대해 생각한 것은 대체로 억측한 것이 여러 차례 들어맞아 쓰일 수 있게 된 것들이니, 억측한 것이 여러 차례 들어맞아 쓰일 수 있으면 중임을 맡을 수 있다. 나는 이 단절된 학문을 창도하여 두서를 이루고자 했으되, 다만 배우는 자가 적음을 걱정하여 배우는 자들을 탐하게 되었다. 오늘날 배우는 자는 대체로 과거 응시로 인해 망가졌으니, 출사하면 관직의 일을 하느라 이 일에는 미칠 겨를이 없다. 이 점을 볼 때, 여여숙과 범육은 다른 이들보다 훨씬 뛰어나다. 여여숙

한 것이다. 기질지성은 이 천지의 성에 기원을 둔 여러 층위의 성 가운데 하나일 따름이다. (5)氣者在性學之間, 性猶有氣之惡者爲病, 氣又有習以害之: 여기서 말하는 기는 모두 기질이다. 애초에 성은 천지 자신의 허한 본성밖에 없었지만, 기가 응집되어 기질을 지닌 만물이 형성되면 그 기에는 나쁜 것도 있고, 또 태어난 후에 어려서 기른 나쁜 습관이 저 원초적 성을 해치게 된다. (6)鞭[挅], 채찍질함, 격려함. (7)精麤, 정미함과 투박함. 즉 기질의 우수함과 거칢. (8)自誠明與[自]明誠者有異: 『中庸』 제27장, "성(誠)에서 출발해 밝아지는 것을 성(性)이라고 하고, 밝힘에서 출발해 성(誠)하게 되는 것을 가르침(敎)이라고 한다. 성(誠)하면 밝아지고, 밝히면 성(誠)하게 된다."(自誠明, 謂之性; 自明誠, 謂之敎. 誠則明矣, 明則誠矣.) (9)惜乎吾見其進也, 未見其止也: 『論語』, 「子罕」, 공자께서 안연에 대해 말씀하셨다. "안타깝다! 나는 안회가 앞으로 나아가는 것을 보았지 멈추는 것은 보지 못했다."(子謂顔淵曰: "惜乎! 吾見其進也, 未見其止也.") (10)纏繞, 뒤얽혀 휘감겨 있는 것. (11)延蔓之物, 쭉 뻗어 자라나는 것.

은 자질이 훌륭하다. 다만 학문으로 향하는 것이 다소 느리고, 애석하게도 생각에서 구하는 것이 협소하다. 생각에서 구하는 것이 협소한 듯하지만, 협소함이 밝아지는 데 해가 되지는 않는다. 협소함은 어째서 밝아지는 데 해가 되지 않는가? 협소함은 기질이요, 밝음은 배우는 것이다. 밝음을 왜 배움이라 하는가? 밝음이란 소견을 말한다. 무릇 넓음과 좁음이란 품부 받은 기이다. 기란 만물이 흩어져 달라질 때 각기 얻은 기이요, 습관이란 포태에 있을 때부터 영아기에 이를 때까지가 익힌 것들이다. 성장하여 확립함이 있는 것, 스스로 배운 것이라야 비로소 배움이라 한다. 성(性)은 분명히 밖에 있으니, 기는 그 가운데 하나일 따름이다. 기란 성(性)과 배움 사이에 있으니, 성(性)에는 기의 나쁜 것이 있어 병통이 되고, 기에는 또한 습관이 있어 그것을 해친다. 이것이 채찍질하여 정제됨에 이르러야 하는 까닭이고, 힘써 배워 그 기와 습관을 이겨 내어야 하는 까닭이다. 그 사이에는 다시 기질의 느림과 급함, 우수함과 투박함이 있으니, 사람의 본성은 같지만, 기질에는 차이가 있다. 이 세상에 똑같은 두 개의 사물은 없으니, 이에 다르다. 공자는 "본성은 서로 가까우나 습관으로 인해 서로 멀어진다"고 했다. 본성에 대해서는 넓음과 좁음, 어두움과 밝음의 명칭을 붙일 수 없으니, 이 본성은 차이가 없으며, 습관의 차이에 이르러서야 서로 멀어진다. 그렇다면 좁은 기를 품부 받은 자가 아직 본성을 완성하지 못했을 때는 잠시 폭발할 때도 있겠지만, 배운 것이 바르니, (어떤 판본에는 不이라고 되어 있다.) 그와 같다면 점차 너그러워질 것이다. 진실로 배움에 뜻을 둔다면 기와 습관을 이겨 낼 수 있으니, 이것이 좁은 기질이 밝아짐에 해가 되지 않는 까닭이다. 성(誠)에서 출발해 밝음(明)에 이르는 것과 밝음에서 출발해 성(誠)에 이르는 것에는 차이가 있음을 알아야 한다. 성에서 출발해 밝음에 이르는 것이란 먼저 본성을 다한 뒤에 이치를 궁구하는 데 이르는 것이니, 이는 먼저 그 본성을 체득한 뒤에 이치를 궁구하는 데 이르는 것을 말한다. 반면 밝음에서 출발해 성(誠)에 이르는 것이란 먼저 이치를 궁구한 뒤에 본성을 다하는 데 이르는 것이니, 이는 먼저 배우고 묻는 것에서 출발해 이해한 뒤에 밀고 나가 천성(天性)에 도달함을 말한다. 나는 공자를 배워서 알게 된 자라고 생각하고, 나는 지금 밝음에서 출발해 성에 이르기를 희망한다. 그러므로 힘써 퇴보하지 않음에 편안해한다. 공자는 안연을 칭찬하며 "안타깝다! 나는 안회가 앞으로 나아가는 것을 보았지, 멈추는 것은 보지 못했다"고 했다. 진실로 멈추지 않는다면 성취를 기대할 수 있다. 밝음에서 출발해 성에 이르는 자는 반드시 이치를 궁구해야 한다. 이치를 궁구하려면 배워야 한다. 살피는(觀) 것과 구하는(求) 것이 모두 배움이다. 성장해서 배우는 것은 당연히 배움이라 하는데, 어렸을 때 익히는 것은 어찌 배움이라 부르지 않을 수 있는가? 포태에 있을 때와 보모가 가르칠 때부터 자기는 그것을 배움이라 부를 줄 모르더라도 남이 어떤 행위를 해서 이미 변해 그 가르침에 감화된다면 그것을 어찌 배움이라 부르지 않을 수 있는가? 배움과 가르침은 모두 배움이니, 가르침을 받으면 곧 그것이 배움이다. 단지 성장해 배울 뿐이라면 어찌 교습에 의존하지 않는 것을 배움이라 부르는 일이 있겠는가? 다만 습관에는 선과 악이 있을 뿐이다. (只 자는 어떤 곳에서는 作으로 되어 있다.) 내가 배우는 자들에게 먼저 예를 배우도록 하는 까닭은 예를 배우면 세속의 현시대에 익숙해져 휘감겨 있는 것들이 제거되기 때문이다. 비유컨대 쭉 뻗어 자라나는 것에서 휘감고 있는 것을 제거하면 위로 올라가게 되니, 올라감은 곧 이치에 밝아짐이라, 다시 무엇을 구하겠는가! 진실로 현세의 습관을 제거할 수 있다면 자연히 시원스러워진다. 또한 예를 배우면 단단히 지킬 수 있게 된다. 성장하여 배우는 것을 배움이라 말한다는 것은 확립한 것이 있어 스스로 배움을 향해 나아갈 줄 안다는 뜻이다. 예컨대 공자는 15세에 배움에 뜻을 두었다고 할 때의 배움이 그런 뜻이다. 만일 세운 바가 있다고 말한다면 15세 이전이더라도 어찌 배움에 뜻을 두지 않을 때가 있었겠는가? (어떤 판본에서는 이렇게 말했다. 예컨대 공자는 15세에 배웠다고 할 때의 배움이 그런 뜻이다. 만일 세운 바가 있다고 말한다면 15세 이전이더라도 어찌 배움에 뜻을 두지 않을 때가 있었겠는가?) 지금 배우는 자들이 원하는 것은 부귀와 명성으로 널리 듣고 계승하니 이러한 지향이다. 나는 어렸을 때 배우지 않았기 때문에, 오늘날 힘쓰고 있는데, 너무 심하게 하면 도리어 해가 되고, 신속히 하고자 해도 통달하지 못하니, 역시 세월이 흘러야 얻기 시작함에 이르는 것이다.

|해설| 이 비교적 긴 조목에서 장재는 다음 몇 가지 사항을 이야기하였다. 첫째는 장재 자신의 사상이 점차 성숙해 감을 말하였다. 세상의 이치에 대한 사유가 더욱 정치(精致)해져, 그것을 언사로 정확히 표현할 수 있게 되었음을 말하였다. 둘째로는 그렇게 사유가 성숙하여 두서를 갖추게 되었지만, 도학에 뜻을 둔 학생이 적음을 아쉬워하며, 제자인 여대림이 생각이 협소한 단점이 있으나, 배움을 통해 그 한계를 극복할 수 있기를 희망했다. 셋째로는 사람에게 기질이란 무엇이며 그것은 배움과 어떤 관계를 맺는지 해명했다. 기질은 장재의 기론에 근거하면 기가 응집하는 방식이 달라짐으로 인해 개체마다 지니는 성격, 능력의 선천적 차이를 가리킨다. 이 기질도 일종의 본성으로서 그 안에는 나쁜 기질도 분명히 존재하며, 어려서 익힌 습관이 무엇이냐에 따라 기질과 습관은 사람이 극복해야 할 병통이 되기도 한다. 그 나쁜 기질과 습관을 바꾸는 것은 학습에 의해서이다. 학습을 통해 사람은 자신을 단련시켜 정제된 인격을 갖출 수 있게 된다. 넷째로는 학습이란 이치를 궁구하는 것임을 강조하였다. 『중용』에서는 인간 교육의 두 가지 길로 '성에서 출발해 밝음에 이르는 길'과 '밝음에서 출발해 성에 이르는 길'을 제시했는데, 공자도, 자신도 후자의 길을 따르기 때문에, 부단히 학습을 한다고, 이치를 궁구할 필요가 있음을 강조했다. 다섯째로는 광의의 배움

을 논했다. 어렸을 때 무의식적으로 습득하는 것도 넓은 의미의 배움이고, 교육자가 교육의 과정에서 배우는 것도 광의의 배움이다. 여섯째는 배움에 그렇게 광의와 협의의 배움이 있지만, 자신은 교육적인 측면에서 협의의 배움을 중시하고, 특히 의식적으로 예를 배우는 일을 강조한다고 했다. 예를 배우는 일을 중시하는 까닭은 그것을 통해 한 시대의 사람들이 각자 자신에게 실타래처럼 뒤엉킨 여러 잘못된 습관들을 극복할 수 있게 하기 때문이다. 마지막으로 장재는 자신이 어려서 학문에 힘쓰지 못해 비교적 공부를 늦게 시작했지만, 조급해하면 도리어 해가 되니, 공부에는 점진적인 단계와 과정이 필요함을 말하였다.

3.16 音訓雖眞僞未可知, 然從之不害爲經義. 理所主義則音使不動. 如地名, (1)名從中國, 號從主人, 名者文字, 號, 稱呼也.[148]

|번역| 음훈(音訓)의 경우, 진위를 알지 못하지만, 그것을 따라도 경전의 의미 파악에 해가 되지 않는다. 이치가 의미를 주도하는바, 음으로 그 의미를 흔들지는 못한다. 예컨대 지명의 경우, 명(名)은 중국을 따르고, 호(號)는 주인을 따른다. 명이란 문자이고, 호는 호칭이다.

|해설| 한자는 기본적으로 표의문자이다. 따라서 개별 한자의 음이 어떤지 몰라도 의미 파악에는 상관이 없다. 지명을 예로 들 경우, 長安이라는 글자는 전 중국에서 통한다. 하지만 그것을 어떻게 읽을 것인지는 원래 그 지명을 붙인 자의 그 발음을 따른다.

---

[148] (1)名從中國, 號從主人: 명(名), 즉 문자는 중국에서 통용되는 것을 따르고 호칭은 원래의 주인이 붙인 호칭을 따른다. 이러한 표현은 『春秋穀梁傳』「桓公」 2년 조의 다음과 같은 말을 응용한 것으로 보인다. 공자가 말했다. "이름은 그 주인을 따르고, 물건은 중국을 따르니 고나라의 큰 솥이라 한다."(孔子曰: "名從主人, 物從中國, 故曰郜大鼎也.") 큰 솥(大鼎)은 본래 고나라에서 만든 것인데, 후에 송나라가 이것을 차지하였다가, 다시 송나라에서 노환공에게 뇌물로 바친 것이다. 노나라에서는 이 물건을 어떻게 불러야 할지 몰라 공자에게 물었고, 공자는 위와 같이 답하였다.

3.17 雞鳴, 雛不能如時, 必老雞乃能如時. 蟻鬪, 必有大者將領之, 恐小者不知鬪. 然風雨陰晦, 人尚不知早晚, 雞則知之, 必氣使之然. 如蟻之鬪, 不知何緣而發.

|번역| 닭이 우는 일을 병아리는 시간에 맞추어 할 수 없고 반드시 늙은 닭이어야만 시간에 맞출 수 있다. 개미가 싸울 때는 반드시 큰 놈이 있어 이끄니, 작은 놈은 싸울 줄 모르는 것 같다. 비바람에 날씨가 음침해지는 일이 언제 일어날지 사람은 알지 못하지만, 닭이 그것을 아는 것은 필시 기가 그렇게 되도록 하는 것이다. 예를 들어 개미가 싸우는 것은 무슨 이유로 그러는 것인지 알지 못한다.

|해설| 늙은 닭만이 시간에 맞추어 울 수 있고, 개미가 싸우며, 비바람이 언제 몰아치는지 닭이 아는 것 등은 모두 인간이 자연을 관찰해 알 수 있는 것들이다. 하지만 인간은 자연에서 왜 그런 일들이 일어나는지, 그 이유를 속속들이 알지는 못한다.

3.18 ⁽¹⁾言不下帶, 是不大聲也. 人發聲太高則直自內出, 聲小則在胸臆之間. 不下帶者, 氣自帶以上也.¹⁴⁹

|번역| 말이 허리띠 아래로 내려가지 않는다는 말은 목소리가 크지 않다는 뜻이다. 사람이 지나치게 크게 소리를 내면 곧장 내부에서 나오게 되고, 소리가 작으면 가슴 사이에 있게 된다. 허리띠 아래로 내려가지 않는다는 말은 기가 허리띠 이상에서 발해짐을 뜻한다.

---

149 (1)言不下帶: 『孟子』, 「盡心下」, "군자의 말은 허리띠 위를 보는 것처럼 항상 보이는 비근한 일에 관한 것이지만 거기에는 도가 담겨 있다."(君子之言也, 不下帶而道存焉.)

| 해설 | 『맹자』의 "言不下帶"는 보통 군자의 말이 허리띠 아래가 아닌, 위를 보는 것처럼 항상 보이는 일상적이고 평범한 일에 관한 것이라는 뜻으로 해석된다. 그러나 장재는 이 구절을 군자의 목소리가 지나치게 크지 않음을 뜻하는 것으로 해석했다.

3.19 ⁽¹⁾湯征而未至怨者, 非(言)史[氏]¹⁵⁰之溢辭, 是實怨. 今郡縣素困弊政, 亦望一良吏, 莫非至誠, 平居亦不至甚有事, 當其時則傾望其上之來, 是其心若解倒懸也. 天下之望湯是實如父母, ⁽²⁾願耕願出莫非實如此. 至如朋來而樂, 方講道義有朋來, (悅)盡是實可樂也.^{151*}

| 번역 | 탕임금이 정벌했어도 원망에 이르지 않은 것은 역사 기록자의 과장된 언사가 아니고, 실제로 원망한 것이다. 지금 군현(郡縣)은 폐정으로 곤혹스러워하며 현량한 관리가 출현하기를 바람을 지성으로 하지 않음이 없으나, 평소에 무슨 일이 생겨나는 데 이르지는 않는 데 비해, 당시에는 그 윗사람이 오기를 앙망했으니, 그 마음은 거꾸로 매달린 데서 벗어나려는 것 같았다. 온 세상이 탕임금을 바라는 것

---

150 〈중화 주석〉 '言'은 『초석』에 근거해 삭제했고, '氏'는 『초석』에 근거해 보완했다.

151 (1)湯征而未至怨者: 『孟子』, 「梁惠王下」, "『상서』에서는 '탕 임금의 정벌은 갈나라에서 시작되었다.'고 했습니다. 천하의 사람들이 탕 임금을 신임하여, 동쪽으로 나아가 정벌하면 서쪽의 오랑캐들이 원망하고, 남쪽으로 나아가 정벌하면 북쪽의 오랑캐들이 원망하며 '어찌하여 우리를 나중에 정벌하는가?'라고 말했습니다."(書曰: "湯一征, 自葛始." 天下信之, 東面而征, 西夷怨, 南面而征, 北狄怨, 曰: "奚爲後我?") (2)願耕願出莫非實如此: 『孟子』, 「梁惠王下」, "백성들이 탕 임금을 바라는 것이 마치 큰 가뭄에 구름과 무지개를 바라는 것과 같았습니다. 탕 임금의 군대가 이른 곳에서는 시장으로 가던 사람들도 계속 시장으로 가고, 밭을 갈던 사람들도 계속 밭을 갈았습니다."(民望之, 若大旱之望雲霓也. 歸市者不止, 耕者不變.) 〈중화 주석〉 '悅'은 『초석』에 근거해 삭제했다. 『초석』에는 "如朋來"라는 세 글자가 빠져 있고, '盡'은 '進'으로 잘못 표기되어 있다.

이 실로 부모님을 바라는 것 같았고, 계속 경작하기를 원하고 계속 나가기를 원한 것이 실로 저와 같지 않음이 없었다. 마치 벗이 와서 즐거운 것과 같았으니, 도의를 말할 때 벗이 오면 실로 즐거울 만한 일이다.

| 해설 | 폐정, 학정이 극단에 이르렀을 때 이를 구원할 군주가 나타나면 백성들은 그가 권력을 장악하기를 얼마나 간절히 바라는지를 맹자의 구절을 인용하며 설명했다.

3.20 "(1)「武成」取二三策", 言其有取則是有不取也. 孟子只謂是知武王, 故不信漂杵之說, 知德斯知言, 故言使不動.152*

| 번역 | "「무성」 편에서 죽간 두세 쪽을 취했다"는 말은 취한 것이 있으면 취하지 않은 것이 있음을 뜻한다. 맹자는 무왕을 안다는 점을 말했을 뿐이다. 그리하여 절굿공이가 피에 떠다녔다는 설을 믿지 않았다. 덕을 아는 것은 말을 아는 것이므로, 말이 그를 흔들지는 못한다.

| 해설 | 맹자나 장재 같은 유학자들은 무왕을 인(仁)을 체현한 성군으로 보았기 때문에, 그가 참여한 전투에서 '절굿공이가 피에 떠다닐 정도'로 엄청난 참살이 이루어졌다는 역사기록은 믿을 수 없었다.

---

152 (1)「武成」取二三策: 『孟子』, 「盡心下」, "『상서』의 내용을 다 믿는다면, 차라리 『상서』가 없는 게 낫다. 나는 「무성」 편에서 죽간 두세 쪽만 취했을 뿐이다. 인한 사람은 천하에 적수가 없으니, 지극한 인의 힘으로 지극히 불인한 주를 친 것인데, 어떻게 피가 강을 이루어 절굿공이를 떠다니게 하는 일이 있었겠는가?"(盡信『書』, 則不如無『書』. 吾於「武成」, 取二三策而已矣. 仁人無敵於天下, 以至仁伐至不仁, 而何其血之流杵也?)

3.21 (縱)[從]¹⁵³心莫如夢. 夢見周公, 志也; 不見周公, 不踰矩也.*

|번역| 마음을 따라가는 것 가운데 꿈만 한 것은 없다. 주공을 꿈속에서 뵌 것은 뜻 때문이요, 주공을 뵙지 못한 것은 마음대로 해도 법도를 넘지 않게 되었기 때문이다.

|해설| 공자는 주공처럼 되기를 열망했던. 즉 예악제도를 확립했던 주공처럼 주나라의 예악 문화가 회복되는 데 공헌을 하기를 바랐다. 하지만 그 꿈을 실현하지 못했으니, 늙어서 더는 주공을 꿈속에서 만나지 못하게 되었다. 하지만 장재는 그 말을 다르게 해석한다. 공자가 이미 하고 싶은 대로 해도 법도를 넘지 않는 자유로운 경지에 이르러, 주공을 더는 만날 필요가 없어졌다는 것이다.

3.22 問: "智愚之識殊, 疑於有性; 善惡之報差, 疑於有命." 答曰: "性通極於無, 氣其一物爾; 命稟同於性, 遇乃適然爾."

|번역| 물었다. "지혜로운 자와 어리석은 자의 인식이 다른 것은 본성에 원인이 있는 것 같고, 선과 악의 과보에 차이가 나는 것은 운명에 원인이 있는 것 같다." 답했다. "본성은 궁극적으로는 무(無)에 통하니, 기는 그 본성 가운데의 하나일 뿐이요, 운명적으로 품부되는 것은 본성과 같지만, 우연은 때마침 그러한 것일 따름이다."

|해설| 학습 능력의 차이에는 천부적인 요인이 있다. 그런 이유에서 지혜로움과 어리석음의 원인은 본성에 있느냐고 물었다. 장재 또한 그것이 본성임을 인정한다. 하지만 그의 개념 틀 안에서 그것은 기질지성이요, 기질지성보다 한 차원 더 근

---

153 〈중화 주석〉 '從'은 『초석』에 근거해 고쳤다.

본적인 본성은 '무', 즉 '태허'에 통하는 성이다. 한편 어떤 두 사람이 똑같이 선행 혹은 악행을 했는데, 화복의 결과가 다른 것은 운명 때문이 아니냐는 물음에, 장재는 그것은 운명이 아니라 우연이라고 답한다. 운명은 본성과 마찬가지로 필연적임에 반해, 화복은 우연적이기 때문이다.

3.23 顔子知當至而至焉, 故見其進也; 不極善則不處焉, 故未見其止也. 知必至者, 如志於道, (1)致廣大, 極高明, 此則儘遠大; 所處則直是精約, 顔子方求而未得, 故未見其止也. 極善者, 須以中道方謂極善, 故大中謂之(2)皇極, 蓋過則便非善, 不及亦非善, 此極善是顔子所求也. 所以(3)瞻之在前, 忽焉在後, 夫子高遠處又要求, 精約處又要至. 顔子之分, 必是入神處又未能, 精義處又未至, 然顔子(4)雅意則直要做聖人. 學者須是學顔子, 發意便要至聖人猶不得, 況便自謂不能. 雅意則然, 非宜見於議論.[154]*

|번역| 안연은 마땅히 이를 곳을 알아 거기에 이르렀으므로, "그 나아감을 본" 것이다. 선의 극한에 이르지 못하면 거기에 머무르지 않았으므로 "그 멈추는 것을 보지 못한" 것이다. 반드시 이를 곳을 안다는 것은 예컨대 도에 뜻을 두어 광대함에 이르고 고명함이 극한에 이르

---

[154] (1)致廣大, 極高明: 『中庸』 제27장, "군자는 덕성을 존숭하고 묻고 배움으로써 이끌어, 광대함에 이르고 정미한 이치를 다하며, 고명함이 극한에 이르고 중용을 따르며, 옛것을 익혀 새로운 것을 알며, 돈후한 덕으로 예를 숭상한다."(君子尊德性而道問學, 致廣大而盡精微, 極高明而道中庸, 溫故而知新, 敦厚以崇禮.) 여기서 광대함이란 실천, 행동의 범위가 크게 확장됨을 뜻하고, 고명함이란 고명한 지혜를 뜻한다. (2)皇極, 제왕이 천하를 통치하는 표준. 여기서는 최고의 표준이라는 뜻. (3)瞻之在前, 忽焉在後: 『論語』, 「子罕」, "안연이 크게 감탄하며 말했다. '우러러 볼수록 더욱 높아지고, 뚫으면 뚫을수록 더욱 단단해지고, 바라볼 때는 앞에 있는 듯하더니, 홀연히 뒤에 계시는구나.'"(顔淵喟然歎曰: "仰之彌高, 鑽之彌堅, 瞻之在前, 忽焉在後.") (4)雅意, 아름다운 뜻, 훌륭한 뜻.

는 것이니, 그렇게 하면 원대해지겠지만, 머물 곳은 실로 정미하고 요약된 곳으로, 안연은 그것을 추구했으나 얻지 못했으므로 그 멈춤을 보지 못한 것이다. 선의 극한에 이른다는 것은 반드시 중도를 행해야 비로소 선의 극한에 이른다고 하니, 대중(大中)은 황극(皇極)이라고 부른다. 지나쳐도 선이 아니고, 미치지 못해도 선이 아니니, 이 선의 극한에 이르는 것이 안연이 추구한 바이다. 바라볼 때는 앞에 있는 듯하더니, 홀연히 뒤에 계신 듯 보인 까닭은 선생님의 높고 먼 지점을 구하려 하고 정미하고 요약된 곳에도 이르려 했기 때문이다. 안연의 감량으로는 필시 신묘한 경지에 진입할 수도 없고 의미를 정밀하게 탐구하는 지점에도 이르지 못했을 것이나, 안연의 훌륭한 뜻은 성인이 되는 데 있었다. 배우는 자는 마땅히 안연을 배워야 하니, 의지를 발휘해 성인에 이르려고 해도 그럴 수 없거늘 하물며 스스로 자신은 그럴 수 없다고 말함이랴! 훌륭한 뜻이 그러하니, 논의에서 드러날 일이 아니다.

| 해설 | 『논어』와 『중용』의 여러 구절을 뒤섞어 인용하며 안연이 도달한 경지에 대해 설명하였다. 안연은 성인이 되려는 원대한 목표를 세우고 실천적 범위를 광대하게 확장하고 지혜의 고명함으로 선의 극한, 즉 중용에 이르고자 했다. 그러려면 이치의 탐구가 세밀해지면서도 모든 이치를 아우르는 요약된 원칙도 파악하고 있어야 한다. 그것은 경지로 말하자면 입신(入神)의 경지요, 이치 탐구로 말하자면 정의(精義)의 단계이다. 아쉽게도 안연은 그러한 경지에 이를 수 없었으나, 적어도 그는 그런 경지에 도달하기 위해 끊임없이 노력했다. 장재는 안연이 훌륭한 뜻을 지니고 있었기 때문에 그런 노력을 할 수 있었다고 평한다.

3.24 性美而不好學者無之, 好學而性不美者有之, 蓋向善急便是性美也, 性不美則學得亦轉了. 故[1]孔子要好仁而惡不仁者, 只好仁則

忽小者, 只惡不仁則免過而已, 故好惡兩端並進, 好仁則難遽見

功, 惡不仁則有近效, 日見功. 若顔子是好仁而惡不仁者也. ⁽²⁾云

未見者, 或此道近, 或顔子後. 言["⁽³⁾見善如不及", 此好仁者也,]¹⁵⁵

"⁽³⁾見不善如探湯", 此惡不仁者也. "⁽⁴⁾無欲而好仁, 無畏而惡不

仁", 同此義.^{156*}

|번역| 본성이 훌륭하지만 배우기를 좋아하지 않는 자는 없는 데 반해, 배
우기를 좋아하지만, 본성이 훌륭하지 않은 자는 있으니, 선을 향함
이 급한 것이 곧 본성의 훌륭함이되, 본성이 훌륭하지 않아도 배워
바뀌게 된다. 그러므로 공자가 인을 좋아하고 불인함을 싫어해야
한다고 한 것은 인을 좋아하기만 하면 작은 것을 소홀히 여기게 되
고, 불인함을 싫어하기만 하면 잘못을 면할 뿐이기 때문이다. 그러
므로 인을 좋아하고 불인함을 싫어하는 양 측면을 병진하니, 인을
좋아한들 갑자기 효과를 보지는 않지만, 불인함을 싫어하면 가까운
시기에 효력이 있어, 날로 효과를 보게 된다. 안연의 경우는 인을 좋
아하고 불인함을 싫어한 자인데, 인을 좋아하고 불인을 싫어하는

---

155 〈중화 주석〉『초석』에 근거해 보완했다.
156 (1)孔子要好仁而惡不仁者: 『論語』, 「里仁」, "나는 어진 것을 좋아하고 어질지 않은 것을
미워하는 사람을 보지 못했다. 어진 것을 좋아하는 사람은 더할 나위가 없고, 어질지
않은 것을 미워하는 사람은 인을 행할 때 불인한 것이 자기 몸에 더해지지 않게 한다."
(我未見好仁者惡不仁者. 好仁者, 無以尚之; 惡不仁者, 其爲仁矣, 不使不仁者加乎其身.) (2)
云未見者: "보지 못했다"는 말은 바로 위의 "어진 것을 좋아하고 어질지 않은 것을 미워
하는 사람을 보지 못했다"는 공자의 말을 가리킨다. (3)見善如不及~見不善如探湯: "선한
것을 보면 거기에 미치지 못하는 것처럼 하고, 선하지 않은 것을 보면 끓는 물에 손을
댄 것처럼 한다고 하는데, 나는 그런 사람도 보았으며, 나는 그런 말도 들었다."(見善如
不及, 見不善如探湯, 吾見其人矣, 吾聞其語矣.) (4)無欲而好仁, 無畏而惡不仁: 『禮記』, 「表
記」, "욕심이 없으면서 인을 좋아하고 두려움이 없이 불인을 싫어하는 자는 천하에 한
사람뿐이다."(無欲而好仁者, 無畏而惡不仁者, 天下一人而已矣.)

사람을 "보지 못했다"고 말한 것은 그 도에 가까운 자를 보지 못했다
거나 안연 이후에는 보지 못했다는 뜻이다. "선한 것을 보면 거기에
미치지 못하는 것처럼 한다"고 하니, 이는 인을 좋아하는 자이다.
"선하지 않은 것을 보면 끓는 물에 손을 댄 것처럼 한다"고 하니, 이
는 불인함을 싫어하는 자이다. "욕심이 없으면서 인을 좋아하고 두
려움이 없이 불인을 싫어한다"는 말도 같은 뜻이다.

|해설| 여기서 말하는 훌륭한 본성이란 기질지성이다. 그가 말하는 기질지성에는 도덕
에 대한 지향, 판단력도 포함되기 때문이다. 훌륭한 기질지성을 지닌 자란 선을
향해 신속히 나아가는 자, 환언하면 인(仁)을 좋아하며, 불인함을 싫어하는 자이
다. 장재는 안연이 바로 그런 자라고 말한다. 여기서 공자가 말하는 인을 좋아하
고 불인을 싫어하는 정도는 일반적이지 않다. 선한 것을 보면 마치 자신이 거기
에 미치지 못하는 것처럼 간절하게 선을 지향하고, 선하지 않은 것을 보면 마치
끓는 물에 손을 댄 것처럼 깜짝 놀라는 그런 정도여야 한다. 물론 장재는 선을
좋아하고 악을 싫어하는 천부적 자질이 그에 미치지 못한다고 하더라도 배움을
통해 그러한 기질은 바뀔 수 있다고 믿었다.

3.25 盡得天下之物方要窮理, 窮得理又須要實到. 孟子曰: "(1)萬物皆備
於我矣, 反身而誠, 樂莫大焉." 實到其間方可言知, 未知者方且言
識之而已. 既知之, 又行之惟艱. 萬物皆備於我矣, 又却要強恕而
行, 求仁爲近, 禮自外作故文, 與孟子義內之說如相違, 孟子方辨
道, 故言[自]得(造)深[造],[157] 作記者必不知內, 且據掠淺知.[158]*

---

[157] 〈중화 주석〉 이상은 모두 『초석』에 근거해 보완하고 바로잡았다.

[158] (1)萬物皆備於我矣, 反身而誠, 樂莫大焉: 『孟子』, 「盡心上」, "만물이 모두 나에게 갖추어
져 있다. 자기 몸에 돌이켜 진실하다면 이보다 더 즐거운 일은 없을 것이다."

| 번역 | 천하의 사물을 다할 수 있다면 이치를 궁구해야 하고, 이치를 궁구할 수 있으려면 또한 실제로 이르러야 한다. 맹자는 "만물이 모두 나에게 갖추어져 있다. 자기 몸에 돌이켜 진실하다면 이보다 더 즐거운 일은 없을 것이다"라고 했다. 실제로 그 사이에 이르러야 비로소 안다(知)고 말할 수 있지, 알지 못하는 자는 그것을 인식한다(識)고 말할 따름이다. 알았을진대 다시 그것을 행하는 일이 어렵다. 만물이 나에게 갖추어져 있어도 다시 서도(恕道)를 힘써 행해야 인을 구하는 일이 가깝게 된다. 예는 외부에서 옛 문장으로 만들어 맹자의 의는 내적인 것이라는 설과 서로 어긋나는 것 같고, 맹자는 도를 분별하려 하여 말에 자연히 깊이가 있었으니, 기록한 자는 필시 내적임을 모르고 간략한 것에 근거해 얕게 알았을 것이다.

| 해설 | '사물을 다하는(盡物)' 일이란 대심(大心)의 수양이요. '대심'이란 '내'가 가진 덕성에 근거해 '나'와 사물의 동일한 본성을 직관하는 공부이다. 그렇게 해서 동일성이 파악될 수 있었다면 한 걸음 더 나아가 각각의 사물이 지닌 이치를 궁구해야 하며, 그러려면 실제로 사물에 다가가야 한다. 장재는 실제 사물에 이르러 그 이치를 궁구해 그것에 대한 앎(知)을 획득하게 된 상태가 바로 맹자가 말한 "만물이 모두 '나'에게 갖추어져 있는" 상태라 여겼다. '나'와 만물의 동일성에 대한 체득을 전제로, 각각의 사물에 실제로 이르러 '나'와 사물 사이의 상호교감을 통해 사물의 이치를 안다(知)는 것을 장재는 불교에서 부정적으로 생각하는 인식(識)과 구별한다. 후자는 욕망, 분별의 주체인 '내'가 나와 분리된 저것을 자기중심적으로 이해하는 것임에 반해, 전자는 '나'와 '타자' 사이의 공통 본질인 '성'에 대한 직관을 전제로, 덕성에 근거해 '나'와 '타자'의 참된 소통을 위한 지식이기 때문이다. 그래서 그것은 자신에게 돌이켜 보아도 진실한 덕성과 통하는 지식이고, 따라서 즐거운 감정 또한 가져다준다. 장재는 이어서 그러한 앎(知)이 끝이 아님을 지적한다. 소통을 위한 지식이 획득되었다면 타자의 상황에 '나'를 가져다 놓고 추체험하는 역지사지의 서도(恕道)로 실제로 타자와 소통하는 인의 실천이 이루어져야 한다. 마지막으로 장재는 의리(義理)의 소재에 대해 말하였

다. 예란 역사적으로 전승되는 사회규범으로 외재적인 것으로만 보인다. 맹자는 그런 생각이 천박함을 간파하여, 어떤 예도 실은 인간의 내면에서 비롯된 것임을 강조하기 위해 의내설(義內說)을 제기했다는 것이다. 이를 보면 장재는 의리가 안팎에 모두 있다고 여겼음을 알 수 있다.

3.26 "知之於賢者", 彼此均賢也, 我不知彼是我所患, 彼不知我是命也.
鈞聖人也, 舜禹受命受祿, 舜禹亦無患焉.*

|번역| "현자에 대한 지(知)의 관계"를 말하자면, 저 사람과 '내'가 똑같이 현명할 경우, 내가 저 사람을 몰라보는 것은 내가 근심할 바이고, 저 사람이 나를 몰라보는 것은 운명이다. 모두 성인으로 순과 우는 명을 받고 녹을 받았으니, 순과 우는 근심도 없었다.

|해설| 맹자가 언급한 "현자에 대한 지의 관계" 문제를 장재는 현자를 알아보는 문제로 간주했다. 그리하여 '나'와 누군가가 똑같이 현명하더라도, '내'가 저 사람을 몰라볼 수도 있고, 저 사람이 '나'를 몰라볼 수도 있다. '나'는 유자로서 다른 현명한 사람을 몰라볼 수 있음을 근심해야 하지만, 저 사람이 '나'를 몰라보는 것은 운명으로 받아들여야 한다. 상고시대에 순임금과 우임금의 경우는 서로를 알아보아 그런 근심이 없었다.

3.27 顏子 · 樂正子皆到可欲之地, 但一人向學緊, 一人向學慢.*

|번역| 안연과 악정자는 모두 선을 욕구할 만한 경지에 이르렀으나, 한 사람은 배움으로 향함이 긴급했고 한 사람은 배움으로 향함이 느렸다.

| 해설 | 배움의 길로 신속히 나아간 사람은 안연이고, 느릿느릿 나아간 사람은 악정자이다.

3.28 言盡物者, 據其大總也. 今言盡物且未說到窮理, 但恐以聞見爲心則不足以盡心. 人本無心, 因物爲心, 若只以聞見爲心, 但恐小却心. 今盈天地之間者皆物也, 如只據己之聞見, 所接幾何, 安能盡天下之物? 所以欲盡其心也. 窮理則其間細微甚有分別, 至如徧[159]樂, 其始亦但知其大總, 更去其間比較, 方盡其細理. 若便謂推類, 以窮理爲盡物, 則是亦但據聞見上推類, 却聞見安能盡物! 今所言盡物, 蓋欲盡心耳.

| 번역 | 사물을 다한다고 말함은 그 큰 전체에 근거를 둔 것이다. 지금 사물을 다한다고 말하면서 아직 궁리를 언급하지 않은 것은 견문을 마음으로 삼으면 마음을 다하기에 부족하기 때문이다. 사람은 본래 무심하나 사물로 인해 마음이 있게 되는데, 만약 단지 견문만을 마음으로 여긴다면 이는 마음을 작게 보는 것이다. 지금 천지 사이에 가득한 것은 모두 사물인데, 만일 자기의 견문에만 의존한다면 접할 수 있는 것이 얼마이며, 어떻게 세상의 사물을 다할 수 있겠는가? 그러므로 그 마음을 다하고자 하는 것이다. 이치를 궁구하면, 그 사이의 미세한 것에 심히 분별이 있게 된다. 예를 들어 예악을 두루 살핀다고 할 때 처음에는 다만 그 큰 전체를 알 뿐이고, 그 후에 다시 그 사이를 비교해야 그 세밀한 이치를 다하게 된다. 만약 유추를 말하여 이치를 궁구함을 사물을 다하는 것으로 여긴다면, 그것 또한

---

159 〈중화 주석〉 '徧'이 『명도』본에는 '作'으로 되어 있는데, '禮'의 오자인 듯하다.

단지 견문에 의거해 유추하는 것이니, 견문이 어떻게 사물을 다할 수 있겠는가? 지금 말하는 사물을 다함이란 마음을 다하고자 하는 것일 따름이다.

| 해설 | "사물을 다함(盡物)"은 나의 마음을 부단히 넓혀 만물을 '나'로 직관하는 일이다. 장재는 이를 궁리에 앞서 해야 할 일로 본다. 먼저 '나'와 사물이 궁극적으로 동일성을 지닌 존재임을 깨달아야 한다. 그러지 않고 먼저 사물에 다가가 이치를 탐구하는 일부터 한다면 그것은 견문, 즉 감각적 지각을 기반으로 한 것이기 때문에 사람의 마음을 작게 만들고 만다. 감각적 지각은 언제나 '나'의 마음과 타자를 다른 것으로 전제하기 때문이다. 그런 작은 마음으로는 거대한 우주 안의 만물을 다 접할 수도 없고 알 수도 없다. 그런 주객 분립적 인식의 길만으로는 결코 '나'와 사물의 합일에 이를 수 없다. 요컨대 동일성에 대한 직관이 먼저이고, 차이에 대한 인식은 그다음이다. 마치 예악을 탐구할 때 먼저 전체를 파악하고 나서 각 부분을 분석하는 것과 같다. 장재는 '사물을 다함'이 결코 이치를 궁구함이 아님을 거듭 강조한다. 예컨대 유추와 같은 이성적 사유활동도 감각적 지각을 기반으로 한 것인바, 그것으로는 결코 만물의 공통 본질을 파악할 수 없다는 것이다.

3.29 "⁽¹⁾巧笑倩兮, 美目盼兮, 素以爲絢兮." 孔子曰⁽¹⁾"繪事後素." 子夏曰: "⁽¹⁾禮後乎?" 禮(物)因物取稱, 或[文或質, 居]物之後而不可常也. 他人之才未(善)[美], 故宜飾之以文, ⁽²⁾莊姜才甚美, 故宜素以爲絢. [下文"繪事後素".]¹⁶⁰ 二素字用不同而義不相害. 倩盼者, 言其質美也, 婦人生而天才有甚美者, 若又飾之以文未宜, 故復當以素爲絢. 禮之用不必只以文爲飾, 但各物上各取其稱. 文太盛則反素, 若⁽³⁾衣錦尚絅, 禮太盛則尚質, 如祭天掃地. 繪事以言其飾也, 素以言其質也. 素不必白, 但五色未有文者皆曰素, 猶人言素地

---

160 〈중화 주석〉 이상은 『정몽』「악기편」에 근거해 교정했다.

也, 素地所以施繪. <u>子夏便解夫子之意</u>, 曰: "禮後乎", 禮所以爲飾
者也, 素字使處雖別, 但害他<u>子夏</u>之意不得.[161]

|번역| 『시경』에서는 "예쁘게 웃을 때 드러나는 보조개여, 아름다운 눈의
흑백이 선명함이여. 바탕을 화려한 것으로 여긴다"고 했다. 공자가
"그림 그리는 일은 바탕이 마련된 뒤에 한다는 뜻이다"라고 했다.
자하는 "그러면 예는 뒤에 오는 것입니까?"라고 했다. 예는 사물에
따라 그 적합한 것을 취하는데, 문(文)을 취하기도 하고 질(質)을 취
하기도 하여, 사물의 뒤를 따라 머물되 고정불변해서는 안 된다. 다
른 사람의 자질은 아름답지 않아 문으로 꾸며야 하지만, 장강(莊姜)
은 자질이 상당히 아름다웠으므로 본디 지닌 바탕을 문으로 삼아야
한다. 이어지는 문장에서 "그림 그리는 일은 바탕이 마련된 뒤에 한
다"고 했는데, 두 소(素) 자는 용법이 다르지만, 의미는 서로 해가 되
지 않는다. '보조개'와 '눈의 흑백이 선명함'은 그 바탕이 아름다움
을 말한다. 부녀자가 태어나면서 천부적인 자질이 상당히 아름다운
데, 그것을 다시 문으로 꾸민다면 적절하지 않으니, 마땅히 바탕을

---

161 (1)巧笑倩兮~繪事後素~禮後乎?: 『論語』, 「八佾」, 자하가 물었다. "'예쁘게 웃을 때 드러나
는 보조개여, 아름다운 눈의 흑백의 선명함이여. 바탕을 화려한 것으로 여긴다'고 하였
는데, 무슨 뜻입니까?' 공자께서 말씀하셨다. "그림 그리는 일은 바탕이 마련된 뒤에 한
다는 뜻이다." 자하가 말했다. "그러면 예는 뒤에 오는 것입니까?" 공자께서 말씀하셨
다. "나를 일깨우는 자는 자하로다. 비로소 더불어 시를 이야기할 수 있겠구나."(子夏問
曰: "巧笑倩兮, 美目盼兮, 素以爲絢兮, 何謂也?" 子曰: "繪事後素." 曰: "禮後乎?" 子曰: "起予
者, 商也. 始可與言詩已矣.") 巧笑, 아름답고 곱게 웃는 모습. 倩(천), 웃을 때 양쪽 볼에
드러나는 보조개. 盼(반), 눈동자와 눈의 흰자위가 또렷함. 絢, 화려함. 素以爲絢兮을 장
재는 바탕을 화려한 것으로 여긴다고 이해했다. 흰색 위에 채색을 한다고 해석되기도
한다. (2)莊姜: 장강은 제장공(齊莊公)의 맏딸이자, 위장공의 부인이다. 대단한 미인으
로 알려졌다. (3)衣錦尚褧: 衣錦, 비단옷을 입음. 褧(경), 아마포로 만든 비바람을 막는
데 덧입는 겉옷.

문채로 삼아야 한다. 예의 작용이 반드시 문만을 꾸밈으로 여기는 것은 아니다. 각 사물에서 각기 그 적합한 것을 취할 따름이다. 문이 지나치게 성하면 소박한 데로 돌아가니, 만약 비단옷에 덧옷을 더하여 예가 너무 성하면 질박함을 숭상한다. 예컨대 하늘에 제사 지낼 때 바닥을 쓰는 것과 같다. 소(素)가 반드시 흰 것은 아니고, 오색 가운데 무늬가 없는 것은 모두 소(素)라고 부르니, 사람들이 바탕을 깨끗이 한다고 말하는 것과 같다. 바탕을 깨끗이 함은 채색을 하기 위함이다. 그래서 자하는 선생님의 뜻을 풀이하여 "예가 뒤에 오는 것입니까?"라고 했다. 예는 꾸미기 위한 것이니, 소(素)라는 글자가 사용된 지점은 구별되지만, 자하의 말뜻에 영향을 주지는 않는다.

| 해설 | 『논어』 「팔일」 편에 나오는 공자와 자하의 대화를 장재 나름대로 해석하였다. 우선 대화에서 인용된 『시경』의 구절이 위장공의 부인인 장강을 묘사한다고 여겼고, 그녀가 천부적으로 대단히 아름답다는 점에 착안해 "素以爲絢兮"를 '바탕을 꾸밈으로 여긴다'는 뜻으로, 즉 원래 아름다운 바탕 그대로 놔둔다는 뜻으로 해석했다. 그리고 이 해석을 근거로 하여 예란 무조건 화려하게 꾸미는 것이 아니라, 사물의 상태에 따라 본래 모습 그대로 놔둘 수도 있고, 화려하게 꾸밀 수도 있다고 하였다. 또 그는 사람의 본바탕을 뜻하는 소(素)와 그림의 바탕을 뜻하는 소(素)가 그 의미를 달리함을 인정하면서도 둘 다 바탕이라는 점에서 양자는 충분히 비교될 수 있다고 주장했다.

3.30 子曰: "⁽¹⁾不得中行而與之, 必也狂狷乎! 狂者進取, 狷者有所不爲也." ⁽²⁾子曰: "南人有言曰: '人而無恒, 不可以作巫醫.'" ⁽²⁾子曰: "不占而已矣." 此當通爲一段. 中有"子曰"隔不得. 『論語』中若此者多. 中行固善也, 狂狷亦是有恒德, 若無恒不可以測度, 鄉原是其一. 故曰: "不占而已矣."¹⁶²

|번역| 공자께서 말씀하셨다. "중도를 행하는 사람을 얻어 함께할 수 없다면 반드시 뜻이 높은 사람이나 신중한 사람과 함께할 것이다. 뜻이 높은 사람은 진취적이고 신중한 사람은 하지 않는 일이 있다." 공자께서 말씀하셨다. "남쪽 나라 사람들 말에 '사람으로서 변치 않는 마음이 없으면 무의(巫醫)가 될 수 없다.'" 공자께서 말씀하셨다. "점을 치지 않을 따름이다." 이 구절들은 통째로 한 단락이 되어야 한다. 중간에 있는 '자왈(子曰)'이라는 말로 떼어 놓을 수 없다. 『논어』에는 이 같은 경우가 많다. 중도에 따라 행하는 것은 물론 좋지만, 뜻이 높거나 신중한 것 또한 변치 않는 덕이 있으니, 만약 변치 않는 덕이 없으면 헤아릴 수 없게 된다. (향원은 그 가운데 하나이다.) 그러므로 "점을 치지 않을 따름이다"라고 했다.

|해설| 『논어』「자로」편의 '자왈'로 시작되는 세 구절이 실은 한 단락으로 통합되어 이해되어야 함을 주장했다. 구체적인 상황마다 시의적절한 것이 무엇인지 판단하여 행동하는 사람, 즉 중도를 행하는 사람은 불변하는 원칙이 없는 사람이 아니다. 그런 중도를 행하는 사람보다는 조금 못하지만 높은 뜻을 품은 이상주의자나 신중하게 원칙을 지키는 보수주의자 모두 마찬가지로 불변하는 원칙을 지키는 자이다. 따라서 이 구절은 이어지는 구절의 '변치 않는 덕'에 대한 강조와 내용상 이어진다는 것이다.

---

162 (1)不得中行而與之, 必也狂狷乎! 狂者進取, 狷者有所不爲也:『論語』,「子路」, "중도를 행하는 사람을 얻어 그 사람과 함께할 수 없다면 반드시 뜻이 높은 사람이나 신중한 사람과 함께할 것이다. 뜻이 높은 사람은 진취적이고 신중한 사람은 하지 않는 일이 있다." 狂者, 포부, 이상이 높은 사람. 狷者, 신중하게 원칙을 지키는 사람. (2)子曰: "南人有言曰: '人而無恒, 不可以作巫醫'"~子曰: "不占而已矣.": 공자께서 말씀하셨다. "남쪽 나라 사람들 말에 '사람으로서 변치 않는 마음이 없으면 무의가 될 수 없다.'고 하는데 좋은 말이다. 『주역』에서는 '그 덕을 일정하게 유지하지 않으면 간혹 수치스러운 일을 당하게 된다.'고 했다." 공자께서 말씀하셨다. "변치 않는 마음이 없는 사람은 점을 치지 않을 따름이다."(子曰: "南人有言曰: '人而無恒, 不可以作巫醫, 善夫. 不恒其德, 或承之羞." 子曰: "不占而已矣.")

4

부록 『어록초』 7조목
附 語錄抄七則

4.1 坎惟心亨, 故行有尚, 外雖積險, 苟處之心亨不疑, 則雖難必濟而往
有功也. 今水臨萬仞之山, 要下即下, 無復凝滯(險)[之]¹⁶³在前, 惟知
有義理而已, 則復何回避! 所以心通.

|번역| 감(坎)은 오직 마음이 형통하기 때문에 나아감에 높임이 있다. 밖에
비록 위험이 산적해 있지만, 마음이 형통하여 의심하지 않음으로
대처하면 어려워도 틀림없이 성공하고 나아감에 공이 있을 것이다.
지금 물이 만 길이나 되는 산에 가까이 있더라도 아래로 흘러가려
하면 바로 아래로 흐르지, 다시 앞에서 머뭇거림은 없다. 오직 의리
가 있음을 알 따름이면 다시 무엇을 회피하겠는가? 그러므로 마음
이 형통한다.

|해설| 이 조목은 『횡거역설』, 「習坎」괘 29.5와 중첩된다. 그곳의 해설을 참조하라.

---

163 〈중화 주석〉 '之'는 『역설』에 근거해 고쳤다.

4.2 人所以不能行己者, 於其所難者則惰, 其異俗者雖易羞縮. 惟心弘
則不顧人之非笑, 所趨義理耳, 視天下莫能移其道, 然爲之人亦未
必怪. 正以在己者義理不勝, 惰與羞縮之病, 消則有長, 不消則病常
在, 意思齷齪, 無由作事. 在古氣節之士, 冒死以有爲, 於義未必中,
然非有志榘者莫能, 況吾於義理已明, 何爲不爲!

|번역| 사람들이 스스로 그렇게 행하지 못하는 까닭은 그 어려운 것에 대
해 게을러지고 세속과 다른 것에 대해서는 쉽다고 하더라도 수줍어
하며 위축되기 때문이다. 오직 마음이 넓어야 타인들이 비웃는 것
을 개의치 않게 되니, 달려가는 방향은 의리일 따름이다. 천하를 바
라봄에 아무도 그 도를 변화시킬 수 없다. 그러나 그렇게 하는 사람
들이 꼭 괴이한 것만도 아니다. 바로 자신에게 있는 의리가 나태함
과 부끄러워하며 위축되는 병폐를 이겨 내지 못하기 때문이니, 그
것을 없애면 자라나고 없애지 못하면 병폐가 늘 존재한다. 다 없애
면 크게 되어 만백성을 교화하는 성인이다. 생각이 불결하면 일을
할 수 없다. 고대에 기개가 있는 선비들은 죽음을 무릅쓰고 하는 일
이 있었으니, 의리에 꼭 적중하는 것은 아니었지만, 뜻과 기개가 없
는 자라면 할 수 없는 일이다. 하물며 '내'가 의리에 이미 밝을진대
어찌하여 행하지 않는가?

|해설| 『횡거역설』 「대장(大壯)」괘 34.2와 중첩되는 문장이다. 그곳의 해설을 참조하라.

4.3 「姤」初六, "羸豕孚蹢躅", 豕方羸時, 力未能動, 然至誠在於蹢躅,
得伸則伸矣. 如李德裕處置閹宦, 徒知其帖息威伏, 而忽於志不妄

逞, 照察少不至, 則失其幾也.

|번역| 「구(姤)」 초육에서는 "비쩍 마른 돼지가 성심을 다해 머뭇거린다"고 했다. 돼지가 비쩍 마를 때는 힘으로 움직일 수가 없다. 하지만 왔다 갔다 하는 일을 지성으로 하여 펼 수 있게 되면 편다. 예를 들어 이덕유는 환관들을 처리할 때 단지 그들이 순종하고 위세에 굴복하게 할 줄만 알았지, 뜻을 거짓되게 멋대로 하지 않는 일에는 소홀했으니, 명료하게 살피는 일이 조금이라도 지극하지 않으면 그 조짐을 잃게 된다.

|해설| 이 조목은 『횡거역설』「구(姤)」괘 44.3과 중첩된다. 그곳의 해설을 참조하라.

4.4 人敎小童亦可取益, 絆己不出入, 一益也; 授人數數, 己亦了此文義, 二益也; 對之必正衣冠, 尊瞻視, 三益也; 常以因己而壞人之才爲憂, 則不敢惰, 四益也.

|번역| 사람은 어린아이를 가르치더라도 이점을 얻을 수 있다. 자기를 얽어매어 드나들지 않도록 하는 것이 첫 번째 이점이요, 남에게 여러 차례 가르쳐 자기 또한 그 글의 뜻을 이해하게 되는 것이 두 번째 이점이다. 그들을 대하면 반드시 의관을 바르게 하고 바라보기를 위엄 있게 하는 것이 세 번째 이점이요, 자기로 인해 타인의 재주를 망칠까 우려하여 감히 나태해지지 않는 것이 네 번째 이점이다.

|해설| 이 조목은 『경학리굴』「의리」 6.42와 중첩된다. 그곳의 해설을 참조하라.

4.5 「學記」曰: "[1]進而不顧其安, 使人不由其誠, 教人不盡其材." 人未安之, 又進之, 未喻之, 又告之, 徒使人生此節目. 不盡材, 不顧安, 不由誠, 皆是施之妄也. 教人至難, 必盡人之材乃不誤人, 觀可及處然後告之. 聖人之明, 直若[2]庖丁之解牛, 皆知其隙, 刃投餘地, 無全牛矣. 人之才足以有爲, 但以其不由於誠, 則不盡其才, 若曰勉率而爲之, 則豈有由誠哉![164]

|번역| 『예기』「학기」에서 말했다. "나아가게 하면서 학생이 편안한지 돌아보지 않고, 사람이 그 성실함을 따르지 못하도록 하며, 사람을 가르칠 때 그 재능을 다 발휘하지 못하도록 한다." 사람을 편안하게 해주지 못하면서 다시 나아가게 하고, 깨우쳐 주지 못하면서 다시 알려 주면 사람에게 지켜야 할 조목만 생겨나게 할 뿐이다. 재능을 다 발휘하지 못하도록 하고 편안한지 돌아보지 않으며, 성실함을 따르지 못하도록 하는 것은 모두 잘못된 가르침이다. 사람을 가르치는 일은 매우 어렵다. 반드시 사람의 재능을 다 발휘하도록 해야 사람을 오도하지 않게 되니, 미칠 수 있는 지점을 살핀 후에야 알려 준다. 성인의 밝은 지혜는 실로 포정이 소를 해체할 때 그 뼈 사이의 틈을 다 알아, 칼날을 빈 곳에 들이밀며, 전체 소는 보이지 않는 것과 같다. 사람의 재능은 족히 무엇인가 할 수 있으나, 성실함을 따르

---

[164] (1)進而不顧其安, 使人不由其誠, 教人不盡其材: 『禮記』, 「學記」에서 출전. (2)庖丁之解牛: 『莊子』, 「養生主」, "신이 처음 소를 해체할 때 보이던 것은 온전한 소가 아닌 것이 없었습니다. 하지만 3년 후에는 온전한 소를 본 적이 없습니다. … 저 뼈마디에는 틈이 있고 칼날에는 두께가 없습니다. 두께가 없는 것을 가지고 틈이 있는 것에 들이미니 넓고 넓어 칼을 놀리는 데 반드시 남는 공간이 있게 마련입니다."(始臣之解牛之時, 所見無非全牛者; 三年之後, 未嘗見全牛也. … 彼節者有間而刀刃者無厚, 以無厚入有間, 恢恢乎其於遊刃必有余地矣.)

지 않으면 그 재능을 다 발휘하지 못하게 된다. 열심히 이끌어 행한
다고 하지만 어찌 성실함을 따르는 일이 있겠는가!

|해설| 교육이 잘못되는 주된 원인은 교육자가 학생의 상황을 충분히 고려하지 못하는
데 있다. 물론 이는 매우 어려운 일이다. 장자의 포정해우 고사에서 포정이 칼로
소의 뼈를 치지 않고, 빈틈을 헤집고 들어가는 신기의 기술을 발휘하듯, 교육자
는 학생의 상황을 따라가며, 그가 성실한 태도로 자기의 재능을 충분히 발휘하
도록 해야 하기 때문이다.

4.6 古之小兒便能敬事, 長者與之⁽¹⁾提攜, 則兩手奉長者之手, 問之掩
口而對, 蓋稍不敬事便不忠信, 故敎小兒且先⁽²⁾安詳恭敬.¹⁶⁵

|번역| 고대에 어린아이들은 일을 조심스럽게 할 수 있어서, 어른이 그의
손을 잡아끌면 두 손으로 어른의 손을 받들었으며, 물어보면 입을
가리고 대답했다. 조금이라도 일을 조심스럽게 하지 않으면 충성스
럽고 미덥지 않게 되기 때문에 어린아이가 우선 점잖게 공경하도록
가르쳤다.

|해설| 고대에는 어릴 때부터 어른에 대한 공경의 예절을 체화하도록 했다.

4.7 孟子曰: "⁽¹⁾人不足與適也, 政不足與間也, 唯大人爲能格君心之
非", 非惟君心, 至於朋游學者之際, 彼雖議論異同, 未欲深較, 惟整
理其心使歸之正, 豈小補哉!¹⁶⁶

¹⁶⁵ (1)提攜, 손을 잡아끎. (2)安詳, 점잖음, 침착함.

| 번역 | 맹자가 말했다. "소인들은 꾸짖을 필요도 없고, 그들이 하는 정치를
비판할 필요도 없다. 오직 대인만이 군주가 지닌 마음의 잘못된 점
을 바로잡을 수 있다." 군주의 마음뿐 아니라 친구나 배우는 자 사이
에도, 저들이 같은 것과 다른 것을 논의하나, 깊이 따지려 하지 않
고, 다만 오직 그 마음을 정리하여 바름으로 돌아가게 한다면 어찌
작은 보탬일 뿐이겠는가!

| 해설 | 군주에게 등용된 소인들을 일일이 꾸짖고 그 정치를 비판하지 말고 오직 군주의
잘못된 마음을 바로잡는 데 힘쓰라고 한 맹자의 말을 확장하여, 친구나 동료 학
자들 사이에서도 서로의 동이점에 대한 논의를 세세하게 따지기보다는 마음을
바로잡는 데 더 힘써야 한다고 말하고 있다. 장재가 이렇게 말한 까닭은 유학자
들에게 제일 중요한 일은 바르게 살아가는 것이기 때문이다.

166 (1)人不足與適也, 政不足與間也, 唯大人爲能格君心之非: 『孟子』, 「離婁上」, "소인들은 꾸
짖을 필요도 없고, 그들이 하는 정치를 비판할 필요도 없다. 오직 대인만이 군주가 지
닌 마음의 잘못된 점을 바로잡을 수 있다." 適, 謫과 같음. 꾸짖음.

5

후록 상

後錄上[167]

유사遺事

5.1　⁽¹⁾伯淳嘗與子厚在興國寺講論終日, 而曰"不知舊日曾有甚人於此處
　　講此事."[168] 以下並見『程氏遺書』.

| 번역 | 정호가 장재와 흥국사에서 종일토록 강론한 적이 있었는데, 이렇게
　　　　말했다. "옛날에 누가 이곳에서 이런 일들을 강론한 적이 있었는지
　　　　모르겠다."(이하는『하남정씨유서』에도 함께 보인다.)

| 해설 | 장재와 이정 형제에 이르러 유학을 일신하기 위한 치열한 강론의 기풍이 새롭게
　　　　일어났음을 짐작할 수 있게 하는 구절이다.

167　〈중화 주석〉이 권(卷)의 전체 기록은『이락연원록』에서 온 것이되 일부를 삭제한 것이
　　　다. 오탈자는 모두『연원록』에 근거해 보완하고 바로잡았다.
168　(1)伯淳, 정호의 자(字).

5.2 <u>子厚</u>則高才, 其學更先從雜博中過來.

|번역| 장재는 재주가 뛰어나니, 그의 학문은 또 우선 잡다하고 넓은 것 가운데에서 나왔다.

|해설| 장재의 학문이 잡다하고 넓은 것 가운데서 나왔다는 말은 그야말로 그가 잡학다식했다는 의미일 것이나, 구체적으로 그 잡다한 것이 무엇을 가리키는지는 상세히 알 수 없다. 다만 노장철학, 천문학을 비롯한 자연학 지식, 불교 비판 등이 떠오른다.

5.3 <u>子厚</u>以禮教學者最善, 使學者先有所據守.

|번역| 장재는 예로 배우는 자를 가르치는 일을 가장 잘했으니, 배우는 자들이 우선 지키는 것이 있도록 했다.

5.4 <u>子厚</u>聞皇子生甚喜, 見餓莩者食便不美.

|번역| 장재는 황제의 아들이 태어났다는 소식을 듣고는 심히 기뻐했고, 굶어 죽은 사람을 보면 맛있게 먹지 못했다.

|해설| 유학은 기본적으로 제왕학적 성격과 민본주의적 성격을 동시에 갖는다. 장재가 황제의 아들 탄생을 몹시 기뻐하면서도 굶어 죽은 백성을 보면 밥맛을 잃음은 위 두 가지 성격을 지닌 유학을 충실히 익힌 유자의 정서를 대표한다.

5.5 橫渠言氣, 自是橫渠作用, 立標以明道.

|번역| 횡거가 말한 기(氣)는 자연히 횡거에게서의 작용이 있으니, 기준을 세워 도를 밝힌 것이다.

|해설| 장재의 기론에 대한 정호의 간단한 평론이다. 장재의 기에 대한 논의는 장재의 사상체계 안에서 일정한 작용과 의미를 지니니, 태허의 기라는 하나의 표준을 세움으로써 도를 밝히려 했다. 정호는 장재와는 달리 천리(天理)를 궁극적인 것으로 삼았다.

5.6 「訂頑」之言極純無雜, 秦漢以來學者所未到.

|번역| 「정완(訂頑)」의 말은 지극히 순수하고 잡스러움이 없으니, 진한(秦漢) 이후로 배우는 자들이 이르지 못한 경지이다.

|해설| 「정완」은 「서명」을 가리킨다. 이정 형제가 장재의 문장 가운데 극찬한 것이 바로 「서명」이다. 「서명」은 태허의 기 같은 도가적 개념이 뒤섞이지 않아, 이정으로서도 쉽게 동의할 수 있는 내용으로 채워져 있는 점, 그리고 바로 이어서 말하듯 유려하고 간명한 문체로 쓰인 점이 그 극찬의 이유이다.

5.7 「西銘」, 顥得此意, 只是須得他子厚有如此筆力, 他人無緣做得. 孟子已後未有人及此文字, 省多少言語. [且教他人讀書,] 要之仁孝之理備於此, 須臾而不於此, 則便不仁不孝也.

│번역│ 「서명」의 의미를 나는 얻었으되, 장재의 그와 같은 필력이 있어야
지, 다른 사람은 그런 글을 지을 수 없다. 맹자 이후로 그 글에 미칠
수 있는 사람은 없으니, 많은 언어가 생략되어 있다. 또 다른 사람에
게 책을 읽도록 가르치되, 요컨대 인(仁)과 효(孝)의 이치가 거기에
갖추어져 있어, 잠시라도 그 이치에 있지 않으면 불인하고 불효하
게 된다.

│해설│ 정호가 「서명」을 극찬하는 또 다른 이유는 그것이 매우 간명한 언어로 유학의
인과 효의 이념을 잘 표현하고 있기 때문이다. 정호는 「서명」의 이치를 인과 효
라는 두 이념을 담은 것으로 이해하고 있다.

5.8 孟子之後只有「原道」一篇, 其間言語固多病, 然大要儘近理. 若「西
銘」則是「原道」之宗祖也.

│번역│ 맹자 이후로 오직 「원도」한 편만이 있었으니, 그 사이의 언어에는
본디 병통이 많지만 대체적인 요지는 이치에 가깝다. 「서명」의 경
우는 「원도」의 조상이다.

│해설│ 이 역시 「서명」을 극찬하는 말이다. 맹자 이후로 당나라 때 한유가 지은 「원도」
만이 도에 가까우나, 그 후대에 쓰인 장재의 「서명」은 「원도」의 조상처럼, 유학
이 본래 지닌 정신을 「원도」보다 훨씬 잘 표현해 냈다는 뜻이다.

5.9 問: "「西銘」如何?" 伊川先生曰: "此橫渠文之粹者也." 曰: "充得盡
時如何?" 曰: "聖人也." "橫渠能充盡否?" 曰: "言有多端, 有有德之
言, 有[1]造道之言. 有德之言說自己事, 如聖人言聖人事也, 造道之

言則智足以知此, 如賢人說聖人事也."[169]

|번역| 물었다. "「서명」은 어떻습니까?" 이천 선생이 말했다. "그것은 횡거의 문장 가운데 정수가 되는 것이다." 말했다. "다 확충할 수 있을 때는 어떻습니까?" 말했다. "성인이다." "횡거는 다 확충할 수 있었습니까?" 말했다. "언어는 다양하다. 덕이 있는 말도 있고, 도로 나아가는 말도 있다. 덕이 있는 말은 자기 일을 말하니, 예컨대 성인이 성인의 일을 말하는 것이다. 도로 나아가는 말은 지혜로 족히 그것을 아니, 예컨대 현자가 성인의 일을 말하는 것이다."

|해설| 정이천의 장재에 대한 평가이다. 그 역시 정호와 마찬가지로 「서명」을 극찬한다. 그러자 다소 짓궂게 장재가 성인이냐는 듯한 질문을 한다. 이에 대해 정이천은 다소 에둘러 그가 성인은 아니고 현자라고 답한다.

5.10 橫渠道儘高, 言儘醇. 自孟子後, 儒者都無他見識.

|번역| 횡거의 도는 굉장히 높고 말은 대단히 깊고 순수하다. 맹자 이후의 유자들 가운데 그와 같은 식견이 있었던 이는 없다.

|해설| 횡거를 맹자 이후 최고의 식견을 지닌 유자라고 평하였다.

5.11 楊時致書. 伊川曰: "「西銘」明理一而分殊, 墨氏則二本而無分, 子

---

169 (1)造道之言, 도로 나아가는 말. 즉 아직 도를 완전히 체득하지 못했지만, 그러기 위해 노력하는 자가 하는 말.

比而同之, 過矣! [1] 且彼欲使人推而行之, 本爲用也, 反謂不及, 不亦異乎!」170 見『程氏文集』.

|번역| 양시가 서신을 보냈다. 이천이 말했다. "「서명」은 이치는 하나이되 본분에 따라 달라지는 이일분수(理一分殊)를 밝힌 것이요, 묵가의 경우는 근본이 둘이며 구분이 없는데, 그대는 그것을 비교하여, 같게 만드니, 잘못이다! 또 저 장재는 사람들이 그것을 밀고 나가 행하게 하려 했으니, 본디 작용을 일으키기 위한 것인데, 도리어 작용에 미치지 못한다고 했으니, 사실과 다르지 않은가!"(『정씨문집』에 보인다.)

|해설| 「서명」의 '백성은 동포이고 만물은 친구(民胞物與)'라는 표현이 보편적 사랑을 지향한다는 점에서, 이정의 제자 양시는 「서명」이 묵가의 겸애설과 유사한 것 같다고 의구심을 품었다. 정이천은 그런 양시의 생각에 반박했는데, 첫째로는 장재가 이치의 보편성(理一)이라는 측면에서 사랑의 확충을 말하면서도, 본분에 따라 달라지는(分殊) 측면에서는 분명히 그 차이를 인정했다고 주장하면서, 장재의 생각은 묵가의 겸애설과는 분명히 다르다고 주장했다. 「서명」의 요지를 이일분수로 개괄하는 것은 물론 정이천이 자신의 개념적 틀로 「서명」을 이해한 것이다. 장재의 본뜻은 이일분수라기보다는 기일분수(氣一分殊)라고 하는 편이 더 타당할 것이기 때문이다. 둘째는 「서명」이 단지 본체만을 말하고 작용에 대해서는 언급하지 않았다는 생각에 대한 반박이다. 「서명」은 물론 정이천의 말처럼 작용을 일으키기 위한 것이다. 장재에게 본체란 허한 혹은 신묘한 본체이고, 그것의 허하면서 인한 덕성이 곧 그 우주 본체의 인간화된 표현이다. 장재는 그 허하면서 인한 덕성을 부단히 확충하라고 말했으니, 당연히 작용을 강조했다고 할 수 있다.

---

170 (1)且彼欲使人推而行之, 本爲用也, 反謂不及: 양시가 한 다음과 같은 말을 가리킨다. 『河南程氏粹言』卷一, "의심컨대 「서명」은 본체는 말했으나 작용에는 미치지 못하여 겸애로 흘러간 듯합니다."(疑「西銘」言體而不及用, 恐其流於兼愛.)

5.12 問: "橫渠言由明以至誠, 由誠以至明, 如何?" 伊川曰: "由明至誠, 此句却是, 由誠至明則不然, 誠(卽)[則]明也. 孟子曰: '我知言, 我善養吾浩然之氣', 只'我知言'一句已盡. 橫渠之言不能無失類若此. 若「西銘」一篇, 誰說得到此! 今以管窺天固是見北斗, 別處雖不得見, 然見北斗不可謂不是也." 『程氏遺書』.

|번역| 물었다. "횡거는 밝음에서 출발해 성에 이르고, 성에서 출발해 밝음에 이른다고 했는데, 이 말은 어떤가?" 이천이 말했다. "밝음에서 출발해 성에 이른다는 구절은 타당하지만, 성에서 출발해 밝음에 이른다는 말은 그렇지 않으니, 성(誠)하면 곧 밝다. 맹자는 '나는 말을 잘 알고, 나는 호연지기를 잘 기른다'고 했는데, '나는 말을 잘 안다'는 한 구절이면 다 되는 것이다. 횡거의 말에 이와 유사한 실수가 없을 수 없었다. 하지만 「서명」이라면 그 누가 이러한 수준의 말을 할 수 있을까! 지금 하늘을 엿보면 본디 북두칠성이 보이는데, 다른 곳에서 비록 볼 수 없다고 하여 북두칠성이 보이는 것을 틀렸다고 할 수는 없다."(『정씨유서』)

|해설| 『중용』 27장에 대한 장재와 정이의 이해 차이를 알 수 있는 조목이다. '밝음에서 출발해 성하게 되는 것'에 대해서는 이견이 없다. 둘 다 이 구절은 사물의 이치를 궁구하는 데서 출발해 본성을 직관하는 데 이르는 길로 이해되기 때문이다. '성에서 출발해 밝음에 이른다'는 구절을 장재는 『장자어록』에서 "성에서 출발해 밝음에 이르는 것이란 먼저 본성을 다한 뒤에 이치를 궁구하는 데 이르는 것이니, 이는 먼저 그 본성을 체득한 뒤에 이치를 궁구하는 데 이르는 것을 말한다" (自誠明者, 先盡性以至於窮理也, 謂先其性理會來, 以至窮理)고 했다. 그는 이 구절을 만물이 모두 똑같이 지닌 보편적 본성, 즉 허하면서 신묘한 본성을 직관한 뒤에, 각각의 사물에 다가가 그 이치를 궁구하는 길로 이해했다. 즉 보편적 본성을 직관했다 하더라도 그 후에 각각의 사물이 지닌 특수한 이치를 탐구하는 일이

또 하나의 단계로 필요하다고 본 것이다. 이와는 달리 정이는 '自誠明'을 '성(誠)으로부터 곧장 밝아짐'으로 이해했다. 즉 이 구절을 '이미 지극히 성실한 경지에 도달한 자가 만사에 다 통달한다'는 뜻으로 이해했다.

5.13 子厚言: "$^{(1)}$關中學者用禮漸$^{(2)}$成俗." 正叔言: "自是關中人剛勁敢爲. 子厚言: "亦是自家規矩太寬."^{171}

|번역| 장재가 말했다. "관중 지역 학자들은 예를 통해 점차 훌륭한 풍속을 형성하였다." 정이가 말했다. "관중 사람들은 강건하고 굳세어 감히 행하려고 하기 때문입니다." 장재가 말했다. "자신의 법도가 지나치게 느슨했기 때문이기도 하다."

|해설| 장재는 예를 중시해, 예로 사회의 풍속을 변화시키는 실천을 했다. 예의 실천을 중시하는 것은 이후 관중 지역 학문의 중요한 특징이 되었는데, 정이는 관중 사람들의 기질이 강건하고 굳세서 그렇다고 했고, 장재는 과거 이 지역의 법도가 지나치게 느슨했기 때문에 그런 변화를 시도했다고 했다.

5.14 子厚言: "十詩之作, 止是欲驗天心於語默間耳." 正叔謂: "若有他言語, 又烏得已也?" 子厚言: "十篇次敍固自有先後."

|번역| 장재가 말했다. "시 10수를 지은 것은 말하고 침묵하는 사이에 하늘의 마음을 체험하기 위한 것일 뿐이다." 정이가 말했다. "만약 다른

---

171 (1)關中: 관중 지역이란 지금의 샨시(陝西) 중부 지역으로, 장재가 살았던 지역이자, 장재가 창도한 관학파(關學派)가 형성된 곳이다. (2)成俗, 훌륭한 풍속을 형성함.

할 말이 있었다면 어찌 끝을 맺을 수 있었겠습니까?" 장재가 말했다. "10편의 순서에는 본디 선후가 있다."

|해설| "말하고 침묵하는 사이에 하늘의 마음을 체험한다(驗天心語默間)"는 말은 "소수찬의 입조를 전송하며 쓴 시 네 수(送蘇修撰赴闕四首)"에 보이는 시구이다. 이 시구에서 하늘의 마음이란 하늘이 그 신성(神性) 만물을 생육하듯, 사람 역시 그 신성의 인간화된 형태인 덕성으로 만인을 교화하는 태도를 가리킨다. 즉 그것은 대인의 마음, 성인의 마음인 것이다. 그리고 장재의 말대로 『문집』에 수록된 「잡시」를 보면 그의 시들은 모두 사람의 마음에서 천심을 체험하는 것들로 가득하다. 「군자행」은 대인과 성인의 경지를 노래하고, 「聖心」에서는 예법을 닦는 성인을 노래했다. 「초상(有喪)」에서는 먼 친척의 상에도 예법대로 상복을 입음을 노래하였으며, 「파초(芭蕉)」에서는 새로운 덕과 새로운 앎이 자라나기를 염원하고 있다.

5.15 子厚言: "今日之往來俱無益, 不如閒居與學者講論, 資養後生, 却成得事." 正叔言: "何必然! 義當來則來, 當往則往爾."

|번역| 장재가 말했다. "금일의 왕래는 다 무익하니, 차라리 한가롭게 머물며 배우는 자들과 강론하며 후학들을 길러 일을 이루는 것이 더 낫겠다." 정이가 말했다. "어찌 반드시 그렇겠습니까! 마땅히 올 만하면 오고 마땅히 갈 만하면 갈 따름입니다."

|해설| 장재가 어떤 맥락에서 누구와 왕래함이 무익하다고 한 것인지 분명치 않다. 분명한 것은 장재가 고향에서 후학을 교육하는 일이 더 낫다고 하자, 정이는 그런 발언이 너무 극단적이라 여겨, 여전히 마땅히 왕래해야 할 때는 그렇게 해야 한다고 주장하였다는 점이다.

5.16 <u>張子厚罷禮官歸, 過洛陽相見</u>, 某問云: "在⁽¹⁾禮院有甚職事?" 曰:
"多爲禮房檢正所奪, 只定得數簡諡, 並⁽²⁾龍女衣冠." 問: "如何定
龍女衣冠?" 曰: "請依品秩." 曰: "若使某當是事, 必不如此處置."
曰: "如之何?" 曰: "某當辨云: 大河之塞, 天地之靈, 宗廟之祐, 社
稷之福, 吏士之力, 不當歸功水獸. 龍, 獸也, 不可衣人衣冠." <u>子厚
以爲然.</u>¹⁷² 見『程氏遺書』.

|번역| 장재가 예관(禮官)을 그만두고 귀향하던 도중에 낙양을 지나다가 우
리를 만나게 되었다. 내(정이)가 물었다. "태상예원(太常禮院)에서 무
슨 직무를 수행했습니까?" 장재가 말했다. "많은 경우 예방의 검정
관(檢正官)에게 일을 빼앗기고, 몇 개의 시호 및 용녀(龍女)의 의관을
정했을 뿐입니다." 내가 물었다. "용녀의 의관은 어떻게 정했습니
까?" 장재가 말했다. "등급에 따라 청했습니다." 내가 말했다. "만약
제가 그 일을 맡았다면 틀림없이 그렇게 처리하지 않았을 것입니
다." 장재가 말했다. "어떻게 했겠습니까?" 내가 말했다. "저는 분별
하며 이렇게 말했을 것입니다. '큰 강의 요새, 천지의 영명한 기, 종
묘의 보우하심, 사직이 내려 주는 복, 관리의 힘씀, 그 공을 물속 짐승
에 돌려서는 안 됩니다. 용은 짐승으로 사람의 의관을 착용해서는
안 됩니다.'" 장재가 그 말이 맞는다고 여겼다. (『정씨유서』에 보인다.)

|해설| 장재가 태상예원의 동지(同知)로 있다가 그 일을 그만두고 낙양을 지나다가 정
이를 만나 한 대화이다. 용녀란 불교의 유입으로 함께 들어온 신령인데, 송대에
이 용녀로 분장한 의례를 행했던 것으로 보인다. 정이는 용녀가 결국은 물속 짐
승의 신일 뿐인데, 이런 짐승에게 사람의 옷을 입히는 것은 부당하다고 여겼고,

172 (1)禮院, 태상예원(太常禮院)이라 하여 당나라 때부터 설치 운영되던 예를 관장하는 부
서로 장재는 만년에 이곳에서 관리로 있었다. (2)龍女, 용왕의 딸.

장재는 그 의견에 찬동했다.

5.17 呂與叔作「橫渠行狀」, 有"見二程盡棄其學"之語. ⁽¹⁾尹子言之, 伊川曰: "表叔平生議論, 謂頤兄弟有同處則可, 若謂學於頤兄弟, 則無是事. ⁽²⁾[頃年]屬與叔刪去, 不謂尚存斯言, 幾於無忌憚矣."¹⁷³ 『遺書』.

|번역| 여여숙이 지은 「횡거행장」에는 장재가 "이정을 만난 후 자신의 학문을 다 버렸다"는 말이 나온다. 윤돈이 이를 말하자 정이천은 이렇게 말했다. "외숙이 평생 논의하신 것이 우리 형제와 같은 점이 있다고 하면 괜찮지만, 우리 형제에게서 배웠다고 한다면 그런 일은 없었다. 근년에 여여숙에게 그것을 삭제하라고 했는데, 그 말이 아직도 존재한다고 하면 거의 거리낌이 없다고 하지 않으랴."(『정씨유서』)

|해설| 여대림이 장재의 「행장」에 이정을 만난 후에 자신의 학문을 버리고 이정의 학문을 좇았다고 한 것은 정이의 말이 아니더라도 잘못된 기록임이 분명하다. 장재가 정말 그랬다면 이정과 장재의 사상에는 별 차이가 없었을 것이나, 우리가 오늘날 보듯 이들의 사상에는 차이가 적지 않게 존재한다.

5.18 問: "橫渠之書有迫切處否?" 伊川曰: "子厚謹嚴, 纔謹嚴便有迫切氣象, 無寬舒之氣." 同上.

---

¹⁷³ (1)尹子: 이정의 제자로 윤돈(尹焞, 1071~1142)을 가리킨다. (2)頃年, 근년(近年).

|번역| 물었다. "횡거의 글에는 긴박한 점이 있지 않은가요?" 이천이 말했다. "횡거는 근엄했으니, 근엄하면 긴박한 기상이 있고, 넓고 편안한 기상은 없다.(위와 같음.)

|해설| 횡거는 근엄하여 넓고 편안한 기상보다는 긴박한 기상이 있다는 평가이다. 사실 근엄하기로 치면 정이천도 상당히 근엄했던 것으로 평가되는데, 그렇다면 장재와 정이의 기상에는 비슷한 점이 있는 셈이다.

5.19 橫渠嘗言: "吾十五年學箇恭而安不成." 明道曰: "可知是學不成有多少病在."(見『上蔡語錄』.)

|번역| 횡거가 일찍이 이렇게 말했다. "나는 15년 동안 공손하면서도 편안함을 완전히 배우지 못했다." 명도가 말했다. "완전히 배우지 못했다면 다소간 병통이 있음을 알 수 있다."(『상채어록』에 보인다.)

|해설| 정호는 온화하였으며, 평안한 정신 상태를 유지했던 것으로 평가된다. 앞 조목과 연결 지어 보면, 이 조목은 장재의 근엄하여 긴박한 기상을 비판한 것으로 보인다.

5.20 嘆息(1)斯文約共修, 如何夫子便長休! (2)東山無復蒼生望, 西土誰供後學求! 千古聲名聯(3)棟蕣, 二年零落去(4)山丘. 寢門(5)慟哭知何限, 豈獨交親念舊遊!174(明道「哭子厚詩」)

---

174 (1)斯文, 예악 문화, 유학을 가리킴. (2)東山無復蒼生望: 노나라 도성 동쪽에 있던 산. 노나라 땅을 가리킴. 『孟子』, 「盡心上」, "공자는 동산에 올라 노나라를 작다고 여기셨다." (孔子登東山而小魯.) 노나라 백성들이 바라볼 사람이 없어졌 듯, 유자들에게 희망이 되

|번역| 탄식하노니 사문(斯文)을 함께 닦자고 약속했건만, 어찌 선생께서는 영면에 드셨는가! 동산에는 다시 창생이 바라볼 것이 없어지고, 서쪽 땅에서는 누가 후학이 구하는 것을 제공해 줄까? 천고의 명성으로 형제(棣萼)가 함께하더니, 이듬해에 영락하여 무덤으로 가네. 침실에서 통곡이 언제 끝날지 알리오. 어찌 홀로 친교하며 옛적에 노닐던 때를 그리워하는가! (명도의 「곡자후시」)

는 사람이 사라졌다는 뜻. (3)棣萼(체악), 여기서는 형제를 뜻함. (4)山丘, 토산, 여기서는 무덤. (5)慟哭, 큰소리로 서럽게 욺.

6

후록 하
後錄下

6.1 "心妙性情之德", 妙是主宰運用之意. (『朱子語錄』)

|번역| "마음은 성과 정의 덕을 오묘하게 한다"고 했는데, 오묘하게 한다
(妙)고 함은 주재하고 운용한다는 뜻이다. (『주자어록』)

|해설| 주희는 장재의 '심통성정(心統性情)' 명제를 받아들여, 마음의 구조를 설명했다.
주희의 마음은 본성과 감정(지각)을 주재하고 운용하는 기능이 있다. 그는 장재
의 "마음이 성과 정의 덕을 오묘하게 한다"는 말에서 '오묘하게 함'이 곧 마음의
주재와 운용을 뜻한다고 설명했다.

6.2 伊川"性卽理也", 橫渠"心統性情", 二句[(1)]攧撲不破. 惟心無對, "心
統性情", 二程却無一句似此切.[175]

---

175 (1)攧撲不破, 아무리 던지고 쳐도 깨지지 않음, 이치가 바르기 때문에 깨지지 않음.

| 번역 | 이천의 "성즉리"와 횡거의 "심통성정"이라는 두 구절은 깨뜨릴 수 없는 진리이다. 오직 마음만이 상대되는 것이 없으니 "심통성정"이라고 하는데, 이정은 이 적절한 것과 비슷한 한마디도 한 적이 없다.

| 해설 | 주희는 정이천의 성즉리설을 받아들여, 리학파의 입장에 섰다. 하지만 마음에 대한 논의에서만큼은 장재의 '심통성정'설에 주목해 그것을 받아들였다.

6.3 "心統性情", 統猶兼也.

| 번역 | "심통성정"에서 통(統)은 아우른다(兼)는 말과 같다.

| 해설 | 마음은 성과 정을 아울러 포함한다. 심통성정의 통(統)이 지닌 첫 번째 함의를 주희는 마음이 구조적으로 성과 정을 아우른다는 뜻으로 설명했다.

6.4 性對情言, 心對性情言. 今如此是性, 動處是情, 主宰是心. 橫渠云 "心統性情者也", 此語極佳. 大抵心與性情, 似一而二, 似二而一, 此處最當體認.

| 번역 | 성은 정에 상대되어 말하는 것이고, 심은 성과 정에 상대되어 말하는 것이다. 지금 이와 같은 것이 성이라면, 움직이는 곳은 정이요, 주재하는 것은 심이다. 횡거는 "심은 성과 정을 통일하는 것이다"라고 했는데, 이 말은 지극히 훌륭하다. 대체로 심과 성정은 하나인 듯하면서도 둘이고, 둘인 듯하면서도 하나이니, 이 지점을 가장 잘 살펴 인식해야 한다.

|해설| 주희에게 사랑의 이치인 인(仁)이 성(性)이라면 측은히 여기는 감정은 정(情)이
다. 성과 정은 체와 용으로서 상대된다. 심(心)은 성과 정을 자체에 아우르기 때
문에, 심은 성정과 상대된다고 할 수 있다. 주희에게 성은 단지 이치일 뿐이니,
그것은 활동성이 없다. 활동성을 지닌 것은 성이 아니라 정이다. 심은 성과 정을
주재한다. 주재함은 통(統)의 두 번째 함의이다.

6.5 "心統性情者也." 寂然不動而仁義禮智之理具焉, 動處便是情. 有
言"靜處便是性, 動處是心", 如此則是將一物分作兩處了. 心與性
不可以動靜言. 凡物有心而其中必虛, 如飮食中雞心豬心之屬, 切
開可見. 人心亦然, 只這些虛處便包藏許多道理, 彌綸天地, 該括古
今, 推廣得來, 蓋天蓋地莫不由此, 此所以爲人心之妙歟! 理在人
心, 是之謂性. 性如心之田地, 充此中虛莫非是理而已. 心是神明之
舍, 爲一身之主宰, 性便是許多道理得之於天而具於心者, 發於智
識念慮處皆是情, 故曰"心統性情者也."

|번역| "심은 성과 정을 통일하는 것이다." 고요하여 움직이지 않으니 인의
예지의 이치가 거기에 갖추어져 있다. 움직이는 지점은 정이다. "고
요한 곳은 성이고, 움직이는 곳은 심이다"라는 말이 있는데, 그와 같
으면 하나의 사물을 두 곳으로 분리해 버리는 것이다. 심과 성은 동
정으로 말해서는 안 된다. 어떤 사물이든 심이 있으면 그 가운데는
틀림없이 비어 있으니, 예컨대 음식 중에서 닭의 심장이나 돼지의
심장 같은 것을 잘라 보면 보인다. 사람의 마음 또한 그러한데, 다만
이 빈 곳에 많은 이치가 포함되어 있어, 천지를 뒤덮고 있고, 고금을
포괄한다. 밀고 나가 넓히면, 천지를 가득 채우는 것이 이것으로 말
미암지 않은 것이 없으니, 이것이 사람의 마음의 오묘한 점이다! 리

(理)가 사람의 마음에 있으면 성(性)이라고 한다. 성은 마음의 전답과 같으니, 이 가운데의 빈 곳을 채운 것은 리(理)가 아닌 것이 없다. 심은 신명의 집으로서 일신의 주재가 되며, 성은 많은 이치를 하늘에서 얻어 마음에 갖춘 것이요, 지력과 의념에서 발하는 것은 모두 정(情)이다. 그러므로 "심은 성과 정을 통일하는 것이다"라고 한다.

| 해설 | 사람의 심 안에 성과 정이 포괄되어 있음을 논하였다. 심 안에는 인의예지의 이치인 성이 있고, 정은 앞서 말했듯이 예컨대 측은의 감정이 인의 이치에 따라 발하는 것이다. 주희는 자신의 심에 대한 견해가 성숙한 뒤에는 심을 움직이는 것, 성을 고요한 것으로 간주해 심과 성을 상대되는 것으로 보는 호상학파(湖湘學派)의 견해에 반대했다. 사람의 마음에는 무수히 많은 리(理)가 갖추어져 있으며, 거경궁리(居敬窮理)의 수양을 통해 천지만물의 리와 합치되는 체험을 할 수 있다. 요컨대 심은 일신의 주재자요, 성은 하늘에서 얻은 이치를 마음속에 갖추고 있는 성리이며, 정(情)은 감정, 그리고 감각적 지각과 사유까지 포함한다. "심통성정"의 '정'이 감정뿐 아니라 '지각'까지 포함하는 것 역시 장재에서 비롯되었다. 장재는 "심은 성과 지각의 합"이라 말한 바 있기 때문이다.

6.6　性·情·心惟孟子橫渠說得好. 仁是性, 惻隱是情, 須從心上發出來. 橫渠曰"心統性情者也", 性只是合如此底. 又曰: 性只是理, 非是有這箇物事, 若性是有底物事, 則既有善亦必有惡, 惟其無此物只是理, 故無不善.

| 번역 | 성, 정, 심은 오직 맹자와 횡거만이 잘 말했다. 인(仁)은 성이고, 측은은 정이되, 심에서 발해져 나온다. 횡거는 "마음은 성과 정을 통일하는 것이다"라고 했는데, 성은 다만 마땅히 그래야 하는 것이다. 또 주자는 말했다. 성은 리(理)일 뿐이니, 이 리(理)라는 사물이 있는 것

이 아니다. 만약 성이 존재하는 사물이라면, 선이 있을진대 반드시 악도 있을 것이다. 그 사물이 없고 단지 리일 뿐이므로 선하지 않음이 없다.

|해설| 이 조목 앞부분 내용은 이미 앞서 예를 들어 설명했으므로 생략한다. 후반부에서 주희가 강조하는 것은 성은 원리, 이치일 뿐, 성 혹은 리라는 실체가 존재하는 것은 아니라는 점이다. 만약 그렇다면 이 세상 어딘가에 선이라는 실체, 그리고 그와 상대되는 악이라는 실체가 존재하게 될 것이라는 것이다. 주희가 말하는 성이란 단지 선한 원리, 이치일 따름이다.

6.7 "心統性情", 性情皆因心而後見, (1)心是體, 發於外謂之用. 孟子曰 "(2)仁人心也", 又曰"惻隱之心", 性情上都下箇心字. "仁人心也"是 說體, "惻隱之心"是說用, 必有體而後有用, 可見"心統性情"之義.[176]

|번역| "심통성정"이다. 성과 정은 모두 심으로 인해 드러난다. 심은 전체이고, 밖으로 발해지는 것을 용이라 한다. 맹자는 "인이란 사람의 마음이다"라고 했고, 또 "측은지심"이라 하여, 성과 정에 모두 심이라는 글자를 붙였다. "인은 사람의 마음이다"라는 것은 체를 말한 것이요, "측은지심"은 용을 말한 것이다. 반드시 체가 있어야 용이 있으니, 이를 통해 "심통성정"의 의미를 알 수 있다.

|해설| 주희에게 심은 의식의 총체이다. 그러므로 그것은 이치로서의 성과 지각, 감정으로서의 정을 모두 포함한다. 심은 전체이다. 주자는 맹자가 성과 정을 마음이

---

[176] (1)心是體, 여기서 말하는 체는 주희의 심이 갖는 의미를 생각할 때 본체가 아니라, 전체라는 뜻으로 읽어야 한다. (2)仁人心也:『孟子』,「告子上」, "인은 사람의 마음이고 의는 사람이 걸어야 하는 길이다."(仁, 人心也; 義, 人路也.)

라 부르는 까닭이 여기에 있다고 주장한다. 주희에게 인이 성으로서 본체라면 측은은 정으로서 작용이다. 성체정용(性體情用)인데, 이 말은 정확히는 정이 성에 근거해 발한다는 뜻이다.

6.8 問心統性情. 先生云: "性者理也. 性是體, 情是用, 性情皆出於心, 故心能統之. 統如統兵之統, 言有以主之也. 且如仁義禮智是性也, 孟子曰(1)仁義禮智根於心', 惻隱・羞惡・辭讓・是非本是情也, 孟子曰'惻隱之心, 羞惡之心, 辭讓之心, 是非之心'; 以此言之, 則見得心可以統性情. 一心之中自有動靜, 靜者性也, 動者情也."177

|번역| 심통성정에 대해 물었다. 선생이 말했다. "성이란 리이다. 성은 체이고, 정은 용이며, 성과 정은 모두 심에서 나오므로, 심은 그것들을 통솔할 수 있다. 통(統)은 병사를 통솔한다고 할 때의 통과 같으니, 그것들을 주재함이 있음을 말한다. 예컨대 인의예지는 성이니, 맹자는 '인의예지는 마음에 뿌리를 두고 있다'고 했다. 측은, 수오, 사양, 시비는 본디 정이니, 맹자는 '측은지심, 수오지심, 사양지심, 시비지심'이라고 했다. 이것을 가지고 말하면 심이 성과 정을 통솔할 수 있음을 알게 된다. 하나의 마음 가운데에 자연히 동정이 있으니, 고요한 것은 성이요, 움직이는 것은 정이다."

|해설| 심통성정의 두 번째 함의는 심이 성과 정을 통솔, 주재한다는 뜻이다. 심이 성과 정을 통솔, 주재한다는 말은 인간의 의식(심)이 내면에 깊숙이 감추어진 인의예지의 성에 근거해 측은, 수오, 사양, 시비의 감정 및 사유 작용을 발휘하도록 통

---

177 (1)仁義禮智根於心:『孟子』,「盡心上」, "군자가 본성으로 여기는 인의예지는 마음에 뿌리를 두고 있다."(君子所性, 仁義禮智根於心.)

솔, 주재함을 뜻한다. 물론 마음이 성정을 통솔, 주재함에는 다른 뜻도 있다. 의식이 이발 상태에서 감각, 감정 일반을 통제하며, 또 마음이 상대적으로 고요한 미발 상태에서 경에 머무르도록 제어하는 것이 그것이다.

6.9 問: "心統性情, 統如何?" 曰: "統是主宰, 如統百萬軍. 心是渾然底物, 性是有此理, 情是動處."又曰: "人受天地之中, 只有箇心性安然不動, 情則因物而感. 性是理, 情是用, 性靜而情動. 且如仁義禮智信是性, 然又有說仁心義心, 這是性亦與心通說. 惻隱・羞惡・辭讓・是非是情, 然又說道'惻隱之心・羞惡之心・[辭讓之心]¹⁷⁸・是非之心', 這是情亦與心通說. 這是情性皆主於心, 故恁地通說."問: "意者心之所發, 與情性如何?" 曰: "⁽¹⁾意也與情相近."問: "志如何?" 曰: "志也與性相近, 只是心寂然不動, 方發出便喚做意. 橫渠云'志公而意私', 看這自說得好. 志便淸, 意便濁; 志便剛, 意便柔; 志便有立作意思, 意便有潛竊意思; 公自子細看自見得. 意多是說私意, 志便說'匹夫不可奪志.'"¹⁷⁹

|번역| 물었다. "심통성정에서 통이란 무슨 뜻인가?" 말했다. "통은 주재함이다. 마치 백만대군을 통솔하는 것처럼 말이다. 심은 혼연한 것이요, 성은 이 리가 있음이요, 정은 움직이는 곳이다." 또 말했다. "사람이 천지의 중(中)을 받아들이면, 심성만이 편안하고 움직이지 않고, 정은 사물로 인해 느낀다. 성은 리이고, 정은 용이다. 성은 고요

---

178 〈중화 주석〉 이 네 글자는 앞 조목에 근거해 보완했다.
179 ⑴意也與情相近, 주희가 말하는 정은 앞에서도 언급했듯이 감정뿐 아니라 지각(知覺), 즉 감각적 지각 및 이성적 사유도 포함한다. 그러므로 의념이 정에 가깝다고 했다.

하고 정은 움직인다. 예컨대 인의예지신은 성이지만, 또한 인한 마음(仁心), 의로운 마음(義心)이라 말하는 것도 있으니, 이는 성이면서도 심과 통틀어 말한 것이다. 측은, 수오, 사양, 시비는 정이지만, 또한 '측은지심, 수오지심, 사양지심, 시비지심'이라 말하니, 이는 정이면서 심과 통틀어 말한 것이다. 이는 정과 성이 모두 마음에 의해 주재되는 것이니, 이렇게 통틀어서 말한다." 물었다. "의념(意)이란 마음이 발한 것인데, 정 및 성과는 어떤 관계인가?" 말했다. "의념은 정과 서로 가깝다." 물었다. "뜻(志)은 어떤가?" 말했다. "뜻은 성과 서로 가까운데, 다만 심은 고요히 움직이지 않다가 발해져 나와야 그것을 의념이라고 부른다. 횡거는 '뜻은 공평하고 의념은 사사롭다'고 했는데, 이는 훌륭한 설명이다. 뜻은 맑고, 의념은 탁하며, 뜻은 강하고 의념은 부드럽다. 뜻에는 만들어 세운다는 생각이 있고, 의념에는 몰래 숨긴다는 뜻이 있으니, 공이 자세히 보면 자연히 보일 것이다. 의념은 많은 경우 사사로운 생각을 말하고, 뜻은 '필부의 뜻을 빼앗을 수 없음'을 말한다."

| 해설 | 심통성정을 설명하는 전반부의 내용은 앞서 등장했던 것들과 다르지 않다. 다만 거기에 더해 맹자가 인의예지의 성과 측은, 수오 등의 정을 심이라고 한 것에 주목해 그것은 각각 성과 심, 정과 심을 통틀어 말한 것이라 설명했고, 이를 통해 심통성정이 맹자의 심성론과도 어긋나지 않는다고 주장하였다. 한편 후반부에서는 주로 의(意)와 지(志)의 함의를 비교하여 설명하였다. 의는 의념으로 감각적 지각과 사유활동을 포함하는 정 개념에 가깝다. 반면 지는 일종의 도덕적 의지를 뜻하므로, 그것은 성과 완전히 같지는 않지만, 그것에 가깝다. 지는 도덕적 의지인 데 비해, 의는 일반적 의념이라는 점에서 양자를 맑은 것과 탁한 것, 강한 것과 부드러운 것에 비유했고, 지는 공평무사한 데 비해 의념은 많은 경우 사사로운 의념을 뜻한다고 했다.

6.10 橫渠云"心統性情", 蓋好善而惡惡, 情也; 而其所以好善而惡惡, 性之節也. 且如見惡而怒, 見善而喜, 這便是情之所發. 至於喜其所當喜而喜不過, 謂如人有二分合喜底事, 我却喜至七分便不是. 怒其所當怒而怒不遷, 謂如人有一分合怒底事, 我却怒至三四分便不是. 以至哀·樂·愛·惡·欲皆能中節而無過, 這便是性.

|번역| 횡거는 "심통성정"이라고 했다. 선을 좋아하고 악을 싫어하는 것은 정이지만, 선을 좋아하고 악을 싫어하는 까닭은 성의 영역이다. 또 예컨대 악을 보고 노하고 선을 보고 기뻐하는 것은 정이 발한 것이다. 한편 마땅히 기뻐해야 할 일에 기뻐하지만, 기뻐함이 지나치지 않고 (예컨대 사람에게 10분의 2 정도 기뻐해야 할 일이 있는데, 내가 10분의 7까지 기뻐한다면 그것은 잘못이다.) 마땅히 노해야 할 일에 노하지만 노함을 옮기지 않으며, (예컨대 사람에게 10분의 1 정도 노해야 할 일이 있는데, 내가 10분의 3, 4까지 노한다면 그것은 잘못이다.) 슬퍼함, 즐거워함, 사랑함, 미워함, 욕망함이 모두 절도에 들어맞아 지나침이 없다면 그것은 곧 성이다.

|해설| 선을 좋아하고 악을 싫어하는 것은 일종의 도덕 감정이다. 따라서 그것은 정이지만, 주자의 사상에 따르면 선을 좋아하고 악을 싫어하는 감정은 선을 좋아하고 악을 싫어하는 이치에 따라 발해진 것이다. 마찬가지로 선한 일을 보고 기뻐하고 악한 일을 보고 화를 내는 것은 감정의 발동이다. 나머지 감정, 욕망 등도 다 정의 영역에 속한다. 하지만 그 칠정의 발동이 모두 상황마다 적절한 기준에 들어맞는 것은 그때마다 합당한 본성, 이치에 근거해 발현되었기 때문이다. 즉 성즉리의 성에 근거하지 않으면 감정의 발현은 중용의 행위일 수 없다는 것이다.

6.11 先生取『近思錄』, 指橫渠"心統性情"之語以示學者. 力行問曰: "心之未發則屬乎性, 既發則情也?" 先生曰: "是此意." 因再指伊川之言曰: "心一也, 有指體而言者, 有指用而言者."

|번역| 선생님이 『근사록』을 꺼내 횡거의 "심통성정"의 말을 가리켜 배우는 자들에게 보여 주셨다. 역행이 물었다. "심의 미발이 성에 속할진대, 이미 발했다면 정입니까?" 선생이 말했다. "그런 의미이다." 다시 이천의 말을 가리켜 이렇게 말했다. "심은 하나이지만, 본체를 가리켜 말한 것도 있고, 작용을 가리켜 말한 것도 있다."

|해설| 성을 심의 미발로, 정을 심의 이발로 설명했다. 성을 미발로, 정을 이발로 설명하는 것은 주희 미발-이발설의 한 측면이다. 또 성은 체이고, 정은 용이라고 했다.

6.12 或問: "通蔽開塞, 張橫渠⁽¹⁾呂芸閣說孰爲親切?" 先生曰: "與叔倒分明, 似橫渠之說, 看來塞中也有通處. 如猿狙之性卽靈, 豬則全然蠢了, 便是通蔽不同處. ⁽²⁾'本乎天者親上, 本乎地者親下.' 如人頭向上, 所以最靈, 草木頭向下, 所以最無知, 禽獸之頭橫了, 所以無知, 猿狙稍靈, 爲他頭有時也似人, 故稍向得上."¹⁸⁰

|번역| 혹자가 물었다. "통하고 가려지고 열리고 막힘에 대한 장횡거와 여여숙의 설명 가운데 어느 것이 더 확실한가?" 선생님이 말했다. "여

---

180 (1)呂芸閣: 여대림을 가리킨다. 운각(芸閣)은 여대림의 호이다. (2)本乎天者親上, 本乎地者親下: 『周易』,「乾」,「文言傳」, "하늘에 근본을 둔 것은 위를 친근히 여기고, 땅에 근본을 둔 것은 아래를 친근히 여기니, 각기 그 유사한 것을 따른다."(本乎天者親上, 本乎地者親下, 則各從其類也.)

여숙의 설명이 분명하다. 횡거의 설과 같은 것은 막힌 것 가운데 통하는 지점이 있는 것처럼 보인다. 예를 들어 원숭이의 특성은 영민한 데 비해, 돼지는 완전히 어리석으니, 그것이 통함과 막힘의 차이가 나는 지점이다. '하늘에 뿌리를 둔 것은 위를 친근히 여기고, 땅에 근본을 둔 것은 아래를 친근히 여긴다'고 했다. 예를 들어 사람의 머리는 위로 향하므로 가장 영민하다. 초목의 머리는 아래로 향하므로 가장 무지하다. 금수의 머리는 횡으로 놓여 있으므로 무지하다. 원숭이는 약간 영민하여, 그 머리가 사람과 유사할 때도 있으므로 약간 위를 향해 있다."

| 해설 | 유학자들은 머리가 하늘을 향해 있으면 영민하고 머리가 땅을 향해 있으면 어리석다고 생각했다. 하늘을 지혜의 상징으로 생각하는 관념의 반영이라 할 수 있다. 오늘날의 지식에 근거해 보면 현상에 대한 파악은 적절하나 그 원인에 대한 설명까지 훌륭하다고 평할 수는 없을 것 같다. 머리가 하늘을 향한 종이 영민한 이유는 직립보행, 노동, 대뇌 용량의 증대 등과 직접적으로 관련이 있다고 생각되기 때문이다.

6.13 橫渠先生曰: "凡物莫不有是性, 由通閉開塞, 所以有人物之別, 由蔽有厚薄, 故有智愚之別. 塞者牢不可開, 厚者可以開而開之也難, 薄者開之也易, 開則達於天道, 與聖人一." 先生曰: "此段不如呂與叔分別得(1)分曉. 呂曰: '蔽有淺深, 故爲昏明, 蔽有開塞, 故爲人物.'云云. 程子曰: '(2)人生而靜以上不容說, 纔說性時便已不是性也. 凡人說性, 只是說繼之者善也, 孟子言人性善是也. 夫所謂(之)繼之者善也者, 猶水流而就下也.'云云." 先生曰: "此繼之者善也, 指發處而言之也. 性之在人, 猶水之在山, 其淸不可得而見也, 流

出而見其清, 然後知其本清也. 所以孟子只就見孺子入井皆有怵
惕・惻隱之心處指以示人, 使知性之本善者也. 『易』所謂繼之者
善也, 在性之先, 此所以引繼之者善也, 在性之後. 蓋『易』以天道
之流行者言, 此以人性之發見者言, 唯天道流行如此, 所以人性發
見亦如此. 如後段所謂‘其體則謂之易, 其理則謂之道, 其用則謂
之神.’ 某嘗謂易在人便是心, 道在人便是性, 神在人便是情, 緣他
本原如此, 所以生出來簡簡亦如此, 一本故也.”[181]

| 번역 | 횡거 선생이 말했다. “어떤 사물이든 이 성이 없는 것은 없으나, 통
합과 닫힘, 열림과 막힘으로 인해 사람과 사물의 구별이 존재하고,
가려짐에 두터움과 얇음이 있음으로 인해 지혜로움과 어리석음의
구별이 존재한다. 막힌 것은 아무리 해도 열 수 없고, 두터운 것은
열 수는 있으나 열기 어려우며, 얇은 것은 열기가 쉽다. 열리면 하늘
의 도에 통달하여 성인과 하나가 된다.” 선생이 말했다. “이 단락은
여여숙이 분명하게 분별했다. 여여숙이 말했다. ‘가려짐에는 얕고
깊음이 있어 어둡고 밝으며, 가려짐에는 열리고 막힘이 있어 사람
과 사물이 된다.’ (이하 생략.) 정자는 이렇게 말했다. ‘사람이 태어나
고요해지는 것 이상에 대해서는 말할 수 없으니, 성이라고 말한다
면 그것은 이미 성이 아니다. 사람이 성에 대해 말한다면 그것은 단
지 그것을 계승하는 것은 선하다는 측면에서 말한 것으로, 맹자의
인간 본성이 선하다는 말이 그것이다. 그것을 계승하는 것이 선하
다는 말은 물이 아래로 흘러 내려간다는 말과 같다.’ (이하 생략.)” 선
생이 말했다. “그것을 계승하는 것이 선하다는 것은 발현된 지점을
가리켜 말한 것이다. 사람에게 성이 있는 것은 산에 물이 있는 것과

---

[181] (1)分曉, 명백함, 분명함. (2)人生而靜以上不容說~, 『二程遺書』 권1에서 출전.

같아서, 그것(성)의 맑음은 보이지 않고, 흘러나와 그것의 맑음을 본 뒤에야 그것이 본래 맑음을 알게 된다. 그러므로 맹자는 다만 어린 아이가 우물에 들어가려는 것을 볼 때 모두 깜짝 놀라 측은히 여기는 마음이 있는 지점을 가리켜 사람들에게 보여 주어 성이 본래 선함을 알게 한 것이다. 『역』에서 말하는 '그것을 계승하는 것이 선하다'는 것은 성에 앞서 존재하고, 여기서 '그것을 계승하는 것이 선하다'는 것을 이끌어 내는 것은 성 뒤에 존재한다. 대개 『역』에서는 하늘의 도가 유행하는 측면에서 말하였고, 여기서는 인간 본성에 발현되는 측면에서 말한 것이다. 오직 하늘의 도의 유행이 그렇기 때문에, 인간 본성에서 발현되는 것도 그렇다. 예를 들어 이어지는 단락에서는 '그 전체를 역이라고 부르고, 그 이치를 도라고 부르며 그 작용을 신이라고 부른다'고 했는데, 나는 일찍이 역이 사람에게서는 곧 심이요, 도가 사람에게서는 곧 성이며, 신이 사람에게서는 곧 정이라고 한 적이 있다. 그것이 본디 그러하므로, 그것에서 나온 각각의 것들도 그러하다. 근본은 하나이기 때문이다."

|해설| 이 조목에서 주희는 크게 두 가지를 논하였다. 첫째는 기질의 차이로 인해 성의 현현에 차이가 있음을 논하는 장재의 말을 소개한 뒤, 다시 여대림의 말을 보태 이 문제만큼은 여대림의 표현이 훨씬 정확하다고 하였다. 장재에게 성은 만물의 통일적 근원으로, 만물은 천지에서 기원한 동일한 성을 지니고 있다고 생각된다. 그러나 사람과 다른 자연물은 그 성을 현현하는 능력에서 현격한 차이가 난다. 장재는 이를 기의 열림과 막힘 때문이라 설명한다. 인간은 기가 맑아 본성이 쉽게 열려 현현되지만, 자연물은 인간에 비해 막혀 있다는 것이다. 한편 같은 사람이더라도 지혜로운지 어리석은지에 따라 본성을 현현하는 능력에는 차이가 생긴다. 장재는 이를 기의 두터움과 얇음 때문이라고 설명했다. 지혜로운 자는 기가 얇아 성이 쉽게 현현될 수 있도록 하는 데 반해, 어리석은 자는 기가 두터워 그러기 어렵다는 것이다. 주희는 장재의 이런 표현보다는 여대림의 표현이 훨씬 명확하다고 판단한다. 본성을 가리는 것이 얕고 깊음에 따라 지혜로운

자와 어리석은 자의 차이가 생겨나고, 본성을 가리는 것이 열리고 막힘에 따라 사람과 사물의 차이가 생겨난다는 표현은 주희의 말대로 장재의 그것보다는 훨씬 더 간명하다.

둘째로 주희는 우리가 현실적으로 논하는 성은 모두 기질에 의해 가려져 있는 성이지, 그 이상의 것은 아니라는 정호의 논의를 소개하며 간접적으로 자신이 세운 천명지성과 기질지성 개념의 의미를 밝히고 있다. 정호의 논리에 따르면 우리가 현실적으로 논할 수 있는 성은 사람이 태어나 형체를 지닌 후에 하늘의 이치를 계승하여 내면화한 것일 뿐이지, 그 형체를 지니기 이전의 그 형이상학적인 어떤 것을 단독으로 논할 수는 없다. 그런 근거에서 맹자의 성선설도 육신을 지닌 인간이 하늘의 이치를 계승하여 내면화한 것이 선하다는 의미라고 단언한다. 이러한 정호의 생각을 이어받아 주희는 그렇다면 성선의 선은 성 그 자체가 아니라, 성이 발현된 지점, 즉 성의 작용의 측면에서 말한 것이라고 주장한다. 유자입정(孺子入井)의 예를 들며 맹자가 말한 것도 바로 측은히 여기는 감정이라는 작용의 측면에서 그 본연의 성이 선함을 논증하려 한 것이다. 또 이러한 논의를 바탕으로 주희는 『역』의 역(易), 도(道), 신(神)을 자신이 세운 마음의 구조와 합치시킨다. 자연에서 변역은 전체적인 과정이요, 도는 본체로서의 이치이고, 신은 작용이다. 마찬가지로 심은 의식 활동의 총체이고, 성은 인간 내면의 리(理)이며, 정은 지각, 사유, 감정 등의 작용이다.

6.14 問: "張子云: '以心克己即是復性, 復性便是行仁義.' (切)[竊] 謂克己便是克去私心, 却云'以心克己', 莫剩却'以心'兩字否?" 曰: "克己便是此心克之, 公但看[(1)]爲仁由己而由人乎哉', 非心而何? [(2)]言忠信, 行篤敬', [(3)]立則見其參於前, 在輿則見其倚於衡', 這不是心是甚麼? 凡此等皆心所爲, 但不必更(看)[着]心字. 所以夫子不言心, 但只說在裏教人做, 如喫飯須是口, 寫字須是手, 更不用說口喫手寫." 又問: "復性便是行仁義, 復是方復得此性, 如何便說行得?" 曰: "既復得此性便恁地行, 纔去得不仁不義, 則所行便是仁義, 那得一箇在不仁不義與仁義之中底物事? 不是人欲便是天理,

不是天理便是人欲, 所以謂⁽⁴⁾欲知舜與蹠之分者無他, 利與善之
間也.' 所隔甚不多, 但聖賢把得這界定爾."¹⁸²

|번역| 물었다. "장재는 '마음으로 자기를 이겨 내면 곧 성을 회복하는 것이
고, 성을 회복하면 곧 인의를 행하는 것이다'라고 했습니다. 저는 자
기를 이겨 내는 것은 곧 사사로운 마음을 이겨 내 제거하는 것이라
고 말하는데, '마음으로 자기를 이겨 낸다'고 하면 '마음으로(以心)'라
는 두 글자를 군더더기로 남겨 둔 것이 아닐지요?" 말했다. "자기를
이겨 냄은 이 마음으로 이겨 내는 것이다. 공은 다만 '인을 행하는
것은 자기로부터 말미암는 것이지 남으로부터 말미암는 것이겠느
냐?'라는 말을 보라. 마음이 아니고 무엇인가? '말이 충실하고 신용
이 있으며, 행동이 돈독하고 경건하다'고 했고, '일어나면 그 글자들
이 앞에 늘어서 있는 듯이 보이고, 수레에 있으면 그 글자들이 수레
앞 횡목에 새겨진 듯이 보인다'고 했으니, 이것들이 마음이 아니면
무엇인가? 이것들은 모두 마음으로 하는 행위이니, 다만 마음이라

---

182 (1)爲仁由己而由人乎哉:『論語』, 「顔淵」, "안연이 인에 대해서 물었다. 공자께서 말씀하
셨다. '자기를 이겨 내 예를 회복하는 것이 인이다. 하루라도 자기를 이겨 내 예를 회복
하면 천하가 인으로 돌아갈 것이다. 인을 행하는 것은 자기로부터 말미암는 것이지 남
으로부터 말미암는 것이겠느냐?"(顔淵問仁. 子曰: "克己復禮爲仁, 一日克己復禮, 天下歸
仁焉, 爲仁由己 而由人乎哉?") (2)言忠信, 行篤敬:『論語』, 「衛靈公」, "자장이 소통에 대해
서 물었다. 공자께서 말씀하셨다. '말이 충실하고 신용이 있으며, 행동이 돈독하고 경건
하면 오랑캐의 나라일지라도 통할 것이다."(子張問行. 子曰: "言忠信, 行篤敬, 雖蠻貊之
邦, 行矣.") (3)立則見其參於前, 在輿則見其倚於衡:『論語』, 「衛靈公」, "일어나면 그 글자
들이 앞에 늘어서 있는 듯이 보이고, 수레에 있으면 그 글자들이 수레 앞 횡목에 새겨진
듯이 보인 후에야 통할 수 있을 것이다."(立則見其參於前也, 在輿則見其倚於衡也, 夫然後
行.) (4)欲知舜與蹠之分者無他, 利與善之間也:『孟子』, 「盡心上」, "닭이 울면 일어나 부지
런히 선을 행하는 자는 순의 무리들이다. 닭이 울면 일어나 부지런히 이익을 추구하는
자는 도척의 무리들이다. 순과 도척의 차이를 알고 싶다면, 다른 방법은 없고, 이익과
선 사이의 차이를 알면 될 것이다."(雞鳴而起, 孶孶爲善者, 舜之徒也; 雞鳴而起, 孶孶爲利
者, 蹠之徒也. 欲知舜與蹠之分, 無他, 利與善之閒也.)

는 글자를 쓸 필요가 없을 따름이다. 그래서 선생님께서는 마음을 말하지 않으시고 다만 사람들이 향리에서 사람들이 행하도록 하라고 하신 것이다. 예를 들어 밥을 먹으려면 입이 필요하고 글을 쓰려면 손이 필요하지만, 입으로 먹고 손으로 쓰라고 말할 필요는 없다." 또 물었다. "성을 회복하는 것은 곧 인의를 행하는 것이라 했는데, 회복함이란 이 성을 회복하는 것일 텐데, 어찌하여 행함을 말할 수 있습니까?" 말했다. "이 성을 회복했을진대 곧 그렇게 행한다. 불인함과 불의함을 제거하면 행하는 것은 곧 인과 의이다. 불인, 불의와 인의 사이에 있는 일이 이 세상에 어디에 있겠는가? 인욕이 아니면 천리이고, 천리가 아니면 인욕이다. 그러므로 '순과 도척의 차이를 알고 싶다면, 다른 방법은 없고, 이익과 선 사이의 차이를 알면 될 것이다.'라고 했다. 양자 사이의 떨어진 거리는 크지 않다. 다만 성현이 그것의 경계선을 파악해 정했을 따름이다."

| 해설 | 장재가 말한 '마음으로 자기를 이겨 냄'이란 '도덕의식으로 이기심을 이겨 냄'을 뜻한다. 하나의 마음이지만 그 안에 두 의식이 교차해 흐를진대 '마음으로'라는 말을 군더더기로 생각한 혹자의 이해는 잘못된 것이다. 주희는 그 점을 지적하며, 『논어』의 여러 구절이 마음이라는 말을 쓰지 않았지만, 많은 경우에 마음으로 행한다는 뜻을 함유하고 있음을 밝힘으로써 혹자의 생각이 단견임을 더욱 분명히 하였다. 또 본성을 회복하는 것과 인의를 실천하는 문제를 분리시키는 생각에 반대하며, 본성이 회복되었다면 그것은 곧장 인의의 실천으로 이어진다고 하여 장재의 발언을 옹호했다.

6.15 問橫渠說"[(1)]以道體身"等處. 曰: "只是有義理, 直把自家作無物看. 伊川亦云: '除却身只是理, 懸空只有簡義理.'"[183]

|번역| 횡거가 말한 "도로 몸을 체현함" 등의 대목에 대해 물었다. 말했다. "다만 의리가 있을 따름이니, 오직 자신을 대립물이 없는 것으로 간주한다. 이천 또한 '몸을 제거하면 오직 이치일 뿐이니, 공중에 걸려 있는 것으로 오직 의리가 있을 따름이다"라고 말했다.

|해설| 『정몽』「대심」편의 '몸을 지닌 내가 도를 체현함'이든, 주희가 장재의 말로 인용하고 있는 '도로 몸을 체현함이든', 표현은 약간 다르지만, 요지는 "도의 관점에서 보면(以道觀之) 자신과 타자를 평등하게 대할 수 있다는 『장자』의 말과 흡사하게 '내' 몸을 중심으로 생각하지 않을 수 있다는 데 있다. 장재는 이를 근거로 마음을 넓힐 것(大其心)을 주문한 데 비해, 주희는 이천의 말을 인용하며 '내' 몸의 이해관계가 아닌, 의리에 따라 판단하고 행동할 것을 요구했다.

6.16 問"⁽¹⁾未知立心, 惡思多之致疑, 旣知所立, 惡講治之不精"一章. 先生曰: "未知立心, 則或善或惡, 故胡亂思量, 惹得許多疑起. 旣知所立, 則是此心已立於善而無惡了, 便又惡講治之不精, 又却用思. 講治之思, 莫非在我這道理之內, 如此則雖勤而何厭! 所以急於可欲者, 蓋急於可欲之善, 則便是無善惡之雜, 便是立吾心於不疑之地. 人之所以有疑而不果於爲善也, 以有善惡之雜. 今旣有善而無惡, 則若決江河以利吾往矣. ⁽²⁾遜此志, 務時敏, 須是低下着這心以順他道理, 又却⁽³⁾抖擻起那精神, 敏速以求之, 則厥脩乃來矣. 這下面云云, 只是說一敏字."¹⁸⁴

183 (1)以道體身: 『正蒙』, 「大心」, "몸을 지니고 있으면서 도를 체현한다면 그 사람됨은 크다. 도는 몸을 사물로 여길 수 있으므로 크다. 몸을 사물로 삼을 수 없어 몸에 얽매인다면 보잘것없이 비천해질 것이다."(身而體道, 其爲人也大矣. 道能物身, 故大. 不能物身而累於身, 則藐乎其卑矣.)

184 (1)未知立心, 惡思多之致疑, 旣知所立, 惡講治之不精: 『近思錄』권2, "마음을 확립할 줄 모

| 번역 | "마음을 확립할 줄 모를 때는 생각이 많아 의심함에 이르는 일을 싫어하고, 확립할 바를 알았다면 연구함이 정치하지 않음을 싫어한다"는 장절에 대해 물었다. 선생님이 말했다. "마음을 확립할 줄 모르면 혹은 선하고 혹은 악하여 터무니없는 생각을 하다가 여러 의심을 일으킨다. 그러다가 확립할 것을 이미 알았다면 그 마음은 이미 선을 확립하고 악은 없어진 것이지만, 또한 연구함이 정치하지 못함을 싫어하여 다시 생각하게 된다. 연구할 때의 생각은 우리의 이 도리 안에 있지 않은 것이 없으니, 그렇다면 열심히 한들 어찌 만족스럽겠는가! 그러므로 시급히 욕구할 만한 것은 욕구할 만한 선에 시급함이요, 그렇다면 그것은 선악의 뒤섞임이 없음이요, 내 마음을 의심스럽지 않은 경지에 세우는 일이다. 사람에게 의심이 있어 선을 행하는 데 과감하지 않은 까닭은 선과 악의 뒤섞임이 있기 때문이다. 지금 이미 선이 있고 악이 없다면 마치 강물을 튼 것처럼 내가 나아감에 이로울 것이다. 그 뜻을 겸손하게 갖고 시시각각 부지런하고 민첩하려면 이 마음을 낮추어 그 이치를 따르고 그 정신을 진작시켜 민첩하고 신속하게 그것을 구하면 닦아 얻을 것이 이

를 때는 생각이 많아 의심함에 이르는 일을 싫어하고, 확립할 바를 알았다면 강론하고 연구함이 정치하지 않음을 싫어한다. 강론하고 연구할 때 생각함은 성현의 도 안에 있는 것이 아님이 없으니, 열심히 한다고 한들 어찌 만족스럽겠는가? 그러므로 시급히 욕구할 만한 것은 내 마음을 의심하지 않는 경지에 세워 놓도록 하는 것이니, 그래야 강물을 튼 것처럼 내가 나아가는 데 이로울 것이다. 그 뜻을 겸손하게 갖고 시시각각 부지런하고 민첩하면 닦아 얻을 것이 이르게 될 것이다. 그러므로 공자의 훌륭한 재주로도 민첩하게 그것을 구했다. 지금 그에 미치지 못하는 자질을 지니고 있으면서 서서히 유유자적함을 따르려 한다면 이는 내가 들어 본 적이 없는 말이다."(未知立心, 惡思多之致疑; 旣知立心, 惡講治之不精. 講治之思, 莫非術內, 雖勤而何厭? 所以急於可欲者, 求立吾心於不疑之地, 然後若決江河以利吾往. 遜此志, 務時敏, 厥修乃來. 故雖仲尼之才之美, 然且敏以求之. 今持不逮之資, 而欲徐徐以聽其自適. 非所聞也.) (2)遜此志, 務時敏:『尙書』,「說命下」: "배움에 뜻을 겸손하게 갖고 시시각각 부지런히 민첩하게 하면 닦아 얻을 것이 이르게 된다."(惟學遜志, 務時敏, 厥修乃來.) (3)抖擻起那精神: 정신을 진작시킴.

르게 된다. 이어서 말하는 것은 단지 민첩함(敏)이라는 한 글자일 따름이다."

|해설| 장재가 수양을 할 때 가장 먼저 요구한 것은 마음속에 근본을 확립하는 것이다. 이 근본의 확립을 이 조목에서는 '마음을 확립함'이라고 말했다. 그런 근본이 확립되지 못하면 사람은 의심이 많아져 결국은 회의주의로 빠지게 된다. 유자로서 장재가 확립하기를 요구한 것은 선이다. 이 선이 마음속에 확립되었다면 그 다음 단계에 해야 할 일은 바로 궁리이다. 장재는 이치를 궁구할 때 이치를 정치하게 탐구할 것을 요구한다. 이치를 정치하게 탐구하는 일은 결코 쉽지 않다. 겸손한 태도로 부지런히 노력해야 가능한 것이다. 주희는 장재의 본뜻을 충실히 따라가며 이 단락을 설명했다.

6.17 橫渠云: "學者識得仁體後, 如讀書講明義理, 皆是培壅." 且只於仁體上求得一箇眞實, 却儘有下工夫處也.

|번역| 횡거가 말했다. "배우는 자가 인체(仁體)를 알게 된 후에 독서를 하고 의리를 강론해 밝히는 일 같은 것은 다 북돋는 작업이다." 인체(仁體)에서 하나의 진실을 구해 얻기만 한다면 노력을 할 곳이 생겨나게 된다.

|해설| 배우는 자가 먼저 인체(仁體)를 알아야 함을 역설한 이는 정호이다. 그런데 위 조목을 보면 장재 역시 정호와 유사한 말을 했음을 알 수 있다. 이는 어떻게 이해해야 할까? 장재가 단순히 정호의 말을 따라한 것은 아니었을 것이다. 설사 그렇다 하더라도 이는 정호의 생각이 자신과 상통한다고 여겼기 때문일 것이다. 실제로 장재에게 본체로서의 인을 아는 일은 바로 위에서 말한 근본을 확립하는 일이다. 이 근본이 확립되고 나서 행하는 독서나 이치의 궁구는 모두 이 덕성을 기르는 일이다.

6.18 問: "橫渠⁽¹⁾觀驢鳴如何?" 先生笑曰: "不知他⁽²⁾抵死着許多氣力鳴做甚?" 良久復云: "也只是天理流行, 不能自已."[185]

|번역| 물었다. "횡거가 당나귀가 우는 것을 살폈다는 말은 어떻게 된 일입니까?" 선생께서 웃으며 말했다. "그것이 죽을힘을 다해 기력을 쓰며 왜 울었는지 모르겠다." 한참을 있다가 다시 이렇게 말했다. "그것 또한 천리의 유행으로, 억제하지 못했던 것일 따름이다."

|해설| 횡거가 당나귀가 우는 것을 보며 자신의 뜻과 같다고 한 말은 『이정유서』에 단 한 줄 나온다. 어떤 맥락에서 그런 말을 했는지 다른 기록에서는 찾아볼 수 없다. 주희가 처음에 한 말은 자신도 그 맥락을 잘 몰라 농담 삼아 한 말이었을 것이다. 이어서 한 말의 의미는 이런 것 같다. 자신도 도대체 당나귀가 왜 울었는지는 모르겠지만, 당나귀가 울었다면 그것 또한 천리를 따르는 행위였을 것이고, 적어도 당나귀가 슬프지도 않은데 거짓되게 지어 내어 우는 일은 없었을 것이다.

6.19 先生云: "橫渠說道, 止於形器中撿箇好底說耳. 謂淸爲道, 則濁之中果非道乎? ⁽¹⁾'客感客形'與'無感無形', 未免有兩截之病, 聖人不如此說, 如曰: '形而上者謂之道', 又曰: '一陰一陽之謂道'."[186]

185 (1)橫渠觀驢鳴: 『二程遺書』 권3, "주돈이의 창 앞 잡초가 제거되지 않았다. 그 까닭을 묻자 이렇게 말했다. '내 뜻과 같다.' 장재도 당나귀가 우는 것을 보면 그와 같이 말했다."(周茂叔窗前草不除去, 問之, 云: "與自家意思一般." 子厚觀驢鳴. 亦謂如此.) (2)抵死, 죽을힘을 다하다.

186 (1)'客感客形'與'無感無形': 『正蒙』, 「太和」, "일시적인 감응 및 일시적인 형체와 감응이 없고 형체가 없는 것은 오직 본성을 다 드러내는 자만이 통일한다."(客感客形與無感無形, 惟盡性者一之.)

|번역| 선생이 말했다. "횡거는 도를 논할 때 단지 형기(刑器) 가운데에서 좋은 것을 주워 말했을 뿐이다. 맑은 것을 도라고 한다면 탁한 것 가운데 있는 것은 과연 도가 아닌가? '일시적인 감응, 일시적인 형체'와 '감응이 없고 형체가 없는 것'이라는 말은 기를 둘로 갈라 버린 병통을 면치 못하니, 성인이라면 그렇게 말하지 않는다. 예컨대 성인은 '형이상자를 도라고 한다'고 말하면서도 또한 '한 번 음이 되고 한 번 양이 되는 것을 도라고 한다'고도 말한다."

|해설| 주희가 장재의 사상 가운데 가장 불만이었던 것은 그의 태허 본체론이다. 그는 장재가 기를 맑은 기와 탁한 기로 가르고, 맑은 기를 하늘의 기라 규정하며, 나아가 그것을 본체로 삼은 것이 유감이었다. 그래서 이에 대한 비판도 사뭇 신랄하다. 장재가 말하는 기란 주희가 보기에는 그저 형이하자일 뿐이며, 맑은 기, 태허의 기는 형이하자인 형기 가운데서 좋아 보이는 것을 주운 것일 뿐이다. 또 주희는 자기가 보기에는 둘 다 형이하자일 뿐인 기를 일시적인 감응과 감응이 없는 것, 일시적인 형체와 형체가 없는 것으로 갈라 놓는 것도 마음에 들지 않았다. 그래서 그는 성인이라면 그렇게 말하지 않고 형이상자를 도라고 하면서도 다른 곳에서는 '한 번 음이 되고 한 번 양이 되는' 것을 도라고 한다고 했음을 상기시킨다. 주희의 독법에 따르면 이 두 구절 가운데 전자는 형이상자인 리만을 도라고 하는 것이고, 후자는 리와 기를 함께 아울러 도라고 하는 것이 된다. 하지만 유의할 것은 그것이 곧 「역전」의 본뜻은 아니라는 점이다. 「역전」에서 형이상자를 도라고 하고, 한 번 음이 되었다가 한 번 양이 되는 것을 도라고 한다고 할 때의 그 두 도는 모두 오히려 장재가 말하는 기의 운행과정을 뜻한다. 오히려 장재처럼 기로 도를 설명하는 것이 「역전」의 도가 갖는 본래적 함의에 가깝다.

6.20 或者別立一天, 疑卽是橫渠.

|번역| 혹자는 따로 하늘을 하나 세웠으니, 의심컨대 바로 횡거인 듯하다.

횡거가 하늘을 따로 하나 세운 듯하다는 말은 이정이나 주희 자신과는 달리 도
가적 태허를 가장 근본이 되는 본체로 세웠음을 뜻한다.

6.21 "淸虛一大"形容道體如此. 道兼虛實□□言, 虛只說得一邊.

| 번역 | "맑음, 텅 빔, 하나, 큼"은 도체가 그와 같음을 형용하는 말이다. 도
는 허와 실, □□를 아울러 말하니, 허란 단지 한쪽만을 말한 것일
뿐이다.

| 해설 | '청허일대(淸虛一大)'란 장재가 세운 태허 본체를 형용하는 말이다. 하늘의 기는
지극히 맑고, 텅 비어 있는 듯이 보이고, "하나이므로 신이다(一故神)"라고 했듯
이, 수로는 하나로 규정되고, 태허, 태극이라는 말처럼 가장 거대한 규모의 기를
뜻한다. 주희는 본체를 형용하는 이런 말들이 탁함, 실함, 둘(二), 소(小)와 상대
되는 유한한 것임을 지적함으로써 장재의 본체론을 비판하였다.

6.22 橫渠"淸虛一大"却是偏. 他後來又要兼淸濁虛實言, 然皆是形而
下. 蓋有此理則淸濁虛實皆在其中.

| 번역 | 횡거의 "청허일대(淸虛一大)"는 한쪽으로 치우친 것이다. 그는 나중
에 다시 맑음과 탁함, 허와 실을 아울러 말하려고 했으나 그것들은
모두 형이하자이다. 대개 이 리(理)가 있으면 맑은 것과 탁한 것, 허
와 실은 모두 그 가운데에 있다.

| 해설 | 횡거의 본체를 묘사하는 "청허일대(淸虛一大)"라는 말이 모두 한쪽으로 치우친
것이고, 양쪽을 다 아우르더라도 그것 역시 기로서 형이하자에 불과하다고 비

판하였다. 주희의 관점에 따르면 오직 리를 본체로 세울 때 기는 그것이 어떤 것이든 다 그 안에 아우를 수 있게 된다. 하지만 주희의 비판은 단지 주희 자신이 장재와 형이상학적으로 어떤 다른 관점을 보이는지를 드러낼 뿐, 자신은 옳고 장재는 틀렸음을 증명하지는 못한다. 무엇을 형이상자로 규정하고 무엇을 형이하자로 규정할지의 문제에 절대적으로 옳은 하나의 기준이란 없다는 것이 그 첫째 이유이고, 리를 본체로 세워 모든 형태의 기를 그 안에 아우를 수 있다고 말하는 순간, 주자는 기를 벗어난 리를 세워, 그것을 실체화하는 길로 나아간다는 비판에 직면할 수밖에 없기 때문이다.

6.23 問: "橫渠'淸虛一大'恐入空去否?" 曰: "也不是入空, 他都向一邊了. 這道理本平正, 淸也有是理, 濁也有是理, 虛也有是理, 實也有是理, 皆此之所爲也. 他說成這一邊有, 那一邊無, 要將這一邊去管那一邊."

|번역| 물었다. "횡거의 '청허일대(淸虛一大)'설은 허공으로 들어간 것이 아닙니까?" 말했다. "허공으로 들어간 것은 아니고, 그는 한쪽으로 향한 것이다. 이 이치는 본디 공평하고 바른 것으로, 맑은 것에도 이 리가 있고, 탁한 것에도 이 리가 있으며, 허한 것에도 이 리가 있고 실한 것에도 이 리가 있어, 모든 것이 그것이 행한 것이다. 그는 이쪽에는 있고 저쪽에는 없는 것으로 말하였으니, 이쪽에 있는 것을 가지고 저쪽에 있는 것을 통제하려 하였다."

|해설| 맑고 텅 비고 하나이며 거대한 하늘의 기를 절대적인 것으로 삼는 것은 탁한 기, 실한 기, 둘로 대립하며, 작은 것들이 사는 이 땅의 세계를 무시하고 허공 속으로 회피하는 것이 아닌가? 이런 물음에 주희는 그런 것은 아니라고 답한다. 다만 그는 저 하늘 쪽에 있는 것이 이 땅 위에 살아가는 만물에게는 없어서, 하늘에 있

는 것을 가지고 땅에 있는 것을 통제하려 하였다고 비판한다. 이 주희의 비판이 전적으로 타당한 것은 아니다. 장재는 하늘이 지닌 허하면서 신묘한 본질을 만물 또한 공통적으로 내재한다고 분명히 말하고 있기 때문이다. 다만 만물은 기질의 한계를 지녀 그 하늘의 본질을 전면적으로 드러내지 못한다고 주장하며, 이를 "만물은 신화(神化)의 조박(糟粕)"이라는 말로 표현하고 있다.

6.24 問: "橫渠有'淸虛一大'之說, 又要兼淸濁虛實." 曰: "(1)渠初云'淸虛一大', 爲伊川詰難, 乃云: '淸兼濁, 虛兼實, 一兼二, 大兼小.' 渠本要說形而上, 反成形而下, 最是於此處不分明. 如「參兩」云以參爲陽, 兩爲陰, 陽有太極, 陰無太極, 他要強索精思, 必得於己, 其差如此." 又問: "橫渠云(2)太虛卽氣', 乃是指理爲虛, 似非形而下." 曰: "縱指理爲虛, 亦如何夾氣作一處?" 問: "「西銘」所見又的當, 何故却於此差?" 曰: "伊川云: '譬如以管窺天, 四旁雖不見, 而其見虛甚分明.' 渠他處見錯, 獨於「西銘」見得好."[187]

|번역| 물었다. "횡거에게는 '청허일대'설이 있었는데, 다시 맑은 것과 탁한 것, 허와 실을 아우르려고 했습니다." 말했다. "그는 애초에 '청허일대'를 말했는데, 이천에게 힐난을 당하자 '맑은 것은 탁한 것을 아우르고, 허는 실을 아우르며, 하나는 둘을 아우르고, 큰 것은 작은 것을 아우른다'고 말했다. 그는 본디 형이상자를 말하고자 했으나 도

[187] (1)渠, 他와 같음. '그'에 해당하는 삼인칭대명사. (2)太虛卽氣: 『正蒙』, 「太和」, "태허가 곧 기임을 알면 무란 없다."(知太虛卽氣, 則無無.) 본래 장재가 말한 '태허즉기'란 '태허가 곧 기이다'라는 뜻이다. 그런데 여기서 혹자는 '태허즉기'의 '즉'을 '상즉불리(相卽不離)'의 '즉'으로 본 것 같다. 그렇게 되면 이 구절은 '태허는 기와 분리할 수 없이 딱 붙어 있는 관계에 있다'는 뜻이 되어, 주희의 이기론에 가까워진다.

리어 형이하자를 이루게 되었으니, 이 지점이 가장 불분명하다. 예컨대 「삼량」편에서는 셋은 양이요, 둘은 음으로서, 양에는 태극이 있지만, 음에는 태극이 없다고 여겼다. 그는 애써 찾고 정밀하게 사고하여 반드시 자기에게서 얻고자 했으나 그 잘못이 이와 같았다." 또 물었다. "횡거는 '태허즉기(太虛卽氣)'라고 하여 리(理)를 가리켜 허(虛)라고 했으니, 형이하자가 아닌 듯합니다." 말했다. "설사 리를 가리켜 허라고 했더라도 어찌하여 기를 한 곳에 끼워 넣었는가?" 물었다. "「서명」의 견해는 합당한데, 무슨 이유로 여기에서는 잘못된 겁니까?" 말했다. "이천이 말했다. '비유컨대 대롱을 통해 하늘을 엿보면 사방이 비록 보이지 않지만, 그 허공은 아주 분명히 보이는 것과 같다.' 그는 다른 곳은 잘못 보았지만, 오직 「서명」에서만은 훌륭하게 보았다."

|해설| 장재의 '청허일대'설에 대한 가장 상세하고 신랄한 비판이다. 애초에는 청허일대만을 말했다가 정이천의 비판을 받고, 맑은 것은 탁한 것을 아우르고 허는 실은 아우른다는 등의 말을 했지만, 이 역시 형이하자일 뿐이라는 것이다. 또 하나와 둘의 관계로 말하자면 장재는 『정몽』「삼량」편에서 하늘은 양기로서 둘을 품은 하나, 즉 셋이라고 하면서도, 땅은 음기로서 하나인 태극은 없는 둘일 뿐이라고 했다는 점을 지적하며 비판했다. 이 비판은 타당하다. 장재는 확실히 땅은 하늘과는 달리, 둘일 뿐이라고 표현했다. 하지만 그렇다고 해서 장재의 사상이 전체적으로 볼 때 그런 생각을 줄곧 견지한 것은 아니었다. 그는 땅 위에 사는 만물이 모두 하나인 신을 자신의 본성으로 내재하고 있다고 보았다. 한편 후반부에 '태허즉기'의 '즉'을 상즉불리의 '즉'으로 이해하는 것은 장재의 구절에 대한 오독이자, 주희의 이기론에 장재의 태허즉기 관념을 억지로 꿰어 맞추는 것이다. 결국 주희는 장재의 본체론에 반대함으로써 「서명」만 훌륭할 뿐, 다른 견해들은 잘못된 것으로 치부하고 말았다.

6.25 問: "橫渠言'十五[年]學恭而安不成', 明道曰: '可知是學不成有多少病在.' 莫是如伊川說: (1)若不知得, 只是覷却堯, 學他行事, 無堯許多聰明睿智, 怎生得似他動容周旋中禮?'" 曰: "也是. 如此更有多少病." 良久曰: "人便是被一箇氣質(2)局定, 變得些子了又更有些子, 變得些子又更有些子." 又云: "聖人(3)發憤忘食, 樂以忘憂, 發憤便忘食, 樂便忘憂, 直是(4)一刀兩段, (5)千了百當. 聖人固不在說, 但顏子得聖人說一句, 直是(6)傾腸倒肚便都了, 更無許多(7)廉纖纏繞, (8)絲來線去." 問: "橫渠只是硬把捉, 故不安否?" 曰: "他只是學箇恭, 自驗見不曾熟, 不是學箇恭又學箇安."188

|번역| 물었다. "횡거는 말했습니다. '나는 15년 동안 공손하면서도 편안함을 완전히 배우지 못했다.' 명도가 이렇게 말했습니다. '완전히 배우지 못했다면 다소간 병통이 있음을 알 수 있다.' 하지만 이는 이천처럼 다음과 같이 말하는 것만 못합니다. "만약 알지 못하여 단지 요임금을 보고 그의 행동을 배울 뿐, 요임금의 커다란 총명함과 예지로움이 없다면 어찌 그렇게 행동거지와 응대하는 것이 예에 합치되겠는가?" 말했다. "그 말도 맞는다. 그렇다면 더욱더 얼마간의 병통이

---

188 (1)若不知得, 只是覷却堯, 學他行事, 無堯許多聰明睿智, 怎生得似他動容周旋中禮: 『二程遺書』권18, "만약 알지 못하고 단지 요임금을 보고 그의 행동을 배울 뿐 요임금의 커다란 총명함과 예지로움이 없다면 어찌 그와 같이 행동거지와 응대하는 것이 예에 합치되겠는가?" 覷(처), 보다. 動容, 행동거지. 周旋, 응대함. (2)局定, 제한됨, 구속받음. (3)發憤忘食, 樂以忘憂: 『論語』, 「述而」, "섭공이 자로에게 공자에 대해 물었으나, 자로가 대답하지 못했다. 공자께서 말씀하셨다. '너는 어찌 그 사람됨이 분발하여 먹는 것도 잊어버리고, 즐거워하여 근심도 잊어버리며 늙어 가는 것도 모른다고 말하지 않았느냐?'"(葉公問孔子於子路, 子路不對. 子曰: "女奚不曰, 其爲人也, 發憤忘食, 樂以忘憂, 不知老之將至云爾.") (4)一刀兩段, 단칼에 두 동강이를 내듯이 명쾌하게 매듭을 지음, 관계를 단절함. (5)千了百當, 모든 일이 다 다탕하고, 합당함. (6)傾腸倒肚: 傾腸倒腹과 같은 말. 속에 있는 말을 다 쏟아냄. (7)廉纖, 미세함. (8)絲來線去, 얽히고설킴.

있게 될 것이다." 한참 지난 뒤에 이렇게 말했다. "사람은 기질에 의해 제한을 받아 약간 변하면 다시 약간 생겨나고, 약간 변하면 다시 약간 생겨난다." 또 말했다. "성인은 분발하여 먹는 일도 잊고 즐거워 근심도 잊으니, 분발하면 곧 먹는 일도 잊고 즐거우면 곧 근심도 잊는 것이, 실로 단칼에 두 동강이 내듯이 이전에 관계하던 일들을 끊어 내어, 모든 일이 다 타당하다. 성인은 물론 말하지 않았고, 다만 안연이 성인의 한마디 말을 얻었으니, 실로 속에 있는 말을 다 쏟아 내면 다 이해가 되어, 더는 미세하게 뒤엉킨 많은 것들이 얽히고 설키는 일이 없게 된다." 물었다. "횡거는 단지 억지로 붙잡았기 때문에 편안하지 않았던 것이 아닐지요?" 말했다. "그는 단지 공손함을 배워 스스로 성숙하지 못했다고 증언했을 뿐, 공손함을 배우고 또 편안함을 배운 것은 아니었다."

|해설| 이 조목에서는 횡거가 도달한 수양의 경지를 비판하였다. 장재가 자신은 공손하면서도 마음이 편안한 경지에는 이르지 못했다고 하자, 명도가 그렇다면 그 수양에는 다소간 병통이 있는 것이라고 비판한 바 있다. 그런데 주희와 대화를 나눈 자는 총명함과 예지로움이 없어 제대로 알지 못하고 성인의 말을 흉내 내서는 안 된다는 정이천의 말을 인용하며 장재가 마치 그런 총명함과 예지로움이 없는 자인 듯 힐난하였고, 주희는 이 비판에 찬동하는 듯한 반응을 보이고 있다. 나아가 장재가 말하는 기질의 점진적 변화 추구로는 질적인 도약을 이뤄 낼 수 없을 것처럼 말하면서, 이와는 달리 성인은 단칼에 두 동강이를 내듯이, 질적 도약을 이루어 낸다고도 했다. 요컨대 주희는 장재가 자신의 인격이 충분히 성숙하지 않았음을 스스로 밝힐 정도로 공손하기는 했으나, 그 스스로 인정했듯이 평안한 심리상태에 이르지는 못했다는 결론을 내렸다.

6.26 問橫渠說遇. 曰: "他便說命, 就理說." 曰: "此遇乃是命?" 曰: "然.

命有二, 有理有氣."曰: "子思天命之謂性是理, 孟子是帶氣?" 曰:
"然."

| 번역 | 횡거가 말한 우(遇)에 대해 물었다. 말했다. "그는 곧 명을 말하였으니 리(理)의 측면에서 말했다." 말했다. "이 우(遇)란 곧 명입니까?" 말했다. "그렇다. 명에는 두 가지가 있으니, 리의 측면에서 말하는 명도 있고, 기의 측면에서 말하는 명도 있다." 말했다. "자사의 하늘이 명한 것을 성이라고 한다는 말에서 명은 리의 측면이고, 맹자는 기를 수반해서 말한 것입니까?" 말했다. "그렇다."

| 해설 | 장재는 운명과 우연을 구별했다. 이 둘은 '내' 힘으로는 어쩔 수 없는 것이라는 점에서는 같지만, 전자는 필연이고 후자는 우연이라는 점에서 차이가 있다. 장재는 이 차이를 분명히 하고자 이 둘을 구별했다. 그런데 주희는 장재가 말한 우란 명일 뿐이라고 일축한다. 그는 아마도 명과 우 개념이 갖는 공통된 함의, 즉 내 의지나 힘으로는 어쩔 수 없음에만 주목하고, 장재가 이 두 개념을 구별한 이유에 별 신경을 쓰지 않은 것 같다. 대신 주희는 명을 리의 측면에서 말한 것과 기의 측면에서 말한 것으로 구별했다. 덕성은 이치의 측면에서 '나'의 의지와는 상관없이 하늘이 명령하듯이 모든 인간에게 부여한 것이다. 완전히 같지는 않지만, 같은 행위에 받는 화복이 다른 것도 인간사회의 이치에 해당한다. 이 점에 착안하여 주희는 장재가 말한 우도 실은 리의 측면에서 말한 명이라고 주장한다. 그러면 기의 측면에서 말한 명이란 어떤 것인가? 인간사회의 이치가 아닌, 자연적으로 어쩔 수 없이 그렇게 될 수밖에 없는 운명을 가리킨다. 예컨대 태어남과 죽음 같은 것이 그 전형적인 예이다. 주희는 맹자의 경우 '기를 수반해서(帶氣)' 명을 말했다고 했다. 예를 들어 맹자는 "요절하든 장수하든 두 마음을 먹지 않고 수신하여 천명을 기다리는 것은 명을 세우는 방법이다"라고 했다.(夭壽不貳, 修身以俟之, 所以立命也.) 여기서 그가 중점적으로 말하고 있는 것은 도덕적, 역사적 사명으로, 그것은 이치의 측면에서 말한 명이다. 하지만 그는 이 사명의 문제를 논하면서 요절과 장수의 문제, 즉 기의 측면에서 말한 명의 문제를 함께

수반해 논하고 있다. 이것이 '기를 수반해' 명을 논했다는 말의 의미이다.

6.27 <u>橫渠</u>言遇, 命是天命, 遇是人事, 但說得亦不甚好, 不如<u>孟子</u>. 某又問. 曰: "但不知他說命如何?"

| 번역 | 횡거는 우를 말했는데, 그에게 명은 하늘의 명이요, 우는 인간의 일이다. 하지만 그의 말은 그다지 훌륭하지 못하니, 맹자보다 못하다. 어떤 이가 또 물었다. 말했다. "다만 그가 말한 명이 어떠한지 모르겠다."

| 해설 | 주희가 장재가 말한 명은 하늘의 명이고, 우는 인간의 일이라고 분별한 것은 다음과 같은 구절에 근거를 둔 듯하다. 『正蒙』, 「性命」, "하늘이 명한 것은 궁극적으로는 성에 통하므로, 우연히 조우하는 길흉은 그것을 해치기에 부족하다. … 본성은 기 밖으로 통하고, 명은 기 안에서 행해진다."(天所命者通極於性, 遇之吉凶不足以戕之 … 性通乎氣之外, 命行乎氣之內.) 이 구절에서 장재가 말하는 '하늘이 명한 것'이란 의리(義理)준칙을 가리킨다. 이 의리준칙은 내면의 도덕성에 의해 확립된다는 점에서 궁극적으로는 본성과 통한다. 반면 길흉은 사람이 인간 사회에서 우연히 맞닥뜨리는 것으로, 아무리 액운이 닥친다 해도 하늘의 명령으로서의 의리준칙을 훼손해서는 안 된다. '성은 기 밖으로 통한다'는 말은 만물의 본성은 유형의 기 밖, 즉 무형의 기인 하늘 자체의 본성과 통한다는 뜻이다. '명은 기 안에서 행해진다'는 말은 의리준칙은 유형의 기가 펼쳐지는 사람과 사람, 사람과 만물 사이에 적용된다는 뜻이다. 주희는 장재가 명과 우를 구별한 이유가 단지 '하늘의 명'과 '사람의 일'을 구별하려는 데 있었다고 생각한 듯하다. 또 장재가 말한 명이 무엇을 뜻하는지 모르겠다고 한 발언도 정말 이해하지 못해서 그렇게 말한 것인지, 아니면 다른 의미가 있는 건지 불분명하다. 어쨌건 한 가지 확실한 것은 주희가 장재의 명과 우 개념 운용에 대해 만족해하지 않았다는 점이다.

6.28 問: "(1)『近思錄』橫渠語範巽之一段如何?" 先生曰: "惟是箇人不能脫然如大寐之得醒, 只是捉道理說. 要之也說得去, 只是不透徹." 又曰: "正要常存意使不忘, 他(2)釋氏只是如此, 然他(2)逼拶得又緊." (3)直卿曰: "張子語比釋氏更有窮理工夫在?" 曰: "工夫固自在, 也須用存意." 問: "直卿如何說存意不忘?" 曰: "只是常存不及古人意." 曰: "設此語者, 只不要(4)放倒此意爾."189

|번역| 물었다. "『근사록』에서 횡거가 범손지에게 말한 단락은 무슨 뜻입니까?" 선생이 말했다. "어떤 사람이 가뿐히 큰 잠에서 깨어나듯 하지 못하면 이치를 붙들고 말한다. 요컨대 말은 할 수 있으나 투철하지 못하다." 또 말했다. "바로 항상 뜻을 보존해 잊지 않도록 한 것은 불교도 그와 같지만, 그의 경우는 더욱 긴박하게 재촉하였다." 황직경이 말했다. "장재의 말에는 불교와 비교할 때 궁리의 공부도 있지 않습니까?" 말했다. "공부는 물론 있지만, 뜻을 보존하는 일도 해야한다." 물었다. "직경, 그대는 뜻을 보존하여 잊지 않는다는 말을 어떻게 설명하겠는가?" 말했다. "다만 옛사람의 뜻에 미치지 못한다는 생각을 항상 보존하는 것일 뿐입니다." 말했다. "그 말을 한 것은 단지 그 뜻을 뒤집지 않도록 하려는 것일 뿐이다."

189 (1)『近思錄』橫渠語範巽之一段: 『근사록』에서 횡거가 범손지에게 말한 단락은 다음과 같다. "횡거 선생이 범육에게 말했다. '우리들이 고대 사람들에 못 미치는 병통의 근원이어디에 있을까?' 범육이 가르쳐 주기를 청했다. 선생이 말했다. '이는 깨닫기 어려운 것이 아니다. 이 말을 하는 까닭은 배우는 자들이 뜻을 보존하여 잊지 않게 하고, 혹은 성인의 학문에 노니는 마음이 점차 성숙되어 언젠가는 가뿐히 큰 잠에서 깨어나게 하려는 데 있다."(橫渠先生謂範巽之曰: "吾輩不及古人, 病源何在?" 巽之請問. 先生曰: "此非難悟. 設此語, 蓋欲學者存之不忘, 庶遊心浸熟, 有一日脫然, 如大寐得醒耳.") (2)逼拶, 핍박함, 재촉함. (3)直卿: 주희의 제자 황간(黃榦)을 가리킨다. 자(字)는 직경(直卿), 호는 면재(勉齋)이다. (4)放倒, 뒤집음, 번복함.

|해설| 이 조목 역시 장재가 도달한 정신적 경지에 대한 비판을 담고 있다. 장재는 제자 범육에게 자신들이 고대의 성인에 미치지 못한다는 생각을 늘 잊지 않고 보존하며 마음을 성인의 학문에 집중해 노닐면 언젠가는 큰 꿈에서 깨어나듯 커다란 깨달음을 얻을 수 있을 것이라고 했다. 이에 대해 주희는 그가 말은 그렇게 하지만 실제로는 성인의 도를 억지로 붙들고 있는 것일 뿐이라고 했다. 또 그렇기 때문에 그의 이치 파악은 투철하지 못하고, 사람들을 긴박하게 재촉했다고 비판했다. 이 비판 역시 공손할 뿐 편안하지 못한 상태에 대한 것과 유사하다. 장재는 총명과 예지가 성인에 미치지 못해, 그러한 성인을 공손히 흠모하며 그에 미치지 못한다는 생각만 잊지 않고 보존했을 뿐, 태허 같은 본체를 세워 이치를 투철히 파악하지 못했고, 편안한 심리상태에도 이르지 못했다는 것이다.

6.29 問: "(1)橫渠「物怪神姦書」, 先生提出'守之不失'一句." 曰: "且要守那定底. 如(2)'精氣爲物, 遊魂爲變', 此是鬼神定說. 又如孔子說(3)'非其鬼而祭之諂也', (4)'敬鬼神而遠之'等語, 皆是定底. 其他變處如未曉得, 且當守此定底. 如前晩說怪便是變處."[190]

---

[190] (1)橫渠「物怪神姦書」:『文集佚存』, 「答范巽之書」를 가리킨다. "문의한 괴물이나 귀신에 대해서는 설명하기 어려운 것이 아니니, 말해도 꼭 믿지 않을 따름이다. 맹자의 본성을 알아 하늘을 안다는 논의에서, 배움이 하늘을 아는 데 이르면 사물이 유래한 바가 끊임없이 자연히 보일 것이니, 그것들이 유래한 바를 알면 사물 가운데 마땅히 있어야 할 것과 마땅히 없어야 할 것이 마음속에서 분명해지지 않음이 없게 되어, 말해 주지 않아도 알게 될 것이다. 제공이 논해 온 것을 다만 지켜 잃지 않고 이단에 의해 위협당하지 않아 그치지 않고 전진한다면 괴물은 분별할 필요도 없고 이단은 공격할 필요도 없어져, 1년이 못 되어 우리 도는 승리할 것이다."(所訪物怪神姦, 此非難說, 顧語未必信耳. 孟子所論知性知天, 學至於知天, 則物所從出當源源自見, 知所從出, 則物之當有當無莫不心喻, 亦不待語而知. 諸公所論, 但守之不失, 不爲異端所劫, 進進不已, 則物怪不須辨, 異端不必攻, 不逾期年, 吾道勝矣.) (2)精氣爲物, 遊魂爲變:『周易』, 「繫辭上」, "정기는 사물이 되고 떠도는 혼은 변한다. 이로써 귀신의 정황을 안다."(精氣爲物, 遊魂爲變, 是故知鬼神之情狀.) (3)非其鬼而祭之諂也:『論語』, 「爲政」, "제사 지낼 귀신이 아닌데 제사 지내는 것은 아첨하는 것이다."(非其鬼而祭之, 諂也.) (4)敬鬼神而遠之:『論語』, 「雍也」, "백성이 의로워지는 데 힘쓰고 귀신을 공경하되 멀리하면 지혜롭다고 할 것이다."(務民之義, 敬鬼神而遠

|번역| 물었다. "횡거가 쓴 「괴물과 귀신에 관한 서신(物怪神姦書)」에서 선생님은 '그것을 지켜 잃지 않는다'는 구절을 제시하셨습니다." 말했다. "그 확정적인 것을 지켜야 한다. 예컨대 '정기는 사물이 되고 떠도는 혼은 변한다'는 말은 귀신에 관한 정설이다. 또 예컨대 공자는 '제사 지낼 귀신이 아닌데 제사 지내는 것은 아첨하는 것이다'라는 말이나 '귀신을 공경하되 멀리하라'는 말 등은 모두 확정적인 것이다. 여타 이변이 생겨나는 점들은 알 수 없을 듯하니, 마땅히 이 확정적인 것을 지켜야 한다. 예컨대 지난밤에 말한 변괴는 곧 이변이 생겨나는 지점이다."

|해설| 장재는 제자 범육에게 보낸 서신에서 괴물이나 귀신과 같은 문제에 관심을 두지 말고 만물이 궁극적으로 어디에서 온 것인지 철학적인 사색을 하고 그 답을 찾아내는 데 힘쓸 것을 당부했다. 주희는 이 서신의 핵심이 유학에서 정설로 여겨지는 생각들을 굳게 지키는 데 있다고 여겨, 그 정설에 해당하는 몇 가지 관념들, 예컨대 『주역』의 기의 취산으로 사물의 생성과 소멸을 설명하는 것, 공자의 합당하지 않은 제사는 지내지 말아야 한다는 것, 귀신을 공경하되 멀리하라는 격언 등을 들었다.

6.30 橫渠所謂"物怪神姦不必辨, 且只守之不失", 如"精氣爲物, 遊魂爲變", 此是理之常也. "守之勿失"者, 以此爲正, 且恁地去, 他日當自見也. 若要之無窮, 求之不可知, 此又泥於(1)茫昧, 不能以常理爲主者也. "(2)伯有爲厲別是一種道理", 此言其變, 如世之妖妄者也.191 『文集』

之, 可謂知矣.)
191 (1)茫昧, 모호함. (2)伯有爲厲: 백유가 악귀가 됨. 백유(伯有)는 양소(良霄)로 춘추시대 정나라 사람이다. 성정이 포악해 당시 사대부였던 사대(駟帶)와 대립하다가 사대에게

| 번역 | 횡거가 말한 "괴물과 귀신은 분별할 필요가 없고 다만 그것을 지켜서 잃지 않는다"는 것은 "정기는 사물이 되고 떠도는 혼은 변하는" 것과 같은 것으로, 그것은 변치 않는 이치이다. "그것을 지켜서 잃지 않는다"는 것은 그것을 올바른 것으로 삼아, 그렇게 나아가면 언젠가는 자연히 보일 것이라는 뜻이다. 만약 무한히 요구하고 알 수 없는 것을 구한다면 그것은 모호한 것에 구애되어 영원한 이치를 주된 것으로 삼지 못하게 된다. "백유가 악귀가 되었다는 것은 별개의 이치이다"라고 하니, 이는 이변을 말하는 것으로, 세상의 요망한 자와 같은 것이다.(『문집』)

| 해설 | 장재가 범육에게 보낸 서신 내용 중 "그것을 지켜 잃지 않는다"는 구절 가운데 '그것'을 주희는 변치 않는 이치(常理)라고 이해했다. 그리하여 유학에서 영원한 진리라 믿는 것들을 원칙으로 고수하면 세상의 많은 이치가 자연히 명백해질 것이라고 설명했다. 그런 이치를 밝히는 데 힘써야지, 알 수 없는 신비의 영역을 끊임없이 캐물어서는 안 된다. 주희는 그런 합리적으로 이해할 수 없는 그런 일들을 이변(變)이라 칭하였다.

6.31 問: "橫渠說敦篤虛靜者仁之本". 曰: "敦篤虛靜是爲仁之本".

| 번역 | 물었다. "횡거는 돈독함과 텅 비고 고요함을 인의 근본이라고 했습니다." 말했다. "돈독함과 텅 비고 고요함은 인을 행하는 근본이다."

| 해설 | 장재에게 텅 비고 고요한 마음은 확실히 인한 마음이 생겨나는 근본이다. 장재

죽임을 당했다. 그런데 사람들은 백유를 두려워한 나머지 그가 죽은 뒤에 악귀가 되어 사람들을 해칠 것이라 믿으며 백유가 나타났다는 소리만 들어도 공포에 벌벌 떨었다고 한다.

가 세운 마음의 본체는 태허에 뿌리를 둔 텅 빈 마음이기 때문이다. 그는 텅 빈 마음에서 인한 마음이 생겨난다고 생각했다. 이와는 달리 주희에게 허정(虛靜)이든 돈독함이든 그런 것들은 인의 근본이 될 수 없다. 그에게 인은 그 자체로 최종적 근본이다. 그러므로 그는 허정과 돈독함을 인을 실천할 때 가져야 하는 마음의 자세로 고쳐 설명했다.

6.32 胡叔器問: "橫渠似孟子否?" 先生曰: "一人是一樣, (1)規模各不同, 橫渠嚴密, 孟子(2)弘闊, 孟子是箇有規矩底康節."192

|번역| 호숙기가 물었다. "횡거는 맹자와 비슷하지 않습니까?" 선생이 말했다. "사람마다 하나의 모습이니, 도량이 각각 다르다. 횡거는 엄밀하고 맹자는 웅대하니, 맹자는 규율이 있는 소강절이다.

|해설| 사람마다 각자의 특징이 있으니, 섣부르게 어떤 두 인물이 비슷하다고 해서는 안 된다. 장재는 자주 천지를 논하고, 천지와 합일된 인간을 말했으니, 맹자처럼 스케일이 큰 것이 아니냐고 물은 것으로 보인다. 주희는 오히려 장재가 사고와 수양 과정에서 엄밀함을 추구한 것에 주목한다. 예컨대 의리를 정밀하게 탐구하라(精義)는 요구가 그것이다. 그래서 장재를 엄밀하다고 했다. 그에 비해 맹자는 확실히 엄밀하다기보다는 사유가 거대하다. 소강절도 우주의 시간을 계산할 만큼 사유의 스케일이 크다. 하지만 맹자는 그처럼 도가적이지는 않다. 그 점에서 주희는 맹자를 규율이 있는 소강절이라고 했다.

6.33 橫渠工夫最親切, 程氏規模廣大.

192 (1)規模, 인물의 도량이나 기개. (2)弘闊, 웅대함.

|번역| 횡거는 공부가 가장 친근하고 절실하며, 정씨는 도량이 넓고 크다.

|해설| 장재의 공부가 어떤 점에서 친근하고 절실하다는 것일까? 그가 이치를 궁구할
것(窮理), 의리를 정밀히 탐구할 것(精義), 예를 알아 갈 것(知禮) 등을 중시했다
는 점에서 그렇다고 생각했던 것 같다. 즉 외적인 것에 대한 탐구를 중시했다는
점에서 주희는 장재의 공부론을 높이 평가한 것으로 보인다. 한편 정씨의 어떤
면이 도량이 넓고 크다는 것일까? 이는 아무래도 정호를 두고 하는 말인 것 같
다. 일반적으로 정이는 엄격, 근엄하고, 사고도 분석적이며 치밀했던 것으로 여
겨지기 때문이다.

장자어록 발문
張子語錄跋

右『張子語錄』三卷,『後錄』二卷, 無纂輯人姓氏,『宋史』「藝文志」·$^{(1)}$馬氏『經籍考』·$^{(2)}$陳氏『書錄解題』均不載, 獨$^{(3)}$晁氏『讀書志』「附志」有『橫渠先生語錄』, 卷數同, 無「後錄」. 是本卷上首葉缺前九行, 舊藏$^{(4)}$汲古閣毛氏. $^{(5)}$藝芸書舍汪氏迄$^{(6)}$鐵琴銅劍樓瞿氏均未補得. 余聞$^{(7)}$滂喜齋潘氏有宋刻$^{(8)}$『諸儒鳴道集』, 因往假閱, 則是書所缺九行儼然俱存, 遂得影寫補足,『鳴道集』所收亦三卷, 且序次悉合, 間有異同, 可互相是正. 時刻『張子全書』第十二卷有「語錄抄」, 取以對勘, 乃僅得六十七節, 減於是本者約三之二. 然卷末有六節, 爲是本及『鳴道集』所無, 意者其明人增輯耶?¹⁹³

---

193 (1)馬氏『經籍考』: 송나라 때 마단림(馬端臨)이 펴낸 책으로, 상고시대부터 송대까지의 전장제도를 기술하였다. (2)陳氏『書錄解題』: 남송 진진손(陳振孫)이 편찬한 『직재서록해제(直齋書錄解題)』라는 사가의 장서목록. (3)晁氏『讀書志』: 송대 조공무(晁公武, 1105~1180)의 『군재독서지(郡齋讀書志)』. 현존하는 가장 이른 시기의 개인 소장서 목록집이다. (4)汲古閣毛氏: 급고각(汲古閣)은 명대 문인이었던 모진(毛晉)이 만들어 고적 선본(善本)을 보존하고 새기던 곳이다. (5)藝芸書舍汪氏迄: 왕씨는 청대의 왕사종(汪士鐘)으로, 장서가였다. 그가 서책을 보관하던 곳이 예운서사(藝芸書舍)이다. (6)鐵琴銅劍樓瞿氏: 구씨는 청대의 구소기(瞿紹基)로, 청대 개인 소장 서적을 보관하던 곳이 철금동검루

| 번역 | 이상 『장자어록(張子語錄)』 3권과 『後錄』 2권에는 편집인의 성씨가 없다. 『송사(宋史)』 「예문지(藝文志)」, 마단림(馬端臨)의 『경적고(經籍考)』, 진진손(陳振孫)의 『직재서록해제(直齋書錄解題)』에는 모두 실려 있지 않고, 오직 조공무(晁公武)의 『군재독서지(郡齋讀書志)』 「부지(附志)」에 『횡거선생어록(橫渠先生語錄)』이 있는데, 권수는 같으나 「후록(後錄)」은 없다. 이 판본의 권상(卷上) 1쪽에는 첫 9줄이 빠져 있는데, 옛날에는 모진(毛晉)의 급고각(汲古閣)에 소장되어 있었다. 왕사종(汪士鐘)의 예운서사(藝芸書舍)에서 구소기(瞿紹基)의 철금동검루(鐵琴銅劍樓)에 이르기까지 모두 보완할 자료를 얻지 못했다. 그러던 차에 나는 반조음(潘祖蔭)의 방희재(滂喜齋)에 송대에 새긴 『제유명도집(諸儒鳴道集)』이 있다는 말을 듣고는 가서 빌려 읽어 보았더니, 그 서책에 빠져 있던 9줄이 엄연히 다 있어, 마침내 베껴 써서 보완했다. 『제유명도집』에 수록된 것 역시 3권이며, 순서가 다 합쳐져 있었으되, 그 사이에는 같고 다름이 있어, 서로 대조하며 시정할 수 있었다. 그 시기에 새긴 『장자전서(張子全書)』 제12권에는 「어록초(語錄抄)」가 있어 취해 대조해 보니 단지 67절목만 있어, 이 판본에 비해 약 3분의 2 정도 줄어들어 있었다. 하지만 권말(卷末)에 있는 6절목은 이 판본과 『제유명도집』에는 없던 것이니, 혹여 명대 사람이 보태어 편집한 것이 아닐까?

| 해설 | 발문 첫머리에는 『장자어록』이 매우 귀한 책임을 밝히고 있다. 여러 대표적인 목록집에 이 책이 보이지 않고 오직 조공무(晁公武)의 『군재독서지(郡齋讀書志)』에만 이 책 목록이 적혀 있다는 사실이 이 점을 설명해 준다. 다음으로는 편집자가 저본으로 삼은 판본에서 빠져 있던 9줄의 문장을 송대의 도학 총서 『제

(鐵琴銅劍樓)이다. (7)滂喜齋潘氏: 반씨는 청대의 반조음(潘祖蔭)을 가리키고, 그의 서재를 방희재(滂喜齋)라고 한다. (8)『諸儒鳴道集』: 송대에 만들어진 도학(道學) 총서.

유명도집』에서 찾아내 보완하게 되었음을 밝혔다.

是書及⁽¹⁾『龜山語錄』，　卷末均有“後學天台⁽²⁾吳堅刊於福建漕治”二行. 按『宋』『元史』，堅於德佑元年⁽³⁾簽書樞密院事，二年正月晉左丞相兼樞密使. 先受命與⁽⁴⁾文天祥同使元軍，時元兵進次近郊，堅與賈餘慶檄告天下守令以城降；二月又與餘慶謝堂家弦翁充⁽⁵⁾祈請使. 堅等北至鎭江，天祥亡去. 閏三月奉元副樞⁽⁶⁾張易命與夏貴等同赴上都，至至元十四年十二月與夏貴等司拜元世祖銀鈔幣帛之賜，蓋其後遂終爲降臣矣. 堅刊是書，意必服膺張楊二子之學者，乃旣躋高位，遽易初衷，稽首敵庭，偸生異域，至不克與⁽⁷⁾文文山⁽⁸⁾家則堂諸子同爲宋室之完臣，豈不大可哀乎！⁽⁹⁾海鹽張元濟. ¹⁹⁴

|번역|· 이 책과『구산어록』권말에는 모두 “후학 천태(天台) 오견(吳堅)이 복건에서 새겨 배로 운반했다”는 두 줄에 걸친 기록이 있다.『송사』와『원사』에 따르면 오견은 덕우(德佑) 원년(1275년)에 추밀원 첨서의 일을 맡았고, 2년 정월에는 좌승상(左丞相) 겸 추밀사로 승진했다고 한다. 처음에 명을 받아 문천상(文天祥)과 함께 원나라 군영에 사신

---

194 (1)『龜山語錄』, 이정의 제자 양시(楊時)의 어록집이다. (2)吳堅: 오견(吳堅, 1213~1276), 남송 말기의 중신이다. (3)簽書樞密院: 첨서(簽書)는 추밀원사의 부관이고, 추밀원은 송대 최고의 군정 관리 기구였다. (4)文天祥: 남송 말기의 중신으로, 원에 의해 송이 멸망한 뒤, 원에 대항해 싸우다 체포되었다. 원의 쿠빌라이 칸이 지속적으로 회유했으나 끝내 이를 거부하다 사형당한다. (5)祈請使, 원나라에 화의를 청하는 일을 전담하던 사신. (6)張易, 장이(?~1282)는 원나라 초기의 한족 대신으로, 쿠빌라이를 도와 원나라를 세우는 데 커다란 공을 세웠다. (7)文文山: 문천상을 가리킨다. 문천상의 호가 문산(文山)이다. (8)家則堂: 가현옹(家弦翁)을 가리킨다. 가현옹은 송나라가 멸망하자 원의 신하가 되기를 거부하고 은거해 살았다. (9)海鹽張元濟: 장원제(1867~1959)는 절강(浙江) 해염(海鹽) 사람이다. 중국 근대의 저명한 출판업자, 교육자, 서지학자였다.

으로 갔다. 그때 원나라 병사는 수도 근교에 주둔해 있었는데, 오견과 가여경(賈余慶)은 천하의 수령들이 성으로 투항하라고 격문을 붙여 알린다. 2월에는 다시 가여경, 사당(謝堂), 가현옹(家弦翁)과 함께 원과의 화의를 전담하는 기청사(祈請使)를 맡는다. 오견 등이 북쪽으로 진강(鎭江)에 이르렀을 때 문천상은 사망하였다. 윤삼월에 원의 부추밀사 장이(張易)의 명을 받들어 하귀 등과 함께 수도로 갔으며, 지원(至元) 14년(1278년) 12월에 이르러 하귀 등과 함께 원세조가 내린 은자와 폐백에 감사드리고, 그 후에는 끝내 투항한 신하가 되었다. 오견이 이 책을 간행한 것은 필시 장재와 양시의 학문을 잊지 않기 위한 것이었으나, 높은 지위에 이르고 나서는 초심을 바꾸어 적의 조정에 머리를 숙여 남의 나라에서 구차하게 살아남아, 문천상 및 가현옹 등 제군과 더불어 송 왕조의 완벽한 신하가 되지 못함에 이르렀으니, 어찌 크게 슬퍼할 일이 아니겠는가! 해염(海鹽) 사람 장원제(張元濟) 씀.

|해설| 『장자어록』과 『구산어록』을 간행한 자가 송원 교체기의 대신 오견(吳堅)이었음을 밝히며, 그가 송원 교체기에 원나라에 어떻게 투항했는지를 소개했다. 그가 그 두 책을 간행한 이유가 본래는 장재와 양시의 학문을 기억하고자 함이었으나, 결국은 초심을 지키지 못했음을 탄식하였다.

저자_ 장재(張載, 1020~1077)

중국 북송 시대의 저명한 유학자로, 횡거(橫渠) 지역에서 활동하여 흔히 횡거 선생이라 불린다. 관중(關中) 지역의 학문인 관학(關學)을 창시했으며, 송명유학의 기초를 닦는 데 큰 공을 세워 북송오자(北宋五子) 가운데 하나로 손꼽힌다. 대표적 저술로는 『정몽』, 『횡거역설』, 『경학리굴』, 『장자어록』 등이 있다.

역주자_ 황종원(黃棕源)

성균관대학교 유학과를 졸업하고 중국 베이징대학교에서 중국철학을 연구했다. 현재 단국대학교 철학과 교수로 재직 중이다. 저서로는 『장재철학』 『주제 속 주희, 현대적 주희』(공저) 등이 있고, 역서로는 『법으로 읽는 중국 고대사회』(공역), 『논어, 세 번 찢다』 등이 있다.

Annotations and
Translations of
Works of Zhang Zai